# सुश्री पारिजात

गोविन्द गिरी प्रेरणा

FP

**फाइनप्रिन्ट बुक्स**
फाइनप्रिन्ट प्रा. लि.
कर्पोरेट तथा सम्पादकीय कार्यालय
विशाल बस्ती 'क', विशालनगर, काठमाडौं
पोस्ट बक्स : १९०४१
फोन : +९७७-१-४५४३२६३, ४४२१६४१
इमेल : fineprintbooks@fineprint.com.np
वेबसाइट : www.fineprint.com.np

**फाइनप्रिन्टद्वारा प्रथम पटक प्रकाशित, मङ्सिर २०७९**



ISBN: 978-9937-746-69-4 (**HB**)
978-9937-746-70-0 (**PB**)



SUSHREE PARIJAT BY GOVINDA GIRI PRERANA

# पारिजातको जीवनीकथा

दुई दशकअघि अचानक मनमा आधुनिक नेपाली साहित्यका तीन हस्तीको जीवनी लेख्ने विचार आयो । र तत्काल सामग्री सङ्कलन गर्न थालें । निकै जोसजाँगरसाथ सन्दर्भ सामग्री सङ्कलन गर्दागर्दै लाग्यो, तीनै जनाको सामग्री एकसाथ सङ्कलन गर्न सहज छैन । फेरि तीन ओटा जीवनी एकसाथ लेखिने पनि होइन । एउटाबाटै सुरू गर्ने हो । त्यसैले तीन साहित्यकारमध्ये एकलाई छान्नुपर्ने भयो र छानें, पारिजात ।

पारिजात नै किन ? उनको लोकप्रियता । उनका विषयमा हुने गरेका पक्षविपक्षका तर्क । उनी आफैंले सिर्जना गरेका विवाद । अनेकअनेक कारणले पारिजातको जीवनी नै पहिला लेख्नुपर्छ भन्ने लाग्यो । आजीवन वामपन्थी लाइन अँगाले पनि उनका साहित्यका पाठक सबै विचार र सिद्धान्तका थिए/छन् । सम्भवतः भविष्यमा पनि त्यो कायमै रहनेछ । जस्तो कि, उनको उपन्यास *शिरीषको फूल* गैरवामपन्थीहरूले तारिफ गर्ने कृति हो । वामपन्थीहरू यही कृतिलाई उछित्तो काढ्छन् । कृति त एउटै हो सबैभन्दा लोकप्रिय । सबैभन्दा धेरै बिक्ने । सबैभन्दा बढी भाषामा अनूदित । मदन पुरस्कार प्राप्त । अनि पारिजात आफैंले जलाइदिए हुन्छ भनेको पनि । सबैभन्दा धेरै लेखकस्व दिएको पनि ।

पारिजातसँग मैले भेटघाट गर्ने अवसर पाएको थिएँ, केही पटक । एउटा अन्तर्वार्ता पनि लिएर राष्ट्र बैङ्कको पत्रिका *मिर्मिरे*मा प्रकाशन गरेको थिएँ । तर उनको जीवनकालमा मैले जीवनी लेख्ने सोच बनाएको थिइनँ । सोच हुँदो हो त पुस्तक लेखनका क्रममा अनुत्तरित कैयौं प्रश्न उनलाई त्यति बेलै सोध्न सकिन्थ्यो । तर अब ती सारा प्रश्न र जिज्ञासा अनुत्तरित नै रहे ।

पारिजातको जीवनी लेख्ने अठोट गरिसकेपछि त्यसका लागि सन्दर्भ पुस्तक पत्रिकाहरूको खोजी गर्दै थिएँ । सङ्कलन पनि गर्दै थिएँ । विभिन्न व्यक्तित्वसित अन्तर्वार्ताका लागि समय मिलाउँदै थिएँ । पुस्तकालय धाउँदै थिएँ । त्यसैबीच मलाई अमेरिका आउने संयोग जुर्‍यो । र जुर्‍यो, स्थायी रूपले अमेरिका बस्ने अवसर पनि । अमेरिका आए पनि मैले पारिजातको जीवनी लेख्ने विचार त्यागिनँ । अमेरिकामा पनि मैले नेपालमा सङ्कलन गरेका सामग्री अध्ययन गर्ने र विभिन्न स्रोतबाट थप सामग्री

जम्मा पार्ने कामलाई निरन्तरता दिइरहें । नेपालमा थप खोज्नुपर्ने सामग्रीको सूची तयार गर्ने, कतै कुनै सूचना पाए त्यसको सोधखोज गर्ने गरिरहें । सम्पर्क राख्नुपर्ने व्यक्तिसँग सम्पर्क गरिरहें, इमेलबाट सूचना वा सामग्री पाउन सम्भव भएसम्म प्रयत्न गर्न चुकिनँ । अनि नेपाल जाँदा पुस्तकालय चहार्ने, पारिजातका निकटहरूसँग भेट्ने, अन्तर्वार्ता लिने गरिरहें ।

पारिजातको जीवनी लेखिइसकेको छ, किन लेख्नुपर्‍यो भनी केही मित्रबन्धु एवम् शुभचिन्तकले सदाशयपूर्वक मलाई सुझावयुक्त सचेत बनाएका हुन् । पारिजातको जीवनी तथा जीवनीमूलक पुस्तक झन्डै आधा दर्जन प्रकाशन भइसकेको जानकारीसँग म अनभिज्ञ थिइनँ । तर मलाई ती पुस्तकले नै यो पुस्तक लेख्न प्रेरित गरेका हुन् । मैले सङ्कलन गरेका सामग्रीमा भएका पारिजातको जीवनका विविध झाँकी ती पुस्तकमा त्यति पाइनँ । त्यसले झन् मलाई यो पुस्तक लेख्न प्रेरित गर्‍यो । अध्ययनका क्रममा थाहा पाएँ, एउटै व्यक्तिका जीवनी पनि धेरै हुँदा रहेछन् ।

साढे चार दशक लामो मेरो लेखन यात्रामा विविध विधाका पुस्तक प्रकाशन भए पनि जीवनीको पुस्तक यो नै पहिलो हो । यद्यपि जीवनीमूलक लेख-रचना लेख्दै नै आएको हुँ । मैले नेपाली भाषा साहित्यका विषयमा औपचारिक शिक्षा लिने अवसर कहिल्यै पाइनँ । म 'कमर्स'को विद्यार्थी । साहित्यको मेरो स्कुल, कलेज, विश्वविद्यालय, गुरू जे भने पनि स्वाध्ययन नै हो । यो कृति तयार गर्ने क्रममा नेपाली साहित्यका जीवनी पुस्तक र विदेशी लेखकका हिन्दी एवम् अङ्ग्रेजीमा उपलब्ध जीवनी पढ्ने अवसर पाएँ । नेपाली वाङ्मयका धेरै चर्चित साहित्यकारको जीवनी त्यति लेखिएको छैन । मलाई लाग्छ, तिनका जीवनी लेखेर आगामी पुस्तालाई प्रेरित गर्नु जरूरी छ ।

यो पुस्तक आज यसरी प्रकाशन हुनुको श्रेय अरबी मूलकी अमेरिकी नृवंशशास्त्री तथा पारिजातकी अनन्य मित्र बार्बरा निम्री अजिजलाई जान्छ । मैले उनलाई उनको आमन्त्रणमा उनकै निवासमा गएर भेटें, अन्तर्वार्ता लिएँ । उनले सोधिन्, "तिमीले निकै मिहिनेत गरेर पारिजातको जीवनका सबै पक्ष समेट्ने सामग्रीको बृहत् एवम् कष्टसाध्य सङ्कलन त गरेछौ । तर किताब लेखिसक्छौ कहिले ? निस्कन्छ कहिले ? तिमी अध्ययन र अनुसन्धानमा रमाइरह्यौ भने किताब कहिल्यै निस्कँदैन । तिमी थप सामग्री पाएकामा दङ्ग पर्छौ र अर्को सामग्री जोहो गर्नपट्टि लाग्छौ, जुन अन्त्यहीन प्रक्रिया हो । डेटलाइन तोक, डेटलाइन !"

उनको यस भनाइले म साँच्चै झसङ्ग भएँ । म त सामग्री सङ्कलन, अध्ययन र अनुसन्धानमै पो रमाइरहेको रहेछु । बार्बराले मानौं मलाई लामो निद्राबाट ब्युँझाइदिइन् । र म लेखन कार्यमा जुटें । अनि पाण्डुलिपि तयार भयो; प्रकाशन प्रक्रियामा पनि गयो । जीवनी लेखनको यो पहिलो प्रयास पाठकको अदालतमा राखिदिएको छु ।

माथि मैले उल्लेख गरेको तीन जीवनी लेख्ने अठोट गरेकामध्ये अरू दुई साहित्यकार हुन्– शङ्कर लामिछाने र भूपी शेरचन ।

# विषयक्रम

## पारिजातको जीवनीकथा

## राल्फा युग र पारिजात



## कथायात्रा



## आरोप



## प्रगतिवादी लेखन

## पारिजात र राजनीति



## सम्पादन, अनुवाद र स्तम्भलेखन



## आनीबानी

## पारिजातको साहित्यिक दृष्टि



## विविध संलग्नता



## चिरनिद्रामा

दार्जीलिङ
छेकुडोल्मादेखि विष्णुकुमारी वाइबा

# पुर्ख्यौली र बाल्यकाल

पहाडकी रानी दार्जीलिङ । दार्जीलिङको प्रख्यात लिङ्गिया चियाबगान । त्यही चियाबगानमा काम गर्ने डा. कालुसिंह तामाङ । यिनै कालुसिंह तामाङकी कान्छी श्रीमती अमृत मोक्तान । जेठी श्रीमतीको निधनपछि भित्रिएकी । अमृत मोक्तानको कोखबाट १९९० फागुन ३० अर्थात् १३ मार्च १९३४ का दिन एउटी बालिकाको जन्म भयो । *(पारिजातका नाटक, सं, कृष्णप्रसाद घिमिरे, विसं २०६५)*

यी बालिकाको नाम लामा गुरूले जुराए– छेकुडोल्मा । यसको अर्थ हुन्छ, तारा रानी, जसलाई तिब्बतमा देवीका रूपमा पूजा गरिन्छ । तर घरमा बोलाउने नाम भने विष्णु राखियो । स्कुलमा र औपचारिक नामकरणमा उनी भइन्, विष्णुकुमारी वाइबा । पारिजात नाम भने साहित्य लेखनका क्रममा उनले काठमाडौं आएपछि आफैंले जुराएकी हुन् ।

लामाले जुराएको नाम छेकुडोल्मा मञ्जुलको उपन्यासको शीर्षकमा अङ्कित भएर चिरकालसम्मका लागि शिलालेख बन्यो । जीवनको पहिलो र अन्तिम जागिर खाएको थलो मदन मेमोरियल हाइस्कुलको रजिस्टरमा दर्ता भयो, विष्णुकुमारी वाइबा । सहकर्मीले बोलाउँदा विष्णु मिससम्ममा जीवित रह्यो । तर पछि आफैंले रोजेका अन्य छद्मनामलगायत सबै नाम छायामा परे । केवल एउटै नाम शेष रह्यो- पारिजात, जो आजीवन अविवाहित रहिन् र भइन् केवल सुश्री पारिजात ।

खासमा पूर्वी नेपालका पहाडी जिल्लाका निर्धन नेपालीहरू मजदुरी गर्न वा केही कमाइ गर्न भारतको पूर्वाञ्चल क्षेत्रमा जाने परम्परा पुरानै हो । कुनै बेला टिस्टादेखि सतलजसम्म फैलिएको विशाल नेपालको क्षेत्रका बासिन्दालाई सुगौली सन्धिले बेग्लै सिमानामा पारे पनि भाषिक एवम् सांस्कृतिक रूपमा व्यवहार गर्न सहज भएकाले पनि त्यो परम्पराले झाङ्गिने मौका पाएको हो । त्यसमाथि दार्जीलिङनिकट पहाडी क्षेत्र भएकाले चियाबगानमा काम गर्न जाने परम्परा नै बसेको थियो ।

यसै क्रममा सङ्खुवासभाको चैनपुरअन्तर्गत पर्ने उखुवा गाउँका धनमान लामा रोजगारीको सिलसिलामा दार्जीलिङ पुगे । त्यहाँ सिङताम चियाकमानमा कुल्लीको काम थाले । काम गर्दै जाँदा धनमान दार्जीलिङमै रमाउन थाले । उनले नेपाल फर्कने सुर गरेनन् । आफ्नो काम परिश्रमका साथ गर्ने धनमानले काममा स्याबासी पाउँदै गए ।

फलस्वरूप उनी कुल्लीबाट सरदारसम्म पुग्न सफल भए । आफ्नो आर्थिक हैसियत पनि मजबुत पारे । अनि त्यहीँ घरबार गरेर प्रतिष्ठित व्यक्तित्व निर्माण गरे । त्यसैको चिनो सिङतामामा धनमान धुरा स्मारकसमेत बनेको छ । तिनै धनमान लामाका छोरा थिए, कालुसिंह वाइबा । अर्थात् पारिजातका पिता ।

धनमानले छोरालाई कोलकाता पठाएर डाक्टरी पढाए । र यिनी बने डा. केएस लामा । कालुसिंहले दार्जीलिङमै बिहे गरे र दुइटा सन्तानको जन्मपछि यिनकी पत्नीको मृत्यु भयो । त्यसपछि उनले दोस्री पत्नी भित्र्याए, अमृत मोक्तान । उनको कोखबाट पहिलो सन्तान छोरी छेसङ, दोस्रो सन्तान छोरा शिवकुमार र तेस्रो सन्तान जन्मिइन्, छेकुडोल्मा अर्थात् विष्णुकुमारी वाइबा । भविष्यकी पारिजात । त्यसपछि पनि अमृतले जुम्ल्याहा सन्तान जन्माइन्, मुचुकन्द र सुकन्या वाइबा ।

अमृत मोक्तानको कोखबाट छैटौं सन्तानका रूपमा जन्मिइन्, चूडामणि वाइबा । दैवको लीला, चूडामणि जन्मिएको तीन महिनामै अमृत मोक्तान छातीको रोगले परलोक गइन् । उनी परलोक हुनुअघि सुकन्याकी जुम्ल्याहा मुचुकन्द पनि दिवङ्गत भइसकेकी थिइन् । अमृत मोक्तानले छ सन्तान जन्माइन् । तर चार सन्तान कहिल्यै नफर्किने बाटो गएका थिए । बाँकी सन्तानको भार डा. केएस लामाको थाप्लोमा पर्न आयो ।

एलएलएफसम्मको स्वास्थ्यसम्बन्धी औपचारिक अध्ययनपछि डाक्टरी पास गरेर दार्जीलिङ फर्किएपछि कालुसिंहले लिङ्गिया चियाबगानमै औषधोपचारसम्बन्धी नोकरी गर्न थालेका थिए । त्यो थियो, भारतमा ब्रिटिस शासनको समय । इस्ट इन्डिया कम्पनीका नाममा छिरेका ब्रिटिसहरूले हिन्दुस्तानको शासनसत्ता आफ्नो कब्जामा पारेका थिए । ब्रिटिस शासन कठोर थियो । चियाकमानमा पनि उनीहरूले शोषण र दमन गर्थे । नारीको अस्मिता र पुरूषको इज्जत सधैं धरापमा थियो । स्वेच्छाचारी ब्रिटिस मालिकहरूका अघि कोही पनि सफासुग्घर भएर, कपाल कोरेर, सुकिलो भएर, जुत्ता लगाएर, ठाडो शिर गरेर हिँड्न पाउँदैनथे ।

कामदारहरूलाई घडी लगाउन तथा छाता ओढ्नसमेत प्रतिबन्ध थियो । अर्कोतिर लिङ्गिया चियाकमानको भूगोल खोच परेको र प्रायः सधैं झरीवर्षा भइरहने, हुस्सु लागिरहने हुनाले बसाइको व्यवस्था खासै उचित थिएन । अर्कोतिर छोराछोरीहरूको पढाइको पनि त्यहाँ राम्रो व्यवस्था हुन सकेको थिएन । डा. केएसलाई चियाकमानका अरू केटाकेटीसँग छोराछोरीहरूको सङ्गत उति उचित लागेको पनि थिएन । यी सबको परिप्रेक्ष्यमा स्वाभिमानी स्वभावका डा. केएसले लिङ्गिया चियाकमानको जागिर तिलाञ्जलि दिए र त्यहाँको बसाइँ अन्त्य गर्दै दार्जीलिङकै लिम्बू बस्ती सरे ।

लिम्बू बस्तीमा डा. केएसको पारिवारिक डुङ्गा बेग्लै हिसाबले चलायमान भयो । हुर्कंदै गर्दा सानो उमेरमै बाल्यकाल भनेको कठिन अवस्था हो भन्ने बोध हुन थाल्यो विष्णुलाई । स्वतन्त्रता केवल उमेर पुगेको मान्छेलाई मात्र हुने रहेछ भन्ने उनको बाल मानसिकताले लख काट्न थाल्यो । त्यसैले तन्किएर उनलाई दलिन छुन मन लाग्ने र

ठूला मान्छेका लुगा, टोपी, चप्पल लगाएर ठूलो भएको इच्छापूर्ति गर्न मन लाग्ने हुन थाल्यो, अरू आफ्नै उमेर छेउछाउका परिवारका बालबालिकासँग । पुतली खेल्दा पनि उनलाई आमाबाबु हुन मन लाग्थ्यो, हक चलाउन मन लाग्थ्यो, अर्ती दिन मन लाग्थ्यो ।

चियाबगानमा घर सानो थियो । कोठेबारी, काँक्रा, घरतरूलका लहरा, इन्द्रकमल, लालुपाते आदिको रिमरिम सम्झना बोकेर लिम्बू बस्ती सरेको थियो, डा. केएसको परिवार । त्यहीँ त हो, अमृतले चूडामणिलाई जन्म दिएर परलोक गएको । यो लिम्बू बस्तीको घर आधुनिक खालको थियो, तीनकोठे । साम्राज्यवादी ब्रिटिससँग अहम् जुधाएर लिङ्गिया चियाकमानलाई त्यागी आएका डा. केएसको यो घर पूरै परिवारका लागि स्वतन्त्रताको प्रतीक बनेको थियो । किनभने यो घरमा दासत्व थोपरिएको थिएन । लिङ्गिया चियाकमानको ब्रिटिस राजको कारिन्दा परिवारबाट यो स्वतन्त्र मेडिकल प्राक्टिसनरको परिवार भएको थियो ।

डा. केएसलाई भने मेडिकल प्राक्टिसभन्दा राजनीति र दर्शनमा बढी चाख हुन्थ्यो । दुईदुई श्रीमती, जेठी छोरी र सुकन्याका जुम्ल्याहाको मृत्यु, यी सबले उनको मनलाई ढुङ्गा बनाएको थियो । नास्तिक बनाएको थियो । अघोरी बनाएको थियो । उनको सानो मेडिकल हलमा रोगीभन्दा बेकारीहरूको बढ्ता लर्को लाग्थ्यो । उनलाई औषधिको अनुसन्धानमा सोख थियो । फुर्सद पायो कि उनी त्यसैमा लाग्थे । केटाकेटीहरू सबै दिउँसो स्कुल जाने र साँझ यिनै मायालु बाबुको प्रतीक्षामा बस्ने गर्थे । बचेराहरूले गुणमा माउको प्रतीक्षा गरे झैं ।

विष्णुलगायत घरका सबै केटाकेटीलाई डा. केएसको साँझको अवतार मन पर्थ्यो । किनभने साँझमा उनी सबै केटाकेटीको माझमा बसेर कथा हाल्थे । सबै केटाकेटीका लागि उनी दुनियाँका सबैभन्दा सिपालु कथावाचक हुन् भन्ने लाग्थ्यो । टुना लगाए जस्तो हुन्थ्यो कथाले । झन् एउटा खपिनसक्नु सस्पेन्समा लगेर त्यो दिनको कथा वाचन टुङ्ग्याइदिने उनको शैलीले सबै कहिले भोलिको साँझ आउला भनी आतुरतासाथ प्रतीक्षामा बस्नुपर्थ्यो ।

हरेक कथामा उनी हिरो हुने, जिनियस हुने सल्लाह र सन्देश दिन्थे । उनी छोराछोरीहरूलाई सबै प्रकारका स्वतन्त्रता दिन्थे । अनुशासन नभएको, शासन नभएको, शोषण नभएको उदात्त वातावरण थियो, लिम्बू बस्तीको डा. केएसको त्यो घर । केटाकेटीहरूलाई उनी हम्मेसी कुट्दैनथे, गाली पनि गर्दैनथे । सधैं सुकिलो र विकासशील वातावरण दिन खोज्थे । तर यो स्वतन्त्रताभित्र पनि नाच्न-गाउन बन्देज थियो । यो किन र कसरी ? उनीहरूले लख काट्नै सक्तैनथे । बरू बाबुको सोचअनुसार आफूभन्दा तल्लो स्तरका साथीहरूसँग खेल्यो भने बोलीचाली स्वभाव बिग्रन्छ भनेर उनीहरू त्यसतर्फ पनि चनाखो हुन्थे । विष्णुलाई लाग्थ्यो, यो मध्यमवर्गीय परिवारको क्षुद्रताको सङ्केत हो ।

लिम्बू बस्ती, डाँडाको सबैभन्दा माथिल्लो लङमा उनीहरूको आफ्नो घर थियो । आफ्नो कोठाको झ्याललाई अब्जर्भेटरी बनाएर पूर्वको संसारप्रसिद्ध सूर्योदय हेरिने सिलसिला सुरू भएको थियो । सूर्योदयमा फुत्त निस्कने सूर्य रङ्गीन भकुन्डो झैं मोहक

लाग्थ्यो । यी सबले अरूलगायत विष्णुलाई पनि आत्मविभोर बनाइदिन्थ्यो । नसानसामा कुतकुती दौडाइदिन्थ्यो । आँगनलाई अँगालो हाल्न आइपुगे जस्तो लाग्थ्यो रातो घामले । त्यो घामले रातो बनाइदिन्थ्यो बादल, रातै बनाइदिन्थ्यो क्षितिज ।

यी सब प्राकृतिक मनोरम दृश्यावली हेर्दै विष्णु बाटाघाटामा खेल्न आउने निर्बन्ध बाला हुन्थिन् । उनीहरूको बालापन गट्टा खेल्दै, पुतली खेल्दै, भाँडाकुटी खेल्दै, मित लगाउँदै बित्थ्यो । उनीहरू चिनो साट्थे र बाझाबाझ गर्दै समय बित्ने क्रम चलिरहेको थियो । तर उनीहरूलाई सडकमा नखेल्न अर्ती दिन्थे, ठूला उमेरका मान्छेहरू । सडकमा खेल्न जाँदा गोराहरूले लैजालान् भनेर हाउगुजी देखाएर तर्साइदिन्थे । आतङ्कित तुल्याइदिन्थे ।

उनीहरू भने गोराहरूले घोडाको टाप बजार्दै सडकबाट हिँड्दा बाटामुनि घुम्तीमा गएर 'साब, बक्सिस' भन्न पुग्थे । केटाकेटीपन, अल्लारेपन । त्यही त हो, निर्बोध बालापन । तर बाबुको डर थियो सबैलाई । अनि त उनी नआउँदै नकोरेर गुजुल्टिएको टाउकोभन्दा ठूलो भएर घुम्रिएको कपालमा पत्कर र धूलाधूली सारा बोकेर घरभित्र पसिसक्थे । धूलोमैलोले जाम परेको कपालका गुजुल्टामा काइँयोसमेत छिराउन हम्मे पर्ने हुन्थ्यो । त्यही कपाल पनि दिदीबहिनीबीच लुछालुछ हुन्थ्यो । उनीहरूको त्यो कपालको हबिगत देखेर बाबुले मितेरी साइनोकी एउटी भान्जीलाई सहयोगका लागि निम्त्याएका थिए । उनी अलि कडा खालकी भनेर केटाकेटीमा त्रास फैलियो । त्यसैले विष्णु र सुकन्या बिहान उठ्नासाथै बेपत्ता भइदिन्थे । तर खोजेर घोक्र्याउँदै, मुन्ट्याउँदै ल्याइन्थ्यो र लिखौटो लाइदिने अनि कपाल बाटिदिने गर्थिन् तिनले । यिनीसँग लुछालुछ गर्ने आँट कसैको हुँदैनथ्यो । झोक चल्दा तिनले गाला पनि चड्काइदिन्थिन् । उनीहरू दुःखी हुन्थे । निराश हुन्थे । उनीहरूको ओठबाट हाँसो हराउँथ्यो । यिनीसँग कपाल बाट्न तर्किन सक्दिनथिन् विष्णु । सुकन्या भने बिरामीको बहानामा छल्न सफल हुन्थिन् कहिलेकाहीँ । साँझ बाबुले जाँच्थे अनि स्वस्थ भएको पत्तो पाएपछि सुकन्याको खिल्ली उडाइन्थ्यो । त्यस खिल्लीले रमाइलो बन्थ्यो वातावरण ।

सानै बेलादेखि माया गर्न र झगडा गर्न विष्णुका लागि सुकन्या नै हुन्थिन्, साथीसँगाती । सम्भवतः यी दिदीबहिनीले जीवनका आयु साथै बिताउनुपर्ने नियतिको झल्को बालक बेलामै देखिएको थियो, उनीहरू स्वयम्ले पत्तो नपाउँदै । दुई बहिनी कानमा घुसार्ने रानी सिन्का खोज्न एक दिन घरभन्दा पर बाटोतिर लागेका थिए । बाटो साँघुरो थियो । ओसिलो थियो । त्यही बाटोमा घोडा दौडाउँदै गोराहरू बेपर्बाह आए । उनीहरू घोडाको कुल्चाइबाट बच्न भित्तामा आड लागेका थिए, मुठीभरि रानी सिन्का लिएर । विष्णु बचिन् । तर सुकन्याको गोडामा घोडाले कुल्चियो र सुकन्या त्यो कुल्चाइको पीडाले रून थालिन् । सुकन्याको खुट्टामा घोडाको नालको टड्कारो छाप देखेपछि विष्णु पनि सुकन्याको साथ लागेर रून थालिन् । तर बाबुले थाहा पाउलान् र बित्याँस पर्ला भनेर दुवैले सल्लाह गरेर घटनालाई गुपचुप राख्न सफल भए । बालापन यसरी बितिरहेको थियो ।

# पढाइको सुरूवात

बिहान कुखुरा बासेपछि पढ्नुपर्ने नियम थियो घरमा । त्यसलाई कायम राख्दै बाबु आफ्नो काममा लागेपछि फ्रकभरि चाँपका कोपिला बटुल्नु, मध्याह्नमा घामको ओतमा उनिउँघारीभित्र पल्टिनु, नागबेलीको माला लगाउनु, बादलका थरीथरीका आकारका बुट्टा हेर्नु, कुल्कुले लेकाली खोलाको छेउमा बसेर पुतलीको घाँघर सुरूवाल धुनु, ऐंसेलुको घारीभित्र जीउ छाडेर बस्नु, काँडाको बिझाइ खप्नु, जुकाको टोकाइ सहनु अनि अँगालोभरि झारपात लिएर झस्किँदै–डराउँदै घर फर्कनु उनीहरूको नियमितता हुन्थ्यो । विष्णुलाई वर्षा ऋतु असाध्यै मन पर्थ्यो । त्यो बाल्यकालीन मनपराइ जीवनभरिकै लागि हुन गयो ।

उमेर बढ्दै जाँदा बाबुले साँझ भन्ने कथाका विषयवस्तु पनि बदलिँदै गए । अब उनले मुसोलिनी, हिटलर, तोजो, रूजबेल्टका कथा भन्न थाले । युद्ध र महायुद्धका कथा सुनाउन थाले । बाबुको मुखबाट सुनेका यी कथा विष्णु आफ्ना साथीभाइलाई सुनाउँथिन् । उनीहरूका साथीहरू यस्ता अद्भुत कथा सुनेर जिल्ल पर्थे ।

यसैबीच आमाको मृत्युपछि बाबुमा अत्यासलाग्दो परिवर्तन आएको थियो । उनले बुद्ध र कोन्जोसोमका मूर्तिलाई लातले हिर्काउँदै पूजाथानबाट ओरालेका थिए । इष्टदेवता छैन । कुलदेवता छैन । ईश्वर छैन । परम्परा छैन । बाबुको यो बहुलट्ठीपनको पराकाष्ठा– सुँगुरको मासु घरभित्र हुल्न नहुने तामाङ परिवारको चुलोमा त्यसैको मासु पाक्न थालेको थियो । उनीहरूले भोज खाएका थिए । ईश्वरको खिल्ली उडाउँदा बाबुलाई सन्तुष्टि हुन्थ्यो । विष्णु र सुकन्याहरू भने मिसन स्कुलमा सिकाइएको जिसस क्राइस्टको प्रार्थना गाउँथे । इसाई भजन गाउँथे ।

पहाडकी रानी दार्जीलिङ प्रेमका लागि उर्वर ठाउँ । प्रेम फेसन । प्रेमपत्र लेख्नु झन् ठूलो फेसन । त्यसमाथि विष्णु र उनका समवयीहरू ठूला मान्छेहरूले लेखेका प्रेमपत्रका हुलाकी बन्न थालेका थिए । ठूला मान्छेका प्रेमका कुराले लजाउन थालेका थिए । भावुक हुन थालेका थिए । यता साँझ बाबुले हाल्ने कथाको सिलसिलामा पनि बेग्लै परिवर्तन हुन थालेको थियो । साहित्य, धर्म, दर्शन, राजनीति, विज्ञानलगायत विषयमा फैलिन पुगेका थिए बाबु । चार्ल्स डिकेन्स, सेक्सपियर, रवीन्द्रनाथ ठाकुर र शरदचन्द्र

चट्टोपाध्याय बाबुका प्रिय लेखक थिए । समयक्रममा यता विष्णु र सुकन्याको मानसिकता पनि बिस्तारै विकसित हुन थालेको थियो । दुवैको हिरो वर्सिप मानसिकता समानान्तर रूपमा हुर्कन थालेको थियो ।

पाँच कक्षामा पुग्दा विष्णु सबभन्दा लाटी र सोझी केटीका रूपमा देखापरेकी थिइन् । खेलकुदमा उनी भाग लिन सक्दिनथिन् । अनिवार्य भाग लिनुपर्दा हार्नु उनको एक मात्र विकल्प हुन्थ्यो । यस्तै लाटीसोझी केटीहरूको जमातमा विष्णु हेपिएको, मूर्ख बनाइएको, खिल्ली उडाइएको अनुभूतिमा दुःखित भएर लटपटिन बाध्य हुन्थिन् । तर उनको मनमा फलानी जस्ती फर्वार्ड हुन सके भन्ने भावनाले घर बनाइरहन्थ्यो । किनभने फर्वार्ड केटीहरूलाई शिक्षिकाहरूले ज्यादै मन पराउँथे । त्यसैले तिनको ईर्ष्या पनि लाग्थ्यो उनलाई । अझ स्कुलमा धनीका छोरीहरूको बेग्लै गुट हुन्थ्यो । उनीहरू मध्यमवर्गीयहरूको बेग्लै गुट । त्यसमाथि पनि विष्णुको कुरा अरू कोहीसित मिल्दैनथ्यो । उनी तिनीहरूका कुराको मनमनै विरोध गरिरहेकी हुन्थिन् । केही गरी उनले कुनै आफ्ना तर्क राखे सबै एक मुख भएर हाँस्थे । अनि कताकता उनलाई हीनताबोध हुन्थ्यो । कसैसँग सङ्गत नगरूँ झैं हुन्थ्यो र एकान्त खोज्न थाल्थिन् ।

अर्कोतिर घरको परिवेश बेग्लै थियो । बिरालो पाल्ने सोख थियो । फूल सजाउने सोख थियो । मीठो खाने सोख थियो । विष्णुलाई मासु खान असाध्यै मन पर्थ्यो । घरका सबै जना उनलाई मासु खाने प्रसङ्गमा कुकुरबिरालोसँग तुलना गर्थे । भान्साको जिम्मा पाउँदा उनको तरकारी चाख्ने बानी थियो । प्रायः भान्साको जिम्मा उनमै आउँथ्यो । उनी त्यसमै रमाउँथिन् ।

छोराछोरी स्कुल पठाएपछि आफू चाहिँ बजारको डिस्पेन्सरीमा जानु डा. केएसको दिनचर्या थियो । तर आफ्नो व्यवसायमा उनको लगन थिएन । उनी विभिन्न मठका साधुहरू निम्त्याएर तर्क गर्थे । योगाभ्यास गर्थे । प्राणायाम गर्थे । आइतबार उपवास बस्थे । पतञ्जलिका पुस्तक पढ्थे । दिनभरि मेडिकल हलमा बेकारीहरूसँग गफ हाँक्थे । चिया मगाउँथे । चुरोट मगाउँथे । पान मगाउँथे । रोगीहरू आए बहाना गर्थे । अथवा सित्तैमा औषधि बाँडेर टालटुल गरिदिन्थे । उनका यस्ता गतिविधिले दालभातको समस्या हुन थालेको थियो । छोराछोरीको पढाइ खर्च धान्न मुस्किल पर्न थालेको थियो । यसैबीच अचानक एक दिन उनले भने, "टिबी रोगको औषधि प्रयोग गर्न नेपाल जान्छु ।"

बाबुको नेपाल जाने कुराले विष्णुलगायत सबै छोराछोरीको मनमा अत्यासको पहिरो गयो । तर त्यो अत्यासले बाबुलाई रोक्न सकेन । बाबु नेपाल पसे । जीवनमा पहिलोपल्ट बाबुसँग अलग्गिनुको पीडा भयो विष्णुलाई । सुकन्यालाई । सबैलाई । घर मसानघाट जस्तो लाग्न थाल्यो । बाबु नेपाल गएपछि उनीहरूले बाबुको चिठी कुर्न थाले । हुलाकी आयो कि दौडेर बाबुको चिठीको आशा गर्दै सोध्न पुग्थे । चिठी नआएको पत्तो पाउनेबित्तिकै निराश हुन्थे । नियास्रो मान्थे ।

बाबु नेपाल गएपछि उनले अभिभावकका रूपमा राखिदिएका एउटा दाजु आफ्नो उत्तरदायित्व पन्छाएर भाउजू ल्याउन घर छाडेर भागिदिएका थिए । अनि दिदीभिनाजु आएका थिए, उनीहरूको अभिभावकका रूपमा । तर अभिभावकका रूपमा आएका दिदीभिनाजुको झगडाले घरमा तमासा भयो । दिदीलाई भिनाजुले अत्याचार गरेको विष्णुले बुझिन् । त्यो झैझगडाका कारण उनीहरू पनि अभिभावकत्वको जिम्मेवारी छाडेर बाटो लागे । विष्णु र सुकन्याले नजिकको मारवाडीको दोकानबाट उधारो सामल ल्याएर घर चलाउन थाले । दालभात खाइरहन्थे । यसरी उनीहरू घरको आर्थिक अवस्था, गरिबी, दुःख आदिसँग परिचित हुन थालेका थिए । त्यसलाई सामना गर्न पनि सिक्न थालेका थिए । तर विष्णु बेलाबेलामा निराश हुन्थिन् । त्यसबाट मुक्त हुन सङ्गीतकार कर्म योञ्जनकी आमाकहाँ आश्रय लिन पुग्थिन् । उनी विष्णुकी स्वर्गीय आमा अमृतकी बहिनी थिइन्, सानिमा । उनी दिदीकी छोरीलाई आफ्नै छोरीलाई झैं माया गर्थिन् । ममता बाँड्थिन् । विष्णुलाई कताकता आमाको नियास्रो मेटिएको अनुभव हुन्थ्यो । आमा भेटेको अनुभूतिले उनलाई रमाइलो र न्यानो लाग्थ्यो परिवेश ।

विविध घरेलु परिवेश, गरिबी, अभाव र पीडाका क्षणहरूका साथै समयचक्र चलिरह्यो । विष्णुको बालापन किशोरतर्फ लाग्यो । उनले उमेरभन्दा गहुँगो कल्पनाशीलता विकास भएको अनुभूति गर्न थालिन् । एकान्त खोज्न मन लाग्न थाल्यो । साथीहरूबीच पनि एक्लै अलग्गै पाउन थालिन् आफूलाई । कहिले सँघारमा, कहिले पानी धाराको खोचमा बस्नु अनि घाम अस्ताउँदा क्षितिजसँगै अँध्यारिनु, खुसी नै बिर्सिनु जस्ता लक्षण उनले आफूमा पाउन थालिन् । केटाकेटीदेखि राति ढिलो निदाउने बानी यथावत् थियो । उनका अनुहारमा चिन्ताका रेखा प्रस्टै देखिन थाले । र त गाउँका बूढाबूढीहरूले भन्न थालेका थिए, "लौ यसको अनुहार हेर, यसको कुरा सुन, बूढाबूढी जस्ती छ ।"

यसैबीच एक दिन विष्णु र सुकन्या जङ्गल घुमेर आइरहेका थिए । सुकन्याले बाटोमा घोडाको एउटा याल खसेको भेट्टाइन् । उनीहरूलाई अङ्ग्रेजी परम्पराअनुसार यो सकुन हो भन्ने थाहा थियो । त्यसैले सुकन्या उत्तेजित भएर चिच्याइन्, "गुडलक गुडलक ।"

साँच्चै गुडलक भयो । घरमा आउँदा उनीहरूले नेपालबाट बाबुले पठाएका तीन ओटा चिठी एकसाथ हात पारे । चिठी खोल्दा झन् ठूलो गुडलक भेटियो, प्रत्येक चिठीभित्र दसदसका नोट थिए । अनि चिठीमा अरू थोक जे लेखिएको भए पनि बाबु छिटो आउने खबर र सन्देश पढेर उनीहरूले हुनसम्म खुसी मनाए । यो चिठीले उनीहरूको नियास्रो मेटाइदियो । चिठीमा लेखे झैं केही समयपछि बाबु नेपालबाट फर्किए । तर रित्तो हात । वास्तवमा उनले नेपालमा दुःख गरेर कमाएर ल्याएको पैसा कटिहार रेल जक्सनमा पाकेटमारले उडाइदिएको थियो । विष्णुले पछि मात्र ठूलाहरूबाट यसबारे थाहा पाएकी थिइन् । त्यस घटनाले घरमा असजिलोपना व्याप्त भयो । मूलीको अभावमा लठिबज्र भएको घरमा बाबु आएपछि फेरि साबिकको वातावरण फर्किन भने सहज भयो ।

# पहिलो कविता

विष्णु कक्षा ६ मा पुगिन् । त्यसैताक उनको घरमा एक जना दाजु सँगै बस्न आए, काकाका छोरा । उनी गाउँमा चल्तापुर्जा थिए । हस्तलिखित पत्रिका चलाउँथे । रातबिरात घुम्नु, घोडा चढ्नु, ठिटीहरूलाई जिस्क्याउनु उनको सोख थियो । ती दाजु कलम पनि चलाउँथे । उनले घोडीका विषयमा निबन्ध लेखे । उनको त्यो निबन्ध पढेर विष्णु पानीपानी भइन् । यिनै दाजुले एक दिन विष्णुलाई भने, "बहिनी, तिमी कविता लेख ।" उनले समाज सुधारको भावनासहितको कविता लेखिन् । मनको कुरा लेखेको भए पो मन हलुका हुन्थ्यो । उनलाई छातीमा बोझ भइरहेको अनुभूति भयो । विष्णुको कवितालाई गाउँको एउटा बुज्रुक विद्यार्थीले यो कवितामा छन्द छैन भनेर फालिदियो । विष्णुले त्यसअघि छन्दबारे सुनेकी थिइनन् । उनी अलमलमा परिन् । अनि कविता लेख्ने कुरा त्यत्तिमै टुङ्गियो । उनै दाजुले एक दिन फेरि आएर भने, "बहिनी तिमी कथा लेख ।" विष्णुलाई बाबुले नेपाल जानुअघि घरमा मनोरञ्जनको वातावरण ल्याउन कहेका मधुमालतीका कथा र लालहीराका कथा याद आए । अनि उनले ठूला मान्छेका प्रेमसम्बन्धी कथा लेखिन् । त्यो कथा पढेर सबै मज्जाले हाँसे । अनि उनलाई कताकता लाज लागेर आयो । त्यो कथा पनि त्यत्तिकै फासफुस भयो ।

एक दिन सन्त टेरेजा पाठशालामा सातौं कक्षामा भर्ना भएका नयाँ विद्यार्थी हेर्न रमिता लागेको थियो । यो रमिता हेर्नेहरूको भीडमा थिइन्, माया ठटाल । नयाँ विद्यार्थीहरूलाई एक ठाउँमा भेला गरेर राखिएको थियो । तीमध्ये एक जना अलिक बेग्लै थिइन् । अग्ली, पहेंलो वर्णकी । दुब्ली पनि । अनि तिनको केशराशि केही घुमाउरो तर छोटो काँधसम्म मात्र झरेको । त्यस बेलाको आमचलन थियो, कपाल बाट्ने । तर तिनको चाहिँ अङ्ग्रेजी महिला वा ठूलाठालुका परिवारको जस्तो थियो । कपाल त्यस्तो भए पनि तिनी नेपाली ढाकाको साडी लगाएर चुपचाप उभिइरहेकी थिइन् । त्यत्तिकैमा घण्टी बज्यो । माया ठटाल आफ्नो कक्षातिर लागिन् ।

केही छिनमा त्यो अघि बेग्लै खालकी देखिएकी किशोरी पनि त्यही कक्षामा प्रवेश गरिन् । सबैले उत्सुकतासाथ तिनको नाम जान्न चाहे र पत्तो पनि पाए, विष्णुकुमारी वाइबा । त्यही दिनदेखि विष्णु र माया ठटाल सहपाठी बने । त्यो वर्ष साधारण किसिमले नै बित्यो । विशेष गरी बुद्धिमाया क्षत्रीको अध्यापन, अनुशासनमा कक्षाका सबै जना उत्तीर्ण भए– माया र विष्णुसहित ।

# स्कुलमै विद्रोह

सात कक्षामा सहपाठी भएपछि विष्णु र मायाको मित्रता गाढा हुँदै गयो । आठौं कक्षामा उक्लिएपछि मदर टेरेजाले बिरा नाम गरेकी एक यहुदी युवतीलाई भूगोल पढाउन नयाँ शिक्षिकाका रूपमा नियुक्त गरिन् । तिनी लेडेनला रोडमा बस्थिन् । पढाउन तिनी त्यति जिम्मेवार थिइनन् । तिनको विचित्रको बानी थियो । कक्षाका विद्यार्थीहरूलाई आफ्नो निवासमा हरेक आइतबार बोलाउँथिन् । अनि पढाइको कुरा होइन, आफ्नी आमाका गरगहना, साडी आदि देखाउने गर्थिन् । टाढाटाढाका विद्यार्थी आउन सक्तैनथे । त्यसैले उनीहरूलाई नआउँदा पनि क्षम्य थियो । तर नजिक घर हुने विष्णु, मायाहरू भने जानैपर्थ्यो । विष्णु आफ्नो घरबाट मायाको घर जान्थिन् । अनि बिरा मिसको निवासमा दुवै सँगै जान्थे ।

खासमा उनीहरू पनि बिरा मिसको निवास जान रूचाउन्नथे । घरमा अभिभावकहरूले छुट्टीको दिन आइतबार पनि सधैं त्यसरी बाहिर गएकामा असन्तुष्टि जनाउन थालेका थिए । एक आइतबार माया र विष्णु सल्लाह गरेरै बिरा मिसको निवासमा गएनन् । भोलिपल्ट सोमबार कक्षामा बिरा मिसले मेचबाट नआउने जतिलाई एकएक गर्दै उठाएर प्रश्न गरिन् । सबैजसोले एकै खालको बहाना बनाएर झूट बोले– भुँडी दुख्यो, टाउको दुख्यो । तर विष्णु र मायाले एउटै जबाफ दिए, "आउनु मन लागेन र आएनौं ।"

यो जबाफले बिरा मिसलाई हुनसम्मको अपमानबोध भयो । विष्णुको अनौठो र फरक स्वभाव थियो, गम्भीर र कम्ती बोल्ने । अनि मानिसलाई हेर्दा सोझै नहेरेर अनुहारलाई देब्रेतर्फ फर्काएर बाङ्गा आँखाले हेर्ने । त्यसले बिरा मिसलाई झन् रिस उठ्यो । त्यति नै बेला विष्णुले मायालाई सुटुक्क भनिन्, "यो आठौं श्रेणी पढ्नेले पढाएको पढ्दिनँ ।"

उता बिरा मिसले भने विष्णुलाई प्रतिशोध लिने अठोट गरिन् । यही मनसायले उनले आफ्नो १४ रूपैयाँ हराएको निहुँ गरेर सबैको झोला हेर्ने बहाना गर्दै अन्त्यमा विष्णुलाई रूपैयाँ चोरेको आरोप लगाइन् । यो कुरा मदर टेरेजासम्म पुग्यो । मदरले कक्षाकोठामा आएर विष्णुलाई बिराको खुट्टामा चुम्बन गर्दै क्षमायाचना गर्न निर्देशन दिइन् । यो कुरा विष्णु, मायालगायत कसैलाई पचेन । विष्णुले क्षमायाचना नगरेको

देखेर मदर असाध्यै रिसाइन् । यो स्वाभिमानमाथिको ठूलो चोट थियो । नखाएको विष लाग्ने कुरा विष्णुलाई सह्य थिएन । त्यसैले सर्वप्रथम माया आफ्नो झोला बोकेर प्रतिवादस्वरूप आफ्नो कक्षाकोठा छाडेर बाहिर निस्किइन् । मायाको पछिपछि विष्णु र अरू पनि स्वाभिमानी छात्रा प्रतिवाद गर्दै कक्षाकोठाबाट बाहिरिए । भोलिपल्ट कक्षा बहिष्कार गर्नेहरूलाई स्कुलबाट निकालिएको खबर लाडोम अर्थात् डा. वाङ्दीबाट थाहा पाए ।

अब एउटा ठूलो सङ्कटको कालो बादल विष्णु र शान्तिलगायतका स्कुलबाट निकालिएका विद्यार्थीहरूको टाउकोमाथि मडारिन थालेको थियो । उनीहरूले यो घटनालाई घरमा भन्ने आँट गर्न सकेनन् । कसरी सक्थे ? विष्णु स्कुल जाने समयमा घरबाट झोला लिएर निस्किन्थिन् र मायाको घर पुग्थिन् । अनि दुवै स्कुल गए जस्तै त्यहाँबाट हिँड्थे र कृष्ण भिल्ला हरिदास हट्टा पुग्थे । त्यहाँ तकभर चियाकमानबाट पढ्न आएका मधुमाया राई र सुमित्रा राई डेरा लिएर बसेका थिए । उनीहरू त्यहीँ जम्मा भएर दिउँसो इस्कुस र भात पकाएर खान्थे अनि बेलुकी साथीहरू पाठशालाबाट फर्केपछि स्कुलमा भएको पढाइको खोजखबरी गर्थे र नोटहरू सारेर सधैं झैं घर फर्कन्थे । स्कुलमा पढेर फर्किए जस्तै । यसरी समय बित्दै गयो ।

तर जब वार्षिक परीक्षा आयो, यतिन्जेल ढाँटछल गरेर स्कुल गएको अभिनयको पटाक्षेप हुने अवस्था आयो । के गर्ने ? स्कुलकै एउटी शिक्षिका बुद्धिमाया क्षत्रीले यी केटीहरू त राम्रा हुन् । मदरले बिराको कुरा सुनेर यस्तो अवस्था आइलाग्यो भनेर गुनासो पोखिन् स्कुलमा । यो कुरा थाहा पाएर माया र विष्णुलाई ठूलो आत्मबल मिल्यो । सोमबारदेखि सुरू हुन लागेको परीक्षाको तालिका निस्किसकेको थियो । दुवै छटपटिन थाले । अनि स्कुल छुट्टी भएपछि विष्णु र माया सल्लाह गरेर मदर टेरेजालाई भेट्न गए । विष्णुभन्दा अलि चुलबुले मायाले मदरलाई प्वाक्क भनिन्, "मदर, सोमबारदेखि परीक्षा छ हामी के गर्नु ?"

"तिमी बदमास केटीहरू परीक्षा दिन पाउँदैनौ ।"

"उसो भए हाम्रो जम्मै खजानाहरू फर्काइदिनुस् ।"

मदरले यस्तो कडा जबाफको अपेक्षा गरेकी थिइनन् । उनी मायाको कुरा सुनेपछि अलमलमा परिन् । विष्णु चुपचाप थिइन् । सायद मदरसँग अरू विकल्प थिएन । अन्ततः उनले परीक्षामा बस्ने अनुमति दिइन् । यो खबर सबै विद्रोही विद्यार्थीहरूको कानकानसम्म पुऱ्याइयो । अनि सोमबार सुरू भएको परीक्षामा सबै परीक्षा दिन आए । गज्जबको कुरा सबैले परीक्षा उत्तीर्ण पनि गरे ।

शिवकुमार डा. केएसका एक्ला छोरा थिए । त्यसैले घरमा विष्णुहरूको भन्दा उनको माग पूरा हुन्थ्यो । जस्तो आज हक्की चाहियो भन्यो । साँझ हक्की आइपुग्थ्यो । अनि शिव भोलिपल्टको पूरै दिन हक्की खेलमा बिताइदिन्थे । बाबुलाई यो असह्य हुन्थ्यो र त्यो हक्कीलाई लात हानेर भाँचिदिन्थे अनि चुलोमा हालिदिन्थे । ब्याडमिन्टनको हालत पनि त्यही हुन्थ्यो । उनलाई मुरली बजाउने पनि सोख थियो । उनी बेसुरा राग

अलापेर बसिरहन्थे । बाबुले त्यो मुरलीलाई पनि सिमेन्टमा राखेर जुत्ताले फोरिदिए । विष्णु देख्थिन् दाजु दुःखी भएको, निराश भएको र बिस्तारै सहज हुँदै सन्तुष्ट हुन सिकेको । छोराप्रति बाबुको माया र आक्रोश अचम्म लाग्थ्यो विष्णुलाई ।

यसैबीच शिवकुमार र सुकन्या चित्रकला गर्न थाले । तर विष्णले भने लेख्न थालिन् । उनको लेखाइमा बाहिरका कुराहरू हुन्थे– अनुभवहीन, वास्तविकताहीन । त्यसैले सन्तुष्ट हुने कुरै थिएन । खुसी पनि हुन सक्दिनथिन् । अनि घुम्न निस्किन्थिन्, कहिले हुल बाँधेर, कहिले एक्लै । आफूलाई ठूली स्वास्नीमान्छे भएको सम्झन थाल्थिन् । तैपनि जाडोमा हिउँ पर्दा उनलाई केटाकेटी झैं लडीबुडी गर्न मन लाग्थ्यो । बादलले घाम छेक्दाखेरि भुराभुरीहरूको हात समातेर 'घाम दिदी वरवर, बादल भेना परपर' भन्दै कराउन मन लाग्थ्यो । तर ती सब गर्न पनि सक्दिनथिन् । बरू उनलाई लाग्थ्यो, उनी अन्तर्मुखी हुँदै गएको । यो घातक प्रवृत्ति हो भन्ने पनि लाग्थ्यो । तैपनि उनी आफैंलाई मन नपरेको यस प्रवृत्तिमा परिवर्तन ल्याउन कहिल्यै सक्षम हुन सकिनन् ।

विष्णुलाई लाग्थ्यो, उनलाई कसैले बुझ्दैन । कसैले उनीप्रति चाख पनि राख्दैन । छिमेकी र साथीहरू उनलाई अलिकति अनौठी छे भनिदिन्थे । उनलाई यति मात्रै भनेको चित्त बुझ्दैनथ्यो । उनीभित्र अटेसमटेस जिज्ञासा जन्मन्थे र मर्थे । प्रश्नहरू जन्मन्थे र मर्थे । स्थितिहरू जन्मन्थे र मर्थे ।

सानो तामाको गाग्री लिएर उनी धारामा पानी लिन जान्थिन् । एक्लै । एउटा शीतल खोचमा थियो धारा । उनी धाराबाट ढुङ्गामा पानी झरिरहेको हेर्थिन् । कक्षामा पढेको भूगोलको पाठले उनलाई चित्त बुझाउन सकेको थिएन । किनकि उनमा भावुकता थियो । उनी घण्टौंसम्म धाराको गति र ध्वनिसँग हराएर बसिरहन्थिन् । उनको यो स्वभाव र प्रवृत्तिलाई लिएर बाबु भन्थे, "बिग्रेको काम नलाग्ने दार्शनिक, सेन्टिमेन्टल रिजनलेस ।"

# पुस्तकमा मन

विष्णुको उमेर चढ्न थाल्यो । काकाको छोरा घोडचडी दाजुले थुपारेका *तोतामैना, वीरसिक्का, गुलाबकली, प्रेमलहरी* जस्ता पुस्तक पढ्न थालिन् विष्णुले । घोडचढी दाजु किताबहरू लुकाएर राख्थे, विष्णु तिनलाई चोरीचोरी पढ्थिन् । एक दिन ती पुस्तकको थाकमा *अकबर वीरबल* पुस्तक देखिन् । उनले त्यसलाई पढिन् । एक दिन *कोकशास्त्र* पनि देखिन् । त्यो पनि पढिन् । *कोकशास्त्र* अलिकति पढेपछि उनलाई नौनारी गलेको अनुभव भयो । डरले त्यो पुस्तक उनले लुकाइन् । तर उनले लुकाएको *कोकशास्त्र*को त्यो किताब भोलिपल्ट भेटिनन् । घोडचडी दाजुले उनलाई शङ्काका दृष्टिले हेरे । तर विष्णुलाई अब ती दाजुको अनुहार देख्दा विरक्त लाग्न थाल्यो । ती दाजले भने, "मलाई धेरै केटीहरूले मन पराउँछन् ।" उनी लुकीलुकी स्वास्नीमान्छेहरूको कुरा गर्थे । उनलाई गाउँभरिका स्वास्नीमान्छेहरूको गोप्य कुरा थाहा हुन्थ्यो ।

यिनै दाजुले फेरि एक दिन विष्णुलाई भने, "तिमी खुब लेख्ने गर । तिम्रो भाषा मीठो छ ।"

तर विष्णुले लेखिन् प्रेमपत्र र लुकाएर राखिन् बाकसभित्र । दाजुले यो कुरा पत्तो पाए । अनि हल्ला गरिदिन्छु भनेर अत्याए । विष्णु लाज र रिसले अर्कैअर्कै भइन् । तर उनको दिमाग तीक्ष्ण थियो । उनले फ्याट्ट भनिन्, "तपाईंले पनि कापी बेचेर सिनेमा हेर्न गएको भन्दिन्छु । हल्ला गर्दिन्छु ।"

अनि दाजुले हार खाएर भने, "जन्मिँदैको तीन पात ।"

राति पानी परेर टक्क थामिएपछि विष्णुलाई फूलबारीमा कुदौंकुदौं लाग्थ्यो । प्रत्येक वर्षामा यो अवसर चुक्यो भने उनलाई घाउ लागेको अनुभव हुन्थ्यो । त्यसैले त फुपूकी छोरीलाई साथ लिएर उनी घरबाट बाहिरिन्थिन् । एकदम 'हिस्टेरिक' भइदिन्थिन् । त्यो दृश्यले उनलाई सम्हालिनसक्नु बनाइदिन्थ्यो । उनलाई चिच्याईचिच्याई रून मन लाग्थ्यो ।

स्कुलको सानो पुस्तकालयमा नाम दर्ता गरेपछि उनलाई पढ्ने पुस्तकको खाँचो भएन । त्यहाँ प्रशस्त किताबैकिताब थिए । पत्रिका थिए् । उनको पठनको स्तर *प्रेमलहरी*बाट माथि उठिसकेको थियो । अब पिटरम्यान, रविन हुड, अरेबियन नाइट्स, सिन्दवाद द सेलर, रबिन्सन क्रुसोलगायतका पुस्तक र परिकथा पढिभ्याइन् ।

पढाइ गर्दा बाबु खुसी भए । उनलाई गीत गाउन पनि मन लाग्थ्यो । तर कठोर बाबुका अघि गीत गाउनै हुँदैनथ्यो । उनी विरोध गर्न आइपुग्थे । गीतको कुरालाई लिएर हात छाड्न पनि बेर लाउँदैनथे । राताराता आँखा पारी हेर्थे । रिसले भुइँमा थुक्थे । बाबुको डरले स्वर बिस्तारैबिस्तारै दब्दै जान्थ्यो । आन्तरिक सुखका निम्ति उनी कुनाकानी खोजेर दबेको स्वरमा गुनगुनाउँथिन् । उनलाई नाच्न मन लाग्थ्यो । नाच हेर्न जान मन लाग्थ्यो । तर नाच्नु बाबुका अघि त झन् घोर अपराध हुन्थ्यो । यसको त उनले सुइँकै पाउनुहुँदैनथ्यो । बाबु यी दुवै कुराको सख्त विरोधी थिए । यही विषयलाई लिएर उनी आफू घर छाडेर जाने धम्की दिन्थे । अथवा उनीहरूलाई स्कुल जान रोकिदिने झन् ठूलो धम्की दिन्थे । बाबुका आँखा छलेर साँझमा गट्टा खेल्ने मात्र खेल बाँकी हुन्थ्यो ।

गीत गाउने विष्णुको चाहना र बाबुको त्यसमा सख्त विरोध र आपत्ति मात्र होइन, दण्डनीय अपराध झैं ठान्ने प्रवृत्तिका विषयमा सुकन्याले पछि यसरी सम्झना गरिन्–
*दिदीलाई गीत गाउन मन पर्ने, बाउलाई गाएको पटक्कै मन नपर्ने । एउटा बङ्गालीको घरमा सेल्टर लिएर बसेका थियौं । त्यहाँ माथि एक जना ड्राइभर बस्थे । ती ड्राइभरसँग हार्मोनियममा दिदीले ठूलो स्वरगा गीत गाउन थालिछन् । तलको तलामा आवाज पुगेको उनलाई होसै भएनछ । तल झर्दा त बाउ रिसले मुर्मुरिएका । "किन गीत गाइस् ? त्योसँग किन गइस् ?" भनेर थर्काउनुभयो । दिदीले पनि 'गीत गाएर के हुन्छ ?' भनेर निहुँ खोजिछन् । बाउले रिसाएर घुसा उठाए, मैले छेल्न खोज्दा त्यो घुसा त मेरै अनुहारमा पऱ्यो । (सुकन्या : बाह्रखरी, २१ फागुन २०७३)*

सन्त टेरेजा स्कुलमा आठ कक्षासम्म मात्र पढाइ हुन्थ्यो । अब आठ कक्षा पास गरेपछि कहाँ पढ्न जाने, ठूलो प्रश्न थियो । अनि घरी हाइस्कुलका शिक्षक सोमेन सरसँग हिसाब सिक्न त कहिले शान्ति खालिङसँग अरू विषय सिक्न दार्जीलिङ नगरपालिका छात्र विद्यालयमा पुग्थे, विष्णु र माया । एक दिन विष्णु र माया फसपन हट्टा भएर जाँदै थिए । गणेश होटलछेउ मात्र पुगेका थिए, नगरपालिका छात्र विद्यालयका प्रधानाध्यापकको कार्यालयको माथि झ्यालबाट दिलु राईले उनीहरूलाई छिटो आउन हपारिन् । अनि दुवै हतारहतार कक्षाकोठामा पुगे । उनीहरू पुग्नेबित्तिकै गुरूमा र दिलु एकसाथ मरीमरी हाँसे । वास्तवमा त्यो हाँसोको रहस्य थियो । गुरूमाले दिलुसँग भनेकी थिइन्, "ती दुई त मुखमा पान चपाउँदै अँगालो हालेर आउँदै छन् होला ।"

त्यही कुराले दुवै हाँसेका थिए । हुन पनि विष्णु र माया दार्जीलिङको पुसमाघको जाडोमा शरीर तताउन बजारछेउको नगिनाको पान दोकानमा मीठा पान किनेर मुखमा हाली अँगालो मारेर हिँड्थे । विष्णु सधैं लिम्बू बस्तीको कर्माकोठीबाट हातमा सानो गुलाबी बिँड भएको कालो छाता बोकेर मायालाई लिन जान्थिन् । दुवैले मायाको घरमा खाना खाएर स्कुल वा कतै जाने गर्थे ।

कक्षा आठसम्म सन्त टेरेजा स्कुलमा पढाइ सकाएर पास भइवरि समय काटिरहेका विष्णु र माया थप पढाइका लागि शारदेश्वरी कन्या पाठशालामा भर्ना भए । त्यो स्कुलमा पढ्दा अरू साथीहरू पनि अन्तरङ्ग मित्रमण्डलीमा थपिए । ती थिए, दिलु, रम्भा र गङ्गा । अब उनीहरू पाँच जना अन्तरङ्ग साथी भएका थिए । त्यो वर्षको अन्त्यमा उनीहरू वनभोज खान पनि गए, सिनचेलको धापमा । उनीहरूले त्यहाँ निकै रमाइलो गरे । फोटा पनि खिचे । त्यो पिकनिकमा उनीहरू केटीमान्छे मात्र भएकाले सबैका दाइ खिदमत सुब्बालाई साथ दिन अनुरोध गरेका थिए । त्यो सालपछि उनीहरू तितरबितर भए । अर्थात् गङ्गा खर्साङ एसबिडेटिबी सेनेटोरियममा नर्स भएर गइन् । रम्भा पहिला करफोक र पछि धिरधामस्थित शारदा प्राथमिक विद्यालयमा शिक्षिका भइन् । बाँकी तीन जना विष्णु, दिलु र शान्ति दार्जीलिङमै रहे ।

यसैबीच बाबु फेरि औषधि प्रयोगका निम्ति नेपालको इलाम पसे । विष्णुहरूलाई यसपालि पहिलाको झैं त्यस्तो नियास्रो लागेन । उनीहरू आफ्नो अभिभावक आफैं भएको अनुभव गर्ने भइसकेका थिए । राति अबेरसम्म गफ गरेर बस्दा तथा गाउँका दौंतरीहरू घरमा थुपार्दा पनि केही भन्ने कोही थिएन । यसरी अनुशासन तोड्न पाउँदा विष्णुलाई अग्घोर आनन्द लाग्थ्यो । बाबु हुँदा गुन्द्रुकमा ल्वाङ हालेर घण्टौं गलाएर स्वाद मानीमानी खान्थे । तर अब बाबुको अनुपस्थितिमा गुन्द्रुक भुलुक्क उमालेर झोल खान्थे । त्यसमा पनि आनन्दै लाग्थ्यो । मन लागेका बेला खाने, मन लागेका बेला सुत्ने गर्न पाउँदा उनीहरू बाबुको अनुपस्थितिलाई भुल्न थालेका थिए । उनीहरूलाई त्यो अनुपस्थिति बिझाएन । यसपल्ट बाबु पहिले काठमाडौं गए जस्तो ढिलो गरेनन् । उनी इलामबाट छिट्टै फर्किए । अनि दुई दिनसम्म इलाम भ्रमणको वृत्तान्त सुनाए । विष्णु, सुकन्यालगायत सबै बाबुको मुखबाट यात्रा वृतान्त सुनेर रमाए । अनि कुनै दिन इलाम जाने धोको मनमा पाल्न थाले ।

समय बदलियो । समयसँगै विविध व्यवहार र प्रचलन पनि बदलियो । साँझ बाबुले कथा भन्ने, बौद्धिक कुराहरू गर्ने सिलसिला टुट्यो । खाना खाइसक्नेबित्तिकै उनलाई सुत्ने हतार हुन्थ्यो । खालि सुत्नुअघि उनले चुरोट तानुन्जेल घरका सानातिना कुरा गर्थे, बस् त्यत्ति । अनि उनी आफ्नो कोठातिर लाग्थे । विष्णुहरू पनि अर्को कोठामा थुप्रिन्थे । यो कोठामा अब नयाँ परिवेशको निर्माण भयो । काकाका छोरा जसले 'घोडचडी दाजु'को उपनाम पाएका लिए, तिनले बाबुको बौद्धिक कक्षाको ठाउँ लिए । यसले सबैलाई रमाइलोपन दियो । उनी स्कुलका कुरा गर्थे । शिक्षकका कुरा गर्थे । बजारका कुरा गर्थे । गाउँका कुरा गर्थे । उनका पछि लागेका केटीहरूको बयान गर्थे । आफूले तिनैमध्ये ककसलाई रूचाएको त्यो पनि बयान गर्थे । त्यति मात्र होइन, आफ्ना साथीहरूका प्रेमिकाहरूको पनि उत्तिकै बयान गर्थे । कस्तीकस्ती छन् । कहाँकहाँ भेट्ने गर्छन् । कसको कति चिठी आउँछ आदि इत्यादि गफ गर्थे । उनलाई गाउँभरिको सारा रेकर्ड थाहा थियो । ककसको प्रेम भइसक्यो, ककसको

हुनेवाला छ । अथवा ककसको प्रेम बिछोडमा बदलिँदै छ जस्ता चाखलाग्दा प्रेम र बिछोडका कहानी सुनेर विष्णुहरू दङ्ग पर्थे । यसरी यी काकाका छोरा कुमार वाइबा विष्णुहरूमाझ झन्झन् लोकप्रिय भए । कतिसम्म भने उनी नभए विष्णुलाई शून्यशून्य लाग्न थाल्यो । सबैलाई शून्य लाग्न थाल्यो ।

यी गफका अतिरिक्त उनले गर्ने गफ थियो घोडाको । उनी घोडाप्रिय थिए । त्यसैले त नामै घोडचडी दाजु भयो । उनले चढेका घोडाहरूको बयान गर्थे । तिनीहरूको भिन्नताको गफ गर्थे । तर घोडाको गफ गर्दागर्दै उनी त्यसैत्यसै लाटिन्थे, हराए झैं हुन्थे । उनी घोडा चढ्नका लागि जेब मार्थे । कन्तुर फोरिदिन्थे । घोडा चढ्ने लतले उनलाई पढाइबाट विमुख बनाइदियो । उनी ढाँटछल गरेर घरमै बस्न रूचाउँथे ।

# चुरोटको लत

घोडचडी दाजु र फुपूकी छोरीको सङ्गतले विष्णु चुरोट तान्न थालिन् । चियाबगानका मजदुरहरू कागजमा सुर्ती बेरेर घरेलु चुरोट बनाएर तान्थे । फुपूकी छोरी पनि त्यसै गर्थिन् । विष्णुको निकोटिन यात्रा त्यहीँबाट सुरू भएको हो । त्यति बेला तिनलाई के थाहा, यो यात्रा आजीवन हुन्छ भन्ने । हुनत त्यति बेला दार्जीलिङमा स्कुल पढ्ने केटीहरूले चुरोट पिउनु घोर बेइज्जतीको विषय हुन्थ्यो । त्यसैले लुकेर चुरोट पिउनुको विकल्प थिएन । बिस्तारै विष्णुलाई चुरोटको तलतलले सताउन थाल्यो । भात खाइसकेपछि तलतल लाग्थ्यो । स्कुलबाट फर्किंदा तलतल लाग्थ्यो । फुपूकी छोरीले एक दिन झर्किंदै भनिन्, "एक पैसाको सुर्ती किन्ने होइन । उडाउनु मात्रै छ ।"

फुपूकी छोरीले त्यसो भनेपछि विष्णुले साताको दुईपल्ट एक आना पैसा दिने गर्न थालिन् । यसरी उनी पैसा तिरेरै खाने चुरोटबाज भइन् । चुरोट तानेका औँलाहरू निकोटिनले पहेँला हुन थाले । र त्यो पहेँलोपन हटाउन ढुङ्गामा हात घोट्ने अनि बालुवामा रगड्ने गर्न थालिन् । उनलाई साथीसँगाती अनि दौंतरीहरूको डर लाग्न थाल्यो ।

कहिलेकाहीँ उनलाई लाग्न थाल्यो, जाबो चुरोट पनि स्वच्छन्द रूपले पिउन नपाउनु ? यो कस्तो बाँधिएको जीवन हरे !

यस्तो सोच्दा उनलाई नरमाइलो लाग्थ्यो । उनलाई ठूला मान्छेहरूसँग जलन अनुभव हुन्थ्यो । उनीहरूको स्वतन्त्रता नै उनको जलन थियो । उनलाई लाग्थ्यो, कुमार दाइ अर्थात् घोडचडी दाइ नै कति खुसी छन् । उनलाई कति ठूलो स्वतन्त्रता छ । रातबिरात डुल्न पाउँछन् । सिनेमा हेर्न जान्छन् । घोडा चढ्छन् । बिँडी पिउँछन् । उनलाई कसैले त्यसमा बिघ्नबाधा पुर्‍याउँदैन । उनका क्रियाकलापले विष्णुलाई लोभ लाग्थ्यो ।

तर यिनै दाइ एक दिन मलाया भर्ती केन्द्रमा भर्ना भए । अनि लागे मलाया । सबैलाई नरमाइलो बनायो उनको प्रस्थानले । पछि उनको चिठी आउन थाल्यो । चिठीमा उनी एकदमै बुज्रुक जस्ता देखिन थाले ।

बिस्तारै विष्णुमा कुरकुरे बैंसले चियाउन थाल्यो । साथीहरूसँग हिँड्दा अब उनलाई बेग्लै आनन्द अनुभव हुन्थ्यो । उनी हूलमा सबैभन्दा कम बोल्नेमा पर्थिन् । कम बोल्नु,

कम सुझाव दिनु कि बोल्दै नबोल्नु । अथवा साथीहरूबीच घण्टौं सँगै हुँदा पनि आफैंमा हराउनु उनको आदत बन्यो । अब बाटोघाटोमा बैंसालु ठिटाहरूका तीखा नजरबाट बच्न उनलाई हम्मेहम्मे पर्न थाल्यो । आसक्ति हुनु, वितृष्णा हुनु, घरमै प्रेमपत्रहरू आउनु नियमितता बन्न थाल्यो । यसले उनको मानसिकतालाई खलबल्याइदियो । तिनीहरूमध्ये कहिले कसैलाई छानूँछानूँ लाग्न थाल्यो । कहिले सबैबाट भागूँभागूँ लाग्न थाल्यो । गज्जब त के भने उनलाई प्रेमको ठोस परिभाषा नै पत्तो थिएन । मान्छेहरू प्रेमपत्रहरूको आदानप्रदान गर्नु, डेटिङ गर्नु अनि भागेर बिहे गर्नुलाई प्रेम ठान्थे ।

सुकन्या पनि भन्थिन्, "हामीलाई त छूँछूँ लाग्छ तिम्रो शरीर । केटाहरूलाई पनि लाग्दो हो ।"

यी र यस्तै विषय अनि परिवेशले विष्णुलाई उकुसमुकुस हुन्थ्यो । अनि उनले लेख्न चाहिन् । तर उनको अन्तर्मनले मनका वेगलाई लगाम दिन कलम अझै तयार नभएको निष्कर्ष निकाल्यो ।

# पहिलो प्रेम

यसैबीच एउटा अनुहारमा विष्णुका आँखा अडिए । ती मान्छेको छाप मनमा बस्यो । ती थिए, धनुवर मुखिया । यो सायद प्रेमको सुरूवात हो भन्ने लाग्छ उनलाई । उनले केही रात र दिन बितेपछि दार्जीलिङको परम्पराअनुसार एउटा प्रेमपत्र प्रस्तुत गरे । प्रेमपत्र त अनेकबाट अनेक आएका थिए । तर यो प्रेमपत्र उनलाई विशेष लाग्यो । अनि उनले स्विकारिन्, आवेशमै सही । अनि लुक्न गइन् कोठाभित्र । तर उनलाई लुक्न कोठा पर्याप्त भएन । र मनभित्रै लुक्ने प्रयासमा लागिन् । केही चिठी आदानप्रदान भए । तर भेटघाट भएन ।

प्रेम सुरू भएपछि भेटघाट हुनुपर्ने थियो । हात समाउँदै घुम्न जानुपर्ने थियो । होटलमा खान जानुपर्ने थियो । सबैले त्यसै गर्थे । तर विष्णु यी सबका लागि तयार थिइनन् । बरू घृणाले उनको आङ खुम्चियो । एकान्तमा रून थालिन् । एउटा अदृश्य घाउ बस्यो मनभित्र । वर्षा ऋतुको जङ्गली फूलको सुवास जस्तै । अनि एक दिन प्रेम र भावुकताको पर्खाल नाघेर यो प्रेमकथालाई स्थगित गर्ने सम्झौतामा पुगिन् । नटुसाउँदै प्रेम दुर्दान्त किनारमा आइपुग्यो । विष्णुले नजानेरै यो प्रेमलाई प्लेटोनिक रूप दिन पुगिन् ।

त्यसै वर्ष वर्षा ऋतु अभिशापको रूप लिएर दार्जीलिङ पस्यो । आँधीबेहरी, बिजुली चम्काइ, मुसलधारे पानी र त्यसले निम्त्याएको पहिरोले विनाशलीला देखायो । ताण्डव नृत्य देखायो । विष्णुले जीवनमा पहिलोपल्ट देखिन्, पहाड भत्केको, गाउँ बगेको । जङ्गल बगेको । निकै डरलाग्दो दृश्यले अत्यायो । अति प्यारो लाग्ने वर्षा ऋतुको प्रलयको पाटो पनि देखिन् । बिहान मेडिकल हलतिर गइरहेका बाबु पनि यो विपद् लीला देखेर फर्किए । गाउँका सबैको भागाभाग भयो । उनीहरू सबै ज्यान जोगाउन जङ्गलभित्रको बङ्गाली रजौटाहरूको निवासमा पुगे भाग्दैभाग्दै, केही ओढ्नेओछ्याउने लिएर । बाबुको चिनाजानी भएका त्यहाँका चौकीदारले आश्रय दिए । तर रातभर पहिरो गएको आवाज आइरह्यो । कोही निदाउनै सकेनन् । बाबु भने मस्तसँग साबिकको निद्रा सुते । यो ठाउँ सहर र गाउँदेखि टाढा जङ्गलभित्र सुरक्षित थियो । त्यसैले गाउँमा केके भयो, उनीहरूलाई पत्तै भएन ।

बिहान भएपछि चियाको तलतलले सतायो । छाडेर आएको बिरालोको मायाले सतायो । विष्णुको छाती पोल्न थाल्यो । दाजु शिव चियाका सामान र बिरालो लिन घर जान तयार भए । जिद्दी गरेर विष्णु पनि शिवको पछि लागिन् । बाटो कुनै सद्दे थिएन । दाजु उफ्रेर पारि पुगे । विष्णु धापमा फसिन् । शिवले घरी यता आऊ भने । घरी फर्केर जाऊ भने । विष्णुलाई भने मृत्युसँग साक्षात्कार भए झैं लाग्यो । दाजु आएर त्यो धापबाट निकाले विष्णुलाई । तर त्यो धापमा फस्दा दुवैका पाँसुला रक्ताम्मे भए । गज्जबको कुरा, उनीहरू त्यो धापबाट निस्कनेबित्तिकै त्यो ढिस्को पूरै बग्यो । मृत्यु नजिकैबाट गए जस्तो लाग्यो । गाउँ सुरक्षित नभएको निष्कर्ष निकाल्दै गाउँलेहरू घर छाडेर सहर पस्न थाले । विष्णुलाई ती गाउँलेहरूको साथ लागेर जान भन्दै शिव ग्रीष्म निवासतिर लागे ।

विष्णुले देखिन्, आफ्नो घर त साबुत छ । उनले घरको पर्दाले आफ्नो बेपर्दा भएको शरीर ढाकिन् । लाज ढाकिन् । अनि गाउँलेहरूसँगै सहरतिर भाग्न थालिन् । सहरमा चिनेको मासुपसले घरपतिले आफ्नी नातिनीसँगै विष्णुलाई पनि पुलिसको हबल्दारको एउटा सुरक्षित कोठामा लगेर राखिन् । अनि छेवैको पसलबाट चिउरा र गुड ल्याएर खान दिइन् । खान त खाइन् चिउरा र गुड मीठो मानेर । तर आफ्नो लुगा नभएको र पर्दाले बेरेको शरीरमा भिखारी जस्तो देखिइन्, ती घरपतिको नजरमा । उनले एउटा खास्टो दिइन् । विष्णुले त्यो खास्टो ओढेर आफ्नो जीउ ढाकिन् ।

विष्णुलाई दाजु, बाबु, सुकन्याको याद आयो । उनलाई आफू एक्ली भएको अनुभव भयो । टुहुरी भए झैं लाग्यो । अनि एक्लै रून थालिन् । तर बिहान जब उज्यालो छर्दै नयाँ दिन बोकेर आयो, विष्णु हतारिँदै, अतालिँदै ग्रीष्म निवास फर्किइन् । डाँडामा पुग्नासाथ उनी चिच्याउन थालिन् । ग्रीष्म निवास साबुत देखेर उनी बेतोडले दौडिइन् । उनलाई एक सासमा घर पुगेकै थाहा भएन । उनकै चिन्तामा छटपटाइरहेका सबै जना उनलाई देख्नासाथ खुसी भए । हाँसे । एउटा मीठो मिलनको क्षणमा बदलियो वातावरण । बित्यासलाग्दो अवस्थापछि पारिवारिक पुनर्मिलन भयो ।

एक दिन अनायासै, एक प्रकारको सपना जस्तै धनुवर मुखिया विष्णुलाई खोज्दै आइपुगे । त्यो प्राकृतिक विपत्तिको लीलालगत्तै । विष्णलुे आश्चर्यचकित भएर उनलाई हेरिरहिन् । उनलाई जीवनको ऐकान्तिकता कहीँ टुक्रिए जस्तो लाग्यो । उनको आगमनलाई विष्णुले न स्विकार्न सकिन्, न अस्वीकार गर्न । उनले त ईश्वरबोध जस्तो, जङ्गली फूलको सुवास जस्तो अदृश्य रूपले मनमा पालिएको मायालाई अन्तरमा एउटा ठाउँ खाली गरी थन्क्याइसकेकी थिइन् । यसरी शारीरिक रूपमा साक्षात्कारका लागि उनी तयार थिइनन् ।

उनी हाँस्न खोजिन् । तर सकिनन् । उदास भइन् । केही भन्न खोजिन् । तर शब्दहरू कविता जस्तै छातीको चट्टान पछिल्तिर लुकिदिएको अनुभव भयो । अनि बल्ल विषयान्तर भयो । उनीहरूले मौसमको कुरा गर्न थाले । दुर्घटनाको कुरा गर्न थाले ।

यस्ता केही पटकको भेट जीवनको गह्रुङ्गो भारीको बोझ झैं लाग्यो । रातमा विष्णुलाई धनुवरको असीम माया लागेर आयो । तर बिहान हुँदानहुँदै ती सब म्याद पुगेका फूल बोटबाट झरे झैं निखिए । रित्तो भए । उनी प्रेमयात्रामा बिलखबन्दमा परिन् । परस्पर विरोधी मनस्थितिको भारले थिचिएर विष्णु गल्दै क्षीण हुँदै गइन् । जता हेरे पनि उनलाई उराठ लाग्न थाल्यो । आँखा अँध्यारा भए । अनि उनले आफैंसँग प्रश्न गरिन्, के प्रेम भनेको यही हो ? हो भने प्रेमभन्दा त रोग बढी हो । अनि यो स्थितिबाट छुटकारा पाउन चाहिन् । कुरा गर्दा पनि टाढाटाढा बसिन् । जे जस्तो अवस्थामा पनि धनुवर रिसाएनन् । बरू एक दिन प्रेमसम्बन्धी एउटा कटु प्रश्न गरेपछि उनको जीवनमा बाधा नपार्ने अठोट दिएर उनी सधैंसधैंका लागि विष्णुको जीवनबाट गइदिए । विष्णु पीडाले लाटिइन्, शिथिल भइन् । उनका आँखा चिसिए । तिनै चिसा आँखा लिएर उनी उभिइरहिन् । उनलाई लाग्यो, उनी दुःखी भएकी छन् । असफल भएकी छिन् । धनुवर पिठिउँ फर्काएर गएको उनले हेरिरहिन् । उनले फर्केर हेरेनन् एकपल्ट पनि । विष्णुले पनि बोलाउन सकिनन् ।

# रोगको सुरूवात

विष्णुलाई अचानक लिभर र एनेमिया भयो । उनी कमजोर र पहेंली भइन् । उनको पढाइको सिलसिला रोकियो । एक रात कुहिनाको जोर्नी दुखेर उनलाई सहिनसक्नुभयो । उनी ओछ्यानमा टुक्रुक्क बसेर रून थालिन् । उनी रोएको सुनेर सुकन्या ब्युँझिइन् । विष्णुको पीडामा उनी पग्लिइन् । तेल तताएर मालिस गरिदिइन् । सुत्न अप्ठ्यारो भयो होला भनिन् । तर त्यो दुखाइ सुताइको अप्ठ्यारोले भएको थिएन । त्यो त एउटा घातक रोग थियो । निर्दयी रोग थियो । त्यसको सुरूवात थियो । देब्रे कुहिनाबाट सुरू भएको त्यो दुखाइ त्यस रातपछि कहिले कुहिना, कहिले घुँडा, कहिले औंला, कहिले हत्केला र कहिले बङ्गाराको हाडसम्म पुग्यो । हरेक रात ।

आफैं डाक्टर हुनुको एक प्रकारको घमन्ड थियो विष्णुका बाबुलाई । उनी अरू डाक्टरहरूसँग सल्लाह गर्दैनथे । दुखाइ दिउँसो कम हुन्थ्यो । अनि हिँड्ने-डुल्ने गर्थिन् । रात फेरि भयावह पीडा लिएर आउँथ्यो । यो शारीरिक यन्त्रणाले विष्णुलाई झन्झन् उजाड र दुःखी बनाउँदै लग्यो ।

समय बित्दै गयो । यो पीडामा उनी अभ्यस्त हुन थालिन् । दुखाइसँगै बाँच्नुपर्ने नियति ठान्न थालिन् उनले । एकातिर शारीरिक पीडा अनि अर्कोतिर साहित्यमा चाख वृद्धि एकसाथ हुन थालेको थियो । *भारती, गोर्खा* र *हाम्रो कथा* पढ्थिन् । यी पत्रिकाका रचना पढेर छलफल गर्ने पनि सिलसिला चल्यो । म्याट्रिकको परीक्षामा विष्णु असफल भइन् । यो असफलताले उनमा निराशा बढायो । तर सुकन्या प्रतिभाशाली थिइन् । उनी हरेक कुरामा लगनशील थिइन् । र उन्नतिले उनका पैताला चुम्न आउँथ्यो । यो देखेर कताकता विष्णुलाई हीनताबोध हुन्थ्यो ।

काकाका छोरा कुमार वाइबा अर्थात् घोडचडी दाजु मलायाबाट फर्केर आए । उनको आगमनले त्यो घरमा खुसीको बहार ल्याइदियो । उनकै मागअनुसार दाजुले मलायन चप्पल ल्याइदिएका थिए । तर घरभरिमा सबैभन्दा बढी कोसेली पाउने दाजु शिवकुमार थिए । घडी, जर्सी, बुट, पेन आदि थिए उनका लागि । तर एउटा अचम्मको परिवर्तन देखियो घोडचडी दाजुको जीवनमा । उनले माछा, मासु, रक्सी, चुरोट सबै त्यागेछन् । अब उनको नाम घोडचडी दाजुबाट साधु दाइ भयो ।

साधु दाइ केही दिन घर रमाइलो गरेर आफ्नै आमाबाबु भेट्न चियाबगानतिर लागे ।

# शिवकुमारको मृत्यु

बाबुको मायाले पुलपुलिएका दाजु शिवकुमार घर अबेर गरेर आउन थालेका थिए । राति गाउँका अल्लारे केटाहरू जम्मा हुन्थे । खैनी खान्थे । चुरोट पिउँथे । गाँजा तान्थे । शनिबार-आइतबार पौडी खेल्न जान्थे । माछा मार्न जान्थे । दाजुको स्कुले प्रतिभामा खिया लाग्न थालेको थियो । लेउ लाग्न थालेको थियो । उनी सायरी पढ्थे र कापीमा उतार्थे । दाजुको यस्तो चालामालाले विष्णुलाई पिर लाग्थ्यो । सुकन्यालाई पिर लाग्थ्यो ।

ठीक समयमा घर नआउँदा बाबु रिसाउँथे । विष्णु, सुकन्याहरूलाई त छोरीमान्छे भएकाले यसै पनि राति बाहिर निस्कन मनाही थियो । अरूको घरमा जान मनाही थियो । बाबु घर आएपछि जोडसँग हाँस्न पनि मनाही थियो । बाबुलाई रिस उठे आँखा पल्टाउँदै आउँथे । ओढ्ने फालिदिन्थे । छोराछोरी सबैलाई घिसार्दै बाहिर लान बेर मान्दैनथे । त्यसो हुँदा विष्णु, सुकन्या ओछ्यानमा पसेर हाँस्न थाल्थे । उनीहरू धेरै बेरसम्म सासले मात्र कुरा गर्थे ।

आमाको ममताबाट विमुख तर बाबुको लाडप्यार अनि भनेको पुऱ्याइदिने आदतले शिवकुमार वाइबाले त्यसको दुरूपयोग गर्ने क्रम क्रमशः बढ्यो । रातमा ढिलो आउनु सामान्य बन्यो । विष्णुलाई यो उनको आदतले डर लाग्थ्यो । बाबुसँग यो कुरा गर्ने भएन । बहिनीसँग पनि के कुरा गर्नु ? एक रात दाइ राति निकै अबेरसम्म पनि नआउँदा अत्यास लाग्यो विष्णुलाई र आवेशमा फुपूकी छोरीलाई साथमा लिएर उनलाई खोज्न गइन् । खोजेर ल्याइन् पनि । घर आइपुग्नासाथ उनले बान्ता गरे । उनले गाँजा खाएर आएका थिए । उनको यो क्रियाकलापले विष्णुलाई पीडा हुन्थ्यो । उनको मन नियास्रिन्थ्यो । दिनदिनै दाजु शिवकुमार भौतारिएको देखिन् । टाढा भएको देखिन् । झन् स्कुलबाट भागेर पौडी खेल्न जानु दाजुको नियमितता बन्यो । तर एक मात्र प्यारो छोराबारे बाबु डा. केएस पूरै बेखबर थिए । उनलाई केही पनि पत्तो थिएन ।

दार्जीलिङको परिवेशमा दसैं आउन लागेको आभास आउन थालेको थियो । छोरो यसै वर्ष म्याट्रिकको परीक्षामा बस्ने । बाबु दङ्ग थिए । दसैं आउनु महिनौंअघि नै शिवकुमारलाई दिदी र बाबुले एकएक ओटा सुट सिलाइदिएका थिए ।

आइतबारको दिन थियो । शिवकुमार आफ्नो आदतअनुसार रङ्गित चियाबगानको पोखरीमा पौडी खेल्न गएका थिए । त्यो दिन शिवकुमारभन्दा सानो र अरूभन्दा ठूलो

एक जना विधवाको एउटै छोरो काले पनि गएको थियो । सबै खुसीका साथ पौडी खेलिरहेका थिए । चर्को घाम भएकाले दिन रमाइलो थियो । तर दिउँसो ११-१२ बजेतिर अचानक जोडले पानी पर्न थाल्यो । सबै केटाहरू हतारिँदै पोखरीबाहिर जान थाले । काले भने पोखरीबाट निस्कन नसकेर डुब्न लाग्यो । शिवकुमारले कम्मरमा लामो डोरी बाँधेर ती पोखरीबाहिरका साना नानीहरूलाई समात्न लगाएर कालेलाई बचाउन पोखरीमा पसे । आफू बच्नका लागि कालेले शिवको कम्मरमा जोडले समात्यो । त्यसरी समात्दा आफू डुब्न लागेकाले शिवकुमारले कालेबाट आफूलाई छुटाउन खोजे । दुई जनाको बललाई पोखरीको बाहिर डोरी समातेर बसेका नानीहरूले थाम्न सकेनन् । आफूहरू पोखरीतिरै तानिन लागेपछि ती नानीहरू डोरी छाडेर गाउँतिर दौड्न थाले, गुहारगुहार मान्छे डुब्यो भन्दै ।

विष्णु मायाको घर गएकी थिइन् । दुवै जना सधैं झैं बजारको रमिता हेर्दै थिए– चर्को घाम ताप्दै । त्यस्तो चर्को घाम लाग्दालाग्दै अचानक मुसलधारे वर्षा भयो । यो छक्कलाग्दो कुरा थियो । मायाकी आमाले अतालिँदै भनिन्, यसरी एक्कासि पानी पर्‍यो भने त मान्छे पो मर्छ । मायाकी आमाको कुराले विष्णु र माया झन् अलमलमा परे । त्यसको केही बेरपछि पानी थामियो । दिन पुनः घमाइलो भयो । विष्णु दिउँसो तीन बजेतिर आफ्नो घरतिर लागिन् । विष्णु गएको केही बेरमा दुई जना युवक विष्णुलाई खोज्दै त्यहाँ आए । उनीहरू विष्णुका दाजु पोखरीमा डुबेर बितेको कुसमाचार लिएर उनलाई खोज्दै आएका थिए ।

रङ्गित चियाबगानको त्यो पोखरीमा मान्छेहरूको भीड जम्मा हुन थाल्यो । त्यो खबर पाएर हाम्फाल्दै डा. केएस पोखरीको डिलमा पुगे । उनले छोरा शिवलाई कृत्रिम प्रश्वास दिन थाले । उनलाई प्राणप्यारो छोराको मृत्यु भइसक्यो भन्ने कुरामा विश्वासै भएन । शिवकुमारको शरीरलाई घर ल्याइयो । घर, आँगन, बाटो, नातेदारहरू र सहृदयीहरूको भीडले तिल राख्ने ठाउँ थिएन । रूवाबासी चलिरहेको थियो । पूरै वातावरण रोदन र सुँकसुँकाहटले भरिएको थियो । बाबुलाई छोरो मरेको विश्वास अझै थिएन । र कृत्रिम प्रश्वासले होसमा ल्याउने प्रचेष्टामा लागिरहेका थिए । विष्णु र सुकन्या पनि शिवकुमारको शरीरलाई मालिस गरिरहेका थिए ।

विष्णु र सुकन्यालाई दाजु बाँच्लान् भन्ने आशा कताकता थियो । सबैले थाहा पाइसकेका थिए, शिवको मृत्यु भइसक्यो । तर घरका कोही यसलाई मान्न तयार थिएनन् । उनीहरूलाई मनाउन पनि सकेनन् । अन्ततः गाउँलेहरूले सहरको एक जना प्रसिद्ध डाक्टरलाई बोलाएर ल्याए र धेरै अघि मरिसकेका शिवको मृत्युको घोषणा गरिदिए । अनि सबैलाई सान्त्वना दिएर बिदा भए ।

तब पो पहाड खसेको अनुभव भयो, बाढीले बस्ती स्वाट्टै बगाएको अनुभव भयो । आफ्नै छानामाथि विशाल चट्याङ परेको अनुभव भयो बाबुलाई । विष्णुलाई । सुकन्यालाई । तर त्यो मृत्युको सत्य स्विकार्नुको विकल्प थिएन ।

सुकन्या मेरो एउटै दाजु, मेरो एउटै दाजु भन्दै कहालिई कहालिई रून्थिन् । छसात जना स्वास्नीमान्छेले पनि उनलाई सम्हाल्न धौधौ भएको थियो ।

विष्णुलाई आफन्त स्वास्नीमान्छेहरूले भने, "तँ घरकी जेठीपाकी मान्छे, यसरी बसेर भएन । आएर सिरानमा बत्ती बालिदे, मृत्यु कसको हुँदैन । झट्टै लामा बोलाउनुपर्‍यो । तेलबत्ती किन्न पठाउनुपर्‍यो । बाबु भोकै छन् । उनलाई तातो केही खुवाउनुपर्‍यो ।"

यति सुनिसकेपछि बिस्तारै विष्णु बौरिइन् । उनको चेतना फर्कियो । यो भीषण नियति थाप्लोमा बोकेर उनी आफ्नो काँधमा एक्कासि अकल्पनीय ढङ्गले खसेको उत्तरदायित्व सम्हाल्न आफू बसेको ठाउँबाट उठिन् । मुर्दामा परिणत दाजुको सिरानमा बत्ती बालिन् । लामा बोलाउन मान्छे पठाइन् । तेलबत्तीका लागि पैसाको चाँजो मिलाइन् । दिनभरि लास कुरेर बस्ने थकित, दुःखित केटाहरूलाई चियाको बन्दोबस्त गरिन् । त्यसपछि बल्ल एक कचौरा चिया बोकेर बाबुकहाँ पुगिन् । विष्णुलाई देख्नासाथ बाबु भक्कानिएर रून थाले । विष्णुले बाबुका आँखा रसाएका कहिल्यै देखेकी थिइनन् । उनलाई बाबुका आँखा यस्ता ढुङ्गा जस्ता लाग्थे, जुन कहिल्यै चिर्सिंदैनन् । सधैं घाममा खरिएर बसेको सुक्खा ढुङ्गा हो त्यो । तर आज अचानक त्यो ढुङ्गाबाट पानीको मूल फुटेको थियो ।

घरमा अन्त्येष्टि विधिविधानका लागि लामा आइपुगे । उनले मायालु प्रकारले सम्झाए, "देवताको घर जान लागेको दिवङ्गत आत्माको बाटोमा आँसुले छेकबार हाल्छ । रून हुन्न ।"

रातभरि स्यावा अर्थात् दिवङ्गत आत्माको सम्मानमा दिइने १०८ पल्टको ढोग भयो । पीडा, वेदना, रोदन र थकाइले गलित भए घरका सबै । उठेर गर्नुपर्ने ढोग पनि बसेरै त्यो प्रक्रिया पूरा गरे ।

बिहान भयो । रूनेसमेत फुर्सद थिएन । बोल्ने फुर्सद थिएन । मृत्युले भन्दा मृत्युपछि पालना गर्नुपर्ने परम्पराको डर लाग्यो विष्णुलाई । सारा आफन्त डाक्नुपर्ने । सारा छिमेकीले आइदिनुपर्ने । सारा साथीभाइ आइदिनुपर्ने । कत्रो कोलाहल । कत्रो खर्च । लामाहरूको भीड । बाजाको चर्को आवाज । विष्णुले सोचिन्, मृत्युका बेला पनि किन बाजा चाहिने होला ?

दिउँसो 'थुन्दा सोची' अर्थात् मृतात्मालाई बिदाइ गरियो । त्यसपछि मात्र विष्णुलाई लाग्यो, दाजु शिव साँच्चिकै बितेका हुन् । उनको मनले स्विकार्‍यो । मस्तिष्कले स्विकार्‍यो । अनि आँखाबाट असार-साउनको अनन्त भेल बग्न थाल्यो । मृत्युको जुलुस उठिसक्यो । सबै गइसके । शून्य भयो अघिसम्म कोलाहलमय भएको घर । तर लामो समयसम्म हिक्का मात्र सुनियो । ननिखिएका आँसु आँखाबाट बगिरहे । निरन्तर ।

शिवकुमारको मृत्युपछि घर पूरै उजाड भयो । मृत्युसंस्कारमा सहभागी हुन आउनेहरू क्रमशः बिदा भएर गए । रूवाइधुवाइको क्रम पनि रोकियो । सम्झाउने-बुझाउनेले सम्झाइबुझाइ गरिसके । विष्णु, सुकन्या शोक र भोक, अनिँदो र कामले पूरै

गले । बाबु पनि पूरै गले । चिमोटे पनि नदुख्ने भयो शरीर । हिँड्दा पाँसुला फर्किन्थे विष्णुका । जहाँ बस्यो, त्यहीँ तन्द्रा लाग्ने भयो ।

ढिलो गरेर खबर पुगेको हुनाले जेठी दिदी छेसङ आइपुगिन् । फेरि रूने क्रम सुरू भयो । एउटा मात्र भाइको मृत्युले छेसङको कोकोहोलो रूवाइको पीडा फेरि एकपल्ट घरभरि छताछुल्ल भयो । बाबु डा. केएस जीवनहीन, निर्णयहीन, चेतनाहीन जस्ता भए । १७ वर्षको कलकलाउँदो छोराको मृत्युले उनलाई क्षुब्ध बनाइदियो । काँतर बनाइदियो । उनी म निःसन्तान भएको छु भनिरहन थाले । विष्णु र सुकन्याले गफ गरेर मन बहलाउने प्रयासमा लागे । उनीहरूले सम्झाए, "हामी चारचार ओटी छोरी तपाईंका सन्तान छँदै छौं नि ।" तर उनलाई परेको पिरको त्यो घाउ यथावत् रहेको महसुस भयो उनीहरूलाई । साँच्चै उनी ढुङ्गामुढा झैं भए ।

जातीय परम्पराअनुसार गर्नुपर्ने घेवा गरियो । डा. केएसको अनुहारमा हाँसो फर्किएन । उनी छोराको मृत्युको पीडापोखरीबाट बाहिर निस्कनै सकेनन् । दुःखको अगाडि उनी हातखुट्टा छाडेर समर्पित भइदिए । उनी आफैं घरमूली । भुक्तभोगी । बौद्धिक । अध्ययनले खारिएका । यस्तो मान्छेलाई अल्लारे उमेरका छोराछोरीले सम्झाउने क्षमता नै कहाँ पाउनु ? कसैकसैले उनलाई अर्को बिहे गराइदिने सल्लाह पनि दिएका थिए । तर दुइटी श्रीमती बेहोरिसकेका उनलाई तेस्रो श्रीमतीको चाह भएन ।

# केएस सुब्बाको नेपाल प्रस्थान

शिवकुमारको मृत्युको खबर पाएर २००७ सालको क्रान्तिसँगै नेपाल पसेका काकाका जेठा छोरा बिदा मिलाएर दार्जीलिङ आए । घरमा सल्लाह भयो, कतै स्थान परिवर्तन गरे मन बुझाउँछन् कि ? वातावरण परिवर्तनले अलिक सामान्य हुन्छन् कि ? यही सोच र सल्लाहपछि उनले डा. केएसलाई काठमाडौं जान आग्रह गरे । त्यो आग्रह उनलाई मान्य भयो । अनि २०१० सालमा भतिजोको साथ लागेर काठमाडौं प्रस्थान गरे ।

बाबु नेपाल गएपछि घर फेरि सुनसान भयो । विष्णु, सुकन्या र फुपूकी छोरी एउटै छानामुनि थिए । तर विष्णुलाई दाजुसँग बिताएका दिनको निर्मम यादले झकझकाइरहन्थ्यो । उनलाई दिउँसै पनि डर लाग्थ्यो । राति निद्रा पर्दैनथ्यो । मुटुको धड्कन बढिरहन्थ्यो । पानी पर्नै हुँदैनथ्यो । बेहोस हुँला जस्तो हुन्थ्यो उनलाई । धाराको खोचतिर पनि जान सक्दिनथिन् । उनलाई केही हराए जस्तो लाग्थ्यो । केही खोसियो जस्तो लाग्थ्यो । कहीँ चोइटिए जस्तो लाग्थ्यो । उनका मनका नरम कुतकुती, मीठा बौलाहीपन, प्रोत्साहन, बाँच्ने रहर सबैसबै मरिसके जस्तो लाग्थ्यो । झोक्राउनु, निन्याउरो हुनु नियमितता बन्यो ।

स्कुलको जाँच सकियो । बाबु र दाजुले खबर पठाए, "दिदीको घर कालिम्पोङ गएर बस्नू ।"

अर्काको घरमा गएर बस्नुपर्ने कुराले कताकता जीउ ढक्क फुल्यो । तर अरू उपाय पनि त थिएन । न कोही अभिभावक थिए, न पैसा ।

यसैबीच एक रात विष्णुले फुपूकी छोरीसँग सोधिन्, "तिमीले गाँजा पाएर राखेकी छु भन्या होइन ? गाँजा खाएपछि जे सोच्यो, त्यो देखिन्छ रे हगि ?"

फुपूकी छोरीले हाँस्दै एउटा पोको फुकाइन् । सुर्तीसँग मिसाएर एउटा लामो चुरोट बनाइन् र सल्काइन् । विष्णुले फोक्सो खोलेर दुई लामो सर्को तानिन् । त्यसपछि गाँजाको प्रतिक्रिया पर्खेर बसिन् । फुपूकी छोरीले भने मज्जाले गाँजा तानिरहिन् । केही बेरपछि विष्णुको मुटुको ढुकढुकी बढ्न थाल्यो । हेर्दाहेर्दै उनी सिकिस्त भइन् । बोली पनि फुटेन । उनले आँखाको अघि कालोकालो देख्न थालिन् । एउटा मृत्युबोधको

स्थिति उत्पन्न भयो । फुपूकी छोरी, सुकन्या सबै आत्तिए । रून थाले र उनलाई ओछ्यानमा सुताए । फुपूकी छोरी दाइका साथीलाई बोलाउन हाम्फाल्दै दौडिन् । दाजुका साथी आइपुगे । विष्णुको दुस्साहस देखेर उनी हाँसे । नुनमा गलाएको एउटा सिङ्गो कागती खान दिए । अनि अलिकति स्वस्थ भइन् । त्यसपछि उनले कहिल्यै गाँजा तान्ने आँट गरिनन् ।

बाबु र दाजुले दिएको सल्लाहअनुसार विष्णु र सुकन्या कालिम्पोङ लागे, दिदी छेसङको घरमा । उनीहरूको आगमनले दिदी खुसी भइन् । दिदीका चार केटाकेटी थिए । तीन ओटा छोरीपछि हालै छोरा पाएकी थिइन् । नयाँ ठाउँ । नयाँ घर । नयाँ मान्छेहरू । घरभरि केटाकेटीहरू । कुराहरू सुन्नु र सुनाउनु । खेल्नु । घुम्नु । निकै रमाइलो लाग्यो विष्णुलाई । भिनाजु अर्थात् छेसङका लोग्ने प्रायः टुरमा गइरहन्थे । केही दिनसम्म त उनले औपचारिकतावश सम्मान गरे, पाहुनाका रूपमा विष्णुहरूलाई । नक्कली हाँसो देखाए । तर उनको स्वभाव रिसाउने खालको भएर उनको उपस्थितिमा घरमा भयको कालो बादलले छोप्थ्यो ।

अति मायालु वातावरणमा हुर्केका विष्णु र सुकन्यालाई त्यहाँको बसाइ कष्टकर हुँदै गयो । सकसपूर्ण हुन थाल्यो । भिनाजुलाई खुसी पार्न विष्णुले चुलोका काममा सघाउन थालिन् । सुकन्या पनि बाहिर कोठीमा सघाउन थालिन् । तर केही दिनपछि भिनाजुको सक्कली रूप देखियो । उनले विष्णुहरूको व्यक्तिगत जीवनमा दखल पुऱ्याउन थाले । घोचपेच गर्न थाले । उनको अनुहारबाट हँसिलोपन हरायो । बेपत्ता भयो । घरमा एकान्त हुँदा विष्णुलाई भिनाजुसँग अग्घोर डर लाग्थ्यो । यिनले शिव दाइको मृत्युपछि शोकाकुल गर्भवती दिदीलाई माइत पुऱ्याएर फर्केपछि फूलबारीमा मालीकी स्वास्नीलाई बलात्कार गर्न खोजेको र पछि मालीले त्यसको बदलामा खुकुरी उजाएर आक्रमण गर्न लाग्दा दिदीले मालीका दुई खुट्टा समातेर लोग्नेको जीवनदान मागेको घटना विष्णुलाई थाहा थियो । यस्तो मान्छेको पसिनाको अन्न खाएर बस्नुपरेकामा विष्णुलाई असह्य वेदना भयो । साह्रै गाह्रो भयो, दिदीभिनाजुको घरमा सास फेर्न । अनि सुकन्या चाँडै फर्किइन् आफ्नै त्यो सुनसान घर ।

विष्णु चाहिँ दार्जीलिङ र कालिम्पोङ ओहोरदोहोर गरिरहिन् । उनलाई दिदीकी छोरीको मायाले तान्यो । तर त्योभन्दा पनि कालिम्पोङका केटाहरूको प्रेमाग्रह झन् बलियो कारण बन्यो, कालिम्पोङ घरीघरी आइरहन । उनको मनमा प्रेमको टुसा पलाउन थाल्यो । उमेरको कुरा न हो, उनमा प्रेमले चुलबुलपना ल्याइदियो । छेसङ ती सब भोगेर भुक्तभोगी भइसकेकी, यी सब कुरा बुझ्न कुनै गाह्रो परेन । अनि एक दिन उनले विष्णुलाई बोलाएर सम्झाइन्, "तँ त अब तरूनी भइसकिछस् । यहाँ यसरी नबस् । केही भइहाले नेपाल बस्ने बाबुदाजुको नाक जान्छ ।"

विष्णुले बुझिहालिन्, केटाहरूसँगको उनको हिमचिमले लसपस होला भन्ने डरले दिदी आक्रान्त छिन् । लसपस भइहालेमा, गर्भ रहिहालेमा इज्जत जान्छ भनेकी हुन्

दिदीले । कुरा त सही हो । तर उनको हृदयमा बास माग्न आउनेहरूबाट कसरी टाढा जानु ! तर दिदीले नै एक प्रकारले आफ्नो घर जान सङ्केत गरिसकेपछि विष्णु कालिम्पोङ बस्ने अवस्था रहेन । चित्त दुखे पनि, फर्केर आउन मन नलागे पनि गह्रौं मन बोकेर विष्णु कालिम्पोङ छाडेर दार्जीलिङ फर्किइन् ।

फेरि त्यो एकलास घरमा तीन जनाको बास भयो– विष्णु, सुकन्या र फुपूकी छोरीको । सुकन्या पढाइमा लगनशील थिइन् । सानैमा सानिमाको घरमा बसेकी चूडामणि उतै थिइन् । तर विष्णुको मन पढाइमा लागेन । विष्णुले एक अक्षर नपढी जाँच दिइन् । नपढी दिएको जाँचमा कसरी पास हुन सकिन्थ्यो ! सुकन्या चाहिँ पास भइन् ।

यसैबीच काठमाडौंबाट दाजु आएपछि घर फेरि उज्यालो भयो । उनले दार्जीलिङ सहर लगेर बहिनीहरूलाई रेस्टुराँमा लगे । सबै जना खुसी थिए । लाग्थ्यो, सबैको खुसी एकपल्ट फर्किएको छ । चिया खाने क्रममा दाजुले विष्णुलाई भने, "जाबो एउटा जाँच पास गर्दिनस् । के गर्छेस् अब ?"

विष्णुले वाल्ल परेर दाजुको अनुहारमा हेरिन् । दाजुले हल्का मुस्कानसहित सोधे, "कि मसँगै नेपाल जान्छेस् ?"

दाजुको यो प्रश्नले मानौं विष्णु एउटा लामो निद्राबाट ब्युँझिइन् । उनको मन एकतमासको भयो । एक्कासि उनको भक्कानो छुट्यो र रेस्टुराँमा दाजुकै अघिल्तिर रोइदिइन् । सबको अनुहारमा चकमन्नता छायो । दाजुले विष्णुलाई सुमसुम्याउँदै माया गरे । विष्णु भने नेपालको कल्पनामा डुबिन् । नेपालबारे उनको मनमा अनेकथरी कल्पना थिए । जिज्ञासा थिए । उनकी बज्यै दुईपल्ट बत्ती जलाउन बौद्धनाथ गएकी थिइन् । उनले त्यो सम्झिइन् । सात सालको क्रान्तिबारे पनि उनलाई अलिअलि थाहा थियो ।

घरमा काठमाडौंबारे भएको चर्चापरिचर्चा पनि उनको मनमस्तिष्कमा घुम्न थाल्यो । अलिअलि राणाशासनबारे थाहा थियो । सहिदहरूको कथा सुनेकी थिइन् । विभिन्न तीर्थस्थलबारे थाहा पाएकी थिइन् । जामुन गुभाजु र त्यसका दन्त्यकथा सुनेकी थिइन् । दाजुको मुखबाट सात सालको क्रान्तिबारे सुनेकी थिइन् । यस हिसाबले उनलाई नेपाल टाढा जस्तो लागेन । काठमाडौं टाढा जस्तो लागेन । कुनै दिन त्यो माटोमा टेक्न पाइएला भन्ने उनको उत्सुकताले अब साकार रूप लिन लागेको आभास भयो विष्णुलाई । उनले एक सासले भनिन्, "दाजु म तपाईंसँग नेपाल जान्छु ।"

मङ्सिर, २०११ साल । आफू जन्मेको घर, हुर्केको ठाउँ, पढेका स्कुल, सधैं लडीबुडी खेल्ने साथी जस्ती बहिनी सुकन्या, कान्छीआमाको घरमा सानैदेखि बसेकी कान्छी बहिनी चूडामणि अनि पहिलोपल्ट स्विकारेर पछि आफैं टाढिएको पहिलो आदर्श प्रेमी धनुवरको प्रेमलाई छातीभित्र गुटमुट्याएर काकाका छोरा कुमार दाजुसँग विष्णु नेपालतिर लागिन् । एकातिर बहिनी र आफन्तबाट टाढा जान लागेको पीडाको घाउ थियो भने अर्कोतिर आफूलाई अत्यन्त माया गर्ने बाबुसँग झन्डै एक वर्षपछि हुन पाउने साक्षात्कारको कल्पनाले विष्णु रूखबाट झरेको पातले जमिन छुन हतारिए झैं भएकी थिइन् ।

...

# काठमाडौंका सुरूवाती दिन

# आगमन

विष्णु र कुमार दार्जीलिङबाट प्रस्थान गरे । अबको उनीहरूको यात्रा यस्तो थियो– सिलिगुडीसम्म बस । सिलिगुडीबाट रेल । त्यो रेलमा जोगबनी स्टेसनसम्म । अनि त्यहाँबाट विराटनगरसम्म रिक्सा, टाँगा । त्यसपछि काठमाडौंसम्म विमान यात्रा ।

"यात्रामा लाटी भएर काम चल्दैन," विष्णुलाई दाजुले भने । विष्णुले आँखा बन्द गरिन् । रेल आफ्नो गतिमा गुड्यो, रोकियो । उनले आँखाभरि रूखैरूख, हाँगैहाँगा, लहरा-पात, काई लागेका ढुङ्गा एकनास देखिरहिन् । उनको सम्झनामा वर्षा ऋतु, चरा धपाएको क्षण, ऐंसेलु टिप्दाका पलहरू अनि रूवाइधुवाइ गरेका समयले स्पर्श गर्न आइरहेका थिए । उनलाई ग्रीष्म निवास, जङ्गल, सुकन्या, दाजु शिव सबका सबले स्मृतिमा स्पर्श गर्न आए । ती सब चलचित्र झैं आँखाअगाडि घुमिरहे । पालैपालो । एकपछि अर्को ।

अनायासै उनका आँखा बिझाए । वास्तवमा रेलको इन्जिन चलाउन प्रयोग गरिएको कोइलाको कण उनका आँखामा परेको थियो । उनले दाजुलाई गुहारिन् । दाजुले आँखा फुकिदिए अनि आफूले लगाइरहेको कालो चस्मा लगाउन दिए ।

विष्णुले चस्माभित्र आँखाको कोषबाट पानी बगाइरहिन् । आधा पानी कोइलाको बिझाइले निस्केको थियो, आधा चाहिँ पीडाको आँसु थियो । घर छाडेर परदेश लाग्नुको । आफन्तबाट टाढिनुको । धेरैधेरै थोकको ।

नेपाल आइपुगियो । काठमाडौं आइपुगियो । विष्णुको कल्पनासँग काठमाडौं ठ्याम्मै मिल्यो । ठीक त्यस्तै रहेछ काठमाडौं । झ्यालझ्यालमा, सडकसडकमा उत्सुक आँखा थिए । गौचर हवाईअड्डादेखि नै जीवनमा कहिल्यै नभएको अनौठो अनुभूतिले विष्णुलाई सताइरहेको थियो । वरिपरिका नीला पहाडलाई हेरिन् । उनलाई कतै टाढा आए जस्तै लागेन । ती सब उनलाई आत्मीय लाग्न थाले । दार्जीलिङको त्यो लेक र खोचभन्दा बढी आत्मीय । बढी नजिक ।

दाजुको डेरा पुतलीसडकमा थियो । त्यहाँ पुग्दा पनि अपरिचित ठाउँ लागेन । त्यसको तस्बिर पहिलेबाटै उनीसँग थियो । उनलाई देखेर बाबु डा. केएस हाँसेको हाँस्यै भए । उही चिरपरिचित मायालु हाँसो, जुन उनले नदेखेको धेरै भएको थियो । काकाका छोरा जो पहिला घोडचडी दाजुका रूपमा परिचित थिए र पछि साधु भए, उनी पनि

मलाया नफर्केर त्यहीँ आइबसेका रहेछन् । विष्णुलाई झन् खुसी लाग्यो ती दाजुलाई पनि भेट्टाएर । उनले त ती दाजुसँग त्यहाँ त्यसरी भेट होला भन्ने कल्पनै गरेकी थिइनन् । उनलाई बाबुको मात्रै तिर्सना थियो ।

ती दाजु जान्ने छन् । उनी दार्जीलिङमा पनि गुरू थिए । यहाँ पनि गुरू हुन थाले । जानिफकार हुन थाले । दार्जीलिङको भाषा र यहाँको भाषामा भिन्नता छ । जीवनको यही मोडदेखि विष्णुले आफ्नो प्रकृतिलाई रूपान्तरण गर्न थालिन् । यहाँ दरबाजालाई ढोका भन्नुपर्छ । खिड्कीलाई झ्याल । सिँढीलाई भऱ्याङ । विष्णुले यी सब सिक्न थालिन् । उनले सुस्तरी काठमाडौंको शिष्टाचारलाई ग्रहण गर्न थालिन् । नमस्ते गर्न सिकिन् । कपालमा चमेलीको फूल सिउरिन, गाजल लाउन, अचार-तितौरा खान सिकिन् अनि मज्जाले मटरमार चुरोट तान्न थालिन् ।

दार्जीलिङमा परीक्षामा फेल भएपछि अबउप्रान्त जीवनमा स्कुल पढ्दिनँ भनेर अठोट गरेकी थिइन् विष्णुले । तर काठमाडौं आएपछि धर पाइनन् । उनले पढ्नैपर्ने भयो । स्कुल जानैपर्ने भयो । बाबुको चाहना यही थियो । उनलाई पद्मोदय स्कुलमा भर्ना गरियो । यहाँ नेपालको इतिहास पनि कोर्समा थियो । अङ्ग्रेजी पनि थियो । यहाँको कोर्स दार्जीलिङको भन्दा फरक छ । कुमार दाजु पनि जाँचको तयारीमा रहेछन् । तर दार्जीलिङको बानी छुटेको रहेनछ । ट्युसन जाने भन्यो, सिनेमा हेर्न गयो । साथीकहाँ जाने भन्यो, अन्तै घुम्न गयो ।

यिनै दाजुले विष्णुलाई भ्रष्ट कृत्रिमतातिर धकेल्न सुरू गरे । दार्जीलिङ जस्तो होइन, यो काठमाडौंमा काम गर्न लाज मान्नुपर्छ । कलधारामा पानी भर्न जान हुँदैन । झ्यालमा बस्न हुँदैन । सकेसम्म अङ्ग्रेजी मात्रै बोलेर व्यक्तित्व कायम राख्नुपर्छ । यतातिर तामाङ जाति धेरै पिछडिएका छन् । त्यसैले तिमीले आफूलाई तामाङ नभन्नू । गुरूङ भन्नू । गुरूङको बरू इज्जत छ आदि सिकाए उनले ।

दाजुको सिकावटमा लागेर उनले एकपल्ट असजिलो मान्दै आफूलाई गुरूङको रूपमा परिचय दिएकी थिइन्, पद्मोदयमा जाँच दिन गएको बेला एउटी राणा साथीलाई । तर पछि तिनैसँग विष्णुको घनिष्ठता भयो । आफूले त्यसरी परिचय दिएकामा उनलाई पछिसम्म असजिलो लागेको थियो ।

पढाइमा मन नलाग्दा नलाग्दै पनि जसोतसो पढेर विष्णुले टेस्ट दिइन् । फाइनल पनि दिइन् । उनलाई पास हुने आशा कमै थियो । उनले भान्सामा काम सघाउन थालिन् । कोठा सफा गर्न थालिन् । कहिलेकाहीँ दाजुसँग घुम्न जान थालिन् । मन्दिर, देवल भौंतारिँदै काठमाडौंका सडक नाप्दा पनि समय कट्दैनथ्यो । बाबुले सिनेमा हेर्न मनाही गरेका थिए । तर उनी दाजुसँग भागेर सिनेमा हेर्न पुग्थिन् । तर बाबुले थाहा पाउलान् भन्ने डरले सिनेमा पूरा नहेरी फर्किन्थिन् । बाटाघाटामा कसैले जिस्क्याउँदा उनको चित्त फाट्थ्यो । दार्जीलिङे केटीहरू फरवार्ड हुन्छन्, स्मार्ट हुन्छन् भनेर विषालु वचनले तारो हानेको उनले नबुझ्ने कुरै थिएन । तर के गर्नु, नयाँ ठाउँ, नयाँ परिवेश, धेरै कुरा सहनु उनको बाध्यता थियो ।

हिउँद लागेपछि काठमाडौंको आकाश हुस्सुले ढाक्यो । बिहानको हुस्सुले उनलाई दार्जीलिङको असाध्यै सम्झना दिलाउँथ्यो । सुकन्या सम्झिएर उनले पिलपिल आँसु चुहाइन् । मन बुझाउने चिठीले हो । तर त्यो चिठी पनि समयमा आउँदैनथ्यो । तर विष्णु अलिकति खुसी यसमा थिइन् कि बाबुको मनको घाउमा अब बिस्तारै खाटो बस्न लागेको थियो । बाबु चिकित्सा विज्ञानका किताब अध्ययन गरिरहन्थे । औषधिहरू नापजोख गरेर घोरिइरहन्थे । बाबुछोरीका बीच बोलचाल पहिलाको जस्तो हुँदैनथ्यो । कम बोलचाल हुन्थ्यो ।

उता सुकन्या दार्जीलिङमा आर्थिक सङ्कट बेहोरेर बसेकी थिइन् । दार्जीलिङबाट चिठी आयो कि विष्णुको मन विचलित हुन्थ्यो । तर समाधान केही थिएन । उनी स्वयम् र बाबुसमेत दाजुको सहारामा बाँचेका थिए । यस्तो हालतमा मनको व्यथा पिएर चुपचाप बस्नुको विकल्प थिएन । बिस्तारै उनलाई खानामा पनि चाख मर्न थाल्यो । कहिले थोरै खाएर उठ्ने, कहिले खाँदै नखानेसम्म पनि गर्न थालिन् । एकपल्ट उनले दाजुसँग म पनि काम गर्छु भनेकी थिइन् । तर उनले मानेनन् । दाजुले भने, "कहाँको काम गर्ने ! जाँचको रिजल्ट भएपछि कलेज पढ्नुपर्छ ।"

विष्णु सुकन्यालाई प्रोत्साहन दिएर चिठी लेख्थिन् । उनीसँग पठाउने प्रोत्साहन, ढाडस र शुभकामनाबाहेक केही थिएन । यो फोस्रो प्रोत्साहनले केही हुनेवाला छैन भन्ने पनि उनलाई थाहा थियो । तर उनी त्यही गर्न बाध्य थिइन् । त्यही सिलसिला चलाउनुको विकल्प उनीसँग केही थिएन ।

हिउँद बितिसकेपछि चैत-वैशाखका लामा दिन बिताउन विष्णुलाई मुस्किल हुन थाल्यो । गट्टा खेलेर समय बित्दैनथ्यो । उनको मन उडेर दार्जीलिङ पुग्थ्यो । चाँप फुल्यो होला । ऐंसेलु पाक्यो होला । न्याउली कराउन थाल्यो होला । यस्तै सम्झेर उनलाई दार्जीलिङको नियास्रो लाग्थ्यो । उनी दुब्लाउन पनि थालिन् । अनि उनी बाबुको अघि गएर क्वाँक्वाँ रूँदै दार्जीलिङ फर्कन्छु भन्न थालिन् ।

बाबुले उनलाई मन बलियो पार भन्थे । सहनुपर्छ भनी पाठ सिकाउँथे । उनीसँग पनि नैतिक प्रवचनसिवाय दिने कुरा अरू केही पनि त थिएन ।

अचानक एक दिन दाजुले आफ्ना सारा कमाइसँगै उनको गृहस्थीको जिम्मा विष्णुको हातमा राखिदिए र आफू ती घरेलु झन्झटबाट मुक्त भए । यसले अब विष्णुलाई अलिकता व्यस्तता दियो ।

कहिलेकाहीँ बाबुको औषधोपचारको कामबाट केही आयस्ता भयो भने उनी विष्णुलाई सोध्थे, "के खान मन छ ? के लाउन मन छ ?"

बाबुको त्यो मायालु कुरा पनि विष्णुलाई पीडा दिने कारण बन्थ्यो र कुनातिर फर्केर आँसु झार्थिन् । उनलाई बाबुको अवस्थामाथि असाध्यै सहानुभूति हुन्थ्यो ।

विष्णुलाई समय काट्न गाह्रो परेको थाहा पाएर दाजुले एक दिन उनलाई तास खेल्न सिकाए । अनि पुस्तक पनि पढ्न दिए, मन बहलाउनका लागि । उनले दिएको

एउटा अङ्ग्रेजी किताब थियो, *ग्रिन म्यान्सन* । उनले विविध पुस्तक त पढेकी थिइन्, *परिकथा, दन्त्यकथा, दुस्साहसका कथा, गुलाबकली, कोकशास्त्र* आदिआदि । तर यो पहिलो अङ्ग्रेजी पुस्तक थियो । यो दुःखान्त उपन्यास थियो । डब्ल्युएच हडसनले लेखेको । यो हृदयविदारक प्रेमकथाले भरिएको उपन्यासले विष्णुलाई रूवायो । त्यति मात्र होइन, उपन्यासको पात्रको पीडाले त्यो रात उनी भातै नखाई भोकै सुतिन् । अझ थप केही दिनसम्म पनि त्यो कथाले उनको मनस्थिति बिगारिदियो ।

दाजुको पुस्तक सङ्कलनमा उनले भेटिन्, म्याक्सिम गोर्कीका पुस्तक । लियो टल्सटायका पुस्तक । राहुल साङ्कृत्यायनका पुस्तक । ती किताब देखेपछि उनलाई आश्चर्य लाग्यो, उनका एक मात्र बौद्धिक साथी बाबुले यी पुस्तकहरूबारे किन कहिल्यै चर्चा गरेनन् ।

सङ्कलित ती पुस्तक ओल्टाइपल्टाई गरिसकेपछि उनलाई ठूलो आत्मसन्तुष्टि भयो । अनि उनले म्याक्सिम गोर्कीको *मदर*, टल्सटायको *वार एन्ड पिस*, राहुल साङ्कृत्यायनको *दर्शन दिग्दर्शन* र *मानव समाज* पढ्न छनोट गरिन् । राहुल साङ्कृत्यायनका पुस्तकले उनको कलिलो दिमागलाई घचघच्याइदियो । कताकता कठिन लागे यी पुस्तक । तर पनि पढिछाडिन् । यी पुस्तक पढ्न थालेपछि उनलाई एकाएक आफ्नो चेतनाको स्तर, बौद्धिक स्तर माथि उठेको अनुभव भयो । अनि भयो, विगतमा पढेका सारा पुस्तकप्रति असन्तुष्टि । भाषाको कठिनाइले गर्दा टल्सटायको *वार एन्ड पिस* आधाभन्दा बढी पढ्न सकिनन् । किनभने बाबुलाई अङ्ग्रेजीको अर्थ सोध्दासोध्दा उनलाई पनि दिक्क लागिसकेको थियो; बाबुलाई पनि झर्को । बाबुले एक दिन ठाडै भने, "यस्ता ससाना शब्दको अर्थ नजान्ने तैंले अबदेखि *शब्दकोश* साथमा राखेर पढ्न थाल्नू ।"

उनलाई म्याक्सिम गोर्कीको *मदर* भाषा र अभिव्यक्ति दुवै कारणले सहज लाग्यो । कठिन लागेन । गोर्कीको मदरमा उनी पूरै भिजिन् । पूरै डुबिन् । त्यही बेला कुमार अर्थात् घोडचडी दाजुले कुशवाहा कान्तको *भँवरा* उपन्यास ल्याएर दिए । कहाँ गोर्कीको *मदर*, कहाँ कुशवाहा कान्तको *भँवरा* । दुईचार पाना पल्टाएपछि त्यो उपन्यास उनलाई फिक्का लाग्यो । स्वादहीन । अर्थहीन । गहनताहीन । कुनै बेला दार्जीलिङमा उनिउँघारीभित्र लम्पसार सुतेर यी लेखकका उपन्यास हुरूक्क भएर पढ्थिन् । स्वाद लिईलिई पढ्थिन् । आहा ! ती दिन पनि थिए । तर उनलाई अहिले आएको आफूभित्रको परिवर्तनदेखि अनौठो लाग्यो ।

विष्णुको परीक्षाको नतिजा निस्कियो । अपेक्षा नगरे पनि उनी पास भइन् । उता दार्जीलिङबाट सुकन्या पनि परीक्षामा पास भएको खबर आयो । सुकन्या त पढालु, पास हुन्छिन् भन्ने लागेकै थियो । तर आफू पनि पास भएको विष्णुलाई साँच्चै अनौठो लाग्यो । तर त्योभन्दा पनि मीठो अनौठो बाबु र दाजुको सल्लाह थियो । उनीहरूले सुकन्यालाई पनि कलेज पढाउन काठमाडौं ल्याउने कार्यक्रम बनाए । अहो ! विष्णुलाई कति खुसी लाग्यो कति ! अब दिदीबहिनी सुखदुःख साथै हुन पाइयो भन्ने लाग्यो । बहिनी टाढा छे भनेर सम्झीसम्झी रूनु नपर्ने भयो ।

अन्ततः २०१२ सालको बर्खामा सुकन्या पनि दार्जीलिङ छाडेर काठमाडौं आइपुगिन् । दुई छोरी र बाबुको मीठो मिलन भयो । तर सानैमा सानिमाको घरमा बसेर उतै हुर्केकी चूडामणिको भने उनीहरूलाई त्यति नियास्रो लागेन । उनी दार्जीलिङमै सानिमाको साथमा सानैदेखि थिइन् ।

सुकन्या काठमाडौं आएपछि विष्णुको नियास्रो मेटिन थाल्यो । घरको वातावरण फेरियो । विष्णुलाई धेरै दिनको कुहिरो फाटेर घाम लागे जस्तो लाग्यो । झुत्रो बगैंचामा एकाबिहान ढकमक्क फूल फुले जस्तो लाग्यो । सुकन्याले आफ्नो साथमा आफ्नै प्रकारको स्वभाव लिएर आएकी थिइन् । उनी कोठाकोठामा पुग्थिन् र उन्मुक्त हाँसो हाँस्थिन् । बाबुसँग साथीसँग जस्तो गफ गर्थिन् । हसाउँथिन् । बाबुलाई माई बेस्ट फ्रेन्ड भन्थिन् । दाजुसँग पनि उस्तै गर्थिन् । उनको आगमनले घरको वातावरण पूरै बदलियो । उनले दार्जीलिङे बोली लिएर आएकी थिइन् । दार्जीलिङको गन्ध लिएर आएकी थिइन् । विष्णुलाई काठमाडौं आत्मसात् गर्न कति समय लागेको थियो, थाहा थिएन । र सुकन्यालाई कति लाग्ने हो, त्यो पनि थाहा छैन । दिदीबहिनी आधा रातसम्म ओछ्यानमा बसेर बात मार्थे । साथीहरूका कुरा । दुई बहिनी छुट्टिँदाका वियोग वेदनाका कुरा । गाउँघरका कुरा । दुःखका कुरा । कतिकति कुरा । हप्तौंसम्म पनि सकिन्न यो कुराको सिलसिला, आधा रातसम्म निद्राले झुपुझुपु नबनाउन्जेल ।

अब कलेज पढ्न जाने कुरा आयो । तर कहाँ पढ्ने हो, टुङ्गो लागेको थिएन । बाबु चाहन्थे उनीहरू विज्ञान पढून् । उनको अन्तर्मनमा छोरीहरूलाई डाक्टर बनाउने धोको थियो । उनीहरू त्रिचन्द्र कलेज पुगे । नेसनल कलेज पुगे । अन्त्यमा विष्णु पद्मकन्या कलेजमा भर्ना भइन् । सुकन्या नेसनल कलेजमा । आर्ट्स पढ्न थाले उनीहरू । कला । त्यो बाबु डा. केएसको चाहना पटक्कै थिएन ।

# कवितामय पारिजात

२००७ सालको क्रान्ति सकिएको र २०१५ सालको आमचुनाव नआइसकेको परिवेश थियो नेपालको । सात सालको क्रान्तिमा लागेका र नलागेका कवि पनि काठमाडौंका साहित्यिक परिवेशमा झुल्किरहेका थिए– गोष्ठीहरूमा । जमघटहरूमा । कलेजका साहित्यिक सम्मेलनहरूमा । काठमाडौंको नयाँ परिवेश र कलेजको परिवेशले विष्णुलाई लेख्न प्रेरित गरिरहेको थियो । उनी डाक्टर बनाउन चाहने बाबुको आकाङ्क्षाविपरीत साहित्यिक हावामा बहिरहेकी थिइन् । विष्णुकुमारी वाइबालाई नयाँ रूप दिने धुनमा लागिरहेकी थिइन् ।

काठमाडौंमा सहज हुन थालेपछि स्वाध्ययन र मनको फुरफुरले विष्णुलाई लेख्न घचघच्यायो । उनले दार्जीलिङमा पनि पुस्तक अध्ययन गरेकी थिइन् । लेखेकी पनि थिइन् । यता पनि अध्ययन जारी भयो । यता पनि कलम चल्न थाल्यो । उनी दिउँसो एकान्त भएपछि छिँडीको कोठामा जान्थिन् । कलम समाउँथिन् । अनि वर्षौंदेखिका अव्यक्त पीडालाई कागजमा उतार्न थाल्थिन् । अनि त्यो अभिव्यक्ति बन्थ्यो, निराशाका कविताहरू । आँसुका कविताहरू । नीरस प्रेमका कविताहरू । वास्तवमा उनी वर्तमानलाई भुलेर धेरै पुराना कुरामा अल्झिरहेकी थिइन् । अनि त्यसैलाई व्यक्त गर्न थालेकी थिइन्, कविताको आवरणमा । उनलाई अनुभव भइरह्यो, छातीको चट्टानमा एउटा धाँजा फाटिएको छ र चुहिन थालेका छन् पानीका थोपाहरू । उनका मनका भावनाहरू । उच्छ्वासहरू । कविताका रूपमा ।

त्यस समयको काव्यिक प्रसव र छटपटीलाई पछि आफैंले यस्तो स्वीकारोक्ति गरिन्–

*मभित्रको कवित्वले बाहिर आउँछु भनी मलाई एकनास कर लगाइरहन्थ्यो । तर मेरो वर्गीय चरित्र, मेरो पारिवारिक पृष्ठभूमि, मेरो अन्तर्मुखी स्वभाव तथा अति कलिलो उमेरमा झेल्नुपरेको प्रेमसम्बन्धी त्रासदीय गल्ती र त्यसैको प्रतिक्रियास्वरूप आएका असन्तुष्टि, मौन रूवाइ, अपराधबोध र दुःस्वप्नहरूले निरन्तर चिथोरिरहेको मेरो मानसिकताले गर्दा जीवनप्रति कुनै अर्थपूर्ण दृष्टिकोण लिन समर्थ भइरहेकी थिइनँ । लाग्थ्यो, १३ वर्षको मेरो उमेर एकपल्ट फर्केर आए हुने, त्यो त अझ पनि लाग्छ ।*

*आखिर कविता लेख्न सुरू गरें र ती कविता निराशा र दुःखद जीवनका अभिव्यक्ति मात्र थिए, जसलाई आज म कविता मान्न तयार छैन । कविताको पाठक सुकन्या मात्र हुन्थी । (पहिलो साहित्यिक अभिव्यक्ति : सङ्कलित रचनाहरू-६, पृष्ठ ८२)*

तर पारिजातका नामबाट रचना प्रकाशन गर्न भने उनलाई २०१३ सालको चैत कुर्नुपर्‍यो । २०१३ सालको सुरूतिर आइएको परीक्षाको तयारी गर्दा सुकन्या र विष्णुले सल्लाह गरे, चित्तरञ्जन नेपालीलाई बोलाएर नेपाली भाषाका निम्ति केही निर्देशन माग्ने । व्याकरण ठीकै भए पनि सप्रसङ्ग व्याख्यामा उनीहरू अलिक विश्वस्त थिएनन् आफैँसँग । उनीहरूले आग्रह गरे र चित्तरञ्जन नेपाली पनि उनीहरूको निवासमा आएर निर्देशन दिन तयार भए । अनि उनी आउन थाले पुतलीसडकको डेरामा । त्यही क्रममा एक दिन दिदीबहिनीको सल्लाहअनुसार उनलाई विष्णुले आफूले लेखेका कविता देखाइन् । कविता पढिसकेपछि चित्तरञ्जन नेपालीले प्रसन्न भएर भने, "लौ यी कविता छाप्न लायकका रहेछन् । म छपाइदिन्छु । यी कविता त हात बसेको मान्छेले लेखे जस्ता छन् । सिकारूका जस्ता छैनन् ।" *(पहिलो साहित्यिक अभिव्यक्ति : सङ्कलित रचनाहरू-६, पृष्ठ ८३)*

विष्णुले उनलाई तीन कविता हस्तान्तरण गरिन् । कलेजमा उनको नाम विष्णुकुमारी वाइबा भए पनि ती कवितामा उनले कविको नाम सुश्री पारिजात लेखेकी थिइन्– उनले आफैँले रोजेको साहित्यिक नाम । पारिजात नामकरणका सन्दर्भमा उनको कथन थियो– *परम्परामै किन सीमित रहूँ, किन आफ्नो स्वतन्त्रताको उपभोग नगरूँ भनेर पुरानो नाम छाडेर यो नाम राखेकी हुँ । ...यो फूल ज्यादै महत्त्वपूर्ण मानिन्छ । तपाईंले सुन्नुभएको होला, द्वापरयुगमा एकपल्ट अर्जुन स्वर्ग पुगेका बेला इन्द्रको फूलबारीबाट उर्वशीका माध्यमले पारिजातको फूल चोरेर ल्याएका थिए रे– कुन्तीको पूजा गर्न । तर मैले यस धार्मिक कथाबाट प्रभावित भएर यो नाम राखेकी होइन । वास्तवमा मलाई त्यसको रूप, सौन्दर्य र शुभ्रता ज्यादै मन पर्‍यो । अनि यसको इतिहास सुनें– यस फूललाई कसैले पनि टिप्नुहुँदैन, झरेको पारिजात मात्र टिप्नुपर्छ । यो कथाबाट पनि प्रभावित भएँ र यो नाम राखें । (हरिहर विरही तथा विजय कुमार : यही स्थिति रह्यो भने कुनै पनि बेला जनआन्दोलन हुन सक्छ : पारिजात अन्तर्वार्ता : साप्ताहिक विमर्श : २०४५ फागुन १०)*

२०१३ सालदेखि नै काठमाडौँबाट एउटा गहकिलो साहित्यिक पत्रिका निस्कन थालेको थियो– *धरती* । पत्रिकाका सम्पादक थिए– ईश्वर बराल । अनि सम्पादन र साहित्य संयोजक समितिका सदस्यहरू थिए– सिद्धिचरण श्रेष्ठ, भवानी भिक्षु, गोविन्दबहादुर मल्ल 'गोठाले', श्यामदास वैष्णव तथा राजेन्द्रकुमार । यही *धरती* पत्रिकाको वर्ष १, अङ्क २, २०१३ चैत अङ्कमा सुश्री पारिजातका नाममा तीन कविता एकसाथ प्रकाशन भए– 'व्यर्थ प्रयास', 'आज बिदाको दिन हो' र 'को हो त्यो ?' यसरी यी तीन कविता प्रकाशनसँगै नेपाली साहित्यको इतिहासमा पारिजातको प्रवेश भयो । त्यसले पछिका ३७ वर्षसम्म साहित्यिक यात्रा गर्‍यो । झन्डै अनवरत ।

अनि त्यसपछि विभिन्न कवि गोष्ठीहरूमा पारिजातको उपस्थिति विभिन्न वयका कविहरूका लागि सुखद साहचर्यका रूपमा मौलाउन थाल्यो । यौवनको सुन्दर खुट्किलोमा आकर्षक पहिरनमा दलबलसहित पारिजातको उपस्थितिले वातावरणको रौनक नै अर्को हुन्थ्यो । कतिले उत्ताउली भन्न पनि बाँकी राखेका थिएनन्, कतिपय नजिक हुन लालायित पनि हुन्थे । उनका कविताहरूमा ताली बजाएर आनन्द मान्नेहरूको पनि कमी थिएन ।

पारिजातको आकर्षण कस्तो थियो, साहित्यकार रमेश विकलको रसिक अन्तर्मनले यसरी परख गरेको थियो–

*एउटा तीखो बास्ना छाड्ने फूल । छुँदैमा ओइलाउला जस्तो मृदु । यो फूल पहिले केवल स्वर्गका राजा विलासी इन्द्रको एकलौटी बगैंचामा मात्र पाइन्थ्यो रे (हाम्रो पुराणकथा त्यसै भन्छ) । मर्त्यलोकका लागि यो दुर्लभ फूल पछि यादववंशी कृष्णले आफ्नी अत्यन्त प्यारी रानी रूक्मिणीका लागि स्वर्गबाट चोरेर ल्याएका थिए । यसैकारण इन्द्र र कृष्णबीच लडाइँ पनि भएको थियो ।*

*यस्तै पारिजात नाउँकी साहित्यवाटिकामा फुल्ने फूल कुन चाहिँ कृष्णले कहाँबाट चोरेर नेपाली साहित्यको बगैंचामा रोप्यो, त्यो मलाई राम्रो हेक्का छैन । तर एक दिन त्यसको तीखो महक मेरो नाकले पनि अनुभव गऱ्यो । त्यो दिन थियो ०१८ (वा त्यस्तै तिथिमिति सम्झन सकिनँ)मा फसिकेबस्थित मारवाडी सेवा समितिको सभाकक्षमा आयोजित कवि गोष्ठीको दिन ।*

*यो कवि गोष्ठीको आयोजना त्यतिखेरका जल्दाबल्दा युवा कविहरू– भूपी शेरचन, मोहन हिमांशु, द्वारिका श्रेष्ठ, कृष्णभक्त श्रेष्ठ, मदन रेग्मी, पोषण पाण्डे, बालमुकुन्ददेव पाण्डे आदिद्वारा भएको थियो । त्यसमा भवानी भिक्षु, विजय मल्ल, दौलतविक्रम विष्टलगायत वरिष्ठ, कनिष्ठ सबै किसिमका साहित्यकार भेला भएका थिए ।*

*त्यसै गोष्ठीमा साहित्यकारको एउटा नौलो अनुहार देखिएको थियो– त्यतिखेर प्रचलित अत्याधुनिक शृङ्गार, परिधान, हाँसको फुलको बान्कीको गोरो मुहुडा, माछा बान्कीमा गाजल कोरिएका अत्यन्त काँटिला आँखा, कालो रात जस्तो घना कपाल, पाँच फिट दुईतीन इन्चको सल्काइलो कदकाठी, फुट्दो यौवनको मदमा मस्त एउटी युवती ।*

*उहाँ कवयित्री सुश्री पारिजात, विष्णुकुमारी वाइबा अनि उहाँ बहिनी सुकन्या । उहाँहरू दार्जीलिङबाट आउनुभएको । परिचय भयो । अनि त्यहाँ साँच्चै एउटा नौलो फूलको पारिजातको तीखो बास्ना फैलिएर वातावरण मदपूर्ण बनाइदिए झैं अनुभव भएको थियो ।*

*कति तीव्र महक । मैले मनमनै सोचें । यो सोचाइ र यो अपरोक्ष परोक्षता अर्थात् कुनै बोलचाल र भलाकुसारी नभएको परिचय थियो । यही नै पारिजातसँगको पहिलो चिनारी थियो । (साहित्यिक बगैंचामा एउटा मगमगाउँदो फूल : पारिजात, रमेश विकल : पारिजात स्मृतिग्रन्थ, संस्मरण खण्ड, पृष्ठ १८)*

पारिजात यसरी नेपाली साहित्यका सर्जकका पारखी आँखामा परेकी थिइन् । पारिजात साहित्यिक महक फैलाउने स्रष्टाका रूपमा काठमाडौंमा अवतरित थिइन् ।

# आकाङ्क्षा प्रकाशन

*धरती*मा तीन कविता प्रकाशनले पारिजातलाई साहित्य संसारको विशाल ढोका खोलिदियो । *धरती*का सम्पादक र सम्पादन मण्डलका सदस्यसँग राम्रो सम्बन्ध भएकाले नै चित्तरञ्जन नेपालीले पारिजातको कविता प्रकाशनका लागि लिएर गएका थिए । र प्रकाशनका लागि सिफारिस गरेका थिए । व्यक्तिगत रूपले प्रत्यक्ष चिनजान नभए पनि ईश्वर बराल, सिद्धिचरण श्रेष्ठ, गोविन्द गोठाले, श्यामदास वैष्णव तथा राजेन्द्रकुमारले पारिजातका विषयमा चित्तरञ्जन नेपालीमार्फत जानकारी पाए । कविता पनि राम्रा थिए । छापियो र काठमाडौंको साहित्यिक वृत्तमा पारिजातको आगमनलाई स्वागत गर्नेहरू देखिन थाले । उनको बारेमा सोधखोज हुन थाल्यो । अनि विभिन्न कवि गोष्ठीहरूमा निम्तो पनि आउन थाल्यो । त्यस्ता गोष्ठीमा जान सुकन्याले पनि साथ दिन्थिन् । तर कविता वाचन भने पारिजातले मात्रै गर्थिन् ।

रूपले सुन्दरी, व्यवहारकुशल, बोलीवचनमा दार्जीलिङे फ्लेवरसहितको मिठासले काठमाडौंका साहित्यकार नयाँ र पुराना, नाम चलेका र चल्दै गरेका सबैको ध्यान आकर्षित गर्न सफल भयो । यही सिलसिलामा दान खालिङसँगको सम्पर्कले उनलाई कृतिकारको नयाँ परिचय बनाउने अवसर मिल्यो । उनकै पहलमा नेपाली लोकगीत सङ्ग्रहालय डिल्लीबजार काठमाडौंको पहिलो पुष्पमालाका रूपमा *आकाङ्क्षा* शीर्षकको पहिलो कविता सङ्ग्रह प्रकाशित भयो । सुश्री पारिजातका नाममा । २०१४ सालको अन्त्यतिर प्रकाशित पहिलो संस्करण हजार प्रति छापिएको थियो । त्यसको मूल्य भने नेरू ४० पैसा र भारू २५ पैसा थियो ।

यो कविता सङ्ग्रहको भूमिका पनि दान खालिङले लेखेका थिए । नौ पृष्ठ लामो । उनले यो भूमिका २०१४ सालको वसन्तपञ्चमीका दिन लेखेका थिए । भूमिकामा उनले लेखेका थिए–

*संवत् २००७ सालपछि स्वास्नीमान्छेको आवाज जाग्दै छ । यसरी बोल्ने स्वास्नीमान्छेहरू धेरै भए तापनि अझ पनि तिनले बाटो पाएका छैनन् । आवश्यकताले बताउँदछ– हाम्रो साहित्य बोल्ने चेलीहरूले सबै मिली एउटा बाटो निकाल्नैपर्छ ।*

*यस्तै साहित्य बोल्न चाहने चेलीहरूमध्ये सुश्री पारिजात पनि एउटी हुन् । सर्वप्रथम म उनीप्रति साहित्य सेविकाका रूपमा उनी फुलून्, फलून् भन्ने समस्त शुभेच्छा प्रकट गर्दछु ।*

*सुश्री पारिजातका कविता पढेर पाठकले धेरै आक्षेप लाउलान् भन्ने निश्चय गर्दछु– कलिलो भाषा त्यसमाथि पनि अनेपाली शब्दको उपस्थिति तथा व्याकरण र रचनादोष । विशेष यिनमा सबैको नजर पुग्ला । तर यी चुक क्षम्य नै छन् । कलिलो वयमा कलिलो भाषा अशोभनीय हुँदैन नै– अनेपाली शब्दको उपस्थितिलाई कतिपय पाठकपाठिका अक्षम्य दोष ठान्नुहोला । यसमा पनि लेखिकालाई उनको त्रुटि देखाएर सुधार पर्खनु हाम्रो कर्तव्य नै हुन जान्छ । व्याकरण र रचनादोषलाई कवित्वको पट्टा भनेर मात्र छाड्न सकिँदैन । किनभने कवित्वको पट्टा पनि सीमासम्म मात्र योग्य होला ।*

खालिङले उनका कविताका विषयमा थप लेखे–

*सुश्री पारिजातका कविता थोरै मात्र छन् । तथापि ती तीक्ष्ण छन्, सूक्ष्मताको पुट विकासशील मात्रामा छ । उनका कविता अनुभव गर्न सके तिनमा नैराश्य तथापि चाहना, बिस्मात तथापि सान्त्वना पाइन्छन् । उनी पाएर हराएको कुनै मोहजालमा फसेकी छिन्, उनको दिवस सपनाले एउटा यस्तो गोरेटो बनाइसकेको छ, जहाँ नैराश्यको अँधेरीमा पनि उत्कण्ठाको किरणरेखा छ अथवा यो ढुङ्गा र माटाको भौतिक जगत्मा मरे तापनि स्नेहपल्लवित हृदयमा सधैं जिउँदो रहने र सपना-बिपना छाउने जस्तै हराएको नै जिउँदोको भान छ । उनका कवितामा अनुभव र वेदनाको भारी निकै छ । त्यसैले ती मीठा छन् ।*

खालिङले भूमिकामा थप चर्चा गरेका छन्–

*सुश्री पारिजातको हामीलाई सुनाउने कुरा धेरै छ, व्याख्या गर्ने र तर्कले पुष्टि गर्नुपर्ने कुरा प्रायः छैन । उनका कवितामा हावाको एउटा वेग छ, जसले चङ्गा झैं उडाउँछ । यी कविताले भावगाम्भीर्य दिँदैनन् । किनभने यी कविता उनको जीवनको बुझाइ होइन, जीवनको जीवाइका विवरण हुन् । यसर्थ यिनमा विचारको तीक्ष्णता मात्र छ ।*

*आकाङ्क्षा* कविताको पुस्तकभन्दा पनि पुस्तिका थियो । यसमा जम्मा १५ कविता समाविष्ट थिए । तर यो पुस्तिकामा उनको पहिलोपल्ट *धरती*मा प्रकाशित तीन कवितामध्ये दुई कविता मात्र समाविष्ट थिए– 'व्यर्थ प्रयास' र 'आज बिदाको दिन हो' । 'आज बिदाको दिन हो' शीर्षकको कविता 'आधार' शीर्षकमा *आकाङ्क्षा*मा देखापऱ्यो । तर तेस्रो कविता 'को हो त्यो ?' चाहिँ *धरती*को पानामै सीमित रह्यो । कुनै पनि कविता सङ्ग्रहमा पुनः देखापरेन ।

पारिजातले *आकाङ्क्षा* पुस्तकलाई साथीभाइ, कलेजका शिक्षक चिनेजानेका सबैलाई किनिदिन आग्रह गर्दै बिक्री गरेकी थिइन् । उनको आग्रहमा साहित्यमा रूचि भए पनि, नभए पनि धेरैले किनिदिएर सहयोग गरेका थिए । यो पुस्तकले पद्मकन्या कलेजमा राम्रै प्रचार पायो । अनि त्यो प्रचार त्रिचन्द्र कलेजमा पुग्यो र पुग्यो कलेज अफ एजुकेसनमा

पनि । दार्जीलिङ्की सुन्दरी कवयित्रीको पुस्तक भनेर काठमाडौंको साहित्यिक वृत्तले चर्चाका लागि नौलो विषय पाएको थियो ।

यसरी काठमाडौंको साहित्यिक वृत्तमा पारिजात कविताका माध्यमले आकर्षक पात्रका रूपमा देखिन थालिन् ।

पारिजातले कविता लेख्ने क्रममा आफ्ना जीवनका असन्तुष्टि, आरोहअवरोह, एकाकीपनलाई विषयका रूपमा निर्बाध भित्र्याउन थालिन् । संसारमा कविहरूले आफ्ना जीवनका घटनाक्रमलाई, भोगाइलाई लेखनको विषयवस्तु बनाउनु असामान्य होइन । ती रचनाले कैयौं पाठकलाई सोझै वा अप्रत्यक्ष रूपमा प्रभाव त पारेकै हुन्छ । नजिकका सर्जकहरूले त यसलाई मज्जाले नै महसुस गर्न सक्छन् । पारिजातले पनि आफ्ना निजी आक्रोश पचाउन नसकेर कविता लेखेको सकारिन्–

*...आक्रोशलाई पचाउन नसकेर लेखिएका कविताहरू 'तँलाई आशिष', 'माघ पूर्णिमा' र केही छाप्नै नहुने कविताहरू लेखिसकेपछि म फेरि व्यक्तिगत कुण्ठामा ढालिन्छु । 'रचना'मा छापिएको 'वटवृक्षको अस्तित्व' कवितापछि मसँग कुण्ठित कविताहरूका ताँती लाग्न थाल्छन् । (तीन चिह्नले बनेकी तीन सीमाभित्र बन्द... : पारिजात, उपहार, २०५० भदौ-कात्तिक, पृष्ठ ६०)*

पहिलो कविता सङ्ग्रह प्रकाशनको चाँजोपाँजो मिलाइदिने पासाङ गोपर्माले पारिजातको लेखनीलाई नजिकबाट नियालिरहेका थिए । पारिजातप्रति उनको गम्भीर चाख थियो । उनको लेखनप्रति चाख थियो । लेखनले व्यक्त गरेका अर्थहरूसँग चाख थियो । बरोबर सम्पर्कमा रहिरहेकी पारिजातलाई एक दिन पासाङ गोपर्माले सुझाए, *"बहिनी, तपाईंका कवितामा अब व्यक्तिगत भावना बढी हुन थाल्यो ।" (तीन चिह्नले बनेकी तीन सीमाभित्र बन्द... : पारिजात, उपहार २०५० भदौ-कात्तिक, पृष्ठ ६०)*

पासाङ गोपर्माको यो टिप्पणीले पारिजातलाई झल्याँस्स ब्युँझाइदियो । झस्काइदियो । तैपनि उनको कलमले त्यस्ता भावनाहरूलाई पन्छाउन सकेन । उनलाई आफू व्यक्तिगत कुण्ठामा डुबेको थाहा थियो, उनी त्यही कुण्ठाको ढिस्कोमा उभिएकी थिइन्–

*म झस्कन्छु । तर युगसँग सजग हुन सक्दिनँ । लाग्छ, व्यक्तिगत कुण्ठाले गर्दा नै म युगलाई लिएर एउटा गलत मोडमा उभिन पुग्छु, जहाँ साहित्यिक धारणा ज्यादै तटस्थ हुन्छ । यही तटस्थताभित्र लेख्ने इच्छा ममा झन्झन् प्रबल भएको पाउँछु । नलेखीकन बस्नै सक्दिनँ... । (तीन चिह्नले बनेकी तीन सीमाभित्र बन्द... : पारिजात, उपहार २०५० भदौ-कात्तिक, पृष्ठ ६०)*

*आकाङ्क्षा*को प्रकाशनपछि पनि यसरी उनको कवितालेखनले निरन्तरता पाइरह्यो ।

# साहित्यिक समारोह र जमघट

काठमाडौंमा पारिजातको साहित्यिक गतिविधिमा सहभागिता निर्बाध रूपले अघि बढ्यो । उनी त्यस बेला हुने साहित्यिक गोष्ठीहरूमा अनिवार्य रूपमा निम्त्याइने व्यक्तित्व बनिन् । एउटा कविता सङ्ग्रह प्रकाशन गरिसकेकी, दार्जीलिङबाट आएकी, भित्री रूपमा रोगी भए पनि देख्नमा शारीरिक सुन्दरता र मीठो लयात्मक बोलीले काठमाडौंको मन जितिसकेकी थिइन् । त्यस बेलाका चर्चित कवि कृष्णभक्त श्रेष्ठ, द्वारिका श्रेष्ठ, वासु शशि, भूपी शेरचन, कुमार नेपाल, मोहन हिमांशु थापा, श्यामदास वैष्णवलगायत कविसँगको सम्पर्क र मित्रताले पनि यो अवस्थामा उनलाई पुऱ्याइदिएको थियो ।

यसै सिलसिलामा २०१६ सालमा नयाँसडकको फसिकेब गल्लीस्थित मारवाडी सेवा समितिको सभाकक्षमा एउटा भव्य कवि गोष्ठी आयोजना भएको थियो । गोष्ठीमा तत्कालीन प्रतिष्ठित तथा चर्चित वृद्ध तथा तन्नेरी कवि, कथाकार, उपन्यासकार र समालोचकहरूको व्यापक सहभागिता र उपस्थिति थियो ।

त्यसै कवि गोष्ठीमा भूपी शेरचनले पारिजातसँग तत्कालीन नेपाल कम्युनिस्ट पार्टीको केन्द्रीय मुखपत्र *नवयुग*को केन्द्रीय रिपोर्टर तथा विघटित संसद्को प्रेस रिपोर्टर शक्ति लम्सालसँग परिचय गराइदिएका थिए । त्यो कार्यक्रममा पारिजात, सुकन्या, सत्यभामा माथेमालगायत पद्मकन्या कलेजका छात्राहरूको उपस्थिति पनि उल्लेख्य थियो ।

संयोगवश त्यो गोष्ठीमा बस्ने सिट शक्ति लम्साल र पारिजातको सँगसँगै पऱ्यो । कवि गोष्ठी पनि अखबारका लागि समाचार हुने भएकाले उनी साहित्यिक कार्यक्रमहरूमा जाँदा रिपोर्टिङ गर्थे । उनी गोष्ठीको रिपोर्टिङ प्रेस डायरीमा लेख्दै थिए, त्यो पारिजातको नजरमा पऱ्यो र उनले प्वाक्क सोधिन्, "भाइ कुन प्रेसलाई रिप्रिजेन्ट गर्नुहुन्छ ?"

शक्ति लम्साललले जबाफ दिए, "*नवयुग साप्ताहिक ।*"

त्यत्तिकैमा पारिजातको पछिल्तिर बसिराखेकी सुकन्याले भनिन्, "दिदी, *नवयुग* त कम्युनिस्ट पेपर हो ।"

अनि पारिजातले भनिन्, "कम्युनिस्टहरू त एकदम डरलाग्दा हुन्छन् । देखेनौ दार्जीलिङमा माइला बाजेले कसरी दार्जीलिङलाई थर्काएर आफ्नो मुठीमा राखेका छन् ? चियाबगान घुम्दा देखेनौ, कस्ता डरलाग्दा कम्युनिस्टहरू बस्छन् । काठमाडौंमा पनि कलिला कम्युनिस्टहरू रहेछन् ।"

शक्ति लम्सालतर्फ हेर्दै पारिजातले भनिन्, "कम्युनिस्ट हुँदा आमाबाबाट हप्कीदप्की, रोक आदि आउँदैन भाइ ?"

शक्ति लम्सालले जबाफ दिए, "दिदी, म कम्युनिस्ट भएँ । कसरी भएँ, त्यो मै भन्न सक्दिनँ । तर म कम्युनिस्ट भएँ । मलाई कम्युनिस्टको सैद्धान्तिक तथा राजनीतिक ज्ञान दिने तीन गुरू भए– एउटा भारतका कृष्णचन्द्र शास्त्री, अर्का गोविन्दप्रसाद लोहनी र तेस्रा मञ्चमै छेउमा बस्नुभएका रमेश विकलजी । यी सबै खतरनाक हुन् भने म पनि खतरनाक हुँ ।" (*शक्ति लम्साल : मार्क्सवाद, समाज र साहित्य : पारिजात, आफ्नै व्यक्तित्व र परिभाषाभित्र, पृष्ठ १६७*)

शक्ति लम्सालको यस्तो स्पष्ट कुरा सुनिसकेपछि पारिजात र सुकन्या दुवै खिलखिलाएर हाँसे । कवि गोष्ठीमा कविता वाचनको क्रम चल्दै गयो । कार्यक्रमका उद्घोषक थिए कवि भूपी शेरचन । उनको उद्घोषण कला बेजोड हुन्थ्यो । उनले आकर्षक पृष्ठभूमि बाँध्दै पारिजातलाई कविता वाचनका लागि मञ्चमा आमन्त्रण गरे । हलमा उपस्थित श्रोताहरूको जोडतोडको ताली र प्रशंसाबीच आफ्नो कविता लिई पारिजात मञ्चको माइकसामु पुगिन् । उपस्थित श्रोताहरू, प्रतिष्ठित मूर्धन्य कवि र बुद्धिजीवीहरूबाट पनि मिनेटौंसम्म जोडतोडको ताली बज्न थाल्यो । *(शक्ति लम्साल : मार्क्सवाद, समाज र साहित्य : पारिजात आफ्नै व्यक्तित्व र परिभाषाभित्र, पृष्ठ १६७)*

पारिजातले 'फूल र काँडा' शीर्षकको कविता वाचन गरिन् । उनले कविता वाचन गर्दा दर्शकदीर्घाबाट 'वाह, वाह, धेरै राम्रो, धेरै राम्रो'को आवाज घन्किइरह्यो । घन्किइरह्यो ।

कविता वाचनपछि पारिजात गम्भीर तथा प्रसन्न मुद्रामा उपस्थित श्रोताहरूप्रति आफ्नो मौन अभिवादन गर्दै आफ्नो थलोमा आएर बसिन् । त्यसपछि सत्यभामा, शक्ति लम्साल आदिले कविता वाचनको सिलसिला जारी राखे, भूपी शेरचनकै उद्घोषणमा ।

पारिजातको साहित्यमा रूचि थियो । कवितामा रूचि थियो । उपन्यासमा रूचि थियो । दर्शनमा रूचि थियो । तर राजनीतिमा कुनै चाख थिएन । दार्जीलिङमा कम्युनिस्टका गतिविधिले भयग्रस्त मानसिकता यथावत् बोकेर आएका हुनाले शक्ति लम्सालसँग उनीहरू झस्किएका थिए । तर उनलाई के पत्तो, कालान्तरमा उनी त्यही कम्युनिस्ट विचारधारामा आबद्ध हुन्छिन् भन्ने । कम्युनिस्ट विचारको राजनीतिक पार्टीकै सदस्य कुनै दिन बन्न पुग्छिन् भन्ने ।

# रोदीमा मन

२०१४ सालतिरको कुरा थियो । त्रिचन्द्र कलेजमा मोहन हिमांशु थापा, कुमार नेपाल, भूपी शेरचन, कृष्णभक्त श्रेष्ठ पढ्थे । वासु शशि र दौलतविक्रम विष्ट पनि थिए । ध्रुवकृष्ण दीप पनि थिए । त्रिचन्द्र कलेजमा एकदुई बजेतिर पढाइ सकिएपछि उनीहरू कहिलेकाहीँ कलेज अफ एजुकेसन भएको ठाउँ लाजिम्पाटतिर जान्थे । गफगाफ गर्थे । रचनाहरू सुन्ने-सुनाउने पनि गर्थे । अनि उनीहरूलाई के विचार आयो भने एउटा यस्तो सङ्गठनको आवश्यकता छ, जसमा खुलेर लाग्न सकियोस् । यसरी उनीहरूले सङ्गठनबारे सोच बनाए । त्यसैको फलस्वरूप 'रोदी'को जन्म भयो ।

रोदीको परिकल्पनाका लागि महाकवि लक्ष्मीप्रसाद देवकोटाको नेतृत्वमा गठित काव्य प्रतिष्ठान पनि एक कारक थियो । काव्य प्रतिष्ठानबाट *इन्द्रेनी* निस्कन्थ्यो, काव्यप्रधान पत्रिका । महाकवि देवकोटाका अतिरिक्त शङ्कर लामिछाने, भाक्सुबाट आएका कवि भीमदर्शन रोका आदि त्यो समूहमा थिए । उनीहरू र नयाँ छिमलका कविहरूबीच केही दूरी रहे जस्तो पनि अनुभूति भयो उनीहरूलाई र रोदीको जन्मका लागि बलियो थप आधारभूमि तयार भयो ।

रोदीमा जम्मा पाँच जना कवि थिए– मोहनहिमांशु थापा, कुमार नेपाल, वासु शशि, भूपी शेरचन र कृष्णभक्त श्रेष्ठ । उनीहरू सगोलमा मिटिङ गर्थे । कोही सभापति थिएन । तर कुनै कार्यक्रम गर्नुपर्‍यो भने त्यो कार्यक्रमका लागि एक जनाले नेतृत्व गर्ने गरी पाँचै जनाको कमिटी बनाउँथे ।

रोदीमार्फत उनीहरूले कवि गोष्ठी सुरू गर्ने सोच गरे । उनीहरूको सामूहिक सोच थियो, गोष्ठीहरू गर्न जरूरी छ । पाठकहरू आफैँले क्रिएट गर्नुपर्ने आवश्यकता छ । त्यो बेलाका पाठकको रूचिलाई बदल्नुपर्छ भन्ने उनीहरूको एकमत थियो । तर सबै विद्यार्थी भएकाले पर्याप्त पैसा त थिएन । उनीहरूले आफूसित भएका सित्री, घडी, माला आदि बेचेर सक्दो कम खर्चमा कार्यक्रम सम्पन्न गर्थे । त्यसो त भारतीय पुस्तकालयमा शङ्कर लामिछाने लाइब्रेरियन थिए, उनले गोष्ठीका लागि हल उपलब्ध गराउन सहयोग गर्थे । अमेरिकन पुस्तकालयले पनि हल दिएर सघाउँथ्यो । माइक आदि पनि निःशुल्क नै उपलब्ध गराउँथ्यो ।

पारिजात रोदीको पहिलो कार्यक्रमदेखि नै सहभागी भइन् । तर रोदीमा उनको संलग्नता कहिल्यै भएन । वास्तवमा पुराना कविको सेखी झार्न रोदी समूहले भर्खर एउटा कविताको पुस्तिका मात्र प्रकाशन गरेकी पद्मकन्या क्याम्पसकी छात्रा नवकवयित्री पारिजातलाई प्रमुख अतिथिका रूपमा आमन्त्रित गरेर उनको हातबाट रोदीको उद्घाटन गराएका थिए । रोदीको उद्घाटनका विषयमा कृष्णभक्त श्रेष्ठको कथन यस्तो छ–

*रोदीको उद्घाटन गराउने भन्ने भयो । उद्घाटन हामीले गराउनलाई अमेरिकन लाइब्रेरीमा रोजियो । लोगो पनि तयार भएको थियो फाइभ स्टार भएको । अनि त्यसपछि हामीले बालकृष्ण सम, देवकोटा, सिद्धिचरणलगायत त्यो बेलाका ठुल्ठूला कविहरू भनौं न, सबैको उपस्थितिमा हामीले भर्खर बिए पास भएको हो क्यार उसले अथवा बिए पढ्दै थिई, पारिजातलाई बोलाएर हामीले उद्घाटन गराएका हौं । हाम्रो उनीहरूका लागि त्यो एउटा च्यालेन्ज थियो, बूढाखाडाका लागि । (कृष्णभक्त श्रेष्ठसँगको टेपवार्ता)*

यस तथ्यलाई रोदीका मोहन हिमांशु थापाले पनि यसरी सदर गरेका छन्–

*हामीसँग केदारमान व्यथित पनि प्रभावित हुनुहुन्थ्यो । र युगकवि सिद्धिचरण पनि प्रभावित हुनुहुन्थ्यो । तर हामीले के गऱ्यौं भने यी सब बूढाहरूसँग किन लाग्ने, हाम्रो आफ्नै बनाउने भनेर रोदी बनायौं । अब यी बूढाहरूकै हातबाट किन उद्घाटन गर्ने, हामी आफ्नै समकालीनहरूकै हातबाट किन नगर्ने, हामी पनि त कम हैनौं भन्ने हिसाबले हामीले चाहिँ आफ्नै समकालीन पारिजातलाई बोलाएर ल्याएर अमेरिकन लाइब्रेरीमा उहाँको हातबाट त्यसको उद्घाटन गरायौं । (मोहन हिमांशु थापासँग टेपवार्ता)*

त्यस उद्घाटन समारोह र त्यसपछिका रोदीका कार्यक्रममा पारिजातले गरेको सहभागितालाई रोदीमा पारिजातको संलग्नता भन्दै लेखिँदै गए पनि रोदीमा पारिजातको संस्थागत संलग्नता कहिल्यै भएन ।

रोदीमा संलग्न कविहरूबारे पनि कवि कृष्णभक्त श्रेष्ठको स्पष्टोक्ति यस्तो छ–

*हामी पाँच जनाबाहेक सदस्य हामीले बनाएनौं । त्यो बेला द्वारिका श्रेष्ठले हाम्रो खुब क्रिटिसाइज गर्थ्यो, पञ्चपाण्डव भनेर । त्योभन्दा अरू समावेश नै नगर्ने भनेर । सबैसँग हाम्रो सम्बन्ध राम्रो थियो, नराम्रो होइन । तर त्यो सङ्गठनमा चाहिने अरूलाई हामीले समावेश गरेनौं । (कृष्णभक्त श्रेष्ठसँगको टेपवार्ता)*

रोदीका कविहरूले पुराना कविलाई चुनौती दिन थाले । उनीहरूले प्रवचनका कार्यक्रम राख्थे र प्रतिप्रश्न गर्थे । यसरी उनीहरूले बालकृष्ण सम, महाकवि देवकोटालाई समेत हायलकायल पारे । यसले यस्तो स्थिति पैदा भयो कि बालकृष्ण समले त 'बुर्कुसी नमार हे युवक' भनेर कवितासमेत लेखेर सुनाएका थिए ।

संस्थागत रूपमा पारिजात रोदीमा संलग्न नभए पनि रोदीका कार्यक्रमहरूमा नियमितजसो नै सहभागी हुन्थिन् । र कृष्णभक्त श्रेष्ठ, भूपी शेरचन र मोहन हिमांशु थापाले पालैपालो साइकलको क्यारियरमा पछाडि राखेर उनलाई पुतलीसडक पुऱ्याउन

जान्थे । रोदीका कुमार नेपाल पारिवारिक व्यवहारका कारण ढिलोसम्म बस्न सक्तैनथे । वासु शशि पनि पशुपति देवपत्तन पुग्नुपर्ने भएकाले ढिलो नगरी छुट्टिन्थे । मोहन हिमांशु, कृष्णभक्त र भूपी भने अबेरसम्म घरबाहिर भए पनि फरक नपर्ने हुनाले पारिजातलाई पुतलीसडकको डेरासम्म पुऱ्याउन जाने मात्र होइन, त्यहाँ बसेर चियासिया खाने र मदिरापानसमेत गर्थे ।

यी तीन जनाको त्रिवेणी हुनुमा एउटा थप कारण के थियो भने, कृष्णभक्तको घर ठमेलस्थित क्वा पोखरीमा थियो । मोहन हिमांशुको डेरा पनि ठमेलमै थियो । भूपीको डेरा चाहिँ ठमेलबाट पकनाजोल छिचोल्ने सातदोबाटो गल्लीमा थियो । अतः तीन जना लहरै आउने र लहरै भेट्ने अनि सँगै जानेआउने गर्थे । फेरि तीनै जना साइकल चढ्थे ।

तर पारिजातसँग रोदीका पाँच कविको सम्बन्ध हुनुमा मूल रूपमा निर्मल लामा र भूपीको कारण थियो । निर्मल लामा र कृष्णभक्तहरू त्रिचन्द्रमा सँगै पढ्थे । निर्मल लामा त्यति बेला अन्डरग्राउन्ड बस्थे, किलागलको तेस्रो चोकमा । एक दिन निर्मल लामाको निवासमा जाँदा कृष्णभक्त श्रेष्ठले भूपीलाई त्यहीँ भेटे र चिनजान भएको थियो । उनीहरूको चिनजान पारिजातसँग पनि भएकाले परिचयको बिरूवाले हाँगा हालेको थियो ।

रोदीका कार्यक्रमहरूमा भाग लिएर फर्कंदा पारिजातलाई पुऱ्याउन जान भूपी ज्यादा उत्सुक हुन्थे । दुवैको पिउने रूचि पनि मिलेको थियो । सम्पन्न भूपीसँग पैसा र समय दुवै थियो । उनी पैसा र समय दुवै लुटाउन र रमाइलो गर्न माहिर थिए । कैयौं पटक भूपी पारिजातको डेरामा पारिजातसँग गफिँदै, पिउँदै गरेको भेटिन थालेका थिए ।

केही वर्षको सक्रियतापछि रोदी विघटन भयो । रोदीको विघटन हुनुमा कविहरूकै आन्तरिक कारण थियो । एकेडेमीले रोदीका कविहरूको एउटा सङ्कलन निकालिदिने प्रस्ताव आयो । तर कृष्णभक्तलगायतले कविताहरूको पूर्वमूल्याङ्कनपछि छापिने प्रक्रियाको विपक्षमा मत राख्दै सीधै प्रेसमा गएर छापिनुपर्ने अडान राखे । प्रकाशन विभाग हेर्ने प्राज्ञ भवानी भिक्षुले सुरूमा मानेनन् । तर पछि उनी पनि मान्न बाध्य भए । तर त्यही संवादका क्रममा साथै भएका वासु शशिले भिक्षुलाई 'ल हेर्नोस् त' भनेर पाण्डुलिपि देखाउँदा कृष्णभक्त रिसाएर त्यो पाण्डुलिपि वासु शशिको हातबाट खोसेर लिएर टुँडिखेलमा ल्याई धुजाधुजा पारेर च्यातिदिएका थिए । यसरी त्यो पुस्तक प्रकाशनको कुरा पनि त्यत्तिकै भयो । रोदी पनि भताभुङ्ग भयो । तर रोदीका कविहरूसँग पारिजातको सम्बन्ध, सम्पर्क र बसउठ भने पूर्ववत् चलिरह्यो ।

# प्रेमीको बिहे निम्तो

पारिजातले विधिवत् प्रेमी मानेका पहिलो व्यक्ति थिए, धनुवर मुखिया । दार्जीलिङमा कलिलो उमेरमै उनीहरूबीच प्रेमको आँकुरा पलाएको थियो । तर पारिजातले त्यो प्रेमलाई अघि बढाउने हिम्मत गरिनन् । फलस्वरूप उनीहरू प्रेममार्गमा थप अघि नबढ्ने समझदारीमा एक प्रकारले छुट्टिए । दुवैको मनको भित्री तहमा रहेको प्रेमको वृक्ष भने दुवैले आजीवन पालिरहे । उनीहरूबीचको भेट पारिजात अन्तिमपल्ट दार्जीलिङ जाँदा सन् १९८४ मा भएको थियो ।

सुरूमा पारिजात काठमाडौं आउँदा र दाजुको मृत्युको पीडा झेल्दाझेल्दै पनि उनले प्रथम प्रेमीलाई मुटुको पत्रबाट निकाल्न सकेकी थिइनन् । कताकता उनलाई अपराधबोध भइरहन्थ्यो । अनि एकपल्ट एक जनासँग मानसिक चिन्ताहरूलाई तह लगाएर मान्छे कसरी खुसीको सम्मुख पुग्न सक्छ भनी तर्क चल्यो । ती व्यक्तिले पारिजातलाई मनोविश्लेषण गर्न सिकाए, "आफ्ना सारा दुःखहरूलाई निकालेर वर्ग छुट्याउनू, एउटा चार्ट बनाउनू, प्रमुख दुःखहरूलाई एकातिर राख्नू, जोड्नू, घटाउनू, मोठ गर्नू, फालिदिनू त्यसपछि केहीकेही सही तथ्यहरू निस्कन्छन् ।" *(अध्ययन र सङ्घर्ष, पृष्ठ १४१, सङ्कलित संरचनाहरू-४)*

ती शुभचिन्तक व्यक्तिले भनेअनुसार पारिजात आफ्नो मनोविश्लेषण गर्न थालिन् । यही फर्मुलाअनुसार उनी पारिजात, अवस्था, रोग, मनोवृत्ति, विगत घटनाहरू, लेख्ने धुन, असफलता, प्रेम, विश्वासघात, घृणा सबैसबैलाई जोड्दै, घटाउँदै मिल्काउँदै जान्छिन् । कतिलाई समाधान दिएर पन्छाउँछिन्, कतिलाई निर्णय दिएर राख्छिन् ।

तर अन्त्यमा उनले परिणाम देखिन्– त्यो विशाल चार्टमा एउटै दुःख टड्कारो बाँकी छ । त्यो हो, प्रेममा विश्वासघात गरेर आर्जन गरेको अपराधबोध । साँच्चै त बेलाबेला सपनामा देख्नु, रून्नु त छुटेको छैन नि । पालेकै त थिइन् नि उनले त्यो घाउलाई ।

यो थियो पारिजातको अन्तस्करणमा, मुटुमा, हृदयमा, मनमा, मस्तिष्कमा रोपिएर बसेको, गाडिएर बसेको, नमेटिएर बसेको प्रथम प्रेमी धनुवर मुखियाको तस्बिर, मूर्ति अथवा त्यसको अमेट्य छाप ।

यो अवस्थामा उनी झन् बढी आकुलव्याकुल भइन् । उनलाई लाग्यो– चिठी लेखौं भने पनि के सोच्दा होलान् उनी मलाई । लेकाली खोला र ढुङ्गाको कापमा फुलेको जङ्गली फूलदेखि कति टाढा आइपुगिसकेको छ समय । कति प्रगति गरेर, कति सुखी भएर बाँचेका हुन सक्छन् उनी, विस्मृतिको चिहानमुनि पुगिसके होलान्, ती दिनका सम्झनाहरू उनका निम्ति । यति सब सोच्दासोच्दै पनि समाधानको निर्णयसम्म आइपुग्छिन् । *(अध्ययन र सङ्घर्ष, पृष्ठ १४१, सङ्कलित संरचनाहरू)*

हुनत पारिजातलाई मनमा कताकता शङ्का लाग्यो । कतै उनले उपहास त गर्ने होइनन् ? तैपनि उनलाई धनुवरको स्वभावमाथि विश्वास थियो । उनलाई दुःखी नतुल्याउन उनकै आग्रहमा कसरी उनी प्रेमपथबाट सरक्क हटिदिएका थिए । न रिस, न राग, न क्षोभ, न आक्रोश । उनको मनको कुनामा यो स्वभाव त जमोट भई बसेको थियो नै । त्यसले उनलाई दह्रो आत्मबल दियो र दार्जीलिङको एउटा साथीसित उनले ठेगाना मगाइन् ।

उनलाई खबर आयो, उनी त स्नातक भएर पनि प्रशासनतर्फ अधिकृत भइसके । पारिजातले हत्केला भरिभरि पसिना झिकेर एउटा चिठी लेखिन् । आफ्नो मर्यादा कायम राख्दै । आफ्नो स्वाभिमान सुरक्षित राख्दै । उनले मानवताको नाममा चिठीमा सानो क्षमायाचना पनि गरेकी थिइन् ।

यति गरिसकेपछि उनलाई ठूलो सन्तोष भयो । तर लगत्तै कस्तो प्रत्युत्तर आउने हो । प्रत्युत्तर नै आउने हो कि नआउने हो, त्यसको पनि चिन्ता लाग्यो उनलाई । चिन्तित भइन् । समयको यति लामो अन्तरालमा उनको मन कस्तो भयो होला, त्यसको लख काट्न थालिन् ।

तर प्रत्युत्तर आयो, अपेक्षा गरेभन्दा छिटो । चिठीमा पारिजातको स्वभावलाई सुरक्षित राखिएको थियो । त्यहाँ छोटो सहानुभूति थियो । तर त्यो सँगसँगै एउटा सूचना पनि थियो, धनुवरको बिहेको । चिठीलाई पछ्याउँदै आएको थियो बिहेको निम्तोपत्र पनि । पारिजातको हृदयमा पहिरो गयो । मुटुमा काँडा रोपियो । यो उनको अपेक्षा थिएन । तर यो आकस्मिकताविरूद्ध कोसँग गर्नु गुनासो । कसलाई अँगालो हालेर घुँक्क रून्नु । पहाडमा पहिरो गए जस्तै भयो । तर उनी सम्हालिइन् र आफैंलाई भनिन्– छैन केही गुनासो । तर जता कोल्टे फर्कंदा पनि धर पाइनन् र उनमा दिक्दारी बढ्न थाल्यो ।

पारिजातले जीवनको लामो कालखण्डमा कहिल्यै पनि उनलाई मनबाट निकाल्न सकिनन् । नढाँटीकन आफ्नो पहिलो प्रेमबारे उनले खुलस्त पार्न हिचकिचाइनन्–

*मैले पनि एउटा केटासँग प्रेम गरेकी थिएँ । तर हाम्रो प्रेम सच्चा प्रेम थियो । प्रेमपत्रहरूको आदानप्रदान मात्र होइन, हामी धेरै अगाडि बढिसकेका थियौं । तर जब विवाहको कुरा उठ्यो किनकिन डराएँ । मलाई लाग्यो, विवाह गर्ने हो भने मेरो स्वतन्त्रता समाप्त हुनेछ । म बन्दी जस्तो हुनेछु । मैले उसको घरको काम गर्नुपर्छ । उसको खटनमा बस्नुपर्छ । यस डरले म आतङ्कित भएँ र मैले ऊसँग सम्बन्ध तोडें । भनौं, उसलाई धोखा दिएँ । तर आजसम्म पनि मैले उसलाई मनबाट विस्थापित*

*गर्न सकेकी छैन । कहिलेकाहीँ अझै पनि सम्झन्छु म उसलाई । लाग्छ, पछि मैले कसैसँग बिहा गरेकी भए पनि म त्यो पहिलो प्रेम र त्यही केटालाई आफ्नो हृदयबाट हटाउन सक्दिनथें । त्यो केटालाई पनि सँगै लिएर (मनमा राखेर) दुलहाकहाँ जाने थिएँ । (साप्ताहिक विमर्शमा अन्तर्वार्ता : २०४२ फागुन १२)*

धनुवर मुखियाले बिहे गरेपछि पनि पारिजात र उनको मैत्री सम्बन्ध एवम् भेटघाट कायम थियो । पारिजात दार्जीलिङ जाँदा धनुवरलाई भेट्न आतुर हुन्थिन् । धनुवर पनि पारिजातलाई भेट्न काठमाडौं आइरहन्थे । एकपल्ट धनुवीरले अघिल्ली श्रीमती भए पनि पारिजातसँग दोस्रो बिहे गर्न प्रस्ताव गरेका थिए । तर उनले यो प्रस्तावलाई अस्वीकार गरेकी थिइन्–

*२०१७ असोज-कात्तिकमा जलवायु परिवर्तनका लागि दार्जीलिङ गएकी थिएँ । उहाँसँग भेट भएर कुराकानीहरू भए । उहाँ एउटा छोरीको बाउ र एउटा ठूलै अफिसर भइसक्नुभएको रहेछ । उहाँले भन्नुभयो– तपाईंले जति यातना खप्नुभयो, मैले त्योभन्दा बढी मानसिक यातना खपें र खप्दै छु । त्यसपछि भेटघाट भइरह्यो । कार्डहरू आइरहन्छ शुभकामनाका । त्यति बेला उहाँले पहिलो श्रीमती तयार छ, बिहे गरेर बसौं भन्ने प्रस्ताव पनि गर्नुभाथ्यो । घर-गृहस्थीको जिम्मा लिने आग्रह थियो । मलाई दोस्रोमा जानु भनेपछि नारी जातिकै त्योभन्दा ठूलो अपमान अरू केही लाग्दैन । एउटा लोग्नेलाई पनि के भाग लगाएर माया गर्ने ? झुत्ती खेल्ने जस्तो लाग्यो । त्यसैले त्यो प्रस्ताव स्पष्ट अस्वीकार गरें । (पारिजातसँगको कुराकानी : मिर्मिरे, २०४७ असार-साउन, पृष्ठ १६३)*

धनुवर मुखियालाई पारिजातले गुराँसको बोटको उपमा दिएकी थिइन् । यो गुराँसको बोट भनेको धनुवर मुखिया हो भन्ने सीमित व्यक्तिलाई मात्र थाहा थियो । पारिजात आफ्नो कोठामा पाएसम्म गुराँसको फूल गमलामा सजाउन चाहन्थिन् । त्यसको कारण उनको धनुवरप्रतिको आत्मिक प्रेमको प्रकटीकरण थियो ।

पारिजातको अन्तिम दार्जीलिङ यात्रा सन् १९८४ मा भएको थियो । उनले विन्ध्या सुब्बामार्फत खबर पठाइन् । विन्ध्याले उपन्यासकार प्रकाश कोविदलाई खबर गर्न आग्रह गरिन् । तर प्रकाश कोविदले धनुवरलाई घरमा भेटाउन सकेनन् । पारिजात धनुवरसँग भेट्न नपाएर नियाँस्रिएकी थिइन् । तर अन्तिम साँझ ढिलो गरी धनुवर पारिजातलाई भेट्न सोसाइटी होटल आइपुगेका थिए । अनि राति अबेरसम्म उनीहरूले बात मार्दै बसेका थिए ।

पारिजातले विन्ध्या सुब्बालाई भनेकी थिइन्, "विन्ध्या, अब म तपाईंको आँखाबाट नै गुराँसको बोटलाई हेर्न चाहन्छु । लौ दृष्टि दिएँ मैले तपाईंको आँखालाई ।" *(मनको आँखीझ्यालबाट : पारिजात : विन्ध्या सुब्बा : पारिजात स्मृतिग्रन्थ, संस्मरण खण्ड, पृष्ठ १०१)*

तर विडम्बना भनौं या नियतिको खेल, पारिजातको गुराँसको बोट अर्थात् धनुवर मुखियालाई विन्ध्या सुब्बाले उनको जीवनकालमा कहिल्यै भेट्ने अवसर पाइनन् ।

# प्रसङ्ग बिहेको

एउटी स्त्री हुनुका नातामा पारिजातलाई पनि कहिलेकाहीँ कताकता एउटा पुरूषको आवश्यकताले चिमोट्थ्यो । तर बिहेदेखि उनी पर भाग्न चाहन्थिन् । विवाहले व्यक्तिगत स्वतन्त्रता खोसिन्छ भन्ने मानसिकताले उनलाई गाँज्थ्यो । त्यही मानसिकताले नै प्रथम प्रेमी धनुवर मुखियाबाट टाढा भएकी थिइन् ।

पछिल्लोपल्ट लेकाली उपनामले *रूपरेखा*मा उपस्थिति देखाउने नेपालका एक होनहार व्यक्तित्व हर्क गुरूङसँग उनको मन बसेको थियो । पारिजातको अस्वस्थता देख्दादेख्दै पनि हर्क गुरूङले पारिजातलाई आफ्नो मनमन्दिरमा श्रीमतीका रूपमा सजाइसकेका थिए । उनीहरूको भद्र निकटता बढ्दै थियो । दुवैले एकअर्कालाई मन पराएका थिए । यसमा बाधाबन्धन कसैबाट थिएन । कतैबाट थिएन ।

त्यसैबीच हर्क गुरूङलाई बेलायतमा उच्च अध्ययनको राम्रो र प्रतिष्ठित छात्रवृत्ति मिल्यो । हर्कले पारिजातलाई बिहे गरेर सँगै बेलायत लैजाने सपना देखे । तर अचानक पारिजातले मन फेरिन् । वैवाहिक जीवनमा बाँधिनुपर्ने बन्धनको मानसिकता उनलाई सह्य भएन । अनि हर्क गुरूङलाई उनले भनिन्, "तपाईं बेलायतबाट फर्किनुहोस् अनि ... ।"

हर्क गुरूङको सपना चकनाचुर भयो । श्रीमतीका रूपमा कल्पना गरिसकेकी, दुवैले एकअर्कालाई मन पराइसकेको अवस्थामा पारिजातबाट यस्तो जबाफ उनले अपेक्षा गरेका थिएनन् । अनि गह्रौं मन लिएर उनी बेलायत उडे । त्यो उडाइसँगै विवाह गरेर उनीहरूले दाम्पत्य जीवन बिताउने चाहना पनि उड्यो । सकियो । बेपत्ता भयो । त्यो सन्दर्भ सदाका लागि विसर्जन भयो । यद्यपि हर्क गुरूङले अरूसँगै विवाह गरिसकेपछि पनि पारिजातसँग सभ्य शिष्ट मित्रता कायमै राखेका थिए । तर उनीहरूबीचको सम्बन्धबारे थाहा पाइसकेकी हर्क गुरूङकी श्रीमतीको व्यवहार भने अलि नमीठो भएको पारिजातले अनुभव गर्नुपऱ्यो । यस सन्दर्भलाई लिएर कवि नवराज कार्कीसँग पारिजातले हाँस्दै भनेकी थिइन्, "तिनले त मलाई सौताको जस्तो पो व्यवहार गरिन् । तर मैले बिहे गरेको भए तिनले उनलाई श्रीमान् बनाउन कहाँ पाउँथिन् र !" *(नवराज कार्कीसँगको वार्ता)* ।

वास्तवमा पारिजातले लेखेको उनको प्रसिद्ध कविता 'लाहुरेलाई एक रोगी प्रेमिकाको पत्र' हर्क गुरूङलाई लिएरै लेखेकी थिइन् । आफूलाई रोगी प्रेमिका र हर्कलाई लाहुरेका रूपमा उनले कवितामा चित्रण गरेकी थिइन्–

*अब... अब म*
*सात समुद्र पार गरेर आउँदिनँ*
*तिमीलाई यहीँ म मेरै चौतारीमा हेर्छु*
*किनभने शरीरसँगै मेरो मस्तिष्क पनि सीमित भएको छ*
*ढुङ्गामा परिणता गौतमी जस्तै ।*
*...*
*प्रिय*
*तिमीले लेखेका थियौ*
*म तिम्रो वालेटको तस्बिरमा मुस्कुराउँछु रे*
*मेरो सम्झनापत्रले तिमीलाई फिनिक्सले झैं बिझाउँछ रे*
*मेरो माया तिमीलाई वटवृक्षको मायालु छाया रे*
*अहा, यी सब इतिहासबद्ध भइसके ।*
*(पारिजात : लाहुरेलाई एक रोगी प्रेमिकाको पत्र : रूपरेखा, २०२१ जेठ)*

रूपरेखाका सम्पादक उत्तम कुँवरले *स्रष्टा र साहित्य*का लागि लिएको अन्तर्वार्ताको प्रस्तुतिका क्रममा पारिजातको बिहेसम्बन्धी धारणा र हर्क गुरूङसँगको सम्भावित बिहेलाई साङ्केतिक रूपमा यसरी उल्लेख गरेका थिए–

*...तर विवाह गर्दै नगर्ने विचार पनि पारिजातको हैन । आफूले चाहेको सबै गुण भएको व्यक्ति पाए विवाह पनि गर्ने विचार छ । र त्यस्तो व्यक्ति पनि यो हो भनेर थाहा पाइसकिएको छ । तर विवाहको कुरा ? विवाहको कुरा त्यसैबीचमा परिरहेको छ । (सुश्री पारिजात : उत्तम कुँवर : स्रष्टा र साहित्य, दोस्रो संस्करण २०२७)*

त्यो थाहा पाइसकिएको छ भनेर उत्तम कुँवरले सङ्केत गरेका व्यक्ति अरू कोही नभई हर्क गुरूङ नै थिए । किनभने हर्क गुरूङसँग पनि उनको घनिष्ठता थियो, रूपरेखाका माध्यमले पारिजातका साथसाथै । उनले पारिजातसँग भूपी शेरचन, मदन रेग्मीलगायत साहित्यकार अन्तरङ्गमा रहेको बेहोरा पनि खुलस्तसँग व्यक्त गरेका थिए ।

सुकन्याले पनि भनेकी छिन्–

*हर्क गुरूङले मन पराएको हो, प्रपोज गर्‍या पनि हो । तपाईंको त्यो कविता पनि त छ नि त, 'लाहुरेलाई रोगी प्रेमिकाको पत्र' त्यही त हो नि । (सुकन्यासँग टेपवार्ता)*

पारिजातले बिहे नगरे पनि यस विषयमा यस्तो धारणा व्यक्त गरेकी थिइन्–

विवाह शारीरिक आवश्यकता पनि हो । कोही अप्राकृतिक हुन सक्तैन । मातृवात्सल्यले महिलालाई आमा हुन तथा कसैकी श्रीमती हुन मन लाग्छ । मलाई दुईतीन ठाउँबाट अफर पनि आयो, मैले रिजेक्ट नै गरें । सुरूमा यसतर्फ सोचाइ पनि थियो । बीचमा शारीरिक अवस्थाका कारण पनि त्यसतर्फ कुनै विचार गरिनँ । त्यस बेला पनि मेरो विवाहको कुरा चलेको थियो, मैले वास्ता गरिनँ । तर अहिले चाहिँ मलाई 'विवाहित जीवन'बाट अलग रहेको राम्रै लागेको छ । लेखन विधा नै मेरा लागि सबैथोक छ । (साहित्यकार तथा पत्रकार दुवैमाथि दमन छ : महेश प्रसाईंलाई अन्तर्वार्ता साप्ताहिक बहस : २०४३ माघ २७, मङ्गलबार : पारिजात सङ्कलित रचनाहरू ६, पृष्ठ २५०)

...

# जीवन सङ्घर्ष र पराश्रयबाट स्वआश्रयतिर

# आर्थिक सङ्कटका दिन

एकातिर साहित्य जगत्मा पारिजातको नाम चम्किँदै थियो भने घरभित्र आर्थिक सङ्कट पनि गहिरिँदै थियो । एक मात्र दाजुको कमाइ । बाबुको औषधोपचारको काम पनि खासै चलेको थिएन । सुकन्या र साधु भएका घोडचडी दाजु थपिएपछि एक्लो कमाइले गाह्रो हुँदै गएको थियो घर धान्न । यद्यपि पैसाको राखनधरन र सबथोक पारिजातले नै गर्थिन् । दाजु बिहे नगरी बस्ने अठोटमा थिए । तर बाबुले सधैं करकर गरिरहन्थे । दाजु भने बहिनीहरूलाई पढाएर योग्य बनाउँछु भन्ने अठोटमा थिए । तर एक दिन बाबुको दबाब थेग्न नसकेर दाजु गले र विवाहका लागि तयार भए ।

गुह्येश्वरीको मन्दिरमा स्वयंवर र बिहेको रीत पुऱ्याएर पैसैपैसामा पुलपुल्याएर पालिएकी सानी कन्या भाउजूका रूपमा भित्रिइन् । क्याम्ब्रिज पढेकी, नेपाली बोल्न नजान्ने भाउजूको प्रवेशले घरको वातावरण पूरै बदलियो । सुहागरातको भोलिपल्टै पारिजातले विवाहको भोजमा खर्च भएर बाँकी रहेको पैसा र हिसाबकिताब भाउजूलाई हस्तान्तरण गरिदिइन् ।

आफ्नै हातले खर्च गर्ने बानी परेकी पारिजात बिनाआम्दानी दाजुभाउजूमा आश्रित भएर हात बाँधेर बस्नुपर्ने विडम्बनापूर्ण स्थितिमा पुगिन् । बाबुको खासै कमाइ थिएन । भाउजूको खटनमा घर चल्न थाल्यो । बिहान चुलोको कामधन्दा सिध्याएर कलेज जान्थिन् । खल्तीमा एक पैसा नहुनु बडो अप्ठ्यारो अवस्था हुन्थ्यो । त्यसमाथि चुरोट खाने बानी । चुरोटको तलतल लागिरहन्थ्यो । अनि घरमा कामधन्दा गर्ने केटीसँग मतो मिलाएर तरकारी किन्ने पैसाबाट नाफा निकालेर चुरोट खर्चको जोहो गर्ने परिस्थितिमा पुगिन् ।

कलेजबाट भोकले निस्लोट र थकाइले गलित भएर फर्कंदा घरमा खानेकुरा नहुनुको पीडा असह्य हुन्थ्यो । झन् साडी-जुत्ता फाट्दै जाँदा मन पनि फाट्दै जान्थ्यो । अभावहरूले मुख बाएर चारैतिरबाट अस्तित्वलाई गिज्याउँथे । एकातिर यस्तो अवस्था थियो भने यी सबबाट बेखबर भएर अध्ययन र लेखनमा चुर्लुम्म डुबेर स्थितिलाई सम्हाल्नु उनको नियति बनेको थियो ।

तिनै दाइले बाबुलाई दाजु शिवको पोखरीमा डुबेर मृत्यु भएपछि मन बहलाउन र सान्त्वनाका लागि काठमाडौं लिएर आएका थिए । तिनै दाइले पारिजातलाई काठमाडौं

ल्याएका थिए । तिनै दाइले सुकन्यालाई पनि काठमाडौं ल्याएका थिए । काकाका छोरा भए पनि सहोदर दाजुबहिनीको परिवारका रूपमा उनीहरू मिलिजुली बसेका थिए । आफ्नै कमाइले सबैलाई पालेर बहिनीहरूलाई पढाएर योग्य बनाउने कामका लागि खटेका थिए । घरको आम्दानी र खर्चको सारा विधि व्यवहार पारिजातलाई सुम्पिएर घरमूलीको झैं स्थान दिएका थिए । तर तिनै दाजुको बिहेपछि त्यो स्थिति र वातावरण कायम रहन सकेन ।

वास्तवमा आइएको परीक्षामा पारिजात र सुकन्या दुवै पास भएपछि त्यो घर झलमल्ल उज्यालो भएको थियो खुसीले । दाजुले एक छाक भोज खान पैसा पनि दिएका थिए । बाबुले भावुक भएर उनलाई भनेका थिए, "आफ्नो संरक्षणमा राखेर तैंले बहिनीहरूलाई आइए पास गराइस् । तँलाई लाख धन्यवाद छ ।"

एकातिर आइए पासको खुसी थियो, अर्कोतिर दाइ एउटैको कमाइले घर धान्न धौधौको अवस्था थियो । दाइको एउटा छोरा भएपछि झन् घरखर्चले आकाश छुन थाल्यो । पारिजात र सुकन्यामा छटपटी बढ्न थाल्यो । अब हामी आफैंले कमाएर खानुपर्छ भन्ने सोच त आउँथ्यो । तर त्यसले बाटो पाएन । दाजुका विवशता पनि उदाङ्गिन थालेको उनीहरूले प्रस्टै महसुस गर्न थाले । दाजुको अनुहारमा उदाउने सहज हाँसोहरू अब अस्ताउन थालेका थिए । भाउजूको स्वभाव क्रमशः कर्कश हुँदै गएको थियो ।

विपन्नताको एकातिर यस्तो अवस्था खेपिरहेको परिवारमा अर्कोतिर दाजुले दार्जीलिङकी एउटी मुखाले अधबैंसे महिलालाई नेपाल घुमाउन ल्याए र तिनलाई घरको रेखदेख गर्न लगाए । उसले पारिजात, सुकन्याहरूलाई प्याच्चप्याच्च मुख छाड्न थाली । घरको स्थिति दिनदिनै घटिया हुँदै गयो । अब एउटै छानामुनि बस्ने अवस्था नहुने वातावरण बन्यो ।

हुनत केही कमाइ गर्ने अवस्था भए छुट्टिएर बस्ने मन बनाएर अखबारमा दिइएको विज्ञापनअनुसार सुकन्याले एउटा भारतीय व्यापारीकी छोरीलाई अङ्ग्रेजी भाषा पढाउने काम थालेकी थिइन् । तर पैसा दिने बेलामा त्यो छट्टु भारतीयले सुइँकुच्चा ठोक्यो । त्यत्रो मिहिनेतको फल नपाउँदा सुकन्या हिस्स परिन् । र दिदीबहिनी 'अभागी हग्न बसेको' उखान हाल्दै रून्चे हाँसो हाँसे ।

एउटा सुखद मौका भन्नुपर्छ, एक प्रकारको भाग्य पनि भन्नुपर्छ– कलेज अफ एजुकेसनको प्रिन्सिपल अफिसमा सुकन्याले सेक्रेटरीको काम पाइन्, मासिक सय रूपियाँ तलबमा । यो जागिरले पराश्रयमा बसेका डा. कालु सिंह, पारिजात र सुकन्यालाई स्वआश्रयको बाटोमा लाग्ने आँट दियो । अनि सुकन्याले आधा महिनाको तलब ५० रूपियाँ हात पारेपछि केही ओढ्नेओछ्याउने लिएर उनीहरू पुतलीसडकको अर्को घरको सानो कोठामा डेरा सरे । अनि काठमाडौंमा उनीहरूको सक्कली सङ्घर्षका दिनको सुरूवात भयो ।

यसैबीच पारिजातलाई बिहेका लागि कुरा आयो । दार्जीलिङमा एकपल्ट प्रेमको चास्नीमा परिसकेकी पारिजातको आँखामा धनुवर मुखियाको तस्बिर उदाउने र अस्ताउने गरिरहन्थ्यो । विवाहका लागि आएका ती प्रस्तावलाई उनले ठाडै अस्वीकार गरिदिइन् । बाबुको असमर्थता, आश्रित जीवन, लेख्ने धुन, जिज्ञासा छाडीकन उनको आफ्नै प्रकारको व्यक्तिगत धारणा तगारोका रूपमा देखापरेको थियो । उनलाई सैनिक हुनुहुन्न । पुलिस हुनुहुन्न । सरकारी कर्मचारी हुनुहुन्न । एउटा स्वतन्त्र व्यक्ति चाहिन्छ । त्यो मान्छे महान् होस् । प्रतिभावान् हिरो होओस् । नेता होओस् । दार्शनिक होओस् । लेखक होओस् । तर ती सब कहाँ पाउनु ? अनि अन्तिम विकल्प अस्वीकार ।

पद्मकन्या कलेजको पढाइले ज्ञान दियो । शिक्षा दियो । साहित्यिक जगत्मा फैलिने आकाश दियो । त्योसँगै एउटा यस्तो मान्छेसँग पनि भेट जुराइदियो, जुन भेटले पारिजातको डुब्न लागेको नौकालाई भरथेग गरेर थाम्न मद्दत भयो । सुखदुःखको अप्रतीम मित्र भयो । ती थिइन्, सुश्री दया सिंह ।

तर पारिजात र दया सिंहलाई चिनजान गराउने चाहिँ दया सिंहकी भाउजू थिइन् । पारिजात र उनी एउटै कक्षामा पढ्थे । दया सिंहको कथन यस्तो थियो–

*सबभन्दा पहिला चिनजान पारिजातको र मेरी भाउजूको भएको हो । मेरी भाउजूको क्लासफ्रेन्ड हुन् पारिजात । त्यो बेलामा मैले पढेकै थिइनँ । किनकि मेरा बुबाहरू बझाङका । यहाँ आएर बुबाले आर्मीमा जागिर खानुभएको । अनि त्यसपछि उहाँलाई चाहिँ इम्प्रेसन पऱ्यो कि चेलीबेटीलाई पढाउनुहुन्न भनेर । म जेठी छोरी परेँ । मलाई यहाँ नपढाएर राखे । मेरा भाउजूहरू त पढ्न जान्थे । भाउजूहरू त अर्काका छोरी भो, पढ्न जाने भो । अनि यहाँ आउँदाखेरि एक दिन पारिजातलाई पनि लिएर आए । साथी भनेर चिनाए । पद्मकन्याबाट यहाँ आउँदाखेरि दुईचार कुरा हाम्रो हुन्थ्यो । (दया सिंहसँगको टेप अन्तर्वार्ता)*

दया सिंह पनि पुतलीसडकमै बस्थिन् । यो भौगोलिक निकटताले मात्र होइन, दुवैको मन यसरी मिल्यो कि दुवै शरीर दुई, मनले एक भए । एकअर्कासँग छुट्याउनै नसकिने मित्रता कायम भयो ।

घोडचडी दाजुसँग नेपाल-भारत मैत्री सङ्घ र कोसी प्रोजेक्ट पुस्तकालयमा जाने आदत भएको थियो पारिजातको । नयाँनयाँ पुस्तक पढ्न पाउँथिन् । नयाँनयाँ विचार पढ्न पाउँथिन् । पुस्तकका माध्यमले नयाँ संसार चियाउन पाउँथिन् । उनी विशेषतः ऐतिहासिक उपन्यास पढ्न रूचाउँथिन् । चार्ल्स डिकेन्स पढ्थिन् । थोमस हार्डी पढ्थिन् । सेक्सपिएर पढेर दाजुबहिनी तर्कवितर्क गर्थे । क्लियोपेट्रा र एन्टोनीको *ट्र्याजेडी* पढिसकेपछि मनस्थिति खलबलिएर कतिपल्ट उनी साथीहरूसँग बोल्दै नबोली घर फर्केकी थिइन् । हान्नी ह्विगार्डको *सी*को पहिलो र दोस्रो भाग पढिसकेपछि धेरै दिनसम्म उनले अरू पुस्तक पढ्नै सकिनन् । उनी पुस्तकहरू लिएर कहिले नागार्जुनको पहाडमा, कहिले भण्डारखालको जङ्गलभित्र हराउन थालिन् । उनी पाठ्यपुस्तकबाट

टाढा र साहित्यिक संसारका यी र यस्ता पुस्तकको दुनियाँमा रमाउन, आनन्दित हुन, सन्तुष्ट हुन, असन्तुष्ट हुन थालिन् । तर यसरी साथमा पढ्ने-हिँड्ने दाइ केही दिनपछि दार्जीलिङ घर फर्किए र उनीसँगको साथ छुट्यो । त्यसको साटो उनले साथ पाइन् दयाको । दया सिंहको ।

यो साथ, मित्रता, निकटता आजीवन कायम रह्यो । त्यसलाई कसैले कुनै माध्यमले छुटाउन सकेन, सिवाय पारिजातको मृत्यु ।

बिए पढ्न थालेपछि पनि पारिजातको जीवनले स्वाभाविक गति लिन सकेन । आर्थिक अवस्था तलको तलै रह्यो । पढाइमा पनि उनलाई कोर्स सम्झिएपछि अत्यास लाग्ने हुन थाल्यो । शरीरलाई रोगले जर्जर पार्दै लान थाल्यो । उनी थोरै कामले पनि थाक्थिन् । थोरै हिँडे पनि थाक्थिन् । उनलाई लाग्न थाल्यो, जीवनको कुनै तारतम्य छैन । लक्ष्य छैन । सिद्धान्त छैन । कुनै निश्चितता छैन । एकाग्रता छैन । यसरी कुण्ठित हुन्थिन् उनी । कलेजको सांस्कृतिक कार्यक्रममा पनि भाग लिइन् । गैरपाठ्यक्रमको लेखपढमा पनि भाग लिइन् । तर उनले जीवनलाई एउटा गति दिन सकिनन् । उनलाई जीवनदेखि परास्त भएको महसुस हुन्थ्यो । अनि उदास कविता लेख्दै थन्क्याउँदै गर्थिन् ।

यसैबीच दसैं आयो । पारिजातका लागि दसैं पनि नीरस, नरमाइलो र उत्सवहीन भएको अनुभव भयो ।

त्यो देखेर पारिजातकी साथी दया सिंहले घुमाएर उनीहरूलाई सोधिन्, "तिमीहरूको दसैंमा लुगा हाल्ने चलन छैन ?"

"छ, त्यसो त । तर अब हामी ठूला पनि त भइसक्यौं, हामीलाई दसैंको लुगासँग के अर्थ ?"

दयाले भनिन्, "हो, हो मलाई थाहा छ । तेरो त फेर्ने लुगा पनि छैन । भइगो कसैको अघि दाँत ङिच्याउनुपर्दैन ।"

साथीको स्थितिमा दयाका आँखा रसिला बनेका थिए । अनि केही दिनपछि दयाले दुई जोडा धोती र एक जोडा पेटीकोट उपहार ल्याइदिएकी थिइन् ।

पद्मकन्या कलेजमा पढ्नेताका नै एकपल्ट पारिजात हस्तरेखाविज्ञ हुने भनेर एकोहोरिइन् । खासमा उनले भेडासिं बस्ने साथी अञ्जली जोशीको घरबाट उनका दाजुले पढ्ने गरेको पामिस्ट्रीको मोटो किताब मागेर ल्याएकी थिइन् । त्यसपछि उनको चाख, मिहिनेत, दिमाग र समय सबै त्यसैमा एकाग्र भएको थियो । उनी रेखा कोर्थिन्, हिसाब गर्थिन्, पढ्थिन् । अनि त्यसैमा खुब अल्झिन्थिन् । यही पत्तो पाएर बाबुले सातो लिएपछि उनी त्यसबाट टाढिएकी थिइन् ।

यसैबीच सरोज विष्ट पनि पारिजातहरूसँगै बस्न थालिन् । परिवारकै अङ्ग झैं भएर ।

बिएको फाइनल जाँच आउँदा वास्तवमा पारिजात र सुकन्या आर्थिक सङ्कटको चर्को रापमा पोलिन थालेका थिए । झोसिँदै थिए । जाँच आउँदै थियो । जाँचको फाराम

भर्न दुवै जनालाई पैसा थिएन । केकसो गर्ने केही सुझेन । सापट दिइहाल्छन् कि भनेर विश्वास गरेका केही ठाउँबाट रित्तो हात फर्किनुपरेपछि झन् अन्योल भयो ।

अनि बल्लतल्ल जोरजाम गर्दा एक जनालाई मात्र फाराम भर्न पुग्ने पैसा जोगाड भयो । दिदीबहिनीबीच एकले अर्कोलाई 'तँ फाराम भर्, तँ फाराम भर्' भन्दै जुहारी खेल्न थाले । तर यो सङ्कटलाई चन्द्रकला किरणले सहयोग गरेर पार लगाइदिएकी थिइन् । यस्तो स्थितिलाई पारिजातले यसरी व्यक्त गरेकी थिइन्–

*हेर्दाहेर्दै बिएको फाइनल जाँच आइपुग्छ । फाराम भर्नलाई पैसाको समस्या छ । हामी दुवै निधार गाँठो पारेर बसेका छौँ । विश्वास परेको दुई ठाउँबाट रित्तो हात फर्किसकेपछि हामी खाना नखाएर भए पनि एक जनाको फाराम भर्ने पैसा मिलाउँछौँ र हानथाप गर्छौं । म सुकन्यालाई भन्छु, "तँ मिहिनेती छस् पास भइहाल्छेस् ।" ऊ मलाई भन्छे, "तिमी भर, मैले चिताए जति पढ्नै पाएकी छैन ।" अन्त्यमा डिमोन्स्ट्रेसन स्कुलको प्रधानाध्यापिका श्रीमती चन्द्रकला किरणसँग एकै वचन आग्रह गर्ने भनी सल्लाह गर्छौं । नभन्दै एकै वचनमा उनले रू. एक सय दिएर गुन लगाइन् हामीलाई । यसरी दुई जना फाराम भर्छौं ...। (सङ्कलित रचनाहरू-४, पृष्ठ १४३)*

यसरी पारिजातले काठमाडौंमा आर्थिक सङ्कट बेहोर्दै जीवनडुङ्गा अघि बढाउनुपरेको थियो । अभाव झेल्नुपरेको थियो ।

# मदन मेमोरियलकी वाइबा मिस

काठमाडौंमा चर्को आर्थिक अभाव झेलिरहेको समयमा पारिजातले *गोरखापत्र*मा विज्ञापन देखिन् । त्यो विज्ञापन थियो, पाटनको मदन मेमोरियल विद्यालयमा शिक्षकहरूको आवश्यकतासम्बन्धी । *गोरखापत्र*मा विज्ञापन देखेपछि उनले पनि दरखास्त दिइन् । उनी पास भइन् । उनको अन्तर्वार्ता लिने वासुदेव लुइँटेल थिए भने नियुक्तिपत्रमा हस्ताक्षर गर्ने कमल दीक्षित । उनले २०१६ साल फागुनदेखि त्यस विद्यालयमा पढाउन थालिन् ।

उनी कक्षा १० की क्लास टिचर अर्थात् कक्षाशिक्षिका भइन् । उनले पढाउने विषय थियो भूगोल, अङ्ग्रेजी, नेपाली र भारतको इतिहास । उनलाई चित्रकलामा रूचि भएकाले सातौं र आठौं कक्षाका विद्यार्थीलाई चित्रकला पनि सिकाउँथिन् । तर उनको स्वास्थ्यले साथ दिइरहेको थिएन । त्यस बेलाको स्वास्थ्य र मानसिकतालाई उनी आफैंले यसरी बताएकी छन्–

*शरीरले साथ दिइरहेको छैन, त्यो कुरा अर्कै । तर मनले प्रशस्त हल्का भएकी छु । शरीर गल्दै छ, दिनदिनै सचेत छु यसप्रति । तर यहाँ पनि मानसिक तुजुक काम गरी नै रहेको छ । हिँडाइको त कुरै छाडिदिऊँ रिक्सामा आउँदा पनि म थाक्छु । (अध्ययन र सङ्घर्ष, पृष्ठ १४५, सङ्कलित संरचनाहरू-४)*

विद्यालयमा उनी विष्णु मिस, वाइबा मिसका नामले चर्चित थिइन् । सबैजसो उनको व्यवहार र पढाउने शैलीका कारण आत्मीयताको डोरीमा बाँधिइन् ।

स्कुलमा बेलामौकामा सामूहिक पकाएर खाने पनि चलन हुन्थ्यो । यस्तोमा पनि सहशिक्षिकाहरू उनको हातले पकाएको मीठो, स्वादिलो भन्दै उनलाई पकाउन आग्रह गर्थे । उनको त्यो बेलाको मनोदशा उनकै शब्दमा–

*हामी मदन मेमोरियल माविका स्टाफहरू (शिक्षिकाहरू) बेलामौकामा कमन रूपमा केहीकेही पकाएर खाने गर्थ्यौं । त्यस दिन पनि यस्तै पाउरोटी र अम्लेट खाने दिन थियो । साथीहरू सुरसार गर्दै थिए, एकाएक गृह विज्ञानकी शिक्षिका श्रीमती कलावती गुरूङले भनिन्, "वाइबाजी प्लिज अम्लेट तपाईं बनाउनुस् न, तपाईं रोल अम्लेट कस्तो राम्रो बनाउनुहुन्छ !" त्यसपछि मैले फटाफट रोल अम्लेट बनाउन थालें ।*

मदन मेमोरियलमा पढाउँदापढाउँदै पारिजातको अस्वस्थता बढ्दै गएको कुरा स्कुलका सेक्रेटरी कमलमणि दीक्षितको कानसम्म पुग्यो । पारिजातलाई बाथले सताएको थाहा पाएपछि कमल दीक्षितले आफैंले आफ्नो कम्पाउन्डमा भएको जङ्गलमा स्यालको सिकार गरेर त्यसको मासु पठाइदिएका थिए । तर त्यसले पनि खासै फाइदा पुऱ्याएन ।

तर मदन मेमोरियलमा पढाउने क्रममा उनले स्कुलमा विद्यालयको पढाइ सुरू हुनुअघि सामूहिक रूपमा गाउनका लागि 'सरस्वती वन्दना' गीत लेखिदिएकी थिइन् । त्यो गीतमा उनीसँगै उक्त स्कुलमा शिक्षिकाका रूपमा भर्ना भएकी सङ्गीतशिक्षिका सरदार रूद्रराज पाण्डेकी छोरी डा. दुर्गाप्रसाद भण्डारीकी श्रीमती श्रीदेवी पाण्डेले सङ्गीत भरेकी थिइन् । त्यो प्रार्थना गीत हरेक दिन स्कुलमा गाइन्थ्यो । पारिजातले अस्वस्थताका कारण राजीनामा दिएर स्कुल छाडे पनि नयाँ शिक्षा लागु भएर सरकारले कक्षागत प्रार्थना गीत अनिवार्य गाउने नियम लागु गरेपछि मात्र पारिजात लिखित प्रार्थना गीत गाउन छाडिएको थियो *(कमल दीक्षितसँगको टेपवार्ता)* ।

पारिजातले स्कुलमा पढाउनेताका पनि नियमित चुरोट खान्थिन् । र केही नजिकका विद्यार्थीले चुरोट खान हुँदैन भन्दा उनी हाँसेर चुरोट मेरो साथी हो भन्थिन् ।

उनको शारीरिक अस्वस्थता विशेषतः हातमा प्रकट हुन्थ्यो । र त्यसको दुखाइ हल्का होओस् भनेर हातमा पट्टी बाँध्ने गर्थिन् । उनकी एक प्रिय विद्यार्थी स्कुल व्यवस्थापनमा संलग्न साहित्यकार वासुदेव लुइँटेलकी छोरी सुषमा आचार्यको सम्झना यस्तो थियो–

*उहाँको हातमा जहिले पनि पट्टी बाँधिराखेको हुन्थ्यो । हामीलाई पढाउँदादेखि नै उहाँको पट्टी थियो हातमा । किन, कसरी बाँध्नुपऱ्यो भन्दा मलाई सानैदेखि यो दुख्थ्यो, हात दुख्थ्यो । त्यसैले यो पट्टी बाँधिराखेको भन्नुहुन्थ्यो । मलाई थाहा थिएन । मैले धेरै पछि मात्र थाहा पाएँ कि उहाँको हातको औंला चल्दो रहेनछ । हामीले पढ्दाखेरि त थाहा नै भएन । उहाँको हातका कतिपय औंला सोझो हुँदा रहेनछन् । (सुषमा आचार्यसँगको टेपवार्ता, १३ जनवरी २०१७ भियना, भर्जिनिया)*

पारिजात वासुदेव लुइँटेलको घरमा बरोबर गइरहन्थिन् । कारण के थियो भने, मदन मेमोरियलकै एक जना शिक्षिकालाई बस्ने ठाउँको समस्या परेकाले वासुदेव लुइँटेलले आफ्नो घरमै कोठा दिएका थिए । ती शिक्षिका पनि दार्जीलिङकै भएकाले पारिजात भेट्न आइरहन्थिन् । त्यसरी आउँदा वासुदेव लुइँटेल अनि सुषमा आचार्यसँग पनि भेट हुन्थ्यो । मन पर्ने छात्रा भएकाले पारिजातले सुषमालाई विशेष माया गर्थिन् । यो मायाको डोरी आजीवन चुँडिएन ।

त्यसो त स्कुलका शिक्षिकाहरूसँग मात्र होइन, छात्राहरूसँग पनि पारिजातको खुब घनिष्ठता भयो । स्कुलबाहिर सबैसँग उनी दिदीबहिनी झैं हुन्थिन् । त्यसमा पनि जयन्ती, सुषमा, इन्दिरा उनले भुल्न नसक्ने छात्रा थिए । किनभने उनीहरूका

जिज्ञासु अनुहार लिएर इतिहासको ट्रिप गएको, भूगोलको ट्रिप गएको, जङ्गलभित्र चमेना खाएको, चट्टानका नमुनाहरू खोजेको र ती छात्राहरूसँग आफैं पनि बहकिएका क्षण उनका लागि सधैंसधैं जीवन्त क्षणका रूपमा मनको गहिराइमा सुरक्षित थिए । पछिसम्म ।

मदन मेमोरियलमा पारिजातले अध्यापन गर्न थालेपछि घरको आर्थिक अवस्थामा राम्रो सुधार भएको थियो । अब सुकन्या र पारिजात दुवैको आयस्ता आउन थालेको थियो । बाबुलाई औषधिमा अनुसन्धान गर्न उनीहरूले सामर्थ्यले भ्याएजति सहयोग पुऱ्याउन थालेका थिए । उनी पनि विभिन्न केमिकल घरी घाममा, घरी सियाँलमा फिँजाएर बसिरहन्थे । तर छोरीहरूलाई आफूले लान खोजेको बाटो अर्थात् डाक्टर बनाउने सपना तुहिए पनि उनीहरूका हरेक क्रियाकलापमा उनको दृष्टि भने पुगिरहेको हुन्थ्यो ।

शारीरिक पीडाले पारिजात कोडोपाइरिनको सहारामा दिन धान्ने अवस्थामा पुगिन्–

*साँझ सुत्ने बेलामा कोडोपाइरिन, बिहान उठ्नासाथ कोडोपाइरिन । यसरी म लागु हुन्छु । मनको ताजापन र आवेशले केही समय त थेग्दो रहेछ । अनुभूति हो एउटा । बाबु एक दिन खुब रिसाएर भन्छन्, "अफिम किन्न पाइन्छ यताहुँदो, अफिम खाने गर् ।" (अध्ययन र सङ्घर्ष, सङ्कलित रचनाहरू-४, पृष्ठ १४५)*

पारिजात चुपचाप बाबुको अनुहारमा हेरिरहन्थिन् । बोल्न उनीसँग केही हुँदैनथ्यो, शब्द, भाव, विषय, जबाफ केही पनि हुँदैनथ्यो । उनी निःशब्द हुन्थिन् । उनको सहारा नै कोडोपाइरिन हुन्थ्यो । उपाय थिएन । तकियामुनि कोडोपाइरिन नभेटिए उनी रक्सी पिइदिन्थिन् ।

पारिजातका पिता डा. केएस वाइबा आफ्नै किसिमका एकोहोरा र हठी थिए । पारिजातको दिनदिनै थाक्दो शरीर र बढ्दो रोगको निदान नभए पनि अरू डाक्टरलाई देखाउन, सरसल्लाह लिन बाबु पटक्क राजी हुँदैनथे, यो उनको ठूलो कमजोरी थियो । उनको लिँडेढिपीका बाबजुद सुकन्या अरू डाक्टरलाई देखाउन कर गर्थिन् । रून खोज्थिन् । बाबुले आफैंले बनाएको औषधिले पटक्कै छुँदैनथ्यो । केही नै असर गर्दैनथ्यो ।

तर पारिजात सधैं बाबुले तयार पारेका औषधिहरूको परीक्षण गर्न आफ्नो शरीर सुम्पिदिन्थिन् । उनले तयार पारेका औषधि सबै उनी आफ्नो शरीरभरि थापिदिन्थिन् । अनुसन्धानको नातामा । बाबुको मर्यादाको नातामा । तर ती सबले उनलाई केही फरक पार्दैनथ्यो । उनले मृत्युको कुनै डर मानिनन् । भय मानिनन् । तर बाबु पनि सफल भएनन् यो प्रयोगमा । उनी पनि स्वस्थ भइनन् ।

तर २०१८ सालको दसैंमा पारिजातलाई बाबुले एउटा औषधि लेखिदिए र भने–

*यो औषधि जहाँ जन्मेको छ, त्यही ठाउँमा गएर सेवन गर्नुपर्छ । र लेकको हावापानीले शरीरमा कस्तो असर गर्छ, त्यो पनि हेर्नुपर्छ । (अध्ययन र सङ्घर्ष, सङ्कलित रचनाहरू-४, पृष्ठ १४७, संरचनाहरू)*

बाबुको यो भनाइले पारिजातको ज्यानमा ज्यान आयो । उनलाई दार्जीलिङ जाने कम्ता आतुरी थिएन । तर जाने उपाय एवम् कारण नभएर उनलाई छटपटी थियो । औडाहा थियो । बाबुले त्यसो भन्नेबित्तिकै उनी स्कुलमा एक महिनाको छुट्टी मिलाएर दार्जीलिङ प्रस्थान गरिन् । सात वर्षको अन्तरालमा । उनकै शब्दमा–

*धरहराको बसस्टपमा साथीहरूसँग बिदा हुँदा मनमा आतुरीसिवाय केही थिएन । त्यस बखत रोगप्रति त म एक रत्ति पनि सचेत थिइनँ । मात्र आतुरी, आतुरी । कुन्नि कस्तो आतुरी, केको आतुरी बुझ्नै नसक्ने । सपना र तन्द्रा जस्तै थियो त्यो यात्रा । (अध्ययन र सङ्घर्ष, सङ्कलित रचनाहरू-४, पृष्ठ १४७)*

वास्तवमा त्यो आतुरी उनको प्रथम प्रेमीसँग भेटका लागि थियो, जसले पारिजातबाट प्रेम लत्याइएपछि बिहे गरिसकेका थिए ।

दार्जीलिङमा पारिजातले कमलमणि दीक्षितको नाम धेरै सुनिन् । उनका बारेमा धेरैले चासो राखे । सबले चिन्दा रहेछन् भन्ने उनलाई थाहा भयो । र फर्केर आएपछि उनले कमल दीक्षितलाई भेटेर भनेकी थिइन्, "दार्जीलिङमा त तपाईंलाई सबले चिन्दा रहेछन् ।"

पारिजातले आफ्नो शारीरिक अस्वस्थताका कारण अध्यापनलाई निरन्तरता दिन सकिनन् । र राजीनामा दिएर घर बसिन् । तर स्कुलमा सबै शिक्षकले मन पराउने, विद्यार्थीहरूले मन पराउने दार्जीलिङबाट आएकी सुशील शिक्षिकाको सेवा निरन्तर होला कि भनेर उनको राजीनामा झन्डै वर्षौंसम्म स्वीकृत गरिएको थिएन । तर पछि पारिजातले राजीनामा किन स्वीकृत नगरेको भनेर अलि कडा रूपमा पत्र पठाएपछि स्कुल प्रशासनले बाध्य भएर उनको राजीनामा स्वीकृत गरेको थियो । वास्तवमा राजीनामा स्वीकृत गर्ने अख्तियार भएका कमलमणि दीक्षित नै थिए । त्यसलाई उनले पछि यसरी शब्दमा व्यक्त गरे–

*...पारिजातको स्वास्थ्य बिग्रन थाल्यो । उनलाई बातले हात र खुट्टाका जोर्नीमा छोइसकेको रहेछ । अति सामान्य कुरा हो, तर भनूँ । बातका रोगीलाई स्यालको मासु खायो भने फाइदा हुन्छ भन्ने र एउटा स्याल मारिदिनू भन्ने अनुरोध मलाई स्कुलबाट आयो । तिनताक श्रीदरबार जङ्गल जस्तै थियो र दिउँसै पनि त्यहाँ स्यालहरू कुदिरहन्थे । म त्यतिखेर सानोतिनो निशानाबाज पनि रहेछु । मैले मेरो टुटु बन्दुकले एउटा स्याल मारेर, छाला काढ्न लगाई त्यसका चार ओटा सपेटा स्कुलमा पारिजातका लागि पठाइदिएको थिएँ । तर स्यालको मासुले पनि उनलाई केही फाइदा भएन । अनि पारिजातलाई अस्वस्थ नै भई स्कुलमा जागिर खाइरहनु ठीक लागेनछ र उनले स्कुलबाट राजीनामा दिइन् । २०१९ सालमा हो क्यार ! तर हामी उनलाई, त्यति राम्रो अङ्ग्रेजी शिक्षिकालाई गुमाउन चाहन्नथ्यौं । त्यसैले हामी उनी स्वस्थ भई फर्कने प्रतीक्षा गरेर त्यो राजीनामालाई स्वीकार नगरी त्यसै राखिराख्यौं । मौखिक रूपमा हामीले उनीकहाँ समाचार पनि पठायौं । पठाइरह्यौं । तर अढाई वर्षजति पछि*

*२०२२ सालमा उनको अर्को चिठी आयो, अलि कडा, "मेरो राजीनामा तपाईंहरूले किन स्वीकार नगरेको ?" भनेर । अनि हामीले गह्रौं मनले उनलाई स्कुलबाट बिदा गऱ्यौं । (अथ र इति : कमल दीक्षित : पारिजात स्मृतिग्रन्थ : पृष्ठ ७)*

यसरी उनको जागिरे जीवन सकियो । त्यसपछि उनले जीवनभर कहिल्यै कुनै जागिर खाइनन् ।

...

# शिरीषको फूल, शङ्कर लामिछाने र मदन पुरस्कार

# उपन्यास लेखन र अभ्यासकालीन असफल उपन्यास

विभिन्न उतारचढावबीच डा. कालु सिंहको परिवार पुतलीसडकको डेरामा व्यवस्थित हुन थालेका थिए । अभाव त निरन्तर छँदै थियो । लेख्ने धुन पनि उस्तै थियो पारिजातलाई । एक जोडा जुत्ता दिउँसो पारिजातले लगाउने, साँझमा सुकन्याले, एक जोडी धोती पनि दिदीबहिनीले आलोपालो गरेर लाउने परिस्थितिमा सुधार आएको थिएन ।

ऐँचोपैँचो सहयोगका लागि दया सिंहको माया उनीहरूको अभावका लागि सहारा थियो । दया आफ्नो घरबाट रूख चढेर पर्खाल नाघेर साँघुरो गल्छेडो हुँदै आउँथिन् । खानेकुराहरू घरबाट सुटुक्क लिएर । उनलाई पनि घरको त्रास थियो । पारिजात पनि त्यही बाटो भएर उनको कोठामा पुग्थिन् । यसरी आउँदाजाँदा प्रत्येकपल्ट रूख चढ्दा पारिजात देब्रे हातको नाडी कटक्क दुखेको अनुभव गर्थिन् । पर्खाल उक्लिसकेपछि नाडी सुमसुम्याउँथिन्, त्यसपछि हामफाल्थिन् र दौडिन्थिन् । केही समयपछि नाडी सुनिन्थ्यो । दुखेर आलसतालस हुन्थिन् । आरूको हाँगा समाएर पर्खाल उक्लन उनलाई गाह्रो पर्थ्यो । उनको नाडीको दुखाइ बढ्थ्यो । बाबुले आफ्नै ढङ्गले उपचार त गर्थे । तर त्यसले पटक्कै छुँदैनथ्यो । मालिस गर्थिन्, त्यसले पनि केही हुँदैनथ्यो । यो रोगले उनलाई राति सताउँथ्यो । सहनै नसकेपछि उनी छाती चिरेर रून्न थाल्थिन् । दिदीको दुःखपीडा देख्न नसकेर सुकन्या भावुक हुन्थिन्, छटपटिन्थिन् र अँगालो हाल्थिन् ।

पारिजातको रोग बढ्यो । आँसु बढ्यो । उनी जीवनमा कुण्ठित हुन थालिन् । तर उनमा महान् लेखिका बन्ने लक्षण देखे सुकन्या र दया सिंहले । दक्षता महसुस गरे उनीहरूले । अनि उनलाई पनि कताकता आफूमाथि विश्वास हुन थाल्यो । यसले अलिक आर्थिक भरथेग पनि पो भइहाल्छ कि भन्ने पनि लाग्यो । उनले एउटा ठूलो सपना देखिन् उपन्यासकार बन्ने । अनि लेख्न थालिन् उपन्यास– *सङ्घर्ष* । एउटा गज्जबको ठेली । उनी अटुट लेख्न थालिन् । अटुट लेख्न सक्थिन् । यसरी अटुट लेख्दा उनका औंलाहरू दुख्थे । तर त्यो दुखाइलाई गौण मानेर उपन्यास टुङ्ग्याएरै छाडिन् ।

लेखेका प्रत्येक अध्याय सुन्न र पढ्न आतुर थिए सुकन्या, दया र दयाकी बहिनी

ज्यानु । उनीहरू उपन्यास सुनेर दङदास पर्थे ।

पारिजातले यो उपन्यासलाई कस्तो लेखिन्, उनले आफैंले यसरी निर्धक्क सकारेकी थिइन्–

*यस उपन्यासमा मैले जानेका शब्दहरू सबै परेका छन्, घोकेका बौद्धिकता सबै छाँटिएको छ । के छैन, यो उपन्यासमा ? माया, प्रेम, वियोग, गरिबी, भावुकता, दुर्घटना, मृत्यु, वासना, पतन र महिमा । म यसलाई लिएर हवाई किल्ला बनाउन थाल्छु । चाँडै छापिनेछ । खुब बिक्री हुनेछ । मान्छेहरूको हातहातमा हुनेछ । चर्चाको विषय हुनेछ । यौनसम्बन्धी कुराहरू यसमा पनि निर्धक्क लेखिएका छन् । कलमले कतै लुक्ने प्रयास गरेको छैन । अनुभवहीन कुराहरू पनि छन्, कटु यथार्थहरू पनि छन् । लेखिसकेपछि सन्तोषको सास फेर्छु । (अध्ययन र सङ्घर्ष, सङ्कलित रचनाहरू-४, पृष्ठ १२६-१२७)*

तर सोचे जस्तो भएन । प्रकाशनका लागि उनी प्रकाशकहरूकहाँ धाइन् । तर निराशा मात्र हात लाग्यो । उनका साथी बानेश्वर निवासी कृष्णमानसिंह बस्नेत सहृदयी थिए । उपन्यास प्रकाशनका लागि धाइदिए । उनलाई पारिजातका सबै सुखदुःख थाहा थियो । उनले सिफारिस पनि गरिदिए प्रकाशनका लागि । तर कहीँकतै सुनुवाइ भएन । कसैले भाषागत अशुद्ध भनिदिए । कसैले हिज्जेमा बढी गल्ती भयो भनिदिए । कसैले हिन्दी शब्दको प्रयोग प्रशस्त भयो भनिदिए । लेखिसक्दा अपार सन्तुष्टि दिने यो पहिलो महत्त्वाकाङ्क्षी उपन्यास मज्जाले अस्वीकार भयो । उनका सारा स्वप्नमहल भत्किए । यो असफलताले उनलाई अत्यन्त निराश बनायो । हुनत घोडचडी दाजुले उनको भाषा मीठो छ भन्थे । त्यो पनि झूटै रहेछ भन्ने लाग्यो उनलाई । खोइ त मीठो भाषा ? खोइ यो मीठो भाषा मन पराउनेहरू ? उनलाई आफूभित्र साहित्यिक क्षमता नभएको ठहर भयो । अनि यो पहिलो उपन्यासको पाण्डुलिपिलाई पोको पारेर खाटमुनि थन्क्याइदिइन् । अनि त्यसलाई बिर्सने कोसिस गर्न थालिन् । म जस्तीले उपन्यास लेख्नुहुन्न भन्ने लाग्यो उनलाई ।

बरू उनी फेरि कवितामै फर्किइन् र लेख्न थालिन् भावुक कविताहरू । अगाध भावुक कविताहरू ।

त्यसको केही समयपछि पुतलीसडकको अर्को डेरामा हिउँदको एउटा चिसो दिन एक्लै भएको बेला *सङ्घर्ष* उपन्यासको पाण्डुलिपि सल्काएर आगो तापिन् । पुस्तकको पाण्डुलिपि जलाइसकेपछि पारिजातले गरेको अनुभूति यस्तो थियो–
*लेखेका दिनहरूको दुःखभन्दा यो क्षणिक आगो ताप्नु मलाई कताकता महिमापूर्ण घटना लाग्छ आफ्नो जीवनको ।*

उपन्यास असङ्ख्य पढेको अनुभव छँदै थियो । *सङ्घर्ष* उपन्यास लेख्दाको स्वान्त सुखाय पनि उनले अनुभूत गरिसकेकी थिइन् । उपन्यास लेख्न सक्दिनँ होला भन्ने निराशाजनक विचार बिस्तारै सेलाउँदै गयो । अनि अझै पनि उपन्यास

लेख्ने धुनले उनलाई पछ्याउन थाल्यो । लखेट्न थाल्यो । र उनी फेरि उपन्यास लेख्न तम्सिइन् । धैर्य जुटाइन् । आशाको दियो बल्न थाल्यो । अनि उनका कलमले लगालग तीन उपन्यास सिर्जना गऱ्यो, *वरपीपल, मानव अन्तर्यामी* र *शारदा* । तर यी उपन्यासले पनि प्रकाशनको ढोकाबाट बाहिर आउने अवसर पाएनन् । पाण्डुलिपिमै थन्किए र *सङ्घर्ष* उपन्यासले भोगेको नियति यी तीन उपन्यासले पनि भोग्नुपऱ्यो । उनले ती उपन्यासका पाण्डुलिपिले पनि आगो तापिन् र न्यानोमा रमाइन् । चिया पकाइन् र चियाको स्वादमा दङ्ग परिन् । लेख्दाको पीडाभन्दा ती कृतिको आगो ताप्दा झन् दोब्बर मानसिक आनन्द अनुभव गरिन् ।

नामकरण नै नभएको अर्को असफल उपन्यास पनि उनले २०१८ सालको हिउँदमा लेख्न थालेकी थिइन् । उनकै भनाइ यस्तो थियो–

*पात्रहरूलाई बढी मनोविश्लेषणात्मक रूप दिन खोज्दा उपन्यास अति कठिन घिसार्नै नसक्ने हुन्छ । मस्तिष्क घोट्न नसकेर म यसलाई अधुरो छाडिदिन्छु र केही दिनपछि आगो सल्काउँछु । (तीन चिह्नले बनेकी तीन सीमाभित्र बन्द... : पारिजात : उपहार : २०५० भदौ-कात्तिक, पृष्ठ ६०)*

सुकन्या भने पारिजातको यो व्यवहारले हतप्रभ भइन् । दुःखी भइन् । अनि उनले नमीठो मान्दै भनिन्, "मलाई माया लाग्छ दिदी तिमीलाई देख्दा । तिमीले असाध्यै सास्ती खाएर लेख्छ्यौ ।"

बल्ल सुकन्याका यी अभिव्यक्तिले पारिजात आफ्नो त्यस असफलतालाई भित्रभित्र द्रवित भएर स्विकार्न बाध्य भइन् । अनि फेरि उनले उपन्यास लेखनको अध्याय बन्द गरिदिइन् । तैपनि उनमा लेख्ने प्रवृत्ति सबैभन्दा डरलाग्दो र सबैभन्दा उज्यालो रूपमा प्रकट भइरहन्थ्यो । उनी कुनै पनि अवस्थामा केही न केही लेखिरहेकी हुन्थिन् । उनी आफैं भन्थिन्–

*जीवनको सबै पक्षमा हरेस खाए तापनि कलमको अघि म सधैं जिउँदो र सक्रिय बसिरहेकी हुन्छु । (तीन चिह्नले बनेकी तीन सीमाभित्र बन्द... : पारिजात : उपहार : २०५० भदौ-कात्तिक, पृष्ठ ६०)*

# शिरीषको फूल

लामो समयको अन्तरालमा पारिजात दार्जीलिङ पुगेकी थिइन् । हावापानी फेर्न गएकी थिइन् उनी । उनको मनको कुनामा भएका धनुवरसँग भेटको चाहना पनि अन्तरात्मामा लुकेको थियो । तर उनी प्रसन्न हुने वातावरण बनेन । अनि पारिजात गह्रौं मन लिएर दार्जीलिङबाट फर्किसकेकी थिइन् । मदन मेमोरियल स्कुलले झन्डै अढाई वर्षपछि राजीनामा स्वीकृत गरिसकेको थियो । उनी पूरै ओछ्यान परेकी थिइन् । यो उनको जीवनको भीषण पीडादायी समय थियो ।

करिब तीन वर्षको ओछ्यान बासपछि उनी बिस्तारै तङ्ग्रिन थालिन् । जीवनमा फेरि आशा-आकाङ्क्षा पलायो । जिजीविषाले पुनः मुन्टो उठायो । लेखनका रहरहरूमा पालुवा लाग्न थाले । कविताहरू त उनी लेख्थिन् नै । प्रकाशन पनि हुन्थे । पहिलो उपन्यास *सङ्घर्ष*को असफलताले दिएको चोट पनि छँदै थियो । त्यसपछिका उपन्यासको पनि उनले सद्गत गरिसकेकी थिइन्, अग्निदहन गरेर । अन्तिम उपन्यासले त पूरा हुने मौका पनि पाएन । अधूरैमा जल्नुपर्‍यो । अनि उपन्यास लेखनबाट पूरै टाढिएकी उनलाई पुनः उपन्यास लेख्ने सुर चल्यो । र लेखिन् *शिरीषको फूल* ।

*...एउटा बेजोड उपन्यास लेख्न नपाउँदै अर्को राक्षस रोगले मलाई तीन वर्ष बिछ्यौनामा कैद गरिदियो । त्यसै राक्षस महत्त्वाकाङ्क्षाको परिणति हो– शिरीषको फूल ।*

*उपन्यास सुरू गर्नुभन्दा पहिलेपहिले मेरो सानो इच्छा थियो– गोर्खा सिपाहीलाई बदनाम गर्ने । त्यो किनभने मैले सानो छँदा गोरा सिपाहीहरूका आतङ्कको कथा थुप्रै सुनेकी थिएँ । र दार्जीलिङमा त्यस्ता अप्रिय घटना घटिरहन्थे । मलाई पछि लाग्यो– यी बेफ्वाँकमा अर्काका निमित्त ज्यान गुमाउने गोर्खालीहरू पनि त बदमास नै हुँदा हुन् । त्यसपछि मेरा दाइ श्री केएस लामा, उहाँका साथी श्री जेएस मोत्तान, जो डेथ भ्यालीबाट भागेर बाँचेर आएका थिए र श्री बद्रीनरसिंह । त्यस्तै अनुभव विश्वयुद्धका यी तीन भूतपूर्व सैनिकहरूसँग अन्तर्वार्ता लिएर काठमाडौंको तत्कालीन क्यानभासमा लेख्न थालेको उपन्यास चर्चित पनि भयो । पुरस्कृत पनि भयो । (अन्तर्वार्ता, सङ्कलित रचनाहरू-६, पृष्ठ २८३)*

यसरी लेखिन् उनले नयाँ उपन्यास । उपन्यासकी नायिकाले भोग्नुपरेको दुर्दान्ततालाई उनले स्लो पोइजन अर्थात् ढिला विषको अर्थ दिन चाहिन् । र उपन्यास पूरा गरिन् २०२२ सालमा । त्यसै वर्ष सुरू गरेर । उनले यो उपन्यास एकै महिनामा लेखिसकेको कथन छ सुकन्याको–

*'एक महिनामा सिद्धिएको त्यो । दिनको एक परिच्छेद लेखेको हुन्थ्यो । म जान्थें, म दौडेर आउँदा बेलुका पहिला त्यही सुन्थें । कस्तो भयो भनेर दिदीले सुनाउँथिन् । दुब्लाउँछ्यौ, बिरामी हुन्छ्यौ भनेर मैले दिनको एउटा फुल चाहिँ ठेकिदिएकी थिएँ । खाऊ है अन्डा, दुब्लाउँछ्यौ तिमी लेखीलेखी भनेर । (सुकन्यासँगको टेपवार्ता)*

ओछ्यान पर्नुपरे पनि उनको अध्ययन रोकिएको थिएन । शङ्कर लामिछानेका रचना उनलाई प्रिय लाग्थे । र खोजीखोजी दोहोऱ्याई-तेहऱ्याई पढ्ने गर्थिन् । यस युगका महान् जल्दाबल्दा र आकर्षक व्यक्तित्वका धनी लेखकका रूपमा उनले हृदयको सिंहासनमा राखेकी थिइन् । उपन्यासको भूमिका शङ्कर लामिछानेबाटै लेखाउने उनको अठोट थियो । तर उनलाई उपन्यासको नाम जुराउन साह्रै गाह्रो परिरहेको थियो । उनी नयाँ उपन्यास उनीकहाँ आउने साहित्यकारहरूलाई सुनाउने गर्थिन् । तर उनको अन्तर्मनले *ढिला विष* रूचाएको भए पनि ढुक्कले यही शीर्षक राख्छु भनेर निर्णय गर्न सकिरहेकी थिइनन् । उनले *ढिला विष*लगायत कैयौं शीर्षकको सूची बनाएर राखेकी थिइन् । संयोगवश चर्चित साहित्यकार प्रेमा शाह एक दिन पुतलीसडक पुगिन् । प्रेमालाई पनि उनले उपन्यासको अंश सुनाइन् र शीर्षक कुन राख्ने भनेर सुझाव मागिन् । प्रेमाले सूचीमा राखिएका शीर्षकमध्ये *शिरीषको फूल* ठीक होला भनेर सुझाइन् । *(प्रेमा शाहसँगको फोनवार्ता सन् २०१६, युटाह, अमेरिका)*

प्रेमा शाहको सुझावअनुसार *शिरीषको फूल* शीर्षक तय भयो । र सुकन्याले टाइपिङको बन्दोबस्त गरिन् । टाइपिङ भइसकेपछि उनले एउटा चिठी लेखेर पाण्डुलिपि शङ्कर लामिछानेकहाँ पठाइन्, बहिनी सुकन्याको हातमा–

*शङ्कर दाइ,*

*दुःख दियो नभन्नुहोला । एउटा उपन्यास लेखेकी छु । यसको भूमिका किनकिन तपाईंबाट नै बाँधिनुपर्छ भन्ने अठोट लागिसकेको छ मलाई । छाप्ने प्रयत्नमा छु । कृपया निराश नफर्काउनुहोला ।*

*सधन्यवाद !*

*तपाईंको*

*पारिजात ।*

यसपछि एउटा इतिहास निर्माण भयो, शङ्कर लामिछाने र पारिजातको सम्बन्धको । *शिरीषको फूल*को भूमिकाको । यसको प्रकाशनको । अनि *शिरीषको फूल* नेपालकै प्रतिष्ठित मदन पुरस्कारले पुरस्कृत हुनुको ।

पारिजातले शङ्कर लामिछानेलाई भूमिकाका लागि आग्रह गरेकी थिइन् । अलि जबर्जस्त नै । उनले छाप्ने प्रयत्नमा छु भनेर प्रकाशकको खोजी गर्दै गरेको सङ्केत पनि दिएकी थिइन् ।

तर शङ्कर लामिछानेले बेजोडको भूमिका लेखिदिए मात्र होइन, प्रकाशन पनि आफैँले गरिदिए । यसलाई बालमुकुन्ददेव पाण्डेले आफ्नो संस्मरणमा खुलाएका छन् । यद्यपि प्रकाशकको नाम पारिजात नै मुद्रित छ **शिरीषको फूल**को पहिलो संस्करणमा–

*शङ्कर लामिछानेसँग हामी निकै नजिक मानिन्थ्यौँ । त्यसताका उनी नेपाल-भारत सांस्कृतिक सङ्घ, वसन्तपुरमा काम गर्थे । एक दिन मलाई बोलाएर एउटा उपन्यासको पाण्डुलिपि दिँदै त्यो छापिदिने, लागेको पैसा म दिन्छु भने । त्यो किताब उपन्यास थियो, त्यसको नाम 'शिरीषको फूल' र लेखिका पारिजात । भूमिका शङ्कर दाइले नै लेखेको । घरमा ल्याएर त्यो उपन्यास पढेँ, ह्रस्वदीर्घ सच्याएँ । (पारिजात : केही नमेटिएका डोबहरू : बालमुकुन्ददेव पाण्डे : ज्ञानगुनका कुरा, पृष्ठ १६)*

शङ्कर लामिछानेले नै *शिरीषको* फूल छापिदिएको सुकन्याले पनि प्रस्ट्याएकी छन्–

*प्रश्न : अनि त्यो पहिलो उपन्यास कसले छाप्या ?*

*सुकन्या : शङ्कर लामिछाने दाइले ।*

*प्रश्न : छापेकै उहाँले ?*

*सुकन्या : पैसा त उहाँले नै हाल्या नि । उहाँले नै हाल्या । (सुकन्यासँग टेपवार्ता)*

२०२२ चैतमा पशुपति छापाखाना प्रालि, फसिकेब काठमाडौँमा मुद्रित भएको थियो, *शिरीषको* फूल । प्रमुख वितरक रूपायन प्रकाशन, फसिकेब काठमाडौं थियो । यो हजार प्रति प्रकाशन भएको थियो । प्रकाशकमा प्रकाशिका पारिजात, पुतलीसडक काठमाडौं मुद्रित थियो ।

सुकन्याले हातमा दिएपछि शङ्करले *शिरीषको* फूलको सवा ४४ पृष्ठको पाण्डुलिपि घर लिएर गए । शङ्करको बानी सबै साहित्यिक गतिविधि श्रीमती रत्ना अनि साथीहरूसँग सेयर गर्ने थियो । त्यो पाण्डुलिपि पनि उनले आफ्नो घरमा समय मिलाएर रत्ना, भीमदर्शन रोकाको सामुन्ने पढेर सुनाएका थिए । उनीहरूको पनि राय लिएका थिए पाण्डुलिपिमाथि । शङ्कर लामिछानेपत्नी रत्नाले त्यसको सम्झना यसरी गरेकी थिइन्–

*'शिरीषको फूल' त शङ्कर, म र भूपी सम्झन्नँ । तर रोक्का चाहिँ एकदम छ । हामी तीन जना बसेर शङ्करले पाण्डुलिपि पढेको । हगि । भूमिका लेख्नलाई उल्ले पठायो नि । (रत्ना लामिछानेसँग टेपवार्ता)*

चमत्कारी लेखक शङ्करले त्यसमा यस्तो भूमिका लेखिदिए, त्यस्तो भूमिका न कहिल्यै पहिले कसैले लेखेको थियो, न पछि कसैले लेखे । कसैले नसोचेको । बेजोडको । अनौपचारिक । विद्वत्तापूर्ण । विवादास्पद । दर्शनयुक्त । प्रयोग गर्न रूचाउने

शङ्करले यो भूमिकामा पनि गज्जबको प्रयोग गरे । उनले जे लेखे, त्यो सही वा गलत भन्ने कसैले आँटै गरेनन् । उनलाई नै पछ्याए विद्वान् समालोचकहरूले, प्राध्यापकहरूले । यद्यपि शङ्कर लामिछानेको भूमिका अतिशयोक्तिपूर्ण भन्दै केही आलोचना नभएको चाहिँ होइन । शङ्करले भूमिकामा लेखे–

*अघिसम्मन् मैले सोचेको थिएँ म अत्याधुनिक शैलीमा यस्तो एक उपन्यास (भनौं काव्यान्यास नै !) लेख्नेछु, जसबाट म स्वयम् त अमर हुन्छु नै, मेरो उपन्यासले अरूको समेत आँखा उघारिदिनेछ । पारिजातले त्यही गरी, र म स्वयम् पराजित भएको अनुभव गर्दै छु । अब, उसलाई उछिन्न कि मैले बढी मिहिनेत गर्नुपर्‍यो, कि त्यो विचार नै चटक्क छाड्नुपर्‍यो । के हुनेछ त्यो भविष्यले नै भन्नेछ । (शङ्कर लामिछाने : शिरीषको फूलको भूमिका पृष्ठ ङ)*

शङ्करले *शिरीषको फूल*लाई काव्यान्यास भनिदिए । सबैले काव्यान्यासकै रूपमा उल्लेख गरिरहे । तर यो अतिशयोक्तिको न सकारात्मक व्याख्या गरे, न आलोचनात्मक । शङ्करलाई कोर्रा हान्ने कुमुदिनीको जन्म भइसकेको थिएन, अरूले त्यसलाई चुनौती दिन आँट गरेनन् । शङ्करले २०२३ सालमा राजा त्रिभुवनको जीवनीमा आधारित उपन्यास लेख्ने प्रयास गरेका थिए । केही च्याप्टर मात्र लेखेका थिए । त्यो पूरा हुन पाएन र उनको देहान्त भइहाल्यो । उनले आफूलाई अमर तुल्याउने उपन्यास नलेखेरै दुनियाँबाट बिदा भए । यद्यपि उनले एकदुई वर्षमै पूरा गर्ने लक्ष्य लिएका थिए ।

*शिरीषको फूल*लाई शङ्कर लामिछानेले रूद्रराज पाण्डेको *रूपमती*, लैनसिंह बाङ्देलको *मुलुकबाहिर* तथा विजय मल्लको *अनुराधा*पछिको युगान्तकारी उपन्यासको दर्जा दिएका थिए–

*'शिरीषको फूल'ले हामीलाई विश्वसाहित्यको उपन्यासको क्यालेन्डरमा १९६६ मा पुर्‍याएको छ । उन्नाइसौं शताब्दीको 'रूपमती'बाट बीसौं शताब्दीको प्रथम युद्धकालमा 'मुलुकबाहिर' हामीलाई लग्यो । अनि द्वितीय विश्वयुद्धोत्तरकालमा पुर्‍याइन् 'अनुराधा'ले । 'शिरीषको फूल' निश्चय पनि यही वसन्तमा फुलेको छ । मलाई खुसी छ, अब हामी निर्धक्क अन्य भाषामा आफ्नो कृति उल्था गरेर हँसीका पात्र बन्नेछैनौं । (शङ्कर लामिछाने : 'शिरीषको फूल'को भूमिका, पृष्ठ घ)*

*शिरीषको फूल*को पठन अनुभूतिलाई शङ्करले यसरी उल्लेख गरे भूमिकामा–

*प्रत्येक वाक्य पढ्नुअघि र पढिसकेपछि म दुई पटक हुरूक्क हुन्थें । अब के भनिने हो भन्ने भावना अघिल्लो वाक्यको खुमारीमै जन्मी आउँथ्यो । आह, अघिल्लो दिनको हैङओभरमा ब्रेकफास्टअघि नै ब्रान्डी खाए झैं प्रत्येक पृष्ठ पल्टाउँदा एक पीडा हुन्थ्यो, अज्ञात अवश्यम्भावी अन्ततिर म लम्कँदै छु भन्ने (शङ्कर लामिछाने : 'शिरीषको फूलको भूमिका', पृष्ठ घ) ।*

*...उपन्यास पढिसकेर मैले आँखा चिम्लें र त्यसका माध्यमद्वारा पारिजातलाई नयाँ पर्सपेक्टिभमा हेर्ने प्रयास गरें । पाएँ, यो उसको प्रथम प्रयास हो । र यसको माध्यमद्वारा*

*ऊ समाजमा कत्ति अवतरित भई, हँ ? म ठान्दछु, शून्यवाद दर्शनको गम्भीर र गहन सिद्धान्त यति सहज सुन्दर र सुकिलो रूपमा, उपन्यासका रूपमा व्यक्त गरिएको मैले आजसम्मन् थाहा पाएको छैन । यस २००० वर्षको जीवनमा । (शङ्कर लामिछाने : 'शिरीषको फूल'को भूमिका, पृष्ठ ज)*

उपन्यासले प्रकाशनपछि मनग्गे तारिफ पायो । वाहवाही भयो । चर्चापरिचर्चा भयो । शङ्कर लामिछानेको मण्डलीमा विशेष चर्चापरिचर्चा हुनु स्वाभाविक थियो । तर त्यो सर्कलबाहिर पनि यसले चर्चा पायो । शङ्कर लामिछाने तत्कालीन नेपाली साहित्यका रानो नै थिए । उनको बोली बिक्थ्यो । उनको प्रत्येक रचना बिक्थ्यो । उनी पैसा नलिई कसैलाई रचना दिँदैनथे । उनले *शिरीषको फूल*को भूमिका मात्र लेखेनन् । प्रकाशन मात्र गरेनन् । *शिरीषको फूल*लाई पाटनको श्रीदरबार टोलको ढोकासम्म पुर्‍याउने काम पनि गरे । अर्थात् मदन पुरस्कारको लाइनसम्म पुर्‍याइदिए । *शिरीषको फूल*ले २०२२ सालको गद्यतर्फको मदन पुरस्कार पायो ।

पुरस्कारको घोषणाको खबर पनि रोचक ढङ्गले भएको थियो ।

पारिजातको डेरा पुतलीसडक धेरै साहित्यकारहरूको चौतारी बनिसकेको थियो । केही नियमित रूपले पारिजातकहाँ साहित्यिक गफगाफ गर्न जाने र खानपानमा रमाउने साहित्यकार पनि थिए । त्यसरी रमाउने एक साहित्यकार थिए– ध्रुवचन्द्र गौतम । २०२३ सालको बर्सात सकिँदै गरेको एक साँझ ध्रुवचन्द्र गौतम र पारिजात रसपान गरिरहेका थिए । साँझको बेला थियो । अचानक ढोका ढकढकियो । सुकन्याले ढोका खोलिन् । ढोकाबाहिर थिए, मदन पुरस्कार गुठीका सचिव कमलमणि दीक्षित र उनको साथमा थिए भूतको भिनाजु उपनामले नेपाली हास्यव्यङ्ग्य क्षेत्रमा परिचित मदन पुरस्कार गुठीको कार्यालय सचिव वासुदेव शर्मा लुइँटेल ।

आगन्तुकद्वयलाई बस्न आग्रह भयो । तर उनीहरू बस्नतिर लागेनन् । कमल दीक्षितले भने, "यसपालिको मदन पुरस्कार *शिरीषको फूल*ले पाउने निर्णय भएको छ । त्यही खबर सुनाउन आएको ।"

यति भनेर आफ्नो स्वभावअनुसार कमल दीक्षित उठेको उठ्यै त्यहाँबाट प्रस्थान गरे । कमल दीक्षितलाई पछ्याउँदै वासुदेव लुइँटेल पनि गए । त्यो बेलाको दृश्य ध्रुवचन्द्रको शब्दमा यसरी चित्रण भयो–

*२०२३ सालको एक साँझ । हामीहरू पारिजातको पुरानो डेरामा बसेर त्यतिखेर पाइने एउटा हरियो रङ्को अल्कोहल खाँदै थियौं, जसलाई बनाना भनिन्थ्यो । सात बजेको हुँदो हो । महिना साउन वा भदौ थियो । एकाएक दुई जना हतारिँदै भऱ्याङ चढेर आउनुभयो । आउनासाथ दुईमध्ये एक जनाले भन्नुभयो, म नबसूँ, मलाई हतार छ । 'शिरीषको फूल'ले मदन पुरस्कार पाएकामा बधाई । यति भनेर दुवै जना जसरी आउनुभएको थियो, त्यसै गरी हतारमा जानु पनि भयो । ती दुई जनामा एक जना हुनुहुन्थ्यो कमल दीक्षित र अर्को हुनुहुन्थ्यो वासुदेव शर्मा । निकै रमाइलो लाग्यो ।*

*कम से कम एउटा परम्पराभन्दा हटेर लेखिएको कृतिले पुरस्कार अर्थात् मान्यता पाएको थियो । त्यस बखत तत्काल खुसी मनाउन अरू के गर्थ्यौं, उही बनानाको मात्रा र गति केही तीव्र पारिदियौं । (पारिजात : ध्रुवचन्द्र गौतम : रचना, २०४२ पुस–माघ)*

२०२२ साल असोज ७ मा मदन पुरस्कार गुठीले आफ्नो प्रावधानअनुसार चार पुरस्कार दिइनेमा त्यो वर्ष एउटा मात्र गद्य विधाका लागि पुरस्कृत गरिने निर्णय भएको थियो– *शिरीषको* फूलका लागि पारिजातलाई । यो पुरस्कारको निर्णय गर्ने जाँचकी सूर्यविक्रम ज्ञवाली थिए । उनले '*शिरीषको* फूललाई मदन पुरस्कार दिनुपर्छ' भनेर सिफारिस गरेका थिए । त्यही सिफारिसका आधारमा गुठीले निर्णय गरेको थियो । सामान्यतः पुरस्कृतलाई खबर गर्ने लेखकको घरघर जाने प्रचलन थिएन । तर पारिजात मदन मेमोरियल स्कुलमा पढाइसकेकी शिक्षिकाको हिसाबले परिचित र राम्रो सम्बन्ध भएकाले कमल दीक्षित वासुदेव लुइँटेललाई साथमा लिएर खबर गर्न पुतलीसडक पुगेका थिए ।

त्यस वर्षको मदन पुरस्कार वितरण समारोह, २०२३ साल कात्तिक २, मङ्गलबार श्रीदरबार ललितपुरको माथिल्लो तलामा आयोजना गरिएको थियो । सो समारोहको सम्झना गुठीका तत्कालीन सचिव कमल दीक्षितले यसरी गरेका छन्–

*मदन पुरस्कार पाउने व्यक्तिलाई पुरस्कारका लागि ससम्मान अध्यक्षसमक्ष दुई जना विद्वान्हरूले अगुवानी गरी लैजाने परम्परा थियो । तर पारिजातलाई हिँड्न अप्ठ्यारो पर्ने भएकाले त्यस पटक पुरस्कार संस्थापिका स्वयम् उनको अगाडि गएर पुरस्कार अर्पण गरेको सम्झन्छु । त्यस बेला वयोवृद्ध विद्वान्हरू कविकेशरी चित्तधर हृदय र सरदार रूद्रराज पाण्डेले पारिजातको मेचको दुईतिर उभिएर सम्मान गरेको दृश्य मेरो मानसपटलमा मात्र होइन, फोटोमै सुरक्षित छ । मदन पुरस्कार गुठीको मुखपत्र 'नेपाली'को पूर्णाङ्क २९ मा छापिएको पुरस्कार वितरणको सो फोटोमा मेचमा बसेकी प्रसन्नवन्दना पारिजातलाई आरती गरी रानी जगदम्बाले पुरस्कार अर्पण गरेको देख्न पाइन्छ । त्यति मात्र होइन, आरतीको कपूरबत्तीको उज्यालोमा पारिजातको मुखमण्डल कस्तो देदीप्यमान भएको थियो, त्यो परिलक्षित हुन्छ । भव्य छ त्यो फोटो हेरिरहूँ जस्तो लाग्ने ।*

*त्यो पुरस्कार समारोहको अर्को मैले सम्झेको कुरा चाहिँ के हो भने, पारिजात ट्याक्सीमा आएकी थिइन् त्यस दिन । साथमा उनका राल्फाली केही साथीहरू थिए । ट्याक्सीबाट उनलाई विमल राल्फाले बोकेर निकाले । एकैछिन सधैं झैं सबै जना तल चौरमा मेचमा बसिरह्यौं । पछि समारोहको समय भएपछि माथि 'ठूलो बैठक'मा जाने बेला भयो । अनि फेरि विमलले नै जुरूक्क पारिजातलाई केटाकेटीलाई बोके जस्तै गरी बोके, भ¥याङ चढी माथि लगे र मेचमा राखे । त्यो ठूलो बैठकमा सिङ्गै तन्ना कसेको थियो । एउटा चकटी थियो, रानी जगदम्बाका लागि, अनि एउटा मात्र मेच थियो । पारिजातलाई विमलले त्यही मेचमा लगेर बसाए । अनि समारोह सुरू भयो ।*

*पुरस्कार समर्पण भइसकेपछि बालकृष्ण सम र सरदार रूद्रराज पाण्डेको 'छोटो मीठो' भाषण भयो भन्ने 'नेपाली'मा लेखिएको छ । पारिजातले त्यस दिन कुनै औपचारिक वक्तव्य दिएको देखिँदैन । म पनि सम्झन्नँ । तर उनले रानीसाहेबसँग स्कुलसम्बन्धी केही कुरा, मेरा बाआमासँग अलिकति पुरस्कारसम्बन्धी कुरा गरेको हेक्का आउँछ । रानीसाहेबलाई, मलाई र गुठीका सबै परिवारलाई धन्यवाद भनिन्, पारिजातले फर्कने बेलामा । त्यत्ति हो सम्झेको । (अथ र इति : कमल दीक्षित : पारिजात स्मृतिग्रन्थ : संस्मरण खण्ड, पृष्ठ ७)*

पारिजातले मदन पुरस्कारबाट प्राप्त पैसाले उनको थाप्लोमा चुलिएको केही ऋण तिरेकी थिइन् । र अलिकति आर्थिक सहयोग पुगेको थियो *(उनी पनि नारी हुन् : (पारिजातसँग अन्तर्वार्ता) : डा. गीता श्रेष्ठ : नारी मञ्च : २०४८ कात्तिक, पृष्ठ २९) ।*

*शिरीषको फूलको* प्रकाशन नेपाली साहित्यका लागि एउटा चहलपहल ल्याउने घटना भयो । विशेषतः शङ्कर लामिछानेको भूमिकाले । शङ्करका कुराहरूमा केही मतान्तर पनि देखापरेका हुन् । तर ती मतान्तर कालान्तरमा बिलाउँदै गए । र शङ्करको भनाइ वा भूमिका नै जब्बर भएर अडियो । त्यतिखेरका सबैजसो नाम चलेका लेखक आलोचकहरूले यस उपन्यासमाथि विविध धारणा पोखे । बिपी कोइरालाले यो उपन्यास पढिसकेपछिको प्रतिक्रिया डायरीमा लेखेका रहेछन्, त्यो पनि प्रकाशित भयो । उनले यो उपन्यासलाई संवेदनशील मानेका छन् । तर यसमा भवानी भिक्षुको लेखनमा पाइने जस्तो एउटै भावनाको गुम्फन भएको उनले ठहर गरे । शङ्कर लामिछानेको शून्यवादको व्याख्यामा पनि उनले मतान्तर प्रकट गरे–

*'शिरीषको फूल' सम्बन्धमा लामिछानेले बडो विचित्रको अर्थ व्याख्या गरेका छन् । उनको भनाइअनुसार यो कथा शून्यवादको कथारूप हो र भूमिकामा शून्यवादको लामो र विद्रूपतापूर्ण व्याख्या गरेका छन् । मलाई भने कथाको हेतु ठीक शून्यवादको विपरीत छ । जीवनका प्रति अगाध ममताको मार्मिक उल्लेख छ यसमा । मूल नायक सुयोग जीवनका प्रति पटक्क उदासीन छैन । ऊ त लडाइँको सिलसिलामा उसले गरेका घातक काम र उसका घातक अनुभवहरूबाट जीवनको सुखको स्वाधिकार हरण भएको अनुभव गर्छ । र तीव्र उदासीले ऊ हरघडी व्याप्त रहन्छ । जीवनको सुखको स्वाधिकार किञ्चित् आत्मविश्वास, किञ्चित् अन्तःकरणको निर्दोषतामा निर्भर गर्छ । यी दुवै कुरा उसले लडाइँको सिलसिलामा गुमाइसकेको छ । उसको परेसानी त दोषी भावनाको छ । सेन्स अफ गिल्टी, जसले गर्दा जीवनको सुखको स्वाधिकार उसबाट खोसिएको छ । उसको उदासी मानव नियतिका प्रति उठेको उच्छ्वास होइन, त्यो त आफ्नो प्रतिको तिरस्कारको भावना हो । यस्तो दर्दले भरिएको कृतिलाई शून्यवादको प्रतिपादन भन्नु उपन्यासको मानवमहत्त्व ह्युमानिजमलाई कम गर्नु हो । ('शिरीषको फूल'का सम्बन्धमा : विश्वेश्वरप्रसाद कोइराला : बगर आदिकवि भानुभक्त आचार्य द्विशताब्दी विशेषाङ्क तथा पारिजात विशेषाङ्क : २०७१, पृष्ठ १७२-१७३)*

त्यसै गरी प्रदीप गिरीले पनि शङ्कर लामिछानेको व्याख्याप्रति आफ्नो मतान्तर यसरी व्यक्त गरेका थिए–

पठित मस्तिष्कको विकृतिले होला, शङ्कर लामिछानेले स्वयम् कोट्याउनुभएको विश्व साहित्यको सन्दर्भले होला, म यसलाई नेपाली साहित्यको परम्परामा मात्र सीमित राखेर सक्दिनँ सोच्न र त्यहाँ म उपन्यासलाई सम्यक्, सफल प्रशंसनीय श्रेष्ठ भन्न सक्दिनँ, उपन्यासकृत पारिजातको प्रतिभाको झिल्का त्यहाँ अवश्य छन् भने पनि । 'शिरीषको फूल' उनको थालनी हो, 'शिरीषको फूल' सम्भावना हो– सफलता हैन । वर्तमान (शङ्कर लामिछानेले भनेविपरीत) पारिजातको छैन– तर भविष्य हुन सक्छ । *(प्रदीप गिरी : 'रहर' त्रैमासिक, संयोजक प्रदीप गिरी तथा विश्वप्रेम अधिकारी, चक्र बाँस्तोला, भागवत ज्ञवाली : प्रकाशक २ : ..साँच्चै हरेक लेखाइको आफ्नै स्वर पनि हुन्छ, पृष्ठ ५१)*

प्रगतिवादी अध्येता तथा समालोचक गोविन्द भट्टले त यो उपन्यासलाई 'शिरीषको फूल कि कागजको फूल ?' भन्ने प्रश्नै तेर्स्याइदिए । उनले भने–

*हरेक वस्तुप्रति नकारात्मक दृष्टि राख्नु तर्कका दृष्टिबाट आफैंमा विरोधाभास हो । प्रस्तुत पुस्तकले 'ब्रह्म सत्य, जगत् मिथ्या'को मायावादलाई नेपाली साहित्यमा हुल्न खोजेको छ । पारिजातले रहस्यवादलाई अस्तित्ववादी शब्द र परिभाषामा व्यक्त गरेर अनास्थावादको अस्वस्थ परम्परालाई अघि बढाउन खोज्नुभएको छ । सामाजिक पृष्ठभूमिबाट टाढा, सामूहिकताको भावनाबाट बेग्लै, यस संसारका कार्यकलापबाट विशृङ्खलित कुनै आत्मकेन्द्रित, आफ्नो दृष्टिकोण नभएको दुर्बल, मानसिक कुण्ठाबाट पीडित व्यक्तिको आत्मगन्थनलाई कुनै दर्शनको नाउँ दिनु नै अनुचित हो । दोस्तोयब्स्कीको 'नोट्स फ्रम अन्डरग्राउन्ड'को छाया यहाँ राम्ररी परेको छ । 'शिरीषको फूल'मा कुनै तारतम्यता वा क्रमबद्धता छैन । एउटा अविवाहित पुरूष र एउटी अविवाहिता नारीका परस्परका वार्तालाप र आत्मप्रलाप मात्र यसमा सङ्गृहीत छन् । कामु, लरेन्स, जोला र अन्य अस्तित्ववादी उपन्यासकार यसमा लुकेका छन् । ('शिरीषको फूल कि कागजको फूल' : गोविन्द भट्ट : पाण्डुलिपि : वर्ष १, अङ्क ७, पृष्ठ २२-२३)*

*शिरीषको फूल*की सकम्बरीलाई कतिले पारिजात आफैं हो भनेर पनि अड्कल काटे । कतिले हो नै भनेर ठोकुवा पनि गरे । हुन पनि लेखकले आफ्ना कृतिमा आफ्नो अनुभव, अनुभूति र आफ्नो व्यक्तित्वको पनलाई मिसाउनु कैयौं अवस्थामा स्वाभाविकै हो धेरै लेखकहरूका लागि । पारिजातले पनि सकम्बरीमा आफ्नो अंश समाहित भएको कुरालाई सहज रूपमा स्विकारेकी थिइन्–

*...लाग्छ, मैले बाँचेको जीवन सुयोगवीरको हो । सकम्बरीसँग मेरो धेरै कुरा मिल्छ र मिल्दैन पनि । मान्छेलाई गिज्याउने, फूल सजाउने, फूल रोप्ने तथा वादविवादको गहिराइमा पुग्ने, निःसङ्कोच र फरासिलो व्यक्तित्व जो उसको थियो, त्यो मेरै हो । त्यो चरम हठीपना मेरो हो । तर त्यो विधि कठोरता र विरोध मेरो होइन । उसमा*

*भएको चरम अभिमान पनि मेरो हो । बरीलाई जिउँदो बनाएर उपन्यासमा ल्याउनु मेरो लाछीपना हुने थियो । बरी हाँस्न जान्दिन, म हाँस्न र हँसाउन दुवै सक्छु । (कवयित्री सुश्री पारिजात : अन्तर्वार्ताको साहित्यिक दृष्टिबाट : भानु २०२३ असोज, पृष्ठ १८-१९)*

*शिरीषको* फूलमार्फत पारिजातले साँचो अर्थमा एउटा नयाँ युगको सिर्जना गरिन् । र उनको मृत्युपछि मात्र त्यो युगको अन्त्य भयो । यद्यपि २०२९ सालमा *नौलो नेपाली*मा घोषणा गरेर उनी प्रगतिवादी साहित्यमा लागेपछि यो उपन्यासलाई आफैंले जनविरोधी भनेर घोषणा गरिन् । लामो समयसम्म पुनर्मुद्रणका लागि अनुमति दिइनन् । तर उनको जीवनकालभरिमा सबैभन्दा बढी आर्थिक लाभ दिने कृति *शिरीषको फूल* मात्रै थियो, मदन पुरस्कारको रकम नजोड्दा पनि । धेरै भाषामा रूपान्तर पनि यही उपन्यास भयो ।

# शिरीषको फूलको दुर्भाग्य : स्रष्टाद्वारै बहिष्कार

पारिजातले प्रगतिवाददतिर पाइला बढाउँदै जाँदा आफ्नो सफल कृति *शिरीषको* फूललाई च्यातिदिए हुन्छ भन्दै सापेक्षतामा *शिरीषको* फूलभन्दा *महत्ताहीन* माथिल्लो कोटिको आफैँले ठहऱ्याइन् । जबकि शङ्कर लामिछानेले *महत्ताहीन* पढेर नरूचाएर प्रकाशन नै नगर्न सुझाएका थिए । पारिजातले भनेकी थिइन्–

*आजको समाजले 'शिरीषको फूल' च्यातिदिए हुन्छ । सापेक्षतामा 'महत्ताहीन' माथिल्लो छ । वैचारिकताको दृष्टिले 'शिरीषको फूल' जस्ता कृति लेखिनुहुँदैन । 'शिरीषको फूल' मुर्दासमान भइसकेको छ । यसको हत्या समयले गरिसक्यो । तर 'महत्ताहीन'को म चिहान खन्ने पक्षमा छैन । यथार्थता राजनीति भएकाले समाजको तीतो बोध हुने भएकाले यो महत्त्वपूर्ण छ... ।*

*...साहित्यमा कलात्मकता केही होइन । यही सोचेर 'शिरीषको फूल' च्यात्नुमा म आपत्ति मान्दिनँ... । (२०३० वैशाख ४।२३) : साहित्यकार पारिजात : खेम कोइराला बन्धु, पृष्ठ ३८)*

*शिरीषको* फूललाई पारिजातले यस प्रकार नकारे पनि साहित्यका मर्मज्ञहरूले त्यसैलाई मन पराए। विशेष प्रगतिवादी समालोचकहरूले *शिरीषको* फूललाई गैरजीवनवादी माने । तैपनि केही वामपन्थी विचारक तथा अध्येताले भने *शिरीषको* फूललाई नै सफल कृति माने । प्रगतिवादी भनिएका पछिका रचना सफल हुन नसकेको स्पष्ट धारणा राखे । पारिजातकी बहिनीज्वाइँ तथा वामपन्थी नेता निर्मल लामाले त सधैं नै *शिरीषको* फूललाई सर्वोत्कृष्ट र आफ्नो मन पर्ने एक नम्बरको कृतिका रूपमा मानिरहे, चर्चा गरिरहे । यो कथनलाई सधैं दोहोऱ्याइरहे । वामपन्थी बुद्धिजीवी मोहनविक्रमले आफ्नो धारणालाई यसरी प्रस्ट्याए–

*'शिरीषको फूल'ले नेपाली साहित्यमा उहाँलाई सबैभन्दा बढी प्रतिष्ठा र प्रसिद्धि दिलायो । तर उहाँ त्यसैको भर्त्सना गर्न तयार हुनुभयो । त्यसपछि उहाँकै शब्दमा 'नयाँ...' को सिर्जना गर्नपट्टि लाग्नुभयो ।*

*त्यसपछि उहाँले प्रगतिशील र वामपन्थी विचारहरूका आधारमा प्रगतिशील र वामपन्थी रचनाहरूको सिर्जना गर्नुभयो । मेरो आफ्नो अध्ययन के छ भने उहाँका*

*जति रचना मैले अध्ययन गरेको छु, त्यसका आधारमा म यो विचार प्रकट गर्दै छु । वास्तवमा उहाँका नयाँ रचनाहरू त्यति सफल हुन सकेनन्– कला र विचार दुवैका दृष्टिले तिनीहरूले 'शिरीषको फूल'को रचनाले उहाँका त्यस बखतका सम्पूर्ण चिन्तन र सपनाहरूसित मेल खान्थ्यो । त्यस कारण त्यसमा बढी स्वाभाविकता आयो । तर प्रगतिशील दिशामा लेखिएका रचनाहरूमा त्यस प्रकारको रचनात्मकता देखापर्न सकेन । किनभने त्यस प्रकारका रचनाहरू उहाँले एक प्रकारको जबर्जस्ती र मिहिनेत गरेर लेख्नुपरेको थियो । उहाँले कम्युनिस्ट आदर्शहरू अपनाएर पनि वा त्यसको सदस्य बने पनि उहाँका चिन्तनको जुन पुरानो स्वरूप थियो, त्यसलाई तुरून्त बदल्न कसैका लागि पनि सम्भव हुने कुरा थिएन र भएन पनि । आखिर पूर्वसंस्कारहरूलाई एकाएक बदल्न कसैका लागि पनि सम्भव हुने कुरा होइन । कुनै मानिसले वैचारिक रूपले नयाँ सिद्धान्त र मान्यताहरूलाई अपनाएर पनि पुराना संस्कारहरू कहाँ तुरून्त छाड्छन् र ? त्यही कुरा पारिजातका सम्बन्धमा पनि भयो । (पारिजात : केही संस्मरण, केही मूल्याङ्कन : मूलप्रवाह २०५८, वैशाख, पृष्ठ ३१)*

तर पछिल्ला चरणका उपन्यासले *शिरीषको* फूललाई पछाडि पारेको विश्वास गर्नेहरू पनि प्रगतिवादी खेमाबाट निस्किरहे र त्यस धारणालाई मलजल गरिरहे । शक्ति लम्सालले भने–

*अराजकताले जन्माएको 'शिरीषको फूल' र 'बैसको मान्छे' प्रकाशमा आएपछि प्रगतिवादी खेमाभित्र पारिजात दिदीलाई लिएर निकै टीकाटिप्पणी, आलोचना हुन थाले । यी सबै घटना, विषयवस्तुलाई राम्ररी बुझेर अध्ययन गर्ने, केलाउने, छलफलमा ल्याउने गरेपछि त्यसबाट विद्रोही स्वभावको एउटा गम्भीरपना जन्मियो, त्यो 'पर्खालभित्र र बाहिर' अनि 'परिभाषित आँखाहरू', 'अनिँदो पहाडसँगै' पारिजात दिदीका यस्ता उत्कृष्ट विचार, शिल्प, शैली, भाषा सरल अभिव्यक्तिका उत्कृष्ट नमुनाका उपन्यास हुन्, जसले 'शिरीषको फूल'लाई धेरै पछाडि छाडेको छ । (पारिजात : आफ्नै व्यक्तित्व र प्रतिभाको पुञ्ज : शक्ति लम्साल : मूलप्रवाह : २०५८ वैशाख, पृष्ठ ३९)*

तर त्यसो भन्दाभन्दै पनि लम्सालले पारिजातलाई मार्क्सवादी साहित्यभित्र प्रवेश गरेपछि त्यसको इथिक्सलाई सम्हाल्न नसकेको, जबर्जस्त विद्रोही र सङ्घर्षरत चरित्र स्वभाव हुँदाहुँदै पनि त्यसलाई वर्गीय आधारमा विकसित तुल्याउन नसकेको तथा भावुकताको सिकार बन्ने र आफूलाई द्विविधा स्थितिमा राखिछाड्ने कमी-कमजोरी भएकी लेखिकाका रूपमा मान्थे ।

प्रगतिवादी लेखक खगेन्द्र सङ्ग्रौलाले पनि पारिजातको लोलीमा बोली मिलाउँदै *शिरीषको फूल* पढेपछि मरूँमरूँ लाग्ने कृतिका रूपमा विद्रूप चित्रण गरे र यस कृतिलाई खतरनाक माने–

*पारिजातका श्रेष्ठ कृतिहरू कुनकुन हुन् र किन ? यस प्रश्नबारे चर्को मतान्तर छ । पारिजातको श्रेष्ठ कृति 'शिरीषको फूल' हो र 'शिरीषको फूल' मात्र हो भन्ने एउटा*

*मत छ । अर्को मतले पारिजातका पछिल्ला जीवनवादी कृतिहरू रोज्छ । 'शिरीषको फूल' कति लोकोपयोगी वा कति हानिकारक हो भन्नेबारे आख्यानकार युग पाठकको किशोरवयको पाठकीय अनुभव विलक्षण छ । 'शिरीषको फूल' पढेपछि उनलाई एकातिर पारिजातको विशिष्ट शिल्पको सम्मोहनले गाँजेछ र अर्कातिर मृत्युको मोहले आक्रान्त तुल्याएछ । 'शिरीषको फूल' एकपल्ट पढ्यो पढूँपढूँ लाग्ने । पढिसक्यो घरीघरी मरूँमरूँ लाग्ने । युग पाठकको यो पठन अनुभूति सायद 'शिरीषको फूल' पढ्ने सबै पाठकको साझा अनुभूति हो । यो खतरनाक अनुभूति हो । साहित्य मर्ने प्रेरणाका लागि किमार्थ होइन । साहित्य त जिउने र जीवनलाई सुन्दर बनाउने प्रेरणाका लागि पो हो त । (पारिजात– आफ्नै जीवनको दीपशिखा : खगेन्द्र सङ्ग्रौला : उत्तरआधुनिक अन्तरेपथ : बिएन पुस्तक संसार प्रालि : प्रथम संस्करण २०७३ जेठ, पृष्ठ १४२-१४७)*

यो बेग्लै कुरा हो, युग पाठकले सो कुरा कतै गरिएको साहित्यिक गफगाफलाई लिएर खगेन्द्र सङ्ग्रौलाले यस रूपमा चर्चा गरेका थिए । तर पारिजातको *शिरीषको* फूल पढेर आजसम्म कसैले आत्महत्या गरेको रेकर्ड भेटिएको छैन ।

# ब्लू मिमोसा अर्थात् शिरीषको फूल

पारिजातको *शिरीषको फूल*को अनुवाद टँक विलास वार्यले गरेका थिए । यसको फाइनल गर्न तथा प्रकाशनका लागि सान्ड्रा जेडिस्ट्राइनले पनि सघाइकी थिइन् ।

एकातिर *शिरीषको फूल*लाई सार्वजनिक रूपमा अस्वीकार गर्दै आफ्नो मदन पुरस्कारप्राप्त कृतिको आफैँले उछित्तो काढिरहेका बेला, त्रिविले *शिरीषको फूल*लाई पाठ्यक्रममा राखे पनि राजनीतिक संलग्नता अनि दबाबले पुनर्मुद्रणका लागि अनुमति नदिइरहेको अवस्था र आर्थिक अवस्था नाजुक भएको परिप्रेक्ष्यमा *शिरीषको फूल*को अनुवाद *ब्लू मिमोसा*को प्रकाशन भएको थियो । त्यसका लागि उनले आर्थिक सहयोग पनि पाएकी थिइन् । तर यसको अङ्ग्रेजी संसारमा बजार व्यवस्थापन भइरहेको थिएन । फाट्टफुट्ट बिक्री हुन्थे, कसैले बेचेर सहयोग गर्थे, यसले पनि पारिजातलाई सहयोग हुन्थ्यो । र उज्यालो अनुहार बनाएर सन्तोषको मुस्कान छाड्थिन् ।

*ब्लू मिमोसा*को मूल्य नेपाली पाँच रूपियाँ थियो । पारिजातलाई आदर र स्नेह गर्नेहरूमध्येकी एक डा. अरूणा उप्रेतीले त्यो किताब बेच्न मद्दत गर्दै आएकी थिइन् । उनले त्यो पाँच रूपियाँको किताबलाई युनाइटेड नेसन वुमन अर्गनाइजेसनमार्फत सय रूपियाँ मोल राखेर ३० ओटाजति पुस्तक बेचेर पारिजातको आर्थिक गर्जो टार्न मद्दत पुऱ्याएकी थिइन् ।

सन् १९९२ को अक्टोबरमा डा. अरूणा उप्रेतीको भेट अमेरिकाको मेरिल्यान्ड विश्वविद्यालयकी अध्यापिका मार्गरेट ब्राउनसँग भयो । मार्गरेट ब्राउन अमेरिकी सांस्कृतिक केन्द्रमा कार्यरत पति रोबर्ट ब्राउनलाई भेट्न काठमाडौं आएकी थिइन् । डा. अरूणासँग कुराकानी गर्ने क्रममा तिनले केही नेपाली साहित्यकारसँग भेट गर्ने इच्छा व्यक्त गरिन् । तर तिनीसँग समय कम थियो । र डा. अरूणा पनि साहित्यिक जगत्मा त्यति भिजेकी थिइनन् । उनले सहजै भेटाउन सक्ने व्यक्ति भनेको पारिजात नै थिइन् । उनले मार्गरेटलाई पारिजातको निवासमा भेट्टाउन लगिन् । त्यस बेला पारिजातको कोठामा रहेका *ब्लू मिमोसा*का केही प्रति मार्गरेटले किनिन् । वास्तवमा मार्गरेट स्यान्ड्सलाई पारिजातबारे मेरिल्यान्ड विश्वविद्यालयकी उनकी कवयित्री साथी नताशा साजेले कवि, उपन्यासकार, हिम्मतशाली मानव अधिकारवादीका रूपमा

परिचय गराइसकेकी थिइन् । त्यस्ती प्रतिभासँग डा. अरूणाले भेट्टाइदिएकामा मार्गरेटले धन्यवाद र कृतज्ञता ज्ञापन गरिन् ।

मार्गरेट ब्राउन अमेरिका फर्केपछि विश्वविद्यालय गइन् । विश्वविद्यालयमा उनलाई प्रोफेसर सु लान्सरले तुलनात्मक साहित्य विभागमा 'अन्तरसांस्कृतिक परिप्रेक्ष्यमा विश्व साहित्यमा महिला लिखित साहित्य' विषयमा अध्यापनका लागि आग्रह गरिन् । यसैका लागि मार्गरेटले पारिजात र उनको ब्लू *मिमोसा* छनोट गरिन् । तर त्यसका निम्ति ३० जना विद्यार्थीका लागि पुस्तक उपलब्ध थिएन । उनले पुस्तक पठाइदिन डा. अरूणालाई चिठी लेखिन् । यो खबर पाएपछि अरूणालाई अपार हर्षको अनुभव भयो र पारिजातलगायत चिनेजानेका सबैलाई फोन गर्दै उनले यो खुसीको खबर सुनाइन् । अनि ब्लू *मिमोसा*को मूल्य दुई सय रूपियाँ राखेर २८ थान किताब मार्गरेटका श्रीमान् रोबर्ट ब्राउन हस्ते ३० डिसेम्बर १९९२ का दिन अमेरिका पठाइन् । रोबर्टले किताबको दाम ५६ सय रूपियाँमध्ये पाँच हजार नगद र छ सय चेकमार्फत दिन खोजे । तर डा. अरूणाले पाँच हजार नगद मात्र लिइन् । त्यो पैसा पारिजातलाई हस्तान्तरणका लागि म्हैपीतिर खुसी र उमङ्गका साथ हान्निइन् । बाटोमा फलफूल दोकान देखेपछि उनी टक्क अडिइन् । सय रूपियाँको फलफूल किनिन् । अनि पारिजातका हातमा चार हजार नौ सय र फलफूलको झोला राखिदिइन् । पारिजातका आँखा हाँसे, ओठ हाँसे, अनुहार हाँस्यो । पाँच रूपियाँ मूल्यको २८ ओटा किताब जुन नबिकेर कोठामा छरिएका थिए, त्यसले दुई सयका दरको मोल पाएको थियो । त्योभन्दा पनि अमेरिका जस्तो देशको विश्वविद्यालयका विद्यार्थीले पढ्ने भएका थिए । त्यतिखेर उनले बुर्जुवा उपन्यास भनेर दुत्कारेको, जनविरोधी मानेको भनेर अन्तर्वार्ता दिएका कुरा सर्लक्कै बिर्सिएकी थिइन् । उनको भित्री हृदय आफ्नो कृतिले अन्तर्राष्ट्रिय मान्यता पाएको गर्वले पुलकित भएको थियो मौन रूपमा ।

सन् १९९३ को वसन्त ऋतुको सेमेस्टरमा मेरिल्यान्ड विश्वविद्यालयका ३० जना विद्यार्थीले पारिजातको ब्लू *मिमोसा* अध्ययन गरे । त्यसबारे छलफल गरे र आलेखहरू लेखे । स्नातकोपाधि ग्रहण गर्दै गरेकी अग्रज विद्यार्थीले एउटा लेख नै लेखिन्, "यहाँ एउटा आवाज छ जसलाई सुनिनुपर्छ, नेपालमा मात्र होइन, समग्र विश्वभरि ।" *(मार्गरेट स्यान्ड्स : पारिजात : द फ्लावर हुज रूट्स ब्रेक द रक्स : पारिजात स्मृतिग्रन्थ, २०५१ वैशाख, पृष्ठ १६५)*

यसरी *शिरीषको फूलले* ब्लू *मिमोसा*को भेषमा अमेरिकाको मेरिल्यान्ड विश्वविद्यालयमा सन् १९९३ को वसन्त ऋतुमा एक सेमेस्टरका विद्यार्थीले अध्ययन गरेर एउटा इतिहास रच्यो ।

# शिरीषको फूलको विश्वयात्रा

*शिरीषको फूल* सदाबहार चर्चाको पुस्तक बन्यो । आफ्ना सिकारू उपन्यासहरूको असफलता र प्रकाशकहरूबाट पाएको तीतो अस्वीकृतिका कारण जलेका उपन्यासका पाण्डुलिपिपछि एक प्रकारले उपन्यास नै नलेख्ने मनस्थितिमा पुगेकी पारिजातले फेरि एउटा जबर्जस्त उपन्यास लेख्ने प्रण गरिन् र त्यो 'राक्षसी महत्त्वाकाङ्क्षा'ले जन्मियो, *शिरीषको फूल* । *शिरीषको फूल*मा शङ्कर लामिछानेले लेखेको भूमिका चर्चाको विषय बन्यो । त्यसमा उल्लेख जापानी उपन्यासका नामले चर्चा भयो । मदन पुरस्कार पायो, झन् चर्चा भयो । पारिजातले देब्रे राजनीतितिर पाइला हाल्नेबित्तिकै *शिरीषको फूल*को आफैंले भर्त्सना गर्न पुगिन् अनि चर्चा भयो । त्रिभुवन विश्वविद्यालयले पाठ्यक्रममा राख्यो, त्यसले चर्चा भयो । पारिजातले त्यसलाई पुनर्मुद्रणको अनुमति दिइनन्, त्यसले पनि चर्चा भयो । पछि पुनर्मुद्रणको अनुमति दिइन्, त्यसको स्वागत र विरोधमा चर्चा भयो । त्यस उपन्यासलाई अङ्ग्रेजीमा अनुवाद गरेर प्रकाशन गरियो, यसले पनि चर्चा भयो । पारिजातको जीवनकालमै मेरिल्यान्ड विश्वविद्यालयमा एक सेमेस्टर विद्यार्थीहरूले *शिरीषको फूल* पाठ्यक्रममा पढे र त्यसको चर्चा भयो । यसरी यो उपन्यास पारिजातको जीवनकालमा मूल नेपाली भाषाबाहेक अङ्ग्रेजीमा पनि अनुवाद भएको थियो ।

तर उनको देहान्तपछि पनि यस उपन्यासको चर्चामा कमी आएन । यो उपन्यास जर्मन, ग्रिक, फ्रान्सेली र असमिया भाषामा अनुवाद भयो । यी सबै भाषामा अनुवाद भएर पुस्तकका रूपमा प्रकाशन र बिक्रीवितरणमा गए । तर हिन्दी भाषामा भने अनुवाद मात्र भयो । तर त्यो प्रकाशन भएन ।

वास्तवमा पारिजात उपचारको सिलसिलामा दिल्लीमा लामै समय बस्नुपरेको थियो । यस बसाइका क्रममा हिन्दीका नामुद लेखक हिमांशु जोशी, कमलेश्वर, ईश्वरचन्दरलगायतसँग घनिष्ठता भयो । ईश्वरचन्दरले हिन्दीमा अनुवाद गरेका थिए, किन त्यो प्रकाशन भएन, त्यसको चाहिँ जानकारी भेटिएको छैन । पारिजातले *शिरीषको फूल* हिन्दीमा अनुवादका विषयमा आफ्ना चिठीहरूमा चर्चा र उल्लेख गरेकी थिइन् । पारिजातले सुकन्यालाई दिल्लीबाट चिठीमा लेखेकी थिइन्–

*ईश्वरचन्दरले 'शिरीषको फूल' आफैंले अनुवाद गर्ने रे, अनुमति मागिरहेको छ । 'ब्लू मिमोसा'का आधारमा गर्ने रे, उपन्यास साह्रै राम्रो लाग्यो रे ! बधाई पठाएको थियो... । (सुकन्यालाई चिठी : ७ जनवरी १९७४ : अपराजिता : पारिजातका चिठीहरू : सङ्कलन : सुकन्या वाइबा : बुकहिल : २०७५, पृष्ठ ६९)*

बनारसमा बस्ने दुर्गाप्रसाद श्रेष्ठलाई लेखेको चिठीमा पनि ईश्वरचन्दरले *शिरीषको फूल*को हिन्दी अनुवाद गरेको उल्लेख गरेकी थिइन्–

*झन्डै दुई महिनाजति भयो, ईश्वरचन्दरको पत्र आएको छैन । उनको अन्तिम पत्रमा 'शिरीषको फूल'को अनुवाद सिद्धिन लागेको कुरा उल्लेख थियो । (पारिजातको पत्र : २०३३ जेठ १० : दुर्गाप्रसाद श्रेष्ठ : २०६७ साउन १४)*

यसरी ईश्वरचन्दरले उपन्यास मन पराएर हिन्दीमा गरेको अनुवाद कहाँ गयो, किन प्रकाशन भएन, यो चाहिँ अज्ञात रह्यो ।

नेपालमा एमए अध्ययन गर्न आएका जापानी नागरिक हारूहितो नोजूले *शिरीषको फूल* नेपाली भाषामा पढेर मन पराएपछि जापानी भाषामा अनुवाद गर्न उत्साहित भए । र सुरू पनि गरिहाले । अनि एक दिन पारिजातलाई अनुवादको स्वीकृतिका लागि भेट्न गए । तर पारिजातले उनलाई अनुवादका लागि स्वीकृति दिइनन् ।

यसरी पारिजातले जापानी भाषामा अनुवाद गर्न नेपाली भाषा साहित्यमा स्नातकोत्तर गर्ने हारूहितो नोजूलाई निराश पारे पनि जापानी निर्देशकले नै *शिरीषको फूल*को चलचित्र बनाए । यसरी सूर्योदयको प्रथम देश जापानदेखि युरोप अनि अमेरिका पुगेर *शिरीषको फूल*ले विश्वयात्रा गर्‍यो र यो क्रममा निरन्तरता नै छ ।

तर पारिजातको *शिरीषको फूल*लाई स्विडिस प्रकाशकले 'नितान्त निजी र स्थानीयता नभएको' तथा त्यो कथ्यलाई जहाँ पनि आरोपित गर्न सकिने बताएर अस्वीकार गरेको थियो–

*आई आस्क माई स्विडिस पब्लिसर टू रिड 'ब्लू मिमोसा' । ही डिस्मिसेस द बुक : इट इज टू प्राइभेट एन्ड ल्याक्स लोकल कलर । द प्लट कुड बी इनएक्टेड एनिह्वेर । (हर्ट इन फ्लेमस : ब्रिटा स्टोब्लिङ : पारिजात स्मृतिग्रन्थ, पृष्ठ १६७)*

# पारिजात-शङ्कर सम्बन्ध

पारिजातको पहिलो प्रकाशित उपन्यास तथा दोस्रो प्रकाशित पुस्तक *शिरीषको फूल*मा शङ्कर लामिछानेले लेखेको भूमिका चर्चित, विवादास्पद र सर्वव्यापक भयो । अनि पारिजात र शङ्कर लामिछानेबीचको सम्बन्धलाई लिएर धेरै बजारहल्ला पनि आए । शङ्कर लामिछाने र पारिजातको प्रथम भेट भने बडो रोचक ढङ्गले भएको थियो । पारिजातकै शब्दमा–

*शङ्कर लामिछानेलाई एउटा लेखकका रूपमा चिन्नुभन्दा पहिले उहाँलाई मैले दार्जीलिङको प्रसिद्ध स्कुल, नेपाली कन्या पाठशालाको विशिष्ट र लोकप्रिय छात्रा रत्ना दिदीको श्रीमान्का रूपमा चिनेकी थिएँ । त्यसपछि... पद्मकन्या कलेज आइएमा पढ्दा एक दिन एउटी सहपाठिनीले सोधी, "तैंले शङ्कर लामिछानेको...फलानो कथा पढेकी छेस् ?"*

*"अहँ, मैले उनलाई सुरू गरेको छैन," मेरो प्रत्युत्तर थियो । त्यति नै खेरि उसले मलाई जतिसक्दो साहित्यिक ढङ्गमा त्यो कथा सुनाई । त्यसको केही दिनपछि अचानक कार्यक्रम बनाएर हामी नेपाल-भारत सांस्कृतिक केन्द्रमा उहाँलाई भेट्न गयौं र उहाँलाई नै भेटेर हामीले हामीलाई लेखक शङ्कर लामिछानेलाई चिनाइदिनुस् भनी आग्रह गऱ्यौं । हाम्रो अल्लारेपनदेखि उहाँ मज्जासँगले हाँस्नुभयो । व्यक्तिगत परिचयको यो पहिलो खुड्किलो थियो । (पारिजात : रूपरेखा, शङ्कर लामिछाने विशेषाङ्क, पृष्ठ २१४)*

पारिजातसँगको पहिलो भेटलाई शङ्कर लामिछानेले पनि यसरी लिपिबद्ध गरेका थिए–

*पारिजात आई पनि मेरो जीवनमा अनौठोसँग । लाइब्रेरियन भएको मेरो अवतारमा ऊ आफ्ना साथीसँगाती लिएर उपस्थित भई । र भनी, "नेपालका लेखकहरूलाई निश्चय पनि सबैलाई चिन्नुभएको छ । हामीलाई एक पटक शङ्कर लामिछानेसँग परिचय गराइदिनुहोस् ।" मैले भन्ठानें, यो मेरो जीवनको ठूलो ठट्टा हो । तर होइन रहेछ, उनीहरूले साँच्ची नै लामिछानेलाई चिन्न खोजेका रहेछन् । म तीनछक परें । त्यस बेला पारिजात, पारिजात भइसकेकी थिइन । ऊ विष्णु वाइबा थिई । (शङ्कर लामिछाने : 'शिरीषको फूल'को भूमिका, पृष्ठ क र ख)*

यो भेटका बेलासम्म पारिजातले उपन्यासकारको सपना पालेकी थिइनन् । त्यो सपनाको उदय पनि भएको थिएन । लेखेका उपन्यासले अस्वीकारको पीडा भोग्दा आफ्नै हातले सिर्जेका रचनालाई आगो लाउन बाध्य हुने अवस्था आउँछ भन्ने पनि सोचेकी थिइनन् । न त कुनै दिन *शिरीषको फूल* लेखेर यिनै शङ्कर लामिछानेलाई भूमिका लेखाउने धोको पूरा गर्छु र मदन पुरस्कार पाउँछु भन्ने नै कल्पना थियो ।

यो परिचयपछि पारिजात शङ्कर लामिछानेका कृतिहरूसँग परिचित हुँदै गइन् । उनका कविताहरू पनि प्रकाशन हुन थाले । त्यसैबीच रोदीमा उनी सहभागी भइन् । भूपीसँग अन्तरङ्ग मित्रता भयो । तर त्यसले पनि उनलाई शङ्कर लामिछानेको नजिक पुऱ्याएन । उनले गोष्ठीहरूमा पनि कतै देखिनन् शङ्कर लामिछाने । तर चासो भने अति थियो उनलाई । त्यही चासोले उनले थाहा पाइन्, शङ्कर लामिछानेले पनि उनको एउटा कविता मन पराए रे भनेर । तर उनीहरूको व्यक्तिगत परिचय नेपाल-भारत सांस्कृतिक केन्द्रमा जेजति भयो, त्यहीँको त्यहीँ बस्यो । झाङ्गिएन । फैलिएर विस्तारित भएन ।

तर शङ्करको लेखन उनलाई अति प्रिय थियो । उनकै शब्दमा–

*उहाँका कृतिहरू मलाई असाध्य मन पर्थ्यो । विशेष लेखहरू नै । उहाँका कृतिहरूलाई मैले एकपल्ट होइन, कैयन्पल्ट पढ्थें । भाषा र शैली उहाँको सम्मोहनकारी हुन्थ्यो । साधारणभन्दा साधारण वस्तुलाई उहाँ विशाल कलात्मक रूप दिन सक्नुहुन्थ्यो । (पारिजात : रूपरेखा, शङ्कर लामिछाने विशेषाङ्क, पृष्ठ २१५)*

पारिजात र शङ्कर लामिछानेको अन्तरङ्ग सम्बन्ध छोटो समयका लागि मात्र भएको थियो । राल्फा समूहमा रम्न थालेपछि र पारिजातको डेरामा कहिले मञ्जुल, कहिले रामेश त कहिले अरूहरू हुन्थे । त्यो शङ्करलाई सायद मन परेन र त्यो डेरामा उनको गमन पातलिँदै गयो । तर शङ्करले *शिरीषको* फूलमा लेखेको भूमिकामा पारिजातलाई जसरी चित्रण गरे, सम्बन्धका हिसाबले त्यो भने सामान्य मान्न सकिने थिएन । भूमिकामा उनले लेखिदिए– *पारिजात आई पनि मेरो जीवनमा अनौठोसँग । (शङ्कर लामिछाने : 'शिरीषको फूल'को भूमिका, पृष्ठ, क)*

शङ्करको लेखाइको बेजोडपना र भन्न चाहेको भन्न सक्ने हिम्मत *शिरीषको* फूलको भूमिकामा छर्लङ्ग देखिन्थ्यो । सम्बन्धका कुरा, विचारका कुरा, मनका कुरा, प्रेमका कुरा, प्रेमका परिभाषा सबैथोकको कोलाज भूमिकामा लेखे । पारिजातलाई उनी कस्तो र कसरी प्रेम गर्थे भन्ने सोझोबाङ्गो सबै अर्थ उनले पस्किदिए सार्वजनिक रूपमा–

*पारिजातलाई म प्रेम गर्छु । कसोकसो एउटी बहिनीभन्दा बढी नै सायद प्रेमिकाजति नै, जोसँग आत्मीय मात्र संसर्ग होओस्, जोसँग यौनको सम्बन्ध तुच्छकर वा हेयकर लागोस् । र यौनलाई नअँगालेर यदि प्रेमको अर्गाज्म (चरमसीमा)को कल्पना सम्भव छ भने, मैले उसलाई गरेको प्रेमको परिभाषा त्यही मात्र हुन सक्ला ।*

अहँ म मान्दिनँ !

*यति आधुनिक उपन्यासकी लेखिकाका लागि मैले स्वयम् दिएको परिभाषा खिइसकेका उपमाहरूमा आधारित छ । म एकदमै नयाँ उपमा दिन्छु । भन्छु– मास्सिन लागेको आफ्नो स्पाइसेसको अन्तिम कडीप्रति अघिल्लो कडीको प्रेम हो मेरो । त्यससँग यत्ति आफन्ती सम्बन्ध छ कि, न त प्रजनन सम्भव छ, न त पर्याप्ति नै । एक मनले चाहन्छ, यही हो मेरो स्वप्नको साकार रूप र अर्को मनले भन्छ, यही नै हो पूर्णविराम । (शङ्कर लामिछाने : 'शिरीषको फूल'को भूमिका : पृष्ठ क)*

पारिजातसँग शङ्कर लामिछानेको तपाईं र तिमीको सम्बन्ध थियो । पारिजात आदरका साथ तपाईं भन्थिन् भने शङ्कर तिमी भन्थे । त्यति मात्र होइन, पारिजातलाई गोलभेँडाको अचार मगाएर उनको कोठामा रक्सी खान चाहनु, चाहना मात्र नभएर अपनत्वको सङ्केत हो, अन्तरङ्गताको सूचक हो, जसलाई पारिजात स्वयम्ले उद्घाटित गरिन्–

*'शिरीषको फूल'को पाण्डुलिपि मकहाँ पुऱ्याउन आउँदा उहाँले बाटामा एउटा पसल देख्नुभएछ । मेरो डेरामा आइपुग्नुभएपछि उहाँले भन्नुभयो, "बहिनी त्यो परको बारा पसलमा मैले गोलभेँडाको रातो अचार देखेँ, तिमी त्यो अचार मगाऊ । म आज रक्सी पिउँछु ।" (शङ्कर लामिछाने मेरा आन्तरिक कुराहरू : पारिजात : रूपरेखा, शङ्कर लामिछाने विशेषाङ्क, माघ २०३३, पृष्ठ २१६)*

शङ्कर लामिछानेको त्यो फर्माइस पारिजातले पुऱ्याइदिइन् । पारिजातको मूल्याङ्कनमा शङ्कर लामिछानेलाई रक्सीको भन्दा बढी भावुकताको नशा लाग्थ्यो । एउटी अविवाहित लेखिकाको कोठामा गएर रक्सी पिउन अचार मगाउने साहस जोकोहीले गर्न सक्ने कुरा थिएन । त्यस्तो साहस कसैले गरिहाले पारिजातले पूरा गर्न सक्ने पनि हुन्नथ्यो । यो त शङ्कर लामिछाने र पारिजातबीचको कुरा थियो । अन्तरङ्गताको कुरा थियो । त्यसो त पछि यसरी उनीकहाँ रक्सी खान जाने पात्रहरू समकालीन र युवा पुस्ताका राजकुमार केसी, ललिजन रावल, नकुल सिलवाल, राजेन्द्र पराजुलीलगायत पनि भए । तर शङ्कर लामिछानेको त्यो बेलाको परिवेश, वातावरण र अन्तरङ्गताको अवस्था बेग्लै थियो ।

शङ्करलाई पारिजात चिठी लेखेर पठाउने गर्थिन् । त्यति बेलाको संवादको माध्यम नै चिठी थियो । *शिरीषको फूल*को सफलतापछि पारिजातले शङ्करलाई लेखेकी थिइन्–

*...उपन्यासको चर्चा र सफलता (भनूँ ?)ले अब धेरै व्याप्त भइसकें । सोचेकी थिएँ, त्यसको पनि केही माने लाग्छ । तर निस्सारता सायद मानिसको अन्तिम खुड्किलो हो र जहाँबाट साटिने ठाउँ छैन । जब एउटा तरूण तथा आधुनिक ठिटो आउँछ* **र** *उत्सुकतावश भन्छ– "...तपाईं सकम्बरी ?" मलाई लाग्छ कि भनिदिऊँ, "त्योभन्दा हतभागिनी पारिजात ।" तर त्यसो भन्दिनँ र ठट्टा गर्नपट्टि लाग्छु, "तपाईंलाई कस्तो*

*लाग्यो ?" मानिसहरू मलाई सकम्बरीमा देख्न थालिसके, आत्मसात् गर्न थालिसके । तर २४ वर्षको उमेरमा ऊ एउटा सफल मृत्यु मरी र म ३० वर्षको छेउछाउमा सुयोगवीरको जीवन बाँच्दै छु... । (पारिजात : शङ्कर लामिछाने : बिम्ब प्रतिबिम्ब : पुस्तक संसार : २०२८, पृष्ठ ९०)*

शङ्करले पारिजातसँगको सम्बन्धलाई विचित्र किसिमले व्याख्या गरे, जुन हम्मेसी सबैले बुझ्न सक्तैनन् । कि वा द्विविधामा पर्छन्–

*यो भावना नबुझ्ने धेरै छन्– त्यसमध्ये नाउँ चलेका प्रकाण्ड विद्वान् पनि । उनको रायअनुसार म हेनरी मिलरको चेलो हुँ र मेरो सम्बन्ध पारिजातसँग 'पञ्च मकार'को छ । 'पञ्च मकार' शब्दको अर्थ ती निरीह विद्वान्‌ले त्यस बेलासम्म बुझ्दैनन्, जबसम्म तिनको विद्वत्ता साङ्ख्यभाषा छिचोल्न सक्तैन । 'महामुद्रा' शीर्षकअन्तर्गत मैले एक पटक लेखेको छु, "तत्त्वयोग प्राप्त गर्ने सबभन्दा सहज उपाय साधकका लागि एउटै छ, आफ्नो जन्म दिने माता, आफ्नै छोरी र आफ्नै भान्जीसँग उसले यौन सम्बन्ध राख्नुपर्छ ।"*

*'प्रज्ञोपायविनिश्चय सिद्धिबाट' लिइएको यस अंशको सोझो अर्थ साह्रै घिनलाग्दो छ । तथापि जो यसको अर्थ बुझ्ने क्षमता राख्छन्, तिनका लागि यसको अर्थ यसरी लाग्दछ, "तत्त्वबोध प्राप्त गर्ने सबभन्दा सहज उपाय साधकका लागि एउटै छ– आफ्ना आन्तरिक नारीतत्त्व, लोभ, मोह, स्नेह, प्रेम, अहं इत्यादि तत्त्वहरू, जो मानिसभित्रै अवस्थित हुन्छन् (पारिजातको 'मैले नजन्माएको छोरो' पढ्नुहोस्) र जसलाई मानिसले आमा, बहिनी, छोरी र भान्जीजत्तिकै अपनत्व प्रदान गरेको हुन्छ, ती तत्त्वलाई आफ्ना पुरूषत्वसँग समन्वय नगरी उसले आफ्नो साधना प्राप्त गर्न सक्तैन ।*

*यी अर्धपण्डितले मलाई तथा पारिजातलाई एक भिन्न पृष्ठभूमिमा लिए । तर ती जान्दैनन्, पारिजातको समक्ष पुग्नुअघि नै म नाङ्गिइसकिएको हुन्छु । मलाई यस्तो अनुभव हुन्छ, ऊ मेरा इम्पल्सहरू वा अझ प्रस्ट भनूँ, मेरा साहित्यिक इम्पल्सहरूकी जन्मदाता हो । उसको मस्तिष्कको गर्भ देखेर म निश्चय पनि हेनरी मिलर जस्तै सोच्छु र भन्छु– यहाँबाट कति जन्मे होलान् ! र म स्वयम् त्यहाँ जन्मेको अनुभव गर्छु । पुनः मलाई लेख्ने प्रवृत्ति जागेर आउँछ ! यो यदि पाप हो भने, यस्तो पाप जीवनमा रोज गर्ने सौभाग्य मलाई प्राप्त होओस् । (पारिजात : शङ्कर लामिछाने : बिम्ब प्रतिबिम्ब : पुस्तक संसार : २०२८, पृष्ठ ९४-९५)*

जुन दिन शङ्कर लामिछाने *महत्ताहीन* पढिसकेर त्यसको पाण्डुलिपि फिर्ता दिन पारिजातको डेरामा गए, त्यही दिन छुट्टिने बेलामा पारिजातको अन्तर्वार्ता लिन चाहेको बताए र समय मागे । उनले भनेका थिए, "म टेपरेकर्डर लिएर आउनेछु । तर याद राख, यो एकदम अनौपचारिक र अनायास हुनेछ ।"

साँच्चै एक साँझ शङ्कर लामिछाने टेप रेकर्डर लिएर पुगे पारिजातको डेरामा । र माइक पारिजातको अघि राख्दै भने, "तिमीले प्रेममा धोखा खाएकी छौ, होइन ?"

शङ्करले पारिजातले प्रेममा धोखा पाएको अर्थ निकालेका थिए । त्यही धोखाको पृष्ठभूमिमा पारिजातको अन्तर्वार्तालाई सनसनीपूर्ण लेख तयार गर्न चाहन्थे, जसरी *शिरीषको* फूलमा लेखेका कुराहरूले सनसनी मच्चिएको थियो ।

तर पारिजातले अनपेक्षित जबाफ दिइन्, "प्रेममा धोखा पाएकी छैन । बरू धोखा दिएकी छु ।"

शङ्कर लामिछाने ट्वाँ परे । यो उनले अपेक्षा नै नगरेको उत्तर थियो । उनी वाक्क भए । दिक्क भए । उनको मुड नै बिग्रियो । उनी मायालु भाषामा झर्किए, "पारिजात तिमीले मेरो मुड नै बिगारिदियौ । अब म तिम्रो अन्तर्वार्ता कहिल्यै लिन्नँ ।"

तर त्यो दिनको मुड पो बिग्रिएको थियो । सदाका लागि त थिएन । उनले आफ्नो अन्तर्वार्ता कृति *बिम्ब प्रतिबिम्ब*का लागि पछि अन्तर्वार्ता लिए । आफ्नो शैलीमा लेखेको अन्तर्वार्ताको त्यो पुस्तक त्यो विधाको नौलो र पहिलो थियो ।

त्यो अन्तर्वार्तालाई आफ्नो शैलीमा ढालेर उनले लेख तयार गरे र पारिजातलाई सुनाउन पुनः उनको डेरामा पुगे । पारिजातलाई त्यो लेख सुनेको क्षण यसरी याद आउँथ्यो–

*मलाई लिएर उहाँले एउटा लेख लेख्नुभएको थियो । एक दिन त्यो पढेर सुनाउनुभयो । पढ्दापढ्दै एउटा वाक्य पारिजात फूल हो पढिसकेपछि टक्क अडिएर उहाँले सोध्नुभयो, "तिमीलाई कस्तो लाग्यो ?"*

त्यो क्षण कति प्रेमिल हुँदो हो, अनुमान गर्न सकिन्छ ।

पारिजातले शङ्कर लामिछानेसँगको सम्बन्धलाई सामीप्य भन्न रूचाइनन् । थोरै पटक मात्र भेट भएको र *महत्ताहीन* प्रकाशन भएपछि कहिल्यै भेट नभएको उनको स्पष्टीकरण थियो–

*शङ्कर लामिछाने र मेरो सम्बन्धलाई सामीप्य भन्न मिल्दैन । कारण, हामीले कति पटक भेटघाट गर्‍यौं भन्दा १० औंला पर्याप्त हुन्छन् । तर ती भेट महत्त्वपूर्ण थिए । 'महत्ताहीन' छापिइसकेपछि मैले उनलाई मृत्युपर्यन्त देखिनँ । र उनका गतविधिबारे अनभिज्ञ पनि थिएँ । उनको मृत्यु र 'क्यानभासमा फेरिएको जीवन' कथा सुनिसकेपछि म छाँगाबाट खसे जस्ती भएकी छु । (शङ्कर लामिछाने र मेरो सम्बन्धलाई सामीप्य भन्न मिल्दैन : इन्द्रकुमार श्रेष्ठ सरित्सँग पारिजातको अन्तर्वार्ता : विवेक : वर्ष ६ अङ्क २३, २०४४ माघ ४)*

शङ्कर लामिछानेको देहान्तपछि पारिजातले शङ्करलाई यसरी सम्झना गरिन्–

*मलाई अझ पनि रातबिरात गम्किने चमेलीको सुलभ सम्झना आउँछ उहाँका कृतिहरू सम्झँदा । (शङ्कर लामिछाने मेरा आन्तरिक कुराहरू : पारिजात : रूपरेखा : शङ्कर लामिछाने विशेषाङ्क, माघ २०३३, पृष्ठ २१७)*

उनको नजरमा शङ्करको व्यक्तित्व थियो काव्यप्रेमी, कलाप्रेमी, सङ्गीतप्रेमी तथा हाँस्न-हँसाउनुपर्ने *(र सक्ने पनि)* थुप्रै सेन्स अफ ह्युमर भएको प्रतिभाशाली लेखकको ।

एउटा कालखण्डमा पारिजात र शङ्कर लामिछानेबीच छोटो समयका लागि भए पनि यस्तो नेपाली साहित्यकै अविस्मरणीय अन्तरङ्ग साहित्यिक एवम् व्यक्तिगत सम्बन्ध थियो ।

रात्का युग र पारिजात

# राल्फाको जन्म

नेपाली साहित्यमा बीसको दशकको एउटा महत्त्वपूर्ण उपहार हो, राल्फा । राल्फा सन्तति । राल्फा आन्दोलन । राल्फा युग । एक दशकभन्दा कम आयुको राल्फाले नेपाली साहित्यमा एउटा अविस्मरणीय ऐतिहासिक छाप छाडेको छ । यो राल्फाली आन्दोलनको भौतिक जग पारिजातको पुतलीसडकको डेरामा हालिएको थियो । तर यसको सुरूवातकर्ता पारिजात थिइनन् । यसको नेतृत्वकर्ता पनि पारिजात थिइनन् । राल्फाकालीन समयमा पारिजात राल्फाको केन्द्रबिन्दुमा भने थिइन् । राल्फालीहरूको मियोका रूपमा देखिइन् । तर सबै राल्फालीहरूले आफ्नो नामका पछि राल्फा थर झैं प्रयोग गर्दा पनि पारिजातले अत्यन्त नगण्य ठाउँमा मात्र पारिजात नामपछाडि राल्फा राखेकी थिइन् । त्यो नगण्य ठाउँमध्ये एक थियो, मञ्जुलको राल्फाकालीन उपन्यास *छेकुडोल्मा*को भूमिका । मञ्जुलले भने–

*पारिजात दिदीकै जीवनीलाई आधार मानेर मैले 'छेकुडोल्मा' उपन्यास लेखेको थिएँ । त्यसको भूमिका पारिजात दिदीले नै लेखून् भन्ने चाहेको थिएँ । उक्त उपन्यासको भूमिकामा दिदीले 'एउटा राल्फाको डायरीमा अर्को राल्फा' भनेर आफूलाई पनि राल्फा घोषित गर्नुभयो । पहिला हामीले भन्दा दिदीले मानिरहनुभएको थिएन । तर पछि भूमिका लेख्दा आफैं आफूलाई राल्फा लेख्नुभयो । उहाँले पारिजात राल्फा लेख्नुभयो । हामीलाई ज्यादै खुसी लाग्यो । (मञ्जुलसँगको अन्तर्वार्ता : स्वदेश नेपाल डटकम : ३० असार २०७५, शनिबार)*

पारिजात रोगले डेरामै गुडुल्किन बाध्य भएपछि उनी हिंडडुल गर्ने अवस्थाको अन्त्य भयो । कोही आइदिए मात्र उनी भेट्न सक्थिन् । उनी आफ्नो डेरामा रेडियोमा गीत सुन्ने गर्थिन् । त्यति बेलाको समाचार र मनोरञ्जनको साधन *गोरखापत्र* र रेडियो मात्रै थिए । यसैबीच चैनपुरका ज्ञान उदाससँग उनी सम्पर्कमा आइसकेकी थिइन् । विमल चापागाईंसँग सम्पर्कमा आइसकेकी थिइन् । उनीहरूका माध्यमबाट साहित्य, कला र गीतसङ्गीतका व्यक्तित्वहरूलाई डेरामै आमन्त्रण गरेर, सम्पर्कमा रहेर, विचारको आदानप्रदान गरेर बौद्धिक खुराक आदानप्रदान गर्थिन् ।

यसै क्रममा त्यति बेला *रेडियो नेपाल*मा लोकगीत गाएर नाम चम्काइरहेका रामेश, मञ्जुललगायतका प्रतिभाहरूसँग पारिजातको संसर्ग हुन थाल्यो । रेडियोमा गीत गाएबापत पारिश्रमिक पाइन्थ्यो । एकातिर रेडियोमा आफ्ना गीत र सङ्गीत घन्काउन पाइने, अर्कोतिर पारिश्रमिक पनि पाइने हुँदा पहाडबाट दुःखका साथ काठमाडौंमा जीवनको थालनी गरिरहेका प्रतिभाहरूका लागि निकै ठूलो आर्थिक आडभरोसा हुन्थ्यो । तर उनीहरूको पारिश्रमिक *रेडियो नेपाल*मै हैकम जमाएर बसेका स्थायी कारिन्दाले पच पार्ने गरेको पत्तो लाग्यो । उनीहरूले किर्ते सही गरेर पैसा चप्काउने गरेको प्रमाणित भयो । मञ्जुलले त्यति बेला राष्ट्र बैङ्कको सहरी शाखा, राष्ट्रिय नाचघरछेउमा काम गर्न थालेका थिए । उनले आफ्नो रकम अरूले किर्ते गरेर उडाएको प्रमाणै भेटे । त्यसपछि निकै जोसका साथ किर्ते गर्ने कर्मचारीविरूद्ध रेडियो नेपालमा उजुर गरे । फलस्वरूप उनीहरूले *रेडियो नेपाल*मा गीत गाउने बाटो ती किर्ते गर्नेहरूले बन्द गरिदिए । यो बडो दुःखलाग्दो र निराशाजनक अवस्था थियो । अब उनीहरूले दुःख पोख्ने ठाउँ पारिजातको डेरा हुन पुग्यो, जहाँ सबै पीडित भेला हुन्थे । सबैसबै 'पारिजातका भाइ' थिए । पारिजात आफ्नो शारीरिक अस्वस्थताका बाबजुद उनीहरूलाई ढाडस दिन्थिन् र उत्साह प्रदान गर्थिन् ।

पश्चिमा साहित्यमा भएका गतिविधिहरूमा त्यस बेलाका जागरूक र चेतनशील साहित्यकारहरूले निकै चासोका साथ अध्ययन गर्थे– पाएसम्म, भ्याएसम्म । अमेरिकामा बिट सन्तति अर्थात् बिट जेनेरेसनले तहल्का मच्चाइरहेको थियो । विशेषतः एलेन गिन्सबर्गका कविताहरूको चर्चा काठमाडौंसम्म गुन्जिएको थियो । गिन्सबर्ग कोलकाता आएर एसियाली मुलुकमा पनि आफ्नो छाप छाड्न सफल भएका थिए । त्यस्तै बेलायतमा एङ्ग्री जेनेरेसनले हल्लीखल्ली मच्चाएको थियो । त्यसैको समानान्तरमा कोलकातामा हङ्ग्री जेनेरेसनको प्रादुर्भाव भएको थियो । हङ्ग्री जेनेरेसन कोलकाताका बङ्गाली लेखकहरू मलय राय चौधरी, समीर राय चौधरी, शक्ति चट्टोपाध्याय, विनय मजुमदारलगायत संलग्न थिए । यी हङ्ग्री जेनेरेसनका अभियन्ता काठमाडौं पनि आएका थिए । र पुतलीसडकस्थित पारिजातको डेरामा जमघट भएको थियो ।

यस समयमा विशेष गरी मञ्जुल अर्थहीन शब्दहरूको निर्माण गर्न खप्पिस थिए । राल्फा शब्दको निर्माता पनि उनै थिए र सर्वसम्मतिले नै राल्फा नामकरण भएको थियो । मञ्जुल भन्छन्–

*मैले एउटा लेख लेखेको थिएँ, गिटारमा सलबलाउँदो धुन : राल्फा भनेर । त्यही राल्फा शब्दबाट समूहको नाम राखौं भन्ने कुरा भयो । खास गरी रामेशले जोड दियो । अरू साथीहरूले पनि त्यसमा सहमति जनाए (राल्फाको यात्रा : गरिब जनता झुम्मिन्थे, हुने खाने तर्किन्थे : जोतारे धाइबासँग मञ्जुलको कुराकानी : अनलाइनखबर डटकम, २०७३ चैत ८) ।*

समूहको नाम राल्फा नामकरण भएपछि उनीहरूले आआफ्नो नाम पनि परिवर्तन गरे । र राल्फालाई थरका रूपमा प्रयोग गरे । मेघराज नेपाल मञ्जुल राल्फा भए । निरञ्जन चापागाईं निनु राल्फा भए । रामेश्वर श्रेष्ठ रामेश राल्फा भए । नारायणभक्त श्रेष्ठ रायन राल्फा भए । कीर्तिरमण चापागाईं विमल राल्फा भए । प्रदीप नेपाल सिरोजसोनोभ राल्फा भए । अरूण श्रेष्ठ अरिम राल्फा भए । निरञ्जन सापकोटा निरन राल्फा भए । हरि श्रेष्ठ नोरेम निगेशा राल्फा भए । खगेन्द्र बस्नेत सिमोस राल्फा भए । तर पारिजात पारिजात नै रहिन् । न उनको नाम परिवर्तन भयो, न उनले अरूले झैं नामको पछाडि राल्फा थर नै राखिन् । एकदम थोरै ठाउँमा मात्र उनले पारिजात राल्फा लेखिन् । रामेशले पनि यसलाई लेखेरै पुष्टि गरे–

*हामीले राल्फा समूह बनाएपछि आफ्नो नाममा पनि परिवर्तन ल्याएका थियौं । निनु, निरन, रायन, अरिम, नोरेम, सिरोज, रामेश सबै हाम्रा संशोधित नाम थिए । तर पारिजात दिदीले आफ्नो नाम फेरबदल गर्नुभएन । (रामेश : पारिजात दिदीसँगका ती दिनहरू : पारिजात स्मृतिग्रन्थ, संस्मरण खण्ड, पृष्ठ ४२)*

राल्फाकालमै मञ्जुलले लेखे– *छेकुडोल्मा* उपन्यास । यो पारिजातको जीवनमा आधारित कृति थियो । त्यसमा भूमिका लेखिन् पारिजातले 'एउटा राल्फा, अर्को राल्फाको डायरीमा' शीर्षकमा । यो भूमिकाका रूपमा *छेकुडोल्मा*मा प्रकाशित आलेख २०२६ सालको असोजको *रूपरेखा*मा यथारूप प्रकाशित भयो । *छेकुडोल्मा* पनि २०२६ सालमै प्रकाशित भयो । यसमा चाहिँ पारिजातले 'पारिजात राल्फा' लेखेकी थिइन् । तर मूल लेखमा डायरी लेखिकाका रूपमा । तर भूमिका लेखकका रूपमा पुस्तकमा तथा आलेख लेखिकाका रूपमा *रूपरेखा*मा पारिजात मात्र लेखेकी थिइन् । राल्फा जोडेकी थिइनन् ।

पारिजातले 'राल्फा एक परिचय' शीर्षकमा एक लेख लेखिन् । त्यस लेखमा राल्फालाई अर्थ्याउने राल्फालीहरूका विचार सङ्कलन गरेकी थिइन् र आफ्ना विचार पनि राखेकी थिइन् । तर आफ्नो नामका पछाडि राल्फा नजोडीकन । त्यहाँ निनु राल्फा थिए, विमल राल्फा थिए, मञ्जुल राल्फा थिए र पारिजात थिइन्, पारिजात राल्फा होइन । उनले उक्त लेखमा राल्फालाई यसरी परिचय दिएकी थिइन्–

*परम्परा मानिसभन्दा ठूलो होइन । परम्परालाई मानिसले शासन गर्छ न कि मानिसलाई । यसै सन्दर्भमा हामी अनुभव गर्न थाल्छौं, परम्परा प्रगतिको बाटोमा विषाक्त र घातक सिद्ध हुँदै गइरहेको छ । हामीले त्यसको संशोधन मात्र गर्ने होइन, त्यसलाई जरैदेखि निमोठेर फाल्नुपर्छ । राल्फा परम्पराग्रस्त देशको विरोध गर्दछ । (राल्फा एक परिचय : पारिजात : मकालु, अङ्क २, २०२८)*

राल्फा पुरानो युगको मखुन्डो उतार्न उठेका बलिया धारणा हुन् । राल्फा नयाँ युगको एउटा मीठो परिचय हो भन्ने पारिजातको धारणा थियो ।

पारिजातको डेरा राल्फालीहरूका लागि मिलनस्थल थियो । चारैतिरबाट आएर सबै त्यहीँ भेला हुन्थे । पारिजातको भान्सा सबैलाई खुला थियो, चिया खाजा र खानाकै लागिसमेत । यद्यपि उनको आर्थिक अवस्था राम्रो थिएन । राल्फालीहरू सबैकी दिदी हुनाले पारिजातलाई सबैले उच्च स्थानमा राख्थे र सुझाव माग्थे । सल्लाह माग्थे । तर यसैलाई केहीले पारिजातको नेतृत्व मान्ने गरेको पाइए पनि राल्फामा पारिजातको सहभागिता र संलग्नता मात्र थियो । पारिजात स्वयम्ले राल्फामा कुनै नेता नभएको अभिव्यक्ति यसरी दिएकी थिइन्–

*पारिजात राल्फाको नेता होइन अर्थात् राल्फामा कुनै नेता छैन । यो बलियो घोषणा यसैमा गाभेर... । (पारिजात : नौलो नेपाली २०२९)*

राल्फाका गतिविधिहरूमा संलग्न हुने क्रममा २०२४ सालमा राल्फाले महेन्द्र पुलिस क्लबमा सर्वप्रथम एकल साङ्गीतिक प्रस्तुति गरेको थियो । त्यो कार्यक्रमको प्रस्ताव गर्ने कवि भूपी शेरचन थिए । 'नीलो जून' नाम दिइएको उक्त कार्यक्रम दार्जीलिङमा गएको ठूलो पहिरोमा परेकाहरूको सहयोगार्थ सफलतापूर्वक सम्पन्न भएको थियो । यसमा पारिजातको पनि मतैक्य थियो । त्यो कार्यक्रममा सुरूमा भूपीले उद्घोषण गर्ने भनिएको थियो । तर पछि उनले उद्घोषण नगर्ने भए । वास्तवमा त्यो कार्यक्रम सफल नहोला भनेर उनी उद्घोषण नगर्ने निर्णयमा पुगेका थिए । तर सफल भएपछि उनले मञ्जुल र रामेशलाई त्यति बेलाको महँगो होटल पानोरमामा लगेर खुवाएका थिए ।

त्यो कार्यक्रम सम्पन्न भएपछि पारिजातले भनेकी थिइन्–

*'नीलो जून' गीति कार्यक्रमबाट उद्घाटित राल्फाको यो अभियान अब देशैभर पुऱ्याउने कोसिसमा हामी हुनेछौं । नेपाली इतिहासमा एउटा नयाँ आयाम थप्न, देशलाई नयाँ परिचयले परिचित गराउन यो एउटा नयाँ सुरूवात हुनेछ । चाहे हामी होऊँ वा नहोऊँ– यो अभियानले नेपाली जनताको भलो गर्ने, न्याय, समानता, समृद्धि र सम्मानका लागि उठिरहनेहरूलाई साथ र समर्थन दिइरहनेछ । (भूपी पारिजातको राल्फा संवाद : रामेश : नागरिक शनिबार : २०७१ जेठ १०)*

२०२५ सालमा राल्फा साङ्गीतिक कोसेली बोकेर पारिजातको जन्मथलो दार्जीलिङलगायत कालिम्पोङ र आसामसम्म पुगेको थियो । पारिजात पनि ती सबै ठाउँमा पुगिन् ।

२०२६ सालमा राल्फालीहरूले 'दोसाँध' नामको गीति कार्यक्रम काठमाडौंमा प्रस्तुत गरे । त्यसपछि उनीहरू हेटौंडा, नारायणगढ, पोखरा, पाल्पा र भैरहवा पनि पुगे । पारिजात सबै ठाउँमा पुगिन् । पोखरामा राल्फालीहरूले प्रस्तुत गरेको कार्यक्रमबारे साहित्यकार विजय सागरको सम्झना यस्तो छ–

*२०२६ सालको कुनै शनिबार हामी भूपीकोमा जाँदा बैठकमा पारिजात दिदी, मञ्जुल, रायन, रामेश आदि राल्फालीहरूलाई भेट्यौं । एकदुई दिनभित्रै उहाँहरूले पोखरामा साङ्गीतिक कार्यक्रम गर्दै हुनुहुँदो रहेछ ।*

*तेर्सापट्टिमा रहेका जुँगे घिरबहादुर गुरूङको कल्पना फिल्म हलमा गण्डकी अञ्चलाधीश नन्दबहादुर मल्लको प्रमुख आतिथ्यमा हामीले राल्फाली ग्रुपले प्रस्तुत गरेको साङ्गीतिक कार्यक्रमका केही गीतले हलमा उपस्थित सम्पूर्ण दर्शकको रगत उम्लिएको थियो । (विजय सागर : सम्झनाका तरेलीमा भूपी शेरचन : धौलाश्री युगवाणी, २०७०)*

२०२६ सालमा पारिजात राल्फा समूहमा भीमफेदी, हेटौंडा, नारायणगढ, पोखरा, पाल्पा हुँदै भैरहवा पुगेकी थिइन् । यात्राका अनूभूति र आफ्ना मनोदशालाई उनले डायरीमा लिपिबद्ध गरेकी थिइन्, जसलाई *अभिव्यक्ति* द्वैमासिकको पहिलो अङ्कमा नगेन्द्रराज शर्माले प्रकाशन गरेका थिए–

*७ माघ राति, २०२६, भीमफेदी ।*

*जूनमा पाइलो टेक्ने दोस्रो मानव आलड्रिनले जूनमा पदार्पण गरेपछि पहिलो वाक्य बोलेको थियो, "यहाँ भव्य एकान्त छ ।" भीमफेदीको यो बाल मन्दिरमा अहिले म असाध्यै एक्ली छु र लाग्छ, धेरै दिनपछि यो मेरा निम्ति पनि भव्य एकान्त हो । कित्राको किरकिर र फोहोराको आवाज सुनिरहेछु । अहिलेको एक्लोपन मलाई नशा जस्तै लागिरहेछ ।*

*८ माघ, २०२६, हेटौंडा ।*

*नस्टाल्जिया...नस्टाल्जिया... नस्टाल्जिया... म बिर्सन खोजिरहेछु । कुन्नि आज जीवनको कमजोर पक्ष उदाङ्गिएको छ । एउटा क्षुद्र सपनाको प्रतिक्रियाले मानसिकता खान लागिरहेछ । हिजो जस्तै आज पनि यो घरमा नितान्त एक्ली छु । यस्तो बेला घरीघरी घरको सम्झना आउँछ । आज यहाँ राल्फाको गीति साँझ मनाइँदै छ । म उपस्थित हुन सकिनँ । शरीर एक प्रकारले शिथिल छ ।*

*के ममा मदरहुड मरेको छैन ? आजभोलि म निकै पो स्वभावहीन भएकी छु । आफैंलाई यस्तो लाग्छ । मेरो बाँच्नु नै अप्ठ्यारो छ । आज खास त्यस्तो केही भएन ।*

*१० माघ, २०२६, नारायणगढ ।*

*एउटा शालीन नदीको किनारमा यो गेस्ट हाउस छ । यहाँ नदीले अलमल्याउन खोज्छ मनस्थितिलाई । दिउँसो झन्डै दुई घण्टा साहित्य, बोध, यथार्थ र राजनीतिलाई लिएर भट्ट (आनन्ददेव)जीसँग बहस गऱ्यौं । कहींकहीं समन्वय थियो र कहीं कुरा मज्जासँग बाझेको थियो । जेहोस् भट्टजी समाजवादी सिद्धान्तलाई मान्नुहुन्छ । अहिले ऊ बाँधिएको हुन सक्छ । ऊ आफ्ना वैचारिकताहरूमा स्पष्ट छ । त्यसपछि फेरि एक घण्टासम्म भाग्य, नियति भोगाइ र ईश्वरलाई लिएर हामी राल्फाबीच विवाद भयो । तर हामीले एकअर्कालाई विश्वस्त गराउन सकेनौं ।*

*११ माघ, २०२६, नारायणगढ ।*

*रङ्गीन ढुङ्गाहरूमा बालुवा र नारायणी नदी अनौठो आवाज दिन्थ्यो । पानी र भय– म आफूसित प्रश्न गरिरहन्थें । एउटा गाढा हरियो ढुङ्गा पाउनु, आत्मविभोर हुनु,*

रहलपहल प्रवृत्तिमा बाँच्नु... हाँसो उठ्छ । कहाँ गए ती रहरका दिनहरू ? पारिजात घृणा गर्छे नस्टाल्जियालाई– पारिजात कहिल्यै पनि अतीतमा भाग्न चाहन्न । ऊ खालि वर्तमान बाँच्न चाहन्छे । खल्तीभरि सोखका रङ्गीन ढुङ्गाहरू बोकेर केही थाकेर, केही गह्रुँगो भएर अतिथिगृह फर्कनु, त्यसपछि साँझको रातो क्षितिज र घामको अवसान एउटा गह्रुँगो पीडा बसिदिनु नसाहरूमा । त्यसपछि मेरो स्थिति एकलास कोठामा बसेर चुरोट सल्काउनुभन्दा बढी केही हुँदैन ।

१२ माघ, २०२६, नारायणगढ ।

रामेश वास्तवमा डराउँदैन । किनकि ऊ 'विद्रोह' र 'हाम्रा गीतहरू'को सृजनकर्ता हो । तर ऊ वर्तमान विवशता र सन्त्रासका भूतहरूदेखि तर्सिएको छ । उसलाई खुलस्त भन्छु कि अब म निर्माण पक्षमा छैन । अपितु ध्वंसात्मक पक्षमा छु । ...कला र साहित्यले विद्रोहको फाँटमा उत्रिनैपरेको छ । नत्र ती सब सिर्जनाहरू समकालीनताहीन, स्थितिहीन र वर्तमानहीन भइदिनेछन् । मैले आफ्नो बाटो छनोट गरिसकेकी छु । यसको स्वतन्त्रताअघि कोही अवरोध हाल्न सक्तैन ।

१४ माघ, २०२६, नारायणगढ ।

आज नारायणी पुस्तकालयका माध्यमबाट नारायणगढका युवकवर्गसँग भेट गर्ने मौका पायौं । यस्तो लाग्यो, हामी शोषित र पीडितहरू प्रायः एकै बिन्दुमा आइसकेका छौं, जहाँ चेतनाहरू एउटै हुन्छन्, धारणाहरू एउटै हुन्छन् । हामी स्पटमा आइपुगिसकेका छौं । युवकहरूको कवितामा समय चेतना आइसक्यो ।

१७ माघ, २०२६, पोखरा ।

राल्फाको कार्यक्रम स्थितिलाई हेरेर बढी प्रोभोकेटिङ हुने भएकाले हामी पाल्पातर्फ बढ्छौं, १९ माघमा ।

२० माघ, २०२६, पाल्पा, तानसेन ।

कालीगण्डकीको हरियो पानीको एउटा अमिट छाप बोकेर म र हामी तानसेन आइपुग्छौं । तानसेन डाँडामा अवस्थित अति रमाइलो सहर छ । आधुनिक शैलीका मानिसहरूबीच पुराना विचारहरू यस्तो लाग्छ... सम्भव छ नहुन पनि सक्छ । आज मनस्थिति ठीक छैन, कताकता भाग्न मन लागेको छ ।

२२ माघ, २०२६, तानसेन ।

कविगोष्ठी राम्रै भयो । 'क्रुसिफिक्सन' जस्तो होस्, सुनाउन पाइरहेकी छु । माधवप्रसाद देवकोटा गोष्ठीका अध्यक्ष हुनुहुन्थ्यो । नयाँपन र प्रयोगको उहाँ समर्थक हुनुहुन्छ ।

२३ माघ, २०२६, भैरहवा ।

वैद्यनाथ... डाबर... रिक्सा... गोरूगाडा... धूलो... भैरहवा... मलाई भूपी शेरचनको कविताको सम्झना आइरहेछ । विशेष भेटघाट भएको छैन साथै अध्ययन पनि । (अभिव्यक्ति : वर्ष १ अङ्क १)

राल्फाकाल पारिजातको जीवनको महत्त्वपूर्ण कालखण्ड थियो । एकातिर डरलाग्दोसँग लामो समय ओछ्यान परेर तङ्ग्रिएको निजी जीवन थियो भने नैराश्यलाई भगाउन तम्तयार मञ्जुल र रामेश जस्ता सिर्जनशील प्रतिभा थिए । गीतमै जुहारी चल्थ्यो । त्यति बेलाका सिर्जनशीलता र यथास्थितिलाई रामेश यसरी सम्झन्छन्–

*आफैंभित्र डुबिरहने, आफैंभित्र हराइरहने पारिजात दिदी बाधा दिने वा एकाग्रता बिगार्ने कोही नभए उहाँ घण्टौं टोलाएर बसिरहनुहुन्थ्यो । कहिले पढिरहनुहुन्थ्यो । कहिले लेखिरहनुहुन्थ्यो । कहिले बालक जस्तै खिलखिलाउनुहुन्थ्यो, "हेर त रामेश, आकाशमा काजु रङको बादल... ।" वसन्त ऋतुको याममा लेकाली वन जानेहरू कसैले हरियो पातसहितको लालीगुराँसको झुप्पा ल्याइदिए दिदी खुसीले मक्ख पर्नुहुन्थ्यो । संवेदनशील मान्छेहरूले ऋतुअनुसारका फूल दिदीको खुसीका लागि कोठामा ल्याइदिन्थे । र यताउति सर्दै दिदी ती फूल गमला र कपहरूमा सजाउनुहुन्थ्यो । घण्टौं ती फूलमा भुल्नुहुन्थ्यो, हराउनुहुन्थ्यो ।*

*दिदीको हृदयभित्र कताकता व्यथा, पीडा, वेदना र निराशा थियो । भत्किएको चाहना, सपना र इच्छा थियो । आफूभित्रका ती सब व्यथा, पीडा दिदी कसैलाई पनि भन्नुहुन्नथ्यो । हातमा एक पत्ता कागज राखिदिँदै एक दिन दिदीले मलाई भन्नुभयो, "रामेश, तिमीलाई एउटा कोसेली... ।" केही दिनपछि एक साँझ दिदीलाई मैले उहाँको गीति भावनालाई स्वरशृङ्खलामा राखेर सुनाएँ–*

*मर्न मन लाग्छ मायालु रातसँगै, मध्याह्नसँगै*
*डुब्न मन लाग्छ मायालु साँझसँगै, आकाशसँगै*

*सधैं चिसो इनारभित्र हिउँद वसन्त साँचिरहेछु*
*एकान्त जस्तै सधैं एक्लै वारिसबिना बाँचिरहेछु*
*डढ्न मन लाग्छ मायालु घामसँगै, बालुवासँगै*
*जल्न मन लाग्छ मायालु रापसँगै, खरानीसँगै*

*हुरी नचल्ने गोरेटोभरि उड्न त्यसै मन गरेछु*
*मरिसकेको बगरमाथि बग्न त्यसै चाह गरेछु*
*झर्न मन लाग्छ मायालु शीतसँगै, असिनासँगै*
*जम्न मन लाग्छ मायालु हिउँसँगै, तुसारोसँगै ।*

*गीत गाउँदागाउँदै दिदीले आँसु झार्नुभयो, घोप्टो परेर रून थाल्नुभयो । आफ्नो अभिव्यक्तिले आफैं मर्मान्त बन्नुभयो । राल्फाका हामी कलाकार पनि दिदीको व्यथापूर्ण गीतले मर्माहत भयौं । सान्त्वनाका रूपमा दिदीलाई आश्वस्त पार्न हाम्रो भावनाको पनि प्रतिनिधित्व गर्दै मञ्जुलले दिदीको गीतको प्रत्युत्तर लेख्यो–*

रातमा मर्नेलाई मैले ढुङ्गाको चिसो लेउभरि पाएँ

*मध्याह्नमा मर्नेलाई मैले*
*अग्लाअग्ला रूखका हाँगाहरूमा सुसाइरहेको पाएँ*
*साँझसित डुब तिमी, आकाशसित डुब तिमी*
*मैले तिमीलाई यीभन्दा अप्ठ्यारा गहिराइहरूमा भइरहेको पाएँ ।*

*नदी तर्नेहरूको मन नदीभन्दा पारि पुग्छ*
*यस्तो भन्छन् लहरहरूले कि*
*सिमाना बाँध्नेहरूको मन सिमानाभन्दा वारि पुग्छ*
*घामसित डढ्नेहरूलाई ओसको गहिराइभित्र लुकिरहेको पाएँ ।*
*बालुवासित डढ्नेहरूलाई लामालामा मरूभूमि भएर बाँचिरहेको पाएँ ।*
*रापसित जल कि कोइलासित जल तिमी*
*जल्नेहरूले नै वन डढेलो लाएर बलिरहेको पाएँ ।*

*हाम्रा निर्जन कविताहरूमा झुन्डिएका क्षितिजहरू कहालिन्छन्*
*यस्तो भन्छन् छालहरूले कि*
*मध्यरातमा ब्युँझेर टापुहरू रून्ने गर्छन्*
*शीत भएर झर्नेहरूलाई छायाका ओभाना हातभरि पाएँ*
*असिनासँग झर्नेहरूलाई बूढाका चिसा गीतभरि पाएँ*
*हिउँसँग जम कि तुसारोसँग जम तिमी*
*जम्नेहरूलाई नै मैले अग्लाअग्ला हिमाल भएको पाएँ ।*

रायनले सङ्गीतबद्ध गरेको थियो यो कविता-गीतलाई । क्लिष्ट भए पनि सङ्गीत गीतको भावलाई प्रभावशाली बनाउन सक्षम थियो । त्यो गीत सुनाएर दिदीको ओठमा सानो मुस्कान ल्याउन चाहन्थ्यौं हामी । दिदी उत्साहित हुनुभयो गीत लेख्न, मनका अधुरा आशा, इच्छा, सपना, रहरहरू गीतमा व्यक्त गर्न थाल्नुभयो–

*हाम्रो अँगालोबीच क्षितिज कहाँ मान्यो र बाँधिइन*
*हाम्रो ओठहरूबीच फूल कहाँ मान्यो र फुलिदिन*

*छालाहरू चिरेर गहिराइमा मान्छौ कि एकपल्ट डुबिदिन*
*मिरमिरे अँध्यारो एकान्तमा मान्छौ कि एकपल्ट हराइदिन*
*के भो त अलपत्र बाटाहरूमा यताउता छलेर गयौ रे*
*पिरहरू बिर्सेर पहरामा मान्छौ कि एकपल्ट भक्तिदिन*

दिदीको यो दोस्रो गीतलाई सङ्गीतबद्ध गरेर गाएपछि दिदीको निराशलाई आशाको घामले रङ्ग्याउन तुरून्त मञ्जुलले फेरि यसको पनि प्रत्युत्तर लेख्यो, जसलाई रायनले सङ्गीतबद्ध गरेर समूहस्वरमा दिदीलाई सुनायौं–

*कहाँ थियो धरती मेरो, कहाँ थियो आकाश*
*अँगालो हाल्न कालो रात बनी आएँ*
*ओठभरि फुलाउन, आँखाभरि खेलाउन*
*मेरो सूर्यमुखीलाई घाम बनी आएँ*

*छालहरू चिरी आएँ, गहिराइ टेकी आएँ*
*तिमीलाई आफूभित्र डुबाएर आएँ*
*मिरमिरे अँध्यारोमा*
*रानी मेरी मैले मलाई हराएर आएँ*

*अलपत्र बाटोमाथि नभेटी कोही साथी*
*बाधाहरू जति जम्मै छलीछली आएँ*
*पिर पनि बिर्सी बिर्सी ।*

*(पारिजात दिदीसँगका ती दिनहरू : रामेश : पारिजात स्मृतिग्रन्थ : संस्मरण खण्ड, पृष्ठ ३९-४१)*

यसरी मञ्जुल, रामेश र रायनले पारिजातको पिरव्यथाका अभिव्यक्तिलाई आशाको दियो बालेर हँसाउन, सारसौंदो बनाउन लागिरहन्थे । उनको गीतको जबाफ गीतमै दिएर एकातिर सिर्जनशीलताको पखेटा लाग्थ्यो भने अर्कोतिर पारिजातको मन बहलाउने काम पनि एकसाथ हुन्थ्यो ।

पारिजात आफ्ना मनका गुम्फनहरूलाई गीतमा दिनसमेत रूचाउने भइन्, रामेश, मञ्जुल, रायन र अरिमको साथले । एकपल्ट उनले आफ्नो एकाकी जीवनलाई लिएर यस्तो अभिव्यक्ति प्रस्तुत गरिन्–

*बालुवा, किथ्रा, मरूभूमि*
*सन्नाटा... सन्नाटा, मसी रङको रात*
*नीलो जून, नरिवलका रूख, बिराना बतास ।*

*नाङ्गा चट्टान, भागिरहेको म, जहींको तहीं*
*किरकिर किरकिर, निःशब्द आवाज*
*एकलास किथ्रा मरूभूमि... ।*

*(पारिजात दिदीसँगका ती दिनहरू : रामेश : पारिजात स्मृतिग्रन्थ : संस्मरण खण्ड, पृष्ठ ४५)*

आफ्नो एकाकी जीवनको अभिव्यक्ति दिने यो गीत पारिजातले रामेशलाई दिइन् । अनि उनको अनुमतिलाई आत्मसात् गर्दै रामेश र अरिमले त्यसमा सङ्गीत रचना गरे । अनि उनीहरूले यो गीत गाउँदा पारिजात आफैंमा हराएकी थिइन् । उनी प्रायः यो गीत उनीहरूको मुखबाट सुन्न चाहन्थिन् । रामेशको सम्झना–

*दिदी हराउनुभयो गीत सुनेर । प्रायः त्यो गीत सुन्न दिदी इच्छा गर्नुहुन्थ्यो । बत्ती निभाएर अँध्यारोमा हराएर दिदी आफ्नो द्रव्यगीत सुन्नुहुन्थ्यो । उत्तम कुँवर दाइले पनि त्यो गीतलाई अति मन पराउनुभयो । र एक दिन टेपमा रेकर्ड गरेर लानुभयो । (पारिजात दिदीसँगका ती दिनहरू : रामेश : पारिजात स्मृतिग्रन्थ : संस्मरण खण्ड, पृष्ठ ४५)*

२०२६ सालमा पारिजात उपचारका सिलसिलामा भेलोरको क्रिस्चियन मेडिकल कलेज पुगेकी थिइन् । उनी समुद्रको किनार पनि डुल्न पुगेकी थिइन् । अनि समुद्र किनारबाटै राल्फालाई सम्बोधन गरेर एउटा गीत लेखेर पठाइन् । उपचारको सिलसिला टुङ्ग्याएर उनी नेपाल आउँदा रायनको सङ्गीतमा त्यो गीत तयार भएको थियो । उनी काठमाडौं आएपछि ती भावनालाई सङ्गीत र स्वरमा सुन्दा दङ्दास परेकी थिइन् । त्यो गीत थियो–

*जस्तो तिम्रो क्षितिज टाँगिनु, मध्यरातमा टापु ब्युँझेर रूनु*
*त्यस्तै मेरो बाँसघारी अतालिनु, हिँड्दै गरेका पहरा भत्किनु*
*गीत राल्फा गीतहरू*
*म सागरको नजिक भइरहेछु, म आँखामा सागर खन्याइरहेछु*
*वर्षाले बाटो बिर्सनु, गीत ताता हावाहरू गीत*
*सम्झनाले सपना चिथोर्नु गीत, चिसा आँखाहरू गीत*
*गीत राल्फा गीतहरू*
*धेरै नदीहरू यता सल्किरहेछन्, धेरै पहाडहरू यता चिच्याइरहेछन्*
*गीत राल्फा गीतहरू*
*सुक्खा दिनहरूसँग ओइलिरहेछन् कठोर रातहरूसँग पिल्सिरहेछन् ।*

पारिजातले राल्फाकालमा प्रखर विद्रोही गीत पनि लेखेकी थिइन्, जसलाई सङ्गीतबद्ध गरिएको थियो । अरू भावनात्मक, निराश एवम् राल्फाली शैलीका गीतभन्दा फरक थियो यो गीत–

*ढुङ्गा बर्साऊन् बादलका कोमल थोपाहरू*
*आगो फुलाऊन् गुराँसका नरम हाँगाहरू*
*भाँचिऊन् यहाँका प्रत्येक कैदी सडकहरू*
*मेरो बूढो हिमालको देश*
*मेरो आदिम पशुको देश*
*तिम्रो नाममा पशु हुन मलाई स्वीकार छैन*

*तिम्रो नाममा बलि हुन मलाई स्वीकार छैन*
*मेरो बूढो हिमालको देश*
*तिम्रो नाममा विज्ञापित हुन मलाई स्वीकार छैन*
*तिम्रो नाममा समर्पित हुन मलाई स्वीकार छैन*
*मेरो आदिम पशुको देश... ।*

पारिजातले राल्फाको परिचय लेख्ने क्रममा एक प्रकारले राल्फालीहरूको सामूहिक घोषणा उनले सामूहिक रूपमा प्रस्तुत गरेकी थिइन् । त्यो उनीहरूको उद्घोष थियो । पारिजातले राल्फाको परिचय यसरी लेखेकी थिइन्–

*कसैले बरू राल्फालाई परम्पराको माने नसोधोस्, राल्फा संसारको डाइनिङ टेबलमा परम्पराको खाजा बनाएर आफ्नो देशलाई सजाइदिन सक्छ । आफ्नो देशलाई परम्पराको सजिलो पाठ्यपुस्तक बनाएर पर्यटकहरूलाई पठाइदिन सक्छ । परम्पराको जति यथार्थ पल्टाउँछ, उति म विद्रोहीभन्दा बढी केही प्रमाणित हुन सक्दिनँ । (राल्फा एक परिचय : पारिजात : मकालु : २०२८ : अङ्क २, पृष्ठ ८)*

यस लेखमा पनि पारिजातले राल्फाको फुर्को जोडेकी थिइनन् । तर राल्फाली विचार भने प्रस्तुत गर्न अघि बढेकी थिइन्–

*राल्फा व्यक्तिको परिचय र व्यक्तिको विज्ञापन चाहँदैनन् । राल्फालाई सामूहिक प्रगति भए पुग्छ । राल्फा सामूहिक छटपटी हो, सामूहिक असन्तोष हो राल्फा ।*

*सधैंभरि आशा र भरोसाको फाहा पोतेर हामीले भोको पेट मुसार्दै हाँस्न सिक्यौं, आफ्ना दरिद्र स्थितिहरूलाई भावुकता भन्न सिक्यौं । तर राल्फा जान्दछ नयाँ क्षितिज यसरी फेरिँदैन, यसलाई फेर्न करोडौं हातहरूको सहयोग चाहिन्छ, यस पुरानो क्षितिजलाई करोडौं टुक्रा पारेर गाडिदिन पर्छ । त्यो नयाँ क्षितिज राल्फा हो । राल्फा चरम नैराश्य र विसङ्गत समयले जन्माएका आगाका फिलिङ्गा हुन् । फलामका सुइरा हुन् । "जीवनप्रति उदासीनता र नैराश्यको चरम बोधले स्थापित मूल्य र धारणाहरूको हत्या गर्न सकिन्छ भने हाम्रो अघि मुख बाएको समाज सर्वप्रथम डरलाग्दो छ, मान्यताहरू डरलाग्दा छन् । विसङ्गतिबाट विस्मृत हुन सक्छौं भने स्वीकार हुनुपर्छ राल्फाका ती दुस्साहस, जसले यो परिणतिहीन दास प्रवृत्तिलाई नकार्न सकून् । (राल्फा एक परिचय : पारिजात : मकालु : २०२८, अङ्क २, पृष्ठ ११)*

पारिजातले आफूलाई अनिवार्य स्थितिमा राल्फा बन्नुपरेको धारणा पनि पोखेकी थिइन्–

*राल्फा हुनु मलाई अनिवार्य भइरहेछ । जब घरमा दाउरा लिएर आएको भरियालाई पुसको जाडोमा एक धरो कट्टु-गन्जी लगाएको देख्छु । अनि मलाई असमानताविरूद्ध राल्फा हुनुको अनिवार्यताले झन् कस्न थाल्छ । त्यो अर्धनग्न भरिया राल्फा हो । जब एउटी मजदुर आमाकी छोरी बिहानदेखि केही नखाएर भोकसँग सङ्घर्ष गर्दै रोइदिन्छे अनि मलाई राल्फा हुनुको अनिवार्यतामा झन् अत्यास थपिएर आउँछ । त्यो रून्े छोरीको*

*नाउँ डल्ली हो र राल्फा हो । जब एकचौथाई दूध (पानी जस्ता)को दाम एक रूपियाँ २० पैसा र एकछाक आलुकाउलीको तरकारीलाई १२ रूपियाँ तिरेर म विराटनगरको दोभान होटलबाट बाहिर निस्कन्छु अनि म यो व्यापारीहरूले शापित देशप्रति आक्रोश उठेर आफ्नो राल्फा हुनुको अनिवार्यतालाई दश गुणा बढाएर आफैंलाई छाम्न थाल्छु । यो स्थितिमा राल्फा भएर मैले आफूलाई बीसौं शताब्दीको विसङ्गतिपूर्ण अस्तित्वबाट कस्तरी बचाव गरेकी छु । कति अनिवार्य स्थितिमा म राल्फा भएकी छु । राल्फा एउटा सन्तति हो । त्यो दाउरे भरिया राल्फा हो । डल्ली राल्फा हो । माइली तामाङ्नी राल्फा हो । पारिजात राल्फा हो । (अनिवार्य स्थितिमा राल्फा भएकी छु : पारिजात : रसायन : २०२७ माघ-चैत, पृष्ठ ७५-७६)*

राल्फाकालको स्थिति, परिस्थिति र मनस्थितिबारे उनले सुकन्यालाई चिठीमा लेखेर हल्का भएकी थिइन् । उनले राल्फा र राल्फाको प्रेरणास्रोत बिट सन्ततिलाई पनि सँगसँगै हेरेकी थिइन्, बुझेकी थिइन् र आफ्नो बुझाइलाई अभिव्यक्त गरेकी थिइन्–

*एउटा सिङ्गै मञ्जुल र एउटा विशाल सन्तति राल्फा र आज यो चिठी पनि राल्फाका नाउँमा तिमीलाई नै समर्पण गरिरहेकी छु । केवल तिमी मेरो चिठीमा इतिहास नखोज । सुकन्या, सायद म हराउँदै छु र टुङ्गिँदै छु । लाग्छ, म फाँट भएर पल्टिरहेकी छु, राल्फाहरू ममाथि बुर्कुसी खेलिरहेका छन् । लाग्छ, म गोरेटो भएर पल्टिएकी छु र राल्फाहरू ममाथि जुलुस भएर हिंडेका छन् । मभरि राल्फा अटाइरहेका छन् र म टुक्राटुक्रा भएर राल्फाहरूमा छरपस्टिरहेकी छु । एउटा अनन्त गोरेटो र आत्ममर्यादाको महँगा कोसेलीहरू बोकेका राल्फा सन्तति आजभोलि मेरा आँखाअघि बिपनामा पनि हिँडिरहन्छन् । आजभोलि सग्लो खोलाको किनारामा मनग्गे पल्टेर तिर्खा मेटिरहेछु । लाग्छ, कहिल्यै नचुहाएको एक थोपा आँसु यो खोलालाई नै समर्पण गरिदिऊँ । (ऐतिहासिक चिठी र राल्फा : पारिजातको चिठी सुकन्यालाई : २०२४ माघ, वीरगन्ज, पृष्ठ ३१)*

राल्फामा पारिजातको अवस्था चर्चा गरिए जस्तो नेतृत्वदायी थिएन । न त उनलाई राल्फा हुनुको उच्च गर्वबोध थियो । उनी वास्तवमा प्रकारान्तरले राल्फामा पिल्सिएकी थिइन्, शोषित थिइन् र बाध्यताको हलाहल घुट्को लगाईलगाई हाँसिरहेकी थिइन् । यथार्थमा उनी तनावको फाँसीमा झुन्डिएको अनुभव गरेर मरीमरी बाँचिरहेकी थिइन् । यो स्थितिलाई पछि उनले यसरी व्यक्त गरेकी थिइन्–

*राल्फा जसलाई हामी सन्तति भन्थ्यौं, जुट्ने काम अति साधारण तरिकाले भएको हो । गीतप्रेमी भएका नाताले गीतकै माध्यमबाट रायन र रामेशसँग चिनजान भयो र दिनदिनै चर्चित हुँदै गएको मेरो नाउँले मेरो सम्पर्क संसार पनि दिनदिनै विशाल हुँदै गयो । यसरी आए निनु, मञ्जुल, विमल र केही अरू पनि । हामीमा क्रमशः आत्मीयता बढ्दै गयो । यो त समूहका कुरा भए । तर एकातिर मेरो व्यक्तिगत जीवन सहज थिएन । म मरूभूमिको पैदलयात्रा गरिरहेकी थिएँ, मेरो कुनै ओयसिस थिएन । मनस्थिति*

*जता छाम्यो उतै रत्ताम्मे, जीवन मेरा निम्ति काठको बिछ्यौनामा सुत्नु थियो । मेरो यस भीषण मानसिक यातनाको समक्ष मेरो बढ्दो लोकप्रियता मलाई उपहास गरिरहेको जोकर जस्तो लाग्थ्यो । प्रेमको बहाना, विवाहको सङ्कल्प अनि पलायन, कामुक आँखाहरूको पोलाइ, एक्लै बस्नु डरमर्दो, कतै कसैले एकाएक सकम्बरी तुल्याइदिने हो कि, कुनै ईर्ष्यालुले सुतिरहेका बेला छुरा धसेर गइदिने हो कि, क्षणक्षणको यो डर, आर्थिक कष्ट, ईर्ष्या, डाहा । खप्नै नसकेपछि म झन्झन् खुम्चिँदै, सानो हुँदै राल्फाभित्र आफूलाई लुकाउँदै लगेर सोचें– म सुरक्षित हुँदै छु । तर राल्फाभित्र पनि म त्यति सुखी पारिजात थिइनँ । तनावको फाँसीमा झुन्डिएर बाँचिरहेकी थिएँ । (विष्णुकुमारी वाइबा कसरी पारिजात बनिन् ? : 'वेदना'मा प्रकाशित पारिजातको अन्तर्वार्ता : मूल्याङ्कन २०५० जेठ, पारिजात सङ्कलित रचनाहरू ६, पृष्ठ २८३)*

उनले अन्ततः राल्फाबाट विमुक्त भएको उद्घोष यसरी गरेकी थिइन्–

*म पनि राल्फा थिएँ, अब छाडिसकेकी छु । छाड्नुको कारण केही होइन, राल्फा हाँगो हो । मैले जम्प गरिसकें । अब अरूले पनि गर्लान् । राल्फा अब प्रगतिशील हुन प्रयास गर्दै छ, मलाई राल्फा नभने पनि हुन्छ । राल्फा पकड्दा कुनै उद्देश्य थिएन, केवल लहड थियो । तर निकासका क्रममा राल्फा छोड्नु आवश्यक भयो । हामीले राल्फा भएर प्रशस्त सिकेका छौं । ('नौलो नेपाली'मा पारिजातको अन्तर्वार्ता, २०३० वैशाख)*

# अन्तर्वार्ता काण्ड

२०२२ सालमा *शिरीषको फूल* उपन्यास प्रकाशन भई बजारमा आएपछि पारिजात त्यस बेलाको नेपाली बौद्धिक र साहित्यिक क्षेत्रमा अति नै चर्चा, जिज्ञासा र उत्सुकताको विषय बन्न पुगिन् । साहित्यिक समाजभित्र मात्र होइन, बौद्धिक र राजनीतिक, शैक्षिक तथा प्रशासनिक क्षेत्रभित्र पनि पारिजात उत्तिकै चर्चित रहिन् । अखबार जगत् उनको सानो अभिव्यक्ति, टिप्पणी, आलोचना, विचार आदि छाप्न पाउँदा पनि आफ्नो प्रतिष्ठा र सम्मान बढेको सम्झिन्थ्यो । पछि हुँदाहुँदै पारिजात नेपाली समाजको पर्यायवाची शब्द बन्न पुगिन् । खर्पने र खुद्रा व्यापारीदेखि चियाको रेस्टुराँ, मेडिकल हल, अखबार बेच्ने हकर र स्कुल–कलेजबीच पारिजात चर्चित, प्रतिष्ठित र लोकप्रिय भइसकेकी थिइन् । *(पारिजात : आफ्नो व्यक्तित्व र परिभाषाभित्र : शक्ति लम्साल : मार्क्सवाद, साहित्य र समाज, पृष्ठ १६७)*

२०२० सालदेखि प्रकाशनमा आएको *भानु* पत्रिकाले नेपाली साहित्यमा आफ्नो छुट्टै विशिष्ट उपस्थिति देखाउने जमर्को गर्दै थियो । आफैं पनि कवि साहित्यकार तथा साहित्यिक गतिविधिमा रूचि राख्ने तथा नेतृत्व क्षमता भएका भवानी घिमिरे थिए, त्यसका सम्पादक–प्रकाशक । साहित्यमा कलम चलाउने तथा पत्रिकामा राम्रो रिपोर्टिङ गरेर व्यक्तित्व निर्माण गरेका शक्ति लम्साललाई भवानी घिमिरेले विस्तृत साहित्यिक अन्तर्वार्ता लिन आग्रह गरे । शक्ति लम्साललले पनि सहर्ष स्विकारे ।

२०१६ सालमा पहिलोपल्ट फसिकेबमा अवस्थित मारवाडी सेवा समितिमा पहिलो परिचय भएपछि विभिन्न कार्यक्रमहरूमा भेटघाट भएर एक प्रकारको सम्पर्क स्थापित भइसकेकाले शक्तिले पारिजातसँग अन्तर्वार्ता लिन स्विकारेका थिए । सोहीअनुसार पारिजातलाई अन्तर्वार्ताको समय लिन शक्ति भेट गर्न गए । पारिजातले समय दिइन् र निर्धारित दिनको निर्धारित समयमा शक्ति लम्साल पारिजातको अन्तर्वार्ता लिन पुतलीसडकको डेरामा गए । त्यस दिन अरू दिनको जस्तो भीडभाड थिएन उनको कोठामा । पारिजात, सुकन्या र उनीहरूका पिता डा. केएस वाइबा मात्र थिए । पारिजातसँग शक्ति लम्साललले लामै अन्तर्वार्ता लिए । शक्ति प्रश्न सोध्दै जान्थे र पारिजात प्रश्नमाथि केन्द्रित भएर कुनै उत्तेजना र भावुकता, आक्रोश र हर्षमा नआई

बडो गम्भीर र संयमित मुद्रामा उत्तर दिँदै जान्थिन् । उनी त्यसलाई कुशलतापूर्वक टिप्दै जान्थे । यसरी पूरै अन्तर्वार्ता लिने काम सकियो । अन्तर्वार्ता सकिएपछि पारिजातले सुकन्यालाई खाजा खुवाउन आग्रह गरिन् । र सुकन्याले टुक्रे निम्की र चियाले आतिथ्य प्रदान गरिन् ।

अन्तर्वार्ता चलुन्जेल आफ्नै घरधन्दामा व्यस्त सुकन्या पनि सामेल भइन् अनौपचारिक गफमा–

*सुकन्याले पारिजात दिदीको मुखतिर हेर्दै भन्छिन्, "पत्रकारले त औधी थकाइदिँदा रहेछन् हगि, दिदी ?"*

*प्रत्युत्तरमा पारिजातको उत्तर हुन्थ्यो, "यो पत्रकारको जात भनेकै अरूलाई थकाइमा पार्ने, विवादमा फसाउने, चरित्रमाथि धावा बोल्ने, नाना किसिमका आक्षेप लगाउने, मान्छेलाई चर्चामा ल्याउने त हो । र यही काम त अखबारले गरेको हुन्छ । सुकन्या, यसलाई तिमीले बुझिराख्नू ।"*

*"हेरूँ शक्तिजीले दिदीको अन्तर्वार्ता कुन ढङ्गले प्रस्तुत गर्नुहुन्छ ।" सुकन्या यति भनेर कोठाबाट बाहिर आफ्नो घरेलु कार्यतिर लाग्छिन् । (पारिजात : आफ्नो व्यक्तित्व र परिभाषाभित्र : शक्ति लम्साल : मार्क्सवाद, साहित्य र समाज, पृष्ठ १६८-१६९)*

त्यसपछि शक्तिले आफूले गरेका प्रश्न र त्यसको पारिजातले दिएको जबाफ दुवै पूरै पढेर सुनाए । उनले गम्भीरतापूर्वक सुनिन् । पढ्ने काम सकिएपछि शक्तिले पारिजातलाई सोधे, "यसमा कुनै छुटपुट छ भने, काटछाँट गर्नुपर्नेछ भने भन्नुहोस् । सबै ठीक छ भने यो पूरै अन्तर्वार्ताको सुरूदेखि अन्त्यसम्म प्रत्येक पृष्ठमा हस्ताक्षर गरौं ।"

शक्तिको यो प्रस्तावले पारिजात एकछिन त अलमलमा परिन् । यो उनले नसोचेको प्रस्ताव थियो । उनले हिचकिचाउँदै भनिन्, "के यो जरूरी छ र ?"

उत्तरमा शक्तिले भने, "यसो गरेपछि यो अन्तर्वार्ता आधिकारिक भयो । यो हस्ताक्षर युक्त अन्तर्वार्ताको पाण्डुलिपिको आफ्नो ठाउँमा ठूलो महत्त्व छ । यसको ऐतिहासिक, विश्वसनीय र इमानदारीलाई कसैले नकार्न सक्तैन ।"

यति कुरा सुनिसकेपछि पारिजातले अन्तर्वार्ताका सबै पृष्ठमा हस्ताक्षर गरी त्यो कापी शक्तिलाई हस्तान्तरण गरिन् ।

अनि शक्तिले त्यो अन्तर्वार्ता *भानु*का सम्पादक भवानी घिमिरेलाई सुम्पिए ।

त्यो अन्तर्वार्ता *भानु*को २०२३ असोज अङ्कमा प्रकाशन भयो । अनि *भानु*को दुई प्रति पारिजातलाई दिन उनको डेरामा गए । जाँदाजाँदै उनको मनमा कुरा खेलिरहेको थियो, पारिजातको के प्रतिक्रया हुने होला भनेर । किनभने उनले पारिजातसँग एक्लै अन्तर्वार्ता लिएर ठूलै अपराध गरे झैं चर्को आलोचना भइरहेको घुइरोघुइरो सुनेका थिए । पारिजातका राल्फाली भाइहरू तीन बुँदामा आक्रोशित थिए । पहिलो, पारिजातलाई एकान्त पारी लामो अन्तर्वार्ता लिएकामा । दोस्रो, अन्तर्वार्तामा पारिजातको हस्ताक्षर गराएकामा । तेस्रो, पारिजातका राल्फाली भाइहरूलाई सुइँको नदिई अन्तर्वार्ता लिएकामा । त्यसैले

पारिजातबाट उक्त अन्तर्वार्ताको विरोध र खण्डन गरिनुपर्छ । यी कुरा उठाएर उनीहरू आगो भएका छन् भन्ने शक्तिको कानसम्म खबर आइपुगेको थियो ।

पारिजातको डेरामा शक्ति लम्साल पुग्दा पारिजातका अतिरिक्त विमल, मञ्जुल, रायन, रामेश, अरिम, निनुहरू जमेर बसेका थिए । उनीहरूको रौद्रमुद्रा शक्तिले चाल पाइहाले । पत्रिका हात पर्नासाथ पारिजातले एकै सासमा पूरै पढिसिध्याइन् । पारिजातले पढिसकेपछि भएको दुई प्रति आलोपालो सबैजसोले पढे । अनि विमल राल्फाले निकै कडा विरोध जनाए । मञ्जुल र अरिमको विरोध दबेको स्वरमा थियो । निनु चाहिँ 'राम्ररी पढ्न, अध्ययन गर्न बाँकी छ' भनी तर्किए । रायन र रामेशको विचार अरू साथीहरूको विचारभन्दा विपरीत थियो । शक्तिलाई उनीहरू तर्साउने मुद्रामा थिए । शक्तिले हच्किएर पारिजातको प्रतिक्रिया जान्न चाहे । यद्यपि उनले लख काटिसकेका थिए, उनले त्यही बोल्नेछिन्, जो राल्फाली भाइहरूले उनलाई बोल्न लगाएका थिए । पारिजातले भनिन्–

*जे भयो, भयो । अन्तर्वार्ता तपाईंले लिनुभयो । मैले हस्ताक्षर पनि दिएँ । तर हाम्रो विचारको विपरीत अन्तर्वार्ता प्रकाशनमा आयो । हामी यसको लिखित खण्डन पठाउँछौं, तपाईं प्रकाशित गरिदिनोस् । अन्यथा कपीराइटअन्तर्गत सर्वोच्चमा गई तपाईं र भानुमाथि रिट दिने कुरा भएको छ, त्यही गर्नेछु । (पारिजात : आफ्नो व्यक्तित्व र परिभाषाभित्र : शक्ति लम्साल : मार्क्सवाद, साहित्य र समाज, पृष्ठ १७०)*

पारिजातको कुरा सुनेर शक्तिले उत्साहित हुँदै भने, "पहिलो कुरो, हामीकहाँ नेपालमा कपीराइटको कानुन बनिनसकेकाले भारतमा झैं यो सर्वोच्चमा जान सक्तैन । दोस्रो, तपाईंले अन्तर्वार्ताको शिरदेखि पुछारसम्म हस्ताक्षर गर्नुभएको छ । यसले आधिकारिक बनाइदिन्छ । दस्तखतसहितको मूल कपी *भानु*को कार्यालयमा सुरक्षित भएकाले कानुनी रूपमा केही हुनै सक्तैन ।"

शक्तिको कुरा सुनेर पारिजातलाई के भनूँ के भनूँ भयो । उनको अनुहार तमतमायो । निधारमा चिटचिट पसिना उम्रिए । आँखा राताराता भए । गाला पनि रक्तिम भए । क्रोधित मुद्रामा उनले शक्तिलाई ट्वाल्ल हेर्न थालेकी थिइन् । अनि अचानक कोठाभित्र प्रवेश गर्दै सुकन्या फतफताउन थालेकी थिइन्–

*शक्तिजीले अन्तर्वार्ता लिएर दिदीसँग हस्ताक्षर लिनासाथ अब यो राम्रो काम भएन भन्ने मलाई लागिसकेको थियो । पत्रकारले फसाउने र विवादमा ल्याउने काम गर्छन् । दिदीले सुरूमा यो कुरा शक्तिजीलाई भनिसक्नुभएको थियो । परिणाम जुन सोचेको, त्यही भयो । उहाँ हस्ताक्षर लिएर सुरक्षित हुनुभयो । हामी हस्ताक्षर दिएर फस्यौं । हाम्रा लागि यो एउटा सवक भयो । पत्रकारिताको तीतोमीठो अनुभव पनि हामीले पायौं । (पारिजात : आफ्नो व्यक्तित्व र परिभाषाभित्र : शक्ति लम्साल : मार्क्सवाद, साहित्य र समाज, पृष्ठ १७०)*

सुकन्याको यति कुराले यो विषयको टुङ्गो त्यहीँ लाग्यो । राल्फालीहरू पनि सुरक्षित अवतरण भए यस सन्दर्भमा । किनभने उनीहरूले बुझिसकेका थिए, जति विवाद गरे पनि केही हुनेवाला छैन र शक्ति पनि तर्सनेवाला छैनन् ।

पारिजातले *शिरीषको* फूलमा मदन पुरस्कार पाइसकेपछि राल्फाको सुरूवातका बेला लिइएको यो अन्तर्वार्ताको समयमा पारिजात पुरानो विचार र नयाँ अपनाउन लागेको विचारको दोसाँधमा थिइन् । उनले पुरानो विचार त्यागिनसकेको र नयाँ विचार अँगालिनसकेको अवस्था थियो । उनले अन्तर्वार्ता स्वतन्त्र भएर स्वच्छन्दतापूर्वक दिएकी थिइन् । तर नयाँ विचारका संवाहक राल्फाली भाइहरूले त्यो उनको पुरानो विचारलाई त्याग्न र नयाँ विचारलाई अँगाल्न एक प्रकारले दबाब दिइरहेको बेला थियो । अतः पारिजातले अन्तर्वार्तामा पुरानो विचारको पक्षमा दिएको अन्तर्वार्ता उनीहरूलाई स्वीकार्य भएन । र आआफ्नो स्वभावअनुसार प्रतिक्रिया दिएका थिए । अन्तर्वार्तामा पारिजातले भनेकी थिइन्–

*मेरो दर्शन निस्सारतावादी दर्शन हो । यो कसैको पनि सामूहिक दर्शन चाहिँ होइन । किनकि यो कुनै व्यक्तिद्वारा अर्को व्यक्तिमा मात्र सीमित रहने हुनाले यसलाई म व्यक्तिवादी दर्शन मान्छु । यो दर्शन कुनै प्रचारवादी दर्शन होइन । ...हागीले आफ्नो जीवनको भित्र नै जीवनको समाधानको बाटो पत्ता लगाउनु छ । तर मलाई लाग्छ, समाधान पाउनु र समाधान खोज्नु दुवैको कुनै अर्थ छैन । एक किसिमले मानिस बिनाअर्थ नै मर्न र बाँच्न सक्छ । (सुश्री पारिजात : अन्तर्वार्ताको साहित्यिक दृष्टिबाट : शक्ति लम्साल : 'भानु' २०२३ असोज : पृष्ठ ८-९)*

राल्फालीहरूको असन्तुष्टिको मूल जड पारिजातको यही विचार थियो ।

...

# भूपीसँग घनिष्ठता

रोदीको निर्माण भएकै थिएन । रोदीका सबै कविसँग पारिजातको चिनजान, सम्पर्क र सम्बन्ध भएकै थिएन । तर वासु शशि र भूपीसँग उनी परिचित थिइन् । तर बेग्लाबेग्लै । यसैबीच पारिजातका कविता पनि फाटफुट प्रकाशन हुन थालिसकेका थिए । एक साँझ पारिजात सडकमा हावा खान निस्कँदा भूपी शेरचन र वासु शशिसँग जम्काभेट भयो । वासु शशिले आफ्नो सदाबहार मुस्कानसहित हाँसेर अभिवादन गरे । वासु शशिले अलि परतिर उभिएका भूपीलाई सम्बोधन गर्दै भने, "यहाँ आऊ न भूपी, पारिजातसँग परिचय गरौं ।"

तर भूपी किञ्चित् नजिक नआएर टाढैबाट भने, "भैगो शशि, मेरो परिचय भइसकेको छ ।"

भूपीको यो व्यवहारले वासु शशि छक्क परेका थिए । त्यस दिन एउटा कविको यस्तो व्यवहारले पारिजात भने रन्थनिएकी थिइन् । पारिजातलाई लाग्यो, के यही हो त्यो लोकप्रिय कवि, जसले निर्झर पाठ गरेर श्रोताहरूलाई आकर्षित गरेको थियो ?

भूपीको यो व्यवहारले पारिजातलाई साँच्चिकै मर्माहत तुल्यायो । के यी कविसँग परिचय गर्न म मरिमेटेकी हुँ र भन्ने लाग्यो उनलाई । भूपीप्रति उनको एक प्रकारको चाख नै मऱ्यो । भूपीलाई भेटिने डरले कतिपय कविगोष्ठीमा उनी जान पनि छाडिन् । तर यही कविलाई आफ्नो घनिष्ठ मित्र सत्यभामाले दाजुका रूपमा कोठामा ल्याएर चिनाउँदा पारिजात गज्जबले झस्किइन् । अनि फेरि भूपीप्रति उनी सकारात्मक हुन थालिन् । पारिजातको आफ्नै आत्मस्वीकृति थियो–

*पहिलेपहिले त यो सम्बन्ध उनीहरूको माध्यम जस्तो मात्र हुन्छ । तर बिस्तारै यस मित्रताले बलियो रूप लिइदिन्छ । ऊ मलाई चिन्न थाल्छ, म उसलाई चिन्न थाल्छु र एक दिन यस लोकप्रिय कविसँग घनिष्ठताको चरमबिन्दुमा म बाँधिइन पुग्छु । (अध्ययन र सङ्घर्ष)*

पछि पारिजातले भूपीलाई सौम्य, सभ्य र शिष्ट पाइन् । उनीहरू धेरै कुरामा सहज हुन थाले । खुला हुन थाले । उन्मुक्त हुन थाले । कुनै बारबाराना नभएपछि खुला दिनहरूको अवस्थामा पुगेपछि एक दिन पारिजातले भूपीलाई सोधिन्, "वाशु शशिसँगको त्यो परिचय गर्ने सिलसिलामा किन त्यस्तो व्यवहार गरेको ?"

भूपीले सहजै भनिदिए, "म तिमीलाई बजारू केटी ठान्थें ।"

पारिजात अवाक् भइन् । कसरी उनले त्यस्तो सोच्न सके । समयक्रममा पारिजातको नजरमा भूपीको चित्र यस्तो बन्न थाल्यो–

*...वास्तवमा भूपी पनि आफ्नो बहुचर्चित छापभित्र अर्कै मान्छे हो । कवि भूपी, मान्छे भूपी दुइटै रङ्गीन भ्रमहरूको गतिलो सिकार हो । भूपीलाई कसैले बुझ्दैन अथवा बुझ्न सक्तैन । भूपीको कविताभन्दा भूपीको व्यक्तित्व अघि आउँछ । उसको एउटा युग सुरक्षित छ– विचार, भाषा, शैली, प्रतीक सबैलाई लिएर । ऊ आफ्नो युगलाई आफ्नो स्वेच्छाले पनि मार्न सक्तैन जस्तो गरीकन अतियथार्थवादी कविताहरू लेखेर भूपी आफैं आफ्नो युगको खिल्ली उडाउने कोसिस गर्छ । भूपीको युग मर्दैन । साथै छाप पनि मर्दैन... । (अध्ययन र सङ्घर्ष, सङ्कलित रचनाहरू-४)*

*...असम्झौताका घाउहरूभित्र पिल्सिएको भूपीलाई म चिन्दछु । यही बिन्दुमा मलाई उसको असङ्ख्य माया लाग्छ, उसका राम्राराम्रा कविता लेखिसक्नासाथ सुन्न पाइन्छ । ...ऊसँगको क्षण सधैं रमाइलो हुन्छ । विशेषतः ऊ मेरा मनोभावहरू राम्ररी बुझिदिन्छ र सधैं सम्मान गरिदिन्छ मेरो व्यक्तित्वलाई पनि । ...भूपी र हिमांशु दार्जीलिङ गएका थिए र भूपीले गेरो कविताको कपी आफूसँगै लिएर गएको थियो । यसरी भूपीले मलाई त्यहाँ पारिजातको नाउँमा चिनाएर आउँछ । उक्त साहित्यिक साथीहरूबीच म आफ्ना कविताहरू कताकता लुकाएर नै राख्ने गर्छु । (अध्ययन र सङ्घर्ष, सङ्कलित रचनाहरू-४)*

भूपीसँगको मित्रताले पारिजातका कविता यसरी उनको खोकिलामा बसेर दार्जीलिङ विचरण गर्न पुगेका थिए । पारिजात पनि भूपीलाई दार्जीलिङ घुमाइदिने आग्रह गर्न आफ्नी प्रिय साथी माया ठटालसँग धक मान्दिनन् । माया ठटालको कथन यस्तो छ–

*१९६० सालको मध्यतिर नेपालबाट एक जना युवक विष्णु (पारिजात)को पत्रवाहक भएर आएका थिए । तिनी त स्व. भूपी शेरचन रहेछन् र पत्रमा उहाँलाई दार्जीलिङ घुमाइदिने आग्रह थियो । मेरो विवाह भइसकेको थियो स्व. अम्बर गहतराजसँग र अप्ठ्यारो पऱ्यो । तर उहाँलाई घुमाउने अभिभारा श्रद्धेय दाइ मनबहादुर गुरूङले लिनुभयो । (पारिजात स्मारिका, सिलगडी, पृष्ठ २४)*

पारिजातसँग भूपीको घनिष्ठता यस्तो थियो कि औपचारिकताका पर्दा त्यहाँ थिएनन्, छ्याङ्ङ, उदाङ्ग उदात्तताहरू थिए । पारिजातलाई भूपीले 'बुख्याचा' उपनाम दिएका थिए । सुकन्याको सम्झना यस्तो छ–

*तिम्रो पनि त बुख्याचा नामले न्वारान भएको है । दुब्लो शरीर, लुला हातखुट्टा, लामो गर्धन र ठूलो टाउको देखेर कवि भूपी शेरचन तिमीलाई बुख्याचा भन्थे । कवितै लेखे । (भूपी शेरचनको बुख्याँचा : सुकन्या वाइबा : 'कान्तिपुर कोसेली' : २०७६ पुस १२, शनिबार)*

पारिजातको डेरा पुतलीसडक । भूपीको डेरा वट्टु । भूपी पारिजात भेट्न पुतलीसडक पुग्थे । साथीसँगातीसँग मात्र होइन, एक्लै पनि । पारिजात पनि भूपीको डेरा पुग्थिन्, कहिले सुकन्याको साथमा त कहिले एक्लै । निर्बाध रूपले पारिजात भूपीको डेरामा पुग्थिन् । त्यहाँ उनले भेट्थिन्, कवि भूपीको बोलीको मिठास, हरेक कुरालाई ठट्यौलो रूपमा प्रस्तुत गर्ने क्षमता, स्नेह, माया अनि थुप्रै कुराहरू । तिनैले तानेर पारिजातलाई बारम्बार भूपीको डेरामा डोऱ्याइरहन्थ्यो । भूपी उत्तम रेस्टुराँबाट फर्मायस गरी गरी खाजा-खानेकुरा मगाएर आतिथ्यता प्रदान गर्थे । पारिजातलाई सम्बोधन गर्दै सुकन्या ती भेटघाटको र अन्तरङ्गताको पुष्टि यसरी गर्छिन्–

*...तिमी र भूपी दाइको मित्रता पनि झाङ्गिँदै गयो । त्यस बखतसम्म हिँडडुल गर्न सक्थ्यौ । उनको डेरामा तिमीहरूको भेटघाट प्रायः भइरहन्थ्यो । कहिलेकाहीँ म पनि तिम्रो साथ लागेर जान्थें । (भूपी शेरचनको बुख्याचा : सुकन्या वाइबा : 'कान्तिपुर कोसेली' : २०७६ पुस १२, शनिबार)*

यो झाङ्गिँदै गएको मित्रताले औपचारिकता समाप्त पार्दै लगेको थियो । र अनौपचारिकताले औपचारिकताको ठाउँ लिँदै गएको थियो । ठट्टा चल्थ्यो । हँसीमजाक चल्थ्यो । एकपल्ट त भूपीले पारिजातलाई यतिसम्म भनेका थिए, "के बाँच्छौ तिमी, बरू आत्महत्या गर ।" पारिजातकै शब्दमा–

*भूपी शेरचन मेरा नाउँमा एक दिन एउटा कविता लेखिदिन्छ र भन्छ, "के बाँच्छौ तिमी बरू आत्महत्या गर ।"*

*पारिजात*
*स्वास्थ्यवर्धक टनिकको विज्ञापनमा छापिएको तस्बिरको*
*नक्कली हाँसो जस्तो दिन*
*कल्चरल शोमा लोककलाकारका रूपमा*
*नक्कली सम्मान पाएर*
*काँधमा सारङ्गी र आँखामा व्यथा बोकेर*
*झुप्रोतिर पैदल लम्केको गाइने जस्तो*
*साँझ लाटोकोसेरोको फर्फरावट*
*स्यालको रूवाइ*
*भुस्याहा कुकुरको भुकाइ*
*र घोर एकाकीपनले भरिएको रात*
*यो तीन चिह्नले बन्छ पारिजात*
*यी तीन सीमाभित्र बन्द छ पारिजात ।*
*- भूपी शेरचन*

*कस्ता कटु व्यङ्ग्य लुकेका छन् यस कविताभित्र ? मलाई डर लाग्छ, कहीँ सबैले देखिसकेका छैनन् मेरो यस निर्धो अवस्थालाई ? के भूपी परिचित छ मेरा एकाकीपनसँग ? असम्भव के छ, कविको बुझ्ने क्षमता निकै पो सूक्ष्म हुन्छ । (तीन चिह्नले बनेकी तीन सीमाभित्र बन्द... : पारिजात : उपहार : २०५० भदौ-कात्तिक)*

तर एउटा बिन्दुमा पुगेपछि पारिजात र भूपीको सम्बन्धको घनिष्ठता क्रमशः खुकुलो हुँदै गयो, जुन आजीवन कहिल्यै निकट हुन सकेन । तर भूपीलाई पारिजातको धङधङी भने आजीवन रह्यो । उनी एकपल्ट बिहानै मदिराले लट्ठ हालतमा पारिजातको ठूलो फोटो अघिल्लो पानामा भएको एल्बम बोकेर पारिजातको निवास म्हैपी पुगेका थिए र पारिजातलाई भनेका थिए, "तिमीले गर्दा म बिग्रिएँ ।"

बिर्सिसकेको अतीतलाई कोट्याउँदै मदिराले लट्ठ हालतमा आएर त्यसो भन्दा पारिजात क्रोधित भएकी थिइन् । उनले कोठाबाट बाहिर जाऊ भन्दा नमानेपछि कठोरतापूर्वक गेट आउट भनेकी थिइन् ।

त्यस घटनापछि भूपी र पारिजातबीच कहिल्यै भेट भएन ।

## छेकुडोल्माको जन्मकथा र पारिजात

राल्फाकालमा पारिजातको घनिष्ठता भूपी शेरचनसँग थियो । तर पारिजातले मदन पुरस्कार पाएपछि भूपी र पारिजातबीच अलिक मतभिन्नता सुरू भयो । पारिजात र शङ्कर लामिछानेको गम्भीर निकटता चलेपछि भूपी अलिक टाढा जस्तो भए । यता विमल चापागाईं अझ बढी पारिजातको निकट हुन थाले । मञ्जुलको निकटता पनि बढ्यो । रामेशको निकटता पनि बढ्यो । तर यी निकटताका अर्थ फरकफरक थिए ।

ती विभिन्न निकटताबीच मञ्जुल र पारिजातको मीठो सिर्जनात्मक भ्रूणले आकाश पायो । त्यो थियो, मञ्जुलको उपन्यास *छेकुडोल्मा ।*

पारिजात माने छेकुडोल्मा । छेकुडोल्मा माने पारिजात ।

पारिजातसँग मञ्जुलले लुटुपुटु गरिरहे र पारिजातले आफ्ना जीवनका पाना फुकाउँदै मञ्जुललाई सुनाउन थालिन्, पारिजातका भोगाइहरू । पारिजातका अनुभूतिहरू । पारिजातको मुखबाट ती सब सुनिसकेपछि मञ्जुलले त्यसलाई लेख्न चाहे उपन्यासका रूपमा । पारिजातले सहर्ष स्वीकृति दिइन् । उनले उपन्यासको नाम पनि आफैंले रोजिन्, *छेकुडोल्मा* । अनि दुवैबीच एउटा अलिखित सम्झौता भयो, पारिजातको कथा हो छेकुडोल्मा भन्ने गोप्य राख्ने । अनि मञ्जुलले लेख्दै गए । मञ्जुल हरेक च्याप्टर लेख्दै जान्थे र लेखिसक्नेबित्तिकै पुतलीसडक पुगिहाल्थे, त्यो पूरा भएको अध्याय देखाउन । अनि पारिजातको प्रतिक्रिया बुझ्न । पारिजात पनि एकै सासमा पढिसक्थिन् र आफ्नो प्रतिक्रिया दिन्थिन् । उनी मञ्जुललाई उत्साहित तुल्याउँदै भन्थिन्, "यो कुरा पनि लेख न ।"

मञ्जुल त्यति बेला राष्ट्रिय नाचघरको उत्तरतर्फ रहेको नेपाल राष्ट्र बैङ्कको बैङ्किङ शाखामा काम गर्थे । उनी कामकै टेबलमा बसेर पनि लेख्थे । सहकर्मीहरूले उनको काम सघाइदिएर त्यसो गर्ने छुट दिएका थिए । कहिलेकाहीँ मञ्जुल अफिसबाटै दिउँसै पनि नयाँ अध्याय लेखिसकेपछि पारिजातलाई सुनाउन पुतलीसडक पुग्थे ।

*छेकुडोल्मा* कसरी लेखियो, मञ्जुलले त्यस उपन्यासको रचनागर्भमा पछि यसरी खुलाइदिए–

*पारिजात दिदीसँग मेरो घनिष्ठता बढ्दै गयो । उहाँले मलाई आफ्ना जीवनका पाना बिस्तारै सुनाउन थाल्नुभयो । उहाँको बाका बारेमा, दाइका बारेमा, दिदी र बहिनीहरूका बारेमा, आफन्त, नातागोता र प्रियप्रिय साथीहरूका बारेमा । बाल्यकालका बारेमा, जवानीका बारेमा । राम्रा कुराहरूका बारेमा, बदमासीका बारेमा । मैले भनें, "लेखौं दिदी ?"*

*"लेख न ।" उहाँले बडो मीठो गरी भन्नुभयो ।*

*मैले लेख्न थालें । शब्दका रङहरूले मैले उहाँको चित्र टिप्न थालें ।*

*"ठीक छ दिदी ?"*

*म उहाँलाई देखाउँथें र आफ्नो प्रतिक्रिया दिनुहुन्थ्यो । मैले लेखेका कुरा उहाँलाई खुब मन पर्थे । उहाँ मलाई आफ्ना थप कुरा पनि सुनाउनुहुन्थ्यो । भन्नुहुन्थ्यो, यो पनि लेख । म पनि मज्जाले लेखिदिन्थें । 'छेकुडोल्मा'मा पारिजात दिदीका राम्रा कुरा मात्र छैनन्, नराम्रा कुरा पनि छन् । तर कस्तो महान् लेखिका, जीवनलाई खुला पुस्तकका रूपमा बाहिर आउन दिनुहुन्थ्यो । ढोङ थिएन उहाँमा । कहिलेकाहीँ त म हाँस्थें अनि उहाँ पनि मज्जाले हाँस्नुहुन्थ्यो । (यसरी लेखें, मैले 'छेकुडोल्मा' : मञ्जुल : 'गरिमा' २०५६ साउन, पृष्ठ २४)*

...

*फलानाको बारेमा पनि एउटा च्याप्टर लेख्नुपर्ला– दिदीले गम्भीर भन्ने कि रोमान्टिक भन्ने भएर भन्नुभयो । म जिल्ल परें । मैले त्यो कुरा राम्ररी बुझ्दै बुझिनँ । त्यो एकदम लुकेको कुरा थियो । दिदीले मलाई खोल्नुभयो । तर मैले बुझिनँ । दिदी चुप्प लाग्नुभयो त्यति बेला मेरो निर्बोधपन देखेर । (यसरी लेखें मैले 'छेकुडोल्मा' : मञ्जुल : 'गरिमा' २०५६ साउन, पृष्ठ २५)*

...

*यसरी मैले 'छेकुडोल्मा' लेखें, परिच्छेद परिच्छेदमा छेकुडोल्माकै स्वीकृति लिईलिईकन ।*

मञ्जुलले छेकुडोल्मा उपन्यास पारिजातकै विषयमा लेखिएको हो भन्ने पनि प्रस्टै पारिदिए–

*'छेकुडोल्मा' हो नि मेरो नाम । यो किताबको नाम पनि छेकुडोल्मा नै हुनुपर्छ । दिदी भन्नुहुन्थ्यो । (यसरी लेखें मैले 'छेकुडोल्मा' : मञ्जुल : 'गरिमा', २०५६ साउन)*

यो उपन्यासमा ११ परिच्छेद छन् । प्रथम पुरूषमा लेखिएको छ यो उपन्यास र प्रायः सबै समीक्षकले एउटै म पात्रका तर्फबाट लेखिएको व्याख्या, विश्लेषण गर्दै आएका छन् । तर खासमा पारिजातसँग सम्बन्धित ११ जना व्यक्तिले पारिजातलाई कुन दृष्टिले हेरेका थिए, त्यो लेखेका हुन् मञ्जुलले । ११ जना म पात्रका कथन हुन्, एउटै म पात्रको होइन ।

२०६८ सालमा दोस्रो संस्करण प्रकाशनका क्रममा मञ्जुल स्वयम्ले यो तथ्यलाई खुलस्त गरे–

*यो उपन्यासमा ११ ओटा अध्याय छन् र यी अध्यायहरू किन भए भने अलगअलग पात्रहरूले छेकुडोल्माका बारेमा आफूलाई लागेको कुराहरू व्यक्त गर्छन् । त्यसैले यो उपन्यास पढ्दा बुझ्नुपर्ने मुख्य कुरा हो, सम्पूर्ण उपन्यासको कथावाचक एक जना होइन, अलगअलग पात्र हुन् । (मैले भन्नुपर्दा... छेकुडोल्मा : मञ्जुल : फिनिक्स बुक्स २०६८)*

पारिजातले *छेकुडोल्मा* उपन्यासको भूमिका लेखेकी छिन् । उक्त भूमिका रूपरेखाको १०१ अङ्कमा पनि प्रकाशित छ, 'एउटा राल्फा अर्को राल्फाको डायरीमा' ।

यो डायरी चार दिनको हो । डायरी यसै पनि अनौपचारिक शैलीको हुने नै भयो । तर डायरीमा *छेकुडोल्मा* उपन्यासको सन्दर्भ गाँसिएको छ । मञ्जुलसँगका अनौपचारिक अन्तरङ्गता गाँसिएको छ । पहिलो चोटि मञ्जुल राल्फासँग पारिजात राल्फा कविताको जुहारी खेल्छिन् । पारिजातले अनौपचारिक भएर मञ्जुललाई तिमी सम्बोधन गरेर लेखेकी छिन् डायरी–

*'छेकुडोल्मा' तिमीले पढेर सुनाइरहँदाखेरिदेखि नै मलाई एउटा रङ्गीन प्वाँखहरूको माला सम्झना आइरहेको छ । यस्तो लाग्छ, त्यसमा रहेको प्रत्येक रङ्को प्राधान्य देखेर हामी अलमल पर्छौं । वास्तवमा कुनै रङ पनि प्रधान हुँदैन । कल्पना गर, पानी पत्रपत्र परेको होस् अथवा यसलाई हामी आकार दिन सकौं । मेरो तिमीप्रतिको आफ्नो प्रतिक्रिया यस्तै रहेछ । (पारिजात : एउटा राल्फा अर्को राल्फाको डायरीमा : 'छेकुडोल्मा' प्रथम संस्करण, पृष्ठ ७)*

पारिजात घोषणै गरिदिन्छिन् मञ्जुललाई सम्बोधन गर्दै, तिमी-हामी अब एउटा आयामभित्र परिसक्यौं । त्यो कस्तो आयाम हो, अमूर्त छ । जसरी छेकुडोल्मा पारिजातको जीवनकथा भएर पनि उपन्यासको आवरणमा अमूर्त छ ।

*छेकुडोल्मा* राल्फाकालमा लेखिएको उपन्यास हो । यसमा मञ्जुलको राल्फाकालीन गद्य लेखनशैलीले उच्चता प्राप्त गरेको छ । उनले त्यसताका लेखेका राल्फाली निबन्धहरूको शैलीसँग यस उपन्यासको शैलीले साम्यता राख्छ ।

*छेकुडोल्मा* पारिजातको जीवनकथा हो । पारिजातकै संसर्गका पुरूषस्त्रीहरूका दृष्टिकोणमा हेरिएको उनको जीवन । त्यसमा उनका पिता छन् । उनकी बहिनी छिन् । उनका घोषित-अघोषित प्रेमीहरू छन् । उनलाई माया गर्नेहरू छन् । घृणा गर्नेहरू छन् । उनलाई बिछ्यौनामा लैजानेहरू छन् । पारिजातले मञ्जुललाई बताएका घटनाहरू छन् । ती घटनामा मञ्जुलले आफ्नो शैलीको जलप लगाएका छन् । तर त्यसमा आउनुपर्ने सबै पात्र नआएको पारिजात स्वयम्‌ले मञ्जुललाई बताए पनि मञ्जुलले बुझेनन् तत्कालीन समयमा वा बुझ पचाए ।

यसै सन्दर्भलाई इङ्गित गर्दै निरन राल्फाले यन्त्रणामा लेखेका थिए, *"हिजोआज मञ्जुल राल्फा र पारिजातलाई लिएर निकै अनावश्यक विवाद चलेको छ । (वर्तमान र उसका कङ्कालहरू : निरन राल्फा : यन्त्रणा ३ : पृष्ठ १६)*

राल्फाकालमा मञ्जुल र पारिजातको साहित्यिक, बौद्धिक र आत्मीय सम्बन्धले जन्मिएको यस उपन्यास राल्फाली उपन्यासका रूपमा मात्र सीमित रहेन, नेपाली उपन्यास जगत्मा बेग्लै विशेषतायुक्त उपन्यासका रूपमा स्थापित भयो, जुन आख्यानका रूपमा आएको पारिजातको एउटा कालखण्डको जीवनको भोगाइ थियो ।

# पारिजात र विमल राल्फा

एकातिर राल्फाली जमातले धुम मच्चाइरहेको थियो । देशव्यापी रूपमा साङ्गीतिक कार्यक्रमहरू भइरहेका थिए । देशबाहिर दार्जीलिङ, कालिम्पोङ आसामसम्म पनि राल्फालीहरू राल्फाली स्वर गुन्जाउन पुगेका थिए । पारिजात भ्रमण क्रममा साथै हुन्थिन् र जहाँ जाँदा पनि उनलाई दोस्रो व्यक्तिको आवश्यकता पर्थ्यो । त्यो दोस्रो व्यक्ति जो पनि हुन सक्थ्यो । तर जोबाट पनि एउटा एकल व्यक्तिमा त्यो सऱ्यो । ती एकल व्यक्ति थिए, विमल राल्फा । औपचारिक रूपमा राल्फाको विधिवत् घोषणा हुनुअघि नै यो जमात एक ढिक्का भइसकेको थियो । पारिजातले मदन पुरस्कार ग्रहण गर्ने दिनमा पनि यो जमात साथै गएको थियो । अनि पुरस्कार ग्रहणस्थल जगदम्बा महारानीको बैठकमा ट्याक्सीबाट बोकेर लैजाने पनि विमल राल्फा नै थिए ।

पारिजातले विमललाई आफ्नो मानसिकता बुझ्ने प्रिय पात्रका रूपमा स्विकारेकी थिइन्–

*ऊ मेरो मानसिकतालाई अखण्ड बुझ्छ । र ऊ मेरो बौद्धिक हितैषी । सुनगाभा र लालीगुराँस मेरा मन परेका फूलहरू तर ऊ धतुरो र सयपत्रीमा पनि सम्झना कोरिदिन्छ । आजका फूल जस्तै कोमल मानिस तर ऊभित्र २१ वर्षको उमेरमै एउटा पाकेको जीर्ण मानिस बाँचिरहन्छ । (पारिजातको व्यक्तिगत फाइलबाट : पारिजात : रूपरेखा ७५ : २०२४ साउन)*

मदन पुरस्कार गुठीका तत्कालीन सचिव साहित्यकार कमल दीक्षित यस्तो लेख्छन्–

*एउटा राल्फाले त उनलाई बोकेर तलमाथि नै गराएका थिए । मैले चिनेका ती थिए, विमल राल्फा । चापागाईं हो कि क्या ! (कमल दीक्षितसँग इमेल वार्ता : गोविन्द गिरी प्रेरणा, पृष्ठ ५४)*

पारिजातले २०२३ सालमै वीरगन्ज भ्रमण गरेकी थिइन्, राल्फाली सांस्कृतिक कार्यक्रम लिएर देशव्यापी भ्रमणमा निस्कनुअघि नै । त्यस भ्रमणमा उनको साथमा विमल राल्फा थिए । उनीहरू वीरगन्जमा गङ्गा थापाको घरमा बसेका थिए । त्यस बेला पारिजातबारे वीरगन्जमा केकस्तो उत्सुकता थियो जनमानसमा– साहित्यकार तुलसी थापाले यसरी व्यक्त गरे–

*एक दिन त्यस कलेजमा एक मित्रले केही दिनभित्र पारिजात आइपुग्ने खबर सुनायो । र यो खबर पनि सशक्त सञ्चारमाध्यमले प्रसार गरेको जस्तै हरेकका लागि एक खुसीको खबर बन्न पुग्यो । खास गरी सचेत बौद्धिक वर्ग र साहित्यकार जमातबीच । यो स्वाभाविक पनि थियो । आफ्नो पहिलो उपन्यास 'शिरीषको फूल'बाट प्रसिद्धि पाइसकेकी उनी एक वर्षअघि मदन पुरस्कारबाट विभूषित थिइन् । मदन पुरस्कार प्राप्त गर्ने पहिलो महिला सर्जक । कस्ती छिन् उनी ? भेटघाट कुराकानीमा उनी कसरी प्रस्तुत हुन्छिन् ? वैचारिक गहनता कत्तिको छ ? बुझ्ने जिज्ञासा र यी सबै अड्कलबाजीका कुरासमेत कानैकान हल्ला हुन थाल्यो । (परिचयका संयोगहरू : तुलसी थापा ? अक्षय अक्षर, पृष्ठ ६४)*

पारिजातसँग तुलसी थापाहरूको जमातले भेटघाट गरेर छुट्टिने बेलाको दृश्यलाई उनले यसरी चित्रण गरे–

*केही छिनपछि उहाँले विमल चापागाईंलाई बोलाउँदै बाहिर जाने इसारा गर्नुभयो । विमलले उहाँलाई एक हातले दुवै खुट्टामुनि र अर्कोले ढाडमुनि आड दिई जुरुक्क बोक्नुभयो । पछि फेरि भेट्दै गरौं है भन्दै पारिजातलाई बाहिर लैजानुभयो । (परिचयका संयोगहरू : तुलसी थापा : अक्षय अक्षर, पृष्ठ ६४)*

यसरी पारिजातको सेवामा विमलले एकल रूपमा एकलौटी सहायक भएर रहँदा, बस्दा पारिजात र विमलबीच सौहार्दपूर्ण निकटता बढ्दै गयो । झाङ्गिँदै गयो । पारिजातको न्यानोले विमललाई पनि यौनतर्फ आकर्षण गऱ्यो । विभिन्न साहित्यकारहरूले पारिजातलाई यौनका दृष्टिले हेरेको कुरा, चाहना राखेको कुरा, मौका पाए कस्तो हुँदो हो भन्ने चाहना राख्नेहरू पारिजातले बुझेकी थिइन् । अनेकको आकाङ्क्षाको सिकार हुनुभन्दा एउटा विमल नै ठीक भन्ने पारिजातको मनले स्विकाऱ्यो र उनले विमललाई आफ्नो शरीर पस्किदिइन् । तर पुतलीसडकको डेरा चौतारो जस्तो थियो । जुनसुकै बेला जोसुकै आउन सक्ने । एकान्तको अवस्था पुतलीसडकमा झन्डै दुर्लभ हुन थालेको थियो । मञ्जुलसँगको निकटता, भूपीसँगको निकटतापछिको कटाक्ष, रामेश, रायनका निकटतालाई विमलको बेग्लै खालको निकटताले जितेपछि पारिजात पुतलीसडकको सहरी वातावरणलाई सर्लक्कै छाडेर कीर्तिपुरको विकट गाउँ भाजङ्गलमा डेरा सर्न पुगिन् ।

भाजङ्गलको बसाइमा त्यो डेरा डा. केएस वाइबा, सुकन्या, पारिजात र विमल राल्फाको बासस्थान भएको थियो । त्यहाँ गएपछि पुतलीसडकमा जस्तो डिस्टर्ब नहुने वातावरण थियो । र विमलले पारिजातलाई निर्धक्क भोगिरहे । सेक्सलाई आफ्नो रूचिको कुरा नभए पनि एउटा व्यक्तिको छहारीमा कताकता संरक्षण भएको ठानेर पारिजातले आफू नियमित बलात्कृत हुन मञ्जुर भएकी थिइन् । उनले यो स्थितिलाई पछि यसरी बयान गरेकी छिन्–

*मैले आफूलाई एकदमै असुरक्षित पाउन थालेपछि भएकाहरूमध्ये सबैभन्दा भद्र र घनिष्ठ देखिने पुरूषको आड लिन मलाई कर लाग्यो । विमलले त्यही मौका छोप्यो, पछि थाहा पाएँ, उसमा पनि त्यत्तिकै स्वार्थी कामुक र ब्वाँसो लोग्नेमान्छे लुकेको रहेछ । ऊ त झन् छेकबारको पछिबाट सिकार खेल्ने लोग्नेमान्छे रहेछ । अत्यासलाग्दो भासमा डुबिसकेपछि मैले मेरो गरिमामयी जीवनको सपनालाई यसो हेरें, मेरो सपनालाई खिल्ली उडाइरहेको थियो । (महेश मास्केलाई लिखित पत्र : 'वेदना' : पारिजात स्मृति अङ्क : २०५२, वैशाख-असार, पृष्ठ २३)*

पारिजातले यसलाई मर्न नसकेपछि जीवनलाई चुनौतीका रूपमा लिनुपर्ने पाठका रूपमा स्विकारेकी थिइन्–

*मैले आफूलाई विवश भएर एउटा पुरूषसँगको शारीरिक सम्पर्कमा हुत्याइदिनुपर्दा ममा यही अमानवीय किसिमको धारणा विद्यमान थियो । यदि त्यो पुरूष सभ्य भइदिएको भए मेरो गलत धारणामा सुधार हुन सक्थ्यो होला । तर त्यसो हुन सकेन । एकातिर म अति सङ्कोचशील र विवश । अर्कातिर ऊ अति कामुक असभ्य र परपीडक । अनि जटिलता त आउने नै भयो । ती सम्पूर्ण यौन सम्बन्धको अवधिभरि मैले कहिल्यै पनि सुख प्राप्त गरिनँ । सहवासको क्रम सिद्धिइसकेपछि म सधैं शारीरिक साथै मानसिक पीडाले शिथिल हुन्थें । ऊ स्वाभाविक उत्तेजनामा आउँदा म सधैं डर, त्रास, अपमान र दुःखले अधमरो भइरहेकी हुन्थें । र यो कुरा मैले उसलाई कहिल्यै भनिनँ पनि बरू छुटकाराको बाटो खोजिरहें । अझ पनि म भन्छु, त्यो सम्बन्ध दुई नर र नारीबीच प्रेमपूर्वक भएको यौनक्रीडा थिएन । त्यो त मेरा निम्ति सधैंसधैं एउटा प्रतिरोधहीन बलात्कार सिद्ध भएको छ । (महेश मास्केलाई लिखित पत्र : 'वेदना' : पारिजात स्मृति अङ्क : २०५२, वैशाख-असार, पृष्ठ २२)*

लामो समयसम्म शारीरिक सम्बन्ध भएपछि पारिजातले अब विमलसँगै जीवन बिताउने निधो गरिन् । थिए पनि विमल पारिजातको हरेक कुराको हेरचाह गर्ने सहयोगी र मायालु । अब उनीबाट नछुट्टिने सोच उनमा पलायो । पारिजात बिहे गरेर यसलाई पूर्ण मान्यता दिलाउन चाहन्थिन् ताकि भोलि केही दुर्घटना भइहालेको खण्डमा अप्ठ्यारो नहोस् । अनि उनले विमललाई बिहेका लागि भन्न थालिन् । विमलले यति छिट्टै पारिजातबाट कर गराइहोला भन्ने सोचेका थिएनन् । विमलले टार्दै थिए पछि गर्ने हो भन्दै । अनि अलिअलि भाग्न खोजेको महसुस हुन थाल्यो पारिजातलाई र झन्झन् कर गर्न लागिन् बिहेका लागि ।

यता विमलको रेडियो नेपालकी समाचार वाचिका कृष्णा ताम्राकारसँगको चिनाजानी क्रमशः घनिष्ठतामा अघि बढ्दै थियो । उनीहरूको भेटघाट बाक्लिँदै गएको थियो । भाजङ्गलको डेरा छाडेर पुकुसी आइसकेपछि कृष्णा विमलको कोठामा नियमित आउन थालेकी थिइन् । यसले पारिजातलाई झन् पीडा दिएको थियो । कृष्णाकी किशोरी उमेरकी छोरी थिइन् । विमललाई पारिजातले दिनरात बिहेका लागि कर गर्न थालेपछि

विमल उदास र निराश हुँदै गए । उनलाई कसरी पारिजातबाट छुटकारा पाउने भन्ने मात्र सिङ्गो चिन्ता र चिन्तन भएको थियो । अनि एक दिन उनले कृष्णालाई भने, "तिमी मलाई पारिजातको पन्जाबाट बचाउने भए तिम्री छोरीसँग मेरो बिहे तुरून्तै गरिदेऊ ।" *(भीम विरागसँगको कुराकानी २०६५)*

कृष्णाले विमलको प्रस्ताव स्विकारिन् । र आफ्नी छोरीलाई विमलको काखमा राखिदिइन् । विमलले मौका मिलाएर आफ्ना झिटीगुन्टा लगिसकेका थिए । त्यसपछि उनी पारिजातकहाँ कहिल्यै फर्केर गएनन्, पारिजातको मृत्युपर्यन्त ।

विमल राल्फा त गयो । तर पारिजात विमल गएपछि निकै ठूलो पीडाको पोखरीमा डुबिन् । उनलाई औडाहा भयो । रून्े-कराउने गर्न थालिन् । उनको अवस्था निकै नराम्रो भयो । साथीभाइले सम्झाउँदा पनि उनको मनले मानिरहेको थिएन । उनकी घनिष्ठतम साथी दयाले कति सम्झाउँदा पनि केही लागेन । बरू कसैबाट ठमेलमा एउटा जान्ने गुभाजू छ, उसले केही गर्न सक्छ भन्ने सुझाव आयो । र पारिजातले दयालाई यो मामिलामा सहयोग मागिन् । अनि दया पुगिन् सोध्दैखोज्दै गुभाजूकहाँ । गुभाजूले जोखाना हेरेर भने, "यो मान्छे कसैको बहकाउमा लागेर गएको छ । म फर्काइदिन्छु । त्यसका लागि त्यो मान्छेको लत्ताकपडा के भेटिन्छ, त्यो लिएर आउनू ।"

पारिजात र दयाले घरभरि खोजतलास गर्दा पनि विमलको कुनै लत्ताकपडा भेट्टाउन सकेनन् । तर अन्त्यमा विमलको एउटा टाई छुटेको रहेछ । त्यो पाइयो । अनि दया त्यो टाई लिएर फेरि गुभाजूकहाँ पुगिन् । गुभाजूले त्यो टाईलाई जाँतोमा घुमाएर पिँध्दै भने, "त्यो मान्छे यसरी घुमीघुमी आउँछ ।"

गुभाजूले भने जसरी विमल त आएनन् । आउँदै आएनन् । बरू पारिजात बिस्तारै सामान्य हुन थालिन् । निर्मल लामा खोइ पहिला तपाईंले भन्नुभएन भनेर यो मामिलाबाट टाढा भइदिए । अरूहरू पनि यो मामिलामा पर्न चाहेनन् । बरू त्यसपछि बाबुको मृत्युको चोट पारिजात र सुकन्याले सहनुपर्‍यो । पारिजात प्रेमको प्रताडनाले डामिएकै २०२९ सालमा लगन पुकुसीको डेरामा बाबु डा. केएस वाइबाको निधन भयो ।

पारिजातले विमलसँगको आफ्नो पर्दाविहीन सम्बन्धलाई महेश मास्केलाई लेखेका पत्रहरूमा मात्र होइन, सार्वजनिक रूपमा पनि आफ्ना लेखहरूमार्फत जनसमक्ष स्पष्टसँग उजागर गरेकी थिइन्–

*विमल (पूर्वराल्फा)सँग गैरकानुनी असामाजिक सम्बन्ध स्थापना गर्नु (त्यस बेला जुन बेला हामी विमल र म दुवैले सामाजिक र कानुनी स्थापित मूल्यहरूलाई अस्वीकार गर्‍यौं) तथाकथित सामाजिक र कानुनी मूल्यहरूको विगत धारणा मेरो तर्फबाट अझ पनि त्यस्तै छ । (पारिजात : नौलो नेपाली, २०२९)*

# महत्ताहीन : राल्फाली उपन्यास

*स्रष्टा र साहित्य* पुस्तकका लागि अन्तर्वार्ता लिने क्रममा उत्तम कुँवरले पारिजातलाई सोधेका थिए, "अब के लेख्ने विचार छ ?"

"बाँचिएछ भने अर्को एउटा उपन्यास लेख्ने विचार छ ।" *(स्रष्टा र साहित्य : सुश्री पारिजात : उत्तम कुँवर, पृष्ठ २०२)*

पारिजातको त्यो बेलाको स्थिति नै त्यस्तो थियो, बिमारीका कारण । उत्तम कुँवरलाई दिएको यो जबाफबाट उनी जीवनदेखि निराश भइसकेको सजिलै बुझ्न सकिन्थ्यो । किनभने एक होइन, दुई होइन, तीनतीन वर्षसम्म बिमारीले थलिएकी थिइन्–

*तीन वर्ष ।*

*एक पल । एक क्षण । एक युग ।*

*यी समस्त समय बिते, एक सानो कोठामा पारिजातको । एक कैदीका रूपमा, बाथको कैदी । कोठाअगाडि लामो सडकको किनारमा रहेको अग्लो पर्खाल, यही नै पारिजातको आँखाले भेट्टाउने सीमा हो । सिंहदरबारको यो अग्लो पर्खालको किनारमा रहेका अग्ला रूखमा आउने वसन्त र यी वसन्तमा रमाएका चराहरूको चर्चराहट । जताततै खुसी, यो खुसीले मदमत्त भएर उड्ने चराहरू अकासिन्छन् र यसरी नै पारिजातको कल्पना अकासिन्छ र अकासिइरहन्छ, कविताका रूपमा, कथाका रूपमा, उपन्यासका रूपमा र अब एकाङ्कीका रूपमा ।*

*पारिजातलाई जाँच्न बराबर डाक्टर आएका हुन्छन्, डाक्टरलाई जँचाउन बराबर पारिजात शान्तभवन पुगेकी हुन्छिन् । यो आवतजावतको क्रम जारी रहन्छ र पारिजातको बाथको रोग पनि यसरी नै जारी रहेको हुन्छ । परस्परको यो जारी समय बढ्दै जान्छ एक, दुई, तीन दिन, महिना वर्ष अनि तीन वर्ष ।*

*पारिजातका नाममा आँसु बग्छ ।*

*पारिजातको नाममा बिचरीको धुइरो चल्छ ।*

*पारिजातको नाममा बिन्तीपत्र दर्ता हुन्छ ।*

*पारिजातको नाममा प्रतिनिधिमण्डल घुम्छ । (स्रष्टा र साहित्य : सुश्री पारिजात : उत्तम कुँवर, पृष्ठ १९७)*

अनि यो अवस्था भोगिरहेकी पारिजातले दिने उत्तर नै त्यही हुन सक्थ्यो, बाँचिएछ भने अर्को एउटा उपन्यास लेख्ने विचार छ ।

तीन वर्षपछि पारिजात तङ्ग्रिन थालिन् । राल्फाली भाइहरूसँग रमाउन थालिन् । फुटकर लेख्ने, छपाउने पनि गर्न थालिन् । विशेषतः पैसाका लागि, पारिश्रमिक पाइने भएकाले उनले रेडियो नाटक, रूपकहरू लेख्न थालिन् । र थालिन् अर्को उपन्यास लेख्न– *महत्ताहीन* ।

*महत्ताहीन* राल्फाकालीन उपन्यास थियो । यो उपन्यास लेखिएको खबर पाए शङ्कर लामिछानेले । पाण्डुलिपि मगाए । पारिजातले पाण्डुलिपि पठाइदिइन् । तर पाण्डुलिपि फिर्ता गर्न शङ्कर लामिछाने आफैं पुगे पारिजातको डेरामा ।

*शिरीषको* फूलमा भूमिका लेखेर तहल्का मच्चाइदिने शङ्कर लामिछानेले *महत्ताहीन* एकदमै मन पराएनन् र छाप्न नहुनेसम्म बताए । पारिजात आफैंले यस प्रसङ्गलाई उल्लेख गरेकी थिइन्–

*उहाँले महत्ताहीनको पाण्डुलिपि झिकाई पठाउनुभयो । र पाण्डुलिपि फिर्ता दिन उहाँ आफैं आउनुभयो । यो तिम्रो कुनै उपन्यास नै भएन । सकभर नछापूँ । उहाँको... सुझाव । मौखिक आलोचना दिनुभयो निकै कडा । (पारिजात : 'रूपरेखा' शङ्कर लामिछाने विशेषाङ्क, पृष्ठ २१५)*

तर पारिजात शून्यवादबाट अघि बढिसकेकी थिइन् । राल्फाली जमातसँगको बसउठले नयाँ क्षितिजको उद्घाटन गर्ने तरखरमा थिइन् । यो सिर्जना राल्फाकालको थियो । राल्फाली विचारको थियो । त्यसैले उनले शङ्कर लामिछानेको सुझाव सुनिन् । तर त्यो सुझावको पालना गरिनन् र उपन्यास साझा प्रकाशनबाट २०२५ सालमा छापियो । उपन्यासको पछिल्लो पृष्ठमा मञ्जुलले लेखे–

*एकपल्ट थियो जबकि पारिजात भन्नेबित्तिकै 'शिरीषको फूल' याद आउँथ्यो । तर मलाई विश्वास छ, महत्ताहीन पढेपछि खैर 'शिरीषको फूल' बिर्सन नसकिएला । तर पारिजात भन्नेबित्तिकै अब 'शिरीषको फूल' होइन, 'महत्ताहीन' नै याद आउँछ । पारिजातले 'शिरीषको फूल' लेखेर पाएको सफलताभन्दा म यो सफलतालाई ठूलो मान्छु । वास्तवमा हो पनि यही । (मञ्जुल : 'महत्ताहीन' : पारिजात २०२५)*

पारिजात स्वयम्ले पनि *महत्ताहीन*लाई उच्च स्वमूल्याङ्कन गरिन्– सापेक्षतामा महत्ताहीन माथि छ भन्दै ।

पारिजातले *महत्ताहीन*लाई त्यति उच्च महत्त्व दिए पनि *महत्ताहीन*लाई लिएर उनलाई बद्ख्वाइँ गर्नेहरू पनि देखिए । उनले आफैंले लेखिन्–

*जेजति देखिएकी छु, त्योभन्दा दश खण्ड बढी आरोपित छु, बदनाम छु, मिथ्या र झूटहरूमा प्रचार गरिएकी छु । मलाई भन्न केही बाँकी राखेका छैनन् । 'महत्ताहीन' छापिइसकेपछि मेरो चरित्रमाथि शङ्का गरी लेखहरू आए । सुस्केराको गाली विशेषाङ्क तपाईंले पढ्न पाउनुभयो कि भएन ? सम्पादकीयदेखि लिएर पाठक प्रतिक्रिया तथा सारा लेखमा मलाई गाली थियो । कपटी आइमाई, प्रगतिशीलताको नाउँमा सरकारी भत्ता खाने, सिआइडी अनेक अनेक । (पारिजातको चिठी महेश मास्केलाई 'वेदना' पूर्णाङ्क ५४ वैशाख-असार २०५२)*

# क्रुसिफिक्सन : नछापिएको र विस्मृत पुस्तक

*अल माई काल्भारिज वेयर रोजी क्रुसिफिक्सन्स, स्युडो ट्राजेडिज टू किप द फयर्स अफ हेल वर्निङ ब्राइट्ली फर द रियल सिनर्स हू आर इन डेन्जर अफ बिइङ फर्गटन ।*
*(ट्रपिक अफ क्याप्रिकन)*

अमेरिकी आख्यान साहित्यका एक निर्विघ्न खम्बा, जसको आख्यानकारिताले अमेरिकी आख्यान संसारलाई नै नयाँ मोडमा पुऱ्यायो, ती आख्यानपुरूष हेनरी मिलरले यसरी आफ्नो उपन्यासमा उल्लेख भएको शब्द 'रोजी क्रुसिफिक्सन'लाई नै आगामी उपन्यासत्रयीको मुख्य थिम बनाए । यसअन्तर्गत उनले तीन उपन्यास रचना गरे, *सेक्सस, प्लेक्सस* र *नेक्सस* । यी तीन उपन्यासको सिङ्गो रूप र स्वरूप नै *द रोजी क्रुसिफिक्सन* हो ।

उपन्यासत्रयीका रूपमा प्रकाशित भए पनि वास्तवमा यी तीन ओटै उपन्यास हेनरी मिलरले सन् १९२८ मा पेरिस प्रस्थानपूर्व न्युयोर्कको ब्रुकलिन सहरमा बिताएका जिन्दगीका कथाहरूको आख्यानीकरण थियो । एक प्रकारको आत्मकथात्मक उपन्यासत्रयी । *सेक्सस* सन् १९४९ मा, *प्लेक्सस* सन् १९५३ मा तथा *नेक्सस* सन् १९५९ मा प्रकाशन भएको थियो ।

सुरूमा यी तीनै उपन्यास अमेरिकामा प्रतिबन्धित थिए । त्यसैले यिनको प्रकाशन फ्रान्स तथा जापानमा भएको थियो ।

यस हिसाबले हेर्दा सन् १९४९, १९५३ तथा १९५९ भन्नु विसं २००६, २०१० तथा २०१६ देखिन्छ । पारिजात विदेशी साहित्य पढ्न, बुझ्न रूचाउने साहित्यकार भएका नाताले यही *द रोजी क्रुसिफिक्सन*को प्रभावले *क्रुसिफिक्सन* लेख्न प्रारम्भ गरिन् । उनले आफ्नो आदतअनुसार यो कृति एउटा रूलदार रजिस्टर कापीमा लेख्न थालिन् । मन लागेका बेला मन लागेको ढङ्गबाट यो अघि बढ्दै गयो । कहिले यो कवितात्मक अभिव्यक्तिमा आयो । तर धेरैजसो गद्याख्यानकै रूपमा आयो । तर यसको कुनै सिलसिला वा क्रमबद्धता थिएन । यसका विभिन्न अंश यिनले प्रकाशन गर्न थालिन् । यो विभिन्न पत्रिकाहरूमा छापियो । र उनले आफ्नो परिचय प्रकाशन सन्दर्भ उल्लेख गर्दा *क्रुसिफिक्सन*लाई प्रकाशोन्मुख कृतिका रूपमा समेत उल्लेख गरिन् ।

'प्रपात'को पहिलो अङ्कमा प्रकाशित केही अभिव्यक्ति (अप्रकाशित क्रुसिफिक्सनबाट) मा उनको गद्यांशको नमुना यस्तो थियो–

*म ती जमातमा छैन, जो आफ्नो टिपिकल मङ्गोलियन अनुहार एउटा थर्ड क्लास टुरिस्टको क्यामेरालाई पैंचो दिएर जन्तुसुख अनुभव गर्छन् । म ती जमातमा पनि छैन, जो 'कामसूत्र' अध्ययन गर्दै मन्दिरको सेक्स कार्भिन निरीक्षण गरिरहेको एउटा विदेशी शोधकर्तालाई गएर निर्धक्क भन्न सक्छन् कि अणुबमको फर्मुला हाम्रा तान्त्रिक किताबबाट पश्चिमले हडप गरेको हो । अथवा म ती जमातमा पनि छैन, जसले जनसमूहलाई आदर्शको रेसमी धागोमा अल्झाएर आफू कालो बजारमा डलर साट्न हतार गर्छन् । आदर्श ! सबैभन्दा पहिले च्यातिन अथवा सल्किन पर्ने पर्दा ।*

...

*कुनै पनि मन्दिरको आडमा मानिसहरू पिसाब फेरेर हिँडेका छन्, लम्फु स्वास्नीमानिसहरूलाई लगेर सुताइदिएका छन् । पुलिस त्यहाँ टिप उठाउन आउँछ अथवा बौलाही र लाटीहरूलाई अँध्यारोमा हातपात गर्न जान्छ, गुनासो– पिसाब फेरिदिएकोमा हैन । गुनासो– तिमी जो सुकिलो हुनुको दाबी गर्छौ, त्यसैसँग छ । गुनासो– तिमी जो प्रत्येक आमसभा हुँदो सभ्य र सुसंस्कृत हुनुको पोज गरेर हिँड्छौ, त्यसैसँग छ ।*

...

*मुखमा अहिले नै जुत्ता हान्न नआऊ, कमभन्दा कम एउटा कटु सत्य त बोल्न देऊ । हिमाललाई उच्च देख्नु हामी लघु हुनु हो । महलहरूलाई अग्लो देख्नु हामी 'मिनी' हुनु हो । हुन सक्छ, हामी एक दिन आफ्नो अस्तित्वबाटै लोप भइदिन्छौं, हामी आफैंबाट हराइदिन्छौं । ('प्रपात' : वर्ष १ अङ्क १, २०२७)*

त्यसै गरी प्रगतिमा केही अभिव्यक्तिहरूका रूपमा काव्यात्मक अभिव्यक्ति प्रकाशन भएको थियो । र पुछारमा सम्पादकीय नोट थियो– 'लेखिकाको अप्रकाशित पुस्तक क्रुसिफिक्सनबाट' । उनको अभिव्यक्ति यस्तो थियो–

**एक**

*आऊ हामी दुई*
*आफ्नो जीवनलाई रूलेटमा राखेर हेरौं*
*ब्ल्याक ज्याकमा राखेर हेरौं*
*स्मरण रहोस्*
*हार र जितभन्दा पर्तिर अर्को विकल्प छैन*
*कि तिमी ढिला विष खाऊ ।*
*र मलाई नगरको चल्ती स्युसाइडिङ स्पटमा*
*हामफालेर मर्न देऊ*
*त्यसपछि मेरो लासलाई*

अश्लील पोस्टरहरूमा उतारेर
भट्टी पसल र पब्लिक ल्याट्रिन हुँदो
टाँगिदेऊ
तर यति चाहिँ इतिहासलाई
अझ भनौं वर्तमान चर्चास्थललाई
नढाँटीकन भनिदेऊ
कि यो एउटा यस्तो मृत्यु
जो आफूलाई नछलेर मरेको छ
त्यसपछि तिमी थाहा पाउलाऊ
विद्रोहको सुरूवात कस्तो हुन्छ ?

## दुई

म एउटा रूखको उपस्थिति
जसलाई सधैं जमातदेखि अलग्गै हुनुको
आभास भइरहन्छ
जसमा आङभरि सुतिरहने चराहरूले
डाँडामा गई बिदाइ हात हल्लाइदेओस्
जसका कापका प्यारासाइट्सहरू
कुसमय एकाएक झरेर जाओस्
र एउटा बटुवा
डिस्इल्युज्ड भइदेओस् शीतल ताप्नुदेखि
मलाई आएर सोध
मेरा अन्धकार पक्षहरूका अर्थ
उदास रोगनका राता-पहेंला पातहरू
बताससँग भागून् केही परसम्म
छेउछाउमा रातभरि स्याल कराऊन्
एउटा, दुइटा आलो चिहान खन्न नसकेर
यतिबिघ्न नीरस अनुभूतिहरूमा पिल्सिएर
समय ओढ्नु तथा समय फाल्नु
विध्वंसको नाउँमा एउटा सित्रो काठ पनि नभाँचिनु
आफ्नो यत्ति भयानक निर्वासनलाई
एउटा फाँसी दिन मन लागेको छ ।
('प्रगति' मासिक : पूर्णाङ्क १८)

त्यसै गरी प्रकम्पनमा एक टुक्रा (सुश्री पारिजातको *क्रुसिफिक्सन*बाट) शीर्षकमा यस्तो काव्यात्मक अभिव्यक्ति प्रकाशित थियो–

*गरिबी बाँच्नु र हाँसिदिनु*
*पेटमा भोक अनुभव गर्नु र कुसमयमा सुतिदिनु*
*वञ्चित हुनु र आफ्नो छातीमा कुल्चेर जानेहरू*
*सबलाई स्वागत गरिदिनु*
*विद्रोहको घामलाई आँखामा नकाब*
*राखेर छलिदिनु, योभन्दा बढी हामीले*
*केही गरेनौं ।*
*हिमालका गिलोटिनहरू र टिम्बरका*
*जङ्गलभरि झुन्ड्याइएका पासाहरू*
*विद्रोहको विरूद्ध आयोजित क्रुसिफिकेसनको*
*खैरो छायामुनि बसेर हामी जङ्गली*
*नाच गरिरहेका छौं*
*उपभोग गरिरहेका छौं, प्रवृत्तिको चरमसीमा*
*हाम्रा पर्दाहीन सम्भोगहरू र*
*हामीभित्रका कुरूप अवस्थाहरू*
*देखिएका छन् जहींतहीं–*
*हामी मान्छेको आफ्नोपनदेखि*
*निकै पो तल खसिसक्यौं,*
*आऊ, कालो बुर्का ओढौं सहनुको नाउँमा*
*शिथिलताको नाउँमा ।*

('प्रकम्पन' नयाँ वर्ष अङ्क, २०३०)

तर न यसका पूरा अंश छापिए । न सग्लो पुस्तकका रूपमा मुद्रण भयो । पारिजात प्रगतिशील खेमामा हामफालेपछि उनले यस कृतिको नाम लिन पनि छाडिन् । यो कृति पूर्ण भएको पनि देखिएन । यसरी एउटा आगामी कृतिका रूपमा उल्लेख भएको नयाँ खालको प्रयोगमूलक लेखन विस्मृतिको अँध्यारो खाडलमा सदाका लागि विलीन भयो ।

# डेरा : एउटा साहित्यिक चौतारी

पारिजातले आफ्नो डेरालाई साहित्यिक चौतारी नै बनाएकी थिइन् । विशेष उनलाई २०१८ देखि २०२१ सालसम्म रोगले च्यापेर थला नै पाऱ्यो । उनी ओछ्यान परिन् र साहित्यिक भोक मेट्न, चर्चाको सिलसिला निरन्तरता दिन चिनेजानेका साहित्यकार र गायक-सङ्गीतकारलाई उनी आफ्नो डेरामा निम्त्याउँथिन् । एकपल्ट पारिजात भेटेका साहित्यकार फेरिफेरि त्यहाँ जान मन गर्थे । उनको व्यवहारले । अनि साहित्यिक कुराकानीको मज्जाले ।

यो सिलसिलामा काम नपाएका साहित्यकार, फुर्सद भएका साहित्यकार बिहान, साँझ र रातिसम्म पनि उनको डेरा ढकढक्याउन पुग्थे । बाटामा कतै भेट भयो भने दुई साहित्यकार भनिहाल्थे, "काम छैन, लौ पारिजातको डेरामा जाऔँ ।"

यस क्रममा को कस्ता चिन्न पनि गाह्रो नै हुन्थ्यो । नचिनेको मान्छेले त ढोका ढकढक्याउन आउने, बोलाउने कुरा पक्कै हुन्नथ्यो । तर एक रात एउटा ठिटो रक्सीले चुर मातेर झ्यालमुनिबाट पारिजातको नाम लिएर चिच्यायो । सुकन्या डरले थुरूरू भइन् । अनि रातभरिजसो उनलाई तनाव भयो ।

यस्ता परिचय नखुलेका व्यक्तिको बाहेक बकाइदा परिचय खुलेका स्वनामधन्य साहित्यकारहरू रात ढल्किसक्दा पनि पारिजातको ढोका ढकढक्याउन पुग्थे ।

२०२२ सालतिर यस्तै एउटा चाखलाग्दो घटना भएको थियो । ओमबहालमा माँ भनिने बुढियाकहाँ साहित्यकारहरू रसपानका लागि जाने गर्थे । एक दिन साँझ रोचक घिमिरे, विजय मल्ल, मदन रेग्मी, पुरूषोत्तम बस्नेत, पुण्यप्रसाद सुवेदी, उपेन्द्र श्रेष्ठ, प्रेमध्वज बस्नेतहरू नयाँसडक पीपलबोटमा भेट भएपछि विजयले माँकहाँ जान प्रस्ताव गरे । रोचकले ढिलो हुन्छ भनेर जान मानेनन् । तर विजय मल्ल र मदन रेग्मीले कर गरेपछि उनी पनि साथ लागे । निकै अबेरसँग सबै जना माँको ऐला र सितनमा रमाए । बल्लतल्ल रातको १० नाघेपछि उनीहरू माँको भट्टीबाट निस्किए । अनि विजयले प्रस्ताव गरे– रोचकलाई घर पुऱ्याउन जानुपर्छ । सबैले माने र हल्लँदै नयाँसडकको ढोकानेर आइपुगे ।

यसैबीच मदन रेग्मीले अचानक प्रस्ताव गरे, "पारिजातकहाँ भेट्न जाऔं ।" यो प्रस्ताव सुनेर रोचक घिमिरे छटपटाउन थाले, पियक्कड साथीहरूले जुलुम गर्ने भए भनेर । विजय मल्लले रोचकलाई पारिजात भेटेपछि घर पुऱ्याइदिने वाचा गरे । अनि उनीहरू रित्तो सडकमा हल्लिँदै हिँड्न थाले, पुतलीसडक पारिजातको डेरामा जानका लागि ।

त्यत्तिकैमा एउटा ट्रक सडकमा देखापऱ्यो । विजय मल्लको नेतृत्वमा ट्रक रोक्ने काम भयो । ट्रक ड्राइभर सरदारजी थिए । विजयले तिनलाई पुतलीसडक पुऱ्याइदिन आग्रह गरे । एक हूल मानिस देखेपछि सरदारजीले पनि माने उनीहरूको आग्रह र रातको सुनसानलाई चिर्दै ट्रक पारिजातको डेराअगाडि रोकियो । अनि सबै जना पारिजातको डेरा भएको घरको गल्लीमा छिरे । रातको ११ नाघिसकेको थियो । पारिजातहरू सुतिसकेका थिए । मदन रेग्मीले ढोका जोडजोडसँग ढकढक्याए । यति राति ढोका ढकढकिँदा त्रस्त भएका पारिजात परिवारकी सुकन्याले भित्रैबाट चिच्याइन्, को हो यति राति ढोका ढकढक्याउने ?

मदनले भने, "हामी हौं हामी, विजय मल्ल, मदन । हाम्रो साथमा रोचकजी पनि छन् ।" मदनले रोचकको नाम लिनुमा जँड्याहाको हूलमा एउटा साधु पनि छ भनेर प्रमाण दिनका लागि थियो ।

सुकन्याले आँखा मिच्दै ढोका खोलिन् र सबै जना ग्वारग्वार्ती कोठामा पसे र कोही कता कोही कता बसे ।

मदनले भने, "हामी पारिजातको कविता सुन्न आएका ।"

भयो त ? यति राति मातेका साहित्यकार कविता सुन्न आएका छन् । पारिजात कविता सुनाउने मुडमा थिइनन् । यो कविता सुन्ने सुनाउने न समय थियो, न वातावरण । तर मदनले पारिजातको कविता नसुनी नजाने अड्डी लिएपछि पारिजातले करैले एउटा कविता सुनाइन् । कविता सुनिसकेपछि मदन त्यस कविताको विषयमा पारिजातसँग तर्क र विवाद गर्न थाले । उता विजय मल्ल र सुकन्या अर्कै विषयमा बहस गर्न थालेका थिए । रोचकको त्यस दिनको सम्झना यस्तो थियो–

*रसपानको प्रभावले ढलमलाएको त्यो जमात त्यस बेला राति ११ बजे दुइटी दिदीबहिनी मात्र भएको ठाउँमा त्यसरी आउँदा जसलाई पनि असजिलो लाग्नु स्वाभाविकै हो । पारिजात दिदीबहिनीहरूको मनोदशा त्यस्तै देखिन्थ्यो । "हामी कविता सुन्न आएका हौं, नयाँ कविता सुनौं," मदनले भने । विजय र अरूले पनि सही थापे । मलाई चाहिँ निकै असहज लागिरहेथ्यो । कविता सुनेपछि हामी हिँडिहाल्छौं भनेर मदनले फेरि कर गरे । पारिजातले कुनै कविता सुनाइन् । (स्मृति बिम्बका विजय मल्ल : रोचक घिमिरे : विजय मल्ल स्मृतिग्रन्थ, पृष्ठ १२७)*

यसरी निकै बेर बसेपछि बहस र कुराकानीमा सामेल नभएर हो र हाँ मात्र भनेर दिक्क मानेका रोचक घिमिरे, पुण्यप्रसाद सुवेदीले जोड गरेपछि उनीहरू पारिजातको कोठाबाट निस्किएर आआफ्नो बाटो लागेका थिए ।

यसरी पुतलीसडकमा उनको बसाइ छँदा उनको डेरा साहित्यकारहरूको जमघटको केन्द्र चौतारी नै भएको थियो । त्यहाँ नारायणगोपाल पुग्थे र हार्मोनियम बजाउँदै गाउन थाल्थे– *आज र राति के देखें सपना मै मरी गएको...* । अम्बर गुरूङ पुग्थे र गीत गाउँथे । गोपाल योञ्जन पुग्थे र गाउन थाल्थे– *पिउँछु अधर सुराको बेहोसबेहोस भएर...* । शङ्कर लामिछाने पुग्थे र रक्सी खान्थे । भूपी पुग्थे र विश्राम गर्थे । रामेश, रायन, मञ्जुल पुग्थे र तास खेल्थे ।

रामेशको सम्झनामा टड्कारो छ ती दिनका दैनिकीहरू–

*एक दिन साँझपख झ्वाट्ट दिदीकहाँ पसें म । अरे, बाफरे कस्ताकस्ता भव्य मान्छेहरू । सुकुमार, मोटा, खाइलाग्दा, दामीदामी लुगा, चमक्क चम्कने चस्मा र चेहरा । म झस्किएँ र ठिङ्ग उभिएँ । "बस न," दिदीले भन्नुभयो । छेउको चकटीमा धकाउँदै बसें म । म परिचय गराऊँ है । व्यक्तिव्यक्तिलाई हेर्दै दिदीले सबैको नाम भन्दै जानुभयो, भूपी शेरचन, उत्तम कुँवर, द्वारिका श्रेष्ठ... अनि ऊ रामेश्वर... । (रामेश : पारिजात दिदीसँगका ती दिनहरू : 'पारिजात स्मृतिग्रन्थ', पृष्ठ ३५)*

पारिजातको पुतलीसडककै डेरामा राल्फा युगको सुरूवात भएको थियो । भोजपुरबाट कुम्लो बोकेर आएका प्रदीप नेपाल पनि त्यहीँ पुगेका थिए पहिलो गन्तव्यका रूपमा, पारिजातको डेरामा । उनले पछि यसरी सम्झना गरे–

*२०२६ सालको जेठमा काठमाडौंमा पाइलो टेक्दा मेरो हातमा एउटा ठेगाना थियो । पारिजात र पुतलीसडक एम हाउस पछाडि । पहिलोपल्ट राजधानी सहरमा उत्रिएको म त्यति बेला बस र ट्याक्सीबीचको भिन्नतासमेत छुट्याउन सक्दिनथें । काठमाडौं सहरलाई मैले वाल पोस्टरहरूमा पढेको थिएँ । तर सहरलाई त्यसको आफ्नै रूपमा मैले चिनेको पनि थिइनँ । त्यसैले हवाईजहाजबाट उत्रिनासाथ अलमलिएको र अलिअलि डराएको मन लिएर सोधखोज गर्दै सिनामङ्गलबाट बस चढेर म मैतीदेवी, पीपलको बोटमा उत्रिएँ । त्यति बेला पातलो बस्ती भएको र पिच पनि नगरेको कालिकास्थानको अँध्यारो बाटो छिचोल्दै म पद्मोदय हाइस्कुलअगाडि निस्किएँ र गल्लीगल्ली चहार्दै पारिजात दिदीको कोठामा पुगें । (न आदि छ न अन्त्य नै : सञ्जय थापा (प्रदीप नेपाल : 'पारिजात स्मृतिग्रन्थ', पृष्ठ २७)*

त्यति बेला पारिजातको पुतलीसडकको डेरामा नियमित रूपले पुग्ने राल्फाली प्रिय भाइ मञ्जुलले पनि पारिजातको डेरा साहित्यिक चौतारी बनेको उल्लेख गरे–

*त्यतिखेरका कवि र लेखकहरू उहाँलाई भेट्न पुतलीसडकस्थित उहाँको निवासमा आइरहन्थे । प्रायः भूपी शेरचन, शङ्कर लामिछाने, कृष्णभक्त श्रेष्ठ, मोहन कोइराला, उपेन्द्र श्रेष्ठ, मदनमणि दीक्षितलगायत आउनुहुन्थ्यो । (राल्फाको यात्रा : गरिब जनता झुम्मिन्थे, हुनेखाने तर्कन्थे : मञ्जुल जोतारे धाइबासँग कुराकानी : २०७३ चैत ८ मा प्रकाशित)*

साँच्चै चौतारी नै थियो पारिजातको डेरा । रमाइलो जमघटको थलो थियो त्यो ठाउँ–

*कवि, कलाकारहरू जमघट हुने थलो थियो, पारिजात दिदीको कोठा । हामी त त्यहाँ सधैं नै हुन्थ्यौं । साँझपख दिदीका समकालीन साथीहरू पनि जम्मा हुन्थे । जसमा भूपी दाजु प्रायः सधैं हुनुहुन्थ्यो । मीठो भाषा बोल्ने, अरूको इज्जत सम्मान गर्ने, हाँस्ने र हँसाउने रमाइलो व्यक्ति हुनुहुन्थ्यो, भूपी दाइ । घटनाहरूको वर्णन र मजाकिला चुट्किलाहरू बडा स्वादले भन्नुहुन्थ्यो । उहाँको उपस्थितिमा वातावरण ठट्यौलो र रमाइलो हुन्थ्यो । उहाँसँग साथमा अरूहरू पनि प्रायः सधैं हुन्थे । साँझ परेपछि बोतलका बिर्काहरू खुल्न थाल्थे र नशाहरूको गला खोल्थे । 'न किसीका आँखका नूर हुँ, न किसीका दिलका करार हुँ' रफीको गजल सुनाउन थाल्थे ध्रुवचन्द्र गौतम । कोही कविता वाचन गर्थे, कोही चुट्किला सुनाउँथे, कोही चाहिँ गीत गाउनतिरै लाग्थे । न सुरतालको चिन्ता, न लयको पर्वाह । चोर औंला र बूढी औंला जोडेर 'अति राम्रो'को मुद्रा बनाउँथे मान्छेहरू । एउटाले गाउँदा अरूले तारिफ र प्रशंसाको पुल बाँध्ने, फेरि अर्कोले गाउन सुरू गर्दा अरूले 'वाह ! वाह !' को स्वर मच्चाउने । बाहिर भोलाभाला तर मनभित्र मुस्कुराउँदै बसिरहन्थें म । (पारिजात दिदीसँगका ती दिनहरू : रामेश : 'पारिजात स्मृतिग्रन्थ' : संस्मरण खण्ड, पृष्ठ ४१०)*

एकपल्ट पारिजातको निवासमा अम्बर गुरूङको सम्मानमा एउटा भेला पनि आयोजना भयो । अम्बर गुरूङका गीतहरू मन पराउने र प्रभावित हुनेहरू पारिजातको कोठामा खचाखच भए । सुराका केही दौरपछि अम्बर गुरूङको मुड आयो र उनले हारमोनियममा हात पुऱ्याए । उनीसँगै आएका तबलावादक र गितारवादक पनि तयार भए । बाजा र गीत घन्किन थाल्यो, सङ्गीतप्रेमीहरू झुम्न थाले । मर्मस्पर्शी गीतहरूले गीतसङ्गीतप्रेमीहरूलाई विभोर बनाएको थियो । अम्बर गुरूङका गीतका शब्द, भाव र तिनको उचाइले अनि बाजाको र लयको आरोहअवरोहले सङ्गीतप्रेमीहरूलाई पनि आरोहअवरोह गराइरहेको थियो । एउटा गीतपछि अर्को गीतको माग हुन्थ्यो । जब अन्त्यमा अम्बरले *रातभरि दियो जलाइरहें, निराशाको आँधी उठिरह्यो...* गीत गाउन थाले, शङ्कर लामिछाने यो गीतले अतिशय भावुक भएर 'त्यो दियो मै हुँ' भन्दै पुर्लुक्कै ढले ।

यसरी पारिजातको डेरा रोदीघर जस्तै सङ्गीतमय हुन्थ्यो ।

नोरेमको सम्झना यस्तो थियो–

*पारिजात दिदीको पुतलीसडकको बासस्थान राल्फालीहरू सुस्ताउने एउटा शीतल छहारी जस्तै थियो । प्रत्येक साँझ त्यहाँ भेला भएर साहित्य र सङ्गीतबारे चर्चापरिचर्चामा हामी जुटिरहन्थ्यौं, त्यसमा बानी परिसकेको थियो । साङ्गीतिक माहोलमा डुबेर आनन्दित हुने लत लागिसकेको थियो । पारिजात दिदी एउटी अभिभावक जस्तो लाग्थ्यो मलाई । राल्फाका सपना र नवीन सृजनाको रचनागर्भमा नित्य डुबेर आफ्नो शारीरिक अशक्तता बिर्सने एउटा असाधारण व्यक्तित्व । (राल्फा शिल्पीहरू : नोरेम : 'नागरिक अक्षर', २०६९ फागुन १२, शनिबार)*

तर त्यही चौतारीमा एउटा अनपेक्षित दुर्घटना भइदियो एकपल्ट । पारिजातले आफ्नो मनको प्रथम दर्जामा राखेको सहृदयले झ्यालमा आएर आधारातमा यस्तो शब्द बोलिदियो, पारिजातलाई पत्याउन मुस्किल भयो, सहन गाह्रो भयो । उनले नसोचेको स्थिति आइदियो । के, किन, कसो उनको मनले भेउ पाएन । यो कुनै दुःस्वप्न थिएन । उनले यसलाई उपमा दिइन्, 'विश्वासले आँखामा पट्टी बाँधेको रात' । हो, विश्वासले आँखामा पट्टी बाँधेको थियो । विश्वासले आत्महत्या गरेको थियो । एउटा अकल्पनीय बीभत्सता छताछुल्ल भएको थियो । उनले त्यसलाई यसरी सम्झिएकी थिइन्–

*के थाहा बिचरा मलाई, कहिलेकाहीँ रातले इतिहास बदल्न खोज्छ भन्ने कुरा । के थाहा मलाई, आस्थाले पनि कुनै दिन बाटो बिराउँछ भन्ने, विश्वासले पनि आँखामा पट्टी बाँधेर आक्रमण गर्छ भन्ने । के थाहा मलाई, जुन सत्यताको आडमा उभिएकी छु त्यो भत्किन सक्छ, जुन निष्ठालाई अँगालेकी छु, त्यसलाई पनि कसैले प्रहार गरिदिन सक्छ भन्ने । रातले झप्का हान्छ, सपना जस्तोमा सुन्छु र फेरि टड्कारो भएर सुन्छु, अन्धकारलाई चिर्दै आएको चिरपरिचित आवाज । जिब्रो बटारिएर निस्केको, लर्खरिएर निस्केको, सकिनसकी उच्चारण गरिएको, "पारिजात ।"*

*म यो आवाजको अघिपछिदेखि लिएर हालको स्थिति र उद्देश्यसम्म छर्लङ्ग बुझ्छु । म अतासिन्छु । मेरो स्नेह, ममता, श्रद्धाले दिनको उज्यालोमा वञ्चित हुन नपाएको यो बोलाइको हीन उद्देश्यलाई, वञ्चित नभएको मैले विश्वास नगरेरै विश्वासमा परिहाल्छु । सम्झन्छु, यो असत्यताको मलाई के आवश्यकता, यो ढोङको के आवश्यकता ? यो कस्तो बीभत्स आवेग हो ? तै, प्रत्येक विशाल दृष्टिकोणबाट, प्रत्येक उज्यालोतर्फबाट उसलाई परख गर्न खोज्छु । तर उसले अर्को यस्तो शब्द बोलिदिन्छ, जसको बीभत्सता र निर्लज्जताको म यहाँ वर्णन गर्न सक्तिनँ । मेरो आडको सत्यता ढलिदिन्छ, मेरो निष्ठा मेरो अँगालोबाट खुस्किदिन्छ । म एकपल्ट फेरि हावामा झुन्डिन्छु । मलाई छटपटी हुन्छ, कम्पन हुन्छ, पसिना छुट्छ, दुई गिलास पानीले मलाई पुग्दैन ।*

*मेरो अघि मुर्दा लडे जस्तो लाग्छ, मेरो हृदयको कङ्काल मेरो अघि नाचे जस्तो लाग्छ । म विचार गर्छु, उसले आत्महत्या गऱ्यो । हतपत उठेर ऊ सँगसँगै उसका सारा स्मृतिहरूलाई कुम्ल्याएर म आफूभित्र गाडिदिन्छु र एउटा अनौठो सन्तोषको अनुभव गर्छु । रून्नलाई म अभ्यस्त छैन, रून्न । यसरी इतिहास बदलेर यो रात बित्छ म अनिदो नै ब्युँझन्छु । मध्यरात, रक्सीमा चुर्लुम्म डुब्नु, मेरो झ्यालमुनि आउनु, मलाई नबुझ्नु र केही भन्नु यति हो, उसको दोष भनौं या धृष्टता । तर वर्षौंदेखि एकनास सुतेको कसैको निष्ठामा, स्वाभिमानमा उसले गहिरो प्रहार गरेको छ । त्यसैले त बारम्बार भनिरहेछु, यो रात आस्थाले बाटो बिराएको रात, विश्वासले आँखामा पट्टी बाँधेर आएको रात, मेरा निम्ति कहिल्यै भुल्न नसकिने रात । (विश्वासले आँखामा पट्टी बाँधेको रात : पारिजात : 'रूपरेखा', २०२२ वैशाख : पूर्णाङ्क ४८ : पृष्ठ १६०-१६१)*

...

# कथायात्रा

# निरन्तर कथालेखन

पारिजातको लेखनयात्रा कविताबाट भयो । पहिलो प्रकाशन पनि कविता विधाबाटै भयो । कविता लेखनबाट उनी उपन्यास लेखनमा हामफालिन् । पहिलो उपन्यासको प्रकाशन हुन नसकेपछि, प्रकाशकहरूबाट अस्वीकारको पीडाले रन्थनिएर उपन्यासको पाण्डुलिपि जलाइन् । तर आख्यानको अर्को विधा कथामा भने उनको कलम अलि ढिलो मात्र चल्यो ।

*रचना* दुईमहिने साहित्यिक प्रकाशनमा २०२१ असोज-कात्तिक अङ्कमा प्रकाशित 'मैले नजन्माएको छोरो' पारिजातको पहिलो प्रकाशित कथा रचना हुन पुग्यो । पहिलो कथा रचना प्रकाशन गर्ने रोचक घिमिरे यसरी सम्झन्छन्–

*पारिजात कविता मात्रै लेख्नुहुन्थ्यो । पारिजातले कथा पनि लेख्न थाल्नुभयो । उहाँले 'मैले नजन्माएको छोरो' भन्ने कथा 'रचना'मा पठाउनुभयो । हामीलाई पारिजातको त्यो पहिलो कथा हो भन्ने त थाहा थिएन । पछि थाहा भयो, पारिजातको सर्वप्रथम छापिएको कथा त्यही नै रहेछ । 'रचना'कै माध्यमबाट पारिजातको कथाकार परिचय पनि बन्यो । (सिर्जना र दृष्टिकोण, सूर्य सुवेदी : रोचक घिमिरेसँगको अन्तर्वार्ता, पृष्ठ ४९५)*

अविवाहित पारिजातले लेखेको 'मैले नजन्माएको छोरो' कथाले साहित्य जगत् एकपल्ट झङ्कृत भयो । मानिसहरूले अनेक अडकलबाजी गरे । कसैले यौनवादी पनि भने । तर पारिजातलाई पछिसम्म यही कथा नै उनलाई कथाकारको चिनारी दिने माध्यम बन्यो । उनी यस कथाको सफलताले निकै फुरूङ्ग परेकी थिइन् । उनको भनाइ थियो–

*मेरो कथा (मैले नजन्माएको छोरो)लाई यौनवादी संज्ञा दिई विवादास्पद अवस्था पारिदियो । म त भन्छु कि जुनसुकै नारीमा पनि वात्सल्य प्रवृत्ति हुन्छ, त्यो प्राकृतिक नियम हो । त्यो नकार्न सकिन्न । तर म आमा चाहिँ बनिनँ । यदि कसैलाई छोराका रूपमा कुनै नारीले कल्पना गर्छ र त्यस छोरा बिग्रँदै गएपछि सपार्ने उपायहरू सोच्नु स्वाभाविक कुरा हो, जुन मैले यस कथामा चित्रण गरेकी छु । तसर्थ कसरी यौनवादीको संज्ञा दिनु ? यसरी विवादमा फस्दाफस्दै पनि विराटनगरमा भएको एउटा कुराले मलाई गौरव महसुस गरायो । एक साहित्यकारले भन्नुभयो, "मैले अझैसम्म*

*त्यस्तो साहित्यकार देखेको थिइनँ कि, जसले आमा नबनी आफ्नो कलिलो उमेरमै आमाको कल्पना संसारमा आमा बनी आदर्श छोराको कल्पना गर्दछे, मलाई धेरै अचम्म लागेको छ.. ।"*

*यस उद्गारले मलाई ज्यादै खुसी दिलायो । किनकि आमा भएर छोराछोरीहरूलाई सम्हाल्नु प्रकृतिको नियम नै हो । तर म ...कहिल्यै आमा नभएकीले र सधैं आमाको मायाबाट वञ्चित छोरीले यस्तो कल्पना गर्न अस्वाभाविक नै लाग्छ । मेरी आमाकै कुरा गरौं– म जन्मेपछि आमाले यस संसारबाट बिदा लिनुभयो । त्यसैले आमाको माया कस्तो हुन्छ भन्ने मलाई थाहै भएन । मैले खालि नारीभित्रको वात्सल्यताको प्रस्तुति गरेकी मात्र हुँ । (उनी पनि नारी हुन् (पारिजातसँग अन्तर्वार्ता) : डा. गीता श्रेष्ठ : 'नारी मञ्च' २०४८ कात्तिक, पृष्ठ २९-३०)*

यस कथालाई समालोचक रञ्जुश्री पराजुलीले यसरी व्याख्या गरिन्–

*कथाकारले आफू अविवाहित भएर पनि एउटी नारीको सन्तानको चाहना, त्यसप्रतिको प्रेम, ममता र वात्सल्यलाई यस कथामा अति स्वाभाविक तरिकाले व्यक्त गरेकी छन् । सन्तानको चाहनाले अधीर भएकी नारीपात्रको माध्यमद्वारा उनले समय, व्यवहार र परिस्थितिले केही नारीहरू बिहे गर्दैनन् । बिहे नगर्दैमा उनीहरूमा भएको मातृत्वको भोक हराउँदैन । त्यस्ता स्वास्नीमान्छेहरू असम्भव भए तापनि आत्मसन्तुष्टि र मातृत्वको भोकको तृप्तिका लागि यस कथाकी म पात्र जस्तै आफूले नजन्माएको छोराको भए पनि आमा बन्न चाहन्छन् भन्ने मनोवैज्ञानिक धारणा यस कथाले व्यक्त गरेको छ । (पारिजातको कथा 'मैले नजन्माएको छोरो' : रञ्जुश्री पराजुली : कृति विवेचना : सुनकोसी साहित्य प्रतिष्ठान : पहिलो संस्करण : २०५६, पृष्ठ ७६-७७)*

यो कथा रचनासँगै उनको कथालेखनले गति लियो । २०२५ सालमा पुस्तक संसार विराटनगरबाट १२ कथाहरूको सङ्ग्रह *आदिम देश* पनि प्रकाशित भयो । यो कथा सङ्ग्रहको प्रकाशनपछि त्यसको चर्चापरिचर्चा पनि सुरू भयो ।

यो कथा सङ्ग्रहको प्रकाशनपछि वासु रिमाल यात्रीले तीखो टिप्पणीयुक्त आलोचना प्रकाशन गरे । तर यी दुई स्रष्टाबीच कहिल्यै प्रत्यक्ष भेटघाट भएको थिएन । आलोचना छापिएपछि पारिजातले त्यो पढिन् र वासु रिमाल यात्रीलाई बोलाउन पठाइन् । निकै धक मानेर वासु रिमाल यात्री पारिजातलाई भेट्न पुगे । उनले पारिजातलाई निहिलिस्ट अर्थात् अनास्थावादी भनेर तीव्र आलोचना गरेका थिए । उनको शब्दमा गाली गरेका थिए । एकदुई ठाउँमा उत्कृष्ट कवि भनेर तारिफ पनि गरेका थिए–

*..एक दिन पारिजातको 'आदिम देश' मेरो हातमा पऱ्यो । बडो चाख लिएर पढें । नबुझेको दोहोऱ्याएँ । पुस्तक सकेपछि थाहा पाएँ, पारिजात र ममा दुई ध्रुवको दूरी रहेछ । त्यसैले भेटघाट हुन नसकेको । 'चिरफारको आँखा' लिएर बसें । घाउ निचोरें । कतै निकै दुखाएँ अनि कतै मलम लगाएँ । आलोचना छापियो । (कथाहरूका कुरा : पारिजातसँग भेट : वासु रिमाल यात्री : 'मधुपर्क', पुस २०२५)*

वास्तवमा वासु रिमाल यात्रीले 'चिरफारको आँखा'लाई दुई नयाँ पुस्तक शीर्षकमा– *हिमाल मासिक*मा परशु प्रधान र पारिजातका दुई कथा सङ्ग्रहको आलोचना गरेका थिए ।

पारिजातले भनेकी थिइन्, "मेरो परशुसँग तुलना हुन सक्छ र ?"

उनले एउटै गोलीले दुई जनालाई हानेका थिए । उनले पारिजातलाई बताए, "कसैलाई गिराउन र कसैलाई उठाउन खोजेको कुरा म मान्न सक्दिनँ । शैली र सिद्धान्तका दृष्टिले दुई कथाकारमा ठूलो अन्तर देखिन्छ । त्यसैले उनको र परशुको तुलना गर्न अप्ठ्यारो पर्छ ।"

पारिजातले भनिन्–

*तपाईंको आलोचनामा दुईचार ठाउँमा टेक्निकल भूल हुन गएछन् । त्यसैले तपाईंलाई बोलाएकी हुँ । तपाईंले लेख्नुभएछ– दुईचार ओटा कथा पत्रपत्रिकामा प्रकाशित भएथे 'आदिम देश' प्रकाशन गरेर म कथाकार पनि हुँ भन्ने दाबी गरेको देखिन्छ । तर मैले कथाकार हुँ भनी दाबी गरेको छैन । न कथा सङ्ग्रहमा सङ्कलित कथाहरू नै अप्रकाशित हुन् । आलोचकले विभिन्न पत्रपत्रिकाहरू नपढी लेख्नु राम्रो होइन । ती कथाहरू चर्चाको विषय भइसकेका छन् र कुनैकुनै त अरू भाषामा अनूदित पनि छन् । यस्ता गल्ती भएकामा दुःख लागेको छ ।*

वासु रिमाल यात्रीले आदम र इभको अनुहार सुन्दर थियो *आदिम देश*को मान्छेको अनुहार भद्दा, कुरूप देखियो भन्ने गुनासोलाई उनले म आदम र इभको कथामा विश्वास गर्दिनँ । दाह्रा निस्किएको कुरूप अनुहार असभ्य प्रवृत्तिका प्रतीक हुन् । यो कुरा तपाईंले बुझ्नुभएनछ भन्ने जबाफ दिएकी थिइन् ।

तर पारिजातले म कथाकार हुँ भनी दाबी गरेको छैन भनेर २०२५ सालमा वासु रिमाल यात्रीसँग भने पनि उनको कथालेखनयात्रा उनको लेखनयात्राको अवधिभर निरन्तर रह्यो । उनको जीवनकालमा *आदिम देश*पछि *सडक र प्रतिभा, साल्गीको बलात्कृत आँसु* तथा *वधशाला जाँदा आउँदा* प्रकाशन भयो । *वधशाला जाँदा आउँदा* उनको सबैभन्दा कम कथा सङ्ख्या र सानो कायाको अन्तिम कथा सङ्ग्रह हो, जुन उनको देहान्त हुनु अघिल्लो वर्ष २०४९ सालमा प्रकाशन भएको थियो । उनले बोनीलाई सम्बोधन गरेर लेखेका कथाशृङ्खलापछि *बोनी* नामको उपन्यासका रूपमा बेग्लै पुस्तकाकारमा प्रकाशन भयो ।

आफ्नो कथालेखनका विषयमा पारिजातको धारणा यस्तो थियो–

*आफ्ना कथा विधामा विषय समावेशप्रति म सचेत भएको हुँदिनँ । लेखनका आआफ्ना परिपाटी हुन्छन् । म कथा लेख्दा पहिले पात्र, त्यसपछि उसको स्वभावशीलता र परिवेशको प्रशस्त अध्ययन गर्छु । यसैलाई शिल्प, प्रस्तुति भाषामा उन्दै लैजाँदा कथा बनिसक्छ । पात्रहरू कपोलकल्पित हुँदैनन् । सबै सजीव, मेरै वरिपरि बाँचिरहेका हुन्छन् तैपनि मेरा कथाहरूलाई सत्यकथा भन्न मिल्दैन । कुनै पात्र भाग लाग्छ,*

*कुनै पात्रहरू एउटैमा एकाकार हुन्छन् । जहाँको मलाई अनुभव छैन, त्यहाँ दोस्रो व्यक्तिसित सोधेर त्यसलाई आफ्नो कल्पनाशीलताको तीव्र र सूक्ष्म प्रयोगद्वारा टिप्ने गर्छु । उदाहरणका निम्ति म जेल बसेकी छैन । तर जेलबारे लेख्दा जेल भुक्तभोगीसँग प्रशस्त कुराकानी गर्छु । कल्पनाको भरमा कहिल्यै हामफाल्दिनँ । घटना, करिश्मा, चरमोत्कर्ष, कथानकबारे सोच्दिनँ, मेरो सुरूवात पात्र नै हो । बढी चिन्तन गर्छु, कम लेख्छु... । (पारिजात : 'अस्मिता', वर्ष २, अङ्क ६, २०४६ मङ्सिर-पुस)*

पारिजातका कथाका विषयमा डा. दयाराम श्रेष्ठले यसरी मूल्याङ्कन गरे–

*आफू बाँचेको युग, समय र क्षण मात्र भएर आफूले देखेको सामाजिक मूल्यप्रति विद्रोह गर्दै सन्तुलनहीन आर्थिक प्रणालीको विरोध गर्ने नयाँ चेतनाकी कथाकार हुन् पारिजात । उनले अस्तित्ववादी किंवा विसङ्गतिवादी दृष्टिबाट जीवन र जगत्लाई हेर्नुका साथै प्रगतिशील दृष्टिबाट समाजलाई हेरेर आफ्नो कथासिर्जनालाई गत्यात्मक रूपको बनाएकी छिन् । कथाको परम्परित ढाँचालाई त्यागेर विषयवस्तुको सूक्ष्मता र बौद्धिक अभिव्यक्तिद्वारा पाठकमा प्रभाव पार्न सक्ने क्षमता उनको सिर्जनधर्मितामा छ । जीवनदर्शनको सत्यतामा केन्द्रित हुँदै उनले समाजभित्रको यथार्थलाई स्पर्श गर्ने जुन बाटो अवलम्बन गरेकी छिन्, त्यो आफैँमा विलक्षण छ । (पारिजात : नेपाली कथा र कथाकार : नेपाल प्रज्ञा-प्रतिष्ठान २०७० : पृष्ठ १७६)*

पारिजातको कथाकारितामा शोधपत्र लेख्दै अम्बुभवानी कार्कीले भने पारिजातको कथाकारितालाई यस रूपमा हेरिन्–

*...तीन दशकको लामो कथायात्रामा ढुलमुल, अस्थिर, निस्सारतावादी, विसङ्गतिवादी, अस्तित्ववादी, राल्फाली अराजकतावादी हुँदै पारिजातले अन्त्यमा विशृङ्खल चेतनामाथि विजय हासिल गर्दै निर्धक्क भएर प्रगतिवादका पक्षमा कथाहरूको पछिल्लो यात्रा गरी आफ्नो कथायात्रा पूरा गरेको देखिन्छ । उनको यस प्रयासले नेपाली साहित्यकै लागि आधार दिएको छ । खास गरी प्रगतिशील सर्जकहरूका लागि उत्साह बढाएको छ, बाटो देखाएको छ र भूमि प्रदान गरेको छ । (पारिजातको कथाकारिता (शोधपत्र) अम्बुभवानी कार्की : २०५२, पृष्ठ ६९)*

कथालेखन प्रक्रियाबारे पारिजातले आफ्नो धारणा बेलाबेलामा अभिव्यक्त गर्दै रहिन्– कसरी पात्रहरूको छनोट गर्ने, कसरी भेटेका जीवित व्यक्तिहरूलाई आख्यानीकरण गर्ने भनेर । आफ्नो तरिकालाई पाठकसमक्ष नियमित रूपले प्रस्तुत गरिरहिन्–

*लेखक नै बन्ने इच्छा थियो । त्यसैले जस्तोसुकै अवस्थामा पनि जीवनका पक्षहरूलाई उपेक्षा गर्न सकिएन । मान्छेका अगलबगल चियाइहेर्ने बानी बस्यो । म मान्छेहरूमा पात्र खोज्न थालेँ र परिवेशभित्र जीवनका रहस्यहरू । असमयमा तन्नेरी बनेर झ्यालमुनिबाट मलाई रङपानीका लोला हान्ने ठिटो एउटा पात्र बन्यो, मानसिक विकार बोकेका पुरूषहरूले अरूका आँखा छलेर गरेका बीभत्स इसाराहरूलाई कतै कलममा उन्न थालेँ । होटलमा भाँडा माझेर खाने र पुतलीसडकबाट सधैँ*

*खासखास समयमा ओहोरदोहोर गर्ने एउटी लाटी गोल्ड्याङ्ग्रीमा जीवनको सजीवता देख्न थालें । एक दिन एउटा रिक्सावालाले उसलाई रिझाउँदै, फकाउँदै, हँसाउँदै रिक्सामा राखेर लग्यो, मैले कल्पना गरें, लाटीको अँध्यारो परिवेश, विवश परिवेश, एउटा कथा जन्मियो ।*

*एक रात एक निर्दयी लोग्नेद्वारा भैंसी चुटाइमा परेकी स्वास्नीमान्छे केही क्षणका निम्ति आश्रय माग्न आई, कथा बन्यो । यसरी एक दिन घरको पश्चिमतिरको बलैंसीमा घाम तापिरहेका बेला एउटी स्वास्नीमान्छे हस्याङफस्याङ गर्दै फोहोर, रछ्यान, नाला केही नभनी भाग्दै आइरहेको देखें । पहिले त बौलाही पो हो कि भन्ने डर लाग्यो । तथापि सोधें, "किन यसरी भाग्नुभएको ?" त्यही स्थितिमा उसले भनी, "मैले आज मुद्दा जितें । देवरजेठाजुहरू पछि लागेका छन्, भेटे भने मार्छन् ।" मेरो कल्पना त्यो पात्र सँगसँगै भाग्यो, उसको आतङ्क सँगसँगै कम्पित भयो । यसरी जीवन र पात्रसँग समानान्तर कुद्ने क्रममा मेरो अन्तर्मुखी स्वभावको ह्रास हुन थाल्यो । कलम बढी यथार्थवादी बन्न पुग्यो । कतैकतै त कलममा लगाम नभएको अनुभव पनि गर्न थालें । (पात्रहरूको गहिराइमा : पारिजात : 'सङ्कलित रचनाहरू' भाग ४, पृष्ठ ८५)*

पारिजातले कथालेखनलाई अघि बढाउने क्रममा आफ्ना कथा गतिलो नभएको महसुस गरेर लेख्न छाडेकी थिइन् राल्फाकालमा । तर पछि साधारण मानिसका कथा लेख्छु भनेर उनले कलम तिखार्न थालेकी थिइन् । उनको स्वकथन यस्तो थियो–

*आफ्नो कथा साहित्यको दाँत, नङ्ग्रा खुस्किएको थाहा पाएपछि कथालेखन छाडेकी थिएँ । फेरि २०२९ साल वैशाखदेखि कथालेखन थालेकी छु । आफूले त नयाँ परिपाटीमा लेख्न सुरू गरेकी हुँ । निर्णयका निम्ति पाठकहरूसमक्ष हात फैलाउँछु । ज्यामी, रिक्सावाल, ड्राइभर, होटल ब्वाय, पियन, पाले, बहिदार, रिक्रुट, पुलिस, सिपाहीहरूलाई लिएर उनीहरूकै निम्ति लेखिएका कथाहरू । हेर्नु छ कतिसम्म सफल हुन्छन् वा हुँदैनन् । सङ्घर्ष र सफलतासँग जुझ्नु त यथावत् छँदै छ नै काल नआएसम्म ।*

अन्तर्राष्ट्रिय नारी वर्षको उपलक्ष्यमा साहित्यकार शैलेन्द्र साकारले *कथामा 'नारी हस्ताक्षर'* नामक नारी कथाकारका कथा सम्पादन गरेका थिए र साझा प्रकाशनबाट प्रकाशन पनि भएको थियो । त्यही सङ्ग्रहको परिमार्जित रूपलाई जापानी भाषामा अनुवाद गरियो र जापानबाट प्रकाशित भयो । त्यसमा उनको 'बीसौं शताब्दी यौटा गल्लीमा' कथा समावेश थियो । त्यो कथा नै जापानी भाषामा अनूदित उक्त सङ्ग्रहको मुख्य आकर्षण थियो–

*कथामा नारी हस्ताक्षरमा उहाँको 'बीसौं शताब्दी यौटा गल्लीमा' शीर्षक कथा प्रकाशित भएको थियो । पछि जापानी भाषामा मेरो सम्पादनको उक्त पुस्तक प्रकाशन हुने भएपछि जापानी भाषाको उक्त पुस्तकको आवरणमा उहाँको कथाको शीर्षकलाई नै मूल फोकस गरिएको छ । हुन पनि उहाँ विदेशी महिलाहरूमा पनि उत्तिकै लोकप्रिय र*

*मिथकका रूपमा चर्चित भइसक्नुभएको थियो । त्यसैले पारिजात एउटी नारी लेखिकाको नाम मात्र थिएन, एउटा जीवन्तताको प्रतीक पनि भइसकेको थियो । (जीवन्तताको प्रतीक : पारिजात, शैलेन्द्र साकार : ज्ञानगुनका कुरा २२ : २०५० जेठ, पृष्ठ ७८-७९)*

उनको देहान्तपछि *पारिजातका प्रतिनिधि कथा*का रूपमा पूर्ण इन्फादाको सम्पादनमा नेपाल प्रज्ञा-प्रतिष्ठानबाट २०७४ सालमा प्रकाशित भयो । प्रतिनिधि नाम दिइए पनि यस सङ्ग्रहमा प्रगतिवादी कथाहरूलाई प्राधान्य दिइएको छ । *मैले नजन्माएको छोरो* जस्तो उनलाई कथाकारका रूपमा पहिचान दिने कथा समावेश छैन । यस सङ्कलनमा उनको पहिलो कथा सङ्ग्रह *आदिम देशमा* कथा सङ्ग्रहका कुनै पनि कथा समावेश गरिएको छैन ।

...

पारिजातका थप उपन्यास

# अस्वीकारको ठक्कर र बैंसको मान्छे

रूपरेखासँग पारिजातको नजिकको नाता थियो, लेखिकाका रूपमा । स्तम्भकारका रूपमा । *शिरीषको फूलले* मदन पुरस्कार पाएपछि अन्तर्वार्ताको कृति *स्रष्टा र साहित्यका* लागि उत्तम कुँवरले पारिजातसँग पनि अन्तर्वार्ता लिए । *रूपरेखा* उत्तम कुँवर र बालमुकुन्ददेव पाण्डेको साझेदारीमा नेपाली साहित्यको अपरिहार्य पत्रिका बनेको थियो । साहित्यकार हुन *रूपरेखा*मा छापिनुपर्छ भन्ने एक प्रकारको अघोषित मान्यता स्थापित थियो । *रूपरेखा*मा प्रकाशन भएपछि उसको रचना साहित्य जगत्ले नोटिस गर्थ्यो ।

*बैंसको मान्छे* उपन्यास पुस्तकाकारमा अन्य प्रकाशनबाट प्रकाशनका लागि अप्ठ्यारो परेकाले *रूपरेखा*ले पारिजातको आग्रहमा प्रकाशन गरेको थियो । बादेपाको शब्दमा–

*एकपल्ट पारिजातले एउटा उपन्यासको पाण्डुलिपि पठाइन् । त्यो पुस्तकका रूपमा छाप्न लाग्दा हो अथवा अर्कै पत्रिकामा छाप्न लाग्दा सेन्सरबाट पास भएनछ । घमन्ड गरेको नठानियोस्, त्यसताका 'रूपरेखा'मा जतिसुकै कडा रचना पनि छाप्न हामी हिम्मत गर्थ्यौं र त्यसलाई सेन्सरबाट सजिलै पास गराउँथ्यौं । भूपीको 'हामी' कविता अठार-उन्नाइस सालमा रूपरेखामै पहिले छापिएको हो । त्यसले निकै हलचल मच्चाएको हो त्यस बेला । कुरा के थियो भने, पत्रिका पास गराउन म आफैं (पहिले म्याजिस्ट्रेटको कार्यालय अनि पछि अञ्चलाधीशको कार्यालय) जान्थें । खास आपत्तिजनक छैन भन्थें, अधिकारीले पनि लौ त भनेर पास गरिदिन्थे । अँ, त पारिजातको त्यो उपन्यास थियो 'बैंसको मान्छे' । त्यस बेला त्यस किसिमको उपन्यास पास हुनु निकै कठिन थियो । तैपनि देखा जाएगा भनेर छाप्यौं । पास भयो । (पारिजात : केही नमेटिएका डोबहरू : बादेपा : ज्ञानगुनका कुरा : भाग १२, पारिजात स्मृति अङ्क, २०५०)*

यो उपन्यास समालोचक कृष्णचन्द्रसिंह प्रधानको दृष्टिमा यस्तो रह्यो–

*बैंसको मान्छेले अर्कै धुरी खडा गर्छ । पारिजात यहाँ उग्रतर देखापर्छिन् । उनको उग्रताको अर्थ नभएको होइन । संसारमा अन्यायका विरूद्ध पाइने वैचारिक र बौद्धिक क्रान्ति यहाँ निरपेक्षित छैन । यस्तै बौद्धिक प्रतिफलन 'बैंसको मान्छे'मा पनि छ । तटस्थतालाई सायद अब पलायन ठान्छिन्, सम्झौतालाई अवसरवादीहरूको*

*नीति । 'बैंसको मान्छे'ले ती आफ्ना पूर्वाधार त्यागेर जाइलाग्ने संलग्नता रोज्छ । यसरी पारिजातको प्रगतिले क्रमिकता जनाउँछ । (रूपरेखाका चार उपन्यास : कृष्णचन्द्रसिंह प्रधान : 'रूपरेखा' : २०० अङ्क, पुस २०३४)*

यो उपन्यास उनले २०२८ मङ्सिरमा पूरा गरेकी थिइन् । तर प्रकाशनको चाँजोपाँजो मिल्न नसकेपछि उनले रूपरेखालाई दिएकी थिइन् । जगदीश घिमिरेलाई १२ भदौ २०२९ मा लगन पुकुसीबाट लेखेको पत्रमा उनी लेख्छिन्–

*मेरो उपन्यास आखिर हैरान भएर 'रूपरेखा'लाई दिएँ । जिम्मा लिएको छ उत्तम कुँवरले । (जगदीश घिमिरेलाई पत्र : स्थान, काल, पात्र : पृष्ठ ११५)*

त्यसअघि पनि उनले *बैंसको मान्छे* लेखेर लामो समय बितेको, प्रकाशन हुन नसकेको र डेट एक्स्पायर्ड हुन लागेको अभिव्यक्ति दिएकी थिइन्–

*एउटा उपन्यास सिद्धियो 'बैंसको मान्छे' (यो विज्ञापन होइन नि । विज्ञापनका निम्ति त म छुट्टै व्यवस्था गर्दै छु) ।*

*'लिलाम'का लेखक जगदीश घिमिरेले पाण्डुलिपि पढेपछि 'शिरीषको फूल' र 'महत्ताहीन'भन्दा राम्रो छ भन्नुभयो । तर छपाउनलाई केही चाँजो मिलाउन सकिनँ । २०२८ माघ महिनामै सिद्धिएको अब त डेट एक्सपायर्ड पो हुन आँट्यो । (एउटा अल्छी वर्षपछि : पारिजात : 'रूपरेखा', २०२९ साउन, पूर्णाङ्क १३५, पृष्ठ २४)*

पुस्तकका रूपमा प्रकाशनको चाँजोपाँजो मिल्न नसकेर नै *बैंसको मान्छेलाई* पारिजातले अन्त्यमा रूपरेखामा प्रकाशनका लागि दिएकी थिइन् । अन्य उपाय नभएपछि ।

यसरी *बैंसको मान्छे* रूपरेखामा पूरै अंश प्रकाशन भएको थियो, २०२९ सालमा ।

# विद्वद्वृत्ति, तोरीबारी बाटा र सपनाहरू तथा अन्तर्मुखी

राल्फाकाल पारिजातको जीवनको लेखकीय एक प्रकारको उत्कर्षकाल थियो । राजनीतिक रूपले उनले रङ परिवर्तन गरेकी थिइनन् । आफ्नो डेरामा बोलाइएका, नबोलाइएका, सोध्दैखोज्दै आउनेहरूसँग उनको साहित्यिक साहचर्य हुन्थ्यो र उनले लेख्दै सुनाउने पनि गर्थिन् । उनको डेरामा एक प्रकारको पूर्ण साहित्यिक माहोल थियो ।

*तोरीबारी बाटा र सपनाहरू* लेख्ने मन चाहिँ पारिजातले उपचारको सिलसिलामा दिल्लीमा छँदै गरेकी थिइन् । त्यसलाई एउटी साधारण स्वास्नीमान्छेको आत्मकथनयुक्त बनाउने उनको सोच थियो । सुकन्यालाई दिल्लीबाट चिठी लेख्ने क्रममा उनले लेखेकी थिइन्–

*'तोरीबारी बाटा र सपनाहरू' जसमा एउटी स्वास्नीमान्छेको साधारण आत्मकथन लेखिनेछ । त्यसको विशेषता त्यति मात्र हो, भारतीय विस्तारवाद र भारतीय संस्कृति परम्परादेखि केही विमुख गराउने कोसिस । आत्मकथन हो, लेख्दालेख्दै कता बहकिन्छु, थाहा छैन । बाँदरको तस्बिर बनाउँदा बनाउँदै भालु भइदिन पनि असम्भव छैन । (अपराजिता : 'पारिजातका पत्रहरू सुकन्या'लाई १७ नोभेम्बर १९७४ मा दिल्लीबाट लेखेको पत्र : सङ्कलन : सुकन्या वाइबा, पृष्ठ ९९)*

*तोरीबारी बाटा र सपनाहरू* उनले आफन्तकहाँ बस्दा हीरापुर सर्लाहीमा बीजारोपण गरेकी थिइन् । त्यो उपन्यास पनि राल्फाकालमै लेखिएको थियो । प्रकाशनको सुलभता खासै भइसकेको थिएन मदन पुरस्कारप्राप्त लेखिका भए पनि । राल्फाकालमा राल्फाली पत्रिकाहरू *रचना*का सम्पादक रोचक घिमिरेका पिताको व्यास प्रेस गहनापोखरीबाट प्रकाशन हुन्थे । त्यसकारण त्यो प्रेससँगको सम्बन्धका कारण *तोरीबारी बाटा र सपनाहरू* व्यास प्रेसमा मुद्रणका लागि गयो । केही फर्माहरू मुद्रण पनि भए । यसैबीच पारिजात भाजङ्गल कीर्तिपुर डेरा सरेकी थिइन् ।

प्रेसलाई पैसा पनि दिइएको थिएन । मुद्रणको काम पनि अघि बढेको थिएन । प्रेसलाई त्यो मुद्रणको काम घाँडो भयो । अनि व्यासका छोरा रघु घिमिरे र उपेन्द्र गौतम पारिजातको डेरा खोज्दै कीर्तिपुर भाजङ्गल पुगे । "पुस्तक त अचकल्टो अवस्थामा

भयो । छापिएका फर्माहरू यताउति होलान्, पुस्तक छपाइ पूरा गर्न केकसो गर्ने हो" भनेर रघु घिमिरेले सोधे । त्यति बेला विमलसँग पारिजातको सम्बन्धमा विग्रह देखिँदै थियो । त्यसैले उनी तनावमा थिइन् । उनले 'जे मन लाग्छ, गर्नोस्' भनेर ओठे जबाफ दिइन् । अनि रघु घिमिरे र उपेन्द्र गौतम त्यहाँबाट फर्किएका थिए *(रघु घिमिरेसँग टेपवार्ता, अगस्ट २०१८, काठमाडौं)* ।

त्यसपछि *तोरीबारी बाटा र सपनाहरू* लामो समय अमुद्रित रह्यो ।

राल्फाकालमा राल्फाली संस्कृति र संस्कारको पाटो र अङ्ग भएर देशभित्र अनि बाहिर विचरण गरे पनि पारिजातको सक्रिय लेखनको गति तीव्र थियो । त्यो तीव्रताको साक्षी *आदिम देश* (कथा सङ्ग्रह : २०२५), *महत्ताहीन* (उपन्यास : २०२५), *बैंसको मान्छे* (उपन्यास : २०२९) जस्ता कृतिको लेखन र प्रकाशन भए । पत्रपत्रिकाहरूमा पनि उनका फुटकर रचनाको बाढी नै लाग्यो । फुटकर रूपमा लेखिएका कथाहरूको बिटोले दोस्रो कथा सङ्ग्रहको रूप लिएर *सडक र प्रतिभा* (साझा प्रकाशन : २०३५) पनि आइसकेको थियो । साहित्यिक पत्रपत्रिकाहरूको पहिलो अङ्कका लागि रचनाको आग्रहहेतु पहिलो रोजाइमा पारिजात पर्न थालिसकेकी थिइन् । उनको विचार परिवर्तनका कदमले पनि विवाद जन्माइसकेको थियो । तर उनलाई आर्थिक समस्याले पिछा छाडेको थिएन ।

यद्यपि केदारमान व्यथित नेतृत्वको झापा साहित्य सम्मेलनले पारिजातलाई फलफूल खर्चका रूपमा दिएको पाँच सय रूपियाँ अस्वीकार गरेकी थिइन् । त्यसलाई उनले आत्मसम्मानमा चोट लागेको अर्थ लगाएकी थिइन्–

*भद्रपुरमा भएको प्रज्ञा-प्रतिष्ठानको साहित्य सेमिनारले म बिरामी भएका बेला फलफूल खान भनी मेरो नाउँमा पाँच सय रूपियाँ पारित गरेको थियो, जुन कुराको जानकारी मलाई थिएन । थाहा पाएपछि अपमानबोधले म एकाएक उत्तेजित भएँ । मैले प्रज्ञासँग पैसा मागेकी थिइनँ भनी स्पष्टीकरण दिन नपाउँदै काठमाडौंका एक जना बुद्धिजीवी सयसयका पाँच ओटा हरियाहरिया नयाँनयाँ नोट लिएर मकहाँ आएका थिए । र मैले आफूलाई सक्दो संयमित तुल्याएर त्यो पैसा फिर्ता लान आग्रह गरें । उनी कर गर्दै थिए, मेरो भाषा कटु हुन थालिसकेको थियो । पछि मेरो उर्लंदो मुद्रा थाहा पाएपछि उनी रकम खल्तीमा हालेर हिँडे । मैले अन्तिमपल्ट उनलाई भनेकी थिएँ, "म यी नोटहरूलाई तपाईंकै अघि सल्काइदिन्छु ।" (पैसा मेरो आत्मस्वीकृति : एउटा चित्रमय सुरूवात : सङ्कलित रचनाहरू ग्रन्थ ४ : पृष्ठ ८१)*

तर आर्थिक स्थिति नाजुक भएपछि एकेडेमी वा सरकारसँग पैसा नलिने अडानमा उनी टिक्न सकिनन् । उनले शिक्षा मन्त्रालयबाट तीन पटकसम्म दुई सय, छ सय ६० र एक हजार आठ सय रूपियाँ लिएको आफैंले स्विकारेकी थिइन् । एकेडेमीबाट आठ सय रूपियाँ लिएको पनि स्विकारेकी थिइन् ।

गिर्दो आर्थिक अवस्था र स्वास्थ्यको असहज स्थितिका बेला नेपाल राजकीय प्रज्ञा-प्रतिष्ठानमा विद्वद्वृत्तिको कुरा चल्यो । आखिर साहित्यिक कामका लागि प्रज्ञा-प्रतिष्ठानबाट किन विद्वद्वृत्ति लिन नहुने भन्ने भएपछि उनले प्रतिष्ठानमा आवेदन हालिन् । विद्वद्वृत्ति दिने निर्णय पनि भयो । उनलाई विद्वद्वृत्ति दिने नै मनसायले आवेदन गरिएकाले नपाउने कुरै भएन । अनि विद्वद्वृत्ति स्वीकार हुनेबित्तिकै उनले पेस्की पाइन् । तर प्रज्ञाको नियमअनुसार थप रकम लिन कार्यप्रगति देखाउनुपर्ने हुन्थ्यो । र पूरा भुक्तानी लिन विद्वद्वृत्तिअन्तर्गतको अनुसन्धानको पूरा रिपोर्ट बुझाउनुपर्थ्यो । तर उनका लागि सहज उपाय के निकालियो भने जुनसुकै कृति भए पनि त्यो पेस गरे हुने । उनीसँग अधकल्चो छापिएर बजारमा आउन नसकेको *तोरीबारी बाटा र सपनाहरू*को पाण्डुलिपि थियो । उनले सोही पाण्डुलिपि बुझाइन् । प्रज्ञाले त्यस्तो विद्वद्वृत्तिअन्तर्गतको पाण्डुलिपि प्रकाशन गर्नैपर्ने बाध्यता त थिएन । तर प्रकाशन भएको खण्डमा त्यसको लेखकस्व पनि पाइने नियम थियो । पारिजातको उपन्यास प्रज्ञाले प्रकाशन गऱ्यो । यसरी *तोरीबारी बाटा र सपनाहरू* पुस्तक पाठकको हातसम्म पुग्ने सपना पूरा भयो ।

२०३३ सालमा प्रकाशित यो उपन्यासको प्राक्कथनमा पारिजातले लेखिन्–

*यस उपन्यासको यात्रा सिलसिला केही एब्स्ट्र्याक्ट रूपमा अघि बढेको छ । ठाउँहरूको कुनै खास नाउँ छैन । पाठकहरूले यो समतल, यो पहाड, यो सहर, यो गाउँ भनी बुझिदिनुभए पुग्छ । अन्त्यमा, उपन्यासका केही स्थितिहरू अस्वाभाविक जस्ता लाग्लान् र यदि अस्वाभाविक स्थितिहरू (यदि ठहरिएदेखि)को जोखिम म उठाउन तयार छु । यो जोखिम उठाउनाको केही खास कारण छन् ।*

तर यस जोखिमका विषयमा कसैले कुरा उठाएनन् र कारणको खोजी भएन ।

*अन्तर्मुखी* उपन्यास चाहिँ विद्वद्वृत्तिबापत प्रज्ञा-प्रतिष्ठानलाई बुझाउने हेतुले नै उनले लेखिन् । बुझाइन् । र पुस्तकका रूपमा प्रकाशन पनि भयो । यो उपन्यास लेखनको पृष्ठभूमिबारे उनले आफ्नो कथन यसरी अघि सारेकी थिइन्–

*पृष्ठभूमिका सन्दर्भमा मैले धेरै टाइपिस्ट केटीहरूको अध्ययन गरिसकेपछि सोधपुछ पनि गरें । र गहन अध्ययन गरेर लेखेकी हुँ । त्यस बेलाको समाजको समयको स्वरलाई पनि यसले बोकेको छ । साह्रै दुःखी टाइपिस्टहरूको जीवन हेरेर मैले अन्तर्मुखी' लेखेकी हुँ । (पारिजातसँगको कुराकानी : गोविन्द गिरी प्रेरणा, 'मिर्मिरे', २०४७ असार-साउन, पृष्ठ १६५)*

यस उपन्यासको नायिकामा रञ्जुश्री पराजुलीले भने पारिजातकै प्रतिछाया देखेको बताएकी थिइन्–

*संसारको वास्तविकता राम्रोसँग बुझेर त्यससँग लड्न-भिड्न असमर्थ भई बहिर्मुखी हुनुभन्दा अन्तर्मुखी हुनुमै कल्याण ठानेर यहाँका दुःखसुख, घामपानी बेहोर्दै मृत्युको प्रतीक्षामा रहेकी यस लघु उपन्यासकी नायिका सरलामा स्वयम् उपन्यासकार पारिजातकै प्रतिछाया देख्न सकिन्छ । साहित्य भनेको अनुभूतिको अभिव्यक्ति नै त हो । उपन्यासकार पारिजातका उपन्यासका नायिकाहरूमा उनको छायाछवि देख्न पाइन्छ । (पारिजातको*

*'अन्तर्मुखी'* उपन्यासलाई चियाउँदा, रञ्जुश्री पराजुली, कृति विवेचना, सुनकोसी साहित्य प्रतिष्ठान, पहिलो संस्करण : २०५६, पृष्ठ १०३)

तर उपन्यास लेखिसकेपछि झन्डै दुर्घटना भएको थियो, साफी गर्ने क्रममा। पारिजात निकै कष्टले आफ्ना बाउँडिएका हातले लेख्थिन्। तर साफी गर्न भने सहयोगीको खाँचो पर्थ्यो। आफ्नो मनले खाएका विश्वासिला नजिकका मित्र-शुभचिन्तकले त्यो काम गरिदिन्थे। *अन्तर्मुखी* पनि लेखिसकेपछि उनले साफी गर्न दुई पात्र रोजिन्– कुन्द टन्डन र कमानसिंह लामा। यी दुईलाई घरमै बोलाएर उनले यो काम सुम्पिएकी थिइन्। *अन्तर्मुखी*को अघिल्लो आधा भाग उनले कुन्द र पछिल्लो आधा भाग कमानसिंहलाई दिइन्।

कुन्द त्यति बेला जनक शिक्षा सामग्री केन्द्र सानोठिमीमा काम गर्थिन्। एक घरेलु तथा जागिरे महिला कुन्द पारिजातको त्यो पाण्डुलिपिलाई कहिले घर त कहिले अफिसमा साफी गर्थिन्। अफिसमा टिफिनको समय र अरू काम होलो हुँदा पनि उनी साफी गर्थिन्। यसरी उनले आफ्नो भागको पाण्डुलिपि साफी गरिन्। र एउटा फाइलमा राखेर घर्रामा राखिन् अनि चमेनागृहतिर लागिन्। तर फर्केर आउँदा जिएम रूद्रनाथ उपाध्यायले उनलाई बोलाएको खबर पाइन्। उनी जिएमको कोठामा पसिन्। उनी देख्छिन्, पारिजातको *अन्तर्मुखी*को पाण्डुलिपि त उनको टेबलमाथि छ। उनका कुनै सहकर्मीले ईर्ष्यावश, 'कुन्द त अफिसको कामै गर्दिन, यस्तो लेखेर बस्छे' भनेर सप्रमाण उजुर गरेको रहेछ। कुन्द थर्कमान भइन्। उनले त्यो पाण्डुलिपि फिर्ता माग्ने हिम्मत गर्न सकिनन्। जिएमको खप्की खाएर उनी रातोपिरो हुँदै आफ्नो कोठामा फर्किइन्।

उनलाई रनाहा भयो। के गर्ने, के नगर्ने सोच्नै सकेन उनको दिमागले। उनलाई चिटचिट पसिना आयो। अनि केही बेरपछि घर्रा खोलेर हेर्दा उनले साफी गरेको प्रति चाहिँ साबुत भेटिन्। कुरा लाउने पोलाहाले पारिजातले लेखेको प्रति मात्रै उठाएर लगेछ। उनले पूरै साफी गरेको कपी चाहिँ बचेछ। बल्ल उनको ज्यानमा ज्यान आयो र लामो सास फेरिन्। तर पारिजातको हस्ताक्षरको मूल कपी गुमाउँदाको खल्लोपन चाहिँ उनको मनमा रहिरह्यो।

बिदाको दिन पारेर साफी गरेको प्रति पारिजातलाई बुझाउन कुन्द र कमानसिंहले सल्लाह गरे। मूल कपी हराएकामा खिन्न मन लिएर गएकी थिइन् कुन्द। तर कुन्दले आफ्नो सारा कहानी सुनाएपछि पारिजातले सोधिन्, "सबै सारिसकेकी त थियौ नि ?"

कुन्दले सबै सारिसकेको बताएपछि पारिजात ढुक्क भइन्।

उता कमानसिंहले पनि पाण्डुलिपि सारिसकेपछि टेबलमाथि रहेको पारिजातले लेखेको गुरूकपी केटाकेटीले आगोमा लगेर झोसेछन् र खरानी बनाएछन्। संयोगवश उनले साफी गरिसकेको पूरै पाण्डुलिपि चाहिँ बचेछ। यो अनौठो संयोग परेको थियो, *अन्तर्मुखी* उपन्यासको पाण्डुलिपि साफी गर्ने क्रममा। पारिजातले यो उपन्यास आफ्नो मूल कपीसँग भिडाएर रूजु गर्ने अवसर पाइनन्। त्यही साफी गरिएको कपी एकेडेमीलाई बुझाइन् र यथारूप त्यो प्रकाशन भयो।

...

# आरोप

# जीवनमा २०२९ साल

मान्छेको जीवनमा कुनैकुनै वर्ष यस्ता हुन्छन्, जसमा केही महत्त्वपूर्ण घटना घटेका हुन्छन् । ती घटनाले जीवनमा महत्त्वपूर्ण भूमिका खेलेको देखिन्छ ।

पारिजातको जीवनमा पनि २०२९ साल वास्तवमै विभिन्न घटनाहरूले आँधीबेहरी मच्चाएको वर्ष थियो । यही वर्ष सुखदुःखका अनेक घटना घटित बने । ती घटनाहरूमा पारिजातका पिताजीको देहान्त अत्यन्त मर्मान्तक थियो । पारिजातका कमजोरी बाबु थिए । बाबु डा. केएस वाइबाको कमजोरी पारिजात थिइन् । तर दुवैले हरसम्भव एकअर्कालाई खुसी र सुखी बनाउने प्रयास गर्थे । तर ती सब विफल भएका थिए । केएस वाइबा छोरीलाई डाक्टर बनाउन चाहन्थे । तर पारिजात डाक्टर होइन, रोगी बनिन् र बनिन्, मान्छेको मनको डाक्टर, लेखिका ।

डा. केएस वाइबा विभिन्न रोगका औषधि परीक्षण गरिरहन्थे । ती औषधिले शरीरमा पुऱ्याउने फाइदा-नोक्सान परीक्षण जसमा गरिन्छ, उसले भोग्नुपर्ने हुन्छ । उनी औषधिको परीक्षण पारिजातमाथि गर्थे । पारिजात चुपचाप त्यो परीक्षणका लागि तयार हुन्थिन् । बिनाकुनै अवरोध आफ्नो शरीर औषधि परीक्षणका लागि बाबुको अगाडि थापिदिन्थिन् । दुवै एकअर्काप्रतिको कमजोरीका सिकार थिए ।

डा. ईश्वर बरालले पिताको यो पक्षलाई यसरी उल्लेख गरेका थिए–

*तिनका अघिदेखिका अर्धसिल्ली बाबु झन्झन् सहज बौलाहा हुन थाले । (आमुख : ईश्वर बराल, पारिजातका कविता, पृष्ठ ६)*

पारिजातले आफ्नो पहिलो आत्मसंस्मरणको पुस्तिका धुपी, सल्ला र लालीगुराँसको फेदमा आफ्ना पितालाई पुस्तक समर्पण गर्दै कवितात्मक भावना यसरी प्रस्तुत गरेकी थिइन्–

*उनको अनिच्छा*
*मेरो इच्छा*
*मेरो अनिच्छा*
*उनको इच्छा*

*द्वन्द्वमा परी*
*म लेखक नै बन्न पुगें*
*वस्तुगत जगत्बाट*
*मैले आर्जन गरेका*
*सबै सफल र असफल पक्षहरू*

*उनै डाक्टर बाबु नाउँले परिचित*
*स्वर्गीय डा. केएस वाइबाको स्मृतिमा*
*समर्पित ।*

*पारिजात ।*

यही वर्ष विमल राल्फाले उनलाई छाडेर गएको र यही वर्ष पिता गुमाएको पीडा थियो । यही डरलाग्दो कालो पोखरीमा बाँच्न विवश वर्ष थियो यो । भाजङ्गलको अप्ठ्यारो, असुविधाजनक र सुदूर टाढाको डेरा छाडेर पारिजात बाबु र विमलका साथ लगनको पुकुसीमा सरेका थिए । सुकन्या चाहिँ आफ्ना पतिसँग बालाजु सरेकी थिइन् । यही डेरामा डा. केएस वाइबाले आफ्नो जीवनको अन्तिम सास लिए ।

वास्तवमा पुतलीसडकको डेरामा पारिजातको स्त्रीत्वका लागि झिँगा झैं भुनभुनाइरहेका साहित्यकार, कलाकार र विभिन्न व्यक्तिको यौनिक दृष्टिबाणबाट मुक्त हुन उनी राल्फाली भाइहरूसँग आफू मौरीको रानो झैं बनेर राल्फा हो पनि, होइन पनि भन्दै अन्ततः राल्फा भएकी थिइन् । तिनै राल्फाहरूमध्ये विमल राल्फालाई एकलौटी शरीर सुम्पिएपछि उनी सुरक्षित होइन्छ भन्ने उनको आशयाकाङ्क्षामा तुषारापात भएपछिको वर्ष नै २०२९ साल थियो । यसलाई ईश्वर बरालले यस रूपमा चित्रण गरे–

*आपत् कहिल्यै एक्लै आइलाग्दैन, त्यसका किसिमकिसिमका सँगाती औ सेसन्तर हुन्छन् भन्ने प्रवाद छ । कालक्रमेण पारिजातमाथि एकपछि एक खप्टिएका उपप्लवबाट यो प्रवाद चरितार्थ हुन्छ । काठमाडौंमा तिनको सम्पर्क नाना युवकसित भयो । तर कसैसितको तिनको प्रेमप्रसङ्ग एकनिष्ठ हुन सकेन । पतिंवरा हुनै नपाई ती गात्राघातले जडीकृत भइन् । परिणामस्वरूप तिनले टाक्सिएको यौवन, ढुङ्गा झैं भारस्वरूप कुँजिएको अस्तित्व बोकी सधैंसधैंका निम्ति पर्खालका सङ्कीर्ण परिधिमा आबद्ध भई ओछ्यानमा डल्लिने अभिशाप पाइन् । (आमुख : ईश्वर बराल, पारिजातका कविता, पृष्ठ ७)*

यो नै त्यस्तो सँघारको वर्ष भयो, उनी वामपन्थी लाइनतिर ढल्कने । पारिजात प्रेममा असफल भएपछि राजनीतितिर आकर्षित् भइन् । तर राजनीतिमा आकर्षित हुन त यो मात्र पर्याप्त कारण थिएन । विचारमा जुझारू र समर्पित वामपन्थी नेता, जो नातामा बहिनीज्वाइँ थिए– निर्मल लामा, यसको अर्को जबर्जस्त कारण बने ।

यता राल्फा पनि विखण्डित हुँदै थियो । नोरेम निगेशा जागिरका कारणले पोखरातिर लागे । प्रदीप नेपाल पनि सक्रिय राजनीतिमा लागे । मञ्जुल र रामेश पूर्वी नेपालका गाउँगाउँमा जनचेतनाका गीत गाउने अभियानमा सक्रिय भएर लाग्दा काठमाडौंबाट लामै समय टाढिए । विमलले त छाडेरै गइदियो । तर यसबीचमा पनि उनले लेखन कर्मलाई निरन्तरता दिइरहिन् । त्यसैको प्रतिफल थियो *बैंसको मान्छे ।* तर *बैंसको मान्छे*को नियतिले अस्वीकार भोग्नुपऱ्यो र अन्ततः उत्तम कुँवरले *रूपरेखा*मा पूरै अङ्क छापिदिए । अनि *रूपरेखा*को 'गोरेटोको खोजीमा' स्तम्भलेखनका लागिसमेत उनलाई आग्रह गरे । त्यसबापत पारिश्रमिक पनि दिए । *रूपरेखा*ले पारिश्रमिक दिँदैनथ्यो । थोरैले यदाकदा पाउँथे । उनले *बैंसको मान्छे*का लागि दुई सय रूपियाँ पारिश्रमिक पाएकी थिइन् ।

दुःखपीडाका बीचमा उनलाई साहित्यिक सन्तुष्टि पनि कालो बादलको चेपबाट निस्किएको उज्यालो घाम झैं प्राप्त हुन थालेको थियो । पुकुसीको डेरामा नियमितजसो *अभिव्यक्ति*का सम्पादक नगेन्द्रराज शर्मा साहित्यिक गफगाफ गर्न पुग्थे र सँगै मापसे गर्थे । कहिलेकाहीँ ध्रुव सापकोटा पनि पुग्थे । उनीहरू दुवै त्रिभुवन विश्वविद्यालय कीर्तिपुरमा काम गर्ने हुनाले कामबाट फर्केर घर जाँदा पस्ने र सुस्ताउने चौतारो झैं भएको थियो पारिजातको पुकुसीको डेरा ।

पारिजातको जीवनमा २०२९ साल कस्तो थियो, उनी कति पीडापूर्ण र बिब्ल्याँटो परिस्थितिको चेपमा परेकी थिइन्, उनले आफैं त्यो बह यसरी पोखेकी छन्–

*समयको धेरै लामो अन्तरालपछि अब जीवन जेलिन पुग्यो, काँडेतारको सँगालिनसक्नु गोलाभित्र एउटा निर्वाक् पशु अड्के जस्तो । न मर्न सक्नु, न उम्कन सक्नु । २०२९ साल कात्तिकमा बाबुको निधन, सुकन्या गम्भीर बिरामी, व्यक्तिगत विवाद र बदनामीको प्रतिरोध गर्न नभ्याइरहेकी म, उपन्यास 'बैंसको मान्छे'को प्रशंसा र आलोचना दुवैले अति चर्चित भइरहेकी म, एकलास घरमा एक्लो म र यस्तै अरू अव्यक्त पीडाहरू झेलिरहेकी म, आर्थिक कष्ट मुख बाएर मलाई हेरिरहेको, यस्तो बेला आफूले त आफैंलाई केही आश्वस्त पार्न सकिन्नथ्यो । बाबुको ४९ दिने किरिया सिध्याएपछि आफैं बाँच्ने र जनप्रतिबद्ध भई सङ्घर्षको धारामा क्रियाशील रहने प्रबल अठोट गर्दै त्यसै वर्षको माघ महिनामा दिल्लीतर्फ उपचारार्थ जाने निधो गरें । (मर्ने चाहनाहरू : पारिजात : एउटा चित्रमय सुरूवात : पारिजात सङ्कलित रचनाहरू-४, पृष्ठ १०२-१०३)*

२०२९ सालमै विराटनगरका सुशील देवकोटाबाट पारिजातले नसोचेको, कल्पना नगरेको लेखकीय आक्रमण भयो ।

# आरोप, पारिजातको स्पष्टीकरण

*रूपरेखा* नेपाली साहित्य जगत्मै एक आवश्यक र अनिवार्य पत्रिकाका रूपमा ख्याति जमाइरहेको थियो । मोहन कोइराला, शङ्कर लामिछाने, भूपी शेरचन, पारिजात जस्ता साहित्यकारलाई रूपरेखाले महत्त्वपूर्ण स्थान दिएको थियो । यो पत्रिकामा प्रकाशन हुनुको गर्व र प्रतिष्ठा उच्च मानिन्थ्यो । तर यसका सम्पादक उत्तम कुँवरको एउटा सम्पादकीय निष्ठा के थियो भने उनले आफ्ना लेखकका विषयमा लेखिएका चर्का प्रतिक्रिया, आरोप र आलोचनालाई पनि उदारतापूर्वक स्थान दिन्थे । आफ्ना प्रतिष्ठित लेखक शङ्कर लामिछानेलाई कुमुदिनीको छद्मनामबाट आएको चिठीलाई पनि उनले प्रकाशन गरेका थिए । तर उनको मापदण्ड थियो, मूल लेखकलाई त्यो चिठी पढ्न दिने र त्यसको प्रतिक्रिया या सफाइ पनि एकसाथ प्रकाशन गरिदिने । यसले गर्दा मूल लेखकलाई लगाइएको एकोहोरो आरोपको मात्र चर्चा भएर सेलाएपछि अर्को महिना सफाइ दिँदा हुने लेखकको तनाव र क्षति कम हुन सक्थ्यो । सफाइ प्रकाशनका लागि एक महिनासम्म कुर्नुपर्दैनथ्यो ।

एक दिन उत्तम कुँवर एउटा चिठी लिएर एक्कासि पारिजातको डेरामा पुगे । त्यो चिठी थियो, विराटनगरबाट पठाइएको सुशील देवकोटाको नामको चिठी । चिठी दिएर उत्तम कुँवर गए, चिठीको प्रतिक्रिया लिन पछि आउने गरी । चिठी विराटनगरबाट पठाइएको भान पर्थ्यो सुरूको लाइनले– *केही समययतादेखि तपाईंको पत्रिका निकै चर्चाको विषय बन्न गएको छ विराटनगरको साहित्यिक क्षेत्रमा... ।*

यो चिठी पूर्णाङ्क १३५ को पाठक प्रतिक्रिया थियो । पहिलो र दोस्रो प्याराग्राफमा *रूपरेखा*को पृष्ठभूमि, तेस्रो प्याराग्राफमा जगदीशशमशेरको पाठक प्रतिक्रियाबारे, चौथो प्याराग्राफमा कवि केदारमान व्यथितको कविताको विषयमा लेखिसकेपछि पाँचौं प्याराग्राफदेखि पारिजातबारे लामै आरोप र आलोचना लेखिएको थियो । यो बडो अनपेक्षित कुरा थियो ।

पारिजातबारे लेखिएको चिठीको व्यहोरा यस्तो थियो–

*'गोरेटोको खोजीमा' फेरि सुरू गर्नुभएको हो कि कसो ? स्तम्भ राम्रो भए पनि पारिजातको एउटा अल्छी वर्षपछि कसैले पनि राम्रो मान्नेछैनन् भन्ने मेरो, म जस्ता धेरै साथीहरूको विश्वास छ । किन ? यसबारे म राम्रैसँग उल्लेख गर्न चाहन्छु ।*

पारिजात पनि ताना शर्मा जस्तै कम विवादास्पद हुनुहुन्न । फरक यत्ति हो, मान्छे जे जस्तो भए पनि आफ्ना कमजोरी स्विकारेर तिनीहरूका निम्ति बहुरूपी तरिकाले नै किन नहोस्, प्रतिवाद साहसिलो रूपमा प्रस्तुत गर्न सक्ने क्षमता ताना शर्मामा छ भने पारिजातका आफ्ना कमजोरीप्रति आत्मसमर्पण गरिदिने र त्यसको कसैले उल्लेख गरिदिइहाल्यो भने त्यसलाई निरीह रूपमा आफ्ना गल्ती धारणाहरूले छिपाउन प्रयत्न गर्ने अथवा निर्लज्जतासँग त्यसलाई स्वीकार गरिदिने र त्यसलाई सुधार्न कहिल्यै कोसिस नगर्ने बानी छ । यसैले मलाई थाहा छ, धेरैले उहाँका कुरामाथि विश्वास गर्दैनन् । र यो पनि साँचो हो, उहाँलाई यसको कुनै वास्ता छैन ।

केही समययतादेखि आएर उहाँले आफूलाई प्रगतिशील भन्न मन पराउनुभएको छ । विराटनगरमा भएको एउटा गोष्ठीमा 'शिरीषको फूल' मकहाँ ल्याइदिनोस् म आगो लगाउन तयार छु भनेर आफूलाई प्रगतिशील प्रमाणित गर्न उहाँले घोषणा गर्नुभएको मलाई हिजो हो कि अस्ति मात्र हो भन्ने अझ लागिरहेको छ । सायद १५ दिनजति भयो होला, एक जना साथीको चिठीबाट थाहा पाएँ, उहाँले 'शिरीषको फूल' जलाउनुको सट्टा त्यही किताबलाई अङ्ग्रेजीमा अनुवाद गरेर प्रकाशन गर्नुभएछ, 'ब्लू मिमोसा' । एक प्रतिको दाम एक डलर । अझ साथीको चिठीले त कतिसम्म भन्छ भने त्यो किताब निकाल्न अमेरिकाको एसियाका लागि सिआइएकी श्रीमती सान्द्रा कि कसले दिएको रे २५ सय रूपियाँ ।

सम्पादकज्यू, तपाईंलाई लागेको होला, व्यक्तिगत माम्लोसँग हामीलाई केको सरोकार। एकदमै मनासिब । तर सम्पादकज्यू आफ्नो व्यक्तिगत कुराहरूलाई एकदमै बेवास्ता गरेर अर्काको व्यक्तित्वमाथि लाञ्छना लगाउने पारिजातले र आफ्ना समस्यालाई जनसमस्या भनेर फलाक्ने पारिजातले आफ्नो व्यक्तिगत व्यवहारलाई साहित्यमा ल्याएर चर्चित बनाइदिएपछि (उहाँका अधिअधिका लेखहरू यसका प्रमाण हुन्) त्यसमा केही बोल्ने हामी पाठकहरूको हक किन नहुनु हैन त ? मोहन कोइरालाका रचनालाई म साँच्चै नढाँटी भनूँ भने एकजात मन पराउन्नँ । तर यसो भनेर उहाँलाई कुनै आक्षेप लगाउन सक्तिनँ । किनभने उहाँ जे सोच्छु त्यो लेख्छु भन्नुहुन्छ र आफ्नो विज्ञापन पारिजातले जस्तो जहाँ पायो, त्यहाँ गरेको थाहा छैन । उहाँको भन्दा आफ्नो विपरीत सोचाइ भएकाले के चाहिँ भन्न सक्छु भने जनताको बेवास्ता र जनसमस्याहरूप्रति विमुख हुने उहाँहरू जस्ता साहित्यकारहरू जनताबाट त्यत्तिकै उपेक्षित हुनुहुन्छ-हुनुपर्नेछ, जत्तिको उहाँहरूले आफ्ना गुरू जनताहरूको उपेक्षा गर्नुहुनेछ र उनीहरूको मुक्तिका लागि आफ्नो कलम चलाउनुहुनेछैन । उहाँ नहून् सही तर पारिजात, ताना शर्मा र भूपी शेरचनमा भने यी विज्ञापनका फलाकाहरू टड्कारोसँग देखापरेका हुन्छन् ।

आफ्नो विज्ञापन गरेर उहाँहरू हामी पाठकबाट सहानुभूति हो वा प्रशंसा चाहनुहुन्छ । तर आफ्नो लेखाइ र गराइको अन्तरले उल्टो घृणा र उपहास पो आर्जना गरिरहनुभएको हुन्छ । 'एउटा अल्छी वर्षपछि' पारिजातको त्यस्तै लेख हो ।

लेख पढुन्जेल यस्तो लाग्छ, कुनै एक जना बुज्रुक नेता बोलिरहेछ, त्यो पनि औधी नै हास्यास्पद तरिकाले । कुनै पनि नेता जहिले पनि आफू के बोलिरहेको छु भन्ने कुरामा सचेत भइरहेको हुन्छ र आफ्ना कुराले श्रोताहरूलाई कतिसम्म छोएको छ अथवा आफूले कसरी उनीहरूको मन जित्नुपर्छ भन्ने कुरामा समेत सोचिरहेको हुन्छ । तर पारिजातले त पाठकले मन पराओस्, नपराओस्, त्यसको वास्तासम्म राख्नु कता हो कता, म मात्रै आदर्श प्रतिभा हुँ भन्ने पो देखाउन कोसिस गरिरहनुभएको देखिन्छ । कत्रो घमन्ड ! उहाँको दृष्टिमा प्रगतिशील लेखकले यस्तै हुनुपर्छ कि ?

हृदयचन्द्रसिंह प्रधान पनि अर्कालाई भन्न बाँकी राख्दैनन्, खगेन्द्र सङ्ग्रौला जस्तै धेरै युवक साहित्यिक साथीहरू पनि अरूलाई गाली गर्न पछि परेका छैनन् । तर पारिजातमा मात्र बढप्पन देखिनु किन ? ओत्रोब्स्की पनि हिँड्न सक्तैनथे, देवकोटा पनि बिरामी नभएका होइनन् र घरको समस्याबाट कम पीडित थिएनन् । तर पारिजातलाई मात्र बिरामी भएका नातामा मैले जे गरे पनि स्वीकार गरिनुपर्छ भन्ने अहम् किन ? समाजले साहित्यमा प्रभाव पारे जस्तै साहित्यले समाजमा प्रभाव पार्छ भन्ने द्वन्द्वात्मक धारणाप्रति विश्वास राखेर पनि उहाँलाई सरसल्लाह दिने, अनुरोध गर्नेहरू उहाँको दृष्टिमा डग्म्याटिक किन ? एउटा अति आधुनिक आइडेन्टिटी लिएर बाँच्ने लोभले मात्र उहाँ काँचुली फेर्नुहुन्छ कि कसो ? जनताबारे जनताको कुरा लेख्ने पारिजातज्यूले उहाँप्रति जनआवाज कस्तो छ, कहिल्यै विचार गर्ने चासो लिनुभएको पनि छ ? उहाँ भन्नुहुन्छ, "म त्यो देशको नागरिक हुँ, जहाँका नागरिकहरू युगसँग सचेत भएर आफ्नो मुक्तिका निम्ति लडिरहेका छन्, बस, मेरो आइडेन्टिटी । विदेशमा यसरी चिनिइनुपर्छ । सायद 'ब्लू मिमोसा'ले त्यही चिनाउने काम गर्छ ।"

कति हास्यास्पद कुरो । अर्को ठाउँमा उहाँ आह्वान गर्नुहुन्छ, कवि साथीहरू छाडिदिनोस्, पाँच सय रूपियाँ, सिङ्गो समाज परिवर्तन जस्तो अद्वितीय पुरस्कार केही होला ? जो सही रूपमा सोच्छन्, तिनीहरूका लागि निश्चय नै छैन । तर पारिजातज्यूले त प्रज्ञा-प्रतिष्ठानको आठ सय रूपियाँ र शिक्षा मन्त्रालयको अठार सय रूपियाँ समाजसेवाका लागि नै लिनुभएको होला, हैन त सम्पादकज्यू !

पारिजातज्यू, पैसा लिनोस्, दुनो सोझ्याउनोस् । तर जनताको आँखामा छारो हालेर प्रगतिशील हुने जमर्को नगर्नुहोस्, प्रगतिशील पक्षलाई नधमिल्याउनुहोस् । प्रगतिशीलतामा तपाईंको विश्वास छैन भने ढोंगी बन्ने प्रयास पनि नगर्नुहोस् ।

"साहित्य ...क्रियाकलापहरूको स्तर घटेर निकै तल पुगिसकेछ... कस्ताकस्ता सैद्धान्तिक र विद्रोही साथीहरू जाबो सुट र प्यान्टको पछि ज्यानै फाल्न थालिसके... देश र सम्बन्धित परिवेशप्रति इमानदार भएर बाँच्न खोज्ने साथी रक्सी र चरेशमा आफ्नो कुण्ठा बिसाएर निर्धक्कसँग बसेका छन्... मिहिनेत गर्न मान्दैनन्... मनोवृत्तिहरूको स्तरहीनता दिनदिनै हुर्कंदै छ ।"

*पारिजातज्यूका यी भनाइ देख्दा लाजसमेत लागेर आउँछ । उहाँका साथीहरू को हुन् ? उहाँले कसलाई भन्नुभएको ? प्रगतिशील साथीहरूलाई कि आफैं जस्ता अवसरवादीहरूलाई ? आफ्नो कोठे परिवेशलाई लिएर निकालिएका हैनन् यी वाक्यहरू ? आफ्नो सानो परिधिलाई मूल्याङ्कन गरेर समाजको सङ्घर्षशील प्रवृत्तिलाई तल खसाउन साह्रै पर्ला पारिजातज्यू । स्तरहीनताको कुरो गर्नुभएको होइन ? रक्सीमा कुण्ठा बिर्साउन थालेपछि यस्तै हुन्छ । (पाठक प्रतिक्रिया, पूर्णाङ्क १३५, सुशील देवकोटा, विराटनगर, ७ भदौ २०२९, 'रूपरेखा', पूर्णाङ्क १३८, पृष्ठ १-७)*

यसपछि प्रतिक्रियामा अरू दुई प्याराग्राफ थिए, जहाँ ध्रुवचन्द्र गौतम, रमेश विकल, परशु प्रधान, माधव घिमिरेको चर्चा थियो ।

चिठी पढेर पारिजात तिलमिलाइन् । यो कहिल्यै नसोचेको घटना भएको थियो । यो त घाउ लागेको ठाउँमै ठेस लागे जस्तो भयो उनलाई । तर उनले मन दह्रो पारिन् । कसले लेख्यो होला भनेर अनेक तर्कना गरिन् । अनुमान गरिन् । तर विलम्ब नगरी उनले पनि विस्तृत रूपमै त्यसको सफाइ वा प्रतिक्रिया लेखिन् । उनको प्रतिक्रिया यस्तो थियो–

*चार वर्षअघि टङ्कविलास भार्याद्वारा 'शिरीषको फूल'को अङ्ग्रेजी अनुवाद तयार भइसकेको हो । त्यसैताक हाल बङ्गलादेशका लागि फोर्ड फाउन्डेसनका प्रतिनिधि तथा नेपालको भूपू पिसकोरका निर्देशक जर्ज जाइडेस्टाइनकी पत्नी श्रीमती सान्द्रा जाइडेस्टाइनसँग मेरो मित्रता सुरू भएको थियो । नेपाली साहित्यप्रति औधी चाख राख्ने यी अमेरिकाली महिलाले 'शिरीषको फूल'को अनुवादलाई अझ बढी ठेट बनाउने, छपाउने अभिभारा टङ्कविलास भार्यासँग लिएकी थिइन् । तर तीन वर्षसम्म पुस्तक प्रकाशमा आउन सकेन । पोहोर उनी फेरि काठमाडौं आएकी थिइन् । र 'शिरीषको फूल'को पाण्डुलिपि र रू २३०० पुस्तक छपाउनका निम्ति दिएर गइन् । मलाई थाहा छ, मान्यताहीन, बेकम्मा र पुरानो भइसकेको पुस्तकलाई अनुवाद गरी छपाउने काम युगसङ्गत एकदम थिएन । तर बाध्य भएर यसलाई छपाउने र बेच्ने प्रयास गराइयो । यस सत्यताभित्र लुकेका कारण अरूलाई थाहा नभए पनि उक्त प्रतिक्रिया लेखाइबाट मलाई धेरै नजिकको गन्ध आइरहेछ । चिठी जहाँबाट आएको होस्, मेरा प्रत्येक गतिविधि, भित्री कुराहरू र व्यक्तिगत कुराहरूसँग उनी पूर्ण परिचित छन् ।*

*सम्पादकज्यू, मेरो आफ्नो लुकाउनुपर्ने कुरो केही पनि छैन र उक्त प्रतिक्रियामा कति कुरा यस्ता छन्, जो सही बिन्दुबाट उठाइएका छन् । मैले चर्चित बनाइसकेको मेरो व्यक्तिगत (उनैको भनाइअनुसार) जीवनमा पाठकको हैसियतमा बोल्ने हक राख्दाराख्दै मेरो व्यक्तिगत जीवनसँग उनी मज्जासँग हच्किएका छन् । टाढाबाट औंला ठड्याउनु र कसैको व्यक्तिगत जीवनसँग भिजेर उसका दुःख र विवशताहरूसँग सहभागी हुन सक्नुमा कममा पनि धरती र आकाशको फरक पर्छ । एकपल्ट आफू उभिएको धरातललाई राम्ररी हेर्नुहोस् त सुशीलज्यू, कतै त्यो ठाउँ व्यक्तिगत रिसइबीको अन्धो*

कुवा त होइन ? यदि हो भने तपाईंसँग मेरो प्रश्नहीन स्थिति छ । होइन भने म तपाईं जस्तो साँचो प्रगतिशीलसँग यो विधि कमजोर र काँतर आलोचनाको अपेक्षा राख्दिनँ । मेरो व्यक्तिगत जीवनमा बोल्ने हक राख्नुहुन्छ होइन ? मलाई तपाईंको आलोचनाले पुगेन । किनभने व्यक्तिगत जीवन नै सामूहिक, सामाजिक र राजनीतिक जीवन हो ।

म कोठामा सीमित भएको अब १० वर्ष पूरा हुँदै छ । तथापि मेरो रोग प्यारालाइसिस होइन, मसँग दुई ओटा महान् रोग छन्, जसको सम्भावित उपचार मेरो आँखाअघि सधैं मृगतृष्णा जस्तै टल्कन्छ । शारीरिक दृष्टिकोणले म अधकल्चो अवस्थामा छु, जहाँ भीषण सास्तीबाहेक जीवनलाई केही पनि उपलब्ध हुन सक्तैन र जहाँ एउटा उज्यालो मुक्तिको तिर्खाले मान्छेलाई जिउँदै पोल्छ, सपना बिपनामा कोपर्छ, अधमरो बनाउँछ । यस अवस्थामा सारा मानवीय संवेदनशीलताहरू, कमजोरीहरू र स्वभावहरूलाई झिनोभन्दा झिनो मानसिकतामा अल्झाएर बाँच्नु मेरो कर्तव्य, त्यो मैले जानेर, भोगेर आएकी छु । (...यो खालि ठाउँ जानेका, बुझेका र देखेकाहरूलाई समर्पित) तपाईं मलाई देवकोटा, हृदयचन्द्रसिंह र ओत्रोब्स्कीसँग तुलना किन गर्नुहुन्छ अथवा तपाईंको सङ्केत मुख बाएर मर भनेको त होइन ? यहाँनिर आएर म तपाईंको प्रगतिशील विचारधाराको कट्टर पक्षलाई नकार्छु ।

म नाङ्गो यथार्थ पेस गरिदिन्छु– तपाईं मात्र एउटा विकल्प दिनुहोस् । आर्थिक विषमताको यस सामूहिक कष्टलाई तीन वर्षअघि 'रूपरेखा'मा आफ्नो माध्यमबाट लेखेकी थिएँ र त्यो आत्मप्रचारका रूपमा दर्ता पनि भयो । १९६७ मा भेलोर हस्पिटलबाट असफल, दुःखी, निराशा र टाउकोमा ऋणको गह्रुङ्गो बोझा बोकेर फर्कंदा भिजेका आँखालाई यसो हेरीसम्म दिने कोही मान्छे थिएन । सुविधाप्राप्त वर्गमा नभएको हुनाले भेलोरमा न मेरा निम्ति सोर्सफोर्स नै पुगे, न आर्थिक सहायता । त्यसपछिका कष्टपूर्ण दिन कसरी बिते, ती मर्मज्ञहरूले नै बुझून् । (अथवा घरमा एक मात्र कमाउ सदस्यले बुझून्) जसको घर छैन, जेथा छैन, आयस्रोत छैन, शारीरिक क्षमता छैन, जसलाई सरकार, साथीभाइ, नातेदार कसैले एक कौडी सहायता गर्दैन, जसले ९० प्रतिशत बिनापारिश्रमिक लेख्छ, त्यसले यो देशमा के गर्नु ? अनुसन्धान र चिरफार गराउन फेरि एकपल्ट भारत जानका निम्ति विगत एक वर्षदेखि प्रयत्न गर्दागर्दै पनि आर्थिक रकम जुटाउन सकिरहेकी छैन । भाग्दै गइरहेको समयले ममा इन्चइन्चको हिसाबले छटपटी र तनाव बढाइरहेछ । त्यो पनि त तपाईंलाई थाहा भएको हुनुपर्छ । कतैबाट पैसा नखानलाई मैले पनि कठिनभन्दा कठिन स्थितिहरू बचाएर निकालेकी छु । यसरी पैसा खाँदा मलाई पनि आत्मग्लानि हुन्छ ।

जम्मामा पैसा खाएको साँचो व्यहोरा यस प्रकार छ– शिक्षा मन्त्रालयबाट तीनपल्ट पहिलोपल्ट २००, दोस्रोपल्ट ६६० र तेस्रोपल्ट १८०० । राजकीय प्रज्ञा-प्रतिष्ठानबाट ८०० र 'युग आह्वान'बाट ५०० । १० वर्षको यो लामो अवधिमा औषधोपचारको खर्च छोडीकन उक्त रकमले मैले कति दुनो सोझ्याएँ, कति स्वार्थसिद्धि गरें, अथवा कहाँ

*झुकें, कहाँ बेचिएँ, कहाँ खसें ती सब देखाइदिनुभए भविष्यमा म यस्तो गल्ती कदापि गर्नेछैन । प्रतिक्रियामार्फत अझ तीव्र आलोचनाहरू लेख्नुहोला । आफ्ना लेखाइ, विचार र गतिविधिहरूमा म कहाँ डेभियट भइराखेकी छु, त्यो तपाईंले खुलेयाम लेख्न सक्नुपर्छ ।*

*प्रगतिशील हुँ भनेर छाती ठोक्ने अथवा बिल्ला लाउने लोभ भने गरेकी छैन, त्यो गलत कुरा लेख्नुभयो । फगत मैले गरेको यति हो । चार वर्षदेखि म आफ्ना पुराना मान्यता र परम्पराहरूबाट बगाल लागेर, भोग्नु र वर्गीय समस्यादेखि पीडित भई नयाँ मान्यताहरूबारे सोच्दै छु, अध्ययन गर्दै छु र आफ्ना वैचारिक परिवर्तनहरूलाई जनतासमक्ष क्रमशः दिँदै जाँदै छु । कला र राजनीतिको चर्को सङ्गमलाई आधार लिएर केही लेख्ने जमर्को लिँदै सुझाव र तर्कका निम्ति सबैलाई आह्वान गरिरहेकी नै छु । मैले लेख्दै गइरहेको सबै सही छ, त्यो दुराग्रह ममा कदापि छैन । तर प्रगतिशील आधारशिलामा आफूलाई खार्दै लैजाने अधिकार जति आफ्नो ठान्नुहुन्छ, यो माटो र यो देशमा त्यति नै अधिकार मेरो पनि छ सुशीलज्यू । (पारिजात २०२९, 'रूपरेखा' पूर्णाङ्क १३८, पृष्ठ ९-१२)*

सुशील देवकोटाको प्रतिक्रिया र पारिजातको त्यसमाथिको सफाइ एकसाथ प्रकाशन भयो रूपरेखाको १३८औं अङ्क कात्तिक २०२९ मा । यो अङ्कमै पारिजातको बैंसको मान्छेको पूर्ण अंश पनि प्रकाशन भएको थियो ।

तर सुशील देवकोटा पारिजातलाई आक्रमण गर्न रोकिएनन् । पारिजात र उनको बैंसको मान्छेको शल्यक्रिया गर्दै फागुन २०२९ को रूपरेखामा उनी पुनः झुल्किए–

*कुनै जमानामा पारिजातलाई मात्र महान् लेखिका ठान्ने मैले यसरी पारिजातका बारे दुईदुई पटक लेख्न बस्नुपर्ला भन्ने सोचेकै थिइनँ । पारिजातलाई यसरी नराम्रोसँग भन्नुपर्ला भन्ने ठानेकै थिइनँ । तर नचाहिँदो कुराको खण्डन गर्नु मेरो कर्तव्य हो । म यसलाई पारिजातले जस्तो विवशता ठान्दिनँ । मेरो चिठीको प्रत्युत्तरमा पारिजातले लेख्नुभएको रहेछ– "एकपल्ट आफू उभिएको धरातललाई हेर्नुहोस् त सुशीलज्यू, कतै त्यो ठाउँ व्यक्तिगत रिसइबीको अन्धो कुवा त होइन ?" तर उहाँलाई यो थाहा भएन– मैले उहाँमाथि रिसइबी किन राख्नुपर्‍यो र ? म प्रस्ट शब्दमा भन्न चाहन्छु, मेरो उहाँसँग व्यक्तिगत रिसइबी कत्ति पनि छैन ।*

*मलाई उहाँको बिमार जीवनमाथि रिस र इबी हुने कुरै भएन । बरू त्यसप्रति र उहाँको व्यक्तिगत भोगाइप्रति सहानुभूति चाहिँ छ । उहाँले आजसम्म जेजति लेख्नुभएको छ, मेरो विचारमा जनवादी शैलीमा आस्था राख्ने मान्छे त्यससँग मलाई अलिकति पनि इबी छैन, घृणा हुने नै भयो । उहाँसँग व्यक्तिगत रिसइबी चाहिँ होइन, धेरै अंशमा सैद्धान्तिक मतभेद अवश्य छ । त्यसैले पारिजातले मलाई उहाँसँग व्यक्तिगत रिसइबी राख्नुपर्ने के कुरा चाहिँ देख्नुभयो, मलाई थाहा भएन । मैले त उहाँबाट गलत कार्यहरू भइरहेको देखेर, त्यसलाई उहाँले सुधार्नुहोला र आफ्ना गल्तीहरूलाई एक जना प्रगतिशील व्यक्तिले जस्तै सहर्ष स्वीकार गर्नुहोला र आफ्नो अगाडिको बाटो*

खुला र सजिलो बनाउनुहोला भन्ने उद्देश्यले त्यो चिठी लेखेको थिएँ । तर उहाँले मेरो शुभेच्छुकले नै यस्तो लेख्यो होला भन्नेसम्म सोच्न सक्नुभएन ।

सायद, जुन व्यक्तिको काण्डले गर्दा उहाँका राल्फा साथीहरूमा सैद्धान्तिक मतभेद देखापर्‍यो र उहाँले बहुसङ्ख्यक अरू साथीहरूलाई छाडेर जुन व्यक्तिलाई अँगाल्नुभयो, त्यही व्यक्तिले उहाँलाई चटक्क छाडेर गएको अवस्थामा त्यो चिठीको उत्तर दिनुपर्दा उहाँले यी सम्पूर्ण कुरालाई सोच्न सक्नुभएन । यस्तै 'ब्लू मिमोसा'को प्रश्नलाई पनि 'बाध्य भएर छपाउने र बेच्ने प्रयास गरियो । त्यस सत्यताभित्र लुकेका कारण अरूलाई थाहा नभए पनि उक्त प्रतिक्रिया लेखक सुशील देवकोटालाई अवश्य थाहा भएको हुनुपर्छ' भनेर उहाँले जनतालाई उहाँको त्यस बखतको बाध्यता के थियो भन्नबाट बच्ने कोसिस गर्नुभएको छ । त्यस कुरालाई जनसमूहमा किन ल्याउन खोजियो होला, त्यतापट्टि कत्ति पनि ध्यान दिनुभएको छैन ।

म एक जनालाई त्यो बाध्यता थाहा भए पनि भोलि जनताले त्यो प्रश्न उठाउने थिएनन् र ? खै त्यसको उत्तर ? साँचो त के हो भने, त्यस बाध्यताभित्र लुकेको सत्य के थियो, मलाई थाहा थिएन-छैन । "एउटा सङ्कीर्ण डफ्फाको उपयोगिताका लागि बजारमा बलजफ्ती आफ्ना कृतिहरू थोपर्ने र धेरैलाई चाहिँ काम नलाग्ने अझ नोक्सानै पुर्‍याउने तर यही दुईचार जनालाई मात्र खुसी तुल्याउने खालको कुरा अँगालेर व्यापक जनसमूहका माझ आफ्ना कृतिहरूको डम्फु पिट्दै हिँड्ने लेखकले व्यापक जनसमूहको बेइज्जती गरेको मात्र हैन, उसले स्वयम् आफ्नै मूर्खताको परिचय दिइरहेको हुन्छ" भन्ने विचारले मैले त्यसको अर्थ के हो जनसमूहमा ल्याउन खोजेको थिएँ, पारिजातले त्यसलाई जनसमूहमा ल्याउन खोज्नुभएन । पैसाको आवश्यकता थियो भने उहाँ जनताको भलाइसँग गाँसिएको पुस्तक लेख्न सक्नुहुन्थ्यो, आफ्ना प्रगतिशील साथीहरूलाई भन्न सक्नुहुन्थ्यो । उनीहरूले अवश्य श्रद्धासाथ उहाँलाई मद्दत गर्ने थिए । श्रीमती सान्द्रा जाइडेस्टाइनसँग किताब ननिकाल्ने कुरा गरेर पनि उहाँ पुस्तक निकाल्नका लागि दिइएको रूपियाँ लिन सक्नुहुन्थ्यो । भैगो, उहाँले व्यापक जनसमूहको बेइज्जती गरेरै जीवनप्रति अनास्था राख्ने मान्छेप्रति वितृष्णा देखाउने जनताबाट अलग्गिएको पुस्तक निकाल्नुभयो । के त्यसबाट उहाँको बाध्यता समाप्त भयो त ? कतिले लिइदिए उहाँका किताबहरू ? जहाँसम्म प्रहरी प्रधान कार्यालय, शिक्षा मन्त्रालयले लिइदिने प्रश्न छ– त्यसो त पारिजातले श्री ५ को सरकारको एजेन्ट भएर लिनु र त्यसरी लिनुमा के पो फरक भयो र ? खराबै तरिकाले पैसा पाउन चाहेको हो भने पारिजातले आफूकहाँ आउने सबै साहित्यकार र अरूहरूको जासुसी गर्न सरकारको एजेन्ट भए भइहाल्यो नि ? कमभन्दा कम उहाँलाई यसबाट गतिलो रकम त हात लाग्न सक्छ । यसभन्दा बढी चिठीबारे चर्चा नगर्नु बेस हुन्छ । पारिजातले मेरो चिठीको सही उत्तर दिनुभएको छ या त्यसबाट बच्न खोज्नुभएको छ, त्यो त सबै पाठकहरूलाई थाहा छँदै छ ।

'बैसको मान्छे'को मूल्याङ्कन पारिजातलाई कुन अवस्थामा राखेर गरौं, यो अहिलेको मेरो निकै ठूलो समस्या हो । किनभने लेखकको मान्यतालाई बिर्सिदिएर रचनाको मात्र मूल्याङ्कन गर्नु महत्त्वपूर्ण हुँदैन । फेरि मलाई केको पनि डर छ भने, आफैंले लेखेको कुरालाई मैले त्यसो लेखेकै होइन भन्ने र आफ्नो बानीअनुसार पछि खण्डन हुन पनि उहाँबाट सम्भव छ । यसो भनेर मैले उहाँको मूल्याङ्कन नै नगर्ने भन्ने कुरो हुँदैन ।

पारिजातले 'प्रगतिशील हुँ भनेर छाती ठोक्ने अथवा बिल्ला लाउने लोभ गरेकी छैन' भनेर पनि त्यसैमा लेख्नुभएको छ । "विगत चार वर्षदेखि म आफ्ना पुराना मान्यता र परम्पराबाट बगाल लागेर, भोग्नु र वर्गीय समस्यादेखि पीडित भई नयाँ मान्यताहरूबारे सोच्दै छु, अध्ययन गर्दै छु र आफ्ना अवैचारिक परिवर्तनहरूलाई जनतासमक्ष क्रमशः दिँदै जाँदै छु... प्रगतिशील आधारशिलामा आफूलाई खार्दै लैजाने अधिकार जति आफ्नो ठान्नुहुन्छ, यो माटो र यो देशमा त्यति नै अधिकार मेरो पनि छ... ।" यसबाट निस्केको अर्थ सारांशमा उहाँ प्रगतिशील विचारधारालाई स्विकार्नुहुन्छ र त्यसैअनुसार लेख्ने कोसिस गर्दै हुनुहुन्छ । उहाँलाई यसै ठाउँमा राखेर मूल्याङ्कन गर्नु नै सबभन्दा राम्रो हुनेछ । म यहाँ विस्तारमा नगएर छोटकरीमा 'बैसको मान्छे'माथि चर्चा गर्नेछु ।

२०१४ सालदेखि आफ्ना मनका भावनाहरूलाई कविताका रूपमा व्यक्त गर्न थाल्नुभएकी पारिजात कवितामा मात्र सीमित नरहेर कथा र उपन्यास साहित्यको भेगमा पनि प्रसिद्ध हुनुहुन्छ । तैपनि उहाँका कविता, कथा र उपन्यासको सार एउटै हुन्छ, विभिन्नता विषयमा भए पनि सारमा हुँदैन । उहाँको आजभन्दा आठ वर्षअघिको विचार उहाँकै भाषामा यस्तो थियो, "सारा सृष्टि र जीवनको समष्टिलाई म निस्सार आँखाले हेर्छु । कहिलेकाहीँ यति बिरक्तिन्छु, निष्कर्षमा पुग्दै नपुगी केके लेखिदिन्छु ।" "तर एउटा सत्यता, बाँच्नलाई आस्था चाहिन्छ होइन ? हो त्यो आस्था मेरो कुन हो, त्यो जान्नलाई म धेरै भ्रममा पर्दै निस्कँदै गरिसकें र त्यो निष्कर्षमा नपुग्नु नै सायद मेरो (विशेष मेरै) जीवनदर्शनको अन्तिम निष्कर्ष हो ।" "मलाई वितृष्णा छ जीवनप्रति, जुन झन् तीव्र भएर आइरहेछ । यहीबीच मैले यस्तो प्रहार पाएकी छु, जसले गर्दा विमुख हुने र गराउने कुरा सोचिरहन्छु । यो पनि अमानुषिक विकृति हो तर धन्दा छैन । कारण म निरर्थक छु र उपयोगिता मेरो लक्ष्य बन्न आएन ।" ('सगुन' वर्ष १, अङ्क १) ।

पारिजातले आठ वर्षअघि स्विकारेको विचार र सैद्धान्तिक रूपमा आज स्विकारेको विचारमा आकाश-पातालको फरक छ । किनभने पहिले उहाँ जीवनप्रति, मनुष्यप्रति आस्था राख्नुहुन्नथ्यो, उहाँ जीवनलाई निरर्थक ठान्नुहुन्थ्यो, उपयोगितामा उहाँको विश्वास थिएन । तर प्रगतिशील लेखकका चाहिँ सम्पूर्ण कुराहरूभन्दा बेग्लै उल्टा विचारहरू हुन्छन् । ऊ जीवनप्रति आस्थावान् हुन्छ, उसको मानव इतिहासका निर्माणकर्ता जनताहरूमाथि अगाध श्रद्धा र प्रेम हुन्छ, ऊ सर्वहारावादी उपयोगितामा विश्वास

राख्छ र ऊ जीवनलाई निरर्थक र निस्सार ठान्ने मूर्खता गर्दैन । त्यसैले अहिले पारिजातले आफूलाई प्रगतिशील आधारशिलामा खार्दै लैजाने अधिकार खोज्नु कम महत्त्वपूर्ण छैन, कम अप्ठ्यारो पनि छैन । जीवनका अँध्यारा पक्षहरूलाई र मानवको पतनशील प्रवृत्तिलाई स्वीकार गर्ने मान्छेले जीवनको उज्यालो पक्षलाई, उन्नत जीवन बाँच्ने इच्छाका लागि गरिने जनताको सङ्घर्षलाई स्वीकार गर्नु त्यति सजिलो छैन, जति सोचिन्छ । यही कुरा पारिजातको यो उपन्यास 'बैंसको मान्छे'ले देखाएको छ । पारिजातले आफूलाई प्रगतिशील लेखकका रूपमा खार्ने कुरा परै रहोस्, प्रगतिशील लेखनको सुरुवातसम्म गर्न सक्नुभएको छैन । किनभने उहाँले 'शिरीषको फूल', 'महत्ताहीन'मा देखाउनुभएको निस्सारतावादी दर्शनको गन्ध 'बैंसको मान्छे'मा आलै छ; टड्कारै छ । र त्यसमा जनपक्षीय कुरा पनि नभए जत्तिकै छ । यसको एक मात्र अर्थ के हुन्छ भने, पारिजातले कि त प्रगतिशील विचारधाराको अध्ययन नै नगरी फेसनका रूपमा यसलाई लिनुभएको छ, कि उहाँले यस विचारधारालाई आफ्नो पहिलेको अस्तित्ववादी विचारधारामा मिसाइदिएर राम्ररी पचाउनुभएको छैन, यसले गर्दा पारिजातको यो उपन्यास विकृतिपूर्ण बर्बर्याइँबाहेक केही पनि हुन सकेन र व्यावहारिक रूपमा आजभन्दा आठ वर्षअगाडि उहाँले उल्लेख गर्नुभएको विचारधाराभन्दा परतिर जान सकेन । त्यसमा रूमल्लिरह्यो, अल्झिरह्यो, सिद्धान्तमा या वचनमा पारिजातले आफूलाई बेग्लै देखाउन खोजे पनि ।

पारिजातका पहिलेका उपन्यासहरू जस्तै अहिलेको यो उपन्यास पनि यथार्थको धरातलबाट धेरै टाढा छ । प्रगतिशील लेखक कहिल्यै पनि समाजको धरातल, जनसमूहको आधारबाट पर रहँदैन । पारिजातले सिर्जना गरेको नायक नेपाली समाजभन्दा परको छ, त्यसमा यथार्थता अलिकति पनि छैन । उहाँले निम्नवर्गबाट नायक चुन्ने प्रयास त गर्नुभएको छ । तर त्यसलाई उसकै वर्गीय रूपमा राख्न भने असफल हुनुभएको छ । निम्नवर्गीय समाज त्यो समाज हो, जो पढ्न पाउँदैन, जसलाई खाने अन्न र लगाउने लुगाको प्रबन्ध गर्ने प्रयत्न गर्दागर्दै अर्थोक गर्ने फुर्सद नै हुँदैन । तर पारिजातले उपन्यासको नायकलाई बलजफ्ती आइएमा हल्लँदै गरेको देखाउनुभएको छ । आमाको ड्राइभर बनोस् भन्ने इच्छालाई नायकले आफ्ना पैतालामुनि कुल्चिदिएको छ । नायक केटीहरूलाई जिस्क्याउनु, अल्लारिएर हिँड्नु र अनर्गल प्रलापहरू ओकल्नुबाहेक केही गर्दैन । साँचो त के हो भने, उच्चवर्गीय अथवा मध्यमवर्गीय चरित्रले मात्र हाम्रो ठाउँमा आइएसम्म पुग्न पाउने अवसर पाउँछ र त्यस्तो परिवारले ड्राइभरीको कुरा सोच्दैन । जसले सोच्छ, त्यसले पढ्न पाउँदैन, अपवादस्वरूप पाइहाले पनि ऊ जसरी भए पनि जीविका चलाउने धुनमा हुन्छ अथवा ड्राइभर हुन्छ, हुन्छ ।

अहिलेको स्थितिमा विद्यार्थी पनि पारिजातले उल्लेख गरेको काम नखोजेर त्यसरी लम्फुगिरी गर्ने स्थितिमा हुँदैन । यसरी पारिजातले नेपालको वर्गीय समाजलाई हेर्दै नहेरी, राम्रोसँग अध्ययन नै नगरी, प्रगतिशील लेखकले तल्लो वर्गको चरित्रलाई

अँगाल्नुपर्छ भन्ने बाहिरी आधारले तल्लो वर्गको नायक छानेर, आफ्नो मध्यमवर्गीय चरित्रलाई त्यसमाथि थोपरिदिनुभएको छ, जसले गर्दा त्यो चरित्र नेपाली समाजमा कतै नपाइने भएको छ । आफ्नो उपन्यासको चरित्रलाई आफ्नै रूप दिने पारिजातको परम्परा छ । त्यही परम्पराअनुसार यस उपन्यासका दुइटै पात्र– नायक र पियन पारिजातका आफ्नै कुराबाहेक अर्थोक केही बोल्दैनन् । तिनीहरू जेजति बोल्छन् र गर्छन्, ती पारिजातकै कुराहरू र आकाङ्क्षाहरू हुन्, तिनीहरूको स्वतन्त्र अस्तित्व छैन । त्यसैले नायकमा पाइने अल्लारेपन, श्रमप्रतिको अनास्था, चरम व्यक्तिवादिता, यौनविकृतिको लक्षण, अराजक प्रवृत्ति, जनतालाई हेर्ने क्षुद्र मनोवृत्ति यी सम्पूर्ण कुराहरू पारिजातका आफ्ना पनहरू हुन्, नायकका होइनन् । यसरी पारिजातले प्रगतिशील बन्न खोज्ने धुनमा नेपालका लाखौं क्रान्तिकारी युवकहरूको बेवास्ता गर्नुभएको छ । जनताका सङ्घर्षहरूलाई लत्याउनुभएको छ र आफ्ना विकृतिपूर्ण विचारहरू नेपाली समाजमा थुपार्न खोजेर नेपालीलाई भ्रष्ट र पतित बनाउन खोज्नुभएको छ, जुन साँच्चिकै क्षमा गर्न नसकिने खालको छ ।

उपन्यासको वास्तविक पात्र पियन हो । तर उसलाई पनि आफ्नो बौद्धिकताको जामा पहिऱ्याइदिएर पारिजातले विकृत बनाइदिनुभएको छ । त्यसमा केही वास्तविकता हुँदाहुँदै पनि अवास्तविक पन देखापरेको छ । यसको कारण पहिले भने जस्तै चरित्रहरूको वास्तविक रूपलाई अध्ययन नगरी आफ्नोपन त्यसमा थोपर्दिनु हो । कुन चाहिँ पियन हाम्रो नेपालमा यसरी कड्किन्छ हँ– "म अर्को महिना जागिर छाड्दै छु । यो मुला पियन खाएर बाँच्छ कोही ? एउटा कुकुरलाई जति सुविधा पनि छैन मलाई । मेरो पनि जीवन हो, म पनि उँभो उक्लनुपर्ने मान्छे हुँ । म आफूलाई बलिदान गर्न सक्तिनँ, बलिदानको आफ्नो महत्त्व हुन्छ । बलिदान एउटा महिमाशाली बोध हो, जसको आफ्नो खास स्थान हुन्छ । कुठाउँमा बलिदान मूर्खले गर्न सक्छ । पख, म आफ्नो पसिना र मिहिनेतले गालेका क्षणहरूलाई जम्मा गरेर त्यसमाथि युद्धको एउटा बिरूवा रोप्छु । म आफ्ना रगतहरूले एउटा घोषणा लेख्छु । गान्टेमुलाको झोल र भात खाएर इँटा बोक्नेहरूले, पाँच मोहर दाममा मान्छेको तागत बेचेर युगौंदेखि टाउको उठाउन नपाउने पीडितहरूले यस घोषणापत्रलाई पढ्नेछन्, आफ्नो परिश्रम र तागतको मूल्याङ्कन गर्नेछन् । पख, हामीलाई परिवर्तनले टिप्छ, युगले टिप्छ, हामीलाई युद्धले टिप्छ ।"

भन्न चाहेको नराम्रो छैन । तर भनिने कुराहरू कसले गर्ने हो, त्यसको मूल रूपमा अध्ययन नगर्नाले त्यो उडन्ते हुन्छ, त्यसले समाजलाई छुँदैन । त्यसको अर्थ केही पनि हुँदैन । कसका लागि भनिएका यी कुराहरू ? पारिजातले आफ्नो मनको असन्तुष्टि पोखेर आफूलाई सान्त्वना दिन मात्रै यो कुरा भन्नुभएको हो कि सामन्ती र पुँजीपतिहरूद्वारा थिचिएका असङ्ख्य शोषित-पीडितहरूले यसलाई बुझून्, जानून्, आफूलाई अति गर्नेहरूमाथि जाइ लागून् र आफ्नो विकासका लागि ती मिचाहाहरूको सत्ता आफूले लिऊन्, उन्नत र उत्कृष्ट जीवन बिताउन पाऊन् भनेर

लेख्नुभएको ? उहाँका यी विचारहरू जनसमूहमा पुग्न सक्लान् ? अहँ, यी त तिनकै शत्रुहरूले मात्र बुझ्छन्, जान्दछन् र तिनमा मात्रै सीमित रहन्छन् । के यो जनताको वास्ता गरेको हो त ? अहँ, कत्ति पनि होइन ।

जनताको भलाइका लागि लेख्न सक्नुभएको छैन । किनभने उहाँ जनतालाई 'जीवनस्तर नहुनेहरू', 'महान् विचार नहुनेहरू', 'दिशाहीनहरू', 'मर्यादाहीन हुनेहरू', 'पुरूषार्थका नाउँमा मन्दिरको आड पसी हस्तमैथुन गर्ने र वीर्य मिल्काउनेहरू', 'नीच', 'पतित', 'ओरालो लागेका दुर्बलताहरू', 'चर्पीमा मुख गाड्नेहरू', 'हुतिहाराहरू', 'पराजित', 'समाजहीन', 'हीन कुरा सोच्नेहरू' भनेर जनताको बेइज्जती गर्नुहुन्छ । के यही हो, जनताको भलाइका लागि लेखेको ? के यही हो, जनताप्रति आस्था राखेको ? अहँ, पारिजात जनताको भलाइको कुरा गरेर जनतालाई तुच्छ, नीच ठान्ने एक जना चरम व्यक्तिवादी, अराजक, घृणित लेखिका हुनुहुन्छ । यसैलाई 'बैसको मान्छे'ले प्रमाणित गरेको छ ।

प्रगतिशील लेखकले आफ्नो साहित्यलाई वर्गीय आधारमा हेर्ने गर्छ । ऊ अस्तित्वको चेतनालाई निर्धारित गर्छ र वर्गीय टक्कर अनि राष्ट्रिय सङ्घर्षका वस्तुगत तथ्यहरूले आफ्नो विचार एवम् धारणाहरूलाई निर्धारित गर्छन् भन्ने सोच्छ । त्यसैले ऊ जहिले पनि वर्गीय रूपलाई टड्कारोसँग देखाउने कुरालाई सबभन्दा बढी महत्त्व दिन्छ । उसले आफ्ना चरित्रहरूलाई क्रान्तिकारी वर्गहरूबाट लिएको हुन्छ र ती चरित्रहरूले आफ्नो वर्गको हितका लागि आफूलाई थिचोमिचो गर्ने वर्गलाई निमिट्यान्न पार्न सङ्घर्ष गर्छन्, आफ्ना वर्गलाई एकजुट गर्ने प्रयत्न गर्छन् । आफ्नो भलाइका लागि गर्नुपर्ने आवश्यक काम गर्छन्, आफ्नो वर्गको जित हुन्छ भन्नेमा विश्वास राख्छन् । लेखकले चाहिँ यी सम्पूर्ण कुराहरूलाई समर्थन गरेको हुन्छ । जनसमूहलाई हौस्याउन, जनताको भलाइको व्याख्या गर्ने, उनीहरूका शत्रुलाई चिनाउन, जनताको उन्नति जनताले नै शासन आफ्नो हातमा नलिई हुँदैन भन्ने विश्वास दिलाउन, सङ्घर्षका लागि एकजुट गराउन, जनताको सङ्घर्षलाई जनतासँगै भिजाउन सक्दो प्रयास गर्छ ।

पारिजातले आफ्नो उपन्यासमा एउटा मात्रै ठाउँमा पनि वर्गको उल्लेख गर्नुभएको छैन । वर्गीय आधारमा युद्धलाई अगाडि राख्नुभएको छैन । धेरै ठाउँमा गरिबको, शोषित, पीडितको कुरो कोट्याउनुभएको छ; शासन र व्यवस्थाप्रति तीतो पोख्नुभएको छ । तर त्यसलाई वर्गीय रूपमा हेर्न सक्नुभएको छैन । अथवा यसो गर्न डराउनुभएको छ । प्रगतिशील साहित्यलाई मार्क्स, माओवादी राजनीतिभन्दा पर राखेर हेर्न सकिँदैन । प्रगतिशील साहित्यको मूल कसी राजनीति हो । राजनीतिक हेराइबाट मात्रै वर्ग र व्यापक जनसमूहका आवश्यकताहरू एकमुस्ट भएर देखापर्छन् । साहित्यलाई सौन्दर्यशास्त्रसम्बन्धी कसीका आधारमा जाँचिए जस्तै राजनीतिको कसीमा पनि दाँज्नुपर्छ । यस आधारमा हेर्दा पारिजात ज्यादै असफल हुनुहुन्छ । गरिब र शोषित-पीडितहरूको कुरा कथित प्रजातन्त्रवादीहरू पनि गर्छन्, सामन्तीहरू पनि गर्छन् । तर तिनीहरूको शोषित-पीडितहरूप्रतिको हेराइ र प्रगतिशीलहरूको हेराइ एउटै होइन । पारिजातले आफ्नो

उपन्यासभरि प्रशासन अथवा व्यवस्थाको विरोध गर्नुभएको छ । तर जनसमूहलाई थाहा छ, तिनलाई अहिलेको परिपाटीमा हटाए पनि गरिब जनताको भलाइ हुँदैन । उनीहरूले २००७ सालको सत्ता हस्तान्तरण हेरिसकेका छन्, भोगिसकेका छन् । उहाँले विद्रोह, युद्ध र क्रान्तिको कुरा उप्काए पनि त्यो कसको विरूद्ध, किन गरिने हो, खुलस्त रूपमा कुनै पनि ठाउँमा उल्लेख गर्नुभएको छैन । किन ? किनभने उहाँको वर्गीय हेराइ बनिसकेको छैन ।

तमाम सामन्ती, पुँजीपति सबैखाले विदेशी साम्राज्यवादी, विस्तारवादी, उपनिवेशवादीहरू र देशभित्रैका तिनका पिछलग्गुहरूबाट जबसम्म जनसमूहले मुक्ति पाउँदैन, तबसम्म उनीहरूको भलाइ हुनै सक्तैन भन्ने उहाँले बुझिसक्नुभएकै छैन । यसबाहेक उहाँले जुन पात्रलाई क्रान्तिकारी बनाउन खोज्ने प्रयास गर्नुभएको छ, त्यो पनि वर्गीय आधार राम्रोसँग ठम्याउन नसकेकाले गलत हुन पुगेको छ । जहिले पनि जनवादी क्रान्तिको नेतृत्व ज्यामी वर्गले गरेको हुन्छ । त्यसलाई मद्दत दिने दृढ सहयोगी किसान वर्ग हो । यसपछि मात्रै क्रान्तिलाई सहयोग गर्ने र सम्मानित रूपमा पछिसम्म क्रान्तिको सहयोगी रहिरहन सक्ने किटानसाथ (रहिरहने होइन) सहरिया निम्न पुँजीवादी श्रमिक जनसमूह र निम्न पुँजीवादी बुद्धिजीवी वर्ग आउँछ ।

पारिजातले छान्नुभएको नायक सबभन्दा पछिल्लो वर्गको हो, उहाँले जुनसुकै रूपमा उसलाई प्रस्तुत गर्न खोज्नुभए पनि नायकलाई वर्गीय आधारमा हेर्दा यो क्रान्तिकारी होइन, क्रान्तिको दृढ सहयोगी पनि होइन, सहयोग दिन सक्ने मात्र हो । यसलाई पारिजातले क्रान्तिकारी बनाउन खोजेर ठूलो भूल गर्नुभएको छ । यसबाट के देखिन्छ भने, पारिजात निम्न पुँजीवादी बुद्धिजीवीमा बढी आस्था राख्नुहुन्छ, जुन क्रान्तिका लागि सरासर झूट हो । क्रान्ति निम्न पुँजीवादी बुद्धिजीवीबाट कहिल्यै हुन सक्तैन । ल मानिदियौं, इतिहासमा कहिल्यै नघटेका कुरा नेपालमा विद्यार्थी (निम्नवर्गीय बुद्धिजीवी)बाट यसको थालनी भयो अरे । तर के पियन जस्तो ज्यामीलाई मारेर यो सफल हुन सक्छ ? के पारिजातको विचारमा जनताको सत्ता भनेको निम्न पुँजीवादीहरूको सत्ता हो ? (हुनत उहाँ विध्वंसवश के चाहनुहुन्छ, उपन्यासमा कतै छैन ।) ज्यामीलाई मारेपछि निम्न पुँजीवादी बुद्धिजीवीले उसका लागि क्रान्ति गर्ने ? के यो जनपक्षीय विचार हो ? अवश्य होइन, कत्ति पनि होइन ।

संसारमा कहिल्यै पनि नघटेको घटना घट्ने सम्भावना भए पनि ज्यामी बाँचेकै हुनुपर्छ, मरेको होइन । जनताको बन्धनलाई टुक्रा पार्न, उनीहरूलाई स्वतन्त्रता र आत्मनिर्णयको अधिकार दिन स्वयम् जनताबाहेक अर्को कुनै पनि शक्ति अथवा महापुरूषले सक्तैन । यो काम जनता आफ्नै सङ्गठन शक्तिले मात्र गर्न सक्छ र जनता भनेका प्रमुख रूपमा ज्यामी र किसान हुन् भन्ने मार्क्स, लेनिन, स्टालिन र माओको वैज्ञानिक सत्यलाई पारिजातले बुझ्न अझै बाँकी छ । उहाँले जनतालाई सहयोग दिन सक्ने वर्गको एक जना व्यक्तिवादी, दुस्साहसवादी व्यक्तिबाट गलत रूपमा

त्यसको सङ्केत गरेर आफ्नै अबौद्धिकताको परिचय दिनुभएको छ । उहाँको नायक क्रान्तिकारी होइन, आतङ्कवादी हत्यारा हो । हत्या र क्रान्तिमा ठूलो अन्तर हुन्छ । हतियारबिना क्रान्ति हुँदैन र उहाँको नायकलाई हतियार भनेको के हो, सायदै थाहा छ । ऊ यत्ति जान्दछ, "आफू पनि हत्यारा हुन जान्नुपर्छ ।"

जनताप्रति भावनात्मक सहानुभूति मात्र छ पारिजातमा । त्यसैले उहाँले जनतालाई सही बाटो देखाउन सक्नुभएन, जनतालाई सखाप पार्ने गलत बाटो देखाउनुभयो, जनतालाई 'हुल्याहा हत्यारा' बन भनेर । वास्तवमा भन्ने हो भने पारिजातले जनताप्रतिको आफ्नो उत्तरदायित्वबोध गरिसक्नुभएकै छैन । आफ्नो व्यक्तिगत सोचाइले गर्दा मात्र उहाँले जनताको दुहाइ दिन थाल्नुभएको हो । उहाँले गम्भीर अध्ययनबिना जनताप्रति उत्तरदायित्वबोध गर्न सक्नु पनि हुनेछैन ।

पारिजातको जनसमूहमा आस्था छैन । त्यसैले उपन्यासको नायक जनसमूहबाट अलग छ, एक्लो छ । ऊ क्रान्तिलाई जनसमूहको आस्थाबिना पनि सम्भव देख्छ । उसलाई जनतासँग सरोकार छैन । ऊ मान्छे मार्ने कुरा गर्छ, गरिबीलाई पुरानो कमिज जस्तै मिल्काइदिने कुरा गर्छ, हत्याको प्रतिशोध हत्याले लिन चाहन्छ, सिलसिलाबद्ध हत्या गर्ने व्यवस्थालाई भत्काउने कुरा गर्छ र अन्त्यमा गएर पियन डेरा गरेर बसेको घरमालिकलाई घाँटी अँठ्याएर मारिदिन्छ । पारिजात यसैलाई पियन मार्ने व्यवस्थाको विध्वंसको सुरूवात ठान्नुहुन्छ, युद्ध सुरू गरेको ठान्नुहुन्छ । यसरी उपन्यासको अन्त्य गरेर पारिजातले आतङ्कको अवस्था फिँजाउने दुष्प्रयास गर्नुभएको छ । हुनत उहाँले उपन्यासभरि कतै पनि क्रान्तिको कुरा नगरेर युद्ध र विद्रोहको कुरा गर्नुभएको छ । तैपनि उहाँले भन्न खोज्नुभएको सायद क्रान्ति नै हो । तर क्रान्तिको सुरूवात यसरी असङ्गठित रूपमा हुन सक्तैन । यसरी एकदुई जनाको हत्या गरेर बहुसङ्ख्यक नेपाली जनताको भलाइ हुने भए उहिल्यै यस्तो भइसक्ने थियो । जनताबाट पर रहेर छिटपुट हत्या गर्नाले मात्रै बहुसङ्ख्यक नेपालीको भलाइ हुन सक्तैन । यसबाट बरू त्यस्ता हुल्याहा व्यक्तिको समाप्ति हुन्छ भन्ने कुरा नेपाली जनताले ०१८ सालमा थाहा पाइसकेका छन् । अझ त्यो त पारिजातको नायकले जस्तै असङ्गठित रूपमा मात्रै पनि भएको थिएन ।

प्रगतिशीलहरूसँग कुनै चिजको विरोध गर्दा त्यस वस्तुको विरोध गर्नुपर्ने प्रस्ट कारण र त्यसको अन्त्यपछि आफूले चाहेको कुराको ठोस रूपरेखा हुन्छ । उनीहरू जहिले पनि कुनै चिजको विरोध गर्दा सँगसँगै आफूले चाहेको ठोस रूपरेखाको उल्लेख गर्न पनि चुक्दैनन् । यसो नगर्नु उनीहरूको सिद्धान्तबाहिरको कुरा हो । पारिजातले रेसारेसा सुकाएर मान्छे मार्ने व्यवस्थाको विध्वंसको पछि के चाहनुभएको हो, उल्लेख गर्नुभएको छैन । उहाँले चाहेको व्यवस्थाको विध्वंस मात्र हो ? विध्वंसपछि उहाँ केही पनि चाहनुहुन्न ? चाहनुहुन्छ भने के चाहनुहुन्छ ?

'बैसको मान्छे'ले यसको केही पनि सङ्केत गरेको छैन । पारिजातले अहिलेको परिपाटी खतम पार्नासाथ शोषितपीडित मान्छेहरूको भलाइ हुन्छ भन्ने सोच्नुभएको छ, फेरि कुनै अर्को जनविरोधी तत्त्व त्यसमा पुग्न सक्छ भन्ने सोच्नुभएकै छैन । जनताको भलाइ जनताले नै शासन आफ्नो हातमा लिएर मात्रै हुन्छ, नत्र हुँदैन । प्रगतिशील विचारधाराअनुसार प्रत्येक मुक्तिसङ्ग्रामपछि सर्वहारा अधिनायकत्वको दरकार पर्छ, जनताको भलाइ हुन । पारिजातले आक्रोश त देखाउनुभएको छ, त्यसले कस्तो रूप लिनुपर्ने हो देखाउन चाहिँ सक्नुभएको छैन । यसबाट के थाहा हुन्छ भने पारिजातको उपन्यासले सुरूदेखि अन्त्यसम्ममा कहीँ पनि प्रगतिशील विचारधाराको प्रतिनिधित्व गरेको छैन । जेजति यसले गरेको छ, प्रगतिशील विचारधाराको उल्टो जनतालाई जन्मजात मूर्ख र क्रान्तिकारी जनतालाई जथाभावी गर्ने हुल्याहाका रूपमा चित्रित गर्न खोजेको छ, प्रतिक्रान्तिकारी रचनाले जस्तै ।

पारिजातमा राष्ट्रप्रति नचाहिँदो विद्वेष छ, जुन प्रगतिशील लेखकमा हुँदैन । उहाँ राष्ट्र र राष्ट्रियताप्रति आफूलाई संलग्न नभएको ठान्नुहुन्छ । त्यसो हो भने उहाँलाई किन चाहियो क्रान्ति ? किन यत्रा असन्तुष्टिहरू ? राष्ट्रबाट अलग भएर क्रान्ति हुन्छ ? यस्तै उहाँ समाजलाई पनि नमान्ने अराजक हुनुहुन्छ । "मैले समाजलाई स्वीकार गर्नैपर्छ भन्ने के छ ?" उहाँ एक ठाउँमा भन्नुहुन्छ भने अर्को ठाउँमा भन्नुहुन्छ, "हामीलाई समाजको विस्थापन चाहिएको छ, विध्वंस चाहिएको छ ।" यस्तै अराजक विचार उहाँ अर्को ठाउँमा पोख्नुहुन्छ, 'भत्काउनुपर्छ बेलाबेलामा मान्छेले निर्माण गरेका बाटाहरू' भनेर । यस्ता नचाहिँदा विचारहरूको सङ्ग्रह नै 'बैसको मान्छे' हो ।

उपन्यासमा प्रशासनमाथि असन्तुष्टिका थुप्रै वाक्य भए पनि सम्पूर्ण उपन्यास जीवनको निकृष्टपनलाई औंल्याउँछ, यसले उत्कृष्टता र महत्तालाई नकार्छ, यसले पूरापूर पारिजातका आजभन्दा आठ वर्षअधिका विचारलाई नै दोहो¥याउँछ । नायक लम्फुगिरी गरेर हिँड्छ, काम नपाएको कुरा गर्छ । तर कहिल्यै काम गर्ने उत्सुकता देखाउँदैन, काम खोज्दैन । काम ग¥यो भने बोका भइन्छ रे ! पसिनामा विश्वास भएको कुरा गरे पनि उसको श्रमप्रति कुनै मूल्य छैन । 'निस्सार पियन केटो' भनेर ऊ मान्छेलाई निस्सार ठान्छ । मर्यादाका लागि नै मान्छेले सङ्घर्ष गर्छ, क्रान्ति गर्छ भन्ने नसोचेर 'गरिबलाई मर्यादाको ढाँचा ओढाइदिनु, उसलाई पशु बनाइदिनु, बेकम्मा बनाइदिनु हो' भन्ने विश्वास गर्छ । गरिबी र अभावले जनतालाई निकृष्ट बनाइदिन्छ, त्यसको विरोधमा लड्नुपर्छ भन्नुको सट्टा 'नर्कमा जाओस् गरिबी अभाव र यो पशु जीवन म आफ्नो अवस्थाको ईश्वर हुँ' भनेर व्यक्तिवादिताको शङ्ख फुक्छ । "स्वतन्त्रताबोधप्रति शङ्का लाग्छ । पेट भर्नका निम्ति मलाई ड्राइभर हुनु छैन । निःसन्देह स्वतन्त्रता जीवनको विकल्प हो... ड्राइभर नभए के म भोकै मर्छु ? खोइ कहाँ छ मेरो स्वतन्त्रता," भनेर व्यक्तिवादी स्वतन्त्रताको चर्चा गर्छ । "उच्चतातर्फ उठ्न नदिएकाहरूसँग एउटै विकल्प बाँकी रहन्छ... पतन," भनेर सङ्घर्षबाट भाग्न खोज्छ ।

"मानवता मखुन्डो हो मान्छेको, जसले यसलाई बोध गर्छ, उसको अभिभारा सिद्धिन्छ, जसको क्रियात्मकता छैन, फोस्रो विज्ञापन," भनेर सर्वहारावादी मानवताको समेत विरोध गर्छ, जसले अभिभाराप्रति सचेत मात्र गराउँदैन, त्यसका लागि ज्यानको बाजी लगाउन पनि हौसला दिन्छ । खानुलाई आवश्यकताको सट्टा औपचारिकता ठान्छ, संस्कार ठान्छ र अलिकति तल गएर 'यो पाजी संस्कारलाई लात हान्नुपर्छ' भनेर बर्बराउँछ । समाजलाई भ्रष्ट, पाजी र घिनलाग्दो देख्छ । मान्छेलाई संसारको सबभन्दा महत्त्वपूर्ण प्राणी ठान्नुको सट्टा कीरा सम्झिन्छ ।

"मृत्यु एक्लो मर्छ, मृत्युमा व्यक्ति मर्छ । मृत्युको मुखमा हामी व्यक्ति बाँकी रहन्छौं, व्यक्ति भोगेरै मर्छौं," भनेर व्यक्तिवादिताको प्रचार गर्छ । "साँच्ची म पनि निरीह एक्लो मानिस रहेछु, बरू कोही तेस्रो व्यक्ति आएर मलाई यस स्थितिदेखि विचलित पारिदिए हुन्छ । घर र आमा योभन्दा डरलाग्दो उच्चाट, पियन केटो र उसको कोठा चरम विसङ्गति ।"

"म जहाँको तहीँ रहेछु, जड जस्तै, माइल ढुङ्गा जस्तै । हरामी स्थितिले मलाई एक इन्च पनि अघि सार्न सकेन ।" "लक्ष्य छैन, तथापि कहीँ त अवश्य पुगिन्छ । होटल, देवल, फाँट, मूल सडक, अझ अलिक परसम्म जतासुकै ।"

"कुकुरको जन्म लिइएछ बा । बरू कुकुरलाई बेसै होला ।"

"म देश हुँ, ठोस, गतिमान, सक्रिय जिउँदो । मसँग देश बाँच्छ, देश युद्ध गर्छ र देश विजयी हुन्छ । यदि कसैले मलाई विस्थापित गराउँछ भने, कसैले मेरो हत्या गर्छ भने त्यसले देशको हत्या गर्छ ।"

"त्यसको विरूद्धमा म के गर्न सक्छु ? निरूपाय, निहत्था, वास्तवमा यस अवस्थाको विरूद्ध हामी के गर्ने ?"

"धत् हरामी जीवन हो यो ।"

"दुवै जनासँग अब जीवनका उत्सुकताहरू छैनन्, प्रश्नहरू छैनन्, मानौं, रित्तिइसकेका छौं । छ नै के र कुरा गर्नलाई । कुनै कार्यक्रम छैन, केही सुम्पनु केही लिनु छैन । कोरा पर्खाइ बाँकी छन् बस । हामी दुवै मुर्दा कुर्दै छौं ।"

'बैंसको मान्छे'भरि नै यस्ता वाक्य पढ्दा र पारिजातले उभ्याएको पात्रको अध्ययन गर्दा लाग्छ– पारिजातमा कहाँ परिवर्तन छ, कुन कुरामा परिवर्तन छ ? उहाँलाई सोध्न मन लाग्छ, खै कहाँ तपाईं पुराना मान्यता, परम्परा र विचारदेखि बगाल लाग्नुभयो ? खै कहाँ छ तपाईंको विचार परिवर्तन ? खै कहाँ गयो तपाईंको वर्गीय पीडा ? कहीँ पनि त छैन । उही 'शिरीषको फूल'को निस्सारता, उही 'महत्ताहीन'को भ्रष्टता त्यही न छ टड्कारो रूपमा अहिले पनि बैंसको मान्छे'भित्र ।

निश्चय नै 'महत्ताहीन'को असन्तुष्टि 'शिरीषको फूल'मा थिएन र 'बैंसको मान्छे'को जत्तिको व्यवस्थाप्रतिको असन्तुष्टि 'महत्ताहीन'मा पनि थिएन । तर खै त त्यो असन्तुष्टिको वर्गीय रूप र वास्तविक रूपमा त्यसको समाधानको बाटो ? पारिजातले आफूलाई

प्रगतिशील देखाउने जमर्को गर्नुभन्दा पहिले 'बैंसको मान्छे' निस्केको भए निश्चय नै पारिजातको अघि बढाइलाई प्रगतिशील विचारकहरूले प्रशंसा गर्ने थिए । तर पारिजातले आफूलाई प्रगतिशील भनाउन कोसिस गरिसकेपछि यो उपन्यास निस्किदिनुको कारणबाट उहाँलाई प्रगतिशील लेखककै रूपमा हेर्न खोज्दा, उनीहरूले सही रूपमा मूल्याङ्कन गर्दा भन्नुर्नेछ– पारिजात कथित प्रजातन्त्रवादीहरूको सबभन्दा मन पराइएको पुस्तक यही हुनेछ, शङ्का छैन । तर निःसङ्कोच के चाहिँ भन्न सकिन्छ भने पारिजातले 'शिरीषको फूल'मा आफूलाई कम देखाउनुभएको छ, त्यसको अनुपातमा महत्ताहीनले उहाँलाई बढी नङ्ग्याउँछ भने 'बैंसको मान्छे'ले उहाँलाई कतै नलुकाईकन जस्ताको तस्तै राखिदिन्छ । उहाँको यौनविकृति नायकको लाहुरे भाषा, श्यामो र लाटीप्रतिको उसको हेराइ र अभिरूचिबाट प्रस्ट हुन्छ ।

जनतामाथिको उहाँको घृणा अनावश्यक रूपमा ल्याइएको चुरोटको ठुटो मागेर खाने केटो त्यसमा आमाबाबुको प्रसङ्ग र नायकले जहीँतहीँ प्रयोग गरेका जनतामाथिका नचाहिँदा विशेषणहरूमा राम्रोसँग पाइन्छ । उहाँको व्यक्तिवादी मनोवृत्ति, निस्सारतावादी प्रवृत्ति र अराजक सोचाइको झलक उपन्यासभित्र जहीँतहीँ फेला पर्छ । उहाँको व्यक्तिगत आतङ्ककारी, दुस्साहसवादी प्रवृत्ति नायकले बेलाबेलामा भनेको मान्छे मार्ने कुराहरू र घरबेटीको हत्यामा देखिन्छ । उहाँमा पाइने श्रमप्रतिको अवहेलना नायकले काम खोज्दै नखोज्नु, लम्फुगिरी गर्नु र अन्त्यमा पियनलाई नोकरी छोड्न लगाउनुमा फेला पर्छ । समाजप्रतिको अनास्था नायक र पियनलाई समाजबाट अलग्ग्याइदिनुमा र वर्गीय आधारमा समस्यालाई नहेर्नुमा छ । जनताको सङ्घर्ष र क्रान्तिप्रतिको उहाँको अविश्वास एक जना व्यक्तिलाई मारेर आतङ्कको परिपाटी बसाल्न खोज्नुमा छ । यिनै सम्पूर्ण कारणहरूले गर्दा 'बैंसको मान्छे' मात्र विकृतिपूर्ण बर्बर्‍याइँ हुन पुगेको छ । त्यसो भए पनि सामाजिक धरातलबाट पात्रहरू लिन खोजेको हुनाले र समाजसँग सम्बन्धित केही प्रश्नहरू उठाइएकाले पारिजातको यो उपन्यास उहाँको पहिलेका समाजबाट अलग्गिएका उपन्यासहरूभन्दा अघि बढेको छ । अरू कुनै लेखकले आजसम्म गर्न नसकेको साहस गरेर प्रशासनलाई नाङ्गेझार पार्नुभएकामा पारिजातको प्रशंसा अवश्य गर्नुपर्छ ।

भाषाको स्तर ज्यादै माथिल्लो तहको छ । उहाँले जसलाई यी कुराहरू भन्न चाहनुभएको हो, त्यसले पटक्कै बुझ्दैन । शैली अप्ठ्यारो छ र धेरै ठाउँमा त उहाँले के भन्न चाहेको हो प्रस्ट हुँदैन । शैलीको वास्ता गर्ने हुँदा कतैकतै अर्थहीन वाक्यहरू पनि बन्न पुगेका छन् । उहाँको नायक नचाहिँदो तरिकाले छिल्लिन्छ, जसले गर्दा शिष्ट आइमाईहरू उहाँको भाषा पढ्न हिचकिचाउँछन् । उहाँको बौद्धिक बढप्पनले भाषा, शैली र स्तरलाई ग्वाल्र्याम्म छोपिदिएको छ । जनबोली, जनभाषा र स्तर जनताका लागि लेख्छु भन्ने सोचेको भए पनि उहाँको उपन्यासमा कतै पाइँदैन । नायकले आमालाई कहिले तिमी र कहिले तँको प्रयोग गरेको देख्दा र ठाउँठाउँमा अरू पनि व्याकरणसम्बन्धी गल्ती देख्दा पारिजातको व्याकरण ज्ञानमाथि नै शङ्का लाग्छ ।

*मलाई विश्वास छ, पारिजातले माथिका भनाइहरूलाई आफ्नो पहिलेको बानीअनुसार बेवास्ता गर्नुहुनेछैन र आफूलाई प्रगतिशील लेखक बनाउन यसलाई सकारात्मक रूपमा लिने कोसिस गर्नुहुनेछ । प्रगतिशील आधारशिलामा आफूलाई खार्दै लैजाने अधिकार प्रगतिशील विचारधारामा आस्था राख्ने सबैमा उत्तिकै छ । अधिकार खोजेर प्रगतिशील विचारप्रति सक्तोभन्दा सक्तो उत्तरदायित्व निभाउनेको नै बढी महत्त्व हुन्छ, अधिकार मात्रै खोज्नेहरूको भन्दा चाहिँ यसको बढी ख्याल राख्नु नै अहिलेको सबभन्दा ठूलो आवश्यकता हो । पारिजातको अभिप्राय राम्रो होला, नतिजा राम्रो हुन सकेको छैन । (साँचो त के हो भने सामाजिक व्यवहार र त्यसको प्रभाव-कृति र त्यसको प्रभावबाट नै अभिप्राय झल्कने हुँदा त्यसमा पनि शङ्का गर्ने ठाउँ छ ।) साँच्चिकै अर्थमा सही अभिप्राय भएको व्यक्तिले नतिजाको ख्याल राख्नैपर्छ र आफ्नो कृतिको मूल्याङ्कन गर्नैपर्छ । द्वन्द्वात्मक भौतिकवादीहरू आदर्शवादीहरूले जस्तो अभिप्रायको मात्रै र यान्त्रिक भौतिकवादीहरूले जस्तो परिणामको मात्रै वास्ता गर्दैनन्, परिणाम र अभिप्रायलाई उत्तिकै ख्याल राख्छन् । साहित्यकारको अभिप्रायलाई जाँच्ने कसी उसका घोषणाहरू होइनन्, कामहरू खास गरेर कृतिहरू र तिनले जनतामा पारेका प्रभावहरू हुन् । त्यसैले पारिजातको 'बैंसको मान्छे'को समग्र रूपमा मूल्याङ्कन नगरी, त्यसको प्रभावलाई हेर्दै नहेरी उहाँको घोषणालाई मात्रै ख्याल गर्नेहरूले र आफूलाई प्रगतिशील ठान्नेहरूले विचार गर्नुपर्दछ– उनीहरूले आफ्नो विचारप्रति कहीँ बेइमानी गरेका त छैनन् ?*

*'बैंसको मान्छे'ले जुन प्रतिक्रियावादी अनुहार देखाएको छ, "पारिजातको अभिप्राय ठीकै छ, लामो सङ्घर्षबिना संसार बदलिँदैन, फेरि पारिजातले प्रगतिशील भएर लेखेकै कति भएको छ र" भनी त्यसको बेवास्ता गर्नु भूल हुनेछ । साँचो हो, संस्कार सजिलै बदलिँदैन, त्यसका लागि ठूलो सङ्घर्ष गर्नुपर्छ । तर यसो भनेर विचारविरूद्धको कुरालाई काखी च्याप्नु पनि हुँदैन । उहाँको अभिप्राय राम्रो होला (यसमा शङ्का गर्ने ठाउँ छ) त्यसमा प्रशंसा गर्नैपर्छ र त्यत्तिकै 'बैंसको मान्छे'ले देखाएको प्रतिक्रियावादी अनुहारको पनि आलोचना गर्नैपर्छ । पारिजातको प्रगतिशील विचारधाराप्रति कत्तिको इमानदारी छ, त्यो त पारिजातले आफ्ना गल्तीहरूलाई सुधार्न कत्तिको ध्यान दिनुहुने हो, उहाँका आलोचकहरूलाई औँला ठड्याउन या आफ्ना अरूअरू कृतिमा आफूलाई साँचो साबित पार्न कत्तिको अघि सर्नुहुने हो, त्यसैबाट थाहा पाइने कुरा हो । हेरौँ, उहाँको 'बैंसको मान्छे'मा देखिएको प्रतिक्रियावादी अनुहार अझ उदाङ्गिँदै जाने हो कि उहाँले आफूलाई गलत बाटोबाट सही बाटोतिर ल्याउन कोसिस गर्नुहुने हो ।*

सुशील देवकोटा, विराटनगर

सुशील देवकोटाले प्रगतिशील दृष्टिबाट *बैंसको मान्छे* उपन्यासलाई पूरै चिरफार गरेर यसरी पाठक प्रतिक्रिया लेखे । उनले *शिरीषको फूल* र *महत्ताहीन*मा देखाएको निस्सारतावादी दर्शनको गन्ध *बैंसको मान्छे*मा आलै देखे । पारिजातका पहिलेका उपन्यास जस्तै *बैंसको मान्छे* पनि यथार्थको धरातलबाट टाढा देखे ।

यसरी सुशील देवकोटाको छद्मनाम प्रयोग गरेर पारिजातको उछितो काढ्ने अरू कोही नभएर एउटै भान्सामा खाएका, सँगै राल्फा आन्दोलनमा हिँडेका, बौद्धिक विचार साटासाट गरेका निनु चापागाईं थिए अर्थात् निनु राल्फा ।

सुशील देवकोटाका नाममा *रूपरेखा*बाट प्रतिक्रिया प्रकाशन भएपछि पारिजातले निनु चापागाईं हुन् भन्ने अनुमान त गरिन् । तर प्रमाण थिएन । पछि यो रहस्य निनु आफैंले खोले । निनुको भनाइअनुसार यो चिठी लेख्ने काम निर्मल लामा अनि निनुको सहमति र योजनामा भएको थियो, पारिजातलाई प्रगतिशील खेमामा प्रवेश गराउन । राल्फा ध्वस्त हुनुअघि नै निनु २०२८ सालमै वामपन्थी आन्दोलनमा पार्टीगत राजनीतिमा सक्रिय भइसकेका थिए । दोस्रो चिठी, जसमा मूल रूपमा *बैंसको मान्छे*को चिरफार र तीव्र आलोचना गरिएको छ, त्यो लेख्न सरसल्लाहमा सामेल हुनेमा निर्मल लामासहित मञ्जुल पनि भएको निनुको कथन यस्तो छ–

*पारिजातले पनि निकटतम होला भन्ने खालले भन्नुभा छ । नाम तोक्नुभा छैन । तर त्यो लेखेको चैं मैले हो । तर त्यो लेख्दाखेरि मेरो मात्रै हात थिएन । पछिल्लो लेख्दा त मञ्जुल पनि त्यसमा सहभागी थियो । निर्मलजी सहभागी नै हुनुहुन्थ्यो । हामीले सल्लाह गरेरै लेखेको हो । निर्मल लामा पनि हुनुहुन्थ्यो । ...निर्मल लामा भो, मञ्जुललाई पनि मैले त्यो चिठी देखाएको छु । सम्भवतः रायनलाई चाहिँ भएन होला, रामेशलाई पनि मैले देखाएँ कि भन्ने लाग्छ । त्यो अलिकति सरसल्लाह गरेरै लेखिएको थियो । (निनु चापागाईंसँग टेपवार्ता)*

जब निनु चापागाईंले नै सुशील देवकोटाका नाममा चिठी लेखेको पारिजातले पत्तो पाइन्, उनी अत्यधिक क्रोधित भइन् र निनुका कतिपय सामान जुन पारिजातले प्रयोग गर्थिन्, ती सबै फर्काइदिइन् । उनले पढ्न लगेका किताब पनि फिर्ता गरिन् । उनीहरूको सम्बन्धले कोल्टो फेऱ्यो । एक प्रकारको सम्बन्धको पारपाचुके नै भयो ।

सुशील देवकोटा उर्फ निनु चापागाईंलाई आफूले प्रगतिशील भन्ने दाबी नगरेको जबाफ दिए पनि अन्ततः पारिजातले साहित्यमा प्रगतिशील मार्ग नै रोजिन् र आजीवन त्यसलाई अँगालिन् । यद्यपि कट्टरपन्थीहरूले उनका रचनालाई स्वतन्त्र, कलात्मक र स्फूर्त हुनबाट पटकपटक बाधा पुऱ्याउने काम भने गरिरहे । उनलाई *शिरीषको फूल*बाट पृथक् बनाउन खोजिरहे । *बैंसको मान्छे* राल्फाकालको अन्त्य र प्रगतिशील मार्गमा पाइला हाल्नहाल्न खोजेको अवस्थाको सङ्क्रमणकालीन उपन्यासका रूपमा रह्यो ।

यस उपन्यासलाई पारिजात स्वयम्ले पनि वैचारिक रूपमा अलिकति कमजोरीसहितको भएको र सुशील देवकोटाले लेखेका केही कुरा ठीकै भएको पनि स्विकारेकी थिइन्–

*'बैंसको मान्छे'बारे लेखिएका केही प्रमुख विचार पढिसकेकी छु । प्रगतिशील समालोचकहरूले औंल्याएअनुसार केही गल्ती सुधार्नु आवश्यक छ मलाई । भाषा र शैली केही बौद्धिक नै छन् र वर्गीय शत्रुलाई प्रतिशोध लिने तरिका त्यो होइन,*

*म मान्छु । मेरो दृष्टिकोणमा 'बैंसको मान्छे' एक किसिमको क्रान्तिबोध र असमानताबोध मात्र हो । तथापि सुशील देवकोटाको आलोचना चाहिँ मलाई बढी अन्यायपूर्ण लाग्यो । मार्क्सवादी चिन्तकहरूको विचारभन्दा केही विपरीत समालोचना जस्तो लाग्यो । सुशील देवकोटाले मलाई के फाइदा दिएको छ भने, प्रगतिशील साथीहरूसँग धेरै नजिक पुग्ने र सम्झौता गर्ने मौका प्रशस्त पाएकी छु मैले । (पारिजातसँग बिताएका केही क्षण : मोहन दुवाल, पृष्ठ ४२)*

तिनै सुशील देवकोटाको सक्कली नाम निनु चापागाईंले *बैंसको मान्छे* उपन्यासबारे यस्तो मूल्याङ्कन गर्दै पारिजातको यो अवधिको सबैभन्दा राम्रो अभिव्यक्ति दिने कृति 'बैंसको मान्छे' (२०२९) उपन्यास नै हो भन्ने निचोड निकाले । *(पारिजातका... कमजोरीहरू छन्... तर नगण्य छन् : निनु चापागाईं : जनमत पारिजात स्मृति विशेषाङ्क, पृष्ठ ४३)*

साथै निनु चापागाईंले सुशील देवकोटा काण्डलाई 'दुःखदायी' माने । उनले लेखे–

*...उहाँका कतिपय रचनाका पाण्डुलिपिमा सम्पादनको सरसहयोग गर्ने जस्तो प्रक्रियाहरूमा हामीले सुखद स्मृति मात्र होइन, दुःखदायी अनुभूति पनि सँगालेका छौं । सुशील देवकोटा नाउँमा पारिजातमाथि मबाट भएको तीतो आलोचना, उहाँको प्रत्युत्तर, प्रत्युत्तरमाथि पुनः आक्रमण ('रूपरेखा' : पूर्णाङ्क १३८-१४२) यस्तै घटनाको एउटा उदाहरण थियो । (सही मूल्यको खोजीमा पारिजात : निनु चापागाईं : 'बगर', आदिकवि भानुभक्त आचार्य द्विशतवार्षिकी तथा पारिजात विशेषाङ्क, पृष्ठ १७४)*

पारिजातका लागि भने सुशील देवकोटा काण्ड आजीवन कोखको घाउ झैं भयो ।

# चोरीको आरोप

साहित्यिक चोरीका घटना र आरोपप्रत्यारोप विश्वसाहित्यमै नौलो कुरा होइन । विश्वका एक से एक लेखक पनि यस्तो घटनामा मुछिएका छन् । पारिजात पनि यो मामिलामा अछुतो रहिनन् । उनलाई *शिरीषको फूल*मै चोरीको आरोप लाग्यो । त्यो आरोप लाग्न शङ्कर लामिछानेको भूमिका पनि एक प्रकारले जिम्मेवार थियो । उनले नै आरोप लगाउने गोरेटो खनिदिए । आरोप लगाउनेहरूले त्यसको जरो नसमाई त्यही गोरेटोलाई राजमार्ग बनाए । शङ्कर लामिछानेले लेखेका पनि थिए–

*...स्वास्नीमान्छे भएर, कुमारी भएर, ४५-४६ वर्षको अधबैंसे भूतपूर्व सैनिकको चित्रण उसले कसरी गर्न सकी, खास गरी त्यसका यौनजीवन र अन्तर्द्वन्द्व ! उपन्यासका प्रत्येक शब्द पढुन्जेल यस भावनाले मलाई अँगालिरह्यो । (भूमिका : शङ्कर लामिछाने : 'शिरीषको फूल' : साझा प्रकाशन : २०३८, पृष्ठ ग)*

यसरी पारिजातको लेखनलाई शङ्करले विश्वसनीय नभेटेको इङ्गित गरिदिए, जसले पारिजातलाई चोरीको आरोप लगाउने बाटो खोलिदियो । अझ अगाडि उनले लेखे–

*...यति सानो क्यानभासमा र साह्रै सानो कक स्ट्रोक्सहरूमा जसरी पारिजातले चित्र बनाएकी छ, त्यो साह्रै इखलाग्दो भएको छ । मैले यस्तै अचम्मित पार्ने एक जापानी उपन्यास पढेको थिएँ– ओसामु दाजाईको 'द सेटिङ सन' । त्यो यति राम्रो लागेको थियो, उल्था गर्ने विचार गरेको थिएँ । र सोचेको थिएँ, त्यसले नेपाली साहित्यलाई केही उपलब्धि हुनेछ । अब त्यसको आवश्यकता रहेन । (भूमिका : शङ्कर लामिछाने : शिरीषको फूल : साझा प्रकाशन : २०३८, पृष्ठ ग)*

यसले पारिजातलाई चोरीको आरोप लगाउन राम्रो क्लुको काम गऱ्यो । शङ्कर लामिछानेले लाक्षणिक भाषा प्रयोग गरे । उनले पारिजातले चोरेको आरोप त लगाएनन्, अनुकरणको लाञ्छना पनि लगाएनन् । तर चोरीको बात लगाउन र लाञ्छनाको लात हान्ने बाटो भने बनाइदिए ।

नकुल काजीले त *शिरीषको फूल*लाई *द सेटिङ सन*को कार्बन कपी नै भनिदिए–

*...पारिजातको 'शिरीषको फूल'को भूमिकामा शङ्कर लामिछानेले नेपाली*

*उपन्यासयात्राको सन् १९६६ को माइलस्टोन मान्नुपर्छ यस उपन्यासलाई भनेर आधिकारिकतापूर्वक नेपालका साहित्यपाठकलाई सोझै ढाँटेका छन् । किनभने 'शिरीषको फूल' उपन्यासबाट 'भूगोल पार्क' शब्द हटाइदिँदा त्यो ओसामु दाजाईको 'द सेटिङ सन'को प्रतिकृति (कार्बन कपी) बन्न जान्छ । त्यो उपन्यास मौलिक होइन । त्यसलाई 'मौलिक हो' भनाउन पुनः 'ब्लू मिमोसा' नाममा अङ्ग्रेजीमा अनुवाद गराइएको पनि छ । त्यो केवल दुस्साहस मात्र हो । (सन्दर्भ : कालो सूर्य : सन् १९८० को माइलस्टोन : नकुल काजी : कालजयी भरत जङ्गम : २०६३, पृष्ठ ६५३)*

पारिजातले भने यस आरोपलाई पूरै नकारिन् । उनको भनाइ थियो–

*भन्न त कतिले चोरी, कार्बन कपी भने । तर 'शिरीषको फूल' लेख्दा मैले त्यो पढेकी नै थिइनँ । 'शिरीषको फूल' पढिसकेपछि शङ्कर दाइले त्यो उपन्यास ओसामु दाजाईको 'द सेटिङ सन' पढ्न दिनुभएको थियो– हेर, तिम्रो उपन्यासको नायिकाको चरित्र कतैकतै मिल्छ भनेर । ...शिरीषको फूल' अनुवाद गर्ने टङ्कविलास भार्या र सोन्ड्रा जेडस्टिन दुवै बुद्धिजीवीहरूले 'द सेटिङ सन' पढेका छन् । डाक्टर माइकल हटले पढेका छन् । हारूहितो नोजुले 'द सेटिङ सन' पनि पढ्नुभा छ र जापानीमा 'शिरीषको फूल' अनुवाद गरौं भन्नुहुन्छ भने चोरीको त कुरै छाडौं, मिल्ने पनि कुरा आएन । डा. यासुओ आवेले 'शिरीषको फूल'को अङ्ग्रेजी अनुवाद पढ्नुभयो र मैले नकुल काजीले विश्वदीपमा 'द सेटिङ सन'को कार्बन कपी भयो भनेको छ भनेर सुनाउँदा यस्तो मूर्खतापूर्ण कुरा पनि कसैले गर्छ ? भनी मरीमरी हाँस्नुभयो । (पारिजातसँगको कुराकानी : गोविन्द गिरी प्रेरणा : 'मिर्मिरे' : २०४७ असार-साउन, पृष्ठ १६३-१६४)*

इन्द्रबहादुर राईले रूपरेखामा लेखेको समालोचनामा पनि पारिजातको रचनासँग काकताली परेको भन्दै घुमाउरोसँग लगाएको आक्षेपलाई पारिजात स्वयम्ले चोरीको आरोपको संज्ञा दिएकी थिइन् । बदलाको भावनाले इन्द्रबहादुर राईले त्यसो गरेको भन्ने उनको निष्कर्ष थियो–

*'रूपरेखा' पाएँ । आइबी राईको आलोचना त राम्रै हो । तर मेरो आफ्नो मौलिक (मौलिक नै भनौं) लेखहरूमाथि उनको विश्वास परेनछ । भद्र किसिमले चोर लगाएछन् हगि ? पढेका र सुनेका फटाहा चोट्टाहरूलाई रूपान्तरण गर्न, गाभ्न दक्ष भनी लेखेछन् । खै आलोचकहरूलाई पनि के भनौं ! हामीले पनि उनलाई घनवाद (क्युबिजम)को चोरेर तेस्रो आयाम सिर्जना गरेका भनेका थियौं । बदला लिएका हुन् कि ? (अपराजिता : पारिजातका चिठीहरू : सङ्कलन : सुकन्या वाइबा : बुकहिल पब्लिकेसन २०७५, पृष्ठ ७८)*

पारिजातको 'एक कठिन निष्कर्ष'माथि पनि चोरीको आरोप लागेको थियो । भारतीय साहित्यकार अज्ञेयको *नदी के द्वीप*बाट चोरिएको र वाक्यांशहरूसमेत मिलेको आरोप लाग्यो । यो आरोप लगाउने मोराश अर्थात् मोहनराज शर्मा थिए । यो आरोप भवानी घिमिरेको सम्पादनमा प्रकाशित *भानु* पत्रिकामा प्रकाशन भएको थियो । त्यस्तै

कथाकार प्रकाश प्रेमीले पनि उनीप्रति नकारात्मक टिप्पणी गरेका थिए । अनि पारिजातलाई मोराश र प्रकाशप्रेमी कतै साथीहरू त होइनन्, मिलेमतोमा लेखेका त होइनन् यिनीहरूले भन्ने लागेको थियो । यो चोरीको आरोप-प्रत्यारोपले त्यति साह्रो पाठक-अध्येताहरूको ध्यान खिच्न चाहिँ सकेन। पारिजातले पनि यसलाई आफ्नो स्तम्भमा उल्लेख गरेर आफूले आरोप लागेको पुस्तक नपढेको अर्थ लाग्ने गरी घुमाउरो प्रतिक्रिया मात्र यसरी व्यक्त गरेकी थिइन्–

*अनायास 'भानु' पत्रिकाको एउटा समीक्षा सम्झना आउँछ । "पारिजातले, 'एक कठिन निष्कर्ष'मा अज्ञेयको 'नदी के द्वीप'बाट ...मात्र होइन... यहाँसम्म...वाक्यांशहरू पनि उस्ताको उस्तै चोरेको छ ...मानिएका साहित्यिकहरू त यसरी चोर्छन् ।"*

*यो लेख्ने मोराशलाई म चिन्दिनँ । फगत यति जान्दछु, ऊ एब्सर्डिटीको अर्थ पल्टाएर दिन्छ । मानौं, सिएटी क्याट, क्याट माने बिरालो । यसपछि अर्को पाठक प्रतिक्रिया हेर्छु, "पारिजातको नकच्चऱ्याइँ देखेर दुःख लाग्यो ।" प्रकाश प्रेमीलाई पनि म चिन्दिनँ, सायद यी दुई साथी हुन सक्छन् । एक दिन विमल राल्फाको हातमा 'नदी के द्वीप' देख्छु । हेर्न खोज्छु । तर अज्ञेयको 'अपने अपने अजनवी' पढिसकेर 'नदी के द्वीप' पढ्दा कोही पनि बोर हुन्छ । मैले पढ्न सकिनँ । तर विमललाई सुनाउँछु, मैले चोरेका लाइनहरू त्यहाँ भए देखाऊ है । (गोरेटोको खोजीमा : के कस्तो र कता ? : पारिजात : 'रूपरेखा' २०२६ वैशाख, पूर्णाङ्क ९६ पृष्ठ ४९-५०)*

तर मौका परेका बेला पारिजातले आफूलाई आरोप लगाउनेहरूलाई झटारो हान्नसमेत पछि पर्दिनथिन् । तिनका रचना र विविध पक्षहरूका विषयमा उनी कोर्रा हान्ने गर्थिन् । उत्साहमा प्रकाशित एउटा कथा रचनालाई लिएर मोहनराज शर्मालाई पनि उनले त्यसरी नै हमला गरेकी थिइन्–

*मोहनराज शर्माको 'गुलेलीधर'को फेन्टासी... मेरा बाबै कस्तो फेन्टासी हो त्यो ? के यसलाई फेन्टासी भन्न मिल्ला ? यस्तो कथालेखन कल्पनाशक्ति पनि चाहिन्छ र ? यस्तो कथालेखन कति गाह्रो हुन्छ ? दिनको कति ओटा लेख्न सकिन्छ हँ ? (कथालेखन गाह्रो छ : पारिजात : युगधारा २०४२ असार ३१)*

...

# उपचार

दार्जीलिङ्मा अचानक देखापरेको पारिजातको बिमारी काठमाडौं आएपछि बल्झियो । सुरूसुरूमा त पारिजातका पिता आफैं डाक्टर भएकाले उनले नै थरीथरीका औषधि प्रयोग गर्दै उपचार गरिरहे । अरू कोही डाक्टरलाई देखाउनु भनेको उनी आफ्नो अपमान सम्झिन्थे । त्यो उनको बहुलट्ठी अहम्को सिकार लामो समयसम्म पारिजात बनिन् । तर पछि विद्रोह गर्नुपर्ने स्थिति आयो । विद्रोह गरेरै अरू डाक्टरकहाँ देखाउन जान थालेकी हुन् । उसो त आफ्नो आम्दानी नहुने अवस्थामा पुगेका, उमेरले पनि क्रमशः डाँडो काट्दै गरेका डा. केएस वाइबाको जन्मजात अहम् बिस्तारै सेलाउन थालेको थियो ।

काठमाडौंमा उनी २०१७ सालदेखि २०२० सालसम्म पुतलीसडकको डेरामा पूरै ओछ्यान परिन् । यो उनको जीवनको कहालीलाग्दो कालखण्ड थियो । यही बिमारीले गर्दा नै उनले मदन मेमोरियलको जागिरबाट राजीनामा दिन बाध्य भएकी थिइन् । जागिर छाड्नुमा अन्य कुनै कारण थिएन । जागिरे जीवनका अन्तिम दिनमा उनलाई पुतलीसडकबाट पाटनढोकासम्म पुग्न पनि हम्मेहम्मे परेको थियो ।

उपचारका लागि पारिजात २०२६ सालमा भेलोर गएकी थिइन् । भेलोर जान पनि उनको आर्थिक सावगासले भ्याउने कुरा थिएन । कुनै आयस्रोत थिएन, कुनै बचत थिएन, बेचिहाल्न कुनै गरगहना थिएन । सुकन्याले आफ्नी साथी शारदासँग सापटी लिएर त्यो पैसाले उनी उपचारका लागि भेलोर गएकी थिइन् । अनि त्यो गुन लाएबापत पारिजातले *महत्ताहीन* उपन्यास तिनै शारदालाई समर्पण गरेकी थिइन् ।

त्यस्तै २०२९, २०३० र २०३१ सालमा भारतको नयाँदिल्लीस्थित अल इन्डिया मेडिकल इन्स्टिच्युटमा पुगेकी थिइन् । तर ती सब उपचारपछि पनि उनको शारीरिक अवस्था सग्लो भएन । सारसौंदो भएन । कतिले उनलाई कुँजी भएको भने । कतिले पक्षाघात पनि भने । तर उनलाई हाडजोर्नीसम्बन्धी रोग 'र्‍युमटाइड आर्थराइटिस' भएको थियो । त्यसका अतिरिक्त उनलाई अल्सरले पनि सताएको थियो । क्षयरोगले पनि उनलाई दुःख दिएको थियो । दमले पनि दुःख दिएको थियो । जीवनको पछिल्लो चरणमा रक्तचाप पनि थपिएको थियो ।

उनका हातका औंला राम्रो चल्दैनथे । उनी असहज देखिने भए पनि सहजतापूर्वक राम्रो हस्ताक्षरमा आफ्ना रचना लेख्ने गर्थिन् । कुँजिएका हातका औंलाले चुरोट च्याप्नु, साँझमा मदिरा उठाउनु र साहित्य सिर्जना पस्कनु उनको विशेषता र नियति दुवै थियो ।

पारिजात काठमाडौं आउँदा सग्लो, सद्दे र सुन्दर रूप लिएर आएकी थिइन् । उनको उमेरअनुसारको सौन्दर्यले काठमाडौंलाई तताएको थियो । उनको डेरामा उनको शारीरिक र बौद्धिक सौन्दर्य दुवैले वा दुवैमध्ये कुनै एकले डोरिएर कवि पुग्थे, कलाकार पुग्थे, गायक पुग्थे, सङ्गीतकार पुग्थे । बिहान पुग्थे, दिउँसो पुग्थे, राति पुग्थे । मध्यरातमा पनि पुग्थे । कोठामा पुग्न नसक्नेहरू सडकबाटै झ्यालतिर फर्केर सम्बोधन गरेरै चित्त बुझाउँथे । कलेजमा पनि उनी आकर्षणको केन्द्रमा हुन्थिन् । कविगोष्ठीमा पनि उनी आकर्षणकै रूपमा थिइन् । तर त्यो बाहिरी सौन्दर्यको उमेर त्यति लामो रहेन । मदन मेमोरियलमा शिक्षिकाका रूपमा काम गर्दागर्दै उनी थलिइन्, गलिन् । झन्डै तीन वर्ष ओछ्यानको ओछ्यान भइन् । ती उनका जीवनका अत्यन्त कहालीलाग्दा क्षण थिए । तर उनलाई खासमा रोगले भने १४-१५ वर्षको उमेरमा दार्जीलिङ छँदा नै आक्रमण गरेको थियो ।

वर्षा ऋतुको एक दिन उनी मध्यरातमा ब्युँझिइन् । उनको देब्रे हातको कुहिनाको जोर्नी दुखिरहेको थियो । दुखाइ अति चर्को थियो– असह्य । उनी रून थालेकी थिइन् । एकछिन त उनी एक्लै रोइरहिन् । अति भएपछि सुकन्यालाई बोलाइन् । सुकन्याले आगो सल्काएर तेल तताइन् अनि मालिस गरिदिइन् । त्यसले उनलाई अलिक सन्चो भयो र बिहानीपख निदाइन् । त्यो दुखाइ नै भविष्यको उनलाई जीवनभर दुःख दिने रोग होला भन्ने उनलाई त्यतिखेर के पत्तो !

त्यस रातपछि पनि उनलाई दुख्थ्यो । सधैं एक ठाउँमा होइन । शरीरका कुनैकुनै अङ्ग दुख्थे । फेरि ठीक हुन्थ्यो । कालान्तरमा त्यो त 'र्‍युमटाइड आर्थराइटिस' भन्ने पत्तो लाग्यो, जसले उनलाई जीवनभर यातना दिइरह्यो । ओछ्यान पारिरह्यो । साहित्य लेख्ने ती सुन्दर औंलालाई कुँजो बनाइदियो ।

त्यसपछि काठमाडौं आएपछि २०१५ सालतिर उनलाई यस रोगले नराम्रोसँग आक्रमण गर्‍यो । मदन मेमोरियलकी शिक्षिका हुँदा पनि उनलाई यसले पीडा दिएको थियो । तर घरको जर्जर आर्थिक अवस्थाका कारण उनी आफ्नो अशक्ततालाई बिर्सिएर पढाउने काममा लागिरहिन् । तर थाम्न नसकेपछि राजीनामा दिएर घर बसिन् र ओछ्यान नै उनको संसार भयो । उनका पिताको हठ थियो, आफ्नो परिवारको उपचार कसैलाई गर्न नदिने, आफैं गर्ने । उनी आफैं डाक्टर थिए । तर केही सीप नलागेपछि उनले एक दिन पारिजातलाई एउटा नयाँ औषधि लेखेर भने, "यो औषधि जहाँ जन्मेको छ, त्यही ठाउँमा गएर सेवन गर्नुपर्छ र लेकको हावापानीले शरीरमा कस्तो असर गर्छ त्यो पनि हेर्नुपर्छ ।"

तर त्यसले पनि खासै काम गरेन । तर बाबुले त्यसो भनेपछि उनको दार्जीलिङ जाने दमित इच्छा भने पूरा भयो । उनी हावापानी फेर्न लगातार तीन वर्ष दार्जीलिङ गइन् । अनि त उनी पूरै ओछ्यान परिन् नराम्रोसँग । त्यो बेलाको अवस्थालाई पारिजातले पछि यसरी सम्झना गरेकी थिइन्–

*...म विवश भएर ओछ्यान लागें । यो मेरो २५-२६ को उमेर थियो । म ओछ्यानमा सीमित भएँ र मेरा असङ्ख्य शैलानी रहरहरू, चाहना, प्रकृतिसँग खेल्ने सपना र स्वतन्त्रता एकएक गरी उही· घाइते चराहरू जस्तै पखेटा भाँचिँदै मेरो अघि पहाड लाग्न थाले । म विवश भएर आफ्नै ध्वस्त संसारलाई हेर्न थालें । मेरो शरीरमा मेरो बाबुको सपना पनि चिहान भयो । लाग्थ्यो, म दिनदिनै रित्तो, शून्य, नीरस र निरर्थक हुँदै जाँदै छु । मानसिक र शारीरिक दुवै व्यथाले ग्रस्त म रातभरि हिक्का नछाडी रून्थें र बिहान 'पारिजात' नाम लेखिएको मेरो हरियो तकिया भिजेर लफ्रक्क भएको हुन्थ्यो । (आक्रमणहरू : पारिजात : एउटा चित्रमय सुरूवात : सङ्कलित रचनाहरू : ४, पृष्ठ ६१)*

पारिजातको दीर्घ अस्वस्थताका लागि कतिपय मानेमा उनका बाबु पनि जिम्मेवार थिए । ईश्वर बरालले उनलाई त 'अर्धसिल्ली'को उपमा नै दिएका थिए । *(आमुख : ईश्वर बराल : 'पारिजातका कविता; : साझा प्रकाशन : २०४४, पृष्ठ ६)*

पारिजात आफैंले पनि उनका बाबुको त्यो बानीबारे यस्तो बताएकी थिइन्–

*...मेरा बाबु आफ्नो डाक्टरी पेसालाई लिएर चाहिँदोभन्दा बढी स्वाभिमानी हुनुहुन्थ्यो, जसलाई घमन्डी नै भने पनि दोषमुक्त ठहरिन्न । एकपल्ट मेरी दिदी टाइफाइडको रोगले ग्रस्त भएका बेला उहाँ एक्लैले उपचार गरिरहनुभयो, अरू डाक्टरलाई देखाउन उहाँ आफ्नो अपमान ठान्नुहुन्थ्यो सायद । आखिर दिदी मर्नु न बाँच्नुको स्थितिमा पुगेपछि त्यहाँको अर्को एउटा प्रसिद्ध चिकित्सकलाई बोलाएर सल्लाह गर्नुभयो र दिदी मृत्युको मुखबाट फर्किन् । मेरो रोगलाई लिएर पनि पछिसम्म उहाँको त्यही व्यवहार रह्यो, जबसम्म म आफैंले विद्रोह गरेर अर्को डाक्टरसमक्ष गइनँ । (आक्रमणहरू : पारिजात : एउटा चित्रमय सुरूवात : 'सङ्कलित रचनाहरू' : ४, पृष्ठ ५९-६१)*

२०२१ सालतिर पारिजातलाई पुतलीसडकमा भेट्न आउने साथीहरू, आफन्तहरू उनलाई देखेर आँखा भिजाउँथे । बोली फुट्दैनथ्यो तिनको । तर उनी भने हाँसेर सबै आगन्तुकको स्वागत गर्थिन् । बोलीले आश्वस्त पार्थिन् । उनको मनोदशा यस्तो थियो–

*उपचार गर्दागर्दा नैतिक र आर्थिक रूपले सबैतिरबाट निरूपाय म अथवा भनौं उपचारको विकल्प नपाएकी मैले जीवनलाई त्यसरी नै लिइदिएँ । (मलाई एउटा स्वतन्त्र चराको रूप दिनू : पारिजात : एउटा चित्रमय सुरूवात : सङ्कलित रचनाहरू : पृष्ठ ७७)*

२०२३ साल भदौ २२ को दिउँसो रूपरेखाका सम्पादक उत्तम कुँवर पारिजातको अन्तर्वार्ता लिन उनको पुतलीसडकको डेरामा पुगे । अन्तर्वार्ताका क्रममा उनको

बिमारीका विषयमा पनि स्वाभाविक चर्चा चल्यो । त्यति बेला पारिजातले आफ्नो अवस्था र सोच उत्तम कुँवरलाई यसरी सुनाएकी थिइन्–

*यो फागुनमा पूरा तीन वर्ष हुन्छ कोठामा थुनिएकी ! दया र सहानुभूति पाएर म बाँच्न सक्दिनँ । त्यसैले म विज्ञापन दिन चाहन्नँ आफ्नो बाध्यताको ! म अरूलाई पनि आफ्नो दया र सहानुभूति दिन सक्दिनँ । साहित्यिक संसारले मप्रति देखाएको दया र सहानुभूतिलाई म दिलैदेखि घृणा गर्छु, अस्वीकार गर्छु । मैले मेरो रोगलाई आफ्नो जीवनसरह स्वीकार गरेकी छु । (सुश्री पारिजात : उत्तम कुँवर : 'स्रष्टा र साहित्य' : साझा प्रकाशन, पृष्ठ १९८)*

पारिजात आफ्नो अस्वस्थतामा कैयौंपल्ट विचलित पनि हुन्थिन् । हात र गोडाका जोर्नी खुम्चिएर एकठाउँ हुन्थे । कसैले उठाइदिनुपर्ने, सुताइदिनुपर्ने अवस्था हुन्थ्यो । उनी परजीवी जस्तै भएकी थिइन् । रात पनि निद्राले भन्दा तन्द्रामा बित्थ्यो । कतिपल्ट त उनी यति निराश हुन्थिन् कि 'मर्न पाए हुने, बस, मरिदिए पुग्छ' जस्तो समेत लाग्थ्यो । *(मलाई एउटा स्वतन्त्र चराको रूप दिनू : पारिजात : एउटा चित्रमय सुरूवात : सङ्कलित रचनाहरू, पृष्ठ ७९)*

पारिजातको यो अस्वस्थतालाई लिएर सहानुभूति देखाउने मात्र होइन, साँचो मनले सहयोग गर्न चाहने साहित्यकार पनि थिए । एक दिन कवि सिद्धिचरण श्रेष्ठ र दान खालिङ पारिजातलाई भेट्न आए । दरबारमा एउटा बिन्तीपत्र हाले उपचारको प्रबन्ध हुन्छ भनेर आश्वस्त पनि पारे । तर पारिजात दोधारमा परिन् । उनीहरूले पारिजातलाई सम्झाए र बिन्तीपत्र लेख्न राजी गराएरै छाडे । वास्तवमा बिन्तीपत्र उनीहरूले तयार गरेर पारिजातलाई हस्ताक्षर मात्र गराउन लाए । त्यसको केही दिनपछि नेपाल राजकीय प्रज्ञा-प्रतिष्ठानबाट चिठी आयो, जसमा जुनसुकै अस्पतालमा गएर पनि उपचार गराउन सक्ने भनिएको थियो र उनी शान्त भवनमा पुगिन् । तर त्यहाँका डाक्टर मिलरले त्यो चिठीको अवहेलना गरिदिए । फेरि राजदरबारबाट अर्को चिठी आयो । चिठीमा रोगको अनुसन्धान कहाँ गएर गर्न सकिन्छ, कति खर्च लाग्छ, पत्ता लगाएर जाहेर गर्न भनिएको थियो । कहाँ जाने ? उही वीर अस्पताल पुगिन् उनी । यद्यपि त्यहाँबाट पहिल्यै उनको उपचारको असफल प्रयास भइसकेको थियो । त्यहाँका डाक्टरहरूले केही दिनमा जबाफ दिने बताए । अनि अलि समयपछि वीर अस्पतालबाटै रोग ठीक हुने चिठी आयो । त्यसले पारिजात निराश एवम् आक्रोशित भइन् । अनि यो बिन्तीपत्रमार्फत उपचार हुने प्रक्रियाको सिलसिला त्यहीँ समाप्त भयो ।

पारिजात २०२६ सालमा आफ्नो उपचारका लागि भेलोर गएकी थिइन् । त्यो उनको राल्फाकालीन समय थियो । उनले उपचारबाट आफ्नो स्वास्थ्यलाई पुरानो अवस्थामा ल्याउन सकिनन् । उनको भेलोरको उपचारयात्राले उनको स्वास्थ्यमा सुधार भएन । उनको उपचारका लागि चीन जाने कुरा पनि आएको थियो । तत्कालीन अवस्थामा विविध परिस्थिति नमिलेर उनी चीन जानबाट वञ्चित रहिन् । घुमीफिरी उनले मन परे पनि,

नपरे पनि वीर अस्पताल नै धाउनुपर्थ्यो । शान्त भवन धाउनुपर्थ्यो । कतिपय डाक्टरसँग उनको निजी सम्बन्ध पनि स्थापित भयो । तिनले उनको उपचारमा विशेष सहुलियत दिन्थे, विशेष ध्यान दिन्थे । त्यता डाक्टरहरूमा एउटा थिए, अस्ट्रेलियाली क्षयरोग विशेषज्ञ डा. बर्जेस । उनले पारिजातलाई निकै हौसला दिन्थे ।

उनले बाथरोगको उपचार गर्दागर्दै र त्यसको औषधि खाँदाखाँदै उनको छाती र पेट दुवै बिगारेको पत्ता लाएका थिए । छ महिनाको उपचारमा उनको क्षयरोगले गाँजेको फोक्सो करिब सन्चो बनाइदिएका थिए । यिनै डाक्टरका माध्यमले महेन्द्र भवन माविकी संस्थापिका तथा प्रिन्सिपल ब्रिटिस महिला फ्याङ्कलिनसँग पनि पारिजातको सम्पर्क भएको थियो । त्यो सम्पर्क आत्मीयतामा पुगेको थियो । त्यसैले त डा. बर्जेस अस्ट्रेलिया फर्कनुअघि उनको सम्मानमा मिस फ्याङ्कलिनले आयोजना गरेको बिदाइ टी पार्टीमा पारिजात पनि आमन्त्रित थिइन् । यिनले पछि पारिजातलाई घरमा वर्षौं बसेर धेरै दृष्टिकोण साँघुरियो होला भन्दै ककनीको डाँडामा घुमाउन लगेकी थिइन् । त्यो घुमाइमा सुकन्या र राजेन्द्र रोङ्गोङका परिवार पनि सम्मिलित थिए । तर विदेशीहरू विशेष गोराहरूसँग सङ्गतमा जाँदा धर्मको कुरा गर्लान्, धर्म परिवर्तनका लागि आत्मीयता देखाएका त होइनन् भन्ने प्रश्नले उनलाई सधैं झकझक्याइरहन्थ्यो–

*...कहिले त लाग्थ्यो, कतै यी मिसिनरीहरूले यस सद्भावनाको हिसाब माग्ने त होइनन् ? तर त्यसो भएन । त्यो सद्भावना सद्भावनाकै निम्ति रहेछ । उनीहरूले मसँग कहिल्यै धर्मसम्बन्धी चर्चा गरेनन् । ...सायद पहिलो र अन्तिमपल्ट उन (फ्याङ्कलिन)ले मलाई एउटा प्रश्न गरेकी थिइन् । त्यो प्रश्न थियो, "तिमी धर्ममा विश्वास गर्दिनौ ?" अन्याय, अत्याचार, शोषण गर्न नसक्ने र हेर्न नसक्ने भए पनि मेरो वर्गीय दृष्टिकोण त्यतिखेर साफ थिएन । त्यसैले आफ्नो त्यति नै ज्ञानका आधारमा मैले उनको उत्तर दिएकी थिएँ, "सबै धर्मको आधार नैतिकता र प्रेम नै रहेछ । त्यति मसँग पनि भए जस्तो लाग्छ । तर आजसम्म त म आफूलाई नास्तिक मान्न तयार छैन ।" उनी सुकन्यालाई भन्ने गर्थिन् रे, "तिम्री दिदी गाह्रो स्वास्नीमान्छे छिन् ।" (पैसा : बिपनाको पछ्यौरी रित्तो थिएन : पारिजात : एउटा चित्रमय सुरूवात : पारिजात सङ्कलित रचनाहरू : ४, पृष्ठ ८३-८४)*

भेलोरबाट फर्किएपछि पारिजात चिनियाँ डाक्टरहरूबाट अकुपञ्चरबाट समेत उपचार गराउन पुगेकी थिइन्–

*...हाल बाटो बनाउने प्रोजेक्टका चिनियाँ डाक्टरहरूबाट निःशुल्क औषधोपचार अकुपन्चर (निडल ट्रिटमेन्ट)का साथै सद्भावना र मीठो बोली पाएकाले स्वास्थ्यप्रति आशावान् छु । (एउटा विसङ्गत संस्मरण : पारिजात : 'रूपरेखा' ११५ : २०२७ मङ्सिर, पृष्ठ ६३)*

पारिजात आफू बिरामी भएर अस्पताल भर्ना भएको कुरा प्रचारमा ल्याउन हम्मेसि चाहन्नथिन् । त्यसले मान्छेहरू सहानुभूति दिन आउन लर्को लाग्छन् । त्यो उनलाई मन पर्दैन भन्ने उनको सोचाइ हुन्थ्यो–

*म अस्पताल बस्दा पनि भूमिगत रूपमा बस्छु । एकदुई जना छिमेकी र बहिनीलाई मात्र भन्छु । नत्र भने धेरै पत्रकारले थाहा पाउँछन्, हल्ला चल्छ । सहानुभूति दिनेहरूको भीड लाग्छ । स्वास्थ्यको कामना गर्दै आगन्तुक पुस्तिकामा हस्ताक्षर गर्ने प्रवृत्ति मलाई मन पर्दैन । किनकि मलाई 'ग्लेमरस' जीवन र मृत्यु मन पर्दैन । म लेख्दालेख्दै मर्न चाहन्छु । (मलाई ग्लेमरस मृत्यु मन पर्दैन (अन्तर्वार्ता : पारिजात : रमेश केसी : जनमञ्च साप्ताहिक : २०४९ साउन ८, पृष्ठ १६)*

पारिजातलाई विभिन्न डाक्टरले विभिन्न रूपमा सहयोग गरेका थिए, उपचारका लागि । त्यसमध्ये शाही चिकित्सक सच्चेकुमार पहाडी पनि उनलाई निरन्तर औषधोपचारमा सहयोग गर्ने डाक्टर थिए । आवश्यक सरसल्लाह, उपचार, औषधिमा उनले पुऱ्याउने गरेको सहयोगका लागि पारिजातले धन्यवाद दिने, कृतज्ञता ज्ञापन गर्ने जस्ता सभ्य समाजको सभ्य व्यक्तिले गर्ने व्यवहार गर्न पनि उनी चुक्दैनथिन्–

*कपाल दुख्न छाड्यो साथै खोकी पनि कम भएको छ । यता थुप्रै नयाँ डाक्टरको सहयोग प्राप्त भए तापनि दुःखको घडीमा चित्त बुझ्दैन, तपाईंकै छत्रछायामा आइपुग्छु । मप्रति रहेको तपाईंको संवेदनशीलता र सहानुभूतिको मूल्य चुकाउन सकिनँ । (पारिजातको चिठी डाक्टरलाई (सच्चेकुमार पहाडी) : पाण्डुलिपि : वर्ष १, अङ्क ५-६, पृष्ठ ४८)*

डा. सच्चेकुमार पहाडीले पारिजातको बीसौं वर्षदेखि उपचार गर्दै आएका थिए । डाक्टरी सरसल्लाहका निम्ति औपचारिकता पनि पुऱ्याउन नपर्ने निकटता थियो । त्यस्तै सैनिक अस्पतालका डा. एसबी पाण्डेले पनि पारिजातलाई निःशुल्क उपचार गर्थे । उनको सहृदयता र उदारताप्रति पारिजात सधैं नतमस्तक थिइन् ।

बेलाबेलामा पारिजात आफूलाई रोगी भनेकामा, आफ्ना लेखनलाई रोगी स्त्रीको प्रलाप भनी लाञ्छना लाएकामा आक्रोशित हुन्थिन् । उनी भन्थिन्–

*मेरा सिर्जनाहरूलाई रोगी स्त्रीको प्रलाप भनी बारम्बार पाती लाइदिनेहरूले आफ्नो बौद्धिक र शारीरिक क्षमता सस्तो मोलमा बेचेर के दिए यस देशलाई ? के दिए यस देशको साहित्य र जीवनलाई ? (एउटा विसङ्गत संस्मरण : पारिजात : रूपरेखा ११५ : २०२७ मङ्सिर, पृष्ठ ६५)*

पारिजातले आफ्नो रोगलाई मान्छेहरूले दन्त्यकथा बनाएकामा दिक्दार हुन्थिन् । अनेकले अनेक थरी कथा-उपकथा बनाएकामा उनको गुनासो हुन्थ्यो, आक्रोश हुन्थ्यो । नभएका रोग उनको नाममा मान्छेहरूले जोडिदिन्थे । उनी भन्ने गर्थिन्–

*मेरो यस सदाबहार रोगको छवि मेरो व्यक्तित्वभन्दा धेरै ठूलो छ, थामिनसक्नु बडेमानको । जम्मामा म रोग लागेको व्यक्ति (डिजिज्ड पर्सन) हुँ र छापाहरूमा मेरो लेखनभन्दा मेरो रोग पहिले प्रस्तुत हुन्छ । रोगको प्रस्तुति ९९ प्रतिशत अल्पज्ञानका आधारमा भएका हुन्छन् । कतिपय प्रस्तुतिले अल्पज्ञानको सीमा नाघेर मेरो अस्मितालाई गाईजात्रे बनाई सडकमा उतारिदिएका हुन्छन् । यस्तो किन गरिन्छ म जान्दछु र*

*जान्दिनँ पनि । उदाहरणका निम्ति १३ वर्षको उमेरमा प्यारालाइसिस भएर दार्जीलिङबाट २०११ सालमा काठमाडौं आएकी पारिजातलाई काठमाडौंको समाजमा भिज्न निकै गाह्रो परेको थियो ।*

*"पक्षाघातले कुँजो परेको शरीर बोकेर हिँड्ने अपाङ्ग पारिजात", "जन्मँदै उच्च रक्तचाप र प्यारालाइसिस रोग भएको र हाल अल्सरले समस्याग्रस्त भएकी वृद्ध पारिजात", 'पक्षाघातले आउँडेबाउँडे परेको कुरूप पारिजात' यस्तैयस्तै । कहिलेकाहीँ म यी कुराहरू आफ्ना डाक्टरहरूलाई सुनाउँछु, उनीहरू फिसिक्क हाँस्छन् । (मेरो रोग एउटा दन्त्यकथा : पारिजात : ज्ञानगुनका कुरा बद्ध : २०५०, पृष्ठ ५३-५४)*

दिल्लीमा सन् १९७३ मा पारिजातको म्यानिपुलेसन गरिएको थियो । र खुट्टा सोझिएका थिए । औंला पनि राम्ररी चल्ने भएका थिए । तर म्यानिपुलेसन साह्रै कष्टदायी भएको थियो र म्यानिपुलेसनपछि उनलाई बेडबाट खसेर देहत्याग गरौं झैं समेत भएको थियो । उनले त्यस कहालीलाग्दो पीडालाई यसरी व्यक्त गरेकी थिइन्–

*दिनको ठीक एक बजी मेरो म्यानिपुलेसन भयो । ठीक तीन बजी थिएटरभित्रै म आफ्नो चरम बेहोसीबाट ब्युँझिएँ र आफूलाई चरम शारीरिक यातनामा छटपटिरहेको पाएँ । त्यो भीषण यातना वर्णन गर्नलाई मसँग कुनै शब्द नै छैन । कल्पना गर्नोस्, पानीबाट निकालिएको माछा पाखामा कसरी छटपटिन्छ । मेरा घुँडाका अलिक माथिदेखि तल गेडीसम्म प्लास्टर लगाइएका थिए । १०/११ वर्षदेखि खुम्चिएका खुट्टा एकै चोटि सोझो पारिएका थिए । म्यानिपुलेसनको सही अर्थ थाहा भयो । अपरेसनभन्दा डरलाग्दो रहेछ । म ट्रलीमाथि पानीबाहिरको माछा जस्तै छटपटिरहेकी थिएँ । त्यतिखेर मलाई कसैको माया लागिरहेको थिएन, कसैको सम्झना आइरहेको थिएन । म थिएँ र मसँग एउटा वर्णनातीत यन्त्रणाको अनुभूति । म अत्याचारीहरूको हातबाट सास्ती खाइरहेकी थिइनँ, न म सहिद नै हुन गइरहेकी थिएँ । अति निजी यातनाको विकल्प त्यतिखेर म के सोच्न सक्थें र सिवाय मृत्यु । म केवल मर्न चाहन्थें, बस्, मर्न चाहन्थें ।*

*ट्रलीबाट मैले आफूलाई सिमेन्टमा खसाल्न खोजें । मेरो मनसाय बुझेपछि ट्रली डोऱ्याउने नर्स अचानक कराई, "हेल्प दिस पेसेन्ट विल फल डाउन ।" अर्की दौडेर आई र दुई जनाले मलाई चल्नै नहुने गरी समाते । म लगातार रोइरहेकी थिएँ । बेडमा राखिसकेपछि पनि उस्तरी नै छटपटिन थालें । त्यसपछि मैले अर्कै बाटो सोचें । मसँग केही पेनकिलर ट्याब्लेट थिए । चार ओटा मेन्ड्रक्स एकसाथ खाएपछि अरू ट्याब्लेट बुकाउन थालें । मेरो क्रन्दनले वार्डका अरू बिरामीलाई पनि संवेदनशील बनाइसकेको थियो । एउटी पन्जाबिनी (जसको अपरेसन हुनेवाला थियो)ले मेरा आँखामा गहिरिएर हेरेपछि सोधी, "पारिजात, इतना ज्यादा दर्द होता है क्या ?" अनि चुन्नीले आफ्ना आँखा पुछ्न थाली । (मर्ने चाहनाहरू : पारिजात : एउटा चित्रमय सुरूवात : पारिजात सङ्कलित रचनाहरू ४ : पृष्ठ १०४)*

दिल्लीमा उनको उपचारका क्रममा भारतीय साहित्यकार हिमांशु जोशी नियमित भेट्न आउँथे । सहयोग पनि आफ्नै प्रकारले गर्थे । यसबारे पारिजातले सुकन्यालाई चिठीमा सबै उल्लेख गर्थिन्–

*हिमांशु साँझ आउँछ, हालचाल सोध्नलाई । केही न केही खानेकुरा लिएरै आउँछ । मलाई त केटाकेटी जस्तो बर्ताव पो गर्छ हौ । (अपराजिता पारिजातका चिठीहरू : ३१, मार्च १९७३ : सुकन्यालाई चिठी : पृष्ठ १५)*

दिल्लीमा उपचारका क्रममा अस्पतालकै एउटा केटा ओमप्रकाशले पारिजातको निकै सेवा गरेको थियो । पारिजातले यसबारे पनि सुकन्यालाई चिठीमा लेखी पठाएकी थिइन्–

*ओमप्रकाशले हस्पिटल लाने-ल्याउने (बोकेर) काम गरिरहेको छ । असाध्यै माया गर्छ मलाई । औषधि पनि फ्री ल्याइदिन्छ । उसको विषयमा पछि कुरा गरौंला । मलाई यो केटा आफ्नो दाजुभाइ जस्तै लाग्छ । (अपराजिता पारिजातका चिठीहरू : ३१, मार्च १९७३ : सुकन्यालाई चिठी : पृष्ठ ३०)*

भारतका लागि तत्कालीन नेपाली राजदूत कृष्णबम मल्ल, जो आफैं पनि साहित्यकार थिए, उनले पारिजातको उपचारका लागि निकै सघाएका थिए दिल्लीमा । धर्मशालामा सपत्नी भेट्न आउनेदेखि अस्पताल आफैं धाउने जस्ता काम गरेर एउटी लेखिकाको सम्मानमा ठूलो सहयोग गरेका थिए । त्यसलाई पारिजातले यसरी सम्झिन्–

*आज नेपालका राजदूत केबी मल्ल र उनकी श्रीमती धर्मशालामै मलाई भेट्न भनी आएका रहेछन् । उनीहरूले कुन्नि कसरी थाहा पाए ! त्यसपछि दुई घण्टाजति श्रीमती मल्ल मकहाँ नै बसिन् र राजदूत आफैं मेरो कार्ड बोकेर अस्पताल गए । उनी त घिउ सोझा पो रहेछन् । अरूले भए आफ्ना स्टाफहरूलाई लगाउँछन् होइन ?*

*डाइरेक्टरले भोलि बोलाएका रहेछन् । फेरि उनी आफैं आउँछु भनेका छन् । हेरौं, सायद चाँडै मिलाइदेलान् जस्तो छ । आएको यतिका दिन भइसकेछ, एम्बेसीमा खबर गरिनौ भनेर कराउँदै थिए । (अपराजिता पारिजातका चिठीहरू : ३१, मार्च १९७३ : सुकन्यालाई चिठी : पृष्ठ ५०)*

दिल्लीमा उपचारका क्रममा नियमित भेटघाट गर्ने भारतीय साहित्यकारसँग भलाकुसारी, नोकझोंक, सिर्जनात्मक, अनुवाद, प्रकाशन अनि साहित्यिक सोचका कुरा पारिजातले सुकन्यालाई नियमित पत्राचारमा उल्लेख गर्थिन्–

*पात्रहरू दिमागभरि अटाइनसक्नु भइसक्यो । एउटा आर्टिकल लेख्दै छु । 'निर्माणको मोडेल' अनुवाद गरेर जोशी (हिमांशु)लाई दिएकी छु । शीर्षक 'निर्माण' मात्र राखेकी छु । एकदुई सेन्टेन्स थपेकी पनि छु । डा. बराल (ईश्वर) फेरि आएका थिए । 'शिरीषको फूल'लाई फेरि धज्जी उडाउँदै रहेछन्, पढेर सुनाए । सकम्बरी र शिवराजको अनैतिक सम्बन्ध प्रमाणित गरिदिएको छ । आज जगदीश घिमिरे पनि आएका थिए ।*

...

*हिमांशुले त मलाई कथामा एकदम केटाकेटी ठानेका रहेछन् । 'निर्माण' पढेर त यस्तो भए । यिनीहरू नेपाली साहित्यमा कथाकार पनि छन् र भन्ने खालका कुरा गर्छन् । म त हिमांशुलाई भनिदिन्छु नि, "तिमीहरूलाई कथा र उपन्यासमा म त केटाकेटी नै ठान्छु ।" "तुम्हारा दिमाग खराब हो गया है," भन्छन् मलाई । एक चोटि यिनीहरूलाई तर्साउन परेको छ । (अपराजिता पारिजातका चिठीहरू : ३० डिसेम्बर १९७३ : सुकन्यालाई चिठी : पृष्ठ ६३-६४)*

यसरी साहित्यकार हिमांशु जोशी र पारिजातको निकटता, आत्मीयता, स्नेह र सद्भावको डोरी दिल्ली बसाइँमा कसिँदै गएको थियो । पारिजात भेट्न हिमांशु नियमित हस्पिटल आइरहन्थे । पैसा सापटी चाहिए पनि सहयोग गर्थे । चिठीको ठेगाना हिमांशुको घरकै थियो । उनीहरूमा औपचारिकताभन्दा अनौपचारिक सम्बन्धले दिनदिनै मौलाउने अवसर पाएको थियो–

*एक दिन म नाकको प्वालमा कपास हालेर बसेकी थिएँ, जोशी आइपुगेछन् । पहिले त ब्लिडिङ भयो होला भनेर डराए । पछि मैले आफ्नो मजबुरी भनिदिएकी त साथी त मुड अफ । "फेंक दो वह कटन, फेंक दो, दिमाग खराब हो गया है, एस्थेटिक सेन्स भी नहीं है ।" यस्तो हाँस उठ्यो । (अपराजिता पारिजातका चिठीहरू : १५ जनवरी १९७४ : सुकन्यालाई चिठी : पृष्ठ ७५)*

पारिजातले दिल्लीमै बसेर उपन्यास लेख्ने विषयमा सुकन्यालाई चिठीमा बताएकी थिइन् । उपचारको सिलसिला चले पनि उनको मनमस्तिष्क भने लेखनमै केन्द्रित हुन्थ्यो । अनि दिमागमा पात्रहरूको चहलपहल महसुस गर्न थाल्थिन्–

*उपन्यास लेख्नेवाला छु । दिमागभरि पात्रहरू आउन थालिसके । अबको पालि निस्केको उपन्यासले मलाई नेपाल बस्न दिँदैन होला । आ... जेहोस्, बिग्रेको मान्छेको भत्केको घर । मेरो अघि न पछि को छ र ! (अपराजिता पारिजातका चिठीहरू : १५ जनवरी १९७४ : सुकन्यालाई चिठी : पृष्ठ ७६)*

दिल्लीमा उपचारका क्रममा पारिजातको म्यानिपुलेसन भएपछि उनी ठीक पनि भइन् । हिँड्न थालिन् । तर म्यानिपुलेसनले मात्र उनको स्वास्थ्य समस्या समाधान भएन । खासमा उनको घुँडाको पाङ्ग्रा ड्यामेज भइसकेको थियो । त्यो म्यानिपुलेसनले ठीक हुन नसक्ने र त्यसको निदान अपरेसनबाट नक्कली अङ्ग प्रत्यारोपण भए मात्र हुने, युरोप, अमेरिकामा त्यो सम्भव हुने तर भारतमा नहुने भएपछि एक प्रकारले उनको उपचारको सिलसिलामा पूर्णविराम लागेको थियो । केवल फिजियोथेरापीको भर पर्नुपर्ने अवस्था आएको थियो–

*हिजो सोमबार एक्सरे अघि राखेर डाक्टरहरूले डिस्कसन गरे । देब्रे घुँडाको पाङ्ग्रा ड्यामेज भइसकेको अड्कल गरे, जसको अपरेसन सम्भव त छ । तर आर्टिफिसियल तन्तु राखेर मात्र । त्यसैले हाल 'ग्राफ्टिङ मेसिन' र 'आर्टिफिसियल अर्ग्यान' भारतमा उपलब्ध नभएकाले अपरेसनको सम्भावना छैन । म्यानिपुलेसनले सम्पूर्ण निको हुँदैन*

*रे ! हाल अमेरिका, इङ्ल्यान्ड र मस्कोमा यस्तो अपरेसन सफलतासाथ भइराखेको छ रे, सायद जापानमा पनि । जथाभावी अपरेसन गर्न उनीहरू तयार भएनन् । वर्ष दिनलाई फिजियोथेरापीको कोर्स नै गर्नुपर्छ रे ! यस्ता बडेमाका डाक्टरहरूले यतिबिघ्न कन्भिन्स गरेपछि शङ्का गर्ने ठाउँ रहेन । (अपराजिता पारिजातका चिठीहरू : ६ नोभेम्बर १९७४ : सुकन्यालाई चिठी : पृष्ठ ७६)*

त्यसपछि पारिजात उपचारका लागि दिल्ली गइनन् । राजनीतिक कार्यक्रममा भने पछिपछि पनि दिल्ली अवश्य गइन् ।

...

# प्रगतिवादी लेखन

# उसले रोजेको बाटोको जन्मकथा

*उसले रोजेको बाटो* उपन्यास पारिजातले रोजेको राजनीतिक बाटोको स्वागतद्वार थियो । राजनीतिक रूपले कम्युनिस्ट विचारधारातर्फ आकर्षित हुन थालेपछि र प्रगतिशील लेखनका लागि तयार भएपछि पारिजातको प्रगतिवादी उपन्यास लेखनको सुरूवात *उसले रोजेको बाटो*बाटै भयो । तर यस उपन्यासको जन्मकथा रोचक अनि जीवन्त थियो । पारिजातले विभिन्न अन्तर्वार्तामा आख्यानका लागि पात्र अध्ययन गर्ने, पात्र पहिचान गर्ने र त्यसैका आधारमा कथा बुन्दै जाने लेखन परिपाटी भएको बताएकी थिइन् । त्यो उनको कथन *उसले रोजेको बाटो* उपन्यास लेखनमा पनि जीवन्त रूपमा लागू गरिन् ।

२०३२ सालतिर *वेदना*का एक सम्पादक दिल वरदानका साथमा मोहन दुवाल पारिजात भेट्न म्हैपी पुगे । यो भेटघाट प्रगतिशील साहित्य र कम्युनिस्ट विचारधाराका कारण जुरेको थियो । शरद् बनेपाका नाममा चर्को लेखन गर्ने मोहन दुवाल र सौम्यतापूर्वक सम्पादन र प्रकाशनमा हात लगाइराखेका दिल वरदान यी दुईसँगको परिचय, निरन्तर भेटघाट र साहित्यिक एवम् राजनीतिक छलफलले सम्बन्धमा निकट ल्यायो पारिजातलाई । यही निकटताका कारण उनीहरूले पारिजातलाई घुमघामका लागि बनेपाको धुलिखेल बोलाए । उसै पनि घुमघाम मन पराउने पारिजातले यो सुन्दर र मीठो आमन्त्रणलाई सहर्ष स्विकारिन् ।

धुलिखेल पुगेपछि पारिजातले दार्जीलिङ सम्झाउने वातावरण पाइन् । उनलाई पहाडी हावापानी र उत्तरतर्फको हिमशृङ्खलाले मोहनी लायो । उनी मुग्ध भइन् । उनी धुलिखेल आएको अवसर पारी त्यहाँको स्थानीय स्कुलमा साहित्यिक कार्यक्रम आयोजना पनि गरियो । सुरूमा उनलाई त्यहाँको छात्रावासमा बस्ने प्रबन्ध मिलाइएको थियो ।

तर पारिजात त्यसपछि पनि धुलिखेल गइरहिन् । त्यहाँ भेटिएका नवरङ्ग होटलका नवरङ्ग दाइका रूपमा परिचित पूर्णमान श्रेष्ठको जीवनकथा थाहा पाएपछि उनकै जीवनकथाका आधारमा उनले उपन्यास लेख्ने मन बनाइन् । पूर्णमानको सङ्घर्षपूर्ण जीवन र उनले जीवनमा पाएका हन्डरहरूले पारिजातको मानसपटलमा एउटा पात्रको जन्म भयो– ज्ञाने । पूर्णमानको जीवनकथा र त्यसमा आख्यानलाई घुलन गरेर *उसले रोजेको बाटो* उपन्यास लेखनकार्य सम्पन्न गरिन् ।

बाबुले बहुविवाह गरेको, आफ्नी आमा पोइल गएकी, सानिमाको टोकसोमा परेको, मावलीमा पनि रम्न नसकेको, हेलाको पात्र भएको, भारत गएर अनेक हन्डरठक्कर खाएको, भारतका गल्लीगल्ली चहारेको, काकाहरूको शरणमा धरान पुगेको, श्रीमती गङ्गालाई दुईतीन पटक छाडेर हिँडेको, धरान तथा लामोसाँघुमा होटल खोलेको सबै घटनाक्रमलाई पूर्णमानबाट कथावस्तु लिएर, तिनैलाई पात्र लिएर पारिजातले *उसले रोजेको बाटो* उपन्यास सिर्जना गरिन् ।

जब उपन्यास तयार भयो, पुस्तकका रूपमा प्रकाशन गर्न तत्काल प्रकाशक कोही नभएपछि *वेदना* पत्रिकामा पूरै प्रकाशन गर्ने सल्लाह भयो । अनि *वेदना*मा अन्य सामग्रीहरूका साथै *उसले रोजेको बाटो* उपन्यासको पूर्णपाठ छापियो । त्यसबापत *वेदना*का तर्फबाट दिल वरदानले पाँच सय पारिश्रमिक दिएका थिए ।

*वेदना* पत्रिकामा उपन्यास छापियो र पूर्णमान श्रेष्ठको हातमा पनि पुग्यो । उनले एक सासमा, एक सिटिङमा आफ्नो जीवनकथा अक्षरमा पढे । पूर्णमान आश्चर्यचकित भए, आफ्नो जीवनकथा त अक्षरमा आएको छ । उपन्यास बनेको छ । केही घटना र घटनाको आख्यानीकरण भएको बाहेक त्यो कथा त आफ्नो हो । पूर्णमान उपन्यासमा ज्ञाने भए । होटल नवरङ्ग खोलेपछि नवरङ्ग, नवरङ्ग दाइ उपनामले परिचित पूर्णमान अब *उसले रोजेको बाटो*मा ज्ञाने भए ।

उपन्यास प्रकाशन भएपछि पारिजातको औपन्यासिक यात्रामा प्रगतिवादले प्रवेश पायो भनेर कम्युनिस्ट विचारधाराका लेखक, कविहरूले हर्षबढाइँ गरे । एकातिर *शिरीषको फूल*लाई 'जनविरोधी'को बिल्ला आफैं लगाउनु र जनवादी विचार आरोपित कृतिको लेखन तथा प्रकाशन वामपन्थी विचारधाराका पृष्ठपोषक तथा समर्थकका लागि सुखद समाचार हुने नै भयो ।

त्यस्तै विचारधाराका मानिस त्यस कालखण्डमा छद्मनाममा लेख्न रूचाउँथे ।

हितैषी पाठकका नाममा *वेदना*को १४औं अङ्कमा *उसले रोजेको बाटो*को यस्तो प्रतिक्रिया प्रकाशन भयो–

*'बैंसको मान्छे'बाट 'तोरीबारी बाटा र सपनाहरू' हुँदै आवारा संस्कारको रोग 'उसले रोजेको बाटो'सम्म आइपुगेको छ । ज्ञानेलाई शम्भुदाको मुखबाट आतङ्कवादको शिक्षा दिइयो, एकतारे होटलमा भर्ती गराएर गाँजाभाङको लत बसाइयो, दाम्पत्य जीवनको धागोमा उनेर फेरि आवारा बनाइयो, क्रिस्चियन मिसनको जालमा पारेर उसको थाप्लोमा अन्धविश्वासको पहाड बोकाइयो र लघुताभासको रोगले छुचुन्द्रोभन्दा तुच्छ बनायो, पाँचतारे होटलसम्म उकालेर उसलाई शारीरिक, मानसिक र नैतिक सबै दृष्टिले पथभ्रष्ट तुल्याइयो । उपन्यासको ४५-५० पृष्ठभित्र अनेकौं भ्रष्ट वातावरणको पन्जामा परेर पथभ्रष्ट भएको ज्ञानेमा उपन्यासको अन्त्यतिरको जस्तो विचार, आदर्श र चरित्रको विकास गर्न तपाईंले अरू दुईतीन सय पृष्ठ थप्नुपर्थ्यो र नौलो जीवन सिर्जना गर्ने सचेत सङ्घर्षमा हुर्काउँदै ज्ञानेलाई आफूले ग्रहण गरेको भ्रष्ट संस्कारसँग सङ्घर्ष गराएर नौलो साँचोमा ढाल्नु र खार्नुपर्थ्यो । (हितैषी पाठक, पृष्ठ ६१)*

*पारिजात दिदी,*

*'रूपरेखा' (लामिछाने अङ्क २०३२ जेठ)मा लामिछानेबारेको तपाईंको लेख कति हास्यास्पद 'भानु' (२०३४)मा प्रकाशित चिठी (बाध्यता) 'तोरीबारी बाटा र सपनाहरू'बारे लेखिएका दुई आलोचनात्मक लेखपछि 'उसले रोजेको बाटो' (वेदना, पूर्णाङ्क १२/१३, २०३५ जेठ) पढें । 'वेदना'मा अर्को एउटा लेख पढेको सम्झना छ ('वेदना', पूर्णाङ्क ८, २०३३ र पूर्णाङ्क ९, २०३४ वैशाख, सम्पा.) 'उभार'मा प्रकाशित आलोचनाको शैली र कथनले लेखकको गलत अभिप्राय स्पष्टै जनाउँछ तथापि त्यसमा उठाइएका केही प्रश्न मननयोग्य छैनन् र ? राप्ती (०३५ वैशाख)को सम्पादकीयमा बडो महत्त्व दिएर त्यही प्रश्न उठाइएछ । सम्पादकीयको सट्टा छुट्टै लेख लेखिएको भए बुद्धिमानी हुन्थ्यो । राजनीतिक नैतिकताको सीमा नाघेर निर्लज्जतापूर्वक सुस्केरा (२०३५ वैशाख-जेठ)मा व्यक्त गरिएका कुराहरूलाई एउटा विकृत प्रवृत्तिका रूपमा लिनुपर्छ । (हितैषी पाठक, पृष्ठ ६०)*

त्यसै गरी सुशील, तनहुँका नाममा पनि अर्को प्रतिक्रिया आयो–

*पारिजातको 'उसले रोजेको बाटो' उपन्यासले हाम्रो समाजमा विशेषतः होटल ब्वायहरूमाथिको अन्याय, अत्याचार, दुराचार, शोषण र गद्दारीको पराकाष्ठाको स्पष्ट दिग्दर्शन गराएको छ । ठाउँठाउँको वक्र कथनलाई छाडेर भाषागत दृष्टिमा उपन्यास सरल, सरस भए तापनि वैचारिक स्तरीयता भने खट्किँदो अवस्थामै छ ।*

*कान्छा, बहादुर र गोर्खाछापका नाउँमा २२ ठक्कर र २४ हन्डर खाएको उपन्यासको मुख्य पात्र ज्ञाने रामबहादुर काण्ड, बासी भात काण्ड र सुनको घडी काण्डमा निर्भीकतापूर्वक सङ्घर्षमा उत्रन खोजे तापनि उसको सङ्घर्षोन्मुखता पूर्णतः वैयक्तिक छ, जसमा सामूहिक गन्धसम्म पनि आउँदैन । अतः उसको एकलकाँटे निडरता एवम् निर्भीकता नै अपरिपक्वताको परिचयका साथै सहभागी साथीहरूको निकटतम समस्याको मूल कारण बन्छ । बङ्गाली साथी शम्भुनाथको उत्प्रेरणा, क्षमादेवी गाउँका चेतनशील विद्यार्थीबाट साम्राज्यवादी जालो हटाई वास्तविक कर्तव्यबोध र क्याप्टेनद्वारा परिचित साथीबाट दिशाबोध र सुनिर्देशन पाएको ज्ञानेको खास कार्यक्षेत्रको कुनै निधो छैन । मुखले पलायन होइन भने तापनि कार्यक्रमशून्य झोला बोकाइले पलायनतालाई स्विकार्दैन त ? यस परिप्रेक्ष्यमा हेर्दा उपन्यासको टुङ्ग्याउनीमा पारिजातलाई हतार लागेको जस्तो देखिन्छ । आखिरमा गङ्गालाई ज्ञानेको अध्ययन र कामबाट प्रभावित भएको तुल्याएर जबर्जस्ती धैर्यशील नारीका रूपमा उभ्याएको छ । बरू निश्चित कार्यक्रमको निर्धारण गरेर सामूहिक कामको थालनीमा उपन्यास टुङ्ग्याएको भए अरू प्रभावकारी हुने थियो कि ?*

*सुशील, तनहुँ,*

यो उपन्यासलाई प्रगतिवादी बनाउन उनले हरतरहले कोसिस गरेकी थिइन् । यद्यपि उपन्यासको कथावस्तु र पात्र पूर्णमान श्रेष्ठ थिए । उनले जसरी पनि उपन्यासमा वर्गीय चिन्तन थोपर्न खोजेको आत्मस्वीकारोक्ति व्यक्त पनि गरेकी थिइन् । यो उपन्यासको लेखनक्रममा उनले उनको लेखनलाई हार्दिकतासाथ तथा इमानदारीपूर्वक बुझ्ने एक मात्र विश्वासिलो समालोचक डिआर पोखरेललाई चिठी लेखेर उपन्यासको न्वारानका लागिसमेत आग्रह गरेकी थिइन् । उनले यस उपन्यासलाई २०३४ माघभरिमा सिध्याउन चाहेर पनि सकिनन् । उनी आफैंले उपन्यासलाई वर्गसापेक्ष गराउन गाह्रो परेको स्वीकारोक्ति यसरी पस्किएकी थिइन्–

*पात्रलाई वर्गसापेक्ष गराउन बडो गाह्रो परिरहेको छ । मेरो भन्नुको तात्पर्य कतैकतै आर्थिक आधार एकदम कमजोर भइरहेको छ । के गर्ने नवरङ्गजीको जीवनी नै त्यस्तो । तर सेकेन्ड हाफदेखि वर्गविश्लेषण र क्रान्तिबोध राम्रैसँग प्रस्ट हुनेछ भन्ने विश्वासमा छु । अन्त्यमा उसलाई प्रगतिशील बनाएर छाड्नुपर्छ । (पारिजातको साहित्यिक मूल्याङ्कन : डिआर पोखरेल : भृकुटी एकेडेमिक पब्लिकेसन्स : २०६२ वैशाख : पृष्ठ १४७)*

पछि उनले यसलाई अस्वाभाविक रूपले राजनीति थोपरिएको असफल उपन्यास मानेकी थिइन्–

*वेदनाको उपन्यासलाई सिद्धान्तले थिचेको छ । यसलाई म सफल उपन्यास मान्न सक्तिनँ । हुनत धेरै पाठकबाट यसको प्रशंसा मैले पाइसकें । तथापि मलाई लाग्छ, ज्ञानेको साँचो भोगाइलाई मैले जनशैलीमा, यसो भनौं, कलात्मकताको ध्यान राख्दै कलमबद्ध गर्न सकिनँ । म सैद्धान्तिक दृष्टिकोणले ज्यादै हतारिएँ । तर यस हारबाट मैले धेरै लेसन (पाठ)हरू सिकेकी छु । (हरिहर खनाललाई चिठी, २१ साउन २०३५ : चिठीपत्रमा हरिहर खनाल : २०७४ साउन)*

# पर्खालभित्र र बाहिर

पारिजातले आख्यान लेख्दा पहिला पात्र भेटेपछि त्यसको अध्ययन गरेर कथाको बुनोट गर्ने बताउँथिन् । त्यसो भनेर पटकपटक लेखेकी पनि थिइन् । र त्यसो गरेकी पनि थिइन् । जिउँदो व्यक्तिलाई नै पात्र बनाउने उनको प्रविधि थियो । *पर्खालभित्र र बाहिर*को रचना पनि बीज रूपमा एउटा पात्रबाट भएको थियो ।

२०३१ सालतिर पारिजातलाई भेट्न निनु चापागाईंसँग एक होचो कदकी खिरिली बाटुलो अनुहार भएकी महिला गएकी थिइन् । उनलाई देखेर चिनापर्चीपछि नै पारिजातले भनिन्–

*कस्तो बाटुलो अनुहार, कलाकारले नाकको टुप्पामा कम्पास राखेर घुमाएर बनाएको जस्तो बाटुलो अनुहार । (केही हरफ श्रद्धाञ्जलिका : कुन्द टन्डन : ज्ञानगुनका कुरा भाग २२ : पारिजात स्मृति अङ्क : पृष्ठ ५६)*

अनि पारिजातका मनमा एउटा पात्रको सिर्जना भयो– बाटुली । त्यो बाटुली अरू कोही नभई उनको जीवनमा धेरै वर्ष सामाजिक र राजनीतिक हिसाबले सहयात्रा गर्ने तथा पारिजातको खेस्रा लेखनलाई साफी गरिदिने मित्र कुन्द टन्डन थिइन् ।

पारिजातले बाटुलीलाई पात्र बनाएर *पर्खालभित्र र बाहिर* उपन्यास लेखिन् । लेखिसकेपछि पारिजातले कुन्द टन्डनलाई भनेकी थिइन्, "तपाईंको अनुहारसँग मिल्ने बाटुली नाम मैले 'पर्खालभित्र र बाहिर' नामक उपन्यासको एउटा सशक्त पात्रलाई दिएकी छु । तपाईंको अनुहार देख्नेबित्तिकै उपन्यास लेख्ने इच्छा भएको थियो, त्यो पूरा गरें ।"

पारिजातले आफ्ना रचना केही आफ्ना खासखास मान्छेहरूबीच वाचन गरेर रायसल्लाह लिने, प्रतिक्रिया लिने र देखिएका गल्ती सुधार्ने परिपाटी अपनाउँथिन् । यो उपन्यास लेखेर पूरा गरिसकेपछि पनि छसात जनालाई बोलाएर सुनाएकी थिइन् । त्यसरी निम्तो पाउनेहरूमध्ये बाटुली पात्रकी प्रेरणास्रोत कुन्द टन्डन पनि थिइन् । बिहान नौदस बजेतिर सुनाउने क्रम सुरू भएको थियो । बीचमा खाजापानीका लागि केही बेर बिसाएपछि पुनः पारिजातले पढ्ने क्रम जारी राखेकी थिइन् । साँझसम्म उनले पूरै उपन्यास पढेर सुनाएकी थिइन् ।

बाटुली पात्र कुन्दबाट भए पनि त्यसको चरित्र भने उनीसँग मेल खाँदैनथ्यो । तर उपन्यासको मुख्य पात्र रमेशले ठाउँठाउँमा बाटुलीलाई प्रशंसा गर्ने अथवा माया गरेर भन्ने शब्दहरू भने पारिजातले कुन्द टन्डनलाई भन्ने शब्द थिए । उपन्यासमा यस्तो चित्रण पाएपछि कुन्द त फुरूङ्डै परिन् । उपन्यास साफी गर्ने अभिभारा पनि उनैले पाएकी थिइन् । उनी हर्षविभोर भएर पारिजातको हस्तलिखित पाण्डुलिपि लिएर घर गइन् र समय मिलाएर जोडतोडसाथ साफी गर्न थालिन् । साफी गरिसकियो । अनि मूल कपी र साफी गरिएको प्रति लगेर पारिजातलाई हस्तान्तरण गरिन् ।

पारिजातले साफी गरिएको प्रति सरसर्ती पढ्दै थिइन्, एउटा पानामा गएर उनको नजर टक्क अडियो । पारिजात झसङ्ग भइन्, उनले त 'जाबो' शब्द प्रयोग गरेकी थिइन् । तर साफी गरिएको कपीमा 'बो'को ठाउँमा 'ठो' छ । अर्थ त दुवै शब्दले दिन्थे । तर 'ठो' हुँदा अलि अप्ठ्यारो मान्ने शब्द बन्थ्यो । उनले आफूले लेखेको मूलकपी पल्टाएर हेरिन्, त्यहाँ त 'बो' नै छ । अनि उनी एक्लै हाँसिन् । अनि कुन्दलाई बोलाउन पठाइन् । यो 'पेन स्लिप' भएको कुराले दुवैलाई मरीमरी हँसायो । पछिसम्म पनि हाँस्नका लागि एउटा बहाना भइराख्यो । नवीन प्रकाशन वाराणसीबाट यो उपन्यासको प्रथम संस्करण प्रकाशन भयो ।

# अनिदो पहाडसँगै

पारिजातको लेखनयात्राको नयाँ मोडको उच्चतम प्राप्तिका रूपमा सबैजसो प्रगतिशील पाठक, विद्वान् र अध्येता एवम् पारिजातले अङ्गीकार गरेको कम्युनिस्ट विचारधाराको पक्षधर एवम् विपरीत विचारले पनि त्यस्तै ठानेको, मानेको कृति थियो– *अनिदो पहाडसँगै ।*

नेपालको इतिहासमै २०३५-३६ सालको विद्यार्थी आन्दोलनले विशिष्ट ऐतिहासिक महत्त्व राख्छ। पञ्चायत व्यवस्थाको एकदलीय स्वरूप र बहुदलीयप्रति असहनशील व्यवहारले पिल्सिएका पञ्चायतइतरका सबैजसो विचारधारा राख्नेहरू विद्यार्थी आन्दोलनमार्फत आफ्ना एजेन्डालाई बजारमा ल्याउँथे । त्यसैको उत्कर्ष थियो, २०३६ सालको विद्यार्थी आन्दोलन । विशेष गरी आन्दोलनले विकराल रूप लिएर जब गोरखापत्र संस्थानमा आगजनी भयो, त्यसको भोलिपल्ट तत्कालीन राजा श्री ५ वीरेन्द्रबाट जनमतसङ्ग्रहको घोषणा भयो। देश त्यसपछि निर्दल र बहुदलवादी दुई खेमामा बाँडियो। यो त्यस्तो समय थियो, जसले निर्विकल्प भनिएको पञ्चायत व्यवस्थामाथि निर्विकल्पको पक्षधर दरबारबाटै प्रश्न उठाइएको थियो। जनमतका आधारबाट भोट दिएर पञ्चायतको पक्षमा वा विपक्षमा मत जाहेर गर्ने अवसर प्राप्त भयो ।

हुनत जनमतको रिजल्टमा २४ लाख जनता सुधारिएको पञ्चायत र २० लाख जनता बहुदलमा देखिए । जनमतको रिजल्ट पञ्चायतको पक्षमा भए पनि बहुदलवादीहरूले आफ्नो विचार, अस्तित्व र उपस्थिति एवम् अभिमत देखाउने अवसर पाए। सयौं कविले सडक कविता क्रान्तिमा भाग लिएर बहुदलप्रति प्रतिबद्धता जनाए।

यही २०३६ सालको विद्यार्थी आन्दोलनको पृष्ठभूमिमा २०३१ सालमा संयुक्त जनमोर्चा नामक कम्युनिस्ट पार्टीको औपचारिक सदस्यता लिएकी पारिजातले *अनिदो पहाडसँगै* उपन्यास लेखिन् । यसको लेखनबारे उनको कथन यस्तो थियो–

*२०३६ सालको जनआन्दोलनको भेलले मलाई स्पर्श गऱ्यो र भिजाएर गयो, सुनकोसीको भेलले मजुवा बगरलाई स्पर्श गरे झैं । म आन्दोलित भएँ, केही दिन व्यस्त भएँ, त्यसपछि भेलले छाड्यो मलाई । मेरो पोल्टोमा फुर्सदका केही रहरलाग्दा क्षण खस्न आइपुगे । मैले उपभोग गरें ती क्षणहरूको । र एउटा उपन्यास सिर्जना*

*भयो– अनिदो पहाडसँगै । (पारिजातको कलम : मेरो भागमा परेको अस्मिता : २०४७ फागुन-चैत : पृष्ठ २८)*

यो उपन्यास प्रकाशन हुनेबित्तिकै नेपालको कम्युनिस्ट विचार राख्ने लेखकहरूको सम्पूर्ण समुदायले खुसीयाली मनायो । पारिजातले *शिरीषको* फूललाई माथ गर्ने कृति लेखिन् भनेर हल्ला चलाइयो । पारिजातको श्रेष्ठ कृतिका रूपमा दर्ता गरियो ।

तर *अनिदो पहाडसँगै* पढ्दापढ्दै रिसले किताब झ्यालबाट हुत्त्याउने साहित्यकार पनि देखिए । ती थिए नाट्यक्षेत्रमा लागेका साहित्यकार अशेष मल्ल । उनले आधा पढिसक्दा नसक्दै किताबलाई झ्यालबाट बाहिर फालिदिएका मात्र होइनन्, स्वयम् पारिजातलाई फोनमा *अनिदो पहाडसँगै* मैले झ्यालबाट फाल्दिएँ, मलाई *शिरीषको* फूलको पारिजात चाहिन्छ' भनेका थिए–

*उहाँको एउटा 'अनिदो पहाड' भन्ने उपन्यास, त्यो मैले उहाँलाई नै भन्दिएको, "तपाईंको त्यो उपन्यास मैले झ्यालबाट आधीमै मिल्काइदिएँ । पढ्न मन लागेन ।" किनभने त्यो मलाई 'शिरीषको फूल'को पारिजात चाहिन्छ । त्यसलाई तपाईं बुर्जुवा भन्नुहुन्छ । (अशेष मल्लसित टेपवार्ता : २०७२ मङ्सिर २४)*

पारिजातको उपन्यास *अनिदो पहाड* प्रकाशनसँगै पारिजातलाई एकातर्फ खुसी र अर्कोतर्फ यातना पनि भयो प्रकाशकबाट । पुस्तक प्रकाशन भएर बजारमा गएलगत्तै प्रकाशक पारिजातको सम्पर्कमा नआएका मात्र होइनन्, पारिजातको खबरबाट पनि बेखबर बसे । यो स्थितिले उनलाई मानसिक चोट पऱ्यो र राजधानीको एक साप्ताहिकको पहिलो पृष्ठमै 'भारतीय प्रकाशकद्वारा नेपाली लेखकको शोषण' शीर्षकमा 'मेरो उपन्यास खुला बजारमा लुटियो' भन्ने सुश्री पारिजातको विज्ञप्ति नै छापियो–

*'अनिदो पहाडसँगै' छापिएर दुई महिना बितिसक्दा पनि काठमाडौंमा पाठकहरूले पढ्न पाएका छैनन् । दार्जीलिङ, सिलिगुडी र विराटनगरतिर यो पुस्तक जताततै बिक्री भइरहेको छ । यस पुस्तकको प्रकाशक कमल मौर्यलाई कति तार गरें, कति पत्र लेखें तर केही प्रत्युत्तर आउँदैन । नेपाली लेखकहरूमाथि भारतीय प्रकाशकहरूको भइरहने शोषणको यो एउटा ज्वलन्त उदाहरण हो । यसरी भारतीय प्रकाशकहरूको शरण पर्ने इच्छा त कत्ति पनि हुँदैन । तर देशभित्र छाप्ने हैसियत पनि भएन, लाज मान्दै यसो पनि भन्न कर लाग्छ ।*

*यसपालि मेरो उपन्यास छापिएको होइन, खुला बजारमा लुटिएको अनुभव भएको छ । यस प्रसङ्गलाई म पाठकहरूसमक्ष स्पष्ट गरिदिन चाहन्छु । वाराणसीको नाथ पब्लिकेसन हाउस तथा जय भारत प्रकाशनको प्रोप्राइटर कमल मौर्यसँग 'अनिदो पहाडसँगै'का मौखिक सर्त यस प्रकार थिए–*

*क) पुस्तक तीन हजार छाप्ने*

*ख) असल कागजमा छाप्ने*

*ग) अन्तिम प्रुफ लेखकले हेर्ने*

घ) रोयल्टीको आधा रकम अग्रिम दिने र आधा पुस्तक बजारमा आउनासाथ दिने

यो सर्तनामा मञ्जुर भएपछि पाँच सय रूपियाँ दिएर मौर्य हिँडे र पाण्डुलिपि मैले हुलाकबाट पठाइदिएँ ।

यसको झन्डै पाँच महिनापछि अचानक भदौको अन्त्यतिर दार्जीलिङबाट दुई जना पाठकले 'अनिदो पहाडसँगै'को प्रतिक्रिया लेखेर पठाए । उपन्यासबाट उनीहरू साह्रै प्रभावित थिए । तर मलाई भने छाँगाबाट खसेको जस्तो लाग्यो । त्यसपछि मलाई पनि उनले १० ओटा उपन्यास स्याम्पल भनी पठाइदिए । आफ्नो उपन्यासको रङरूप र प्रुफ गल्ती देखेर म एकदमै निराश भएँ । विगतमा यस किसिमले दुःखी म कहिल्यै भएकी थिइनँ ।

यत्तिकैमा विराटनगरतिरबाट पनि मैले पाठक प्रतिक्रिया प्राप्त गर्न थालें । उपन्यासबाट उनीहरू बढीभन्दा बढी नै प्रभावित थिए, प्रगतिशील फाँटमा अझसम्म यस्तो उपन्यास लेखिएको छैन भनी उनीहरूले लेखेका थिए । तथापि केही कटु आलोचनाहरूको पनि मैले सामना गर्नुपर्‍यो । पत्रमा लेखिएको थियो, "आजपर्यन्त नेपाली साहित्य संसारमा तपाईं मदन पुरस्कारको बिल्ला लगाएर आफ्नो आइडेन्टिटी खोज्नुहुन्छ, जबकि तपाईंको उपन्यास जनपक्षीय पाठकहरूले पुरस्कृत गर्न लायक छ । तपाईंलाई मदन पुरस्कार र 'शिरीषको फूल'को कत्रो धाक ? यस्तो घटिया कागजमा छापिएको किताब कस्तो महँगो ?"

यस्तै पाठक प्रतिक्रियाहरूका आधारमा म आफ्नो स्पष्टीकरण दिँदै आफ्ना प्रिय पाठकहरूसँग क्षमा पनि माग्न चाहन्छु । यसो हुनुमा गल्ती मेरो होइन । प्रकाशकले सारा सर्तहरूको उल्लङ्घन गरी उपन्यासलाई सम्पूर्ण रूपले आफ्नो बनाएर छापेका छन् र बेचेका छन् । आज मार्ग १२ गतेसम्म मैले उनीसँग कुनै सम्पर्क राख्न सफल भएकी छैन । प्रुफ गल्ती यति छन् भनेर साध्य छैन । कतै अर्थको अनर्थ भएको छ, कतै प्रभावशाली शब्दहरू छुट्न गएका छन् भने कतै वाक्य नै गायब । कागज घटिया, मूल्य महँगो छ । पुस्तकलाई घटिया पाराले सिँगारिदिएको छ र मेरो असामयिक परिचय लेखिदिएर मेरो मानहानि गरेको छ ।

यस्तो अवस्थामा पाठकहरूले मप्रतिको आफ्नो समझदारी कायम राखिदिनुहुनेछ भन्ने मलाई विश्वास छ । आजसम्म आएका पाठक प्रतिक्रियाको मूल्याङ्कन गर्दा मैले लेखेका उपन्यासहरूमध्ये 'अनिदो पहाडसँगै' नै बढी प्रभावशाली र सम्प्रेषणीय देखिन्छ । यस्तो उपन्यास काठमाडौं र पश्चिमका पाठकहरूको हातमा पुऱ्याउन नसक्दा साह्रै दुःख लागेको छ । ('योजना साप्ताहिक' : २०३९ मङ्सिर १९ : वर्ष १ अङ्क २, पृष्ठ १ तथा ८)

अनिदो पहाडसँगै उपन्यासमा छापिएको पारिजातले असामयिक भनेको परिचय यस्तो थियो–

*विसं १९९४ मा लिङ्गिया चियाबारी दार्जीलिङमा जन्मिएकी पारिजात काठमाडौं पद्मकन्या कलेजबाट बिए गरेपछि केही वर्षसम्म शिक्षण पेसामा रहेर आफ्नो शारीरिक अस्वस्थताले गर्दा स्वतन्त्र अध्ययन, चिन्तन, लेखन आदिमा नै व्यस्त हुनुहुन्छ । 'शिरीषको फूल' उपन्यासमा २०२२ सालको मदन पुरस्कार प्राप्त गर्ने लेखिका पारिजातका अहिलेसम्म 'महत्ताहीन', 'बैंसको मान्छे' आदि आधा दर्जनभन्दा बढी उपन्यास प्रकाशित तथा पाठक जगत्मा चर्चित छन् । सम्प्रति लेखनकार्यमा संलग्न ।*

पारिजातले महँगो छ भनेको यस पुस्तकको मूल्य भारतमा भारू सात र नेपालमा १० रूपियाँ थियो ।

## बोनी : विधागत अलमलमा परेको कथोपन्यास

उपन्यासका रूपमा *बोनी* २०४८ सालमा साङ्ग्रिला प्रकाशनबाट छापियो । बोनी नामकी पात्रलाई सम्बोधन गरिएका सात एकालाप हुन् यी । सुरूमा 'सम्बोधन कलिलो मनलाई-१' कथाका रूपमा प्रकाशन भयो । त्यसपछि 'सम्बोधन कलिलो मनलाई-२' र ३ पनि कथाकै रूपमा प्रकाशित भयो । यसरी यो सम्बोधनको सिलसिला अघि बढाउँदै लगेर सातौं तथा अन्तिम कथा 'दुई जोर हात बोनी... पर्याप्त छैन'मा गएर पारिजातले कथाको सिलसिला टुङ्ग्याइन् । तर चौथो शृङ्खलासम्म लेखेपछि यी चार कथा शृङ्खलालाई कथाका रूपमा *साल्गीको बलात्कृत आँसु* कथा सङ्ग्रहमा समावेश गरिन् । पुस्तकको भूमिकामा उनले यस्तो लेखिन्–

*'आदिम देश' र 'सडक र प्रतिभा'पछि यो मेरो तेस्रो कथा सँगालो हो । यसमा जम्मा १५ कथा समाविष्ट छन् । यस सँगालोको शीर्षक 'साल्गीको बलात्कृत आँसु' यसैमा सङ्कलित आजको युगको अति सान्दर्भिक कथालाई लिएर मैले नै चयन गरेकी हुँ । यसभित्र २०३२ देखि २०४१ सम्मका कथा परेका छन् । (पारिजात : मेरो भन्नु : साल्गीको बलात्कृत आँसु : 'पारिजात सङ्कलित रचनाहरू' : भाग ३, पृष्ठ १२५)*

यसरी पारिजात स्वयम्ले *साल्गीको बलात्कृत आँसु* कथा सङ्ग्रह प्रकाशन गर्दाको समयसम्म बोनी कथा शृङ्खलाका चार भाग वा चार कथालाई कथाकै रूपमा स्विकारेकी थिइन् । त्यस्तै उनले १७ नोभेम्बर १९७३ मा दिल्लीबाट सुकन्यालाई चिठीमा लेखेकी थिइन्–

*सम्बोधन एउटा कलिलो मनलाई कथा नै हो र भए छपाउनू । (अपराजिता पारिजातका चिठीहरू : सङ्कलन : सुकन्या वाइबा २०७५, पृष्ठ ५२)*

तर पछि सबै शृङ्खलालाई एकमुस्ट प्रकाशन गर्दा भने उनैले उपन्यासको दर्जा दिइन्–

*उपन्यास प्रकाशनमा ल्याउनका निम्ति सहयोग गर्नुहुने ठाकुर मगर, मातृका पोखरेल र मुरारी अर्याललाई हार्दिक आभार व्यक्त गर्दछु । (पारिजात : बोनी : 'सङ्कलित रचनाहरू' ग्रन्थ ३ : पृष्ठ १७६)*

एउटा रमाइलो र अनियमित आकस्मिकता भन्नुपर्छ, यो उपन्यास भनिएको कृतिमा पारिजातसँग डा. अरूणा उप्रेतीले *बोनी*का विषयमा लिएको लामो अन्तर्वार्तासमेत प्रकाशित छ । यसअघिका र पछिका पनि कुनै कृतिमा यस प्रकारका अन्तर्वार्ता प्रकाशित थिएनन् । यो अन्तर्वार्ता पनि पारिजातको इच्छा र आग्रहअनुसार डा. अरूणा उप्रेतीले लिएकी थिइन्–

*मलाई के भन्नुभो भने, अरूणा म एउटा किताब लेख्दै छु कि के, प्रकाशित हुँदै छ, तपाईंले एउटा इन्टरभ्यु लिएर छाप्नोस् भन्नु भो के... । ...*

*उहाँकै इच्छा हो त्यो ?*

*हो, उहाँले नै भन्नुभो त्यो । त्यो बेलामा त यस्तो लेख्ने बानी पनि थिएन मेरो । सिम्पल खालको कहिलेकाहीँ मात्र आउँथ्यो मेरो । 'दृष्टि' पत्रिकामा कहिलेकाहीँ लेख्थें, यसो नारायण ढकाल र रघुजी पन्तहरूले इन्स्पिरेसन गरेर । म लेख्न सक्छु, उहाँसँग इन्टरभ्यु लिएर लेख्न सक्छु भन्ने नै भएन के । उहाँले त 'हैन, तपाईं सक्नुहुन्छ, सक्नुहुन्छ के' भनेर यस्तो इन्स्पिरेसन गर्नुभो नि, अनि त्यसपछि त्यो लिएर, अनि त्यो छापिएपछि मैले नै गऱ्या हो भन्ने लाग्यो के । (डा. अरूणा उप्रेतीसँग टेपवार्ता : २०७५, साउन २६)*

यो कथा शृङ्खला उनको निजी जीवनको व्यक्तिगत पक्षबाट सुरू भएर जीवित पात्र बोनी र इन्द्रेणीलाई आख्यानीकरण गर्दै अघि बढेको थियो–

*यो 'बोनी'भित्र एउटा कथा छ । तपाईंले थाहा पाउनुभएको होला । चौथो सम्बोधनमा एउटा वाक्य छ, जहाँ भनिएको छ– "त्यतिखेर मलाई आमा बन्न मन लागेको थियो । तर स्वास्नीमान्छेहरूलाई सधैंभरि आमा बनिरहन मन लाग्दैन । त्यस्तै मलाई पनि अब आमा बन्न रहर छैन । त्यसको पछि पनि एउटा हृदयग्राही कारण लुकेको छ, त्यो तिमीलाई भन्दिनँ, बोनी ।" यो चरम व्यक्तिगत पक्ष नै कथाको स्रोत हो । (पारिजात : बोनी : 'सङ्कलित रचनाहरू' ग्रन्थ ३ : पृष्ठ १७७)*

काठमाडौंमा बिग्रिने बाटोमा लागेकी परिचित युवतीलाई पारिजातले बोनीको रूप दिएर यो कथोपन्यास लेखेको कुरा स्वयम् उनले स्विकारेकी छन्–

*जुन बोनीबाट सुरूवात भएको थियो, त्यो बोनी जिउँदै छिन् र उनलाई थाहा छ कि उनी बोनी हुन् । तर सबै बोनी एउटै होइनन् । भिन्दाभिन्दै छन् । समयको अन्तरालमा मैले अरूअरू बोनी र उनीहरूको युगसँगको सम्बन्ध अध्ययन गर्दै जाने मौका पाएँ । यसरी बोनी सिरिज अघि बढ्यो, कुनैकुनै बोनी सँगसँगै छन् कुनै छैनन् ... । (पारिजात : बोनी : 'सङ्कलित रचनाहरू-३', पृष्ठ १७७)*

खासमा बोनी एउटी परिचित आफन्त नै भएको र पारिजात तिनको चोटले आहत भएर *बोनी* लेखेको सुकन्याले यसरी बताइन्–

*तिम्रो मनमा गहिरो चोट लागेको थियो । आफ्नो वात्सल्य छताछुल्ल भएको देखेर । तर ती विशेष बोनीलाई उसैको कारणले 'बोनी' जन्मिई भन्ने हेक्का रहेको थाहा पाइनँ । तिमी कति पिरोलिएकी थियौ भन्ने कुरा कि तिमीलाई थाहा छ कि*

*मलाई । लाग्छ, घटना नभएको भए अथवा त्यस विशेष परिस्थिति सिर्जना नभएको भए 'बोनी' जन्मने थिएन सायद । त्यसैले चोटको हरहिसाब नगरौं । (सुकन्या : 'कान्तिपुर कोसेली', २०७६, असोज ४)*

यसरी शृङ्खलाबद्ध कथाका रूपमा लेख्दै गएको बोनी शृङ्खला पूरा भएर पुस्तकका रूपमा प्रकाशन हुँदा उपन्यास विधाका रूपमा झुल्कियो । उपन्यासका रूपमा आउँदा आफ्नै आग्रहमा अन्तर्वार्ता लिएर छापिएकाले *बोनी*का विषयमा, *बोनी*को कथानक र पात्रबारे पारिजातले आफ्ना भनाइ, चिन्तन र विचार दिइन् । यसलाई ऋषिराज बरालले रूपवादी कथाको उपमा दिए । उनले २०४० सालपछि एउटा वाम सङ्गठनले संसदीय राजनीतिप्रति मोह देखाउँदै जाने क्रममा सांस्कृतिक क्षेत्रमा पनि वर्गसङ्घर्ष र विचारको महत्त्वलाई न्यून गर्दै निरपेक्ष रूपबाट कलात्मकता अघि सारे । राजनीति, कम्युनिस्ट सङ्गठनको प्रतिबद्धता एवम् अनुशासनप्रति रूचि नराख्ने पारिजातलगायत लेखकलाई यो नाराले आकर्षित गरेकाले *बोनी* जस्ता कृति पारिजातबाट आएको उनले बताए । तर विधागत अलमलतिर भने उनको ध्यान मोडिएन ।

नेपाली साहित्यका लौह समालोचक कृष्णचन्द्रसिंह प्रधान पनि *बोनी*को विधागत पहिचानका विषयमा अलमलमा परे । उनले लेखे–

*'बोनी' कथा हो कि उपन्यास ? उपन्यास भनेर पुस्तकमै लेखिएकाले 'बोनी'लाई उपन्यास भनिरहेको होइन । रह्यो कुरा लघु-गुरूको, यसले त आकारलाई मात्र विशेषित गर्छ, उपन्यासलाई होइन, जो यसको निर्क्योलसँग गाँसिएको छ । लेखकले लेख्दैमा त्यो त्यही हुनुपर्छ भन्ने छैन, कसैले होइन भन्दैमा मान्नुपर्छ भन्ने पनि छैन । परिभाषित गर्नुपर्ने कारण हो– यसलाई उपन्यास भन्नेहरू पनि रहेछन्, कथा भन्नेहरू पनि । मानूँ, यसको आफ्नै सुनिश्चित अनुहार छैन । प्रस्ट छुट्टिने लिङ्गका प्राणी नहुनाले त्यो भाले पनि हुन सक्ने, पोथी पनि हुन सक्ने आशङ्कालाई जन्माउँछ । वास्तवमा प्राणीहरू नपुंसक हुन सक्छन् । तर लिङ्गरहित होइन । यस सन्दर्भमा कतै बोनीको अवस्था पनि त्यस्तै ठानिएको त होइन ? यो कथा-उपन्यास दुवै भन्ने गरिएको 'बोनी'बारे चर्चा गर्दै छु । दुवैलाई जनाउनेले नपुंसकता साबित गर्छ । तर 'बोनी' उपन्यास हो, मान्छे होइन । (अनौपचारिक उपन्यास र सम्बोधित बोनी : कृष्णचन्द्रसिंह प्रधान : 'कृति अवलोकन' : साझा प्रकाशन : २०५९, पृष्ठ ११२)*

उनले यसलाई अनौपचारिक उपन्यास भने, चरित्रप्रधान उपन्यास पनि होइन भने । उनले फेरि यसलाई निबन्धात्मक शैलीको सम्बोधनप्रधान पत्रात्मक उपन्यास पनि भनिदिए । यो सबले कृष्णचन्द्रसिंह प्रधान आफैं पनि विधागत अलमलमा परेको स्पष्ट बुझ्न सकिन्छ ।

यस कृतिमा वर्गबोधभन्दा व्यक्तिबोध बढी छ भन्ने आरोपलाई उनले खण्डन गर्दै भनेकी थिइन्–

*व्यक्तिबोध छ त्यहाँ । तर वर्गबोध पनि छ । नत्र भने मैले किन बोनीको हत्या गर्थें र ? (मलाई ग्लेमरस जीवन र मृत्यु मन पर्दैन : पारिजात : रमेश केसी : 'जनमञ्च' २०४९, साउन ८)*

उत्तर बङ्गाल विश्वविद्यालयकी कृष्णा जनमको भनाइ यस्तो छ–

*उपन्यासले तोकेको घेराबाहिर परेकाले उपन्यासको औपन्यासिक स्वरूपप्रति सन्देह उब्जन्छ । (पारिजातको 'बोनी' लघु उपन्यास : वर्तमान परिप्रेक्ष्यमा यसको सान्दर्भिकता : पारिजात स्मारिका, सिलिगुडी : कृष्णा 'जनम', उत्तर बङ्गाल विश्वविद्यालय : पृष्ठ ६४)*

निनु चापागाईंले त यो उपन्यासमा पारिजात फसेको निष्कर्ष नै निकालेका थिए–

*'बोनी' उपन्यासमा पारिजात स्वयम् फस्नुभएको हो कि भन्ने मलाई लाग्छ । समाजको माथिल्लो वर्गमा रहेको भ्रष्ट चरित्रले किशोर-किशोरीहरूमा पर्ने गलत प्रभावका विरूद्ध र त्यस प्रभावबाट नायिका बोनीलाई बाहिर ल्याउन पारिजात उपन्यास लेखनमा अभिमुख भएको हो । तर लेखनका क्रममा उहाँले बोनीलाई त्यसबाट बाहिर ल्याउन सक्नुभएन र आफैं अन्योलमा पर्न पुग्नुभयो । अर्को कथाका रूपमा शृङ्खलाबद्ध रूपबाट लेखिएको 'बोनी'लाई उपन्यासको रूप दिन खोज्ने रहरले पनि यस्तो भएको हुन सक्छ । (अन्तर्वार्ता : नेपाली साहित्यका अनुपम प्रतिभा पारिजात- निनु चापागाईं, 'मूल्याङ्कन मासिक', २०५० जेठ)*

समानान्तरजसो कथा र उपन्यासका रूपमा चर्चा भए पनि, विधागत अलमलमा परे पनि, पुस्तकाकारमा बोनी छुट्टै प्रकाशन भएपछि र पुनः प्रकाशन भएपछि यो कथोपन्यासले अन्ततः उपन्यासकै दर्जा पायो ।

# परिभाषित आँखाहरू

पारिजातका पाठकहरूको चाहना थियो, पारिजातबाट जोडदार उपन्यास आओस् । प्रगतिशील पक्षधरहरू चाहन्थे, *अनिदो पहाडसँगैले* धीत मरेन । त्यसलाई उछिन्ने उपन्यास चाहियो । *शिरीषको फूल*मा रमेका पाठकहरू प्रगतिशीलतातिर ढल्किएका उपन्यास होइन, अर्को *शिरीषको फूल* आओस् भन्ने चाहना राख्थे । तर पारिजात भने अखबारी लेखन, साहित्य सन्ध्या, *सिम्मा* नाटक प्रदर्शनका लागि देशपरदेश दौडाहा जस्ता क्रियाकलापमा रमाउन थालिन् । उनलाई उपन्यास लेखनका लागि वातावरण नै मिल्न सकेन । अमेरिकाबाट बार्बरा निम्री अजिज लेख्थिन्, "अब त ठोस काम सुरू भयो होला ।" पारिजातको मनमा उपन्यासको पात्र आएर डेरा बसिसके पनि उनले थालनी गर्न सकेकी थिइनन् । उनले यसको स्विकारोक्ति यसरी प्रकट गरेकी थिइन्–

*आज साउन ७ गते २०४५ साल, मलाई अनौठो लागिरहेछ, समय कसरी बित्यो हँ ? तीन वर्ष भयो, मनमा उपन्यासका पात्रहरूसँग खेलेर हिँडेकी । उपन्यास लेख्न केही तन्मयता र केही एकान्त अनिवार्य छ । अरू विधा जस्तो होइन यो । यहाँ काठमाडौंमा त्यो चाँजोपाँजो मिलाउन दुष्कर छ । बाहिर कहाँ जाऊँ ? वैशाख १ गते २०४५ देखि उपन्यास लेख्न सुरू गर्ने अठोट गरियो । गत हप्ता अमेरिकाबाट अजिजजीको पोस्टकार्ड आइपुग्यो, लेखेकी रहिछन्, "तिमीले नयाँ उपन्यासको भव्य थालनी गरिसक्यौ होला, मेरो बधाई । पोस्टकार्ड पढेपछि एकपल्ट अट्टहास गरेर हाँस्न मन लाग्यो, हाँस्थें हुँला वातावरण पाइनँ ।*

...

*मनको गोदाम जतिसुकै अव्यवस्थित होस् । बेचबिखन, पैसा, हिसाब, भेटघाट अनि गोष्ठी, कार्यक्रम, पारिवारिक समस्या, असङ्गति, यी सबैका बीचमा एउटा उपन्यास लेख्ने धोको अजिङ्गर जस्तै बढेर गोदामघर घेरिसकेछ । आनन्ददेव भट्टजी भन्नुहुन्छ, "ल म हिँडें, रजिस्टर कापी लिएर आउँछु । हेलमेट टिपेर हिँडिसकेकालाई म रोक्छु । सुकन्यालाई एउटा कापी किनेर ल्याउन न समयले साथ दियो, न स्वास्थ्यले ।" रूद्र खरेलजी भन्नुहुन्छ, "म ल्याऊँ है, कापी ?"*

*म भन्छु, "भो रूद्र सर, अहिले होइन ।" यस्तैमा शुक्रबार ७ गते अपराह्न शोभा गौतमजीले एउटा हरियो रङको सुन्दर रजिस्टर कापी लिएर आउनुभयो र उपहार दिनुभयो । आकर्षक कापी, सलल कलम चिप्ल्याऊँ जस्तो । तर परिस्थिति ? सत्य होला, आजभोलि एकछिन एकान्त पाएर आँखा चिम्लनुहुँदैन अथवा राति बिछ्यौनामा बसेर बेड ल्याम्प निभाउनुहुँदैन, उपन्यास बोल्न थाल्छु । एउटा माछा जस्तो शरीर भएकी स्वास्नीमान्छे मलाई कागजमा उतार भन्न आउँछे । बिजुली जस्तो एक जोर आँखा मसँग जुझाउँछे र भन्छे– मलाई अभिव्यक्त गर्दिनौ ? (पारिजात : मेरो सुषुप्ति र सखुवाका फूलहरू : 'गर्जन' २०४५, साउन ११, मङ्गलबार : 'सङ्कलित रचनाहरू' ६ भाग)*

*एउटा सिङ्गो उपन्यास लेख्नु भनेको सिङ्गो कृति लेख्नु हो । अर्थात् एउटा गतिलो सिर्जना । स्रष्टाहरूका निम्ति यो ठोस काम हो । अमेरिकी मानवशास्त्री प्रो. बिएन अजिजसँग मेरो परिचय ई. १९८१ मा भएको हो । त्यतिखेर 'अनिदो पहाडसँगै' प्रकाशनाधीन थियो । उनले देखीकन मैले उपन्यास लेख्न पाएको छैन । आजभोलिको मेरो क्रियाकलाप देखेर उनी दिक्क मान्छिन् र भन्ने गर्छिन्, "पारिजात उपन्यास लेख, उपन्यास । यो एउटा गुरूतर काम हो, सोलिड वर्क हो तिम्रा निम्ति । यो साप्ताहिक, पाक्षिक, मासिकमा लेखेर के गछ्यौं ? उपन्यास तिम्रा निम्ति साहित्यिक कीर्तिमान हुनेछ ।" म लाटी जस्तो भएर उनलाई हेरिबस्छु । उनी बुझ्छिन् कि म अधिकतम लेखेर न्यूनतम कमाउने मान्छे हुँ । यहाँ कतिले मैले जति पनि कमाउँदैनन् । तेस्रो विश्वको निकै गरिब मुलुकको लेखक म कति कमाउन सक्छु, उनी अनभिज्ञ छैनन् । ('नो' भन्न सक्नुपर्छ : पारिजात : 'गर्जन' : वर्ष ६, अङ्क १७)*

यस्ता अनेक उहापोह, छटपटी, लेख्न नसक्नुको उकुसमुकुसपछि पारिजातले एउटा साइत जुराइन्, नयाँ उपन्यास लेख्नका लागि । लामो समयको अन्तरालपछि, लामो समयदेखि भाखा हाल्दै लेखिन लागेको यो उपन्यासलाई बेजोडको बनाउनु थियो । पाठकहरूको अपेक्षा पूरा गर्नु थियो । आफूलाई उदात्त बनाएर सन्तुष्ट हुनु थियो । आखिर लामो प्रसववेदनापछिको यो नयाँ कृति *परिभाषित आँखाहरू*का रूपमा पारिजातको नवौं उपन्यासका रूपमा तयार भयो । यो कृतिलाई पारिजातले लेख्दै गएपछि *वेदना*का कार्यकारी सम्पादक राजेन्द्रप्रसाद अधिकारीले साफी गर्दै गरेर पाण्डुलिपि तयार भएको थियो ।

एउटा ठोस काम अर्थात् कृति, फुटकर होइन, सग्लो पुस्तक लेख्नुपर्छ भनेर सधैं हुटहुटी लगाइरहने बार्बरा निम्री अजिजलाई उपन्यास सकिने सकिने बेला उनले चिठी लेखेर सन् १९८९ को जुनको अन्त्यसम्म सकिने अपेक्षा गरेकी थिइन्–

*मैले तिम्रो चिठी पाएँ । क्षमा गर, छिट्टै जबाफ लेख्न सकिनँ । किनभने म उपन्यास लेखनमा लिप्त भएकी थिएँ, जसलाई जुनको अन्त्यसम्म पूरा गर्ने अपेक्षा गरेकी छु । अब दुई हप्ताजति लाग्ला, मेरो विचारमा । म यो ठोस काम जुन निकट*

*भविष्यमा पूरा हुँदै छ, त्यसका लागि खुसी छु । यो तिम्रै मीठो इच्छाको फलस्वरूप लेखेकी हुँ, यस्तो ठोस कामका लागि तिमीले नै मलाई बिउँझाइदिएकी हौ । यसको आंशिक श्रेय तिमीलाई जान्छ । म त्यो दिनको प्रतीक्षामा छु, जुन दिन यो उपन्यास पूरा हुनेछ र म सडक जस्तै खुला हुनेछु र तिमीसँग मनदेखि मनसम्म कुरा गर्नेछु, चिठीका माध्यमले– यी सब कुराहरूको बारेमा । (बार्बरा निम्री अजिजलाई पारिजातको चिठी : २३ अगस्ट, १९८९)*

उनका कृति प्रकाशनका सुखदुःख र पीडाका कथा अलगअलग थिए । तर यसपालि भने यो आफ्नै विचारधाराका वाहकहरू, आफ्नै नजिकका प्रगतिशील साहित्यकार र अधिकारकर्मीहरूको प्रकाशनबाट निस्कने चाँजोपाँजो मिल्न लागेकामा उनी खुसी र हर्षको अनुभव गर्न थालिन् । त्यो स्रष्टा प्रकाशन थियो अनि त्यसका अध्यक्ष थिए खगेन्द्र सङ्ग्रौला, जसमा संलग्न थिए मुरारी अर्याल पनि । तर भइदियो के भने मुरारी अर्यालले उपन्यासको पाण्डुलिपि पढेपछि चित्त बुझाउन सकेनन् । खगेन्द्र सङ्ग्रौलाले पनि पढेपछि यसलाई यसै स्थितिमा छाप्न उपयुक्त मानेनन् । र उपन्यास प्रकाशनका लागि अस्वीकृत भयो–

*उनको नयाँ उपन्यास स्रष्टा प्रकाशनबाट छाप्ने कुरा उठ्यो । मुरारी अर्यालजीले 'परिभाषित आँखाहरू'को पाण्डुलिपि पढेपछि आफ्नो रायसाथ मलाई पढ्न दिए । म थिएँ स्रष्टा प्रकाशनको अध्यक्ष । प्रकाशन गरिने कृति चयन गर्ने विषयमा त्यो प्रकाशनका आफ्नै मान्यता र मानकहरू थिए । नयाँ उपन्यासले पारिजात दिदीको वैचारिक र शिल्पगत दुवै उचाइलाई धान्न नसकेको हामीलाई लाग्यो । उपन्यासमा पात्र, घटना र परिवेशको गुम्फन एकदमै खुकुलो थियो, टुक्राटाक्रीहरू जोडजाड गरिए जस्तो । दिदीका अघिल्ला उपन्यासहरूको दाँजोमा त्यो उपन्यासमा अगुवा सामाजिक चेतनाको कलात्मक बिम्ब त झनै निम्छरो थियो । हामीले दिदीछेउ आफ्नो प्रतिक्रिया राख्यौं र पुनः लेखनका लागि आग्रह गऱ्यौं । दिदीले उपन्यासमा सचेत ढङ्गले जीवनको सहजशीलताको निर्वाह गरिएको दाबी गरिन् । तर हामीलाई लाग्यो, सहजशीलता होइन, उपन्यासमा कृत्रिम घटना र अति नाटकीयताको भार छ । दिदीसँग हाम्रो राय बाझ्यो । स्रष्टा प्रकाशनले उपन्यास छापेन । ('आफ्नै आँखाको लयमा' : खगेन्द्र सङ्ग्रौला : सम्झनामा पारिजात दिदी : फाइनप्रिन्ट आइएनसी : प्रथम संस्करण २०६८, वैशाख, पृष्ठ १३१)*

यसरी यो उपन्यासको पाण्डुलिपि प्रगतिशील साहित्यका पारिजातनिकट जमातमा फैलिएपछि यथारूपमा प्रकाशन गर्न नहुने, पुनर्लेखन गर्नुपर्नेलगायत कुरा उठे । कतिले सीधै भने, कतिले फलानोले भनेको काट्दिनन् भन्दै बिचौलिया पनि लगाए । तर पारिजात कला र प्रगतिवादी चेतनालाई सन्तुलन गरेको, त्यसलाई मर्न नदिएको, जोगाएको भन्दै आफ्नो लेखाइ ठीक भएकामा अडिग भइन् । यसले पारिजातनिकटहरू पनि अप्ठ्यारोमा परे, पारिजात पनि अप्ठ्यारोमा परिन् । झन् आफ्ना निकट प्रगतिशील साहित्यकारहरूकै प्रकाशनबाट प्रकाशनका लागि अस्वीकृत हुनु स्वाभिमानी छातीमा तीर हाने जस्तो भयो उनलाई ।

त्यो उपन्यासबारे पारिजातसँग छलफल गर्न दूतका रूपमा गएका हरिगोविन्द लुइँटेल सम्झिन्छन्–

*'परिभाषित आँखाहरू'मा एउटा त्यस्तै घटना भएको छ । 'परिभाषित आँखाहरू' उहाँले लेख्नुभो । अनि लेख्दै जानुभो, उहाँ लेख्नुहुन्थ्यो अनि राजेन्द्रप्रसाद अधिकारीले त्यसलाई साफी गरिदिनुहुन्थ्यो । राजेन्द्रप्रसाद अधिकारी 'वेदना'को कार्यकारी सम्पादक हुनुहुन्थ्यो त्यतिखेर । पारिजात दिदीले लेख्ने, राजेन्द्रप्रसाद अधिकारीले साफी गर्ने । अनि पछि त्यो कम्प्लिट भयो । कम्प्लिट भएपछि मुरारी अर्यालले प्रकाशकका रूपमा त्यो किताबलाई छापिदिने हुनुभो । अब छाप्नुभन्दा अगाडि त प्रकाशकले पढ्छ नि त एकफेरि । मुरारीजीले पढ्नुभयो । उहाँले त्यो कृतिको पहिलो पाठक राजेन्द्रप्रसाद अधिकारीसँग कुरा गर्नुभो । राजेन्द्रजी, मैले यो पुस्तक प्रकाशन गर्नलाई भनेर पढें । पारिजात दिदीबाट जति आस गरेको हो, त्यस्तो त लागेन । तपाईंलाई कस्तो लाग्यो ? तपाईं त लेख्दालेख्दै तात्तातो पढ्ने मान्छे भनेर उहाँले कुरा गर्नुभएछ । अनि राजेन्द्रप्रसाद अधिकारीले पनि मलाई पनि अलिअलि त्यस्तै 'फिल' भयो भन्नुभएछ । अनि त्यसपछि मुरारी अर्यालले त्यो किताब खगेन्द्र सङ्ग्रौलालाई पठाउनुभएछ । खगेन्द्र सङ्ग्रौलाले पनि पढ्नुभयो । त्यसपछि निनु चापागाईंलाई पठाउनुभएछ । अनि यति चार जना पाठक भए उहाँका । त्यसपछि उहाँहरूलाई के लागेछ भने, यो पारिजातले लेख्नुभयो, धेरै मिहिनेत पनि गर्नुभाछ । यो त्यतिखेरको पछिल्लो नेपाली समाज २०४२-४३ सालको कुरा हुनुपर्छ । त्यतिखेर पञ्चायती व्यवस्था पुनः स्थापित भएर बहुदलीय चिन्तनलाई वैधानिक रूपमा दबाइएको अवस्था थियो । हुँदाखेरि एउटा निराशाको स्थिति त थियो नै नेपालमा । तैपनि त्यो निरङ्कुश व्यवस्थाविरूद्ध नेपाली जनताले विभिन्न ठाउँमा सङ्घर्षहरू गरिरहेका थिए ।*

*नेपाली समाज निराश मात्र थिएन, मृत मात्र थिएन, जीवन्त पनि थियो । उनीहरू त्यो परिस्थितिबाट माथि उठ्न कोसिस पनि गरिरहेका थिए । त्यसैले नेपाली समाजको यो एउटा ज्वलन्त पाटो एउटा रूपान्तरणकारी पाटो पनि नेपाली समाजको यथार्थ थियो । पारिजातले त्यो उपन्यासमा यो यथार्थको पाटोलाई चाहिँ अलि न्याय गर्नुभएन भन्ने खालको चाहिँ उहाँहरूको विश्लेषण रहेछ । एक चोटि उहाँलाई भन्दा त राम्रो हुने हो । समाजमा यथार्थ जुन छ, तपाईं यथार्थवादी लेखक, एउटा यथार्थ चाहिँ अलिकति आएन । यसमा हामीलाई लागेको कुरो चाहिँ यो हो है भन्ने ढङ्गले पारिजातलाई भन्नुपर्छ भन्ने उहाँहरूलाई लागेछ । अनि कसले भन्ने भन्दाखेरि अब मुरारी अर्यालले प्रकाशन गर्ने भन्न जान मिलेन । प्रकाशकले कम्प्लेन गर्न गएको हुन्छ । अनि खगेन्द्र सङ्ग्रौला र निनु चापागाईंले चाहिँ हामीले भन्दाखेरि उहाँले अर्को ढङ्गले लिनुहुन्छ । उहाँलाई अलिकति फेरि के 'फिल' होला । चोटसोट 'फिल' होला भन्नुभयो । अनि अब नरम मान्छे भनेर मलाई उहाँहरूले टुङ्गो गर्नुभएछ । हरिगोविन्दलाई पढ्न दिने अनि उल्ले पढिसकेपछि यदि उसलाई पनि यो कुरा लाग्यो र उल्ले कुरा गऱ्यो*

*भने चाहिँ अलि नरम ढङ्गले लिनुहोला । पारिजात दिदीभन्दा जुनियर मान्छे हुँदा उल्लाई पारिजातले अलि माया पनि गर्नुहुन्छ । उसको कुरा सुन्नुहुन्छ भन्ने खालको उहाँहरूको सोच भएछ र त्यो उपन्यासको पाँचौं पाठक म भएँ । त्यो मैले पनि पढें । मैले पढ्दाखेरि अब अलिकति मलाई पनि त्यस्तो 'फिल' भयो । खास गरी त्यो उपन्यासमा जुन राजन सर भन्ने पात्र छ, उसले नेपाली समाजको अलिकति पोजिटिभ इलेमेन्टका रूपमा चाहिँ प्रतिनिधित्व गर्छ । तर त्यो राजन सर चाहिँ अलि लुतेलुते खालको भयो । नेपाली समाज यत्रो सङ्घर्षमा छ, झापामा 'रेड' भइराछ, घरघरमा निरङ्कुशतन्त्रले मान्छेहरूलाई गिरफ्तार गरिराख्या छ । मान्छे लडिराछन् । बागलुङमा लडिरा'छन् । पोखरामा लडिरा'छन् । काठमाडौंमै पनि अनेक ढङ्गले साहित्यिक-सांस्कृतिक राजनीतिक मोर्चामार्फत प्रतिवाद भैरा'छ । नेपालभरि यो प्रतिवाद भा'छ । नेपाली जनता अलि सुरो छ । यो सुरोपनको लक्षण चाहिँ आएन, त्यो राजन शर्मा भन्ने पात्रमा भन्ने मलाई पनि 'फिल' भो । अनि त्यसपछि हाम्रो सल्लाहले मैले पारिजात दिदीसँग समय लिएर तीन घण्टा कुरा गरें । (हरिगोविन्द लुइटेलसँग टेपवार्ता : २०७३, साउन ६)*

तर पारिजात ती सुझाव र प्रतिक्रियाअनुसार उपन्यासलाई परिवर्तन गर्न वा पुनर्लेखन गर्न तयार भइनन् । त्यसको फलस्वरूप स्रष्टा प्रकाशनबाट अस्वीकृत भयो । त्यसपछि पारिजातको उक्त उपन्यास स्यो-मेन्दो प्रकाशनबाट निस्कियो ।

यस उपन्यासको भूमिकामा पारिजातले लेखिन्–

*आफ्नो उपन्यासमा आफैंले केही शब्दहरू लेख्नु यो मेरो पहिलो अनुभव हो । निकै वर्षअघिदेखि केही पात्रहरूलाई उनीहरूको स्वभावशीलता र परिवेशका साथ कागजमा प्रस्तुति दिनु थियो । तर समय... ...मेरो व्यस्ततामा अल्झिरहेको थियो । समय मेरो अधीनमा थिएन । यसरी मेरा पात्रहरू मलाई गुनासो पोख्दै, मलाई झकझकाउँदै मेरो मानसमा डुलिहिँड्थे । आज उपन्यास लेख्नु मेरा निम्ति रहर र महत्त्वाकाङ्क्षा होइन, उत्तरदायित्वपूर्ण बाध्यता हो युगको, समयको चिनारी छाड्नु छ । व्यस्तताबाट जबर्जस्ती आफूलाई पन्छाएर २०४५ को मङ्सिरदेखि यो उपन्यास लेख्न आफूलाई तयार पारें । उपन्यास लेख्न थालेपछि अनुभव भयो, आजको समय सहज छैन । मनमा खेलिरहेका पात्रहरू अझ टाठो, अझ जटिल भइसकेका रहेछन् । घात र प्रताडना झन् तीखा भइसकेका रहेछन् । परिणामस्वरूप तीन महिनामा सिध्याउँछु भनेको उपन्यासले समयको एउटा लामो अवधि लिइदियो । २०४६ साल असोजको मध्यमा उपन्यासको विश्रान्ति भयो । उपन्यास लेख्ने मेरो आफ्नै छुट्टै परिपाटी छ । मेरा अरू विधा र उपन्यासलेखन प्रक्रियामा एउटा विशेष अन्तर छ । उपन्यास लेख्दा म नितान्त एक्लो हुनुपर्छ, जिउँदोको नाउँमा मेरो अघि एउटा जनावर पनि रहनुहुन्न । एकान्त चाहिन्छ, तन्मयतामा आफू हराउनुपर्छ । डुल्न सक्नुपर्छ । यी सबै सर्तहरूका निम्ति समय प्रतिकूल थियो । त्यसैले उपन्यास यसको जटिलतालाई लिएर घस्कन थाल्यो । उपन्यास लेख्दाको वातावरण*

*प्रतिकूल थियो । वरिपरि थिए तनाउपूर्ण स्थितिहरू । (समयको चिनारी छोड्नु छ : पारिजात : 'परिभाषित आँखाहरू' : सङ्कलित रचनाहरू-२, पृष्ठ ३३३)*

प्रकाशन अस्वीकार प्रकरणलाई पनि उनले भूमिकामा घुमाउरो पाराले दर्साएकी छन्–

*धन्यवाद ती महानुभावहरूलाई पनि नदिइरहन सक्तिनँ, जसले जानीजानी मलाई तनाउपूर्ण स्थितिमा पारिदिएका छन् । (समयको चिनारी छोड्नु छ : पारिजात : 'परिभाषित आँखाहरू' : सङ्कलित रचनाहरू-२, पृष्ठ ३३४)*

त्यति मात्र होइन, २०४६ सालको विजयादशमीका अवसरमा भक्ति नमुना मावि एवम् दूधपोखरी प्रतिभा परिवार, भोटेओडार, लमजुङका कवि गोविन्दबहादुर कुँवरले पठाएको कार्डमा अङ्कित कवितांशलाई उद्धृत गरेर लाक्षणिक रूपमा अस्वीकार प्रकरणलाई उनले झटारो हानिन्–

*"अब मात्र एउटै सङ्कल्प छ*
*इतिहास त दुख्यो दुख्यो*
*वर्तमान पनि जति दुख्छ दुखोस्*
*भविष्य एउटै नदुखे हुन्थ्यो*
*यो क्रम नदोहोरिए हुन्थ्यो ।"*

*कविताले मलाई कताकता छोयो । तर मेरो चाहना यति मात्र होइन । मेरो चाहना छ, वर्तमानलाई पनि यतिबिघ्न दुख्न नदिऊँ । (समयको चिनारी छोड्नु छ : पारिजात : 'परिभाषित आँखाहरू' : सङ्कलित रचनाहरू-२, पृष्ठ ३३४)*

स्रष्टा प्रकाशनले *परिभाषित आँखाहरू* प्रकाशन नगरेकामा खगेन्द्र सङ्ग्रौलाहरूसँग त क्षुब्ध थिइन् नै, त्यस उपन्यासको विपक्षमा आलोचना आउँदा उनले स्पष्टसँगै भनेकी थिइन्–

*'रचना'मा कृत्रिम ढङ्गले क्रान्ति थोपर्न खोज्नेहरूले मेरो उपन्यासमा उपस्थित सहजशीलताको महत्ता बुझिदिएनन् । उपन्यासको अवमूल्यन गरियो र मेरा पाठकहरूमाझ भ्रम फिँजाइयो । गम्भीर कलाकृतिमा जीवनका विविध आयामहरू हुन्छन्, विविध पक्षहरू हुन्छन् । कृतिको मूल्याङ्कन गर्दा कृतिमा चित्रित सहायक पक्षहरूलाई उपेक्षा गरिदिनुहुँदैन । ('आफ्नै आँखाको लयमा' : खगेन्द्र सङ्ग्रौला : सम्झनामा पारिजात दिदी : फाइनप्रिन्ट आइएनसी : प्रथम संस्करण २०६८, वैशाख, पृष्ठ १३१)*

यस उपन्यासलाई आलोचक ऋषिराज बरालले *आलोचना* पत्रिकामा प्रगतिवादी हुन सकेन, केही फ्रायडवादी र केही अस्तित्ववादी भयो भन्ने भनाइलाई उद्धृत गर्दै ताराकान्त पाण्डेय तथा ईश्वरचन्द्र ज्ञवालीले लिएको अन्तर्वार्तामा यसको पूरै बचाउ गर्दै उनले भनेकी थिइन्– मैले उहाँको आलोचना पढें । मलाई के लाग्छ भने– हाम्रा आलोचकहरूमा बौद्धिक स्तरको कमी र बौद्धिक स्तर भए पनि अध्ययनको कमी छ– बढी पूर्वाग्रही र पक्षपाती भएर लेख्छन् । आजका समालोचकमा यो प्रवृत्ति छ ।

त्यसै गरी बरालले उपन्यासमा यौन पक्षलाई पटकपटक प्रकृतवादी पाराले प्रस्तुत गरेको आरोपको विषयलाई पनि पारिजातले पूरै नकारेकी थिइन्–

*हेर्नुस्, यौन पक्ष मान्छेको जीवनमा हुन्छ । र यो जीवनको अनिवार्य तत्त्व पनि हो । यो प्रकृतिमा जति सहजशीलतामा उतार्न सकिन्छ, त्यति सुन्दर हुन्छ । यौन पक्षलाई सहज रूपमा उतार्न मार्क्सवादले पनि छुट दिन्छ । बरालजीले नदिनु अर्कै कुरा हो ।*

*यौन पक्षको चित्रणले महिलाहरूलाई अति छोएको छ । उनीहरूले रोईरोई उपन्यास पढेका छन् । त्यस्ता थुप्रै चिठी मलाई प्राप्त भएका छन्– मैले फाइलमा राखेकी छु । पुरूषहरूलाई भने त्यति छोएन । तैपनि कतिपय पुरूषलाई अति छोएको प्रतिक्रिया पनि आएका छन् । यो अस्तित्ववादी सीमासम्म मात्र रहने भन्ने कुरामा म सहमत छैन । (सङ्कलित रचनाहरू : भाग ६, पृष्ठ २७३)*

उनले *परिभाषित आँखाहरू*को पक्षमा आफ्ना धारणा निरन्तर रूपमा व्यक्त गर्ने क्रम चलिरह्यो–

*ध्रुवचन्द्र गौतमलाई यो उपन्यास राम्रो लाग्यो रे ! सार्थक पात्रहरू राम्रै मानेका छन् सबैले । महिलाहरूलाई त यसले विचलित तुल्याएको छ, तुल्याउँछ पनि । महिलाहरूलाई यस्तै केही बोध होला भन्ने पनि थियो– उत्पीडितबोध भए महिलाले आफ्नो बाटो आफैं खोज्छन् । ...यो उपन्यास मैले अति जटिल समयमा लेखेको । तीन महिनामा लेख्छु भनेको नौ महिना लाग्यो । सोझो हिसाबले हेर्दा कतिले पोर्नोग्राफी पनि भनेका छन् । तर महिलाहरूलाई अति सहज लाग्यो । यसलाई कसैले अश्लील मान्छ नै भने बिहा नगरे भयो, प्रेम सम्बन्ध नगरे भयो । बच्चा नपाए भयो । (पारिजातसँगको कुराकानी : गोविन्द गिरी प्रेरणासँगको अन्तर्वार्ता : 'मिर्मिरे' : २०४७ असार-साउन, पृष्ठ १६९)*

आफैंले न्वारान गरेको र नियमित विभिन्न स्तम्भहरू आफ्नो नाउँ र छद्मनाउँमा लेख्ने गरेको *अस्मिता* पत्रिकामा पनि *परिभाषित आँखाहरू*को पुस्तक समीक्षा सकारात्मक नआएपछि पारिजातलाई सहिनसक्नु भयो । कुनै खास नाममा होइन, 'अस्मिता डेस्क'का नाममा पुस्तक समीक्षा प्रकाशित भएको थियो । त्यसको झोकमा उनले केही अङ्क *अस्मिता*मा स्तम्भलेखन नै बन्द गरेकी थिइन् ।

*अस्मिता*मा यस्तो समीक्षा प्रकाशन भएको थियो–

*...नारीमाथि हुने गरेको अत्याचारका विविध रूपको चित्रण उपन्यासमा भएको छ । तर सस्ता किसिमका नाटकीय घटनाहरू उपन्यासमा आउँछन्, तिनको यथार्थता विश्वासिलो छैन । बिज्जुले टिकट ब्ल्याक गर्नु, बगली मार्नु, बलात्कृत हुनु, बलात्कारको समयमा पानी पर्नु, रामसुख जस्तो नोकर, वेश्यावृत्तितर्फ धकेलिनु, भाग्नु, तिलस्मी पात्र मनोहरले सहायता गर्नु, एउटा आदर्श परिवारमा शरण पाउनु, राजन सरको प्लेटोनिक लभ यी सब सस्ता हिन्दी सिनेमा र उपन्यासका फर्मुलाहरू*

*हुन्, जसबाट उपन्यासलाई बचाउन सकेको भए राम्रो हुने थियो । ... मानिसहरू कस्तो परिस्थितिमा आफ्नो गाउँ छाडेर महानगर पस्न बाध्य हुन्छन्, जीविकाका क्रममा कसरी उनीहरूको सङ्घर्षशीलता क्षीण हुँदै जान्छ र समाजलाई बदल्न एउटा व्यक्ति कसरी असहाय बन्दै जान्छ जस्ता समस्याको चित्रण उपन्यासमा राम्ररी भएको छ । उपन्यासकारमा तीक्ष्ण वर्गबोध छ । एकातिर दिग्विजय, यादव जस्ता शोषक छन् भने अर्कातिर बिज्जी, राधिका, मिनु, रामसुख जस्ता उत्पीडित छन् । प्रतिकूल परिवेशविरूद्ध लड्न छटपटाइरहेकी बसन्तिया छे । निःसन्देह पारिजात एक प्रगतिशील लेखिका हुन् । आफ्नो यस छविलाई निर्वाह गर्न उनले उपन्यासको अन्त्यतिर हेडमास्टर र बसन्तियाको कुराकानीबाट भविष्यप्रतिको आशालाई दिगो राखेकी छिन् । तर कुराकानी त्यति स्वाभाविक हुन सकेको छैन । कमजोर कथावस्तु भए पनि पद्यमय प्रवाहका कारण उपन्यास पठनीय छ ।*

पछिसम्म पनि पारिजातले यो उपन्यासको पक्षमा आफ्नो दलिल पेस गरिरहिन् । यसको पक्षमा आफ्नो मत निरन्तर जाहेर गरिरहिन् । यसले कैयौं प्रगतिवादी साहित्यकार मित्रहरूसँग उनलाई क्रमशः टाढा गरायो । यो उनको नवौं तथा अन्तिम उपन्यास थियो ।

...

# पारिजात र राजनीति

# राजनीतिमा प्रवेश

२०१५ सालको आमचुनावका बेला पारिजात पद्मकन्या क्याम्पसमा अध्ययन गर्दै थिइन् । उनमा कुनै पनि किसिमको राजनीतिक चेतनाको विकास भइसकेको थिएन । दार्जीलिङको अनुभवले पारिजात र सुकन्यामा कम्युनिस्टहरू खराब हुन्छन् भन्ने छाप परेको थियो । २००७ सालको क्रान्ति सफल भएपछि आमचुनाव हुन लामो समय कुर्नुपरेको थियो । जब २०१५ सालमा आमचुनाव भयो, जागृत नेपालीहरू त्यसमा होमिए । त्यो चुनावमा एक प्रभावशाली व्यक्ति पनि चुनावमा होमिएका थिए । ती थिए, डा. केआई सिंह । उनको चुनाव प्रचारमा पद्मकन्या क्याम्पसका छात्राहरूले मत माग्न जिपमा चढेर गीत गाउँदै काठमाडौं सहर परिक्रमा गरेका थिए । त्यसरी जानेमा पारिजात पनि थिइन् । तर त्यो कुनै राजनीतिक चेतनाभन्दा पनि लहैलहैमा थियो । रमाइलोका लागि थियो । अरू कुनै कारण थिएन ।

त्यसो त पारिजातलाई कुनै बेला आफैंले छिःछिः दुरदुर गर्ने कम्युनिस्ट राजनीतिमा ल्याउने को होला भन्ने प्रश्नको उत्तरमा बहिनी सुकन्याका पति निर्मल लामाको राजनीतिक दर्शन र पारिवारिक नाताले नजिक्याएको भन्नेमा सबैको मत थियो । *शिरीषको फूल* जस्तो कलात्मक कृतिकी स्रष्टा पारिजात *महत्ताहीन* हुँदै *बैसको मान्छे*सम्म पुगिन्, उपन्यास लेखनमा । लेखनका क्रममा, अध्ययनका क्रममा, बौद्धिक साहचर्यका क्रममा उनमा वैचारिक परिवर्तन, जीवनको अर्थ खोज्ने सिलसिला जारी भयो–

*..विसङ्गति जीवनको अन्तिम परिणति नभएको हुँदा म क्रमशः जीवनको अर्थ खोज्नपट्टि लागें । म स्वभावैले बिक्न नसक्ने, त्यसैले जीवनको कस्तै कठिन परिस्थितिमा पनि म सत्तापक्षको हातमा बिक्न समर्थ भइनँ । म विद्रोहतर्फ उछिट्टिएँ, राल्फा भएँ, चे ग्वेभारा र रिजस दब्रेबाट प्रशस्त प्रभावित भएर गलत बाटो समात्न पुगें । यसै सङ्क्रमणकालमा लेखिएको उपन्यास हो, 'बैसको मान्छे' । त्यसपछि मेरो उत्सुकतालाई ध्यानमा राख्दै जेलभित्रबाट मोहनविक्रमजी, लामाजी र जेलबाहिरबाट कृष्णप्रसाद भण्डारीजी, गोविन्द भट्टजी आदिले मलाई मार्क्स-एङ्गेल्स, लेनिन तथा माओको अध्ययनतर्फ प्रवृत्त हुने सुझाव दिए । आज पनि मोहनविक्रम सिंह र निर्मल*

*लामालाई म आफ्नो 'गडफादर' मान्दछु । (अन्तर्वार्ता : 'सङ्कलित रचनाहरू-६', पृष्ठ २३६-२३७)*

अझ उनले प्रगतिशील धारामा आबद्ध भएपछि आफू सुरूदेखि नै मार्क्सवादको समर्थक थिएँ भनेर जिब्रो बटारेकी थिइन् । तपाईं एक्कासि कसरी प्रगतिवादी धारामा आउनुभयो भन्ने प्रश्नको जबाफमा उनले भनेकी थिइन्–

*एक्कासि भए पनि यो रातारात भएको चाहिँ होइन । यो हुनुमा धेरै सङ्घर्ष, धेरै अनुभव, धेरै अध्ययन, धेरै व्यथाहरू पनि लुकेका छन् । सुरूदेखिन् नै सैद्धान्तिक पक्ष मेरो मार्क्सवाद नै थियो । अर्थात् मार्क्सवाद समर्थक नै थिएँ । यो सबै साथीहरू जान्दछन् । व्यक्तिगत कुण्ठाहरूले मलाई बीचमा केही क्षण अलमल्यायो । अहिले सिद्धान्त मात्र होइन, काम पनि प्रगतिशील बनाउने अठोट छ । यसअघि म राल्फा थिएँ र राल्फाका आफ्ना सिद्धान्त, वाद र केही विचार मार्क्सवादबाट नै उद्धृत गरिएको थियो । जस्तो कि आर्थिक असमानताविरूद्ध लड्नु, राजनीतिक वैचारिकताका लागि साहित्य लेख्नु– यस्तै, यस्तै । र बाँकी रहेका अन्तर्विरोध र विरोधाभासलाई राम्ररी फाल्नका निमित्त २०२९ सालमा 'नौलो नेपाली'का माध्यमबाट प्रगतिशीलको घोषणा गरें । धेरैले मलाई यसमा अवसरवादी पनि भनेका छन् । तर वास्तवमा यो घोषणा सानो शक्तिबाट ठूलो शक्तिमा गाभिनु र एउटा सानो समूहबाट ठूलो समूहमा आउनु थियो र अवसरवादी भन्ने साथीहरूलाई मेरो कामले विश्वास पार्दै लैजाला कि ? (पारिजातसँग बिताएका केही क्षण, मोहन दुवाल, गर्भका रहस्यहरू, पृष्ठ ४५)*

त्यति मात्र नभई उनले दार्जीलिङको अस्तित्व पत्रिकामार्फत वर्गीय चेतनाको युग भनेर ऐलान गरेकी थिइन्–

*यो युग वर्गीय चेतनाका निम्ति, सही राजनीतिक धारणाका निम्ति, सामूहिक जीवनका निम्ति लेख्नुपर्ने युग । नलेख्नु, नछाप्नु घाटामा पर्नु हो, यस्ता घाटा, जसले व्यक्तिलाई होइन, वर्गसँग गाँसिएको आफ्नो उत्तरदायित्वलाई खण्डित पार्छ । (पारिजातसँग बिताएका केही क्षण, गर्भका रहस्यहरू, मोहन दुवाल, पृष्ठ ५१)*

राजनीतिक पार्टीप्रति पारिजातको आस्थाले अन्य राजनीतिक आस्थाका कम्युनिस्ट पार्टीप्रति असहिष्णु बन्ने अवस्था सिर्जना हुँदा बेलाबेलामा कटुताहरू आउने गर्थे । यसले सौहार्दतामा खलल पनि पुऱ्याउँथ्यो । यस्तो परिस्थितिको सामना गर्ने एक रघु पन्तको अनुभव यस्तो छ–

*प्रगतिशील लेखक-कलाकार सङ्घको संयोजक हुँदा मेरो ओठमाथि जुँगाका रेखीहरू मात्र थिए । भर्खर दाह्री पलाउन थालेका थिए । जुन समितिको संयोजक म थिएँ, त्यस समितिमा पारिजात, पद्मरत्न तुलाधर, दुर्गालाल श्रेष्ठ, मञ्जुल जस्ता थुप्रै वरिष्ठ लेखक सदस्य थिए । मेरो सभापतित्वमा बैठक बस्यो भनेर बैठक पुस्तिकामा लेखिएका अक्षर पढ्दै सही गर्न कहिलेकाहीँ मलाई अप्ठ्यारो लाग्थ्यो । तर प्रगतिशील लेखक सङ्घ निर्माण गर्न सँगै बसेर काम गरेका दिन मैले पारिजातसँग*

*बिताएका सुखदभन्दा पनि कटु क्षण थिए । पारिजात तत्कालीन नेपाल कम्युनिस्ट पार्टी (चौथो महाधिवेशन)का तर्फबाट सङ्घभित्र अगुवा झैं देखिने र म चाहिँ नेपाल कम्युनिस्ट पार्टी (माले)का तर्फबाट अगुवा देखिने स्थितिले हामीबीच स्नेहभन्दा पनि तिक्तता नै बढाएको थियो । यो तिक्तताका लागि पारिजात दिदीका तीखा तथा कटु शब्द र असहिष्णु स्वभाव पनि धेरै हदसम्म जिम्मेवार थिए । सङ्घलाई बढी आफ्नो प्रभावमा पार्ने राजनीतिक र गुटगत प्रयत्नले पनि विवाद झन् चर्काएको थियो । (बिरानो यात्रामा हिँडिन् पारिजात : 'जनमत' : पारिजात स्मृति विशेषाङ्क : २०४९-५० चैत-असार, पृष्ठ ५७)*

राजनीतिमा आउन, पारिजातलाई कम्युनिस्ट बनाउन मोहनविक्रम सिंह, निर्मल लामा, कृष्णप्रसाद भण्डारी एवम् गोविन्द भट्टले प्रेरणा दिए, सुझाव दिए, गोरेटो देखाइदिए । यो सुझाव, सल्लाह तथा मार्गदर्शनलाई पारिजातले स्विकारिन्, अङ्गीकार गरिन् र क्रमशः उनी प्रगतिवादी साहित्यमा झुकाव राख्न थालिन् । उनको लेखनलाई पछिल्लो समयमा विकसित राजनीतिक विचार र दर्शनले डोऱ्याउन थाल्यो । उनी प्रगतिवादी साहित्यको वकालतमा अघि बढिन् । यो क्रमसँगै उनको पहिलो सफल उपन्यासप्रति दृष्टिकोण बदलिन थाल्यो । *शिरीषको* फूललाई उनले जनविरोधी उपन्यासको कित्तामा हुत्याइन् । आफ्नै श्रेष्ठ कृतिलाई दुत्कार्न अग्रसर भइन् । त्रिभुवन विश्वविद्यालयले *शिरीषको* फूललाई पाठ्यक्रममा राख्यो । तर बजारमा पुस्तक थिएन । उनले दुई पुनर्मुद्रणपछि *शिरीषको* फूलको पुनर्मुद्रणका लागि अनुमति दिइनन् । *शिरीषको* फूलको दुर्भाग्य मान्नुपर्छ, पाठकले खोजिरहे, विद्यार्थीले खोजिरहे, जिज्ञासुहरूले चासो राखिरहे । तर पारिजातलाई कम्युनिस्टको भूत चढिसकेको थियो । *शिरीषको* फूललाई स्रष्टा आफैंले जनविरोधीको बिल्ला लगाइदिइसकेकी थिइन्–

*...अनि 'शिरीषको फूल' लेखें । त्यो विसङ्गतिपूर्ण, निस्सारता, शून्यवादी, अर्थहीनताले भरिएको उपन्यास थियो, जसले समाजलाई उँभो लाग्न होइन, समाजलाई सक्दो बिगार्थ्यो । त्यसलाई म आफैंले जनविरोधी उपन्यास भनेर घोषणा गरिसकेकी छु । यसको अस्तित्व नभए पनि हुन्छ । तर त्यो अहिले मरेको छैन । (छाल, १९८४, सिलिगुडी, 'सङ्कलित रचनाहरू', भाग ६, पृष्ठ ३१०)*

पारिजातले आफूलाई प्रगतिवादी साहित्यमा आउन अर्थात् वामराजनीति र त्यस पक्षको साहित्यमा आउन राल्फाले पनि सकारात्मक भूमिका खेलेको बताएकी थिइन् । त्यसलाई विकासको क्रम, खुट्किला मानेकी थिइन् । उनको भनाइ थियो–

*सबै अनुभूतिहरूका आधारमा म राल्फालाई आफ्नो साहित्यिक यात्राको एउटा प्रमुख खुट्किला ठान्दछु, जसमा टेकेरै मैले जनपक्षीय यात्रा पनि सुरू गरेकी छु । राल्फा नै एउटा यस्तो माध्यम रह्यो, जसले प्रगतिशीलतातर्फ अग्रसर हुन भनौं उन्मुख हुन आत्मगत र वस्तुगत दुवै तर्फबाट बाध्य तुल्याइदियो । २०२६ साल हिउँदमा गरेको विराटनगरको भ्रमणले मलाई अत्याइदिने स्थितिमा पुऱ्याइदिएको थियो ।*

*विशेष गरीकन 'पञ्चामृत'का सम्पादकहरूसँग भएको व्यापक वादविवाद र छलफल । त्यहीँ नै मैले देखिसकेकी थिएँ कि समूह (जनता)मा आफूलाई विभाजित पारेपछि मात्र यो मनस्थिति सही ठाउँमा पुग्न सक्छ, यस कारण विद्रोह गर्नुपर्छ, क्रान्ति हुनुपर्छ । दुःखको कुरो, यसअघि नै म भेलोर उपचारार्थ गएका बेला पत्रिकाका माध्यमबाट चे ग्वेभारा, रजिस दब्रे र हर्बट मार्कुसबाट प्रभावित भइसकेकी थिएँ । यसरी व्यवहारवाद र उग्रवादबाट आउँदा म प्रगतिवादको हाराहारीमा बाटो बिराएको यात्री जस्तो भइरहेकी थिएँ । ऐनमौकामा कोही सहृदय प्रगतिवादी मार्गदर्शीहरूले मलाई यो बाटो हो भनी सही अध्ययनतर्फ सङ्केत गरिदिए । वर्गचरित्र मेरो जस्तो रहेको होस्, मैले समाजलाई सामाजिक अर्थ व्यवस्थाबाट हेर्न थालें । मेरो आफ्नै अन्तर्विरोधले पनि मलाई यस स्थितिमा ल्याइपुऱ्याइसकेको थियो । यसरी म प्रगतिवादप्रति प्रतिबद्ध भएँ । (विष्णुकुमारी वाइबा कसरी पारिजात बनिन् : 'वेदना' (२०४४ कात्तिक-चैत)का लागि राजेन्द्रप्रसाद अधिकारीले पारिजातसँग लिएको अन्तर्वार्ता : 'मूल्याङ्कन', २०५० जेठ : 'पारिजात सङ्कलित रचनाहरू' ६ : पृष्ठ २८४)*

यसरी पारिजातलाई आफ्नो कृतिकै विरोधी बनाउने अरू कोही र केही नभएर राजनीति थियो, कम्युनिस्ट विचारधारा थियो, प्रगतिवादी चेतना थियो । नेपाली साहित्यमा आफ्नो कृतिको स्रष्टा स्वयम्ले यतिबिघ्न इन्कार गरेको, उछितो काढेको, पुनर्मुद्रणलाई अनुमति नदिएको यो नै पहिलो र ठूलो घटना थियो । तर यो विचारधारामा ल्याउने, पारिजातले गडफादर मानेका निर्मल लामा र मोहनविक्रम सिंहलाई पारिजातको मन पर्ने कृति *शिरीषको फूल* नै थियो ।

जीवनको पछिल्लो समयमा उनी पार्टीगत सक्रिय राजनीतिमा थिइनन् । उनको धारणा यस्तो बनेको थियो–

*म कुनै समय राजनीति र सँगसँगै पार्टीमा पनि साधारण सदस्य भएर काम गरेकी हुँ । तर अहिले म कुनै राजनीतिक पार्टीसँग छैन, म स्वतन्त्र छु । तर मनुष्यमा त्यस्तो निरपेक्ष स्वतन्त्रता त हुँदैन । एउटा सिद्धान्तको अङ्कुश त हुन्छ नै । त्यसप्रति म प्रतिबद्ध छु । साहित्य र राजनीति सँगसँगै नारिएर जानुपर्छ भन्नु पनि गलत हो । साहित्यमा राजनीति हुनुहुँदैन भन्नु पनि गलत हो । यी दुवैमा, साहित्यमा राजनीति हुनुहुँदैन भन्नेले पनि राजनीति गर्छ र जसले साहित्यमा राजनीति हुनुपर्छ भन्छ, उसले पनि राजनीति नै गर्छ । साहित्यमा राजनीति हुनुपर्छ । तर के हुनुहुँदैन भने साहित्यले राजनीतिको दस्तावेज भएर आउनुहुँदैन । (साहित्यलाई वादले बिथोल्छ भन्ने पक्षधर मान्छे म होइन : अन्तर्वार्ता : 'दृष्टिकोण', वर्ष ४, अङ्क ६, सेप्टेम्बर, अक्टोबर ९२, सिलिगुडी, भारत, 'सङ्कलित रचनाहरू' : भाग ६, पृष्ठ २०३)*

# राजनीतिक पूर्वाग्रह र पारिजात

पारिजात दार्जीलिङबाट आउँदा उनमा राजनीतिक ज्ञान र चासो शून्य थियो । तर दार्जीलिङमा कम्युनिस्टहरूले गरेको व्यवहारका कारण कम्युनिस्टहरू खराब हुन्छन् भन्ने एउटा भय चाहिँ बोकेरै आएकी थिइन् । *शिरीषको फूल* लेखेर मदन पुरस्कार पाउने बेलासम्म उनमा कुनै राजनीतिक रूझान थिएन । तर राल्फाकालमा उनमा राजनीतिक सोचको बीजारोपण भयो र पछि उनी साहित्यमा प्रगतिवादी खेमा र राजनीतिक रूपले नेकपा चौथो महाधिवेशनको टिकट काटेरै सदस्य बनेकी थिइन् । राजनीतिक कार्यकर्ताका रूपमै उभिएकी थिइन् । पार्टीका काममा पार्टीले खटाएको ठाउँमा जाने अनुशासित कार्यकर्ता नै भएकी थिइन् । पार्टीको महिला विभागसमेत सम्हालेकी थिइन् । यो बेग्लै कुरा हो, पार्टीका अनुशासनका कुराले, पार्टीमा देखिएका टुटफुटका कारणले, पार्टीका नेताहरूको चरित्रका कारणले उनले पछि सक्रिय राजनीतिक जीवन त्यागिन् । तर देब्रे झुकाव र प्रगतिशील साहित्यमा उनको निरन्तरता कायम रह्यो र इतरका राजनीतिक विचारका लेखकका कृति नपढ्ने, बुर्जुवा भन्ने गर्न छाडिनन् । काङ्ग्रेस भएकै कारण उनले बिपी कोइरालाको उपन्यास नपढेको र पढ्दा पनि नपढ्ने भनेर बानिरा गिरीलाई भन्दा उनीहरूबीच मनमुटाव भएको थियो र सम्बन्ध चिसिएको थियो । उनले बिपीको निधनमा समेत यस्तो प्रतिक्रिया दिएकी थिइन्–

*कसैले विश्वेश्वरप्रसाद कोइरालाको निधनले मलाई कति क्षतिको अनुभव भयो भन्ने प्रश्न गरे । "मलाई कुनै क्षति भएन । मान्छे आउँछ-जान्छ । कोइरालाको प्रगतिशील साहित्यमा कुनै देन थिएन । यसकारण उनको निधनले मलाई कुनै क्षति गरेन," यसै भनें । ('शिरीषको फूल' उपन्यासलाई जनविरोधी उपन्यास भनेर घोषणा गरिसकेकी छु : सिलिगुडी दार्जीलिङबाट प्रकाशन हुने 'छाल'मा प्रकाशित अन्तर्वार्ता (१९८४) : 'वेदना' : पूर्णाङ्क ५४, पृष्ठ ५५)*

त्यति मात्र होइन, उनले बुर्जुवा पत्रिका भनेर *गरिमा*का लागिसमेत अशेष मल्ललाई अन्तर्वार्ता दिन अस्वीकार गरेकी थिइन् ।

आफ्नो पाठकीय धारणामा उनको राजनीतिक पूर्वाग्रह छचल्किनु सामान्य नै थियो । प्रगतिवादीबाहेक अरू लेखकलाई केही अपवाद छाडेर लेखक नमान्ने, तिनका

कृतिहरूलाई सहज रूपमा नलिने, तिनको कलात्मक मूल्यलाई पन्छाउने काम पनि उनले गरिरहिन्–

*हामीले बिपी कोइरालाबाट उहाँको आठवर्षीय निर्वासनको छटपटी र मनस्थिति उहाँका कृतिहरूमा खोज्यौं । तर 'तीन घुम्ती' र 'नरेन्द्र दाइ'ले हामीलाई नराम्रोसँग निराश गराएका छन् । यी उपन्यासहरू पढ्नलाई पूर्वाग्रह चाहिन्छ, स्वतन्त्रता होइन । यसरी अनायास चर्चित हुन आएका उपन्यासहरू जस्तै 'सर्पदंश', 'एकादेशकी महारानी', 'आशमाया', 'तीन घुम्ती', 'नरेन्द्र दाइ'ले नेपाली साहित्यको वर्तमानलाई पछि घचेट्ने काम गरेका छन्, वैचारिकता, भाषाशैली तथा अभिव्यक्तिमा पनि । अवास्तविक वर्तमानको यो आभासलाई कति बुद्धिजीवी तथा जनसाधारणले आफ्नो स्वीकारोक्ति दिएका छन् ? प्रश्न हामीबीच टडकारै छ । (अवस्थाहीन वर्तमान : पारिजात : 'यन्त्रणा' अङ्क १, : २०२७, पृष्ठ २८)*

राल्फाको आरम्भकालमा अलिअलि राल्फा गणेश रसिकको आफैंले तारिफ गरेको उपन्यास *आकाशगङ्गाको ओतमुनि*लाई पनि उनले राजनीतिक आस्थाका कारण भूमिका लेख्न अस्वीकार गरेकी थिइन् । गणेश रसिकले त्यो प्रसङ्गलाई आफ्नो पुस्तकको भूमिकामा यसरी उल्लेख गरेका छन्–

*अब उपन्यासको भूमिका लेखाउने सल्लाह हुन थाल्यो । त्यसमा अग्रज दिदी पारिजातलाई सम्झेर म र सङ्गम भाइ म्हैपी बालाजु पुग्यौं । हामीलाई देखेर पहिला त दिदीले अचम्म मान्नुभयो । मैले राल्फा छाडेको झन्डै १० वर्षपछि दिदीलाई यसरी भेटेको थिएँ । र मैले आफू आउनुको कारणसहित उपन्यासको पाण्डुलिपि दिएँ । दिदीले उपन्यास पढेर भूमिका लेख्ने-नलेख्ने टुङ्गो गर्छु भनी केही समय माग्नुभयो । हामी भूमिका पाउने विश्वासले फुरूङ्ग हुँदै फर्कियौं ।*

*झन्डै महिना दिनपछि दुवै भाइ पारिजात दिदीकोमा पुग्दा दिदीले उपन्यास साह्रै मन परेको तर भूमिका लेख्नका लागि आफ्नो राजनीतिक आस्थाका कारण भोलि विवाद पनि हुन सक्ने र त्यसले दुवै पक्षलाई त्यति राम्रो नगर्ने सल्लाह दिनुहुँदा मलाई पनि चित्त बुझ्यो । हुन पनि त्यस बेलाको म पक्का जागिरे । पारिजात दिदी भने सक्रिय वामपन्थी विचारमा सशक्त जुझारू साहित्यकार । (उपन्यासको कैरन (भूमिका) : गणेश रसिक : 'आकाशगङ्गाको ओतमुनि' : पृष्ठ १८)*

राजनीतिक आस्थाकै कारण उनले *शिरीषको फूल*को भर्त्सना गरे पनि पछि आर्थिक कारणले र पाठ्यक्रममा भएका कारण पनि पुनः प्रकाशनको अनुमति दिइन् । तर राजनीतिक आस्था र त्यसका कारण उनमा पूर्वाग्रह भने सदा कायम रह्यो । यद्यपि उनको सरसङ्गत, खानपान, बसउठ भने गैरवामपन्थीहरूसँग पनि निरन्तर भइरह्यो । ध्रुवचन्द्र गौतम, जगदीशशमशेर राणा जस्ता गैरवामपन्थी साहित्यकार उनीकहाँ मज्जाले निर्बाध आउजाउ गरिरहन्थे । यी भेटघाट र आउजाउलाई भने उनको राजनीतिक पूर्वाग्रहले केही असर पार्दैनथ्यो ।

# राजनीतिक पार्टीप्रति वितृष्णा

पारिजातले २०३४ सालमा बहिनीज्वाइँ निर्मल लामा संलग्न पार्टी चौम अर्थात् चौथो महाधिवेशनको रसिद काटेर सदस्यता लिएकी थिइन् । र पार्टीका गतिविधिमा सक्रिय भएर लागिन् । यही क्रममा उनले भारतका कानपुर, गोरखपुर, बनारस, दिल्लीलगायत सहरमा हुने भूमिगत बैठकहरूमा भाग लिन तथा कार्यपत्र प्रस्तुत गर्न गइन् । एकातिर साहित्यिक सक्रियता र अर्कोतिर राजनीतिक गतिविधि यी दुवैले पारिजातलाई भ्याइनभ्याईको अवस्था हुने गर्थ्यो ।

उनी पार्टीको महिला विभाग हेर्थिन् । पार्टीकै कामको सिलसिलामा कुन्द टन्डन, मोहनविक्रम सिंह, कमानसिंह लामालगायत व्यक्तिहरूसँग यात्रा गर्नु, बसउठ गर्नु उनको नियमितताभित्रै पर्थ्यो । उनी नियमित रूपमा महिलाहरूलाई जागरूक गराउन घरमै पनि प्रशिक्षण दिन्थिन् । महिलाहरूको मनोबल उँचो बनाउन, सङ्घर्षका लागि महिला पनि पुरूष सँगसँगै कदममा कदम मिलाउन सक्छन् भन्ने उत्साह-उमङ्ग सञ्चार पनि गर्थिन् ।

२०३४ सालमा भारतको गोरखपुरमा भएको नेपाली महिलाहरूको भेलाले अखिल नेपाल महिला सङ्घको तयारी समिति गठन गरेको थियो । र त्यसकी संयोजक पारिजात थिइन् । त्यसको सिलसिलामा उनले तराईका महोत्तरी, सर्लाही, सिरहा, पर्सा, मोरङ आदि जिल्लाको व्यापक भ्रमण गरेर महिला जागरणमा योगदान पुऱ्याएकी थिइन् । उनी त्यसरी भ्रमणमा जाँदा उनको नामैले मानिसहरू उत्साहित हुन्थे । उनलाई हेर्न र भेट्न मात्रै पनि गाउँका महिलाहरूको भीड लाग्ने गर्थ्यो ।

यसरी उनको नेतृत्वमा भएको अखिल नेपाल महिला सङ्घको पहिलो राष्ट्रिय सम्मेलन भारतकै अयोध्यानगरमा भएको थियो । त्यसको नेतृत्वमा उर्मिला उपाध्याय पुगेकी थिइन् । उनको अध्यक्षतामा नौ सदस्यीय कार्यकारिणी समिति गठन भएको थियो । त्यसपछि पार्टीमा फुटका लक्षण देखापरेका थिए र पारिजात असन्तुष्ट भएकी थिइन् । निराश भएकी थिइन् ।

नेपालका कम्युनिस्ट पार्टी साना हुन् वा ठूला, टुटफुट भइरहनु सामान्य थियो । चौथो महाधिवेशन पनि त्यसमा अछुतो रहन सकेन । फुटको नियति चौथो महाधिवेशनले

पनि बेहोऱ्यो । यसपछि पारिजातलाई पार्टी राजनीतिबाट मोहभङ्ग भयो । निर्मल लामा ज्वाइँ भएको नाताले सक्रिय रूपले पार्टीगत गतिविधिमा नलागे पनि चौथो अधिवेशनसँग भने उनी सदा नजिक भइरहिन् । उनले भनेकी थिइन्–

*"म कुनै समय राजनीति र सँगसँगै पार्टीमा पनि साधारण सदस्य भएर काम गरेकी हुँ । तर अहिले म कुनै राजनीतिक पार्टीसँग छैन, म स्वतन्त्र छु । (अन्तर्वार्ता : 'दृष्टिकोण' अक्टोबर १९९२, सिलिगुडी, भारत)*

पार्टीगत राजनीतिमा संलग्न नभए पनि उनी भन्थिन्–

*२०४६।४७ को ऐतिहासिक जनआन्दोलनले मलाई पूरै अँगालोमा बाँध्यो र आजपर्यन्त म अँगालोमा नै छु । (मजुवा बगर मेरो अस्मिता : 'अस्मिता', २०४७, फागुन-चैत)*

पारिजात पछिल्लो चरणमा राजनीतिबाट यति वाक्क भएकी थिइन् कि उनले 'कविता लेख्न मार्क्सवाद पढ्न आवश्यक छैन'समेत भन्न थालेकी थिइन् । *(प्रतिभा प्रवाहको पाँचौं प्रवाह : 'योजना साप्ताहिक' : २०४५, असोज १६ आइतबार)*

पारिजातको राजनीतिक यात्रा र राजनीतिक वितृष्णालाई रघु पन्तले यसरी निष्कर्ष निकालेका थिए–

*पारिजातको व्यक्तित्वलाई राजनीतिक स्वार्थसाधनको माध्यम मात्र ठान्ने केही सङ्कीर्ण वामपन्थी नेताहरूले पारिजातलाई कहिल्यै बुझ्न चाहेनन् । पारिजातको पीडा र मर्मलाई मित्रताको भावनाले कहिल्यै हेरेनन् । पारिजात उनीहरूका लागि मान्छेलाई आकर्षित गरेर पार्टीमा बुझाइदिने माध्यम मात्र बनिन् । तर पार्टीले जोगाउनुपर्ने, माया गर्नुपर्ने व्यक्तित्व कहिल्यै हुन सकिनन् । (बिरानो यात्रामा हिँडिन् पारिजात : रघु पन्त : 'जनमत पारिजात स्मृति विशेषाङ्क' : २०४९-५० : चैत-असार, पृष्ठ ५८)*

यी सबका कारण पारिजात सक्रिय राजनीतिबाट वितृष्णासहित सधैंसधैंका लागि पार्टी राजनीतिबाट टाढा भइन् ।

# सुकन्याको बिहे

महाराजगन्जको एउटा होटल । वाशु शशिको निम्तोमा जलपानका लागि पारिजात त्यहाँ पुगेकी थिइन् । एउटा साधारण वेशभूषाका एक मान्छेले पारिजातको ध्यान आकर्षित गरे । अचानकै सम्मोहनमा परे झैं भयो उनलाई । उनी छिट्टै ती व्यक्तिबाट प्रभावित हुन पुगिन् । त्यहाँको जलपान कार्यक्रम सकिएपछि पारिजात ती व्यक्तिसँगै डेरा फर्किंदै थिइन् । ती व्यक्ति साइकल चढ्थे । तर तिनले साइकल डोऱ्याएर पारिजातलाई बागबजारसम्म पुऱ्याउन आए । उनीहरूबीच खासै कुराकानी त भएन । तर तिनको साधारण व्यक्तित्वले पनि पारिजातलाई अत्यन्त प्रभाव पाऱ्यो । पारिजातले आफू दार्जीलिङबाट आएको बताइन् । ती पुरूषले आफू खरसाङबाट आएको बताए ।

ती थिए निर्मल लामा ।

घर आएपछि ती व्यक्तिसँग भेट भएको र आफूलाई परेको प्रभावबारे उनले सुकन्यालाई बताइन् । पछि भूपीबाट ती व्यक्तिबारे पारिजातले सविस्तार परिचय पाइन् । त्यसपछि पारिजातको छाती गर्वले ढक्क फुलेको अनुभव भयो । उनलाई लाग्यो, मैले जीवनमा खोजेको हिरो त यिनै हुन् । तर यो हिरो उनका लागि होइन, सुकन्याका लागि । आहा ! मेरी बहिनी सुकन्यालाई मेरा तर्फबाट उपहार हुनेछ भन्ने लाग्यो उनलाई । अनि उनले आफ्नै बहिनीका लागि लमी बन्ने निधो गरिन् ।

पारिजातले सुकन्यालाई भनिन्, "सुकन्या, बिहे गर्छस् ?"

सुकन्या पक्क परिन् । छक्क परिन् । अविवाहित दिदी बहिनीलाई बिहेको कुरा गर्दै थिइन् । सुकन्याले आफ्ना सुन्दर आँखा पल्टाएर दिदीलाई हेरिन् ।

"एउटा राम्रो केटो फेला परेको छ, निर्मल लामा," पारिजातले बताइन् ।

सुकन्यालाई के भनूँ के भनूँ भयो । लजाइन् अनि गाला रातो पार्दै भनिन्, "तिमीलाई मन परेको छ भने ।"

त्यसपछि पारिजातले निर्मल लामाको पाएसम्मको सबै परिचय बहिनीलाई खुलस्त भनिदिइन् । सबै कुरा सुनिसकेपछि न मान्छे देख्नु, न बोल्नु सुकन्याले पारिजातको प्रस्ताव स्विकारिन् । दिदीमाथि उनको पूरै विश्वास थियो । अझ अचम्मको कुरा त के थियो भने, यी सब कुरा निर्मल लामाले थाहै पाएका थिएनन् । एकतर्फी पारिजात र सुकन्याको मात्र एक प्रकारको निर्णय थियो यो ।

यो खबर निर्मल लामाकहाँ पुऱ्याइयो । खबर सुन्नेहरू सबै खुसी भए ।

अनि दुईको बिहे भयो ।

पञ्चायतकालको कम्युनिस्ट आन्दोलनमा लागेका मान्छे थिए– निर्मल लामा । राजनीतिमा चुर्लुम्म डुबेका । बिहे त भयो । सुकन्याले विवाहको रमाइलो सुखभोग गर्नै नपाई भूमिगत हुँदै निर्मल लामा जेल पुगे । पारिजात ओछ्यान परिन् । तर पारिजातको जीवनले यही कारणले पछि राम्रै कोल्टो फेऱ्यो । फसिकेबमा भएको कविगोष्ठीमा शक्ति लम्सालसँग परिचय हुँदा र उनी *कम्युनिस्ट* पत्रिकाको रिपोर्टर हुँदा कम्युनिस्टसँग आतङ्कित सुकन्या त्यही कम्युनिस्ट विचारलाई जीवनको अविभाज्य अङ्ग बनाउने व्यक्तिको अँगालोमा पुगिन् । त्यही पारिजात वामपन्थी विचार बोकेर मृत्युपछि शिरमा लेनिनको तस्बिर राख्न इच्छुक भइन् ।

यो विवाहलाई पारिजातले कामचलाउ उपमा दिएकी थिइन्–

*सुकन्याको बिहे भयो निर्मल लामासँग । तर कामचलाउ ।*

...

# डेराहरूको यात्रा

पारिजातले दाइ कुमारसिं लामाको डेराबाट काठमाडौं बसाइँ थालेकी हुन् । उनीभन्दा अघि नै बाबु डा. केएस वाइबा त्यो डेरामा आइसकेका थिए । दाइ कुमारको बिहे भएको थिएन । डेरामा पहिला एक मात्र महिला पारिजात थिइन् । पछि सुकन्या पनि आइन् । यसरी पारिजात, सुकन्या र उनका पिताको पुनर्मिलन पुतलीसडकको डेरामा भयो ।

कुमारको बिहे भएपछि नवआगन्तुक बुहारीलाई पारिजातले घरको साँचो सुम्पिइन् । त्यस घरमा बेकारी जमात झैं थिए, डा. केएस वाइबा, पारिजात र सुकन्या । घरमा कमाउने एक मात्र कुमार थिए, यो नवविवाहिता बुहारीलाई मन परेन । र परिवारको मीठो वातावरण धमिलिँदै गयो । सुकन्याले जागिर पाएपछि दाजुभाउजूको घरबाट उनीहरू पुतलीसडकको एक घरमा डेरा सरे । त्यो डेराबाट उनीहरू केही समयका लागि बानेश्वर सरे । तर पुतलीसडकको डेरामा रमाएका उनीहरू बानेश्वरमा धेरै टिक्न सकेनन् । त्यहाँबाट उनीहरू पुनः पुतलीसडकको एम हाउसछेउमा डेरा सरे ।

वास्तवमा पारिजातको साहित्यिक जीवनको पूर्वार्द्धको महत्त्वपूर्ण कालखण्ड पुतलीसडकको डेरा नै भयो । विष्णुकुमारी वाइबाबाट पारिजात नामकरण पनि पुतलीसडकमै भयो । पहिलो रचना प्रकाशन पुतलीसडकमै भयो । *शिरीषको फूल* पनि पुतलीसडकमै लेखियो । जटिल स्वास्थ्य स्थितिका बाबजुद यहाँ रहँदा पारिजातले नेपाली साहित्यका कोसेढुङ्गा बनेका कृतिको रचना गरिन् ।

पुतलीसडकबाट २०२८ साउन १ मा पारिजात चोभारको भाजङ्गलस्थित उदयबहादुर बानियाँको घरमा डेरा सरिन् । त्यो डेरामा पारिजात, सुकन्या, पिता डा. केएस वाइबा र विमल राल्फा बस्थे । यो डेरामा विमल राल्फाले पारिजातसँग नियमित र बिनाव्यवधान एकान्त समय बिताएका थिए । उनीहरूले बानियाँको घरमा भुइँतला र माथि गरी दुई ओटा कोठा लिएका थिए । त्यहाँ पुतलीसडकको जस्तो बेला न कुबेला चिनेका, नचिनेका साहित्यकारको लर्को लाग्दैनथ्यो । तर त्यहाँ पनि साहित्यकारहरू उनलाई भेट्न आइरहन्थे । जगदीश घिमिरेले उनलाई दाजु नगेन्द्रराज शर्माको साथमा पहिलोपल्ट त्यही डेरामा भेटेका थिए ।

पारिजातले यही डेरामा २०२८ मङ्सिरमा *बैंसको मान्छे* पूरा गरेकी थिइन् । जगदीश घिमिरेलाई लेखेको चिठीमा उनले लेखेकी थिइन्–

*नयाँ थालेको उपन्यास 'बैंसको मान्छे' लेखिसिध्याएँ । (जगदीश घिमिरे : पारिजातका पत्रहरू (१० माघ, २०२८), स्थान, काल, पात्र : पृष्ठ १०७)*

भाजङ्गलपछि सुकन्या आफ्ना पति निर्मल लामासँग म्हैपीको कुखुराको खोर भएको टहरामा सरे । पारिजात, बाबु केएस वाइबा र विमल राल्फा टेकुको पुकुसी भन्ने टोलमा डेरा सर्न आए । यो २०२९ सालको कुरा थियो । पुकुसीमा आएपछि नै पारिजातलाई छाडेर विमल गए । उता उनका पिता डा. केएस वाइबाको मृत्यु पनि यही डेरामै भयो । बाबुको मृत्युपछि सुकन्याले फकाएर म्हैपी लगेकी थिइन् । बाबुको मृत्युपछि त्यो पीडा शमन गर्न तथा उनमाथि भएका आक्रमणबाट पार पाउन उपचारको बहानामा दिल्ली पुगिन् । उनले जगदीश घिमिरेलाई यसबारे खुलस्तसँग लेखेकी थिइन्–

*...भोग्नुको म चरम स्थितिमा पुगिसकेकी छु । बुझ्नुस्, म अझ सङ्घर्ष गर्दै छु । यस वर्ष मेरा आन्दोलनहरूको वर्ष । गाली, भर्त्सना, आलोचना, गलतबोध, मिथ्या आरोप, बदनामी, मृत्यु र आर्थिक सङ्कटहरूका बीच म त्यो सुपरम्यान जस्तो भएको छु, जसले यतिका आन्दोलनहरूलाई स्विच दबाएर एकातिर मिल्काइदिएको छ, मात्र एक्जिट गर्नको निम्ति । जीवनले मदेखि अझ पनि हार खाएन, जगदीशजी । काठमान्डू बसिसक्नु थिएन मानसिक तनावले गर्दा । थोरै रकम लिएर दिल्ली आएकी छु । ओपिडीबाट उपचार गराउँदै छु ।" (जगदीश घिमिरे : पारिजातका पत्रहरू (१० माघ २०२८, गर्ल्स गेस्ट रूम, सरस्वती, नयाँ दिल्ली), स्थान, काल, पात्र : पृष्ठ ११७)*

पुकुसीस्थित पारिजातको डेरा पनि नेपाली साहित्यकारहरूका लागि एउटा चौतारो बनेको थियो । यति बेलासम्म उनी पूर्ण रूपले कम्युनिस्ट बनिसकेकी थिइनन् । तसर्थ सबै विचारधाराका साहित्यकार पुकुसीको डेरामा पुग्थे । साहित्यकार तथा साहित्यिक पत्रकार नगेन्द्रराज शर्मा कीर्तिपुरको सेडामा जागिर खान्थे । फर्कंदा यदाकदा मुड चलेका बेला पारिजातकहाँ गएर खानपान गरेर घर फर्कन्थे । कथाकार ध्रुव सापकोटाको अफिस पनि कीर्तिपुर नै थियो, त्रिभुवन विश्वविद्यालय । उनी पनि घर फर्कंदा पारिजातकहाँ पसेर खानपान एवम् साहित्यिक गफगाफ गरेर समय बिताउँथे । नजिकै रूपचन्द विष्टको डेरा थियो । राजेन्द्र सुवेदी त्यहीँ नजिक बस्थे । उनीहरू पनि पारिजातकहाँ आउजाउ गर्थे ।

पुकुसीबाट पारिजात बालाजु सरिन् । खासमा विमल चापागाईंले छाडेर गएपछि र बाबुको मृत्यु भएपछि एक्ली भएकी पारिजातलाई सुकन्या र निर्मल लामाले फकाइफुल्याई गरेर बालाजु लगेका थिए । त्यहाँको डेरा खासमा पोल्ट्री फार्मको टहरो थियो । त्यहाँ उनीहरूले निःशुल्क बस्न पाएका थिए । बदलामा कुखुराहरूको यस्सो हेरविचार गरे पुग्थ्यो । त्यस डेराबारे सुकन्याको चित्रण यस्तो छ–

*म्हैपीस्थित निर्मल (लामा)को अन्तरङ्ग साथी त्रिरत्नदास मानन्धरको पोल्ट्री फार्ममा हाम्रो बसाइँ थियो । पोल्ट्रीको रेखदेख निर्मलको जिम्मा थियो । (अपराजिता : पारिजातका पत्रहरू : सुकन्या वाइबा : बुकहिल पब्लिकेसन, २०७५, पृष्ठ २)*

त्यो डेराको बसाइबारे खगेन्द्र सङ्ग्रौलाले २०२६ सालमा भेट्दाखेरीको दृश्य चित्र यस्तो कोरेका थिए–

*अलि बेरपछि म पारिजात दिदीको कोठामा पसें । देखें, कोठा एकदम सादा छ । भित्तामा रङ छैन । भुइँमा एक कुनामा पारिजात दिदीको ओछ्यान छ । ओछ्यान सामुन्नेको भित्तोमा चे ग्वेभाराको दाह्रीवाल तस्बिर छ । ओछ्यानअगाडिको टेबलभरि छन् पत्रपत्रिका र पुस्तक । शारीरिक अशक्तताका कारण आफ्नो कोठाको आजीवन कैदी भएकी पारिजात दिदीको सिङ्गो संसार त्यो । त्यो ओछ्यान, भित्ताको त्यो आदर्श नायक, जगत्का नाडी छाम्ने र जगत्सँग नाता कायम राख्ने टेबलका ती विविध सामग्री ।*

*पारिजात दिदीको कोठा उतातिर कुखुराहरूको अतालिएको कर्कश कोलाहल ज्युँका त्युँ छ । यता मसिनो स्वरमा, सङ्केतको भाषामा बोल्ने शान्त, शालीन स्वभावकी पारिजात दिदीको कोठा छ । त्यो कर्कश कोलाहल, त्यो शान्तपन र शालीनतामाझ मलाई ननिको विसङ्गति अनुभूत भयो । पारिजात दिदीलाई त्यो कर्कश कोलाहल कति टिठलाग्दो लाग्दो हो ? उनको कोमल मनको भित्तोमा त्यसले पलप्रतिपल कतिसाह्रो डस्दो हो ? र मैले सोधें, "दिदी, यो रातदिनको कोलाहलले तपाईंको मानसिक शान्ति खलबलाउँदैन ? लेखपढका क्षणमा तपाईंको एकाग्रता भङ्ग हुँदैन ? यस्तो वातावरणमा तपाईंको लेखन, अध्ययन, विश्राम... ।*

*पारिजात दिदी आफ्नो सहज शैलीमा मुसुक्क हाँसिन् । र भनिन्, "सङ्ग्रौलाजी, आफ्नो घर नहुनेले आफ्नै घरको जस्तो सहज परिवेश कहाँ पाउनु ? अनि कहाँ पाउनु चिताए जस्तो सुबिस्ता ? घर नहुनेले पचाउनुपर्छ । धेरै कुरा पचाउनुपर्छ । कोलाहलकै बीचमै सही, मेरो त कम्तीमा पनि यो सिङ्गो कोठा छ । सुबिस्ता र सुरक्षाका लागि वरिपरि पर्खाल छन् । भुइँमा प्लास्टर छ, माथि छानो छ । सम्झनोस् त, यस देशमा रात काट्न रूखको फेदसम्म नपाउने अभागी कति होलान् ? (आफ्नै आँखाको लयमा, खगेन्द्र सङ्ग्रौला, सम्झनामा पारिजात दिदी : फाइनप्रिन्ट आइएनसी, प्रथम संस्करण, २०६८ वैशाख)*

त्यो डेरापछि उनीहरूले थप डेरा चहार्नुपरेन । सुखदुःखले आफ्नै कटेरो बनाए, जहाँ पछि अमृत प्राथमिक विद्यालय पनि खोलियो ।

यसरी डेराहरूको यात्राले विश्राम लियो ।

# पुरस्कार र सम्मान

पारिजातले पहिलो प्रकाशित उपन्यासका लागि प्रतिष्ठित मदन पुरस्कार पाएपछि उनको प्रतिष्ठा लेखनको प्रारम्भिक कालमै चुलिएको थियो । राल्फाकाल र प्रगतिवादी यात्रामा लागेपछि उनको सिर्जनशीलतामा निरन्तरता भए पनि उल्लेखनीय पुरस्कार र सम्मान उनलाई जुरेन । सरकार र प्रज्ञा-प्रतिष्ठानको तीखो आलोचक भएपछि तिनबाट पुरस्कृत हुने अवस्था भएन । प्रगतिवादीहरूले उनलाई अघि लाए पनि उनलाई पुरस्कार र सम्मान दिने कुरामा मज्जैसँग चुके । तर मदन पुरस्कारबाहेक अरू पनि केही पुरस्कार र सम्मान उनलाई प्राप्त भएको थियो ।

**युगज्ञान पुरस्कार**

झापाको चन्द्रगढीलाई आफ्नो साहित्यिक कर्मथलो बनाएर बसेका झर्रोवादी आन्दोलनका एक हस्ती चूडामणि रेग्मी *युगज्ञान* पत्रिका प्रकाशन गर्थे । अखबार भए पनि यसमा साहित्यिक रचना एवम् स्तम्भहरू लेखिन्थे । यही पत्रिकाका नाममा उनले पाँच सय रूपैयाँ राशिको युगज्ञान पुरस्कार स्थापना गरे । बीसको दशकमा पाँच सय रूपियाँ त्यतिसाह्रो सानो पुरस्कार थिएन । त्यसमाथि पनि राजधानीबाट टाढा मोफसलमा । यो पुरस्कारको सोच साहित्यकार तथा *युगज्ञान*का संस्थापक चूडामणि रेग्मीकै थियो । यसको निर्णय पनि उनको एकल थियो । पहिलोपल्ट यो पुरस्कार विराटनगरलाई कर्मथलो बनाएर बसेका भाषाशास्त्री तथा साहित्यकार महानन्द सापकोटालाई दिइयो ।

यो पुरस्कार दोस्रो पटक पारिजातलाई दिने निर्णय भयो । तर यसका लागि कुनै समारोह गरेर पुरस्कार अर्पण गर्ने व्यवस्था थिएन । यो पुरस्कार प्रदान गर्न चूडामणि रेग्मी काठमाडौं जाने प्रबन्ध पनि भएन । न पारिजात नै पुरस्कार लिन झापा आउने वातावरण बन्यो । पारिजातका बहिनीज्वाइँ, नेकपा चौथो अधिवेशनका नेता निर्मल लामा भूमिगत भइरहन्थे । दार्जीलिङतिर पनि यिनको बाक्लै आउजाउ चलिरहन्थ्यो । राजनीतिक उद्देश्यका लागि नेपालका विभिन्न ठाउँमा पनि यिनी विचरण गरिरहन्थे । यसै मेसोमा निर्मल लामा झापा आएको अवसर पारी पारिजातका लागि दिने निर्णय भएको पाँच सय रूपियाँको नगद पुरस्कार चूडामणि रेग्मीले पारिजातलाई पठाइदिए ।

यी दुई हस्ती महानन्द सापकोटा र पारिजातलाई पुरस्कृत गरेपछि युगज्ञान पुरस्कार बन्द भयो ।

## जन्मोत्सव, विवाद र समारोह

पारिजातको सही जन्मदिनका विषयमा प्रामाणिक यथार्थ स्वयम् पारिजातलाई पनि यकिन नभएको अवस्थामा पनि शुभेच्छुकहरूले २०४४ सालमा पारिजातको पचासौं अर्थात् स्वर्ण जन्मोत्सव मनाउने प्रस्ताव ल्याए । पारिजात स्वाभाविक मानवीय हिसाबले प्रफुल्लित भइन् । यो खबर पारिजातका थप शुभेच्छुकहरूको कानमा पनि पुग्यो । बिस्तारै यसको हल्ला फैलिँदै जाँदा जन्मोत्सव मनाउन तयार शुभेच्छुकहरूको विपरीत दिशामा प्रगतिशील साहित्यकार, जनवादी साहित्यकारले जन्मोत्सव मनाएर बुर्जुवा संस्कृतिमा होमिनुहुन्न भन्नेहरू पनि देखापरे । स्वर्णजन्मोत्सव मनाउन हुन्छ र हुन्न भन्ने दुई समूहको मतान्तर अखबारका पानासम्म पुग्यो ।

अम्बर नामको छद्मनाममा साप्ताहिक *गर्जन*मा 'पारिजातको पचासौं शुभजन्मोत्सव' शीर्षकमा सामयिक सन्दर्भका रूपमा लेख नै छापियो ।

*सुप्रसिद्ध प्रगतिशील पारिजातको ५०औं शुभजन्मोत्सव पारिजातका पाठकहरूद्वारा भव्यतापूर्वक मनाइने खबर कौतूहल र चर्चाको विषय हुनु स्वाभाविकै हो । त्यसो हुनुको प्रमुख कारण प्रगतिवादी र बुर्जुवा खेमाका लेखकहरूलाई समारोहमा आमन्त्रित गरेर पारिजात र उनका रचनासम्बन्धी उद्गारहरू व्यक्त गर्न अवसर दिने कार्यक्रम हो जस्तो मलाई लाग्छ ।*

*कुनै व्यक्तिले आफ्नो जन्मदिन मनाउने, नमनाउने वा कस्तो रूपले मनाउने भन्ने विषय सम्बन्धित व्यक्तिको स्वतन्त्र इच्छाले निर्धारित हुने कुरा हो । तथापि यही कुरा व्यक्तित्वका सम्बन्धमा उही रूपमा लागु हुँदैन । जतिसुकै निर्दोष भए पनि स्थापित व्यक्तित्वहरूका समारोहहरूको प्रचारात्मक महत्त्व हुने भएकाले प्रगतिवादी व्यक्तित्वहरू प्रायः आफ्ना जन्मदिवस समारोहप्रति उदासीन हुन्छन् या मनाउनु नै पर्ने विशिष्ट अवस्था आएको खण्डमा त्यस्ता कार्यक्रमले उत्पन्न गर्न सक्ने असरप्रति सचेत रहने गर्छन् । आत्मप्रशंसाका भोका बुर्जुवा साहित्यकार र क्रान्तिप्रति समर्पित प्रगतिवादी साहित्यकारको जन्मदिन मनाउने तौरतरिकामा फरक हुन्छ र हुनुपर्छ भन्ने आग्रह मेरो मात्रै होइन होला । ('गर्जन साप्ताहिक, वर्ष ५, अङ्क २४ : २०४४ साउन २५, सोमबार, पृष्ठ २)*

पारिजातलाई नजिकैबाट चिन्ने सहकर्मी, सहधर्मी, सहविचारधारी भनेर स्पष्ट बुझिने व्यक्तिले अम्बरका नाममा पारिजातले जन्मोत्सव मनाउन हुन्न भन्ने आशयको यो चिठीले पारिजात गम्भीर भएकी थिइन् । कतै यो जन्मोत्सव मनाउनु गलत पो हो कि भन्ने विचारले उनलाई घोच्यो, पोल्यो, डाम्यो । तर यो जन्मोत्सव उनका शुभचिन्तकहरूले नै आयोजना गर्न लागेका थिए । यसको योजना र विचार उनको थिएन । प्रस्ताव आएपछि मात्र चर्चामा आएको थियो ।

अझ उनका निकटतम व्यक्ति महेश मास्केसमेत जन्मोत्सवको विपक्षमा रहेपछि उनलाई एक प्रकारको अप्ठ्यारो स्थिति सिर्जना भएको थियो । पारिजातका केही पाठक आयोजक भएको जन्मोत्सवका लागि यस्तो निम्तोपत्र वितरण गरिएको थियो–

*निमन्त्रणा*

*प्रगतिवादी साहित्यकार पारिजातको ५०औं वर्ष प्रवेशका अवसरमा आयोजित बधाई ज्ञापन, छलफल तथा सामान्य चियापानको बसाइमा श्री..................को उपस्थिति अपेक्षित छ ।*

*आयोजक : पारिजातका केही पाठकहरू, काठमाडौं*

*स्थान : सिद्धार्थ वनस्थली स्कुल, बालाजु*

*समय : दिनको ठीक १ बजे*

*मिति : ०४४ साउन २३*

तर वादविवाद र असमञ्जस्यता चिर्दै आफ्नो मनले ठीक ठानेपछि सोहीअनुसार अघि बढ्ने स्वभाव भएकी पारिजात जन्मोत्सव मनाउन समारोह आयोजना गर्ने शुभचिन्तकको आग्रहको पक्षमा उभिइन् । तोकिएको दिन २०४४ साउन २३ का दिन सिद्धार्थ वनस्थली विद्यालयमा पचासौं शुभजन्मोत्सव समारोह आयोजना भयो । उक्त अवसरमा कृष्णप्रसाद पराजुलीलगायतले शुभकामना मन्तव्य दिए । पारिजातले आफ्नो मन्तव्यका क्रममा महेश मास्केको अनुपस्थितिप्रति टिप्पणी गरेकी थिइन् ।

पारिजातको जन्मोत्सवमा डा. केशवप्रसाद उपाध्यायलाई आनन्ददेव भट्टले लगेका थिए । सिद्धार्थ वनस्थली माविमा आयोजित समारोहको सुरूमा सुकन्याले पारिजातलाई खादा लगाइदिएकी थिइन् । त्यो समारोहबारे पछि केशवप्रसाद उपाध्यायले आफ्नो अनुभूति यसरी व्यक्त गरेका थिए–

*...सर्वप्रथम सुकन्याले आफ्नी दिदीलाई सेतो कपडाको गलबन्दी रूपको दुपट्टा जस्तो चिज माला लगाए झैं लगाइदिनुभयो । मैले कुनैकुनै जातिविशेषमा कसैलाई सम्मान गर्दा 'गादो' (खादा) नामले पुकारिने वस्त्रखण्ड ओढाइन्छ भन्ने सुनेको थिएँ । तर त्यो कस्तो हुन्छ र कसरी ओढाइन्छ, त्यसै दिन देख्न पाएँ । आफ्नो जातीय सांस्कृतिक परम्पराको त्यस्तो निर्वाह मलाई निकै सुखद र सुन्दर लाग्यो । सुकन्याले केही बोल्नु पनि भएको थियो । त्यस बोलाइमा उहाँले दिदीको बढाइँ नै गर्नुभएको थियो र आन्तरिक स्नेह नै प्रकट गर्नुभएको थियो । तर हाँसीहाँसी दिदीको एउटा बैगुन छ । र त्यो हो, प्रचण्ड हठ, कसैले पनि उहाँलाई आफ्नो हठबाट विचलित पार्न सक्तैन भन्ने आफ्नो अनुभव पनि उहाँले व्यक्त गर्नुभएको थियो । पारिजातमा हठ र प्रबल स्वाभिमान रहेछ भन्ने मैले थाहा पाएँ । त्यस समारोहमा धेरैले बोले । पारिजातका व्यक्तित्व र कृतित्वको अभिनन्दन गरियो र शुभकामना प्रकट गरियो । उहाँका कृतित्वको आलोचना पनि गरियो । कसैले पारिजातका प्रगतिवादी धाराका उपन्यास शैलीशिल्पका दृष्टिले 'शिरीषको फूल'को स्तरमा नपुगेको गुनासो गरे भने कसैले 'पर्खालभित्र र बाहिर' 'शिरीषको फूल'भन्दा श्रेष्ठ उपन्यास हो भन्ने दाबी गरे । कसैले पारिजातको लेखन महाश्वेताको जस्तो किन नभएको भन्ने गुनासो पनि गरे ।*

*...व्यक्तिवादिताबाट समाजवादितातर्फ, मृत्युबाट जीवनतर्फ, पलायनबाट सङ्घर्षतर्फ र निराशावादबाट प्रचण्ड आशावादतर्फ फाल हाल्नु पारिजातको जीवनको ठूलो फड्का हनाइ हो । र यसले गर्दा उहाँको पछिल्लो लेखनमा अन्तर आएको छ । पारिजात प्रगतिवादपूर्वका चरणमा जे भोग्नुहुन्थ्यो, त्यही निःसङ्कोच व्यक्त गर्नुहुन्थ्यो । प्रगतिवादी चरणमा उहाँ जे सोच्नुहुन्छ, त्यो लेख्ने गर्नुहुन्छ । लेखनमा आएको अन्तरमा आएको मूल कारण सायद यही हो । यसै कारणले गर्दा 'शिरीषको फूल'मा वस्तुसत्यभन्दा अनुभूतिको सत्य प्रबल भए पनि त्यो मर्मस्पर्शी छ भने उहाँका प्रगतिशील विचारका उपन्यासहरूमा वस्तुसत्य प्रबल रहे पनि ती मार्मिकताका दृष्टिले केही दुर्बल देखिन्छन् । 'शिरीषको फूल'द्वारा एउटा कीर्तिमान खडा गर्ने पारिजातले प्रगतिवादी धाराका औपन्यासिक कृतिमा अर्को कीर्तिमान खडा गर्नुहोला भन्ने आशा गर्नुपर्छ । म यिनै कुरा सोच्दै थिएँ । मलाई बोल्न भनिँदा मैले उपर्युक्त भाव व्यक्त गरेको थिएँ । पारिजातले मन्तव्य, टिप्पणी, आलोचना र जिज्ञासाहरूको जबाफ दिनुभएको थियो । उहाँले आफ्नो कमजोरी स्वीकार गर्नुभएको थियो भने लेखकीय स्वतन्त्रताको पक्षमा दृढताका साथ आफू उभिएको कुरा पनि स्पष्ट रूपमा भन्नुभएको थियो । (पारिजातलाई पारिजात : डा. केशवप्रसाद उपाध्याय : 'जनमत' : पारिजात विशेषाङ्क २०४९, साउन-असोज पृष्ठ २०)*

उनको सो पचासौं जन्मोत्सव कार्यक्रममा बोल्ने एक वक्ता थिए, नारायण ढकाल । उनले पारिजातको शुभजन्मोत्सवका अवसरमा आफ्नो तर्फबाट मङ्गलमय शुभकामना प्रकट गर्दै पारिजातको साहित्यिक योगदानको पनि चर्चा गरे । उनले भने–

*...उपन्यास 'शिरीषको फूल' जुन उचाइमा चर्चित भयो, अरू रचना भएनन् । त्यस्तो हुनमा जीवनसम्बन्धी अध्ययनमा उनको पहुँचको कमी थियो ।*

*'शिरीषको फूल'मा पारिजातले आफूलाई इमानदारीपूर्वक स्थापित गरेकी थिइन् । तर त्यस्तो स्थापना अन्य कृतिहरूमा भएन । 'बैंसको मान्छे' समकालीन विसङ्गत सन्दर्भहरूविरूद्ध विस्फोट थियो । तर त्यो कलात्मक उचाइमा 'शिरीषको फूल'भन्दा पुड्को थियो । 'पर्खालभित्र र बाहिर'मा मार्क्सवादी दृष्टिकोणको कलात्मक यज्ञ आयोजना गर्ने प्रयत्न भए पनि त्यो असफल रह्यो । हामीलाई थाहा भयो, लेखकले आफूलाई ढाँट्न थालेपछि रचनात्मक उचाइ होचिने रहेछ । (जनमत : पारिजात स्मृति विशेषाङ्क : वर्ष १०, अङ्क ६८-७१)*

सो समारोहमा नारायण ढकालले शिखरमा पुगेका नेपाली उपन्यासहरू भनेर मदनमणि दीक्षितको *माधवी*, धच गोतामेको *घामका पाइलाहरू* र भवानी भिक्षुको *आगत*को नामै किटेर चर्चा गरेका थिए । उनले रचनात्मक सार्थकताको कुरा उठाउँदै बङ्गाली लेखिका महाश्वेतादेवीको सविस्तार उल्लेख गरेका थिए । तर पारिजात नारायण ढकालका यी कुराहरूप्रति असहमत हुँदै असहिष्णु भएकी थिइन् । महाश्वेतादेवी भाकपा अर्थात् भारतीय कम्युनिस्ट पार्टीसित सम्बन्धित हुन्, जसको नारायण ढकालसम्बद्ध नेपालको माले पार्टीसित भाइचारा सम्बन्ध छ भन्ने पारिजातको ठम्याइ भयो । हुन पनि

त्यति बेला पारिजात निर्मल लामाको चौथो महाधिवेशनतिर थिइन् भने नारायण ढकाल मालेतिर थिए ।

**त्रिविमा अभिनन्दन**

त्रिभुवन विश्वविद्यालयअन्तर्गत कीर्तिपुरको नेपाली केन्द्रीय विभागका विद्यार्थीहरूले साहित्यिक गतिविधि गर्न तथा सामयिक पत्रिका प्रकाशन गर्न 'साहित्य कुञ्ज' स्थापना गरेका थिए। त्यसो त कीर्तिपुरका एमएका विद्यार्थीहरूको समूह नेपाली साहित्यका विविध गतिविधिमा विशेष गरी २०३६ सालपछि निकै सक्रिय थिए । त्यति बेला विशेष गरी स्वतन्त्र विद्यार्थी युनियनका नाममा बर्सेनिजसो त्यहाँको प्रेक्षालयमा नेपालका स्वनामधन्यदेखि युवा पुस्ताका जाज्वल्यमान कविहरूलाई निमन्त्रणा गरी कविगोष्ठी आयोजना हुन्थ्यो ।

यस्तै साहित्यिक सक्रियता र गतिविधिहरूको औपचारिक निरन्तरताका लागि कृष्णप्रसाद पोखरेलको अध्यक्षतामा २०४६ मङ्सिर ५ मा साहित्य कुञ्ज स्थापना भयो । सचिव थिए– ईश्वरचन्द्र वाग्ले, सहसचिव ईश्वरी उपाध्याय, कोषाध्यक्ष उषा अधिकारी तथा सदस्यहरूमा लीला ढकाल (हाल : लुइटेल), शारदा अधिकारी, मधुसूदन गिरी, खेमराज निरौला, पुण्यप्रसाद सुवेदी तथा हिमांशु चौधरी थिए । असमबाट आएका अरूण भट्टराई उपाध्यक्ष तथा भुटानबाट आएका छत्रपति फुँयालसमेत सदस्य थिए ।

यही साहित्य कुञ्जले स्रष्टाद्वय पारिजात र बदरीनाथ भट्टराईलाई अभिनन्दन गर्ने निर्णय गऱ्यो । यो निर्णय गरेपछि त्यसको जानकारी लिएर लीला पारिजातनिवास म्हैपी गइन् । पारिजातसँग उनको पुरानो चिनाजानी, सम्पर्क र उच्च आदर थियो । लीलाले यो सुसमाचार सुनाइसकेपछि पारिजातसँग भएका वार्तालापको यसरी सम्झना गरिन्–

*तपाईंहरूले मलाई अभिनन्दन गर्ने त भन्नुभयो । "तर एउटा कुरा नि लीला..." पारिजातको यो वाक्यले अब के भन्ने हो, अभिनन्दन स्वीकार पो नगर्ने हो कि जस्ता अनेक आशङ्का बादल बनेर मभित्र मडारिन थालेका थिए । मैले केही बोल्न नपाउँदै उहाँले नै भन्नुभयो, "अभिनन्दनमा मलाई टीका र माला चाहिँ तपाईंले नै लगाइदिनू न है... ।" पारिजातको यस वाक्यले मलाई शिरदेखि पाउसम्मै शीतल भएको अनुभव भयो (लीला लुइटेल : पारिजात सम्झँदा : कान्तिपुर : १५ वैशाख २०७५) ।*

अभिनन्दन समारोह २०४८ साउन ८ गते त्रिवि कीर्तिपुरको अडिटोरियममा भएको थियो । यो समारोह साहित्य कुञ्जको वार्षिक अधिवेशन : भानु जयन्ती र स्रष्टा अभिनन्दन समारोहका रूपमा गर्न त्रिवि प्रशासनबाट पनि साहित्य कुञ्ज परिवारलाई राम्रो सहयोग मिलेको थियो । पारिजातलाई अभिनन्दनका लागि लिन त्रिवि प्रशासनले उपलब्ध गराएको गाडी र उनलाई बोकेर गाडीमा राख्न र ओराल्न दुई जना व्यक्ति पनि पठाइएको थियो ।

पारिजात र बदरीनाथ भट्टराईको अभिनन्दन हेर्न नेपाली विभाग मात्र होइन, अन्य विभागका पारिजातका पाठक र शुभचिन्तकको ठूलो सङ्ख्यामा उपस्थिति थियो। अडिटोरियममा नअटाएर बाहिर पनि चौरमा प्रशस्त मान्छे पारिजातलाई हेर्न र सुन्न बसेका थिए ।

अभिनन्दन समारोहमा साहित्यकार कृष्णप्रसाद पराजुलीले पारिजातलाई कविताले अभिनन्दन गरेका थिए । उनको कविताका अन्तिम पङ्क्ति यस्ता थिए–

*बोल हे, सिर्जनायात्री, बजाऊ अझ बाँसुरी*
*घन्कोस् कुना-कुना छोई तिम्रो त्यो स्वरमाधुरी*
*वर्षासरी तिमी जाऊ, घाम जस्तै तिमी खुल*
*सम्झना लहरीभित्र प्रत्येक ऋतुमा फुल ! (पारिजातलाई सम्झँदा : सम्झनाका क्षितिजमा : 'साहित्य सङ्गम' : २०५९ पृष्ठ ३७९)*

अभिनन्दन समारोहमा प्रमुख अतिथिका रूपमा तत्कालीन शिक्षामन्त्री रामहरि जोशी थिए । अरू अतिथिहरूमा त्रिविका उपकुलपति वासुदेवचन्द्र मल्ल, प्रा. मोहनहिमांशु थापा थिए ।

अभिनन्दन समारोहमा लीलाले टीका र माला लगाइदिएकी थिइन्, दोसल्ला प्राडा. मोहनहिमांशु थापाले ओढाइदिएका थिए भने प्रमुख अतिथि उपकुलपति वासुदेवचन्द्र मल्लले अभिनन्दनपत्र अर्पण गरेका थिए । पारिजातको व्यक्तित्व, कृतित्व र नेपाली साहित्यमा उनले पुऱ्याएको योगदानका विषयमा देवीप्रसाद गौतमले बोलेका थिए । साहित्य कुञ्जका अध्यक्ष कृष्णप्रसाद पोखरेलको अध्यक्षतामा सम्पन्न समारोहको उद्घोषण चाहिँ कोषाध्यक्ष उषा अधिकारीले गरेकी थिइन् ।

उनलाई समर्पण गरिएको अभिनन्दनपत्रमा यस्तो लेखिएको थियो–

*सुप्रसिद्ध साहित्यकार सुश्री पारिजातज्यूमा समर्पित*
*अभिनन्दनपत्र*

*प्रगतिशील चिन्तनका स्रष्टा पारिजातज्यू,*

*नेपाली साहित्यका समग्र पाठकहरूका निम्ति सुपरिचित साहित्यकारका रूपमा आज तपाईंको अभिनन्दन गर्न पाउँदा हामी आफूलाई गौरवान्वित अनुभव गर्दछौं । नेपाली साहित्यमा तपाईंको अविस्मरणीय योगदानको हामी अत्यन्त आदर गर्दछौं ।*

*साहित्यकी अथक साधिका,*

*गद्यको क्षेत्रमा होस् या कविताको, उपन्यासमा होस् या कथामा, तपाईंको सिर्जनाले नेपाली साहित्यको नौलो क्षितिज उघार्न पुगेको छ, नवीन चिन्तन र अनुभूतिको आँखीझ्यालबाट चहकिला नवकिरणहरू प्रवेश गर्ने बाटो खोलेको छ ।*

*वाणीकी तपस्विनी सुपुत्री,*

*मानव मात्रको व्यथा र उत्पीडन, कुण्ठा र वितृष्णा अनि सामाजिक विषमता र विकृतिको जुन सशक्त चित्रण तपाईंले गर्नुभएको छ, त्यसले नेपाली साहित्यमा आफ्नै किसिमको विशिष्ट स्थान ओगटेको छ । तपाईंका साधनाले नेपाली साहित्यलाई एक खुट्किलो माथि उक्लन ठूलो सघाउ पुऱ्याएको छ । यस प्रकार तपाईंले इतिहासमा आफ्नो नमेटिने स्थान बनाइसक्नुभएको छ ।*

*अन्त्यमा,*

*शारीरिक अस्वस्थताले सिर्जनाको प्रवाहलाई रोक्न सक्तैन, अपितु त्यसको मूल सधैँ रसिलो राख्न सहायक नै हुन्छ भन्ने कुराको उदाहरण तपाईंको सिर्जनशीलतामा लामो समयसम्म रहिरहोस् र नेपाली साहित्यले अझ विविध सिर्जनात्मक उपहारहरू पाउँदै जाओस् भन्ने हामी हार्दिक कामना गर्दछौं ।*

*'साहित्य-कुञ्ज' परिवार*
*नेपाली केन्द्रीय शिक्षण विभाग*
*साउन ८, २०४८*
*त्रिभुवन विश्वविद्यालय, कीर्तिपुर*

अभिनन्दन समारोहमा पारिजातले हालै प्रकाशित उपन्यास *बोनी*का प्रतिहरू बिक्रीका लागि ल्याएकी थिइन् । र सबै प्रति हातहातै बिकेका थिए । त्यो देखेर उनले मुसुक्क हाँस्दै भनेकी थिइन्, "थोरै ल्याइएछ, निकै ल्याउनुपर्ने रहेछ ।" (*लीला लुइटेलसँग इमेल वार्ता : २०७४ साउन २४*)

**जनमतको पारिजात विशेषाङ्क**

*जनमत* साहित्यिक मासिक सुरूमा विचारप्रधान पत्रिकाका रूपमा २०३९ सालमा प्रकाशन सुरू भएको थियो बनेपाबाट । यसका सम्पादक भारती भए पनि भित्री रूपमा सञ्चालक र सम्पादक मोहन दुवाल थिए । विचारप्रधानबाट पछि मात्र यो साहित्यिक पत्रिकाका रूपमा प्रकाशन हुन थालेको हो । वामपन्थी राजनीतिक झुकाव, प्रतिबद्धता र साहित्यका कारण पनि मोहन दुवाल *जनमत* पत्रिका प्रकाशनपूर्व *वेदना* पत्रिकामा नजिक हुँदादेखि नै पारिजातको संसर्गमा पुगिसकेका थिए । पारिजातसँग मोहन दुवालको निकटता थियो । *जनमत* विचारप्रधान पत्रिका प्रकाशन हुन थालेपछि उनले पारिजातलाई स्तम्भलेखन एवम् नियमित लेखनका लागि आग्रह गरे । अनि पारिजातले धारावाहिक रूपमा आत्मसंस्मरणहरू 'एउटा चित्रमय सुरूवात' क्रमशः लेख्दै गइन् । र *जनमत*मा ती आत्मसंस्मरण प्रकाशन हुँदै गए । पछि ती आत्मसंस्मरण पुस्तकका रूपमा प्रकाशन भयो *एउटा चित्रमय सुरूवात* नामबाटै ।

मोहन दुवालले *जनमत* मासिकको २०४९ साउन-असोज अङ्कलाई पारिजात विशेषाङ्कका रूपमा प्रकाशन गरे । वास्तवमा मोहन दुवाल २०२८ सालतिर भूमिगत हुँदादेखि नै एउटा साहित्यिक पत्रिका निकाल्ने र एउटा स्रष्टाकेन्द्रित अङ्क निकाल्ने अठोटमा थिए । त्यो बेलामा उनले सिद्धिचरण विशेषाङ्क निकाल्ने सोच बनाएका थिए । त्यो त्यत्तिकै थाती थियो । २०४२ सालमा यो योजना अघि बढाउन खोजे *कृति* पत्रिकामार्फत । त्यो पत्रिकाको सम्पादक उनलाई बनाइएको थियो । सिद्धिचरण विशेषाङ्क निकाल्न खोज्नुको पनि कारण थियो । पञ्चायतइतर विचार राख्नेहरूका लागि त्यति बेला प्रशासन अलि असहिष्णु बनेको बेला थियो । सिद्धिचरण लेखक हुन्,

कवि हुन् । राजसभामा पनि भएका उनको अङ्क निकाल्न सहज होला भन्ने लागेको थियो । तर सारा साथीभाइहरूले मोहन दुवाल जस्तो क्रान्तिकारी व्यक्तिले सिद्धिचरण विशेषाङ्क निकाल्ने भनेर उल्लीबिल्ली गरे । त्यसपछि भने सिद्धिचरण विशेषाङ्क निकाल्ने उनको योजना नै भताभुङ्ग भयो । अनि पछि उनले आफू एक्लैले *जनमत*को पारिजात विशेषाङ्क निकाल्ने अठोट गरे ।

पारिजात विशेषाङ्क प्रकाशन गर्ने क्रममा मोहन दुवालले निकै समस्या र हौसला अनुभव गर्ने अवसर पाए । उनी जीवनकालमै स्रष्टाको सम्मान गर्नुपर्छ भन्ने अभियानसाथ पारिजात विशेषाङ्क प्रकाशनका लागि हौसिएका थिए । धेरै स्रष्टा जो प्रगतिशील थिए, तिनीहरू र प्रगतिशील खेमाबाहिरकाले पनि पारिजातको विशेषाङ्क प्रकाशन योजनाको तारिफ गरे र समालोचना, टिप्पणी, चिठी, संस्मरणलगायत रचना दिएर सहयोग गरे । तर प्रगतिशील विचारधाराका केही पारिजातनिकटले जिउँदैमा केको विशेषाङ्क जस्ता टिप्पणी गरेर रचना दिएनन्–

*त्यो बेला आफ्ना नजिकका साथीहरू विचारका पनि नजिकै, नजिकका साथीहरूले खिसी पनि गरेका थिए । जस्तै, नामै तोकेर भन्नुपर्दा निनु चापागाईं र खगेन्द्रजीहरूले रूचाउनुभएको थिएन । उहाँले यो निस्सारतावादी राइटर हो, अब उहाँको यस्तो अङ्क निकाल्दाखेरि हामी त लेख दिँदैनौं । यो के काम गर्न लाग्नुभयो भनेर उहाँहरूको असन्तोषै थियो भनौं न । तर मैले साहस गरें, मलाई यो काम गर्नुपर्छ भन्ने लाग्यो । र साथीहरूको त्यस्तो कुराको पर्वाह नगरीकन मैले त्यो अङ्क निकाल्ने साहस गरें । (मोहन दुवालसँग टेपवार्ता : २०७३ असार, ८ गते)*

जेजसरी होस्, मुखपृष्ठमा पारिजातको यौवनकालको हातमा फूल लिएको आकर्षक श्यामश्वेत तस्बिरसहित *जनमत*को ११२ पृष्ठको पारिजात विशेषाङ्क प्रकाशन भयो ।

विशेषाङ्क प्रकाशन भएपछि *जनमत*का तर्फबाट *जनमत* पारिजात विशेषाङ्क समर्पण कार्यक्रमसमेत आयोजना गरियो ।

२०४९ कात्तिक ८ को बिहानैदेखि पारिजात प्रफुल्ल मुद्रामा थिइन् । सुकन्या पनि खुसीले फन्याकफुरूक्क गर्दै थिइन् । कारण थियो, बनेपामा हुन लागेको *जनमत* पारिजात विशेषाङ्क समर्पण कार्यक्रम । यो उनका लागि पहिलो यस्तो अवसर थियो ।

बिहानको साढे १० बजेतिर चिरपरिचित साहित्यकार कृष्णप्रसाद पराजुली र बलराम बन्जारा गाडी लिएर आइपुगे । अनि सुरू भयो, एउटा सानो यात्रा म्हैपीदेखि बनेपासम्मको । त्यसो त उनी धेरैपल्ट बनेपा गएकी थिइन्, धुलिखेल कति पटक गएकी थिइन्, त्यसको लेखो थिएन । तर यो दिनको प्रसङ्ग अर्कै थियो ।

म्हैपीबाट गुडेको गाडी जमल आएर कवि केदारमान व्यथित निवासअगाडि रोकियो । त्यहाँ केदारमान व्यथित र एकाध अन्य साहित्यकार पनि मोटरमा अटेजति बसेपछि बनेपातिर लाग्यो । बनेपा नगरपालिकाको सभाकक्ष ब्यानर र मञ्च सजावटसहित आगन्तुकहरूको प्रतीक्षामा थियो । द्वारमा बाल कवयित्री सिर्जना दुवालले पारिजातलाई

फूलको माला लगाइदिएर स्वागत गरिन् । सभाकक्ष विभिन्न क्षेत्रका व्यक्तित्व, साहित्यकार, कलाकार, गायक-गायिका र साहित्यप्रेमीहरूले खचाखच थियो ।

औपचारिक कार्यक्रम मञ्चमा आसनग्रहणबाट सुरू भयो । मञ्चमा प्रमुख अतिथि केदारमान व्यथित, कार्यक्रमकी केन्द्रीय व्यक्तित्व पारिजात, साहित्यकारहरू श्यामप्रसाद, अच्युतरमण अधिकारी, निनु चापागाईं, डा. तुलसीप्रसाद भट्टराई, आनन्ददेव भट्ट, छिन्नलता, आशाकाजी सेवक आदिले अतिथिका रूपमा आसनग्रहण गरे भने सभापतिका रूपमा साहित्यकार कृष्णप्रसाद पराजुली थिए ।

त्यसपछि शिक्षा सदन मावि बनेपाका छात्राहरूद्वारा पुष्पाञ्जलिसहित स्वागद गर्दै कार्यक्रम अघि बढ्यो । *जनमत*की सम्पादक भारती र सहसम्पादक गोविन्द खड्का गाउँलेले ब्याच वितरण तथा टीका लगाइदिए । स्व. महाकवि देवकोटाको तस्बिरमा प्रमुख अतिथि कवि केदारमान व्यथित तथा साहित्यकार पारिजातले पुष्पार्पण गरी कार्यक्रम अघि बढ्यो । त्यति बेला महेन्द्र मावि, साँगाका विद्यार्थीहरूले स्वागतगान प्रस्तुत गरेका थिए ।

कार्यक्रममा *जनमत*का प्रधान सम्पादक मोहन दुवालले पारिजात विशेषाङ्क प्रकाशनको औचित्य, प्रकाशनका बेला भोग्नुपरेका समस्या र सहयोगी मनहरूबाट पाएको सहयोगको उल्लेख गर्दै भने–

*पारिजात यस युगको एक जना बिर्सनै नसकिने युगीन प्रतिभा हो । लेखिकाहरूको कोटीमा पारिजात एक मात्र सशक्त लेखिका हुन् । अशक्त शरीरभित्रको सशक्त अभिव्यक्ति पारिजात हो । जनमतको कदर गर्दै पारिजातमाथि हामीले टक्र्याएको यो एक शुभेच्छा मात्र हो । (पारिजात र जनमत : 'जनमत' : पूर्णाङ्क ६३, पृष्ठ २५)*

प्रमुख अतिथिको आसनबाट कवि केदारमान व्यथितले भने–

*पारिजात यस युगको हाँक हो, महानताको गर्भ र सिर्जनाको मुहानलाई म पनि मुरीमुरी प्रशंसा गर्छु । साहित्यलाई राजनीतिको दलदलबाट मात्र हेर्न खोज्नुहुँदैन, हामीले पनि पारिजातलाई यसै दृष्टिकोणलाई आधार बनाएर मूल्याङ्कन गर्नुपर्छ । उहाँको साहित्यिक निरन्तरता एकनासले भइरहोस् र उहाँको आयु सकेसम्म लामोलामो होस् । (पारिजात र जनमत : 'जनमत' : पूर्णाङ्क ६३, पृष्ठ २५)*

पारिजात विशेषाङ्कलाई लेख नदिएका निनु चापागाईंले पनि कार्यक्रममा बोल्न चाहे । उनलाई बोल्ने अवसर दिइयो । तर पारिजातलाई निस्सारतावादीकै रूपमा चर्चा तथा आलोचना गरेर कार्यक्रमको मिठासमा अलिकति खल्लोपन भएको दर्शक-श्रोताले अनुभव गरेका थिए–

*पारिजातजीको बारेमा बोल्नलाई निनुजीले पनि त्यहाँ अनुरोध गर्नुभयो । लेख चाहिँ दिनुभएन । लेख चाहिँ नलेख्ने भन्नुभयो । कार्यक्रम हुने बेलामा चाहिँ उहाँले म पनि वक्ताका रूपमा आउन चाहन्छु भन्ने कुरा उहाँले अनुरोध गरेपछि लौ त भनेर उहाँलाई वक्ताका रूपमा राखेको, उहाँले वक्ताका रूपमा आएर उहाँ निस्सारतावादी,*

*यस्तो वादी भनेर खल्लो बनाइदिनुभयो कार्यक्रम ।* (मोहन दुवालसँग टेपवार्ता : २०७३ असार ८)

कार्यक्रममा पारिजातले *जनमत*ले आफूमाथि विशेषाङ्क प्रकाशन गरेर गुन लाएको भनी धन्यवाद ज्ञापन गर्दै भनेकी थिइन्–

*जनमतले निजी स्रोतले आफूले सक्दो प्रयास गरेर जे जस्तो कदर गऱ्यो, म त्यसका लागि धन्यवाद दिन चाहन्छु । मप्रति लागेका जेजति धारणा छन्, ती धारणा आआफूले पोखेर विद्वान् साहित्यिक मित्रहरूले जेजति टिप्पणी 'जनमत'को यस विशेषाङ्कमा विचार व्यक्त गरे, ती लेखकहरूप्रति पनि म आभार व्यक्त गर्दछु ।* (पारिजात र जनमत : 'जनमत' : पूर्णाङ्क ६३, पृष्ठ २५)

समारोहमा पारिजातप्रति शुभेच्छा प्रकट गर्दै कविता वाचन पनि गरिएको थियो । यसरी कविता वाचन गर्नेहरूमा केपी व्यञ्जू, शिवप्रसाद बन्जारा, सरस्वती चिमोरिया, सुमनकुमार वैद्य, सिर्जना दुवाल तथा आरएल श्रमजीवी थिए । सत्यस्वर मकै 'अस्वस्थ'ले उद्‌घोषण गरेको कार्यक्रमको अन्त्यमा सभा विसर्जनअघि *जनमत*का तर्फबाट युवाकवि दीपक शर्माले धन्यवाद ज्ञापन गरेका थिए ।

छोटोमीठो कार्यक्रम समापनपछि पारिजात छिट्टै घर फर्कन चाहिन् । सँगै आएको गाडी छाडेर उनी धुलिखेल नगरपालिकाका उपप्रमुख सुवास श्रेष्ठको मोटरसाइकलमा फर्किएकी थिइन् ।

## गङ्की वसुन्धरा पुरस्कार

नेवारी र नेपाली भाषामा अविच्छिन्न साहित्य रचना गर्ने धुस्वाँ सायमीको *गङ्की* उपन्यास उनको सर्वाधिक रूचाइएको कृति हो । यो उपन्यास सुरूमा नेवारी भाषामा प्रकाशन भयो । पछि नेपाली भाषामा पनि छापियो । एक प्रकारले धुस्वाँ भनेको गङ्की, गङ्की भनेको धुस्वाँ भएको थियो । आफ्नो उमेरले उत्तरवर्ती कालतिर प्रवेश गर्दै गर्दा उनले आफ्नी पत्नी वसुन्धरासँग सल्लाह गरेर गङ्की पुरस्कार स्थापना गर्ने निधो गरे । त्यसो त उनी आर्थिक रूपमा सबल व्यक्ति थिए । उनले कतिपय लेखक-कविका कृति प्रकाशनका लागि उदारतापूर्वक खर्च प्रायोजन गर्ने गर्थे । यो चाहिँ जीवनपर्यन्तका लागि थियो पुरस्कार । वार्षिक रूपमा दिइने, त्यो पनि उपन्यास विधाको योगदानलाई विशेष महत्त्व दिएर । तर यसैबीच उनकी श्रीमती वसुन्धराको मृत्यु भयो । उनको मृत्युपछि पुरस्कारको नाम गङ्की वसुन्धरा पुरस्कार राख्ने निधो भयो ।

गङ्की वसुन्धरा पुरस्कारका संस्थापक धुस्वाँ सायमी थिए । उनी पुरस्कार आफ्नो मनले खाएको व्यक्तिको पोल्टामा परोस् भन्ने चाहन्थे । अनि संस्थाको अस्तित्व भए पनि, पुरस्कार चयन समिति भए पनि धुस्वाँको इसारा नै काफी हुन्थ्यो । पहिलो पटक उनले विजय मल्ल र पारिजातलाई पुरस्कृत गर्ने इच्छा गरे । तर पारिजात राजनीतिक रूपले सक्रिय हुन छाडे पनि प्रगतिशील खेमामै अडिग भएर लेखिरहेकी थिइन्, बोलिरहेकी थिइन्, विभिन्न गतिविधिमा संलग्न भइरहेकी थिइन् । यस्तो अवस्थामा

पारिजातले पुरस्कार स्वीकार गर्ने हुन् कि होइनन्, त्यो भने द्विविधा थियो । पारिजातसँग धुस्वाँका नजिकका मित्र ध्रुवचन्द्र गौतमको राम्रो सम्बन्ध थियो । यो कुरा धुस्वाँले ध्रुवचन्द्रसमक्ष राखे । ध्रुवचन्द्रले आफ्ना तर्फबाट पुरस्कार लिन मनाउने वचन पनि दिए । अनि ध्रुवचन्द्र यो खबर लिएर पारिजातसमक्ष पुगे । पारिजातले तत्काल स्वीकार वा अस्वीकार गरिनन् । मलाई एकदुई दिन सोच्न दिनुहोस् भनिन् । अनि आफ्ना निकटका मन मिल्ने प्रगतिशील साथीहरूसँग परामर्श गरिन् । सबैजसोले साहित्यका नाममा दिइने पुरस्कार लिन हुने सुझाव दिए । कतिसम्म भने कनिष्ठ साहित्यकार ललिजन रावलसम्मलाई उनले यस विषयमा निर्णय गर्नुअघि सोधेकी थिइन् । उनले पनि पुरस्कार लिन सुझाएका थिए ।

पारिजातले पुरस्कार लिन सहमत भएको व्यहोरा ध्रुवचन्द्र गौतमले बताएपछि २०४९ सालको गङ्की वसुन्धरा पुरस्कार विजय मल्ल र पारिजातलाई प्रदान गरिने भनेर घोषणा भयो । पुरस्कारको राशि जनही १० हजार भएको पनि समाचारमा जनाइएको थियो ।

पारिजातले साहित्यमा कम र सामाजिक गतिविधिमा बढी समय दिएको बेला थियो त्यो । देशविदेशका सङ्घसंस्था एनजिओ, आइएनजिओमा संलग्न हुने मात्र होइन, आफ्नै पहलमा, आफ्नै अध्यक्षतामा संस्था खोल्नेसमेत काममा उनले आफ्नो महत्त्वपूर्ण ऊर्जा लगाइरहेकी थिइन् ।

गङ्की वसुन्धरा पुरस्कार वितरण कार्यक्रम २०४९ माघ १ मा काठमाडौंमा भएको थियो । कार्यक्रममा जब पारिजातलाई उक्त पुरस्कार प्रदान गरियो, सोही मञ्चबाटै उनले प्राप्त गरेको पुरस्कारको रकम २०४८ सालमा उनले नै स्थापना गरेको बन्दी सहायता नियोग अर्थात् पामलाई प्रदान गर्ने घोषणा गरिन् । तत्कालै गङ्की वसुन्धरा पुरस्कारका संस्थापक धुस्वाँ सायमीले सो पुरस्कारमा अरू थप १० हजार प्रदान गर्ने घोषणा गरे । पुरस्कार वितरण समारोह यस किसिमको अप्रत्याशित नाटकीय दृश्यले रोमाञ्चित हुन पुग्यो । त्यसपछि पारिजातले पछि थप गरिएको १० हजार चाहिँ म आफैं लिन्छु भनेकी थिइन् ।

त्यही पुरस्कारको रकमले उनी विराटनगर यात्रामा निस्किइन् । त्यो उनको अन्तिम विराटनगर यात्रा थियो ।

### त्रिवि सभासद्

२०४६ सालको जनआन्दोलनपछि गठित नेपाल राजकीय प्रज्ञा-प्रतिष्ठानको पुनर्गठनप्रति असहमति जनाउँदै आन्दोलनको नेतृत्व गरे पनि, सिंहदरबार घेर्न गए पनि, तत्कालीन प्रधानमन्त्री कृष्णप्रसाद भट्टराईलाई ज्ञापनपत्र बुझाए पनि त्यसको सुनुवाइ नभएपछि पारिजातले प्रज्ञा-प्रतिष्ठानका सम्पूर्ण गतिविधि र कार्यक्रम बहिष्कार गर्ने घोषणा गरेकी थिइन् ।

तर उनलाई त्रिभुवन विश्वविद्यालयको सभासद्मा मनोनीत गरियो । त्यसलाई भने उनले सकारेकी थिइन् । त्रिवि सभाको बैठकमा भाग पनि लिएकी थिइन् । पारिजातका लागि नेपाल राज्यका तर्फबाट यो एउटा ठूलो सम्मान थियो, जसका कुलपति तत्कालीन राजा श्री ५ वीरेन्द्र थिए ।

**तामाङ घेदुङबाट अभिनन्दन**

२०४९ सालमा काठमाडौंमा सम्पन्न तामाङ घेदुङको तेस्रो राष्ट्रिय अधिवेशनका अवसरमा साहित्य र समाजसेवामा गर्नुभएको योगदानको कदर गर्दै पारिजातलाई अभिनन्दन गरिएको थियो । उनलाई तामाङ घेदुङका उपाध्यक्ष माननीय जितवीर लामाले अभिनन्दन पत्र पढेर हस्तान्तरण गरेका थिए । अध्यक्ष निर्मलकुमार लामाले तामाङ महिलाले घरेलु तानमा बुनेको र तामाङ नमुनाको दोसल्ला ओढाएका थिए । त्यस अवसरमा पारिजातले पनि सम्बोधन गर्दै धन्यवाद ज्ञापन गरेकी थिइन् ।

सो अवसरमा कार्यक्रमकी प्रमुख अतिथि पारिजातले तामाङ विषयमा अध्ययन-अनुसन्धान गर्ने विद्वान्, विदुषीलाई सम्मान गर्ने कार्यक्रमअनुसार नेपालमा उपलब्ध फ्रान्सेली नागरिक डा. श्रीमती मात्तिन मजाउदनलाई संस्थाको सम्मानार्थ विशिष्ट सदस्यता प्रदान गरेकी थिइन् ।

**पहिलो पाण्डुलिपि पुरस्कार**

२०४६ सालपछि काठमाडौंमा एउटा साहित्यिक संस्था 'नेपाल साहित्य गुठी'को जन्म भयो । यसका गुठियारहरू थिए– नकुल सिलवाल, नरेन्द्रबहादुर श्रेष्ठ, ललिजन रावल, पुरूषेत्तम सुवेदी, राजकुमार केसी तथा राजेन्द्र पराजुली । यो संस्थाले स्थापनाको सुरूमै उल्लेख्य साहित्यिक गतिविधि गर्न थाल्यो । पहिलो कार्यक्रम यसले 'कविता सोच' भन्ने नाम दिएर कविता र आफ्नो विचार राख्ने कविता वाचनको कार्यक्रम गऱ्यो । र त्यसलाई *कविता सोच* शीर्षकमै पुस्तकका रूपमा प्रकाशन गऱ्यो । अनि मेची-महाकाली साहित्यिक दौडाहा पनि गऱ्यो । यही संस्थाले अर्को नयाँ कामको थालनी गर्ने अठोट गऱ्यो– एउटा साहित्यिक पुरस्कारको स्थापना गर्ने । तर कस्तो ? अलिकति मौलिक होस्, अलिकति भिन्न होस्, अलिकति साहित्यमा योगदान हुने खालको होस् भन्ने सबै गुठियारको एक मत रह्यो । अनि जन्म भयो– सर्वश्रेष्ठ पाण्डुलिपि पुरस्कार ।

नरेन्द्रबहादुर श्रेष्ठबाहेक प्रायः सबैकी निकटतम प्रिय दिदी थिइन् पारिजात । पहिलो पुरस्कार पारिजातलाई दिन पाए पारिजातप्रति सबैको सम्मानले पनि मूर्त रूप लिने, पुरस्कारको गरिमा पनि बढ्ने निष्कर्ष निकाले उनीहरूले । यसरी पहिलो पुरस्कार पारिजातलाई दिने आन्तरिक सहमति सुरूमै भएपछि सर्वश्रेष्ठ पाण्डुलिपि पुरस्कार स्थापनाको समाचार प्रवाहित भयो । तर पारिजातसँग प्रकाशनार्थ कुनै पनि पाण्डुलिपि तयार थिएन । फुटकर रूपमा प्रकाशित तर पुस्तकाकारमा नआएका

उनका कविता पुस्तक बन्ने सङ्ख्यामा थिए । तिनलाई सङ्कलन गरेर पुस्तक तयार गर्ने सहमति भयो र पाण्डुलिपि तयारीका लागि जोडतोडसाथ काम सुरू भयो ।

कविता सङ्कलनका लागि ललिजन रावलको अग्रसरतामा राजेन्द्र पराजुलीलगायतले सघाए । पारिजातका असङ्कलित कविता धमाधम सङ्कलन हुन थाले । कविता कहाँ कता होला, त्यसको जानकारी पनि पारिजातबाट लिँदै कविता भेला पार्न थालियो । पारिजातले २०३० सालपछि सुमित्रा काँडाका नामले थुप्रै कविता लेखेकी थिइन् । तिनलाई पनि त्यही सङ्ग्रहमा समावेश गर्ने गरी एकत्रित पार्न थालियो । यसरी पारिजातका कविता सङ्कलन गरी पुरस्कार घोषणा गर्ने तयारी चलिरहँदा पारिजातको स्वास्थ्य खस्किँदै गएको थियो । त्यसो त उनी हस्पिटल आउने-जाने, भर्ना हुने र डिस्चार्ज हुने क्रम चलेकै थियो ।

कविता सङ्ग्रहको नाम ललिजन रावलले *बैंसालु वर्तमान* प्रस्तावित गरे । सबैले यसमा सहमति जनाए ।

२०५० साल वैशाख ४ को साँझ नेपाल साहित्य गुठीको बैठक बस्यो । र पारिजातको *बैंसालु वर्तमान* कृतिका लागि सर्वश्रेष्ठ पाण्डुलिपि पुरस्कार दिने औपचारिक निर्णय भयो । अनि त्यस व्यहोराको चिठी पारिजातकहाँ पुऱ्याउने जिम्मा ललिजन रावलले पाए । नेपाल साहित्य गुठीले पहिलो सर्वश्रेष्ठ पाण्डुलिपि पुरस्कार पारिजातलाई दिइने घोषणाको समाचार पनि तयार पारियो र विभिन्न सञ्चारमाध्यमलाई दिइयो । अनि *रेडियो नेपाल, नेपाल टेलिभिजन, गोरखापत्र*लगायत सञ्चारमाध्यमहरूमा समाचार पुऱ्याइयो ।

तर सर्वश्रेष्ठ पाण्डुलिपि पुरस्कारको औपचारिक जानकारी लिएर ललिजन रावल २०५० साल वैशाख ५ को बिहान वीर अस्पताल पुग्दा पारिजातले यो संसार छाडिसकेकी थिइन् । उनको देहान्त बिहान चार बजे नै भइसकेको थियो । *रेडियो नेपाल*ले पारिजातको देहान्त र सर्वश्रेष्ठ पाण्डुलिपि पुरस्कारको समाचार एकैसाथ बिहान सात बजे प्रसारण गरेको थियो ।

पारिजातको अवसानको केही महिनापछि नेपाल साहित्य गुठीले एउटा औपचारिक कार्यक्रम आयोजना गरेर यो पुरस्कार सुकन्या वाइबालाई हस्तान्तरण गरेको थियो । सुकन्याले उक्त पुरस्कारको रकम पारिजात स्मृति केन्द्रलाई हस्तान्तरण गरेकी थिइन् ।

कार्यक्रमका प्रमुख अतिथि केदारमान व्यथितले पुरस्कार वितरण समारोहमा यस्तो अभिव्यक्ति दिएका थिए–

*पारिजात अमर प्रतिभा हुन् । नेपाली साहित्यमा असाधारण व्यक्तित्वकी धनी पारिजातको क्षतिपूर्ति हम्मेसि हुन सक्ने स्थिति छैन ।*

पुरस्कार ग्रहण गरिसकेपछि पारिजातकी बहिनी सुकन्या वाइबाले भनेकी थिइन्–

*नेपाली साहित्यकै नौलो र महत्त्वपूर्ण पुरस्कार प्रथम पटक मेरी दिदीले पाउनु गौरवको कुरा हो ।*

समारोहमा वरिष्ठ समालोचकहरू कृष्णचन्द्रसिंह प्रधान र आनन्ददेव भट्टले पनि मन्तव्य राखेका थिए। गुठीका सचिव ललिजन रावलले स्वागत मन्तव्य, कार्यकारी सदस्य राजेन्द्र पराजुलीले धन्यवाद ज्ञापन तथा कोषाध्यक्ष राजकुमार केसीले सञ्चालन गरेको पुरस्कार वितरण समारोहलाई गुठीका संयोजक तथा समारोहका सभापति नकुल सिलवालले सम्बोधन गर्दै भनेका थिए–

*महाकवि देवकोटापछिको अर्को महत्त्वपूर्ण साहित्यकार पारिजातलाई 'सर्वश्रेष्ठ पाण्डुलिपि पुरस्कार'ले सम्मान गर्दा गुठी पो उल्टो पुरस्कृत भएको छ।*

...

# सम्पादन, अनुवाद र स्तम्भलेखन

# स्तम्भलेखन

पारिजातको लेखन सक्रियता २०३६ पछि विशेषतः अखबारहरूमा छरियो । २०२२ सालमा *शिरीषको फूल* प्रकाशन भएपछि र शारीरिक रूपमा थला परेपछि उनी थप पुस्तक वा उपन्यास लेख्न सकौंला-नसकौंला धरमरमा थिइन् र बाँचे लेखौंला भन्नसम्म पुगेकी थिइन् ।

तर बिरामीबाट तङ्ग्रिएपछि र विशेषतः राल्फा आन्दोलनमा लागेपछि पारिजातको कृति लेखन उर्वर रह्यो । उनका कथा सङ्ग्रहहरू *आदिम देश* र *सडक र प्रतिभा* अनि *महत्ताहीन, बैंसको मान्छे, तोरीबारी, बाटा र सपनाहरू* (उपन्यास), *धूपी सल्ला र लालीगुराँसको फेदमा* (संस्मरण) त्यसै कालका रचना हुन् । *पारिजातका कविता* पनि त्यसै कालका हुन् । तर राजनीतिक रूपले सक्रिय हुन थालेपछि, प्रगतिशील साहित्यमा पाइला हालेपछि उनका ठोस कृतिहरूमा कमी आए । *अन्तर्मुखी, उसले रोजेको बाटो* र *पर्खालभित्र र बाहिर* सङ्क्रमणकालीन उपन्यास हुन् । उनले प्रगतिशीलता आरोपित गरेको पहिलो उपन्यास *उसले रोजेको बाटो* थियो । उनले यो उपन्यासलाई प्रगतिशील बनाउने चेष्टा गरिन् र उत्कर्षमा आयो *अनिदो पहाडसँगै* । त्यसपछिको समय राजनीतिक सक्रियता, अखबारी लेखन र कार्यक्रममा दौडधुप गर्दागर्दै बढी बित्न थाल्यो ।

उनले स्तम्भलेखन *रूपरेखा*बाटै थालेकी थिइन् । उनका कथा, लेख निबन्ध वा भनौं उनले लेखेका यावत् रचनाको मुख्य प्रकाशन थलो *रूपरेखा* थियो । उनको उपन्यास *बैंसको मान्छे*ले प्रकाशक नपाएपछि *रूपरेखा*ले नै छापिदिएको थियो । साथै उनले 'गोरेटोको खोजी'मा स्तम्भमा पनि केही समय कलम चलाइन् । वास्तवमा 'गोरेटोको खोजीमा'का मुख्य स्तम्भकार हरिहरराज जोशी थिए । तर पछि यो स्तम्भमा पारिजातलाई पनि उत्तम कुँवरले लेख्न आग्रह गरे र उनले पनि लेखिन् । यसबापत उनले थोरबहुत पारिश्रमिक पनि पाउँथिन्–

*'रूपरेखा' मासिक पत्रिकालाई मैले धेरैधेरै सहयोग गरेकी छु । तर पैसा लिएको हिसाब अति थोरै छ । 'बैंसको मान्छे'को दुई सय रूपियाँ (२०२९ विसं) र जम्मा छ अङ्क गरी छापिसकेको मेरो बाल्य संस्मरण 'धुपी, सल्ला र लालीगुराँसको फेदमा'*

*(२०३० विसं)को ५० रूपियाँ मात्र । मैले स्व. उत्तम कुँवरसँग कहिल्यै केही गुनासो पोखिनँ । आज म सम्पादकहरूसँग 'पारिश्रमिक दिनुपर्छ है' भन्न सक्ने भइसकेकी छु । कति सम्पादकहरूले दिई पनि राखेका छन् । जस्तै– 'बगर', 'उत्साह', 'धौलागिरि', 'युग', 'विजय' आदि । न्यूनतम भए पनि आर्थिक आत्मनिर्भरताको बाटो छ, तथापि अति प्यारो सुख पनि अनुभव गरेकी छु । (पैसा मेरो आत्मस्वीकृति : पारिजात : 'एउटा चित्रमय सुरूवात' : सङ्कलित रचनाहरू ४ : पृष्ठ ८१)*

उनले *योजना, युगधारा, गर्जन, चर्चा*लगायत साप्ताहिकमा नियमित स्तम्भलेखन गर्थिन् । *चर्चा* पत्रिकाका निरमान नेवाले स्तम्भलेखनबापत २५ रूपियाँ पारिश्रमिक दिने गरेका थिए । पछि बढाएर ३० रूपियाँ गरेका थिए । तर अरू पत्रिकाहरूलाई उनी प्रायः निःशुल्क नै स्तम्भलेखन गर्थिन् । ती स्तम्भ आफूले भन्न चाहेको तात्कालिक विचार प्रवाह गर्ने चौतारी पनि भएको थियो । उनी आफैँले ९० प्रतिशत लेखन निःशुल्क नै हुने गरेको यथार्थ पनि व्यक्त गरेकी थिइन्–

*...पसिना त हाम्रो पनि बग्छ, थकान त हामीलाई पनि लाग्छ । तर हाम्रो थकानको मूल्य कति सस्तो र साप्ताहिकमा एउटा स्तम्भ लेखेको २५ रूपियाँ, धन्य हो 'चर्चा'ले महँगी भत्ता पाँच रूपियाँ बढाइदिएर ३० रूपियाँ बनाइदिएको छ ।*

*कति लेखकहरूले त यति पनि पाउँदैनन् । सिकर्मी र डकर्मीको दाँजोमा लेखकहरूको दक्षता र पसिनाको के मूल्य रहेछ त ? पुस्तक छपाए न्यूनतम रोयल्टी पाइन्छ, उही पनि प्रकाशकलाई खोजी हिँड्नुपर्छ । (मसीसँग पसिना पनि चुहुन्छ : 'साप्ताहिक चर्चा', २०४१ असार १)*

सुरूसुरूमा त त्यस्तो अवस्था पनि थिएन । उनको शारीरिक र आर्थिक अवस्था त्यस्तो हुँदा पनि निजी क्षेत्रका पत्रपत्रिकाले सुको पैसा चुहाउँदैनथे । बरू भाग्थे । एउटा नेपाल राजकीय प्रज्ञा-प्रतिष्ठानको *कविता* पत्रिका थियो, पारिश्रमिक दिने, त्यो पत्रिकामा त्यसका सम्पादक कृष्णप्रसाद पराजुलीको सद्भावले हरेक अङ्कजसोमा उनका कविताले स्थान पाउँथे । अन्यथा उनी भन्ने गर्थिन्– मेरो यस्तो अवस्था देखीकन पनि कुनै पत्रिकाले मलाई पारिश्रमिक दिँदैनथ्यो ।

तर *अस्मिता* पत्रिकाबाट भने उनी राम्रो पारिश्रमिक पाउँथिन् । *अस्मिता* पत्रिका एउटा गैरसरकारी संस्थाको आर्थिक आडभरोसामा चलेको थियो । अतः आफ्ना लेखक तथा स्तम्भकारलाई राम्रै पारिश्रमिक दिने हैसियत र उदारता राख्थ्यो । त्यसमाथि *अस्मिता*का सञ्चालक र सम्पादकमध्ये एक सुसन मास्केसँग उनको नजिकको सम्बन्ध थियो । खासमा *अस्मिता* पत्रिकाको नाम नै पारिजातले जुराइदिएकी थिइन् ।

पारिजात *अस्मिता*को हाइली पेड स्तम्भकार भनेर खुलेर भन्ने गर्थिन् । सुसन मास्केले लेखेकी थिइन्–

*"म त हाइली पेड कलम्निस्ट हुँ नि 'अस्मिता'को"– दिदी मलाई अरूका अगाडि त्यसो भन्दै जिस्क्याउनुहुन्थ्यो । (त्यो सम्बन्ध र सम्बोधन : सुसन मास्के : पारिजात स्मृतिग्रन्थ : पृष्ठ ६३)*

पारिजात *अस्मिता*मा 'मेरो भागमा परेको अस्मिता' स्तम्भ लेख्थिन्, स्वतन्त्र विषयहरूमा । त्यसबाहेक छद्म नाउँमा अन्य स्तम्भ पनि लेख्थिन् । तर समयक्रममा एउटा यस्तो घटना भइदियो, पारिजातले *अस्मिता*मा लेख्न बन्द गरिन् । कारण थियो *परिभाषित आँखाहरू* उपन्यास । यो उपन्यास प्रकाशनपूर्वदेखि नै पछिसम्म उनका वामपन्थी शुभचिन्तक साहित्य मण्डली त्यसको विषयवस्तु र शैलीप्रति सकारात्मक थिएनन् । अत्यन्त कटु र पारिजातको विपक्षमा पुस्तकबारे चर्चा र समीक्षा भइरहेका थिए । *अस्मिता*मा पनि त्यस्तै समीक्षा प्रकाशन भएपछि पारिजातको पारो तात्यो । उनी रिसाइन् र त्यसपछिका दुई अङ्कसम्म उनले आफ्नो र छद्मनाममा लेख्ने कुनै पनि स्तम्भ लेखिनन् । तर जब रिस शान्त भयो उनले लेखिन्–

*'अस्मिता'का माध्यमबाट आफू टाढिएर बस्नुपर्दा दुःख लाग्नु स्वाभाविक हो । तर म विश्वस्त छु, कतै न कतै हामी भेटिरहेकै छौं । कतै कोलाहलमा, कतै भीडभाडमा, कतै जुलुसमा, कतै घटनामा, कतै कारागारहरूमा, कतै त्यस्तै जमघटहरूमा । स्नेही पाठकहरू, म मात्रै आफ्नो अस्मिताको खोजीमा छैन । 'अस्मिता' पत्रिका आफैं पनि आफ्नो अस्मिताको खोजीमा हुनुपर्ने हो । मलाई साँच्चै त्यस्तै लागेको छ । खोइ कहाँ गयो 'सप्तरङ्गी क्यानभास किशोरी मन ?' कहाँ गयो साधारण आयस्ता भएका गृहिणीहरूले पनि पकाएर खान सक्ने परिकार स्तम्भ 'खाना चमेना' ? कहाँ गयो 'फिल्म समीक्षा' ? कहाँ गयो 'डाक्टरी सल्लाह' ? (पारिजात : मजुवा बगर मेरो अस्मिता : 'अस्मिता' २०४७ फागुन-चैत : पारिजात सङ्कलित रचनाहरू ६ भाग)*

यसरी उनले पुनः *अस्मिता*मा स्तम्भलेखन थालिन् ।

# उत्साहको सम्पादक मण्डलमा

पारिजात साहित्यिक पत्रपत्रिकाहरूमा नियमित लेख्ने मात्र होइन, तिनको अवस्थाको आकलन गर्ने, तिनका दिशाहरू कता गइरहेका छन्, त्यसमा पनि आफ्ना कुरा जनसमक्ष राख्दै अघि बढ्थिन् । प्रगतिवादी फाँटमा पसेकी हुनाले स्वभावतः प्रगतिशील पत्रपत्रिकाहरूकै बढी चासो हुनु स्वाभाविक थियो । उनी भन्थिन्–

*प्रगतिशील साहित्यिक फाँटमा विचारप्रधान पत्रिकाको खोलामा पानीको मात्रा बढ्न लागेको छ । यसलाई बाढी नै त नभनिहालौं । तथापि खहरे मात्र नरहोस् भन्ने यस लेखकको शुभकामना छ । यसको सकारात्मक पक्ष बढी छ । देशको वस्तुगत राजनीतिक तथा सामयिक परिस्थितिको विश्लेषण गर्दा जनतामा हुने यस किसिमका पत्रिकाहरूको सम्प्रेषण निकै महत्त्वपूर्ण छ । यसले एउटा ऐतिहासिक खाँचोलाई पूरा गरिरहेको छ । (आवाज साहित्यिक पत्रिकाको : पारिजात : 'दियो' २०३९, मङ्सिर, पृष्ठ ९)*

प्रगतिशील साहित्यको क्षेत्रमा एउटा जबर्जस्त सामूहिक पत्रिका निकाल्ने कुरा उठिरहेको थियो । साझा रूपमा सम्पादन गर्ने र त्यसका लागि सामूहिक सम्पादक मण्डल बनाउने कुरा पनि उठ्यो । यो योजना कार्यान्वयनका लागि २०४२ मङ्सिरमा विभिन्न प्रगतिशील क्षेत्रका ७३ जना बुद्धिजीवीको एउटा बैठकले निष्कर्ष निकाल्यो, एउटा पत्रिका सम्पादन प्रकाशन गर्ने । तर नयाँ पत्रिका दर्ता गरेर निकाल्न समय लाग्ने र झन्झट हुने हुँदा दर्ता भएर चलिरहेको त्रैमासिक पत्रिका *उत्साह*लाई नै साझा रूप दिने सहमति पनि भयो । सम्पादक मण्डलमा रमेश विकल, आनन्ददेव भट्ट, पारिजात, खगेन्द्र सङ्गौला र मोहन दुवाल थिए । कार्यकारी सम्पादक थिए इस्माली । तर यसलाई प्रलेक अर्थात् प्रगतिशील लेखक कलाकार सङ्घको समानान्तर भन्ने आक्षेप पनि लाग्यो । र त्यसको स्पष्टीकरण अखिल भारत नेपाली विद्यार्थी सङ्घको दिल्लीमा २०४३ पुस २६, २७ र २८ गते सम्पन्न दसौं अखिल भारत सम्मेलनमा 'जनतान्त्रिक आन्दोलनमा विवाद र एकताको प्रश्न' विषयक कार्यपत्रमा उनले यसरी दिएकी थिइन्–

*२०४२ साल माघदेखि विशेष प्रकारले सञ्चालित 'उत्साह' पत्रिकालाई केही बुद्धिजीवीहरूले प्रलेकको समानान्तर संस्था ठम्याइराखेको देखिएको छ । तर यो ठम्याइ*

*एकदमै गलत छ । केही समयदेखि यता प्रगतिशील पत्रिकाहरू कतै आर्थिक सङ्कटले र कतै अरू नै पनि कारणले गर्दा नियमित निस्कन सकिरहेका छैनन् । कति बन्दप्रायः भइसके । कहिलेकाहीँ एउटा-दुइटा सामयिक सँगालो निस्कन्छ, त्यसले पनि प्रशस्त बाधाहरूको सामना गर्नुपरिरहेको हुन्छ । प्रगतिवादी साहित्यले यसरी जनसमक्ष पुग्न नसकेको तीतो अनुभव यस फाँटका बुद्धिजीवीहरूले गरिरहेका थिए । यस्तै केही बुद्धिजीवीहरूले एउटा कुनै दर्ता भइसकेको पत्रिकालाई आर्थिक साथै जनशक्तिसहित अरू पत्रिकाले सहयोग पुऱ्याउन र चाहेमा यसैमा समाविष्ट भएर काम गरून्, जसले एउटै भए पनि प्रगतिशील पत्रिकालाई नियमित गराओस्, 'गरिमा', 'मधुपर्क' र 'रूपरेखा' जस्ता पत्रिका हाम्रो पनि हुनुपर्छ भन्ने मनसाय व्यक्त गरे, जुन अति सामयिक र सराहनीय सुझाव थियो । परिणामस्वरूप २०४२ मङ्सिरमा सबै क्षेत्रबाट प्रतिनिधित्व भएका ७३ बुद्धिजीवीहरूको भेलाले त्रैमासिक 'उत्साह'लाई यस खाँचोका निम्ति छनोट गरे । नयाँ सम्पादक मण्डल र आर्थिक समिति पनि त्यही सभाले गठन गरिदियो ।*

*नयाँ 'उत्साह'मा त्यसै दिन अरू दुई पत्रिका पनि गाभिए । 'उत्साह'ले आफूलाई संयुक्त मोर्चा अथवा कार्यगत एकतासम्मको पनि दाबी गरेको छैन । यसको उद्देश्य प्रगतिवादी, जनपक्षीय र जनसंवेदनशील लेखकहरू 'सँगै हिँडौं'को कार्यक्रममा आबद्ध भईकन एउटा साझा मञ्च (थलो)को निर्माण गर्ने थियो, जसमा जनविरोधी नभएका रचनाहरू र नयाँ, पुरानो, स्थापित, उदीयमान सबै साहित्यकारलाई पूर्वाग्रह, दुराग्रह पक्षपात र समूहपरस्तता जस्ता प्रवृत्तिहरूलाई टाढै पन्छाएर पत्रिकामा समावेश गराउने भन्ने छ । यस नीतिलाई पत्रिकाले आजसम्म पालना गरेको छ र पत्रिकाले अलिक बढी व्यापकता अँगालेको सत्यलाई स्विकार्नुपर्छ । (जनतान्त्रिक आन्दोलनमा विवाद र एकताको प्रश्न : पारिजात : 'जनमानस' २०४४, पृष्ठ ६९)*

उत्साहको सम्पादक मण्डलमा पारिजात कविता विभागकी सम्पादक थिइन्, यद्यपि पत्रिकामा यो खुलाइएको थिएन । उनी उपयुक्त र उनलाई ठीक लागेको कविता प्रकाशनका लागि लड्थिन् र टसको मस हुँदिनथिन् । सम्पादकीय चाहिँ कार्यकारी सम्पादकले लेखेर सामूहिक पठनपछि सबैले स्विकारेपछि पास हुने गर्थ्यो । पारिजात कतै महिलालाई होच्याउने वा अपमानित हुने कुरा केही छ कि भन्ने विषयमा सदा सचेत र चनाखो हुन्थिन् ।

तर उत्साहको यो सामूहिक सम्पादन शृङ्खलाको आयु लामो हुन सकेन । आर्थिक कारणले नै यो सामूहिक कर्मको अवसान भयो । पारिजातले लेखिन्–

*साहित्यिक पत्रिकाहरूको कमीबोध सबै जनपक्षीय खेमाका तथा जनसंवेदनशील लेखकहरूलाई भएकै छ । एउटा मासिक पत्रिका नियमित चलोस् भनी कम्मर कसियो । भनौं, हामीले कस्यौं । तर 'उत्साह' पनि पैसाको बोझ बोक्न नसकेर थचक्कै बस्यो । 'उत्साह'को माग जनतामा हुँदाहुँदै पनि यसले बाध्य भएर बिसायो । अब कहिले उठ्ने हो, थाहा छैन । 'उत्साह'को कविताको फाइल हेर्छु, आफ्नै सपना छताछुल्ल भए जस्तो*

*लाग्छ । यसमा स्थापित, नवोदित, उदीयमान सबैखाले कविहरूका कस्ता राम्राराम्रा कविता ताल परेर बसेका छन् । आत्तिन्छु, कहिले ठेगान लाइसक्ने यो सब । फाइलतिर आँखा पुग्नै हुँदैन, घरीघरी ठेस लाग्छ । (पर्चा, पत्रिका र स्यो म्हेन्दो : पारिजात : 'साप्ताहिक गर्जन', वर्ष ६ : अङ्क १४)*

सामूहिक सम्पादनमा संलग्न हुनुअघि पारिजात प्रकाशित रचनाहरूलाई लिएर उत्साहलाई उडाउँथिन् । त्यसलाई उनले चटके पत्रिकाको उपमासमेत दिएकी थिइन्–

*'उत्साह' आफ्नो बौद्धिक घोचपेच, बौद्धिक लेख तथा समसामयिक टिप्पणीका निम्ति पाठकहरूबीच सधैं चर्चित छ । तर 'उत्साह'ले कहिले कथा छाप्छ र कहिले नाउँ छाप्छ । 'उत्साह'ले कथा छापेको कि नाउँ छापेको ? हुन सक्छ, यो पनि मेरो दृष्टिदोष नै रहेको होस् । मैले यति झटारोका निम्ति आफूलाई तयार पार्नैपर्छ । मान्नैपर्छ, 'उत्साह' चटके पत्रिका हो । 'उत्साह'ले आफ्नो बौद्धिक लेख, रचना, टिप्पणी तथा राम्रा कथाका निम्ति सबैसबै ठाउँ छाडिदिएकै छ । तर 'उत्साह'ले आफूसँग एउटा यस्तो कम्पार्टमेन्ट पनि राख्ने गरेको छ, जहाँ खेस्राखेस्री राख्न सकियोस् । यही हो 'उत्साह'को चटक । एकातिर खेस्राखेस्री पनि अटाइने, ठूला लेखकहरूसँग मनमुटाव पनि नहुने । (कथालेखन गाह्रो छ : पारिजात : 'युगधारा', २०४२, असार ३१ सोमबार)*

# चिठीपत्र

विश्वसाहित्यलाई हेर्ने हो भने विख्यात साहित्यकारहरूले लेखेका र पाएका चिठीहरूका अनगिन्ती महत्त्वपूर्ण पुस्तक पाइन्छन् । तर नेपाली साहित्य चिठीका पुस्तकहरूमा त्यति धनी छैन, थोरै मात्र पुस्तक प्रकाशित छन् । चिठीपत्रहरू सँगालेर, सम्हालेर राख्ने परिपाटी नभएर तथा कतिपय गम्भीर, निजी, सार्वजनिक गर्दा व्यक्तिको प्रतिष्ठामा आँच आउने सम्भावना, समाजमा रहेको मर्यादामा पुग्न सक्ने खलल आदिका कारण साहित्यकारहरूले यस्ता महत्त्वपूर्ण अभिलेखको संरक्षण नगरेको देखिन्छ ।

पारिजातले पनि प्रशस्त चिठीपत्र लेख्थिन् । उनी चिठीमा व्यक्तिन रूचाउँथिन् । तत्कालीन समयको सञ्चारको मुख्य माध्यम नै चिठी थियो । उनी चिठीमा मनका कुरा लेख्थिन् । साहित्यिक गतिविधिका कुरा बाँड्थिन् । लेखिसकेका रचनाहरूको चर्चा गर्थिन् । लेख्दै गरेका उपन्यासको उल्लेख गर्थिन् । सन्तुष्टि व्यक्त गर्थिन् । असन्तुष्टि व्यक्त गर्थिन् । आक्रोश व्यक्त गर्थिन् । मनको बह खोल्थिन् । सुस्केराहरू सुसेल्थिन् । डेरा सरेको कुरा लेख्थिन् । प्रेमका कुरा लेख्थिन् । यौनका कुरा उतार्थिन् । उनको सुख-दुःख साट्ने भरपर्दो माध्यम नै चिठी थियो । चिठीमा उनी सबथोक पोख्थिन् । त्यसरी लेखिएका चिठी उनका अत्यन्त निकटतमदेखि साधारण परिचय भएका र त्यति घनिष्ठता नभएकालाई पनि हुन्थे ।

चितवनको गीतानगरमा बस्ने साहित्यकार चिरञ्जीवी नेपालीको साहित्यिक नाम थियो– राजु मौद्गल्य, पारिजातले उनलाई २०३३ माघ ३ मा यस्तो चिठी लेखेकी थिइन्–

*...तपाईंले लेख्ने गर्नु र तपाईं लेखकीय उत्तरदायित्वप्रति सजग हुनु नै मेरा निम्ति महत्त्वपूर्ण छ । नत्र धेरै लेखक आफ्नो युग र समाजप्रति लबस्तरा भइदिन्छन् । उनीहरूलाई आफ्नो महत्त्वाकाङ्क्षा भए पुग्छ ।*

*समाजप्रति उत्तरदायी हुनु र लेखनप्रति उत्तरदायी हुनु एउटै कुरा हो । यसै सन्दर्भमा सामाजिक धारणाअन्तर्गत लेखकको राजनीतिक धारणा पनि स्पष्ट र सही हुन आवश्यक छ । मुख्य कुरो यही हो । त्यसैले मलाई तपाईंको राजनीतिक धारणा जान्न इच्छा लागेको छ । म त यति नै भन्छु, जुन तपाईंलाई मान्य हुन सक्छ*

*र नहुन पनि सक्छ । ल सुन्नुस् त, साहित्य सामाजिक सन्दर्भमा आमजनता अथवा शोषित वर्गका निम्ति लेखिन्छ । सहज भाषा, सुन्दर अभिव्यक्ति र वैचारिक ठोसपना आजको युगीन साहित्यको माग हो ।*

*आफ्ना साहित्यिक धारणाहरू धेरै ओटा पत्रिकामा दिने काम गरेकी पनि छु । सायद तपाईंले कतैकतै पढ्नु पनि भयो होला । तपाईंका लेखहरू पनि खोजेर पढ्नेछु । हाल एउटा उपन्यास लेख्दै छु । यो महिनाभित्र पूरा गर्छु होला । अठोट यस्तै छ । आफ्नो विषयमा लेख्दै गर्नुहोला । साथै लेख्न पनि नछाड्नुहोला । (नाम फेरेर चिठी संवाद गर्थिन् पारिजात : जनकराज सापकोटा : कान्तिपुर २०७१, जेठ १३)*

सुकन्यालाई लेखेको चिठीमा उनले पारिवारिक कुराका साथै खगेन्द्र सङ्ग्रौलाको अन्तर्जातीय विवाहको प्रशंसा पनि गरेकी थिइन्–

*...चूडामणिको डाइटिङ कस्तो छ ? हेल्थ डाउन त भएन ? आजभोलि फेरि सपनामा कान्छी नानालाई असाध्यै देख्छु । आङीलाई कस्तो छ ? सङ्ग्रौलाजीको अन्तरजातीय प्रेमविवाह सुनेर साह्रै खुसी लाग्यो । वास्तवमा निनुले पनि त्यसै गर्न सक्नुपर्ने हो नि, अनि पो आफ्नो सैद्धान्तिक जीवनसँग मेल खाने श्रीमती पाइन्छ । (अपराजिता, पारिजातका चिठीहरू, सङ्कलन, सुकन्या वाइबा : २०७५, बुकहिल्स प्रकाशन, पृष्ठ १११)*

पारिजातलाई लेखेका चिठीहरू हराउने, पारिजातका नाउँले अरू कसैले त्यसमा अर्कै चिठी पठाइदिने जस्ता घटना पनि भएका थिए । उनका तर्फबाट अश्लील वा लाजमर्दो कुरा अरूलाई गएको घटनालाई पनि उनले उल्लेख गर्थिन् ।

उनी चिठीमा शीत लामाको नाउँ पनि प्रयोग गर्थिन् । यो उनको रहर नभई बाध्यता थियो ।

साहित्यकार पवन आलोकलाई लेखेको चिठीमा पनि शीत लामाका नाउँमै लेखी पठाउन उनले आग्रह गरेकी थिइन् । आफ्ना मनका गुम्फनहरूलाई यसरी व्यक्त गरेकी थिइन्–

*हिजो मात्र वीर अस्पतालमा आफ्नो फाँटको विशेषज्ञलाई जँचाउन भनी गएकी थिएँ । उनले आउने सोमबारदेखि फेरि डेढ महिनाका लागि अस्पताल भर्ना हुने सुझाव दिएका छन् । सायद वर्षा ऋतु अब अस्पतालमै काटिने भयो ।*

*पत्रोत्तर मेरो यही ठेगाना (शीत लामाको नाउँ)मा पठाउनुहोला । उपन्यास सिद्धियो । प्रज्ञाबाट छिट्टै बुझाउनू भन्ने सूचना आइसकेको छ तर यसपालि टाइपले असाध्यै काम ढिलो गरिदियो । जे पर्ला नेक्स्ट विक बुझाउँछु ।*

...

*नैराश्य र कुण्ठाको कालो बादल फाटेपछि के जन्मन्छ, तपाईंलाई थाहा छ होइन ? त्यो जन्मने भावना हो विद्रोह । तपाईं ठीक त्यही बिन्दुमा हुनुहुन्छ ।*

...

पहिलेको भन्दा आफूलाई धेरै स्वस्थ पाउँछु म, मानसिक र शारीरिक दुइटै पक्षमा। विगतमा जे भयो ठीक भएको रहेछ जस्तो लाग्छ। कमभन्दा कम गुहुको कीरा ब्याक्टेरिया हुनुदेखि त जोगियो। धेरैधेरै परिवर्तनका स्थिति फेरि पनि तपाईंलाई लेख्दै जाउँला। प्रतिशोध मात्र अब एउटा सिङ्गो समूहसँग बाँकी छ। (पारिजातको एउटा चिठी, २० जेठ २०३२ : केही सम्झना : केही सिर्जना : पवन आलोक : प्रकाशक : नेपाल स्रष्टा समाज : संस्करण पहिलो २०७३, पृष्ठ ४५)

# अनुवाद कर्म

पारिजातले आफ्नो लेखनीको उर्वरकालमा अध्ययन पनि प्रशस्त गरिन् । र बेलाबखत उनको ध्यान अनुवाद कर्ममा पनि झुल्किन्थ्यो ।

चिनियाँ प्रख्यात उपन्यासकार याङ मो लिखित उपन्यास *सङ अफ युथ* पढेपछि उनी निकै प्रभावित भइन् । यस्तो उपन्यासलाई नेपाली भाषामा अनुवाद गरेर नेपाली जनतामा पुऱ्याए चेतना फैलाउन र जागरूक बनाउन सकिन्छ भन्ने लाग्यो । र उनले त्यसलाई अनुवाद गर्न थालिहालिन् ।

उनले सानो कापीमा २२ पृष्ठ र रजिस्टर कापीमा ३१ पाना अनुवाद गरिसकेकी थिइन् । अनुवाद कर्म उसै पनि सहज कार्य होइन । कतिपय शब्दको सटीक अर्थ नपाएर समस्या पर्थ्यो । अनि परिचित, नजिकका साथीभाइसँग सोध्ने गर्थिन् । सिकादा शब्दको नेपाली अर्थ के होला भनी उनले एकपल्ट खगेन्द्र सङ्ग्रौलालाई सोधिन् । खगेन्द्रले बताइदिँदै त्यसको प्रयोजन जान्न खोजे ।

पारिजातले *सङ अफ युथ*को अनुवाद गर्न लागेको बताइन् । खगेन्द्र उनको जबाफले दङ्ग परे, यो उपन्यास त उनले पनि अनुवाद गर्दै थिए । उनीहरूबीच अनुवादका विषयमा कुराकानी भयो । खगेन्द्र सङ्ग्रौला हात बसेका अनुवादक हुन् भन्ने पारिजातलाई थाहा थियो । अनि उनको अन्तर्मनले भन्यो– पारिजात, यो अनुवादको काम खगेन्द्रलाई छाडिदे ।

अनि पारिजातले त्यो अनुवादलाई अघि बढाइनन् ।

त्यसपछि उनी अनुवादमा उति आकर्षित भइनन् । नियमित लेखनमै उनको ध्यान केन्द्रित भयो ।

तर जब उनको सम्पर्क बार्बरा निम्री अजिजसँग भयो, उनले अनुवादको काममा हात अघि बढाउनुपर्ने भयो । बार्बराले पारिजातलाई योगमायाका योगवाणीहरू अङ्ग्रेजीमा अनुवादका लागि अनुरोध गरिन् । बार्बराले पारिजातकै छनोटमा योगवाणीका श्लोकहरू अनुवाद गर्ने स्वतन्त्रता दिएकी थिइन् । र पारिजातले ३० श्लोक अङ्ग्रेजीमा अनुवाद गरिदिएकी थिइन् ।

...

# आनीबानी

# चुरोट, रक्सी, प्रेम, यौन र पारिजात

समाजमा रक्सी, चुरोट र यौनबीच निकट सम्बन्ध हुन्छ । पारिजातका मामिलामा भने चुरोट र रक्सीसँगको निकटतम सम्बन्ध थियो । यी दुईसँग यौनको चाहिँ खास नाता थिएन । यद्यपि पारिजात आजीवन अविवाहित रहिन् । यौनबाट उनी टाढा भने थिइनन् ।

चुरोट पिउन त पारिजातले विष्णुकुमारी वाइबाको अवतारमै दार्जीलिङमा सुरू गरेकी थिइन् । त्यहाँ लुकीचोरी सुरू गरेको चुरोटको लत लगभग आजीवन उनको साथ रह्यो । बिरामीका बेला कहिलेकाहीँ छाडे पनि चुरोट उनको साथी भयो, मन बहलाउने । सुरूसुरूमा बाबुका आँखा छलेर पिउँथिन् । दया सिंहका साथ पनि सिगरेट तान्थिन् । उनले पिएको ब्रान्ड थियो, जनकपुर चुरोट कारखानाको गैंडा चुरोट । पछि त्यो ब्रान्ड खुकुरीमा बदलियो । उनी सुरूमा सिङ्गो चुरोट पिउँथिन् । पछि एउटा चुरोट दुई टुक्रा पारेर पिउन थालिन् । उनलाई भेट्न जानेले चुरोटको डिब्बा कोसेली लिएर जानुपर्छ भन्ने आहान एकताक काठमाडौंमा आमचर्चाको विषयसमेत भएको थियो ।

चुरोट उनको अविभाज्य मित्र थियो ।

सिलिगुडीमा पारिजात पुग्दाको सम्झनामा ज्ञानेन्द्र खतिवडाको अनुभूति यस्तो थियो–

*मलाई अझ पनि आँखाअघि झलझली आउँछ, आदरणीय दान खालिङले त्यस बेलाको विद्यालयको प्रधानाध्यापकको कार्यालयको भत्किसकेको अप्ठ्यारो सिँढीमा शारीरिक अस्वस्थ पारिजातलाई जुरूक्क बोकेर भित्र लग्नुभएको घटना । त्यसपछि पारिजातले श्री दान खालिङलाई आदेश माग्दै सिगरेट निकालेर फुक्न थालिन् । पारिजातकै सिगरेटको प्याकेटबाट एक खिल्ली सिगरेट निकालेर खालिङ सरले पनि फुक्नुभयो । (ज्ञानेन्द्र खतिवडा : पारिजात सिलिगुडीमा : पारिजात स्मारिका, पृष्ठ ७०)*

साहित्यकार व.आ. कनकद्वीपले पारिजातको चुरोट र रक्सीप्रेमबारे यसो भन्थे–

*पारिजातसँगका असङ्ख्य भेटघाटहरूमा हामी सर्वहारा लेखकहरूको जीवनीबारे चर्चा गर्थ्यौं । म चुरोट र रक्सी नखाने, उनी भने सधैं चुरोट र रक्सीकै तलतलमा हुन्थिन् । एक दिन उनले मलाई भनेकी थिइन्– "रक्सी र चुरोटबिना पनि मान्छे बाँच्न सक्दो रहेछ हगि ?" उत्तरमा म मात्र हाँसिदिएको थिएँ । (ज्ञानगुनका कुरा : भाग २२ पारिजात स्मृति अङ्क : ज्ञानगुन प्रकाशन, काठमाडौं : २०५० जेठ ५, पृष्ठ ३३)*

पारिजातले रक्सीलाई आफ्नो पीडाहरणकारी अस्त्रका रूपमा प्रयोग गर्थिन् । त्यो पछि उनको आदत बन्यो । साँझमा रक्सी उनका लागि अपरिहार्य जस्तै भयो । विभिन्न साहित्यकारहरू उनीकहाँ रक्सी बोकेर जान्थे; सँगै बसेर पिउँथे अनि फर्कन्थे । त्यसरी जानेहरूमा डा. ध्रुवचन्द्र गौतम, ध्रुव सापकोटा, नगेन्द्रराज शर्मा जस्ता स्थापित लेखकदेखि राजकुमार केसी, ललिजन रावल, नकुल सिलवाल, राजेन्द्र पराजुली, स्नेह सायमी जस्ता नयाँ पिँढीका कवि लेखक पनि हुन्थे । स्नेह सायमीको सम्झनामा–

*दिदी साँझतिर कहिलेकाहीँ उपलब्ध भयो भने थोरै रक्सी पनि पिउनुहुन्थ्यो । शारीरिक काम गर्न नसकिने हुनाले खाना चाहिँ थोरै नै खानुहुन्थ्यो । थोरै पिउँदा पनि लागिहाल्थ्यो उहाँलाई । म कहिलेकाहीँ एक क्वाटर लिएर उहाँकोमा जान्थें, सँगै पिउन । एकदुई घण्टा सँगै बसेर फर्कन्थें । घरमा लक्ष्मीलाई भनेरै जान्थें– "मेरो आज दिदीकहाँ पिउने कार्यक्रम छ ।" (पानी, पारिजात र मोटरसाइकल : स्नेह सायमी : कान्तिपुर : २०७१, वैशाख ३०)*

पारिजातले रक्सी पिउने क्रम २०४९ माघ ४ को रातिसम्म मात्र कायम रह्यो । त्यसपछि बन्द भयो ।

भएको के थियो भने, २०४९ माघ १ मा गण्डकी वसुन्धरा पुरस्कारमा धुस्वाँ सायमीले दिएको थप १० हजार रूपियाँ लिएर माघ ४ मा पारिजात, कुन्द टन्डन, बन्दी सहायता नियोगका रामप्रसाद निरौला र इन्दिरा राना ट्याक्सी रिजर्भ गरेर विराटनगर पुगेका थिए । पारिजातले पुरस्कार ग्रहण गर्ने सहमतिपछि पुरस्कार घोषणा हुँदा यो भ्रमणको योजना बनेको थियो ।

विराटनगरमा उनको मुकाम उनकै बालसखा मणिकला सुब्बाको घर थियो । उनीहरू साँझ सात बजेतिर त्यहाँ पुगेका थिए । अनि केही बेरपछि खानपानको दौड चल्यो । रामप्रसाद निरौला तथा मणिकला राईले हल्का लिए । तर पारिजातले भने मज्जाले पिएकी थिइन् । उनले त्यो साँझ पिउने क्रममा भनेकी थिइन्–

*म आज खुबसँग पिउँछु । किनभने मेरो यो पियाइ अन्तिम हो । अबदेखि म कहिल्यै पिउँदिनँ । ....(उनले मणिकलालाई मायाले मनी भन्थिन्, उनलाई सम्बोधन गर्दै पारिजातले भनेकी थिइन्) मनी, आज मलाई तिमीसँग बसेर खुब पिउन देऊ । मैले धेरै पिएकामा आज तिमी मलाई अलिकति पनि गाली नगर । हेरिराख न, भोलिदेखि एक थोपा पनि खान्नँ । जसले जतिसुकै अनुरोध गरे पनि खान्नँ । मलाई विश्वास गर । (मलाई सम्झिरहने दिदी मलाई नै छाडेर जानुभयो : कुन्द टन्डन)*

साँच्चै त्यसपछि उनले कहिल्यै रक्सी पिइनन् । किनभने त्यसपछि विराटनगरमै पारिजात अस्वस्थ भइन् र भ्रमण छोट्याएर माघ १४ मा काठमाडौं फर्किइन् । भ्रमणका क्रममा उनले विराटनगरमा प्रदीप पोखरेल, महेन्द्र बजगाई, टेकेन्द्र विश्वकर्मा, ऋषिराज बराललगायतसँग भेटघाट गरेकी थिइन् । उनको पियाइ साँच्चै त्यही अन्तिम भयो । काठमाडौंबाहिरको भ्रमण पनि अन्तिम भयो ।

...

पारिजातको प्रथम प्रेम धनुवर मुखियासँग भयो । तर एउटा मोडमा पुगेर त्यसले विश्रान्ति लियो । तर उनको मनमस्तिष्कबाट भने हटेन, त्यो बेग्लै कुरा थियो । तर पारिजातका दाजु शिवकुमारको दु:खद मृत्युपछि काकाका छोरा कुमारसिंह लामासँग बाबु काठमाडौं आए । अनि पारिजात र सुकन्या अर्की दिदीको घर कालिम्पोङ गए । त्यहाँ एउटा विवाहित तथा बच्चाबच्चीसहितको गुन्डा प्रकारको व्यक्ति पारिजातको पिछा मात्र लागेन, डेटिङसमेत माग्यो । यो सब चाल पाएर दिदीले नहकारेकी भए पारिजात त्यस व्यक्तिको कान्छी श्रीमती हुने लगभग पक्का थियो । यो तथ्यलाई पनि पारिजातले लुकाइनन्–

*...म र सुकन्या केही समयका लागि कालिम्पोङ बस्न गयौं । त्यहाँ पनि मेरो स्थिति त्यस्तै थियो । त्यहाँ एक जना तिब्बती केटा विवाहित र एउटी छोरीका बा (धेरै समयसम्म कालिम्पोङको एक मात्र अपराजित दादा रहेको) विशेष रूपले मेरो पछि थियो । त्यहाँ मलाई उकास्ने मेरी एउटी छोरी पर्ने थिई । त्यस केटाको विरूद्ध मलाई आफूलाई नियन्त्रण गर्न निकै गाह्रो परेको थियो । उसले प्रेमपत्र लेखेन, मात्र समाचार पठाउँथ्यो । पछि मौका हेरीकन उसले मसँग पहिलो डेटिङ माग्यो अनि भागें । नढाँटी भन्छु– डा. महेश, त्यहाँ मैले आफूलाई बचाउन नसकेको भए आज पारिजातको अस्तित्व हुने थिएन । त्यो केटो अति सुन्दर थियो र राम्रो गायक पनि । एक दिन झ्यालबाट चियाएर हेरिरहेका बेला मेरी दिदीले मलाई बाबुको नाक काट्ने भइस् भनिन् । मलाई त्यतिखेर असाध्यै लाज लागेको थियो । (पारिजातका केही अप्रकाशित महत्त्वपूर्ण पत्रहरू : महेश मास्केलाई पारिजातको चिठी, २०३९, माघ १४, : 'वेदना' पूर्णाङ्क ५४ : २०५२ वैशाख-असार, पृष्ठ २१)*

प्रेमका विषयमा कुराकानी गर्न, छलफल गर्न पनि पारिजात खुला थिइन् । आफ्ना धारणाहरू खुलेआम राख्नु उनको विशेषता नै थियो । प्रेम मानव जीवनमा अपरिहार्य भएको कुरालाई उनले हकी भएर राख्थिन्–

*प्रेमविवाह भन्नासाथ प्रमुख सन्दर्भ प्रेम नै आउँछ । हामीबीचमा धेरैजसो साथीहरू यस्ता छन्, जसले कामकाजको सिलसिलामा प्रेमप्रसङ्गलाई प्रस्तुत गर्नै दिँदैनन्, प्रेमप्रति अति नकारात्मक दृष्टिकोण राख्छन् । कतिसम्म भने प्रेमप्रसङ्गलाई अलिकति गहिरिएर सोच्न थाल्यो कि संशोधनवादी, बुर्जुवा भनी लाञ्छना लगाउँछन् । प्रेम जीवनको अनावश्यकपन ठान्छन् । ...तर मैले प्रेमप्रति यसरी निरपेक्षता अँगाल्ने कतिपय साथीहरूलाई प्रेमकै समाधान नपाएर तनावपूर्ण जीवन बाँचिरहेको देखेकी छु । प्रेमलाई लिएर हामी यति बाक्लो पर्दा नओढौं । प्रेम प्राकृतिक हो, स्वाभाविक हो र हो सामाजिक पनि । प्रेमलाई लिएर हामीलाई यतिबिघ्न तर्सनुपर्ने आवश्यकता छैन । प्रेमको नाउँमा जीवन कुरूप भएर नजाओस् । अथवा मानवता चिप्लेर व्यक्तिवादिताको अँध्यारो खाडलमा नजाकियोस् भन्नका खातिर यस प्राकृतिक निर्दोष भावना प्रेमलाई वर्गीय र वैज्ञानिक आधारमा डोऱ्याउन सकौं, हामीलाई चाहिएको त्यत्ति हो । (प्रेमविवाहबारे केही कुरा : पारिजात : 'झिसमिसे त्रैमासिक' : २०४१-४२ : अङ्क २७-३० : पृष्ठ २५-२६)*

यौन मानिसको भनौं या प्राकृतिक जीवको स्वभाव नै हो । पारिजात त्यसबाट विमुख हुने कुरा थिएन; भइनन् पनि । उनले खुला रूपमा बहस नगरे पनि र आफ्ना यौनका चाहनाका विषयमा, अनुभवका विषयमा चिठीपत्रमा भए पनि खुलेर अभिव्यक्त भइन् । प्रस्ट भइन् । उनको कथन थियो–

*ममा यौन भावना छैन भन्नु मलाई भोक लाग्दैन भन्नु जस्तै हो । त्यो अप्राकृतिक घोषणा गर्न सक्तिनँ म । साथै प्रेम र सेक्स अलगअलग भावना हुन् । अथवा प्रेमभन्दा बाहिर पनि इच्छाअनुसार सेक्स सम्बन्ध राख्न सकिन्छ भन्ने बोल्ड स्टेटमेन्ट (यथार्थ ?)को म विरोध गर्छु आफ्नो अनुभवका नातामा । प्रेम, आकर्षण अथवा लाइकिङ जस्तै कुनै पनि भावनाभन्दा बाहिर सेक्स सम्बन्ध राखिन्छ भने त्यो पशु सम्बन्ध हो । स्वास्नीमान्छेका निम्ति कि त्यो पेसा हो कि बलात्कार । तर यहाँ प्रेम र शारीरिक चाहना एक भइदिएको बेला पनि मैले शारीरिक मायामा अग्रसर हुन सकिनँ । कतिसम्म भने छोएको पनि मन पराइनँ । यहीँनेर आएर मेरो कुरा साधारणदेखि अलग्गिन्छ । खै म यसको के परिभाषा दिऊँ ! आफैं पनि बुझ्दिनँ । बाहिर देखिने प्रेमकथा त मेरो छताछुल्ल भयो । तर यौन भावनाको अन्त्य भएन । (आत्मस्वीकृति : पारिजातका केही महत्त्वपूर्ण पत्रहरू डा. महेश मास्केलाई : 'वेदना' पारिजात स्मृति अङ्क : २०५२ वैशाख-असार : पूर्णाङ्क ५४, पृष्ठ १९)*

*सेक्सलाई लिएर आक्रमण र समर्पण दुवै छैन मसँग र पनि भन्छन्– मान्छेहरू, म के गरूँ ? मेरो फस्ट लभरसँगको शारीरिक चाहना अझ पनि छ मसँग । तर म अमर्यादित हुन चाहन्नँ । उहाँले मेरो हात मात्र समाइदिँदा पनि मलाई सुखद अनुभूति हुन्छ, पहिले होइन, आजभोलि । तर त्यसअघिको चाहनालाई म उहाँको अघि रोएर पचाइदिन्छु । (आत्मस्वीकृति : पारिजातका केही महत्त्वपूर्ण पत्रहरू डा. महेश मास्केलाई : 'वेदना' पारिजात स्मृति अङ्क : २०५२ वैशाख-असार, पूर्णाङ्क ५४, पृष्ठ १९)*

*यौन सम्बन्धमा विशेष सहवासको प्रक्रियालाई म सानैदेखि घृणा गर्थें । यो प्रक्रिया एकदम असुन्दर प्रक्रिया हो भन्ने गर्थें । र मलाई लाग्थ्यो, कुनै पनि लोग्नेमान्छेले मलाई यसका निम्ति राजी गराउन सक्तैन, होइन भने कुनै पनि लोग्नेमान्छेले मेरो बलात्कार गर्न सक्नुपर्छ । यति भयानक कुरा सोच्ने गर्थें । मैले मेरो जीवन र मृत्यु दुवै गरिमामयी हुनुपर्छ, सुन्दर हुनुपर्छ अथवा बनाउँछु भन्ने अठोट गरेकी थिएँ । त्यसैले सानैदेखि महत्त्वाकाङ्क्षी थिएँ । यस सन्दर्भमा आफ्नो यौन सम्बन्ध पनि त्यत्तिकै गरिमामयी हुनुपर्छ भनी सोच्थें । तर वास्तविकता त्यस्तो रहेनछ । यौन सम्बन्धमा त स्वास्नीमान्छे नै बढी अपमानित हुनुपर्ने रहेछ, उपेक्षित हुनुपर्ने रहेछ– आवेशमा आएपछि लोग्नेमान्छे मान्छे जस्तै नहुने रहेछ, स्वास्नीमान्छेले वर्जित गरेका शारीरिक भागहरूमा पनि दखल गर्ने रहेछ । यस असुन्दर प्रकृतिलाई अझ बढी कुरूप बनाइदिने रहेछ, सौन्दर्य कहाँ हुँदो रहेछ र यौन सम्बन्धमा । यो त मेरो अनुभव । (आत्मस्वीकृति : पारिजातका केही महत्त्वपूर्ण पत्रहरू डा. महेश मास्केलाई : 'वेदना' पारिजात स्मृति अङ्क २०५२ : वैशाख-असार, पूर्णाङ्क ५४, पृष्ठ २२)*

*सिद्धान्ततः म मान्छु, यौन समागम सिर्जनाको एउटा प्राकृतिक र वाञ्छनीय प्रक्रिया हो । हुन सक्छ, यो प्रक्रिया आफैंमा सुन्दर होस् वा हुन सक्छ, यस प्रक्रियाको सुन्दरतासँग कुनै सम्बन्ध नभई मात्र अर्गानिक ह्याप्पिनेससम्म सीमित होस् । तर यसमा मैले सौन्दर्य खोजें र पुरूषशोषित र प्रताडित समाजमा आफ्ना यस्ता कोमल र सुन्दर धारणाहरू लिएर अग्रसर भएँ, उही पनि यौनको संसारमा । तपाईं भन्नुहुन्छ अथवा विज्ञानले नै भन्छ कि, यो एउटा प्रक्रिया हो (असुन्दर होइन) । र हो पनि । तैपनि मेरो मन मानिरहेको छैन । मैले आफूलाई विवश भएर एउटा पुरूषसँगको शारीरिक सम्पर्कमा हुत्याइदिनुपर्दा ममा यही अमानवीय किसिमको धारणा विद्यमान थियो । यदि त्यो पुरूष सभ्य भइदिएको भए मेरो गलत धारणामा सुधार हुन सक्थ्यो होला । तर त्यसो हुन सकेन । एकातिर म अति सङ्कोचशील र विवश अनि अर्कातिर ऊ अति कामुक, असभ्य र परपीडक । अनि जटिलता त आउने नै भयो । ती सम्पूर्ण यौन सम्बन्धको अवधिभरि मैले कहिल्यै पनि सुख प्राप्त गरिनँ । सहवासको क्रम सिद्धिसकेपछि म सधैं शारीरिक साथै मानसिक पीडाले शिथिल हुन्थें । ऊ स्वाभाविक उत्तेजनामा आउँदा म सधैं डर, त्रास, अपमान र दुःखले अधमरो भइरहेकी हुन्थें । र यो कुरा मैले कहिल्यै उसलाई भनिनँ पनि । बरू छुटकाराको बाटो खोजिरहें । अझ पनि म भन्छु– त्यो सम्बन्ध दुई नरनारीबीच प्रेमपूर्वक भएको यौनक्रीडा थिएन । त्यो त मेरा निम्ति सधैंसधैं एउटा प्रतिरोधहीन बलात्कार सिद्ध भएको छ । हुन सक्छ, ममा पनि केही कमजोरी थिए, चिसी, निष्क्रिय र सङ्कोची त म यो मामलामा छु नै । तपाईंले भन्नुभए झैं मान्छे र परिस्थितिअनुरूप पनि यस्तो हुन्छ, सायद ठीकै होला । जुन बेला मेरो यो सम्बन्ध कायम भएको थियो, त्यो बेला म चर्को रूपले बिरामी पनि थिइनँ । शारीरिक रूपले सुन्दर साथै सक्षम पनि थिएँ । तर मैले त्यो व्यक्तिसँग शारीरिक सम्बन्ध भने चाहेको थिइनँ । त्यो पीडादायक सम्बन्ध सम्झँदा अझ पनि सेक्सुअल रिलेसनदेखि मलाई डर लाग्छ । (आत्मस्वीकृति : पारिजातका केही महत्त्वपूर्ण पत्रहरू डा. महेश मास्केलाई : 'वेदना' पारिजात स्मृति अङ्क : २०५२, वैशाख-असार, पूर्णाङ्क ५४, पृष्ठ २२-२३)*

आफूले गरिमाहीन यौन सम्बन्ध विवशतावश राख्नुपरेको कुरालाई पारिजातले प्रस्टै सकारेकी थिइन् । त्यो उनको भनाइमा जीवनकै कालोपन थियो । आखिर जे सत्य थियो, त्यसलाई उनले विश्वासपात्र डा. महेश मास्केलाई चिठीका माध्यमबाट यो सब वर्णन गरेकी थिइन्–

*मैले जुध्न सकें... आफ्नो जीवनगाथाको दुईचार पाना गरिमाहीन र बीभत्स तुल्याएर । यो त्यही... विवश यौन सम्बन्ध मेरो जीवनको सबैभन्दा गरिमाहीन र कालोपन हो । (पारिजातका केही महत्त्वपूर्ण पत्रहरू डा. महेश मास्केलाई : 'वेदना' पारिजात स्मृति अङ्क : २०५२ वैशाख-असार, पूर्णाङ्क ५४, पृष्ठ २३)*

पारिजातले आफ्ना अन्तरङ्ग कुराहरू चिठीको माध्यमबाट सबैभन्दा बढी डा. महेश मास्केसँग व्यक्त गरेकी थिइन् ।

# अध्ययन शैली

पारिजातको अध्ययन शैली आफ्नै प्रकारको थियो । पढेपछि प्रतिक्रिया व्यक्त गर्ने शैली पनि फरक थियो । उनी बोलेर, लेखेर, बहस गरेर आफ्नो प्रतिक्रिया दिन्थिन् । उनी विभिन्न सभासमारोहमा पढिएका रचनाको प्रतिक्रिया लेख्थिन्–

*यसपालि प्र.ले.क. सङ्घले 'लू सुन जयन्ती' कविगोष्ठीमा मनायो । निबन्धकार तथा अनुवादक शान्त दासज्यूको सभापतित्वमा आयोजित उक्त गोष्ठीमा पारिजात, मञ्जुल, दुर्गालाल, जगदीशचन्द्र भण्डारी, निर्मल श्रेष्ठ, मोहन श्रेष्ठ, महेश मास्के, धर्मोगत शर्मा तुफान, बालचन्द्र मिश्र, सागर, नकुल सिलवाल आदि कविले आआफ्ना कविता पाठ गर्नुभएको थियो ।*

*कवयित्री पारिजातले 'त्यतिखेर प्रेम शान्ति हुँदैन' कविताले राष्ट्रिय जनजीवनका सन्दर्भलाई कोट्याउँदै माटाको मायाममताको मूल्यलाई औंल्याएको थियो । यसमा अन्तर्राष्ट्रिय अन्धोपनप्रति आलोचना गरिएको थियो । (साहित्यिक चर्चा : लू सुन जयन्तीमा पाठ गरिएका कविता : देवी गौतम : 'युगधारा' २०४२, असोज २८ सोमबार, अङ्क ५०)*

पठनशैली उनकै शब्दमा यस्तो थियो–

*कोही मलाई मेरो आफ्नो पढ्ने तरिका कस्तो छ भनी जिज्ञासा राख्दै सोध्छन् भने म यसो भन्छु । मेरा पढ्ने तरिका तीन किसिमका छन् । गद्य साहित्य म अरूले पाठ गरेको सुन्नभन्दा आफैं पढ्न रूचाउँछु । तर कविता भने राम्रो पाठ गर्न सक्ने क्षमता भएकाहरूबाट पाठ गरिएको सुन्न रूचाउँछु । त्यसपछि ती कविताहरू म आफैंले पनि पढ्छु, दोहोऱ्याउँछु र तेहऱ्याउँछु पनि । मेरो पहिलो तरिका हो शैली र वैचारिकताको सन्तुलन मिलेको छ भने त्यो कृति म पढ्न थालेपछि टुङ्ग्याएर मात्र छाड्छु । चाहे त्यो कृति जतिसुकै नबुझिने अक्षरमा, असङ्ख्य केरमेर गर्दै सिध्याएर साफी नगरिएको पाण्डुलिपि नै किन नहोस् । (ललिजन रावलका कविताहरू : 'गर्जन साप्ताहिक' : वर्ष १, अङ्क ७, २०४०, वैशाख ३, आइतबार)*

# महिलाका पक्षमा

पारिजातको बसउठ र सरसङ्गत महिलाभन्दा पुरूष मित्रहरूसँग बढी हुन्थ्यो । तैपनि उनमा महिलावादी सोच प्रबल थियो । उनी महिलाले शिर उँचो बनाएर समाजमा हिँड्नुपर्छ भन्ने मान्यता राख्थिन् । तर कहिलेकाहीँ भने उनको त्यो सोचले निकै दरिलो फणा उठाउँथ्यो र त्यस्तो बेलामा चकित पार्ने कुरासमेत गर्न बेर लाउन्नथिन् । नेपालका कतिपय उखान महिलालाई होच्याउने खालका पनि छन् । पुरूषलाई होच्याउने खालका पनि छन् । तर उनी महिलालाई होच्याउने उखानप्रति निकै रूष्ट र अस्वीकृति जनाउन पछि पर्दिनथिन् ।

महिलाको तस्बिरलाई पत्रपत्रिकाको आवरणका रूपमा प्रकाशन गर्नुलाई महिलाप्रति गरिने असमान व्यवहार मान्थिन् । र त्यसमा उनको चर्को असहमति हुन्थ्यो । उनलाई सह्य हुँदैनथ्यो र प्रतिक्रिया जनाइहाल्थिन्–

*विचारशील महिलाहरूको पत्रिका त्रैमासिक 'अस्मिता'को दोस्रो अङ्कको चर्चा हो यो । हो मकहाँ यही भइरहेको छ । मैले पनि पहिले त चित्रलाई मोडेल नै ठानें, भित्र हेरेपछि थाहा लाग्यो, आवरण चित्र अमूर्त मूर्तिकलाका सुप्रसिद्ध मूर्तिकार तथा चित्रकार प्रमिला गिरीको रहेछ । म एकाएक द्वन्द्वमा परे र घोत्लिन पुगें । म 'अस्मिता'को पाठक र शुभचिन्तक मात्र होइन, स्तम्भकार पनि हुँ । तथापि मलाई भन्न कर लाग्छ । भित्र फोटो र सशक्त अन्तर्वार्ता हुँदाहुँदै आवरण पृष्ठमा पनि फोटो राख्नु मूर्तिकारको मोह त पटक्कै होइन होला । सम्पादकहरूको विचार हो भने मेरो पनि केही भन्नु छ । 'अस्मिता' आम नेपाली महिलाहरूको पत्रिका होइन । यो विचारशील महिलाहरूको पत्रिका हो । ...अरू ग्लामर फिल्मी पत्रिकाहरूले जस्तै महिलाकै तस्बिर आवरणमा दिएर पत्रिकालाई आकर्षक तुल्याउनु सायद विचारशीलता होइन । (नारी अस्मिताको प्रतीक : पारिजात : 'साप्ताहिक गर्जन')*

*आइमाई केटाकेटी– कति मायालु, कति न्यानो सम्बोधन, यसै हलुका किसिमले सोच्दा । "आइमाई केटाकेटी एक्लैदुक्लै हिँड्न हुन्न... ।" कति सुरक्षाको अँगालोले बाँधिएको सम्बोधन यसरी नै हलुका किसिमले सोच्दा । "आइमाई केटाकेटी भएर बढ्ता हाँस्न-बोल्न हुन्न ।" कति अपमानजनक सम्बोधन अझ गहिरिएर सोच्दा । "आइमाई*

*केटाकेटी भएर बढ्ता जान्ने हुनुहुन्न ।" कति दमनकारी सम्बोधन गहिरिएर सोच्दा । यो 'आइमाई केटाकेटी' भन्ने शब्ददेखि नै घृणा भएर आउँछ मलाई । सुन्दा मायालु बुझिने यस सम्बोधनमा कति हीनता, कति अवहेलना, कति शोषण र कति अपमान लुकेको छ... ।*

*नेपाली भाषामा यति धेरै यस्ता उखान छन्, जसले सधैं पुरूषहरूलाई उठाउने र नारी जातिलाई होच्याउने अर्थ मात्र दिन्छन् । कतैकतै महिलाहरू पनि यस्ता उखान रूचि लिएर प्रयोग गर्छन् । तर त्यो हाम्रो दोष होइन, त्यो त पुरूष हैकमवाला समाजले युगौंदेखि हामीमा थोपरिदिएको सङ्कीर्णताबोधको संस्कार हो । जतिसुकै सङ्कीर्ण बन्ने वातावरणको काँडेतार हालेर धेरैपछि हामीमा सङ्कीर्ण दृष्टिकोणको प्रादुर्भाव हुनु कुनै अस्वाभाविक होइन । तर अब परिवर्तनकारी इतिहास अघि बढिसकेको छ । त्यसैले जान्नेसुन्नेहरूको मौनता एकदमै सामयिक ठहर्रिंदैन ।*

*सधैंभरि शोषणको कोलमुनि पेलिएका स्वास्नीमान्छेलाई उनीहरू भन्ने गर्छन्, "बाख्रा सम्ममा चर्दैन, आइमाई सुखमा बस्दैन ।" सुख दिँदै नदिएपछि सुखमा कहाँ बस्ने ? यसको अर्थ यसरी लाग्छ । तर यो उखानलाई पुराणहरूमा बडो अपमानजनक स्थितिमा प्रयोग गर्छन्, "बाघको हजार गुण" र "खुट्टा भए जुत्ता जति पनि आउँछन् ।" यी उखानमा कति अपमान लुकेको छ । के स्वास्नीमान्छे पुरूषको जुत्ता हुन्, उनीहरूले जति चाहे पनि फेर्न सकिने ? यस्तो उखान प्रायः पाइँदैन, जसमा लोग्नेमान्छेलाई हेय तुल्याइएको होस् । यहाँ म केही यस्ता उखान प्रस्तुत गर्न चाहन्छु, जहाँ पुरूष कतै पनि पर्दैन र उखानहरू स्वास्नीमान्छेलाई लिएर साह्रै असभ्य र बीभत्स छन् । 'काम पाइनस् बुहारी पाडाको...', 'कुन्ताकी बुहारी भटमास खाएकी', 'ठाउँ न ठहर बूढीको रहर', 'घिउ न तेल पका बूढी सेल', 'हिस्स बूढी हरिया दाँत', 'चोक्टा खान गाएकी बूढी झोलमा डुबेर मरी', 'रातभरि रूँग्यो बूढी त जिउँदै,' 'छोरी कुटेर बुहारी तर्साउनु', 'गरिबलाई दिन्छु नभन्नू राँडीलाई लान्छु नभन्नू' आदिआदि । निराश्रित, एकलास भइसकेका बूढीआमैहरूलाई अथवा निराश्रित एक्ली विधवाहरूको यस्तो अपमान किन ? महिला मुक्तिका हिमायतीहरूले पनि यसतर्फ ध्यान दिन आवश्यक छ । (आधी आकाश चाहनेहरूले : पारिजात : 'सङ्कलित रचनाहरू' ६ : निर्माण प्रकाशन : २०५४, पृष्ठ १०-११)*

पारिजात यसरी विभेदकारी कुराहरूलाई शब्दले ठुङ्थिन् र एउटा दरो आवाज लेखनीका माध्यमबाट उठाइरहन्थिन् ।

उत्साह सामूहिक रूपमा सम्पादन गर्ने क्रममा भएको एउटा यस्तै घटनाको इस्मालीको सम्झनामा यस्तो थियो–

*२०४०।४१ सालतिर चाबहिलबाट निस्कने गरेको 'उत्साह' पत्रिकाको सामूहिक सम्पादन सुरू भयो । सम्पादक मण्डलमा रमेश विकल, आनन्ददेव भट्ट, पारिजात, खगेन्द्र सङ्ग्रौला र मोहन दुवाल हुनुहुन्थ्यो । म कार्यकारी सम्पादक*

*थिएँ । सम्पादकीय र पत्रिकाका स्तम्भहरू लेखिसकेपछि सामूहिक वाचन गरिन्थ्यो । र आवश्यक परे मतान्तर भएको अंश पुनर्लेखन गरिन्थ्यो । एक पटक मेरो भागमा परेको स्तम्भको लेख सुनाउँदै थिएँ । एक प्रसङ्गमा त्यहाँ 'रातभरि रूँग्यो, बूढी जिउँदै' भन्ने उखान प्रयोग गरेको थिएँ मैले । उखान मुखबाट निस्केको मात्र थियो, पारिजात दिदीले रातोपिरो अनुहार पार्दै झम्टिहाल्नुभयो– "भएन त्यो... । महिलालाई होच्याएको उखान सबै फेर्नुपर्छ... बूढो जिउँदै लेख्नोस् ।" एकछिन त सबै अवाक् भयौं । 'बूढो नै लेखौं त ?' सबैतिर हेर्दै मैले सोधें । एकछिनपछि रमेश विकलले भन्नुभयो– "उखानहरू समाजका भाषाका गहना हुन् । तिनले सम्बद्ध समाजलाई पनि झल्काउँछन् । कतिपय उखानमा महिलाको उपमा दिइएको होला त कतिपयमा पुरूषको । ती जे छन्, छँदै छन् : प्रयोगमा सावधानी अपनाउने कुरो एउटा हो । तर महिलाको ठाउँमा पुरूष राख्दैमा त्यसले महिला आन्दोलनलाई बल पुऱ्याउने होइन । त्यो त कटुता उत्पन्न गराउने कुरो भयो । त्यसैले त्यस्तो प्रवृत्ति पनि आन्दोलनका लागि हानिकारक कुरो हो ।" पछि उहाँले त्यो कुरो मनन गर्नुभयो र पनि त्यो उखान नराखीकनै उक्त अनुच्छेद पुनर्लेखन गरियो । (सम्झनामा पारिजात : इस्माली : 'बगर' : आदिकवि भानुभक्त आचार्य द्विशतवार्षिकी तथा पारिजात विशेषाङ्क २०७१ : वर्ष ३३, पूर्णाङ्क ९०, २०७१, वैशाख-असोज : ३११)*

तर पारिजातले उनको यो उखानटुक्काप्रतिको आक्रोशलाई कसै गरी पनि मनबाट हटाउन सकिनन् । यो विभेदकारी उखानटुक्का फेर्नैपर्छ भन्ने लागिरह्यो । २०३९ सालमा नेपाल-भारत सांस्कृतिक केन्द्रको पुस्तकालयमा आयोजित महिला पुस्तक प्रदर्शनीमा ठुल्ठूला अक्षरमा लेखेर 'सुधारिएका' उखान प्रदर्शन गरिएको थियो । त्यहाँ यसरी लेखिएको थियो–

*चोक्टा खान गएको बूढो झोलमा डुबेर मऱ्यो ।*
*कुन्ताको ज्वाइँ भटमास खाएको ।*
*जब पऱ्यो रात, तब बूढो तात ।*
*रातभरि रूँग्यो बूढो त जिउँदै ।*
*बाख्रा सम्ममा चर्दैन, लोग्नेमान्छे सुखमा बस्दैन ।*
*काम पाएनौ ज्वाइँ पाडाको पुच्छर मुसार ।*

पारिजात आफूलाई फेमिनिस्ट भन्न रूचाउँथिन् । तर महिलाहरूको न्याय र स्वतन्त्रताप्रति बोलिदिने पुरूषप्रति उनी आस्थावान् हुन्थिन् र महिलाहरूलाई विज्ञापनमा गरेको प्रयोग र सुन्दरी प्रतियोगिताप्रति उनको सख्त विरोध थियो । उनी भन्ने गर्थिन्–

*एकातर्फ म फेमिनिस्ट हुँ । तर कट्टरपन्थी भने होइन । महिलाहरूको न्याय र स्वतन्त्रताप्रति बोलिदिने पुरूषप्रति पनि म आस्थावान् छु । ... महिलाहरूलाई फेसनमुखी बनाएर विज्ञापनमा प्रयोग गर्नु र सुन्दरी घोषित गर्नु उनीहरूको शोषण हो । (मलाई ग्लेमरस मृत्यु मन पर्दैन (अन्तर्वार्ता) पारिजात : रमेश केसी : 'जनमञ्च' साप्ताहिक : २०४९ साउन, ८ पृष्ठ १६)*

पारिजात महिलामाथि हुने अन्याय, अत्याचारको तथा महिलाको अस्मिताका लागि सधैं सङ्घर्ष गर्थिन् । महिलालाई विज्ञापनमा प्रयोग गर्नेदेखि लिएर सौन्दर्य प्रतियोगिताको पनि उनी विरोधमा थिइन् । काठमाडौं होटलमा गर्न लागिएको फेसन सोको उनले आफ्नो नेतृत्वमा जुलुसै निकालेर बन्द गर्न बाध्य पारेकी थिइन् । सौन्दर्य प्रतियोगिता महिलाहरूमाथि हुने पुँजीवादी शोषणको प्रमुख रूप हो भन्ने उनको मान्यता थियो । उनकी अभिन्न साथी सत्यभामाको अभिव्यक्ति यस्तो थियो–

*महिलाहरूप्रति भएको तथा हुने अन्याय उनका लागि असह्य हुन्थ्यो । होटल काठमाडौंमा 'फेसन सो' हुँदा दिदीले त्यसको विरोधमा नेतृत्व गरेकी थिइन् । उनलाई मुद्दा हाल्छु भन्ने धम्की पनि आएको थियो । त्यस्ताखाले धम्की कति आए कति, आफ्नो लक्ष्यमा उनी विचलित कहिले भइनन्, जिद्दी स्वभाव यथावत् कायम रह्यो । (दिदीसँग गाँसेका विगत : सत्यभामा : पारिजात स्मारिका* **सिलिगुडी** *: सन् २००८, पृष्ठ ३६)*

पारिजात भन्थिन्–

*ब्युटी कन्टेस्ट त हामी अहिले पनि रोक्छौं, पछि पनि रोक्छौं । हामी प्रगतिशील महिलाहरूले पहिले पनि रोक्थ्यौं । ... यो नारीहरूको शरीरमाथि ठूलो शोषण हो । महिलाहरूलाई दास समाजमा जस्तो साम्राज्यवादी मुलुकमा र सामन्ती र पुँजीवादी समाजमा पनि दास बनाउने र मनोरञ्जन गर्ने त हो । (अन्तरिम सरकार अढाई दलीय सरकार हो ! : पारिजातसँगको अन्तर्वार्ता : निरमान नेवा : 'जनजागृति साप्ताहिक', २०४७, साउन १)*

पारिजात महिलालाई होच्याउने प्रकारका गीतसङ्गीतप्रति पनि असहनशील थिइन् । *गाउँका केटी सबैलाई, पातलीले दुई चुल्ठो बाटिछ, भुइँमा राख्दा दाग लाग्ला* जस्ता गीतले महिलाहरूलाई यौन वा मनोरञ्जनको वस्तुका रूपमा चित्रण गर्ने हुनाले यसप्रति उनको आपत्ति थियो । उनी भन्थिन्–

*यस्ता झूट र नकच्चरा गानाहरू गाएर नेपाली स्वास्नीमान्छेहरूको मुक्तिगाथालाई चेपारे नपारून् । (आधी आकाशभित्रकी पारिजात : राजेन्द्रप्रसाद अधिकारी : पारिजात स्मारिका, सिलिगुडी : २००८, पृष्ठ १८)*

तर पुरूषप्रति पारिजातको दृष्टिकोण पूर्ण नकारात्मक थिएन । पुरूषलाई साथीका रूपमा, एउटा आवश्यकताका रूपमा स्विकार्ने गरेको तथ्य सार्वजनिक गर्थिन् । उनी भन्थिन्–

*पुरूष मेरा लागि साथी हो, जसको सधैं आवश्यक हुन्छ र पुरूष भौतिक पूर्ति हो । आध्यात्मिक सम्झनु यो माथिबाट थोपरिएको भावुकता हो, जो क्रमशः हट्दै छ । ...छन् त्यसो त विश्वासघात, बेइमानी र नीचताहरू पुरूष देवता होइन, ऊ निरीह मान्छे हो । तथापि आफ्नो घनिष्ठहरूबाट कामचलाउ समवेदना र सम्झौता पाइरहेको छ, जसले गर्दा अझसम्म पुरूषदेखि डिसइल्युजन्ड हुनुपरेको छैन ।*

# दसैं-तिहारका बेला

पारिजातको दसैं र तिहार मनाउने शैली फरक थियो । विशेषतः उनी तिहारमा उल्लसित हुन्थिन् । एकपल्ट दसैंका बेला २०४८ कात्तिक २ मा पारिजात कलैया पुगेकी थिइन् । खासमा यात्रा वीरगन्जसम्म भए पनि उनी कलैया पनि पुगेकी थिइन् । पारिजातलाई राल्फाकालमा पाइला टेकेको कलैयामा फेरि जाने इच्छा थियो । उनी कलैयाका जगदीश आरोहीको घरमा पुगेकी थिइन् । जगदीशले साहित्यकार निर्मोही व्यासलाई फोनमा बताए, "पारिजात उनको घरमा आइपुगेकी छिन् । तपाईंलाई पनि सोध्दै छिन् । उनीसँग समय धेरै छैन, छिट्टै वीरगन्ज फर्कनुहुन्छ ।"

पारिजातसँग परिचित र उनीप्रति सुआस्था राख्ने भावुक निर्मोही व्यास यो खबर सुन्नेबित्तिकै पुलकित भए । अनि दौडिँदै पारिजात सामुन्ने पुगे । यो सुखद भेटमा दुवै हर्षित भए । बन्दी सहायता नियोगका तर्फबाट विभिन्न जेलका कैदीहरूलाई भेट्ने, शुभकामना दिने र उनीहरूलाई कोसेली दिने क्रममा पारिजात वीरगन्ज पुगेकी थिइन् । वीरगन्जको जेलमा कार्यक्रम सकेपछि सोही कार्यक्रमका संयोजक जगदीश आरोहीका साथ साहित्यिक भेटघाटका लागि राल्फाकालीन सम्झनाको रिमरिमे अनुभूति साथमा लिएर कलैया गएकी थिइन् ।

निर्मोही व्यासले पारिजातलाई आफ्नो घरमा निम्त्याए । पारिजातले निमन्त्रणा सहर्ष स्विकारिन् । निर्मोहीले तुरून्तै टाँगा मगाए । अनि पारिजातका साथमा गएकी कुन्द टन्डन, जगदीश र निर्मोहीले टाँगामा चढाउन मद्दत गरे । टाँगा पुग्यो निर्मोही व्यासको घरअगाडि । अनि जगदीशले पारिजातको पिठ्युँ र घुँडाको कापमा दुई हातले समाती बच्चालाई झैं जुरूक्क बोकेर भित्र कोठामा थपक्क कुर्सीमा राखे । निर्मोहीको फोन पाएर डा. केशवप्रसाद उपाध्याय र अन्य शुभचिन्तक १५-१६ जना कोठामा अटाई नअटाई गरी पारिजातको प्रतीक्षामा थिए । अनि डा. केशवप्रसाद उपाध्याय र अन्य व्यक्ति साहित्य एवम् विविध विषयमा वार्तालापमा लागे । निर्मोही भने दसैंका बेला मान्यजन आएका हुँदा टीका थाप्न र आशीर्वाद लिन त्यसको तयारीमा लागे । यस सन्दर्भलाई निर्मोही यसरी सम्झिन्छन्–

*त्यसपछि मेरो मनमा एउटा रहर पलायो । "अहिले त दसैं हो । दसैंमा आफ्ना अभिभावक र अग्रजहरूका हातबाट टीका, जमरा र आशीर्वाद थाप्नु हाम्रो संस्कृति । फेरि रगतको नाताभन्दा भावनाको नाता कहाँ कम हुन्छ र ? मेरा केही सहृदय साहित्यिक मित्रहरूले आफ्ना श्रद्धेय अग्रज साहित्यकारहरूसित पनि टीका लगाइमागेको, आशीर्वाद थापेको देखेसुनेकै छु । मैले आफैं पनि त त्यो चलन मन पराएर झन्डै दुई दशकअघिदेखि मान्दै गरेकै छु भने आज सुसंयोगले पारिजात दिदी स्वयम् मकहाँ आइपुग्नुभएको छ, मेरो सौभाग्यले त मैले यो शुभ अवसर किन गुमाउने ? र छाप्रीमा दही, अक्षता र जमराको मुठा तयार पार्न लगाइवरि कोठामा उपस्थित सबैका सामुन्ने दिदीसित मैले आफ्नो त्यो सुकुमार रहर पोखें । तर दिदीले अस्वीकार गरिदिनुभयो । (निर्मोही व्यास : पारिजात : अँजुलीभरिभरि : 'जनमत' पारिजात विशेषाङ्क : पृष्ठ २६-२७)*

पारिजातको यो अस्वीकार निर्मोही व्यासका लागि अनपेक्षित र एक प्रकारले अकल्पनीय थियो । एकाएक निर्मोही तिलमिलाए र रन्थनिए । तर पारिजातले शान्तपूर्वक आफूलाई दसैंको यो संस्कार मन नपर्ने र कहिल्यै कसैलाई पनि टीका नलगाइदिएकाले अप्ठ्यारो नमान्न आग्रह गरिन् । झन्डै निन्याउरिइसकेका निर्मोही व्यास पारिजातको यो भनाइपछि सहज भए । तर यो अस्वीकृति भने उनको मनमा सदा अङ्कित भयो ।

दसैं पारिजातको मन पर्ने चाड थिएन । न उनी टीका थाप्थिन्, न कसैलाई टीका लाइदिन्थिन् । तर यो चाड उनलाई मन नपरे पनि, टीकाटालोमा विश्वास नगरे पनि, दसैंकै अवसर पारेर जेलका बन्दीहरूलाई भेटेर शुभकामना र कोसेलीसहित उपहार वितरण गर्दै हिँड्नु उनको फरक शैली थियो । परम्पराभन्दा बिलकुल फरक ।

तर तिहार भने उनको मन पर्ने चाड थियो । पारिजात अस्वस्थ भएर उपचारका क्रममा दिल्ली बस्दा पनि चिठीमा तिहारको सम्झना गर्थिन् । आफ्ना सहोदर दाजुभाइ नभए पनि टीका लाउने भाइहरू थिए । तिहारमा तिनलाई टीका लगाइदिन्थिन् । त्यसरी पारिजातसँग तिहारको टीका थाप्नेहरूमा एक एसबी सुब्बा थिए । गीतकार विश्वम्भर प्याकुरेल र एसबी सुब्बा साथै जान्थे । सुब्बा चाहिँ पारिजातका हातबाट टीका थाप्थे, प्याकुरेल चाहिँ साथ दिन्थे, दर्शक हुन्थे ।

२०४६ सालपछि भने पारिजातको तिहार मनाउने एउटा थप मेलो भएको थियो । तरूण पुस्ताका कविहरू ललिजन रावल, राजकुमार केसी, नकुल सिलवाल र राजेन्द्र पराजुलीहरू लक्ष्मीपूजाका दिन पारिजातकहाँ जान्थे र रमाइलो खानपान गर्दै राति अबेरसम्म बस्थे । यो उनले विशेष गरी याद गर्ने दिन थियो । दार्जीलिङमा छँदा उनका प्रथम प्रेमी धनुवर मुखिया साथीसहित तिहारमा देउसीभैलो खेल्न आएका थिए । देउसीभैलो सकिएर सबै जना फर्किसक्दा पनि धनुवर मुखिया चाहिँ अलमल गरेर बसेका थिए । त्यो अलमल पारिजातप्रतिको प्रेम थियो, स्नेह थियो । त्यसैले उनलाई त्यसरी रोकेर राखेको थियो । त्यही क्षण सम्झेर पारिजात त्यो साँझ आँसु झार्थिन् । यो कथा थाहा पाएपछि ललिजन रावलले यसैलाई लिएर एउटा गजल नै लेखेका थिए–

*अझै त्यहाँ फुल्दा होलान् तिहारमा फूल*
*कसै गरी भुलूँ भन्दा मान्दैन यो दिल*

*द्यौसी खेलिसकेपछि मेरो आँगनीमा*
*तिमी किन उभिरह्यौ गैसकेथ्यो हूल*

*आकाशको छायाबिना बाँचिरहेकी छु*
*दुई किनारा जोड्ने आफैं भत्काएछ पुल*

*धेरै कठोर भएकी छु तर आँसु बग्छ*
*कताबाट फुट्दो रैछ सम्झनाको मूल*

यसरी मनाइने गरिएको तिहार २०४९ सालसम्म निरन्तर भयो ।

२०४९ सालको गोवर्द्धन पूजाका दिन साँझ पर्नुअगावै नकुल सिलवाल, राजकुमार केसी, राजेन्द्र पराजुली र ललिजन रावल म्हैपी पुगे, अमृत बोर्डिङ स्कुलपरिसर, जहाँ सोही कम्पाउन्डभित्र सुकन्या र पारिजातको आवास पनि थियो । अनि सदा झैं खानपान, साहित्यिक गफ, हाँसोठट्टा, पारिजातको नियमित गोवर्द्धन पूजाको साँझको भावुकता र आँखामा छल्कने आँसु सारा भए । राति अबेरसम्म युवा पुस्ताका चार कवि लेखकमाझ पारिजातले तिहार मनाएकी थिइन् । त्यसै बेला उनले अचानक भनेकी थिइन्, "सायद अर्को साल यसरी म तिहार मनाउन पाउन्न होला ।"

पारिजातले गम्भीर भएर भनेकी थिइन् । यो गम्भीरता ल्याउने पेय पनि उनले पिएकी थिइन् । कसैले प्रतिवाद गर्दै भनेको थियो, "कहाँ हुन्छ र त्यसो दिदी ।"

तर पारिजातको पूर्वाभास यथार्थमा बदलियो । अर्को तिहार आउनुअघि नै उनले नश्वर देहत्याग गरिसकेकी थिइन् ।

# हिरो वर्सिप परिकल्पना

२०२८ सालको रूपरेखाको नयाँ वर्ष अङ्कमा पारिजातले लेखिन् एउटा लेख– हिरो वर्सिप एक परिकल्पना । उनको भनाइ यस्तो थियो–

*साथीहरू मलाई हिरो वर्सिपर भन्छन् । मेरो कोठामा एउटा यस्तो फ्रेम छ, जहाँ हिरोहरू साटिन्छन् र आजभोलि त्यहाँ होची मिन्ह टाँगिएको छ । मेरो आफ्नो यस्तो व्यक्तिगत एल्बम छ, जहाँ रूडी डुत्स्के, कोहेन ब्यानडिट, चे ग्वेभारा र रेजिस डिब्रेका फोटाहरू छन् । (पारिजात : हिरो वर्सिप एक परिकल्पना : 'रूपरेखा' २०२८ वैशाख, पृष्ठ : ६२)*

पारिजातको हिरो वर्सिप अर्थात् वीरपूजक मानसिकता भएको र समयक्रममा हिरोहरू बदलिरहने स्वभाव भएको खगेन्द्र सङ्ग्रौलाको पनि निष्कर्ष थियो । उनको यस्तो मूल्याङ्कन छ–

*पारिजात दिदीको स्वभाव र मनोविज्ञानलाई ऐतिहासिक सन्दर्भमा केलाउँदै त्यो लेखमा दिदीको वीरपूजक प्रवृत्तिमाथि मैले टिप्पणी गरेको थिएँ । जस्तो कि, जीवनका भिन्नभिन्न अवधिमा विगत इतिहासका वा वर्तमानका भिन्नभिन्न नायकहरू वा कुनै विचार बिम्बहरूप्रति पारिजात दिदीमा वीरपूजक भावनाको आसक्ति देखिन्छ । राल्फाकालमा मञ्जुल, त्यसपछि चे ग्वेभारा अनि त्यसपछि मोहनविक्रम सिंह, निर्मल लामा अनि त्यसपछि मानव अधिकार... । चौथो महाधिवेशन नामक पार्टीमा जब फुटको शृङ्खला उत्पन्न भयो, पारिजात दिदीमा पार्टीप्रति नै वितृष्णा पैदा भयो र आस्थाको वैकल्पिक बाटोको खोजी गर्दा उनी हुत्तिएर मानव अधिकारको चौतारीमा पुगिन् । (आफ्नै आँखाको लयमा : खगेन्द्र सङ्ग्रौला : सम्झनामा पारिजात दिदी : फाइनप्रिन्ट आइएसी : प्रथम संस्करण २०६८, वैशाख, पृष्ठ १३२)*

मञ्जुल राल्फाकालमा निःसन्देह हिरो थिए । राल्फा उनैले नामकरण गरेका थिए । पारिजातसँग उनको जीवनका यावत् कुरा सोधीसोधी उनकै जीवनलाई मञ्जुलले उपन्यासको रूप दिएका थिए *छेकुडोल्मा* नाममा । उनी अत्तो न पत्तोका शब्दहरू बेपत्ता निर्माण गर्न सक्थे । कतिलाई लाग्थ्यो, कतै राल्फा भनेको पनि यस्तै अत्तोपत्तो नभएको अर्थहीन जञ्जाल त होइन । पारिजातले 'हिरो वर्सिप एक परिकल्पना'मा आफैं लेखेकी थिइन्–

*र यो आउने शनिश्चरबार मञ्जुल राल्फासँग एउटा कुरा गर्नु छ (साइकोलेसा, हिपोटा, बाबुन, नरोदिमा, निलाकोटिन, निखबरिन यस्ता असङ्ख्य शब्दहरूको राल्फा एउटा इन्साइक्लोपेडिया तयार गर्दै छ । किनभने आजका प्रचलित शब्दहरू राल्फालाई प्रशस्त छैनन्) । मञ्जुल राल्फा यस्तैयस्तै शब्दहरूको वर्तमान हो र भविष्य पनि । ऊसँग मेरो जीवनको प्रत्येक नरम र कडा पक्षहरूको एउटा चरम रियलाइजेसन छ । यो शनिश्चरबार म उसलाई आफ्नो कुराको पहिलो वाक्यमा भनिदिन्छु– "मञ्जुल राल्फा, म तिम्रो फोटोलाई एक दिन यो फ्रेमभित्र क्रुसिफाई गरिदिन्छु । (हिरो वर्सिप एक परिकल्पना : पारिजात : 'रूपरेखा' १२०, २०२८ वैशाख, पृष्ठ ६२-६३)*

यसरी मञ्जुललाई क्रुसिफाई गर्छु भनेर पारिजातले 'हिरो वर्सिप' गरेकी थिइन् ।

# छद्मनामहरू

पारिजातको साहित्यिक रचनाको पहिलो प्रकाशन सुश्री पारिजातका नामबाट भएको थियो । २०१३ चैतको *धरती*मा प्रकाशित तीन कविता सुश्री पारिजातका नामबाट प्रकाशन भएका थिए । पाटनमा स्कुलकी शिक्षिकाका रूपमा जागिर खाँदा विष्णुकुमारी वाइबा भए पनि र साथीभाइले वाइबा मिस भने पनि साहित्यमा उनको नाम चाहिँ पारिजात भएरै जाज्वल्यमान भयो । *शिरीषको फूल*ले मदन पुरस्कार पाउने बेलासम्म राल्फाको उदय भइसकेको थियो । राल्फालीहरूको राल्फाली नाम थियो । उनीहरूले थर राल्फा राख्थे । तर पारिजातले पारिजात मात्र राख्न रूचाइन् । उनले पारिजात राल्फाका नाममा नगण्य मात्र लेखिन् । त्यो नगण्यमध्ये महत्त्वपूर्ण एउटा रचना हो, 'एउटा राल्फा अर्को राल्फाको डायरीमा' । यो लेखका रूपमा *रूपरेखा*मा प्रकाशित भयो र मञ्जुल लिखित पारिजातको तत्कालीन जीवनमा आधारित उपन्यास *छेकुडोल्मा*मा भूमिकाका रूपमा छापियो । तर रचनाभित्र पारिजात राल्फा लेखे पनि लेखिकाको नाम चाहिँ मात्र पारिजात थियो ।

२०३० सालपछि उनले अघोषित रूपमा कविता विधा नलेख्ने मन बनाइन् । साथीभाइसँगको कुराकानीमा पनि आफू कविताबाट टाढा रहन रूचाएको बताइन् । तर उनी कविताबाट टाढा भाग्न खोजे पनि कविताले उनको साथ छाडेन । अनि उनले मध्यमार्ग अपनाइन् । उनले कविता लेखिन् । प्रकाशन पनि गरिन् । तर पारिजातका नाममा होइन, सुमित्रा काँडाका नाममा । हुनत प्रगतिशील लेखकहरूको संसार नै छद्मनामको बिगबिगीले भिजेको थियो । कम्युनिस्टहरू आफ्ना रचना छद्मनाममा लेख्न रूचाउँथे । गाली गर्न पनि छद्मनामले सहज हुन्थ्यो । पारिजातले कविता रचनालाई सुमित्रा काँडा उपनाम वा छद्मनामले प्रकाशन गर्न रूचाइन् । पछि नेपाल साहित्य गुठीले सर्वश्रेष्ठ पाण्डुलिपि पुरस्कारका लागि उनको कविता सङ्ग्रह तयार गर्दा सुमित्रा काँडाका नाममा प्रकाशित कवितालाई पनि समावेश गर्‍यो । र पारिजातकै नाममा प्रकाशित गर्‍यो ।

विशेष गरी साहित्यमा कवितामा मात्र सुमित्रा काँडा नाम उनले उपयोग गरिन् । चिठीपत्रहरूमा भने आफ्ना चिठी चोरी हुने, अरूकैले खोलेर पढिसकेपछि त्यो प्रेषकलाई

दुष्टहरूले पारिजात बनेर जथाभावी र अपत्यारिला कुराहरू लेखेर पठाइदिने समस्याले उनले विभिन्न फरक नाउँमा चिठी लेख्थिन् । तर घरपरिवारमा रमाइलोका लागि एकअर्काको नामको उपनाम सिर्जेर पनि उनी लेख्थिन् । परिवारभित्रकी कसैलाई 'मायालु घिउ' सम्बोधन गर्दै आफूलाई 'ठूलो काजु' लेख्थिन् । कहिले उनी 'ढुन्डु पारिजात' लेख्थिन् । त्यस्तै उनी चिठीपत्रमा शीत लामाको नाम पनि प्रयोग गर्थिन् । र त्यसै नाममा चिठी लेखेर पठाउन आग्रह पनि गर्थिन् ।

एउटै पत्रिकामा आफ्नो नाम र अनेक उपनाममा समेत उनी लेख्ने गर्थिन् । त्यो थियो, महिलाहरूको पत्रिका *अस्मिता ।* त्यहाँ उनी आफ्नो नाम पारिजातले 'मेरो भागमा परेको अस्मिता' स्तम्भ लेख्थिन् । अन्य स्तम्भ भने विभिन्न छद्मनामले लेख्थिन् । *अस्मिता*का सम्पादकद्वय सुसन र अन्जु यस्तो लेख्छन्–

*उहाँ 'अस्मिता'को 'मेरो भागमा परेको अस्मिता'को पारिजात मात्र हुनुहुन्थेन, 'अस्मिता'मै पाककला सिकाउने भान्साघरे काइँली र किशोरकिशोरीलाई स्तरीय खुराक दिने प्रियंवदा पनि हुनुहुन्थ्यो । त्यति मात्र नभएर 'अस्मिता' जस्तो मिठास बोकेको नाम पत्रिकालाई जुराइदिने पनि पारिजात दिदी नै हुनुहुन्थ्यो (अस्मिता) ।*

# गालीगलौज तथा बदनामीको भुमरी

पारिजात खुला किताब थिइन् । त्यो खुलापनले उनको जीवनमा सहजताको राजमार्ग बनायो । त्यही खुलापनले गालीगलौज, लाञ्छना, आक्षेप पनि निम्त्यायो । दार्जीलिङबाट आएकी पारिजातमा आकर्षणको कुनै कमी थिएन । तर एउटी अविवाहित महिलाले खुला पुस्तक भएर समाजमा बाँच्न सजिलो र सहज पक्कै थिएन । तर उनले त्यसलाई मतलब गरिनन् । बरू त्यसलाई सहजतापूर्वक ग्रहण गरेर आफ्नो लेखनीमा अङ्कित गरिन् । कतिपय भुल सकार्नेदेखि नाजायज आक्षेपलाई नकार्ने काम पनि गरिन्–

*२०२०-२१ को रोगग्रस्त अवस्था (चरम अवस्था)ले गर्दा अरूहरूको अन्डरस्ट्यान्डिङमा प्रशस्त अमिलिएकी छु । 'रोगी स्त्रीको प्रलाप र अनुपलब्ध यौनसुखको विकृति' भनी साहित्यिक रूपले बदनाम छु । कसैलाई प्रवृत्तिपूर्ण माया गर्दिनँ, घृणा होला भन्ने डर लाग्छ । एकपल्ट घृणा गर्नुपर्ने अवस्थाबाट गुज्रेकी छु । त्यसैले घृणा गर्नु र घृणा गरिदिनु जीवनको सबैभन्दा ठूलो पाप र अपराध ठान्छु । कसैलाई घृणा गरेर बाँच्न सक्तिनँ, यो निश्चित छ । त्यसैले यस्तो स्थितिदेखि जहाँसम्म हुन्छ पलायित हुन्छु– फगत यही धारणा नैतिकताको अन्तिम नाउँमा मसँग जीवित छ । सहानुभूति लिनुदिनु, मन नपर्ने व्यवसाय त्यसैले सबैसँग सम्झौता चाहन्छु । माया भाषामा अहिले कसैलाई व्यक्त गरेको छैन । दुःख र नरमपनले कतैबाट चियाउला भन्ने डरले मखुन्डो ओढ्न अथवा अभिनय गर्न तयार । गरिबी, रोग र मानसिक यातनादेखि मानिसहरूको बचाउ भएको अथवा यसमाथि मानिसहरूको विजय भएको चाहना गर्नु र यसका निम्ति सङ्घर्षरत रहनु एउटा अठोट । मानसिक यातनादेखि डर लाग्छ । त्यसैले दुःखमा सधैं आफ्नो निर्णय खोज्छु र तर्क गर्छु । (एउटा विसङ्गत, संस्मरण : पारिजात : 'रूपरेखा' २०२७ मङ्सिर, पूर्णाङ्क ११५, पृष्ठ ६२)*

राल्फाकालबाट अमलेख भएर पारिजात प्रगतिवादी क्षेत्रमा पाइला सार्दै गर्दा प्रगतिवादी क्षेत्रमा तथा वामपन्थी राजनीति गर्नेहरूमा पारिजातप्रति सकारात्मक धारणा थिएन । उसै पनि उनी विविध घटनावलीले चोटमा परेकी थिइन्, गालीगलौजको

भुमरीमा परेकी थिइन्, पिठ्युँपछाडिका अनेक बदख्याइँको सिकारसमेत भएकी थिइन्–

*२०४१ सालमा जब मैले पारिजातबारे क्याम्पसमा कुराकानी भएको सुनें, त्यसपछि सीधै गएर मेरो पार्टीको जिल्लाका एक नेतालाई सोधें, "पारिजात भन्ने लेखिका कस्तो हो ?" जबाफ यस्तो थियो– "ए, त्यो काम लाग्ने मान्छे होइन : मञ्जुल, रायन भन्नेहरूसँग जोसँग पनि सुत्दै हिँड्ने मान्छे हो । ती राल्फा अभियानमा जे पनि गर्दै हिँड्ने हुन् ।"*

...

*पारिजातको एउटा पनि रचना नपढेको र हिन्दू परिवारकी महिलाको आचरणसम्बन्धी सामन्ती नैतिक शिक्षाबाट प्रशिक्षित म पुरूषमा वास्तवमा पारिजात भनेकी एक बाइफाले चरित्रहीन लेखिका रैछ भन्ने कुरूप बिम्ब त्यसरी रोपियो । (मैले भेटेका नौ बहिनी पारिजात : आहुति : 'पाण्डुलिपि' : वर्ष १, अङ्क ७, २०७१ कात्तिक-मङ्सिर, पृष्ठ १३)*

२०३० देखि २०३५ सालको कालखण्डमा पारिजातले विभिन्न पत्रपत्रिकामा प्रशस्त गाली खाइन्, लाञ्छना पाइन् । एउटा ग्याङ अर्थात् समूह नै नियोजित रूपमा उनीविरूद्ध लागेको उनको निष्कर्ष थियो । त्यसका बाबजुद उनी लेखनमा भने टिकिरहिन् । बरू यस्ता तिक्ततालाई चिठीपत्रमा व्यक्त गरेर उनी हल्का हुन्थिन्–

*एकथरी कथित प्रगतिशीलहरू यहाँ यस्ता छन्, जो आफ्ना सारा राजनीतिक र साहित्यिक उद्देश्यहरूलाई रछ्यानमा मिल्काएर गालीगलौज, भर्त्सना, झूटो प्रचारलाई सही बाटो मान्दै त्यसमा सक्रिय भइरहेका छन् । झन्डै एक वर्ष हुन लागिसक्यो, उनीहरूको यो क्रियाकलाप सुरू भएको । सङ्कल्प, उभार, सुस्केराहरू हेर्दै त हुनुहोला । सुस्केराको भर्खरको अङ्कले सीमा छोइसकेको छ । यस्तै मेरो पछि पनि एउटा डरलाग्दो षड्यन्त्रले काम गरिरहेछ, त्यस षड्यन्त्रको पछि उल्लिखित खालका साहित्यिक व्यक्तिहरूको एउटा गिरोह (ग्याङ) छ र त्यस गिरोहको पछि एउटा राजनीतिक गुटको गलत कार्यशैली सक्रिय छ । म स्पष्ट थाहा पाउँछु । तर मलाई के लाग्छ भने, सही सिद्धान्त र सही बाटोको अस्तित्व छ र म त्यसमा प्रयासरत छु भने यस किसिमको आक्रमणले मेरो इतिहास रङ्गाउन सक्तैन । सामना गर्नु र सङ्घर्ष गर्नु म पनि जान्दछु, हरिहरजी । वास्तवमा यिनीहरू मेरो चारित्रिक हत्या गरेर मलाई राम्रैसँग स्म्यास गर्ने र चिहानमा पुर्ने कार्यक्रम लिएर आएका छन् । थाहा छैन, यिनीहरू किन यस्तो गरिरहेछन् ? मिथ्या आरोप, बदनामी गलत प्रचारहरूको बीच लेख्न मात्र होइन, काम गर्न पनि परिरहेछ, हरिहरजी । सोच्छु कर्मक्षेत्रमा उत्रेपछि बाधा व्यवधान त आउँछ नै । जीवन फूलहरू बिछिएको घाँसे चौर पनि त होइन । (पारिजातको हरिहर खनाललाई एउटा पत्र, २१ साउन २०३५, चिठीपत्रमा हरिहर खनाल, 'जनसाहित्य प्रकाशन' : २०७४, साउन, पृष्ठ १-२)*

पारिजातलाई आरोपित गर्ने, लाञ्छना लाउने र गाली गर्नेहरू थिए । उनी ती सबलाई बेहोर्दै, खप्दै, पचाउँदै आफ्नो जीवनको सिलसिला अघि बढाइरहेकी थिइन् । लेखनकर्मलाई निरन्तरता दिइरहेकी थिइन् । तर मनको गाँठो फुकाउने अवसर पाएका बेला फुकाएर हल्का हुने काममा पनि उनी पछि पर्दिनथिन्–

*जेजति देखिएकी छु, त्योभन्दा दश खण्ड बढी आरोपित छु, बदनाम छु, मिथ्या र झूटहरूमा प्रचार गरिएकी छु । मलाई भन्न केही बाँकी राखेका छैनन् । 'महत्ताहीन' छापिइसकेपछि मेरो चरित्रमाथि शङ्का गरी लेखहरू आए । 'सुस्केरा'को गाली विशेषाङ्क तपाईंले पढ्न पाउनुभयो कि भएन ? सम्पादकीयदेखि लिएर पाठक प्रतिक्रिया तथा सारा लेखमा मलाई गाली थियो । 'कपटी आइमाई', 'प्रगतिशीलताका नाममा सरकारी भत्ता खाने', 'सिआइडी' अनेक अनेक । भावुक घिमिरेले राप्तीमा निम्फोमानियाक तुल्यायो र 'नौलो साहित्य'मा पिकनिक पार्टी र रेस्टुराँहुँदो घुम्ने स्वास्नीमान्छे लेख्यो । यस्तो कतिकति हगि ? (पारिजातका केही अप्रकाशित महत्त्वपूर्ण पत्रहरू : महेश मास्केलाई पारिजातको चिठी : ४ पुस २०३९ : 'वेदना' पूर्णाङ्क ५४ : २०५२ वैशाख-असार, पृष्ठ १९)*

तर यी सबले पारिजातको कलमलाई कहिल्यै मत्थर तुल्याउन सकेनन् । उनी नित्य निरन्तर लेखन, अध्ययनकर्ममा लागिरहिन् ।

# धार्मिक आस्था

सानोमा पारिजात धार्मिक हिसाबले सजग त थिइनन् । तर परम्परागत चलेको सनातनतालाई नै निरन्तरता दिन्थिन् । उनलाई सानोमा पनि धर्म परिवर्तन मन नपरेको उनले बताएकी थिइन्–

*त्यसताक पनि गरिब, विवश र निमुखाहरूलाई पैसाले किनेर भए पनि इसाई बनाइन्थे । त्यसो त आजभोलि पनि बनाइन्छन् । हामीलाई गोरा छाला भएकाहरूले पढाउँथे । इसाई नेपालीहरूमा ब्रिटिसहरूप्रतिको दास मनोवृत्ति व्याप्त हुन्थ्यो । इसाई धर्मको विरूद्धमा केही छुसुक्क बोल्यो कि भीषण झगडा हुन्थ्यो । तिमेरको राम, कृष्ण, बुद्धलाई त हामी थुकिदिन्छौं भन्थे र हामीले पनि तिमेरको 'बाइबल'लाई त खुट्टाले कुल्चिदिन्छौं भन्थ्यौं । इसाई शिक्षकको कानमा यो कुरा पुग्यो भने हामी बुद्धिस्ट र हिन्दू छात्राहरूको कान गज्जबसँग मोलिइन्थ्यो । (दास मनोवृत्ति : 'गर्जन साप्ताहिक')*

एकताक त उनी बौद्ध धर्मदर्शनतिर पनि आकर्षित भएकी थिइन् । उनलाई मानसिक अशान्ति पटक्क स्वीकार्य थिएन । उनी जहाँ पनि, जता पनि अशान्ति नै देख्थिन् । यिनै कारणले उनले बौद्ध धर्मदर्शनतिर झुकाव बढाएकी थिइन् । अनि धम्मपद, बौद्ध दर्शनलगायतका पुस्तक पढेपछि त्यसप्रति प्रभावित भएकी थिइन् । उनलाई भिक्षु हुन मन लागेको थियो । भिक्षाटन गर्न मन लागेको थियो । घरबार चटक्क छाडेर हिँड्न मन लागेको थियो । अनि आफू सन्न्यासिनी भएको अनुभव गर्दै त्यही अनुभूतिको पोखरीमा डुबुल्की मार्न थालेकी थिइन् । उनी मध्यममार्ग, बहुजनहिताय, बहुजनसुखाय अलापेर हिँड्न थालेकी थिइन् । यही धर्मदर्शनमा आफूलाई ढालेर दैनिक जीवनमा लागु गर्नसमेत खोजेकी थिइन् । अनि एउटा डायरीको अघिल्लो पानामा ठुल्ठूला अक्षरले लेखेकी थिइन्– "वीणाको तारलाई कर्णकटु ध्वनि निस्कने गरी नदबाऊ । अथवा ध्वनि नै ननिस्कने गरी हल्का पनि नदबाऊ । यसलाई मध्यस्थितिमा राख ।" अनि लेख्न थालेकी थिइन्, बुद्धलाई समर्पण गरेर कैयौं कविताहरू ।

त्यो उनको जीवनको एक पाटो थियो । केही समयको अन्तराल थियो । एउटा अभ्यास थियो, अनुभव थियो । तर पछि त्यसमा उनको निरन्तरता रहेन ।

पारिजात उसो त पछि पनि धार्मिक हिसाबले कट्टर त थिइनन् । तर दसैंमा उनी टीका लाउन्नथिन् । कसैलाई लगाइदिने कुरा पनि अस्वीकार गर्थिन् । यसलाई पर्वका रूपमा मानेर मीठोमसिनो खाने र नयाँ-राम्रा लुगा लाउने विषयमा भने उनले यस पर्वलाई सकारात्मक हिसाबले लिन्थिन् । त्यसैले हरेक दसैंमा जेलजेलमा गएर कैदीहरूलाई सकेको सहयोग गर्नु नियमितता नै थियो । धर्म परिवर्तनप्रति भने विमति राख्ने मात्र होइन, आवाज पनि उठाउँथिन् । धर्म परिवर्तनको विषय उनले *उसले रोजेको बाटो* उपन्यासमा पनि कोट्याएकी थिइन् । विशेष क्रिस्चियन धर्म फैलाउनेहरूप्रति उनको आक्रोश र असहमति थियो । उनी लेख्थिन्–

*...सुनिन्छ, नेपालमा च्याउ जस्ता उम्रिरहेका बोर्डिङ स्कुलहरूमा पनि अब क्राइस्टका नाउँमा किनबेच सुरू भइसकेको छ । अस्पतालमा पनि स्वास्थ्य परिचारिकाहरूले (क्रिस्चियन) गरिब र विवश रोगीहरूलाई औषधिसँगै इसाई धर्मको मन्त्र फुक्न चुकेका छैनन् । यो पनि सुनिन्छ, केही इसाई नेपालीहरू उपेक्षित र गरिब नेपाली केटाकेटीहरूलाई बोर्डिङ स्कुलसरह शिक्षादीक्षा उपलब्ध गराउने भनी भित्रभित्र डलर हत्याउने प्रयासमा छन् । एकातिर पढाउँछन् पनि र कुनामा लगेर 'हल्लेलुया आमेन' भनेर सिकाउन पनि पछि परेका छैनन् । शिक्षा त साधन मात्र हो, साध्य त आफूले डलर खानु र अबोध नेपाली केटाकेटीको कलिलो मनस्थितिलाई साम्राज्यवादीहरूको हातमा बेचिदिनु नै हो । यस्ता खतरनाक व्यक्तिहरू त ती साम्राज्यवादी र गिरोहवादीभन्दा पनि बढी अपराधी हुन्, जो आफूलाई त डलरमा बेचेबेचे र अरूलाई पनि बेच्न चाहन्छन् । यस्ता तत्त्वहरूप्रति जनता र सरकारको आँखा किन नपुगेको ? (युगधारा : २०४२, माघ ७)*

तर उनी परम्परागत धार्मिक आस्थाबाट टाढा थिइनन् । उनले तरूण साहित्यकार लोकेन्द्र शाहको मृत्युमा १३ दिनसम्म गुम्बामा बत्ती बाल्न लगाएर बौद्ध धर्मअनुसार दिवङ्गत आत्माको चिरशान्तिका लागि आफ्ना तर्फबाट धार्मिक विधिपूर्वक कामना गरेकी थिइन्–

*पारिजात पनि जीवनका अन्तिम क्षणमा आएर आस्तिक हुनुहुन्थ्यो रे ! पारिजातसित निकै हिमचिम भएका पत्रकार लोकेन्द्र शाहलाई २०४८ साल भदौमा एम्बुलेन्सले ठक्कर दिंदा शाहको मृत्यु भएपछि पारिजातले सुकन्यालाई बोलाएर शाहका नाममा १३ दिनसम्म लामा गुरूलाई गुम्बामा बत्ती बाल्न लगाएको कुन्दा (टन्डन)ले बताउनुभयो । (पारिजातको सारथिले घर छाडिन् : गोकर्ण दयाल : 'गोरखापत्र' : २०६८, माघ ७, शनिबार)*

उनका यस्ता धार्मिक आस्थागत क्रियाकलाप स्वाभाविक रूपमै हुने गरेका थिए । तिनमा अस्वाभाविकता देखिँदैनथ्यो ।

# स्वाभिमानमा अडिग

पारिजातको आर्थिक स्थिति राम्रो थिएन । तर उनी आर्थिक अवस्थामा कमजोर भए पनि स्वाभिमानका सन्दर्भमा कमजोर थिइनन् । उनले नेपाल राजकीय प्रज्ञा-प्रतिष्ठान तथा श्री ५ को सरकार शिक्षा मन्त्रालयबाट आर्थिक सहयोग लिएकी थिइन् । तथापि आफ्नो अवस्थाको राग गाएर पैसाका लागि स्वाभिमान नै बन्धकी राख्न उनको स्वाभिमानले दिँदैनथ्यो । यसै परिप्रेक्ष्यमा झापामा सम्पन्न साहित्य सम्मेलनका तर्फबाट उनलाई दिने निर्णय भएको पाँच सय रूपियाँ उनले फर्काइदिएकी थिइन् । पछिल्लो चरणमा आफ्नो लेखको पारिश्रमिकमा रमाउने गर्थिन् । तर आर्थिक सहायता, चन्दा वा दान उनलाई कहिल्यै स्वीकार्य भएन । उनी भन्थिन् पनि–

*कमाएर खान सक्ने भएपछि र कमाएर खान सकुन्जेलसम्म कमाएर खानुपर्छ । जतिसुकै मायालु वातावरणमा पनि जतिसुकै विलासिताको जीवन बाँच्न पाए तापनि एउटा परजीवीको मानसिक सुख घाइते चरा जस्तो हुन्छ । यो मेरो भनाइ हो र कहिलेकाहीँको अनुभव पनि । पैसालाई घाँसभित्रको सर्प ठान्ने मान्छे म कुनै समय विशुद्ध रूपले परजीवी भएर बाँच्नुपरेको कटु अनुभव कहिल्यै बिर्सिंदिनँ । यो अनुभव मेरा निम्ति घाइते चराको छटपटी हो । आज म परजीवी भएर बाँच्न एकदम तयार छैन, त्यस्तो बाध्यता पर्न गएछ भने अति सम्भव छ, त्यो क्षण मेरा निम्ति जीवनमरणको प्रश्न भएर उठ्नेछ । (आज आफ्नै कुरा, पारिजात, 'युगधारा', २०४३, वैशाख १२, सोमबार)*

पारिजातले यस प्रसङ्गको उठान प्रगतिशील कवि केवलपुरे किसानले सार्वजनिक रूपमा एउटा सभामा पारिजातको आर्थिक अवस्थाको चिन्ता गर्दै 'उनलाई एकएक रूपियाँ उठाएर भए पनि सहयोग गर्नुपर्छ, उनी के खाएर, के लाएर बसेकी छिन्, हामीले सोधेका पनि छैनौं, सहयोग पनि गर्न सकेका छैनौं' भनेपछि त्यसलाई विनम्रतापूर्वक अस्वीकार गरेको सन्दर्भमा भनेकी थिइन् । उनको यति मात्र चाहना थियो, आफूले लेखेका लेखनको उचित मोल पाइयोस् । भन्थिन् पनि–

*मेरो र महाकविको स्थिति एकै होइन । महाकविलाई मर्नैपर्ने (फ्याटल) रोग लागेको थियो । निदान थिएन, के लाग्छ । अनि मैले लेखेको उचित मोल पाएँ भने मात्रै पनि जीवन धान्न सक्छु र सामाजिक काम गर्न सक्ने स्थितिमा छु । कुनैकुनै सम्पादक र*

*प्रकाशकहरूले यति पनि समझदारी राखिदिँदैनन्, त्यसैले दुःख लाग्छ । कुनै सम्पादक अङ्कैपिच्छे लेख माग्छन् र पारिश्रमिकको भने कुरै गर्दैनन् । कुनै सम्पादक उचित मूल्य दिन्छु भनी लेखाउन लगाउँछन् र पत्रिका निस्केपछि बेपत्ता हुन्छन् । आर्थिक रूपले कमजोर पत्रिकाहरूसँग मैले आजसम्म पैसा लिएकी छैन, बरू पत्रिका बेचिदिएर थप सहयोग पुऱ्याइदिएकी छु । ...जन प्रतिबद्ध लेखकहरू पेट पाल्नका निम्ति लेख्न विवश छन् भने त्यहाँ सम्पादकहरूको दृष्टि पुग्नैपर्छ । (आज आफ्नै कुरा : पारिजात : 'युगधारा' २०४३, वैशाख १२, सोमबार)*

आत्मनिर्भर हुन पत्रिकाहरूमा नियमित स्तम्भलेखनका कुरा पारिजात सगर्व बताउँथिन् । शारीरिक रूपले अन्य काम गर्न नसके पनि कलम उनको मज्जाले चल्थ्यो । उनका रचना प्रकाशन गर्न पत्रपत्रिकाहरू तयार हुन्थे । सम्पादकहरू तयार हुन्थे । यद्यपि सबै सम्पादक इमानदारीपूर्वक दिनुपर्ने पारिश्रमिक दिँदैनथे, त्यो बेग्लै कुरा हो । तर आर्थिक आत्मनिर्भरता सबैभन्दा सुख हो भन्ने उनको मान्यता थियो–

*यता केही साप्ताहिक पत्रिकाहरूको कलम सम्हाल्ने काम गर्दै छु । निकै व्यस्त छु । आर्थिक आत्मनिर्भरता जस्तो ठूलो सुख अरू हुन सक्तैन मान्छेको जातलाई, त्यसैले मैले पनि अब आफ्नो जिम्मा आफैँले लिने भएकी छु । हालसालको खुसीको कुरा यही हो । (पारिजातका केही अप्रकाशित महत्त्वपूर्ण पत्रहरू : डा. महेश मास्केलाई पारिजातको चिठी, १४ माघ, २०३९ : 'वेदना' पूर्णाङ्क ५४, २०५२ : वैशाख-असार)*

# जीवनका सुख-दुःख

पारिजात एक संवेदनशील नारी थिइन् । उनलाई नारी हुनुको गर्व थियो । पुरूषहरूप्रति पनि उनको दृष्टिकोण सकारात्मक नै थियो । हुनत उनले एकपल्ट प्रकाश ए राजसँग भनेकी नै थिइन्–

*मलाई सपार्ने पनि बाहुन हो, बिगार्ने पनि बाहुन हो । (प्रकाश ए राजसँग टेपवार्ता)*

उनलाई स्त्रीसुलभ चाहनाहरू पूरा हुन नपाएको असन्तुष्टि थियो । यस्तो थियो उनको भनाइ–

*मैले जीवनमा जेजति चाहना सँगालेकी थिएँ, कुनै पूरा हुन पाएनन् । मेरा थुप्रै आकाङ्क्षाहरूको हत्या भएको छ । कुनै प्रकृतिले, कुनै परिस्थितिले, कुनै अभिभावकले र कुनै जानअनजान आफैंले । त्यसैले मलाई कहिलेकाहीँ लाग्छ, मेरो मनभित्र अभेद्य पर्खालपछि कुनै स्वास्नीमान्छे अवश्यै छे, मेरै प्रतिरूप हो, त्यो रूष्ट छे, असन्तुष्ट छे, जसलाई सुमसुम्याउन म पाउँदिनँ । यतिका व्यस्तताहरू, कोलाहलहरू, सम्पर्कहरूबीच विभाजित मेरो सही व्यक्तित्व नै आजको म सही पारिजात हुँ । मलाई त्यो भित्रकीसँग कुनै सरोकार नै छैन । तथापि म थाहा पाउँछु, मभित्र त्यो स्वास्नीमान्छे विद्यमान छे । मैले रनवन घुम्न पाइनँ, डुल्न पाइनँ, पकाउन पाइनँ, सिउन, बुन्न पाइनँ, फूलबारी गोड्न पाइनँ, नाच्न पाइनँ भनी ऊ मसित ठुस्किरहेकी छे जस्तो लाग्छ– म आफैं बुझ्दिनँ, यो कस्तो अनुभव हो । (अन्तर्वार्ता : पारिजात : प्रस्तुति : राजेन्द्र : 'वेदना' २०४४, कात्तिक-चैत)*

उनका चाहनाहरू अनेक थिए । ती कैयौं पूरा हुन पाएनन् । तिनीहरूको भ्रूणहत्या भयो । उनी लाचार हुन विवश थिइन् । तर बेलामौकामा ती नपुगेका रहरहरू, चाहनाहरू, सपनाहरू व्यक्त भने गर्थिन्–

*ठूलो भान्साघर होस्, सामानहरू होऊन्, पकाउँदै खुवाउँदै गर्न पाए राम्रो हुन्थ्यो होला जस्तो लाग्छ । शरीरले दिंदैन, खटाएको खाइरहेछु, आजभोलि... ? विभिन्न ठाउँका ढुङ्गा बटुल्ने त्यो पनि एउटा रूचि हो । यहाँ मसँग विभिन्न ठाउँहरूका ढुङ्गा छन् । फूल सजाउनु अर्को मेरो रूचि हो । सजाएको फूल अलिकति ओइलाइसकेपछि त्यसलाई किताबमा राखेर प्रेस गरेर निकाल्ने अनि त्यसलाई शुभकामना कार्ड*

*बनाएर साथीहरूलाई पठाउने । यस किसिमका रहरहरू अनगिन्ती छन् । नाँच्ने-गाउने केटाकेटी छँदा रहर थियो, बुबाको दबाबले रोक्नुपऱ्यो । पुतली खेल्ने... ...केही समयसम्म खेलियो । स्पोर्ट्समा स्केटिङ खेल्ने साह्रै रहर थियो– सिकें । केही समयपछि त्यत्तिकै दब्यो । चेस खेलिन्थ्यो, चेसमै डुबेर बसेको भए साहित्यिक प्रगति हुने थिएन । बढी समय त म आजकाल अध्ययनमा बिताउँछु, फुर्सदमा पकाउने गर्छु । हात हेर्ने कला दुई वर्षसम्म अध्ययन गरें– धेरैको हात हेर्दा मिलाएको छु... यस्तैयस्तै अनगिन्ती रहरहरू बोकेर म जीवन गुजारिरहेकी छु... । (अन्तर्वार्ता : पारिजातसँग मोहन दुवाल : 'जनमत' २०४९, कात्तिक, पृष्ठ ३०)*

आफ्ना सुषुप्त चाहना पूर्ति गर्ने अवसर पाउँदा उनी त्यसको सदुपयोग मज्जाले गर्थिन् । उपचारका क्रममा दिल्लीमा बस्दा उनले गट्टा खेलेर समय बिताएको कुरा सुकन्यालाई लेखेको चिठीमा बताएकी थिइन् ।

पारिजात आफ्नो जीवनका सुखदुःख लुकाउने होइन, खुलस्त अभिव्यक्त गर्थिन् । उनको जीवन नै एउटा खुला किताब जस्तै थियो । उनको ढोका सबैका लागि खुला थियो । उनले कुराकानी र सीमित व्यक्तिहरूसँग मात्र होइन, लेखेरै आफ्नो जीवनका वास्तविकता, सुखदुःख व्यक्त गर्थिन्–

*मलाई यहाँ महान् रूसी उपन्यासकार दोस्तोयब्स्कीको उपन्यास 'क्राइम एन्ड पनिस्मेन्ट'को एउटा विवश पात्रको मार्मिक उद्गार बारम्बार सम्झना आउँछ । ऊ भन्छे, "हे भगवान्, मैले जीवनमा पाप-अपराध केही पनि गरिनँ । गरेकी नै भए पनि कष्ट यति भोगिसकें, अब त क्षमा भइसक्नुपर्ने हो ।" कहिले लाग्छ, यो उद्गार मेरै त होइन । मान्छे सास फेर्नुमा पूर्णविराम नलागुन्जेलसम्म अनुभूति र अर्थहरूको टुङ्गो लाग्दैन । बाँच्दै छु, अझ बाँच्नु छ, दुःखसुख दुवै पोल्टामा सँगाल्दै । (बढी दुःख झेल्ने एकथरी समूहसँग : पारिजात : धूपी, सल्ला र लालीगुराँसको फेदमा : 'सङ्कलित रचनाहरू ४', पृष्ठ ३-४)*

पारिजात उनले देखेका र अनुभूत गरेका जनजीवनको सुखदुःखलाई आफ्नो लेखनको विषय बनाउँथिन् । उनी आफ्नो जीवनका सुखदुःखलाई पनि लेखनको विषय बनाउँथिन् । उनी यो कुरा निर्धक्क भएर खुलस्त गर्थिन्–

*लेखक नै हुन्छु भन्ने राक्षस महत्त्वाकाङ्क्षा ममा थिएन । आफूलाई सन्तुष्ट पार्नका निम्ति पनि मैले लेखिनँ । आफ्नो मनको दुःखसुख पनि लेखिनँ । लेखनको यस लामो यात्रामा विभिन्न जटिलता, समस्या, व्यवधान, विसङ्गति, निरर्थकता सङ्गति, आशा, उद्देश्यबोध, उत्तरदायित्वबोध आदि अनुभव गरियो । मेरो यत्ति भन्नु छ– म आफ्नो पिरमर्का, अर्काको पिरमर्का सबै लेख्छु, जीव र जगत्सापेक्ष जीवनका वास्तविकताहरू लेख्छु... बस् । (एउटा साहित्यकारको वरपर : मान्छे समग्रमा एउटा सामान्यै मान्छे हुन् : पारिजात : 'समष्टि', २०४६ भदौ, असोज, कात्तिक, पूर्णाङ्क २०, पृष्ठ ५३)*

कहिलेकाहीँ पारिजात आफ्नो जीवन नै फगत एउटा माल भएको अनुभव गर्न पुग्थिन् । त्यो उनको निराशा थियो । मान्छेले जीवनमा अनेक हन्डरठक्कर र असफलता पाएपछि अनुभूत गर्ने त्यही निराशा त हो । चाहे आममान्छे हुन्, चाहे लेखक । आममान्छे रून्छन्, भक्कानिन्छन् । साह्रै निराश मान्छे आत्महत्या गर्नसमेत पछि पर्दैन । तर लेखक त्यसैलाई अक्षरमा ढालेर तुष्टि लिन्छ । पारिजात पनि आफ्ना निराशालाई लुकाउनेभन्दा पनि पाठकलाई बाँड्ने गर्थिन्–

*एउटा अत्याधुनिक आइडेन्टिटी लिएर बाँच्ने लोभ ममा छ । तर उत्तरदायित्वप्रति के छ पारिजात ? प्रश्न आफैँसँग । म पनि त दीर्घयन्त्रणाले गर्दा व्यक्तित्वहीन भइसकें, घटिया माल भइसकें । तर पैसा त कमाएकी छैन हैन । अँ, लेख्नुबाट सन्न्यास पनि लिएकी छैन । (गोरेटोको खोजीमा : एउटा अल्छी वर्षपछि : पारिजात : 'रूपरेखा', २०२९ साउन, पूर्णाङ्क १३५, पृष्ठ २४)*

पारिजातको जीवनको अस्त्र केवल कलम थियो । आफ्ना सुखदुःखलाई उनी कलमकै माध्यमले पस्किने गर्थिन् र आत्मसन्तोषको लामो सास फेर्थिन् । योभन्दा अर्को कुनै उपाय थिएन, अर्को विकल्प थिएन, अर्को बाटो थिएन । भन्थिन्–

*एउटा अन्धकार इनारभित्र डुबिरहेकी छु । यहाँ प्रेम, माया, अविश्वास, दुःख, विवशता, छटपटी, संस्कार र बाँच्ने लोभ जस्ता प्रवृत्तिहरूसँग म पशु स्वास्नीमान्छे क्रमशः उक्लन खोजिरहेछु । जीवनका यतिबिघ्न कम्प्लिकेसनहरूलाई पशुले मात्र सहन गर्न सक्छ । यहाँ कतै मुक्ति छ ? शारीरिक यातनाको ? मानसिक यातनाको ? जम्मामा पशुजीवनको ? कहाँ जान खोजेकी थिएँ, कहाँ आएछु । कसैले बलजफ्ती मलाई यहाँ खसालिदिएछ । यहाँ हिलैहिलो मात्र छ । अर्को शब्दमा यसलाई पतन भन्छ ।*

*उठ्न देऊ ...होइन अब याचना छैन । म आफैं उठ्छु । यी वर्गीय संस्कार पनि हो फाल्न सके फालिइन्छ । पख्नुस् दुनियाँदारी, म स्फटिकको डाँठ जस्तै पलाएर आउँछु पतनको यस अन्धो कुवाबाट । (बौलाहा मनस्थितिमा : पारिजात : 'रूपरेखा', २०२९ असोज, पृष्ठ ५१)*

पारिजातले जीवनका विभिन्न मोडमा अनेक ठक्कर खाएकी थिइन् । अपमानित हुनु पनि परेको थियो । आरोपका आक्रमण पनि बेहोर्नुपरेको थियो । तर उनले जस्तोसुकै परिस्थितिलाई पनि पचाएर आफ्नो जीवनको गतिलाई अघि बढाइरहिन् । केहीले पनि उनलाई रोक्न सकेन, पूर्णविराम लगाउन सकेन । दिल्लीमा एकपल्ट झन्डै उनी वेश्याको दलालको फन्दामा परिसकेकी थिइन् । यो पनि उनले भोग्नुपरेको जीवनको एउटा तीतो यथार्थ थियो । यो तथ्यलाई उनले सुकन्यालाई लेखेको चिठीमा उजागर गरेकी छन्–

*अस्ति अस्पतालमा एउटा मान्छेले सेक्सन अफिसर हुँ भनेर परिचय कार्ड दियो । हेल्प गर्छु यहाँ-उहाँ भन्यो । त्यसपछि मेरो पनि बस्ने ठाउँ सोध्यो । त्यसपछि तीनचारपल्ट त्यसलाई अस्पतालमा भेटें । कहिले चिया खान जाऔं भन्ने, कहिले के ! उसको कुरा मैले कुनै पनि स्वीकार गरिनँ ।*

*अस्ति त ऊ धर्मशालामै पो आएछ । हात मिलाउने निहुँले मलाई तान्न खोज्यो । कोठामा कोही थिएन । मलाई यति रिस उठ्यो सुकन्या, यो बदमासलाई काँचै खान्छु जस्तो लागेको थियो । बेस्कन आँखा फुकालेर हात तानेको त ऊ अलिकति झस्कियो ।*

*के गर्ने हगि, यहाँ दिल्लीमा सभ्यताको नाउँमा सबै हात मिलाउँछन् । पछि पो थाहा पाएँ, ऊ त साथी पनि लिएर आएको रहेछ । बाहिर पर्खन नसकेर साथी पनि कोठामा नै आयो । पछि ओमलाई त्यसको कार्ड देखाएको त्यो मान्छे त ब्रोकर पो रहेछ । स्वास्नीमान्छेको दलाल क्या ! आजसम्म डर लागिरहन्छ । तर त्यसपछि आएको छैन । (अपराजिता पारिजातका चिठीहरू : १९७४ डिसेम्बर १, सङ्कलन सुकन्या वाइबा : २०७५, बुकहिल प्रकाशन, पृष्ठ : १०३-१०४)*

जीवनमा घटेका वा घट्ने यावत् घटना-दुर्घटनालाई उनी शिक्षाका रूपमा ग्रहण गर्न तत्पर हुन्थिन् । उनलाई त्यसमा आदतै बनिसकेको थियो–

*मेरो जीवनमा जति पनि घटना भए, ती सबैले मलाई सही बाटोमा ल्याउने काम गरेका छन् । जति धोका, विश्वासघात भए, ती सबैले पनि मलाई सही मान्छे बनाउन मद्दत पुऱ्याएका छन् । विगतलाई लिएर मसँग रत्तिभर गुनासो छैन । जे भए, राम्रै भए । सबैले मलाई सुमसुम्याएर काँधमा नचढाएका भए अथवा मसँग छलकपट पनि नचलेको भएदेखि सुकन्या, म त निकृष्ट नमुनाको फोसिल र ब्याक्टेरिया भइसक्थेँ । (अपराजिता पारिजातका चिठीहरू : १९७५ फेब्रुअरी १३, सङ्कलन सुकन्या वाइबा : २०७५, बुकहिल प्रकाशन, पृष्ठ १३०)*

# पारिजात पनि रून्थिन् !

पारिजातलाई हिम्मतिली एवम् दुःखले नपिरोलिने व्यक्तित्वका रूपमा चित्रण गर्ने गरिए तापनि उनमा स्त्रीसुलभ रूनेहाँस्ने स्वभाव थियो । उनी पनि रून्थिन् । त्यसलाई सुकन्या यसरी सम्झिन्छिन्–

*अँ, रोएको सन्दर्भमा रक्सी नपिई दिउँसै झलकमान गन्धर्वको 'बाबुले सोध्लान् नि खोइ छोरा भन्लान्' भन्ने गीतमा रोएको थाहा छ । रामेशले झलकमान गन्धर्वलाई घरमा निम्त्याएर दिदीलाई नै सुनाउन उक्त गीत गाउन लगाएका थिए । अर्को घटना, माधव प्रधानले 'पहाडमा छँदा एउटा सानो घर थियो, एउटा सानो कोठेबारी हाम्रो ज्यान थियो' (गीतकार कमल तामाङको रचना र सङ्गीत) गाएर सुनाउँदा रोएकी थिई ।*

*एक साँझ निकै पिई । मैले गुनासो गरें । "मैले रहरले पिएकी हुँ र ? दुखाइ कम गर्न पिएकी" भनेर आँसु खसालेकी थिई, पुतलीसडकको डेरामा । (सुकन्यासँग टेपवार्ता)*

हरेक वर्ष तिहारमा एक दिन उनको रून्ने दिन थियो भन्ने गाइँगुइँ सुनिन्थ्यो । ललिजनको शब्दमा पारिजातको तिहारको एक प्रसङ्ग–

*...एउटा गोवर्द्धन पूजाको दिन दिदी रूनुभयो– आफ्नो अतीत कोट्याएर । "...जीलाई मैले धोखा दिएँ । त्यसैले म आफूलाई कहिल्यै क्षमा गर्न सक्दिनँ, आजको दिन मलाई उहाँको सम्झना हुन्छ । किनभने यसै दिन उहाँ हाम्रो घरमा द्यौसी खेल्न आउनुभएको थियो । र सबै गइसकेपछि उहाँ उभिरहनुभएको थियो," भन्दै दिदीले आफ्नो आँसु पुछ्नुभयो ।*

*त्यो देखेर सुकन्या दिदीले रिसाएर भन्नुभएको थियो– "तिमीलाई हामी बघिनी भन्छौं, तिमीले पनि रूनु सुहाउँछ ?" त्यसपछि दिदी पारिजातले भन्नुभयो– "म कहाँ रोएकी छु र ! आजको यही एक दिन त हो, जुन दिन म अलि भावुक हुन्छु, त्यो हुन देऊ, भोलिदेखि त फेरि सधैं झैं काममा जोतिनै पर्छ र रून्ने फुर्सद कसलाई हुन्छ ?" (ललिजन रावल : एउटा खाम : जसमा छ पारिजातको नाम : 'जनमत' पारिजात स्मृति विशेषाङ्क : २०४९/५० चैत-असार)*

# रूचि गीतसङ्गीतमा पनि

पारिजातलाई सानामा गीतसङ्गीतमा रूचि थियो । तर कठोर स्वभावका पिता डा. केएस वाइबाले प्रतिबन्ध लगाइदिएपछि उनी त्यसबाट विमुख हुन बाध्य भएकी थिइन् ।

पछिपछि त उनी पिताको अनुपस्थितिमा साथीभाइहरूसँग पनि हिन्दी गीत मज्जाले गाउँथिन् ।

प्रगतिशील साहित्यको पक्षधर भए पनि, वामपन्थी विचारलाई आत्मसात् गरे पनि– ती विचार र पथको विपरीत ध्रुवका गीतसङ्गीत पारिजातको रूचिको क्षेत्र थियो । साँझमा ती गीत सुन्दै सुत्ने उनको आदत थियो । ती गीतसङ्गीतहरू युवा पुस्ताका साहित्यकार ललिजन रावल, *अस्मिता*की सम्पादक सुसन मास्केमार्फत मगाउँथिन् । ललिजनले त्यसको खुलासा यसरी गरे–

*पारिजात दिदी सङ्गीतमा पनि त्यत्तिकै रूचि राख्नुहुन्थ्यो । रायन र रामेशको स्वर र सङ्गीतलाई नेपाली परिप्रेक्ष्यमा मन पराउने पारिजात हिन्दीका गायक मन्नाडेको स्वर ज्यादै मन पराउनुहुन्थ्यो । केएल सहगल, नुरजहाँ, लता आदिका गीत र वाणी जयरामका स्वरमा आबद्ध मीराका भजनहरू उहाँलाई मन पर्थे । ...पारिजात दिदीलाई अत्यन्तै मन पर्ने डा. हरिवंश राय बच्चनको 'मधुशाला' काव्यको मेरो प्रति उहाँले आफैं राख्नुभएको थियो । र एउटा संस्मरणमा उहाँले लेख्नु पनि भएको छ, "ललिजन रावलबाट 'मधुशाला' पच गरेकी छु ।" (सात बजेर २० मिनेट जाँदा : ललिजन रावल : पारिजात स्मृतिग्रन्थ, संस्मरण खण्ड, पृष्ठ १०९)*

युवावस्थामै सडक दुर्घटनामा दिवङ्गत लोकेन्द्र शाहलाई सम्झिने क्रममा पनि पारिजातले *मधुशाला*का पङ्क्ति उद्धृत गरेकी थिइन्–

*ललिजन रावलबाट लिएर निर्धक्क आफ्नो तुल्याएको 'मधुशाला' आज मेरो हातमा छ । आज म यहाँ त्यही अंश उद्धृत गर्दै छु–*

*छोटे से जीवन में कितना*
*प्यार करूँ, पि लुँ हाला*
*आने के ही साथ जगत् मे*
*कहलाया 'जानेवाला'*

*स्वागत के ही साथ बिदा की*
*होती देखी तयारी*
*बन्द लगी होने खुलते ही*
*मेरी जीवन मधुशाला !*

*यस्तै भयो लोकेन्द्र शाहलाई, आउन पाएको छैन जान हतारो । (लोकेन्द्र सम्साँझै कस्तो निद्रा लागेको तपाईंलाई ? : पारिजात : 'बगर' : २०४९ भदौ-कात्तिक, पूर्णाङ्क ३६)*

पारिजातको गीतसङ्गीत प्रेमलाई आफ्नो सम्झनामा सुसन मास्केले यसरी अङ्कित गरेकी थिइन्–

*एक दिन मुडमा दिदीले मलाई केही पुराना हिन्दी गीतहरू सुनाउनुभएको थियो '...ओ वसन्ती पवन पावन ना जा... रे नाजा रोको कोइ...' मैले पनि गीतमा साथ दिएकी थिएँ ...कहिलेकाहीँ दिदीको चिट लिएर बालाजुस्थित मेरो डेरामा कोही आइपुग्थ्यो । चिटमा लेखिएको हुन्थ्यो– "सुसन, पङ्कज उदास र जगजित चित्रा सिंहको नयाँ क्यासेट पाऊँ न है ।" (त्यो सम्बन्ध र सम्बोधन : सुसन मास्के : पारिजात स्मृतिग्रन्थ : संस्मरण खण्ड, पृष्ठ ६२)*

सुकन्याले पनि पारिजातको स्वच्छन्द गीतसङ्गीतमा रूचिबारे चर्चा गरिन् । पारिजातलाई मजाजका यी हरफ पनि खुब मन पर्थे–

*रास्तेमे रूकते दम लुँ यह मेरी आदत नहीं*
*लौटकर वापस चला जाऊँ यह मेरी फितरत नहीं ।*

*(अक्षरमा बाँचेकी तिमी ल्याप्चेमा आएर टुङ्गियौ : सुकन्या : पारिजात स्मृतिग्रन्थ : २०५१, संस्मरण खण्ड, पृष्ठ ९१)*

# रङ्गमञ्च र नाट्यलेखन

गोविन्दबहादुर मल्ल गोठालेको नाटक *युगको सिकार* प्रदर्शन गरिने भएको थियो । त्यसमा पारिजात अभिनय गर्न तयार भइन् । यो पारिजात पद्मकन्या कलेज पद्दाताकाको सन्दर्भ थियो । श्यामदास वैष्णवलाई नाटक निर्देशनको अभिभारा थियो । चित्तरञ्जन नेपाली पनि त्यस नाटक मञ्चन प्रक्रियामा सहभागी थिए । श्यामदास वैष्णवले पारिजातलाई कवयित्रीका रूपमा चिन्थे । पारिजातको यौवन र सुन्दरता काठमाडौंमा चित्ताकर्षक थियो । चर्चा र यथार्थमा पनि पारिजात छाएकी थिइन् । टाढाबाट सुन्दरी देखिने, उत्सुकतापूर्वक हेरिने पारिजातलाई यसरी नाट्य अभिनयका लागि तम्तयार भएर आफ्नूनजिक पाउँदा श्यामदास वैष्णव फुरूङ्गै भए ।

पारिजातलाई नाट्याभिनयका लागि पूर्वाभ्यासमा बोलाइदेखि अभिनयसम्म रटाउँदा छात्रहरूले उनी खुब दक्ष भएको बताए । उनलाई बढी घोटाउनु र रटाउनु आवश्यक छैन भन्ने भयो । हुन पनि पारिजातले रङ्गमञ्चमा राम्रो अभिनय गरिन् र प्रदर्शन सफलतापूर्वक सम्पन्न भयो ।

उनले यसरी नाटकमा अभिनय गरे तापनि लेखन विधामा कविताबाट आफ्नो सुरूवात गरिन् । कथामा अघि बढिन् । पहिलो प्रकाशित उपन्यास *शिरीषको फूल*मा मदन पुरस्कार पाइन् । तर नाट्यलेखनमा उनको खासै रूचि देखिएन । तर कविता प्रकाशनपूर्व वा उनको साहित्यिक प्रकाशनको सुरूवात हुनुअघि नै २०१२ सालतिर *सपुत* शीर्षकको एकाङ्की लेखेकी थिइन् । *(पारिजातका नाटकको समीक्षा : कृष्णप्रसाद घिमिरे, पृष्ठ ४)*

तर यो एकाङ्की न प्रकाशित भयो, न यसको संरक्षण नै ।

पारिजातको महत्त्वपूर्ण लेखनका लागि एउटा ठूलो प्लेटफर्म थियो, *रूपरेखा* मासिक । उनको *बैंसको मान्छे* उपन्यास *रूपरेखा*मै सम्पूर्ण पाठ छापिएको थियो । दार्जीलिङबाट काठमाडौं आउनुअघिका कालखण्डको आत्मसंस्मरण *धुपी, सल्ला र लालीगुराँसको फेदमा* पुस्तकाकारमा आउनुअघि *रूपरेखा*मै धारावाहिक रूपमा प्रकाशन भएको थियो । लेखनका विधामध्ये कम रचना गरिएको र त्यति चर्चा नगरिएको नाट्य विधाको एक रचना पनि *रूपरेखा*मै प्रकाशित भयो । त्यो थियो 'एक कठिन निष्कर्ष' *('रूपरेखा' : २०२३, कात्तिक, पूर्णाङ्क ६६) ।*

सुरुमा यो नाटक रेडियो रूपकका रूपमा *रेडियो नेपाल*बाट प्रसारण भएको थियो । पछि *रूपरेखा*मा '*रेडियो नेपाल*को सौजन्यबाट प्राप्त' पादटिप्पणीसहित प्रकाशन भएको थियो । हुनत उनले *रेडियो नेपाल*का लागि पाँचछ ओटा रेडियो नाटक लेखेकी थिइन् । *(साहित्यमा बहुदलपूर्व र अहिले खास परिवर्तन छैन : पारिजातसँगको अन्तर्वार्ता : 'जनदीप' २०४९ : पृष्ठ ३१)*

ती नाटक लेख्नुको उद्देश्य त्यसबापत पाइने पारिश्रमिक मात्रै थियो । आर्थिक सङ्कट टार्न उनले रेडियो नाटक लेखी पठाउँथिन् र ती प्रसारित हुन्थे । तर नाटक लेखन उनको रूचिको विधा थिएन ।

नेपाली साहित्यमा पत्रकारिता र उपन्यासका माध्यमले योगदान दिने सुश्री आशा सिंह *(श्रीमती आशा शाह)*को *सिम्रिक* पत्रिकामा पारिजातको अर्को एकाङ्की *अँध्यारोको नदी* प्रकाशन भयो । *(पारिजातका नाटकको समीक्षा : कृष्णप्रसाद घिमिरे, पृष्ठ २३)*

*रेडियो नेपाल*का लागि लेखिएको अर्को एकाङ्की, रेडियो रूपक *आफ्नो रात ('झङ्कार' मासिक : २०२८ असोज, वर्ष १३ अङ्क ३) रेडियो नेपाल*को मुखपत्रमा प्रकाशन भयो ।

२०३६ सालमा बहुदलको समर्थनमा भएको ऐतिहासिक सडक कविता क्रान्तिमा सक्रियतापूर्वक भाग लिने कविमध्ये एक शैलेन्द्र सिंखडाले नाट्याभिनय र प्रहसनकारितालाई पछि आफ्नो करिअरका रूपमा विकास गरे । यिनै कलाकार शैलेन्द्र सिंखडाले मञ्चनहेतु पारिजातसँग एउटा नाट्यकृति *एक जोडी अन्तराल* २०४३ सालतिर लिएका थिए । तर त्यसको विषयवस्तु र विचारका कारण पञ्चायती राजमा त्यो मञ्चन गर्न सकिने अवस्था भएन । तर जब २०४६ सालको आन्दोलनले पञ्चायती व्यवस्थालाई बिदा गरेर बहुदलीय व्यवस्थाको सुरू गर्‍यो, तब यो नाटक मञ्चनको तरखर थालियो । रिहर्सल सुरू भयो । यसैबीच पारिजातको स्वास्थ्यमा आएको गडबडीले नाट्यमञ्चनमा लाग्नेहरू एकाग्र भएर मञ्चनको तयारीमा लाग्न सकेनन् । बरू उनको उपचारका लागि सहयोगमा लागे । पारिजातको यस नाटकले मञ्चन हुने अवसर पाएन । उनको देहान्तपछि यो नाटक मञ्चनका लागि शैलेन्द्र सिंखडा र नाट्य टोली उत्साहित भएनन् । पछि यो नाटक विमल भौकाजीको सम्पादनमा प्रकाशित *घुर्येत्रो त्रैमासिक (२०५६ वैशाख-जेठ : वर्ष २, अङ्क १ तथा पूर्णाङ्क ७)* मा प्रकाशन भयो । विमलले यो नाटक मञ्जुल र रायनको रोहवरमा शैलेन्द्र सिंखडाबाट लिएर प्रकाशन गरेका थिए ।

यी सबै उपलब्ध नाट्यकृति *पारिजातका नाटक*का रूपमा कृष्णप्रसाद घिमिरेको सम्पादनमा पारिजातको मृत्योपरान्त प्रकाशन भयो ।

# लोकप्रियता र हठ

पारिजातको लोकप्रियता *शिरीषको फूलले* उचाइमा पुऱ्याएको थियो । उनी नेपालीभाषी जगत्मा सर्वत्र छाएकी थिइन् । उनका कृति रूसमा पढ्न गएका विद्यार्थीहरूले आलोपालो गरी झुत्रो हुने गरी हातहातमा लैजान्थे । ठाउँठाउँमा उनी भ्रमणमा जाँदा गोष्ठी, छलफल, जमघटको आयोजना हुन्थे । भेट गर्न मात्र चाहनेहरूको पनि लर्को लाग्थ्यो । राजनीतिक रूपमा उनले आफ्नो धार र मार्ग प्रगतिशील साहित्यलाई रोजे पनि विपरीत विचारधाराका साहित्यकार, पाठकहरू पनि उनको आगमनमा झुम्मिने गर्थे, पत्रकारहरू अन्तर्वार्ता लिन थाल्थे ।

एकपल्टको घटनालाई निर्मल लामाले यसरी सम्झिए–

*म त्यसताका अन्डरग्राउन्ड थिएँ । मलाई पारिजात दिदीले खबर गर्नुभयो– "म दार्जीलिङ जाँदै छु । भेट्ने भए त्यहीँ आउनुस् ।" हामी दार्जीलिङ जाँदै थियौं । कालिम्पोङको तीनधारे भन्ने ठाउँमा विद्यालय बन्द गरिएका थिए । बाटामा हजारौं सङ्ख्यामा मानिसहरूको दोहोरो भीड लागेको थियो । त्यही दिन बङ्गालका मुख्यमन्त्री ज्योति बसु पनि त्यसतर्फ जाँदै रहेछन् । हामीले सोच्यौं– ज्योति बसुलाई स्वागत गर्न बसेको हो त्यो जमात । हामी एउटा जिपमा गइरहेका थियौं । हामी तीनधारे पुग्यौं । हातमा फूलमाला र खादा लिएर ती मानिस पारिजात दिदीको स्वागत गर्न बसेका रहेछन् । उनीहरूलाई बङ्गालका मुख्यमन्त्री त्यहाँ निरीक्षण गर्न आउने कुरा थाहै रहेनछ । (स्वागत प्रतीक्षा : पारिजातको : निर्मल लामा : 'जनमत' पारिजात स्मृति विशेषाङ्क : २०४९-५० चैत-असार, पृष्ठ ६६)*

लोकप्रिय हुँदाहुँदै पनि पारिजातका कमजोरी पनि थिए । उनी बेहद हठी थिइन् । त्यो हठ हदैसम्मको दह्रो र नलच्किने खालको हुन्थ्यो । मोदनाथ प्रश्रितसँगको साइलक काण्ड यस्तै हठधर्मिताको चुली थियो । बैठकले पास गरेको कुरा पनि उनले स्विकारिनन् । सबले हात जोडेर शब्द फिर्ता लिन अनुनयविनय गर्दा पनि उनले सुन्दै सुनिनन् । रघु पन्तले यस्तो लेखे–

उहाँले मोदनाथ प्रश्रितलाई सेक्सपियरको नाटकको एउटा क्रूर र लोभी पात्र साइलकसँग दाँजेर सार्वजनिक बयान दिएपछि त्यो विवाद वर्षौं लम्बियो । रमेश विकल, खगेन्द्र सङ्ग्रौला, निनु चापागाईं र मैले लेखक सङ्घको बैठकमा हात जोडेर पारिजातलाई उक्त शब्द फिर्ता लिने आग्रह गऱ्यौं । तर पारिजात मान्नुभएन । चाबहिलमा भएको उक्त बैठकमा पहिलोपल्ट जीवनमा पारिजातको हठको चरम रूप देखेको थिएँ र शास्त्रमा वर्णित स्त्रीहरूको व्याख्याको सम्झना मलाई भएको थियो । (बिरानो यात्रामा हिंडिन् पारिजात : रघु पन्त : 'जनमत' पारिजात स्मृति विशेषाङ्क, पृष्ठ ५८)

# चलचित्र निर्माणको अधुरो सपना

पारिजातको शेषपछि अनेकौं विवाद र समस्या हुँदा पनि *शिरीषको फूलको* चलचित्र निर्माण भयो । तर पारिजातको जीवनकालमा उनी लिखित कथामा आधारित चलचित्र निर्माणका लागि तयारी भएको थियो । तर त्यो योजना एउटा बिन्दुमा गएर अड्कियो । आफ्नो जीवनकालमा त्यो चलचित्र बनाउन उनले खुबै चाह गरेकी थिइन् । छलफल भयो । बैठक भयो । तर त्यत्तिकै भयो । चलचित्र बनेन ।

चलचित्र निर्माणका लागि भएका बैठकमध्ये अन्तिम बैठक २०४७ साउन ८ मा पिस इन्टरनेसनल म्यानपावर एन्ड ओभरसिज इम्प्लोइमेन्टका चेयरम्यान निर्मल लामाको निवास पाटनमा भएको थियो । प्रसिद्ध गायक सङ्गीतकार गोपाल योञ्जन, गोपाल भुटानी, अग्निराज श्रेष्ठ, नगेन्द्र शर्मा, डा. टासी लामा, श्रीमती नोर्बु लामा, अमृत योञ्जन, रेख ब्लोन र स्वयम् पारिजात बैठकमा थिए ।

त्यो फिल्मको कथा पारिजातको थियो । उनले *साल्गीको बलात्कृत आँसु* सङ्ग्रहमा रहेका 'सइसको चिठी' र 'साल्गीको बलात्कृत आँसु' दुई कथालाई एउटै कथासूत्रमा बाँधेकी थिइन् । र सिङ्गो एक कथाको स्वरूपमा ढालेकी थिइन् ।

उक्त बैठकका विषयमा पारिजातले स्वयम् यसरी सम्झना गरिन्–

*...हामीलाई आज छलफल गर्नु छ, एउटा मार्मिक फिल्म स्क्रिप्टको बारेमा । साउन महिनाको साँझ सोह्र शृङ्गार गर्दै छ । निर्मल लामाजी भन्नुहुन्छ– "ल सगुन राखौं अब... ।"*

*म विरोध गर्दै भन्छु– "होइन लामाजी, सगुनको औपचारिकता नगरौं, पहिले छलफल नै गरौं, साँझ पनि परिसकेको छैन, स्क्रिप्ट लामो छ, सगुनले बाधा देला... ।"*

*मेरो कुरा बीचैमा काटेर उहाँ भन्नुहुन्छ– "होइन हाम्रो जातिमा शुभकार्य सगुनबाटै सुरू हुन्छ, यसले केही बाधा पुऱ्याउँदैन ।"*

*एकछिन वादविवाद चल्छ र निर्णय हुन्छ, सगुन पनि लिँदै जाने, छलफल पनि गर्दै जाने । म मज्जासँग अल्पमतमा पर्छु । कुलदीप योञ्जन मलाई सोध्छ– "नाना, के लिनुहुन्छ ?"*

*"अलिकति भोड्का राख न ...हेर आज सारा बोतल तिम्रो कन्ट्रोलमा है ?"*

ऊ हाँसेर समर्थन जनाउँछ । ससेज, पापड, पकौडा, सितनहरू आउन थाल्छन् । नशा सँगसँगै स्क्रिप्ट पढ्न सुरू हुन्छ । म भूमिका बाँध्छु र भन्छु– "यसलाई यसरी प्रस्तुत गरिनुपर्छ, जुन चलचित्र नेपाली परिवारले सँगै बसेर हेर्न पाऊन् । दृश्य जस्तो भए पनि कलात्मक प्रस्तुति हुनुपर्छ । फिल्म एकदम सफासुग्घर हुनुपर्छ ।"

सबै मलाई आश्वस्त पार्छन्– "फिल्म तपाईंको चाहनाअनुसार हुनेछ ।"

स्क्रिप्टका निम्ति हामीले प्रशस्त मिहिनेत गरेका थियौं । एउटा उत्पीडित जातिको मार्मिक जीवनगाथा जसको चित्रणमा रूढिविरोधी प्रगतिशील भावको पनि सङ्केत रहेको होस् । यस्तै थियो, निर्देशक र प्रोड्युसरहरूको आग्रह भनौं अथवा माग । यो कथानकका निम्ति उहाँहरूले मलाई केही अग्रिम पारिश्रमिक पनि दिइसक्नुभएको थियो । उहाँहरूको आग्रहलाई शिरोपर गरी मैले मेरो तेस्रो कथा सङ्ग्रह 'साल्गीको बलात्कृत आँसु'मा सङ्कलित 'सइसको चिठी' र 'साल्गीको बलात्कृत आँसु'को चयन गरें । दुवै कथाहरूलाई एउटै कथासारमा बाँधें । र प्रस्तुतिको खाका तयार पारिसकेपछि लेखक-सम्पादक अमृत योञ्जन र कवि रेख ब्लोनलाई संवाद लेखनको कार्यभार लिइदिन आग्रह गरें । उनीहरू अभिरूचिका साथ संवाद लेख्न तयार भए ।

यसरी यो कथासार सुरू हुन्छ तीन जनाको छलफलद्वारा । म 'सइसको चिठी' अमृत योञ्जनको हातमा सुम्पन्छु र 'साल्गीको बलात्कृत आँसु' रेख ब्लोनको हातमा ।

मेरो भूमिकापछि अमृत योञ्जन संवाद पढ्न थाल्छन् । सिन्धुपाल्चोकको एउटा गाउँ, सइसकी नवविवाहित स्वास्नी रूपसाङ एउटा चिठी बोकेर हतारहतार हिँडिरहेकी छे... त्यसपछि फ्लासब्याक । घरमाथिको काको म्हेन्दोको रूखबाट रूपसाङ बिदा गरिरहेकी छे, काठमाडौंमा काम गरिखान गइरहेको लोग्नेलाई । उसका आँखाभरि आँसु छ, पटुकीको छेउले पुछ्न थाल्छे । संवाद अघि बढ्छ घटनाहरूको व्याख्यासहित । सबै गम्भीर देखिन्छन् । यस्तैमा केही क्षण बत्ती जान्छ । तर पाँच ओटा मैनबत्ती बालेर संवाद पढ्ने काम अघि बढ्छ ।

अब पालो आउँछ रेख ब्लोनको । उनी घटना व्याख्यासहित संवाद पढ्न थाल्छन् । कानपुरको एउटा वेश्यालय, अस्तव्यस्त भइसकेको साजशृङ्गार, असिनपसिन हुँदै रूपमहल नेपाल नाउँले परिचित साल्गी झ्यालको डन्डी बङ्ग्याउन असम्भव प्रयास गरिरहेकी... त्यसपछि फ्लासब्याक । सिन्धुपाल्चोकको उही गाउँ, रैथाने चराहरूको बोली, लस्करी बाख्रीको मे...र माली गाईको बाच्छीको आ...बाँ... दुधिलोका हरिया पातहरू टल्किरहेका... ।

सबैलाई पेय पदार्थको भन्दा दुःखद कथासारको नशा बढी लागिरहेको भान हुन्छ । गोपाल भुटानी र नोर्बु गम्भीर मात्र होइन, व्यग्र पनि देखिन थाल्छन् ।

मेरो कला फिल्मको प्रबल चाहनाबाट सबै अवगत भइसकेका थिए । म 'कस्तो छ ?' भन्दै पालैपालो सोध्न थाल्छु । यसो हेर्छु, सबै प्रभावित नै छन् । केही बेरपछि गोपाल योञ्जनले मेरो जिज्ञासालाई ध्यानमा राख्दै भन्यो– "हेर नाना, यो फिचर फिल्म

*भयो । दृश्य, संवाद, प्रस्तुति सबै सुन्दर छन् । तर यसलाई फिल्माङ्कन गर्ने क्यामेरा नेपालमा उपलब्ध छैन । घटीमा ३० लाखको बजेट चाहिन्छ ।"*

*गोपाल भुटानी सही थाप्छन् । यस सिने प्रविधिबारे हामीले सोचेका थिएनौं, मलाई त ज्ञान नै थिएन । मलाई अलिकति दुःख लाग्नु स्वाभाविक थियो ।*

*गोपाल योञ्जन फेरि भन्छ– "यसलाई सटकट गरेर फिल्माङ्कन गर्न सकिन्छ ।"*

*"अनि यस्तै भएन भने ?" म प्रश्न राख्छु ।*

*आखिरमा गोपाल योञ्जन मलाई आश्वस्त पार्छ– "तिमी पिर नगर । तिम्रो कथासारको आत्मालाई आधा इन्च पनि तलमाथि नपारी फिल्म छोट्याउन सकिन्छ । विश्वास गर, तिम्रो कथाको आत्मा कदापि मर्नेछैन ।"*

*म आश्वस्त हुन्छु । फिल्मबारे चर्चापरिचर्चा गर्दै सबै सगुन लिन अथवा थप्न थाल्छन् । समय निकै गइसकेको छ । (मेरो समय ! जीवनावधिसँग तिमी कन्जुसी नगर : 'उपहार' : २०४८ वैशाख, पृष्ठ २९-३०)*

यसरी छलफल भएर तयारी भएको उनका पुस्तकका पानाका अक्षरमा रहेका कथाहरूलाई पर्दामा पुऱ्याउने जमर्को, महत्त्वाकाङ्क्षालाई उनले आफ्नो जीवनकालमा सफलीभूत भएको हेर्न पाइनन् । उनको कला फिल्म अर्थात् आर्ट फिल्म निर्माणको अदम्य इच्छा सेलाएर गयो ।

तर पछि साल्गी नाममा 'साल्गीको बलात्कृत आँसु' कथामा आधारित चलचित्र निर्देशक बद्री अधिकारीको निर्देशनमा सुदर्शन श्रेष्ठले निर्माण गरे । उक्त चलचित्र पुरस्कृतसमेत भयो ।

# पारिजात, महाकवि देवकोटा र गोपालप्रसाद रिमाल

पारिजातले महाकवि लक्ष्मीप्रसाद देवकोटालाई आफ्नो जीवनकालमा एकपल्ट मात्र देख्ने मौका पाएकी थिइन् । उनले देवकोटासँगको सम्झनालाई सधैं आफ्नो मनमा सँगालिराखिन् । उनले लेखेकी थिइन्–

*महाकवि देवकोटालाई उहाँको मृत्यु हुनु झन्डै सात दिनअघि शान्त भवन हस्पिटलमा संयोगवश प्रथम र अन्तिमपल्ट भेट्ने (देख्ने) मौका पाएकी छु । मलाई उहाँका बुझिने कविताहरू मन पर्छन् । एकपल्ट मदन मेमोरियल स्कुलको सातौं कक्षाका नानीहरूलाई उहाँको 'पुतली' शीर्षक कविता बुझाउन सकिनँ । पछिबाट पाठ्यपुस्तकलाई कम्प्लेन गरें, देवकोटालाई होइन । पद्मकन्या कलेजको आइए टर्मिनल जाँचमा 'के नेपाल सानो छ ?' निबन्धलाई यथार्थवादी लेखकको भावुकता भनी कडा आलोचना लेखेपछि प्रा. शेषराज रेग्मीबाट विशेष प्रशंसाका साथ आफ्नो पूरा नम्बर पाएकी थिएँ । (एउटा विसङ्गत संस्मरण : पारिजात : 'रूपरेखा', २०२७ मङ्सिर, पूर्णाङ्क ११५, पृष्ठ ६३)*

उनको मत थियो, देवकोटाको चाहिनेभन्दा बढी पूजा भइसक्यो । प्रत्येक पूजामा उनको मानवतावादलाई आहुति दिइन्छ । त्यसैले देवकोटा बोधगम्य हुन नसकेका हुन् । देवकोटाको चाहिँ पूजा गरियो । तर उनका महान् सन्देशहरूको उपेक्षा भयो । महाकवि देवकोटा उनका नाउँमा ठुल्ठूला नक्कली आँसुहरू बगाऊन् भन्ने चाहँदैनथे होलान् । बरू उनी बाँचेर सङ्घर्ष गरौं भन्ने चाहन्थे होलान् ।

देवकोटाप्रति पारिजातको यस्तो इमानदार धारणा थियो; सधैं यही धारणा रहिरह्यो ।

एकपल्ट आइए पढ्दाताका उनी कलेजबाट घर आउँदा बाबुलाई एक जना सज्जनसँग बहस गरिरहेको भेटिन् । पछि उनले थाहा पाइन्, ती व्यक्ति जीवन बिमासम्बन्धी कामले आएका रहेछन् । अनि त्यस बेलाका रसियाली प्रधानमन्त्री बुल्गानिनका सम्बन्धमा बहस गरिरहेका थिए उनका बाबुसँग । पारिजातले चाल पाइन्– बेसुरापन थियो उनका कुराहरूमा । त्यो व्यक्ति अरू कोही नभई आधुनिक कवि गोपालप्रसाद रिमाल हुन् भन्ने पारिजातलाई पछि मात्र थाहा भयो । पारिजातलाई अनौठो

लागेको थियो । त्यस बेलाको रिमालको आवेशपूर्ण अनुहारलाई पारिजातले कहिल्यै भुल्न सकिनन् । रिमाल मानसिक रूपले अलि अस्वस्थ भएको बेला थियो त्यो । तर पछि उनी ठीक भए । अनि उनको '...प्रति' कविता प्रकाशन भयो । यो कविता प्रकाशन भएपछि पारिजातले आफ्ना साथीहरूलाई भनिन्– मलाई यो कविताको एउटा काउन्टर दिन मन लागेको छ । यो उनले बिए पास गरिसकेपछिको कुरा थियो ।

साँच्चै उनले त्यस कविताको काउन्टरमा कविता लेखिन् '...प्रतिका प्रति...' । यो कविता लोकराज बरालले *शक्ति* नामक पत्रिकामा छपाइदिए । त्यो कविता प्रकाशन हुँदा रिमालको स्वास्थ्यस्थिति पुनः खराब भइसकेको थियो, उनी बेसुरा भइसकेका थिए । रिमालको '...प्रति' कविता यस्तो थियो–

*ओ युवती, ओ रूपवती !*
*तिमीसित मेरो घामपानी जस्तो मिलन भयो*
*तिमीलाई सम्झना होला*
*हामी बादल जस्तै गुट्टमुट्ट पनि भएका छौं*
*त्यो बादलमा इन्द्रधनु पऱ्यो*
*झरी लाग्यो, हुरी आयो*
*अनि हामी आकाश जस्तै सङ्ला पनि भयौं*
*तिम्रो गहिराइमा, तिम्रो गम्भीरतामा, ओ सुन्दरी*
*मेरो उत्ताउलो उचाइ हराएको छ*
*हामी रोएका छौं, हामी हाँसेका छौं*
*तर आजको होसले ती सब कुरालाई*
*खल्लो तुल्याइरहेछ*
*त्यो जोसमा यो होस हुनुपर्ने*
*मैले 'म तिमीलाई प्रेम गर्छु' भन्नुको सट्टा*
*'म तिमीलाई गर्भाधान गरिरहेछु' भन्न सक्नुपर्ने ।*
(१)
*ओ युवती, ओ रूपवती !*
*प्रेम त जङ्गलमा पनि हुन्छ*
*यो गाउँघरमा, यो सहरमा*
*प्रेम मात्र पर्याप्त छैन*
*यहाँ स्वस्थ स्पष्ट गर्भाधान हुनुपर्छ*
*यहाँ बुद्ध जन्माउनुपर्छ, यहाँ लेनिन जन्माउनुपर्छ !*
*छोराछोरीको अनुहार जस्तो अर्को कुनै*
*आफू देखिने ऐना छ ?*
*यहाँ आत्मदर्शन हुनुपर्छ !*

(२)
ओ युवती, ओ रूपवती !
अर्को चोटि तिमीलाई भेट्दा
म तिमीलाई सोझै भन्नेछु,
'म तिमीलाई गर्भाधान गर्छु'
तिमीसित भेट नभए तिमी जस्तै गरी
उत्ताउली
तिमी जस्तै गरी
निन्याउरी
भएर मेरो मन तान्न सक्ने अर्की
कुनै युवती, कुनै रूपवतीलाई
म बलियो भएर त्यसै भन्न सक्ने
होसमा छु–
'म तिमीलाई गर्भाधान गर्छु' ।

अनि पारिजातको काउन्टर वा भनौं प्रत्युत्तर यस्तो थियो–

साँच्चै प्रेम यहाँ पर्याप्त छैन
'म तिमीलाई प्रेम गरिरहेछु'
यो भनाइ साँच्चै प्रस्ट भएन
प्रेमको पराकाष्ठामा अवश्य सत्य प्रकट हुनुपर्ने हो
प्रेमको प्रत्यक्ष फलस्वरूप मैले गर्भाधान पाउनुपर्ने हो
आफ्ना आत्माको अनुहार आफ्नै छोराहरूमा हेर्नुपर्ने हो ।

अँ, मैले यथार्थका पुतला
बुद्ध, लेनिन र गान्धी जन्माउनुपर्ने हो
तर म प्रेमको यथार्थलाई
मातृत्वको आदर्श दिन सक्तिनँ
कुहेको भातका लागि
भुस्याहा कुकुरसँग लडाइँ गर्दै
छिँडीमा जन्मेको, अभागी वृद्धलाई
म आत्मशान्ति पिलाउन सक्तिनँ नै ।

नालामा जन्मेको मेरो

*वृद्ध छोराको मुक्तिप्रति भावुकता उगेल्न सक्ला*
*सत्यको प्रकटस्वरूप गर्भाधान दिने ए मेरा प्रियतम !*
*जन्मँदै रोगी र कलङ्कको टीको लगाएको मेरो लेनिन*
*म केवल आत्मभर्त्सनाको अनुहार देख्न सक्छु*
*आफ्ना अनुहारमा सान्त्वना बढाउन सक्तिनँ ।*
*भो ! यथार्थका टुकडा*
*मेरा अभागी, बुद्ध, लेनिन र गान्धीलाई*
*अपवादबाट बचाउँछु*
*जिउँदै लगेर म फोहोर पानी बग्ने नालामा*
*होम्न पनि सक्तिनँ,*
*मैले त्यसैले प्रेमको स्पष्ट यथार्थभन्दा*
*अस्पष्ट आदर्श बनाउनुपर्ने हो ।*

*('शक्ति' : १ पुस, २०१७; पारिजातका कविता : सं. डा. ईश्वर बराल, साझा प्रकाशन : २०४४, पृष्ठ ५-६)*

रिमालसँग पारिजातको दोस्रो अदृश्य मुठभेट भद्रकालीमा भयो । रिमाल बेसुरा थिए । पारिजात आत्तिइन् र छारतोष ठोकेर भागिन् । त्यो क्षणलाई उनले पछि यसरी शब्दमा उतारिन्–

*त्यसपछि जीवनमा दोस्रोपल्ट मैले उहाँलाई भद्रकालीको सुनसान सडकमा मेरो पछि आइरहनुभएको देखें । त्यस बखत म मदन मेमोरियलमा पढाउन जान्थें । वारपार सडकमा कोही थिएन, आभास हुन्थ्यो, उहाँ आफ्ना पाइलाहरूलाई छिटोछिटो बढाइरहनुभएको छ । अचानक उहाँले पूरा आवाज खोलेर सायद कविता बोल्नुभयो, "किनभने यो मेरो देश हो" एकै टुक्रा सम्झिने मौका पाएँ । साथीसङ्गतीहरूसँग बसेर चर्चा गर्नुपर्ने हाम्रो मन परेको कवि रिमाल, उहाँको विक्षिप्तपन, मेरो भय, अहिले यो संस्मरण नै कति रसिलो लाग्छ । म अन्धाधुन्ध भागेर नयाँसडकको ढोकामा पुगेकी थिएँ, असिनपसिन अवस्थामा ।*

*"ऊ आँधी भएर आउनेछ, तिमी पात भएर उसलाई पछ्याउनेछौ ।"*

*"नदी पारि तार्दाको लयमा म आफ्नो पिर लेखिदिन्थें ।"*

*"पूर्णेको जूनलाई किन पर्खेको, भेट्ने उनैलाई हो क्यार ! तिमी उनलाई उनकै औंसीको रातमा भेट ।"*

*अब यी कविताका हरफहरू, साथीहरू र कलेजका दिनहरू सब विस्मृत भइसके । (एउटा विसङ्गत संस्मरण : पारिजात : 'रूपरेखा' : २०२७ मङ्सिर, पूर्णाङ्क ११५, पृष्ठ ६४-६५)*

त्यसपछि गोपालप्रसाद रिमालसँग उनको भेट भएन ।

# पारिजातको साहित्यिक दृष्टि

# आलोचकीय दृष्टि

पारिजातले कुनै समालोचनाको पुस्तक लेखिनन् । समालोचना पनि खासै लेखिनन् । तर उनमा समालोचकीय चेत थियो । उनले पुस्तक समीक्षा पनि थोरै मात्र लेखिन् । तर आफ्ना स्तम्भ र चिठीपत्रहरूमा उनले आलोचनात्मक धारणा सधैंजसो व्यक्त गरिरहिन् । उनी रचनालाई केलाउँथिन् । त्यसबारे आफ्नो धारणा राख्थिन् । कुनै पुस्तक मन पर्नु र नपर्नुको सन्दर्भ उल्लेख गर्दा पनि उनको आलोचनात्मकता देख्न सकिन्थ्यो । उनले विभिन्न पुस्तकमा भूमिका लेख्ने क्रममा पनि आफ्नो आलोचकीय दृष्टिकोण प्रस्तुत गर्थिन् । उनको समग्र साहित्यिक छविमा आलोचनात्मक व्यक्तित्व प्रस्ट नदेखिए पनि आलोचनात्मक चेत थियो । रचनालाई हेर्ने आलोचनात्मक दृष्टि थियो ।

लेखनका क्रममा यस्ता आलोचकीय धारणा मौका पाउँदा प्रस्तुत गरिहाल्थिन् । निर्भीक किसिमले आलोचनाको झटारो हान्थिन्–

*'रूपरेखा'मा प्रकाशित ठाकुरप्रसाद पराजुलीको आधुनिककालसम्बन्धी लेख पढिसकेपछि यस्तो लाग्यो, 'रूपरेखा'ले आफ्नो स्तर उठाइसकें भनेपछि पनि उक्त कमजोर लेख छापेर कागज भर्नु... अनौठो लाग्छ । क्षमा गर्नुस्, म समालोचक र पत्रिका दुइटैको निन्दा गरिरहेकी छैन । भर्त्सना छ, त्यो झुकावको, जहाँ मस्तिष्कले होइन, आवरणले देशभक्त बन्नु, मस्तिष्कले होइन, रक्सीको झोकले युद्ध लड्नु । (अवस्थाहीन वर्तमान : पारिजात : 'यन्त्रणा', अङ्क १ : २०२७, पृष्ठ २८-२९)*

उनी प्रगतिशील फाँटमा रहे पनि गैरप्रगतिशील रचना या कृतिमा उनको पानी बाराबार थिएन । कतिपय सन्दर्भ र कतिपय लेखकका मामलामा । उनी ध्रुवचन्द्र गौतमका पुस्तक रूचि लिएर पढ्थिन् । मदनमणि दीक्षितको *माधवी* पनि उनले रूचाएर पढेको पुस्तक थियो । त्यस विषयमा उनले मदनमणि दीक्षितसँग छलफलसमेत गरेकी थिइन्–

*...'अलिखित' जस्तो उपन्यास किनेर पढ्ने क्षमता छैन । त्यसै दिन यसका स्रष्टा ध्रुवजीलाई गुनासो पोख्न पनि भ्याइयो । पुस्तक चाँडै पाउने आश्वासन पाएकी छु ।*

*२०३७ सालदेखि मदनमणि दीक्षितसँग भेट भएको थिएन । 'माधवी' पढिसकें । उहाँसँग भेट्ने इच्छा निकै थियो । त्यसै सभामा केही कुराकानी गर्ने समय हामीले*

पायौं । मैले नागद, दानव, राक्षसहरूको जाति सोधें । त्यो उहाँले बताइदिनुभयो । साथै 'माधवी'मा गालवलाई क्रमशः लघिमामयी बनाइँदै लग्नुको अर्थ सोधें । उहाँले भन्नुभयो– गालवको लघिमा माधवीलाई प्रज्वलित पार्ने उद्देश्य हो । यस बहुचर्चित उपन्यासको कलापक्षबारे कसैले खास केही नलेखिदिएको गुनासो लेखकसँग रहेछ । मैले भनें, "यस उपन्यासको कला पक्ष सबल नभइदिएको भए गहन शास्त्रार्थ र त्यत्रात्यत्रा दार्शनिकताले जेलिएको यत्रो विराट् उपन्यास कसले पढ्न सक्थ्यो ?" (प्रेमचन्द जयन्ती : मेरा अनुभवहरू : पारिजात : 'साप्ताहिक चर्चा' : २०४१, साउन २२, 'सङ्कलित रचनाहरू' ६, पृष्ठ १२३-१२४)

त्यति मात्र होइन, पारिजातले माधवीको बारेमा छोटो तथा विश्लेषणात्मक लेख पनि लेखेकी थिइन् । माधवी उपन्यासमाथि उनको कथन थियो–

...आजको बहुचर्चित र पुरस्कृत ग्रन्थ 'माधवी'बारे केही गफसफ गरौं । अध्ययन, मनन, लगनशीलता, मिहिनेत, कला तथा कल्पनाले सिँगारिएको यो भव्य औपन्यासिक ग्रन्थका निम्ति विद्वान् लेखक मदनमणिज्यूलाई मेरो पनि साधु ! साधु ! उपन्यासमा वर्णित समाज व्यवस्थालाई हेर्ने पच्चीसौं झ्यालहरू छन् । आज म एउटाबाट मात्र चियाउँछु, मुसाले पहाडको एक कुनामा कोतरे जस्तो म प्रमुख नायक गालवबारे केही लेख्न चाहन्छु ।

एकातिर सशस्त्र युद्धरूपी विजय प्राप्त गर्दै दासहरूले वैष्णव धर्ममा आस्थावान् हुँदै आआफ्ना जनपदहरू आवाद गरिरहेका बेला, राजा शिवीको जनपदमा दासप्रथा नरहेका बेला र राजा दिवोदासले काशीमा दास विमोचनलाई अश्वमेध यज्ञबिनै सुधारवादी तरिकाले कार्य गरिरहेका बेला खुङ्खार राजर्षि विश्वामित्रले विश्वभरिमा नै अनुपलब्ध चारचार ओटा श्यामकरेग घोडाको माग गरी दास विमोचन गर्ने भयानक ढोंगी कार्यक्रमको विज्ञापन गर्छ, जुन विज्ञापनको मुनिकुमार गालव एउटा हतियार हो । विश्वामित्रको पैतालामुनि किल्चिएको गालव दासभन्दा बढी एउटा शोषित-पीडित र पराजित मात्र हो । उपन्यासको अन्त्यतिर माधवीलाई गर्भाधान दिन असमर्थ विश्वामित्रले दोस्रो व्यक्तिबाट आफ्ना निम्ति गर्भाधानको बन्दोबस्त मिलाउन ऊप्रति उठ्ने अधिकतम घृणा 'माधवी'ले ओकलेको छ, जुन घृणामा थुप्रै पाठकको पनि हिस्सा छ । यसमा लेखकको पनि हिस्सा छ कि ? प्रश्न मेरो ।

मतलब, गालव पराजित मात्र, जतिसुकै शास्त्रार्थमा उसले हराएकै किन नहोस्, उपन्यासको सुरूदेखि नै ऊभित्र आत्मविश्वास छैन । कौशिक मुनिकुमार भनिएको तथा यज्ञद्रष्टा, उच्च शिक्षित गालवलाई प्रत्येकपल्ट आफ्नो कुल मूल अवस्थामा सुवर्ण नागजयले दिशाबोध गराएको छ । मनस्थिति उथलपुथल हुँदा प्रत्येकपल्ट नामजेयबाट उसले आत्मविश्वास प्राप्त गरेको छ र आश्वस्त भएको छ । एकपल्ट नामजेयबाट नराम्रोसँग मोहित पनि भएको छ । चार ओटा छोरा जन्माउने अवधिसम्मै गालव माधवीको आङमा फुलेको सुनगाभा हो, असमर्थ मात्र हो गालव । वास्तविकता र

*परिस्थितिसँग सामना गर्ने सामर्थ ऊसँग छैन । माधवीको स्वयम् नरवाल पलायन भएको घटनाले यसलाई प्रमाणित गर्छ । यस घटनापछि ऊ एउटा विश्वासघाती अथवा फटाहा प्रेमीका रूपमा चिनिन्छ । माधवीलाई आफ्नो आचार्यको गाथा सम्झिनेले छोराहरू जन्माइसकेपछि अर्थात् प्रासादतर्फ फर्कंदा बाटामा उसले माधवीसँग चुम्बनको माग किन गर्नुपर्छ ?*

*भयानक ईर्ष्यालु जनावर हो, गालव । वास्तविकता बुझीबुझीकन पनि ईर्ष्या गर्छ । मानसिक रूपले मात्र होइन, शारीरिक रूपमा पनि ऊ अति कमजोर पशु हो । यौन आवेगलाई ऊ नियन्त्रण गर्न सक्तैन । दिवोदास प्रासादमा रक्सी खाएर उसले एउटी गर्भवती दासीलाई हातपात गर्न खोज्छ, दासीले एउटा विकल्प उसलाई दिएर आफू उम्कन्छे । माधवीसँगको सहचार्यभरि नै गलत लघुताभासको सिकार भई नै रहन्छ, कथित दास विमोचनको कार्यमा संलग्न र समर्पित गालव दास प्रथाको कट्टर समर्थक छ, जसलाई माधवीले सो केटीलाई मकैको दाना राखेर हिसाब सिकाए जस्तो अति सहज भाषामा मानिसहरू समान हुन्छन्, दासहरूको आश्रयमा जनपदहरूको मर्यादा अडेको छ । त्यसैले दासहरू हेय प्राणी होइनन् भनी सम्झाउँछे । तैपनि तत्कालै उसको मन उपर्युक्त सत्यलाई स्विकार्दैन । आफ्नो स्वयंवरमा गालवको अनुपस्थितिपछि माधवीले जुन चरम घृणा र रोष गालवप्रति प्रकट गरी, त्यो घृणा अति स्वाभाविक र सही छ । लेखकले यस्तै ढुलमुल सामन्ती मालिक र दासहरूलाई प्रस्तुत गर्दा आफ्नो अधिकतम सहनशीलता, सरल भाषा र शैलीको लगानी गर्नुभएको उपन्यासमा स्पष्ट छ । (माधवीको आङमा फुलेको सुनगाभा गालव : पारिजात : 'चर्चा साप्ताहिक' २०४१, जेठ २९ : 'पारिजात सङ्कलित रचनाहरू' ६ : पृष्ठ १४५-१४६)* २०२२ सालमा उपन्यासका लागि मदन पुरस्कारप्राप्त लेखिका पारिजातले २०३९ सालमा मदन पुरस्कार पाउने पौराणिक औपन्यासिक कृति *माधवी*माथिको समालोचनात्मक दृष्टि हरेक प्रकारले महत्त्वपूर्ण छ ।

उनी आफ्ना आलोचनात्मक धारणा निर्भीक ढङ्गले निकै दह्रोसँग प्रस्तुत गर्न हिचकिचाउन्नथिन् । उनले पूर्णविरामको *झ्यालसँगको झ्यालिन्चा* कथा सङ्ग्रहबारे लेख्दै कथालेखन पूर्णविराम लगाइदिनोस्सम्म पनि भनेकी थिइन्–

*केही जल्दाबल्दा र आकर्षक शैलीका कविता सुन्न तथा पढ्न पाएकी थिएँ मैले कवि पूर्णविरामको । 'झ्यालसँगको झ्यालिन्चा' कथा सङ्ग्रह पढिसकेपछि थाहा पाएँ, उहाँ कथाकार पनि हुनुहुँदो रहेछ । उहाँकै भनाइमा उहाँका कथाहरूलाई चिरफार गर्ने अधिकार पाठकलाई मात्र छ, अरूले गरे उहाँले कानुनको मद्दत लिनुहुनेछ । म चिरफार गर्दिनँ । तर केही प्रतिक्रिया लेख्छु । किनकि म उहाँको पाठकसम्म हुँ । मलाई कानुन लाग्दैन ।... ... कथासम्बन्धी मेरो विचार यस्तो छ– शैलीमा लेखकको आफ्नोपन हुन्छ, हुनु पनि पर्छ, नत्र सबैका कृतिहरू एकनासपनको सिकार हुन्छन् ।*

*शैलीमा आफ्नो चिनारी कायमै राखेर वृत्तिहरूलाई एकरसताबाट बचाउन सक्नु नै कथाकारको चमत्कार हो । अफसोच, 'झ्यालसँगको झ्यालिन्चा'का सारा कथा*

*शैलीगत एकरसताले ग्रस्त । पढिसकेपछि सबै कथाहरू छ्यासमिस हुन्छन्, कुनै कथा टड्कारो उर्भिंदैन । कुन कथा कुन भनी छुट्याउन गाह्रो हुन्छ । आत्मगत शैलीमा लेखिएका यी सबै कथा बरू कविता भइदिएको भए हुने थियो, मलाई त्यस्तै लाग्यो । उहाँको पहिलो कथा 'जोखिम'मा उहाँ लेख्नुहुन्छ, "हामी लोग्नेमान्छे जीवनभरि जोखिम उठाउन तयार छौं ।" त्यसो भए तपाईंले कथा सङ्ग्रह छपाएर जोखिम उठाउन तयार हुनुभएको ? तर खोइ जोखिम ? यसले जोखिम पनि त जमाएन । प्रायः कथाहरू प्रलाप हुन्, मात्र प्रलाप । आँसुको क्यानभासमा सेतो फूल कथा जस्तो लाग्यो । कथा 'चुत्र देव'मा एक ठाउँमा उहाँ लेख्नुहुन्छ– "पूजाको अर्थ त्रिमुखाको गर्धन रेट्नु होइन । पुजारीको अर्थ कसैलाई शोषण गर्नु होइन ।" हो म पनि मान्छु । तर त्यसै कथामा उहाँ के पनि लेख्नुहुन्छ भने हतियार बोक्ने मान्छे प्रगतिशील हुन सक्तैन, प्रगतिको अर्थ बुद्ध होइन, बरू युद्ध नगर्ने कथा चेतावनी हो, शोषण नगर्ने बलियो आदेश हो ।" कान खोलेर सुन्नुहोस्, पूर्णविराम ! प्रगतिपथमा युद्ध हुन्छ, हतियारहरू आपसमा टकराउँछन्, टकराउँछन्, समाजको अति सङ्घर्षलाई कडा चेतावनी र बलियो आदेशले रोक्न सक्तैन । न समाज कसैको चेतावनी र आदेशले निर्माण नै भएको थियो । यस्तै विचार राख्नुहुन्छ भने त पूर्णविराम, बरू कथालेखनमा पूर्णविराम लगाइदिनुहोस् । (चार लेखकलाई केही खस्रोमसिनु : पारिजात, 'युगधारा', २०४२, वैशाख २४ : 'पारिजात सङ्कलित रचनाहरू' ६, पृष्ठ १७७-१७८)*

उनले प्रत्यक्ष रूपमा एकपल्ट मात्र भेटेको तर अनन्त स्नेहको आँचलले छोपेको विन्ध्या सुब्बालाई उनको उपन्यास पढेपछि यस्तो प्रतिक्रिया पठाएकी थिइन्–

*हरि (श्रेष्ठ)मार्फत तपाईंको उपन्यास 'फूलहरू, पहाडहरू, धर्साहरू' दुई प्रति पाएँ । साह्रै राम्रो लाग्यो । उपन्यासमा आफ्नो कलापक्षलाई यस्तरी निर्वाह गर्न सक्नुहुन्छ होला जस्तो लागेको थिएन । कथाहरूमा भन्दा तपाईं उपन्यासमा सफल हुनुभयो । यस्तो अरू लेखकलाई कमै हुन्छ । कथामा त सफल हुन्छन् । तर उपन्यासमा गाह्रो पर्छ । दुवै पक्ष बेस्कन सर्कुलेसनमा छ तपाईंको । (विन्ध्या सुब्बालाई पारिजातको पत्र : 'फूलहरू, पहाडहरू, धर्साहरू' पुस्तकको पछिल्लो गाता : जनपक्ष प्रकाशन, सन् २००९)*

पारिजात लेखक कविहरू सुस्ताउँदा, नयाँ रचनासहित झुल्किँदा ती नवीन रचनामाथि पनि सटीक टिप्पणी खुलेर गर्न रूचाउँथिन्–

*यथास्थितिवादका कट्टर विरोधी कवि कृष्णभक्त श्रेष्ठलाई धेरै वर्षपछि 'गरिमा'मा झुल्किएको देखियो । उनका कविता ती पुरानाभन्दा कुनै अर्थमा पनि कम छैनन् । बरू विद्रोहको आवाज अझ प्रखर भएको छ । अब भीम दर्शन रोका पनि समयको अन्तरालपछि कुहिरो फटाएर निस्किँदै छन् ।... मनोवैज्ञानिक आधारशिलामा कथा लेख्ने भनी प्रसिद्ध रहेका कथाकार गोविन्दबहादुर गोठाले आउँदै छन् 'गरिमा'बाट नै । हेर्नु छ, समयको अन्तराललाई उनले आफ्नो कथामा कति सन्तुलित राख्नेछन् । युगीन अनिवार्यता त उनीबाट पनि अपेक्षा राख्नैपर्छ । कारण 'कृष्णे र खुकुरी' जस्तो फ्यान्टास्टिक कथा हाम्रा निम्ति त हास्यास्पद नै छ र हुने पनि छ । (सुत्ने लेखक कलाकारलाई : पारिजात, 'युगधारा' : वर्ष ४, अङ्क १३ : २०४२, माघ २१)*

# पारिजात र आयामेली त्रिमूर्ति

नेपाली साहित्यको इतिहासमा आयामिक आन्दोलन दार्जीलिङबाट सुरू भयो । यसका प्रवर्तक तीन लेखक थिए– इन्द्रबहादुर राई, ईश्वर बल्लभ र बैरागी काइँला । इन्द्रबहादुर राई दार्जीलिङका रैथाने थिए । रैथाने नै रहे आजीवन । बैरागी काइँला विद्या आर्जनका लागि दार्जीलिङ पुगेका थिए । र पढाइपछि फर्किए । ईश्वर बल्लभ बरालिन पुगेका थिए, उतै बिहे गरे र अन्ततः काठमाडौं फर्किए । अनि काठमाडौंमै जीवन बिताए ।

पारिजातको आयामेली लेखनप्रति वितृष्णा थियो । उनी भन्थिन्, "आयामेली भेलमा बगेर आउने धेरै कवि-कथाकारलाई त म साहित्यकार नै मान्दिनँ । अर्थहीन कुरा लेख्छन्, ढोङ गर्छन् ।" उनले त आयामेली साहित्यको सामयिक मृत्यु भइसकेको घोषणै गरिदिएकी थिइन् ।

यी तीन त्रिमूर्तिमध्ये ईश्वर बल्लभ र इन्द्रबहादुर पारिजातको कोपभाजनको सिकार बने । बैरागीप्रति भने पारिजात खासै नकारात्मक भइनन् ।

ईश्वर बल्लभले २०२३ सालमा *शिरीषको फूल* उपन्यासबारे नकारात्मक टिप्पणी गरेपछि पारिजातको बिझाएको मन सदैव बिझाइरह्यो । ईश्वर बल्लभलाई सधैं उनले पनि नकारात्मक नजरले हेर्न थालिन् । मौका पाउँदा ईश्वर बल्लभको खेदो खनिरहिन् । ईश्वर बल्लभले लेखेका थिए–

*पुराना उपन्यासहरूले एउटा रीति लेख्छन् । तिनको रीतिमा प्रारम्भमा बिन्दु, मध्यबिन्दु र अन्त्य छ । तिनमा इतिहास रचना गरिन्छ, वस्तुतालाई वस्तुतामा हेरिँदैन– तिनीहरू बनाइन्छन्, काटिन्छन्, छाँटिन्छन्, आखिरमा उपन्यास बन्छ, सम्प्रेषणपूर्ण हुन्छ । यिनमा कति महान् भएका छन् । तिनको बनावट रेखा भएको हुन्छ । तनक्क तानिएको कहीँ लत्रेको हुँदैन । काव्यात्मक उपन्यासमा कविधर्म हुन्छ । गद्यात्मकमा गद्यता हुन्छ । संयोजनापूर्ण, प्लट, कथ्य, डाइलगहरूसमेत पहिल्यै सोचिएकाले तिनीहरू बलियो कलमको आधार पाएर 'इमच्योर' हुन पाउँदैनन् । यही रीतिमा लेखिएको यो 'शिरीषको फूल'लाई इमच्योर मान्नुपर्छ । कवयित्रीले लेखेको उपन्यास जस्तोसुकै हुन सक्छ होइन । उसले पनि 'बुल आई' हान्नैपर्छ । एउटा सानो 'पोयट्री'ले भन्न सक्ने कुरा भनी हेर्न, उपन्यास भनेर 'शिरीषको फूल' लेखिँदा फेसन त भयो भयो । नजान्ने*

*भर्खरैकी केटीले नसुहाउने गरी 'स्लिभलेस ब्लाउज' लाएकामा काखीबाट चियाउने गरेका काखीका भुत्लाहरू जुगुप्सापूर्ण हुन्छन्, तिनको सुचारू 'सेभिङ' पनि भएन, एडिकोलनहरू लगाउन पनि बिर्सिई । सायद त्यस्तो फेसन भयो ।*

*कवयित्रीको भावुकताहरू किताबका केही भागहरूमा फ्ल्यासब्याकमा घटिया तरिकाले व्यक्त भएका छन् । (ईश्वर बल्लभ : एउटा चर्चामय छोटो उपन्यास : एउटी कवयित्रीको : 'रूपरेखा', २०२३ कात्तिक, पृष्ठ ३३)*

ईश्वर बल्लभले कुन सुरमा यस्तो लेखे । तर पारिजातलाई आजीवन क्रोधित बनाउन यो अभिव्यक्ति पर्याप्त भयो ।

बल्लभको थप भनाइ थियो–

*प्रायः ९३ पृष्ठको उपन्यासले भन्न खोजेको केही थाहा हुँदैन ।*

*कन्टेन्ट या विषयवस्तुको विश्लेषण हुने कुनै ठाउँ नपाउँदा मलाई सबै पन्नाहरू सकिसकेर पनि एक प्रकारको निराशा भएको हो । पारिजातले लेखेको भनेर मान्न मन परेन । कुनै विदेशी हो, जो ममा भिज्दैन : मसित सम्पर्क स्थापना गर्दैन । मिसिँदैन । पूर्वाग्रहको आरोप हुन सक्छ । तैपनि उपन्यास सम्पूर्णमा केही स्तरीय भएन । परिपाटी खोज्दा, कुनै निर्दिष्ट परिपाटी पाइन्न, 'शिरीषको फूल'लाई स्तर दिऊँ ।*

...

*उपन्यासमा के 'जान्न' खोजिएको छ, त्योसमेत छैन । निस्सारता विडम्बना भएको छ । ९३ पृष्ठभरिका कुनै वाक्य, कुनै शुद्ध, कुनै पात्र निस्सार छैनन् । सकम्बरीको मृत्यु स्वभाव छ । उसको दाजु र सुयोगवीरको सकम्बरीको मृत्युसितको सम्झौता निस्सार छैन । यथार्थ चाहिँ हुँदै होइन । यी सबै लिएर कहीँकहीँ सुयोगमा परेका उक्तिहरूबाहेक यसमा लालच गर्न योग्य कुनै कुरा नभएको हुनाले मैले कवयित्री पारिजातलाई जस्तै, उपन्यासकार पारिजात रूचाइनँ । (ईश्वर बल्लभ एउटा चर्चामय छोटो उपन्यास : एउटी कवयित्रीको, 'रूपरेखा', २०२३ कात्तिक, पृष्ठ ३५)*

यसरी निकै बलपूर्वक ईश्वर बल्लभले पारिजातलाई स्पष्टसँग नरूचाएपछि पारिजातले पनि आजीवन एकनासले नरूचाएर, बल्लभप्रति नकारात्मकताको लेप लगाएरै बसिरहिन्, त्यो लेप लाउन उनले कहिल्यै छाडिनन् ।

रसायनको 'अनिवार्य स्थितिमा म राल्फा भएकी छु' लेखमा पनि उनले ईश्वर बल्लभलाई निरन्तर आक्रमण गरी नै रहिन्–

*आयामेली साहित्यकार ईश्वर बल्लभ अरूहरूको साहित्यलाई चेप्टो र आफ्नो साहित्यलाई सोलोडोलो भन्छन् । हाँसो उठ्छ, उनको हाराहारीका आधुनिक साहित्यकारहरू उनी जत्तिकै स्तरपूर्ण र प्रभावशाली छन् । अझ कति त उनीभन्दा राम्रो लेख्ने पनि छन् । आयामेली साहित्य के हो अथवा आयामेली दर्शन के हो, हामीलाई थाहा छैन । ईश्वर बल्लभले अझसम्म हामीलाई साहित्यिक प्रयोग, शैली, शब्द र भाषाको आयामेली फर्मुला दिन सकेका छैनन्, जसलाई लागु गराएर हामी चेप्टो*

*र सोलोडोलो साहित्य छुट्याउन सकौं । नत्र अरूको साहित्यलाई चेप्टो भन्ने उनको अधिकार छ र ? अझ पनि उनी निर्धक्क भन्छन्, "आयाम एउटा दर्शन भइसकेको छ ।" (अनिवार्य स्थितिमा म राल्फा भएकी छु : पारिजात : 'रसायन' : २०२७, माघ फागुन-चैत, पृष्ठ ७४)*

दार्जीलिङका *अस्तित्व*का प्रकाशक चन्द्र शर्मालाई एउटा पत्रमा पारिजातले लेखिन्–

*ईश्वर बल्लभको कथा पनि कथा हो र ? दार्जीलिङको कथा विधाले पनि सुन्दर रूपहरू लिन थालेका बेला त्यहाँका पत्रिकाहरूमा ईश्वर बल्लभको कथा छापिनैपर्ने बाध्यता के छ ? सामाजिक उपादेयतालाई महत्त्वपूर्ण ठान्दै साहित्यिक वीरपूजालाई अब बिस्तारै माइनस गर्दै लगे हुन्न ? तपाईंहरूको के विचार छ कुन्नि, पारिजातले हस्तक्षेप गरी नभन्नुहोला नि, कलाको नाउँमा खोक्रो साहित्यलाई, खोक्रो मान्छेलाई पूजा गरेर के गर्नु ? आखिर केही पनि त छैन त्यो कथामा । त्यस किसिमका कथाहरू नेपाली आधुनिक कथा हो भनी दुनियाँलाई देखाउनु कति लाजमर्दो हुन्छ भन्नुहोस् त ? (चन्द्र शर्मा : तीन पत्र पारिजातका : 'पारिजात स्मृतिग्रन्थ', पृष्ठ ६९)*

आफ्नो नियमित स्तम्भमा दार्जीलिङकी साहित्यकार विन्द्या सुब्बालाई सम्बोधन गरेको टिप्पणीमा पनि पारिजातले ईश्वर बल्लभको दोहोलो काढेकी थिइन्–

*तपाईंको पहिलो कथा सङ्ग्रह 'कथाक्रम' यहाँ केही पाठकहरूले पढेका छन् सायद । केही प्रतिक्रियाहरू पनि निस्किसके । सुन्दछु, त्यो कथा सङ्ग्रह ईश्वर बल्लभको भूमिका पर्खेर निकै वर्ष उनको डेरामा हाई काढ्दै बसेको रहेछ । भूमिका लेखिएन, कथा सङ्ग्रह छापियो, बेस भयो । ईश्वर बल्लभ कुनै श्रापित राजा मिदाससम्म पनि होइनन्, जसले छुँदैमा सबै वस्तु स्वर्णमयी बनून् । बरू तपाईंकै दुई शब्दले 'कथाक्रम'को गरिमा बढेको छ । (पारिजात : बेला बखतका कुरा : एक पत्र विन्द्या सुब्बाको नाउँमा : 'युगधारा' : २०४२, साउन ७)*

इन्द्रबहादुर राईप्रति पनि पारिजात नकारात्मक थिइन् । उनलाई घोर प्रतिक्रियावादीको बिल्ला लगाइदिएकी थिइन् उनले । इन्द्रबहादुर राईले *नेपाली उपन्यासका आधारहरू* एउटा मानक ग्रन्थमा पारिजातको *शिरीष*को फूलबारे यस्तो धारणा व्यक्त गरेका थिए–

*एक चुम्बनको पर्व छ अनि सकम्बरीको मृत्यु छ ।*

*भूमिकामा शङ्कर लामिछानेले उपन्यासको यस केन्द्रलाई तान्त्रिकवादको डाकिनीमारणको विश्वसनीय मिलानमा स्पष्ट गर्नुभएको छ । यहाँ हामी अन्य आधार थापौं ।*

*एक चुम्बनको विमर्श एउटा उपन्यास (हेनरी जेम्सको 'द पोर्ट्रेट अफ ए लेडी')मा र एउटा नाट्यकाव्य (म्यालर्मेको 'हेरोडिआइडी')मा आएको प्रख्यात छ । 'शिरीषकै फूल'मा जस्तो साँझ र बगैंचामा जेम्सकी नायिका इजाबेललाई प्रेमेच्छु कास्परले म्वाइँ खाएको थियो, जुन 'श्वेत विद्युत् विस्तृत-विस्तृततर बन्दै बसेको प्रकाश' लाग्छ इजाबेललाई र जसले उसलाई आफ्नै ट्रासेन्डन्टल स्वातन्त्र्यमा भागेर जान लाउँछ,*

*जुन इजाबेलको मृत्यु नै हो । म्यालर्मेकी नायिका, जो आत्मपरिपूर्णताका निम्ति बाँचेकी छ– ले धाईसँग भन्छे, "आइमाई, एउटै म्वाइँले मलाई मार्नेछ ।" साहित्यिक काकताली परेको कस्तो भने सकम्बरीले सहनुपरेको म्वाइँ र मृत्युमाथिका दुई कथाले हेर्न साहाय्य पाउँछौं । (इन्द्रबहादुर राई : शिरीषको फूल, विसङ्गतिवाद : 'नेपाली उपन्यासका आधारहरू' : पृष्ठ २०१)*

राईको यो लेखनले पारिजातलाई नराम्रो चोट दियो । त्यति मात्र नभएर इन्द्रबहादुर राई वामपन्थीविरोधी हुनु अर्को तत्त्व थियो, जसले उनलाई प्रतिक्रियावादी मात्र होइन, घोर प्रतिक्रियावादीको उपमा दिइन् । मौका परेको ठाउँमा राईलाई पारिजातले कोर्रा हान्ने काम जारी नै राखिन् । सन् १९८५ को जनवरी १२ मा बिहारको पत्रिका *पाटलीपुत्र टाइम्स*मा प्रकाशित सामग्रीका विषयमा आलोचनात्मक धारणा प्रस्तुत गर्दै *'पाटलीपुत्र टाइम्स* र इन्द्रबहादुर राई' शीर्षक लेखमा पारिजातले इन्द्रबहादुर राईलाई यसरी हथौडा मारेकी थिइन्–

*अब सानो टिप्पणी गरौं, त्यसै अङ्कमा प्रकाशित मल्ल के सुन्दरको नेवाडी (नेवारी-ले) लघुकथाको अनुवाद 'साहित्य सम्मेलन'को । यस लघुकथामा तथाकथित तथा नकाबधारी जनपक्षीय नेपाली साहित्यकारहरूको नराम्रोसँग खिल्ली उडाइएको छ । हो, नेपालको परिप्रेक्ष्यमा यो कथा सत्यको एक पक्ष हो । मलाई विश्वास छ, मल्लजीबाट यो कथाको छनोट पक्कै भएको होइन, कारण उनीहरू जान्दछन् । यहाँ थुप्रै यस्ता जनपक्षीय साहित्यकार पनि छन्, जो जेलनेल, दुःखकष्ट सहेर पनि जनप्रतिबद्ध भएर बाँचेका छन् । यहाँ थुप्रै जनपक्षीय मार्मिक लघुकथाहरू पनि छन्, जुन भारतीय पत्रिकामा प्रतिनिधि भएर जान सक्थे । यदि उक्त कथाको छनोट इन्द्रबहादुर राईद्वारा भएको हो भने म सोझै भन्छु, यसले राईजीको स्वार्थ पूरा गरेको छ । कारण, नेपाली पाठक जान्दछन्, राईजी प्रगतिवादको घोर विरोधी व्यक्ति हुन् । उनी प्रगतिवादी लेखकहरूलाई यस्तै नकाबधारी र तथाकथित देखाउन चाहन्छन् । उनले सधैं प्रगतिवादी साहित्यकारहरूको खिल्ली उडाउँदै आएका छन् । बसु सरकारसँग प्रान्तीय परिषद्को अध्यक्षका नाताले उनी चर्को अन्तर्विरोध राख्छन् । यसको अर्थ यो होइन कि, उनी नेपालको परिप्रेक्ष्यमा लेखिएको नेवारी लघुकथाको अनुवादलाई हतियार बनाऊन् । उनी देखाउन चाहन्छन्, नेपालमा जनप्रतिबद्ध कुनै समूह नै छैन, यहाँ जनप्रतिबद्ध साहित्यकारहरू यस्तै काँतर र पलायनवादी मात्र छन् । राईजीले के दार्जीलिङको कथाकारलाई प्रस्तुत गर्न सक्नुभएन ? कारण प्रमुख समस्या त गोर्खाल्यान्डकै हो । बसु सरकारले गोर्खाल्यान्डका समर्थकहरूलाई मार्क्सवादविरोधी, विच्छिन्नतावादी घोषित गरेको छ । राईजीले आत्मआलोचना गर्नैपर्छ । (पारिजात : पाटली पुत्र टाइम्स र इन्द्रबहादुर राई : 'युगधारा' : २०४२, फागुन १३)*

इन्द्रबहादुर राईले तेस्रो आयाममा लेखेका कथाहरू फ्लप भएको समेत भन्न बेर लाइनन् पारिजातले–

*इन्द्रबहादुर राईज्यूले आयाममा बसेर जति कथाहरू लेखे, मेरो दृष्टिकोणमा फ्लप भए । (अन्तर्वार्ता : 'दृष्टिकोण' : १९९२, अक्टोबर, सिलिगुडी भारत)*

तर बैरागी काइँलाप्रति भने पारिजात नरम थिइन् । उनले काइँलालाई न कुनै आरोप-आक्षेप लगाइन्, न आलोचना गरिन् । विचारका हिसाबले बैरागी काइँला नेपाली काङ्ग्रेससँग नजिक भए पनि र पारिजात वामपन्थी पक्षधर भए पनि बैरागी काइँलासँगको सम्बन्ध सम्पर्कमा यसले केही फरक पारेन । बैरागीका कविताहरू उनले रूचाइन् । चाहे प्रेमको कविता होस्, चाहे उनको मास्टर पिस रचना 'मातेको मान्छेको भाषण मध्यरातपछिको सडकसित' । पारिजातले यस्तो लेखेकी थिइन्–

*आयामेली कवि बैरागी काइँलाका केही कविता मलाई राम्रो लाग्छन् । उदाहरणका निम्ति 'मातेको मान्छेको भाषण... ।' विशेष प्रस्तुति र शैली अझ राम्रो छ, उनको विद्रोहभन्दा । निःसन्देह आयामेली प्रवर्तक आइबी राई र ईश्वर बल्लभलाई म घोर प्रतिक्रियावादी लेखक नै ठान्दछु । दुवालजीले यस विद्रोहलाई रोमान्सेली विद्रोह भन्नुभएको रहेछ, कतै त्यसखाले विद्रोह बाटो नपाएको विद्रोह त होइन ? सबै यसखाले विद्रोहलाई काइँलाकै विशेषण लागु नहोस् । २०१८ सालतिर उपचारार्थ दार्जीलिङ गएका बेला काइँलाज्यूका धेरै प्रेम कविताहरू सुन्न पाइयो । उनको व्यक्तिगत जीवनलाई नियालेर ती कविताहरू पढ्दा कसैलाई पनि छुन्छ । प्रेम मान्छे जातिमा निहित सार्वभौम प्रवृत्ति हो, अनुभूति हो । यस अनुभूतिलाई सत्यताको तराजुमा जोखेर सरल तरिकाले अभिव्यक्त गर्न सकिन्छ भने त्यो पनि सुन्दर र मार्मिक कविता बन्न सक्छ । यदि काइँलाले जस्तै मफलर ठानेर किलामा प्रेमलाई बिसाउन सक्छन् र कविता लेख्छन् भने त्यो कलात्मकतालाई त म पनि 'सुगरकोटेड' नै भन्छु । (आलोचना र परिचय पढेपछि (भूमिका), पारिजात : २०४४)*

उनी भन्थिन्–

*काइँला एउटा सशक्त कवि हुन् वैचारिक पक्ष अस्पष्ट हुँदाहुँदै पनि । (साहित्य मानव सभ्यताको सर्वोपरि र गरिमाशाली अभिव्यक्ति हो : पारिजातसँग अन्तर्वार्ता : प्रस्तुति राजेन्द्र : 'वेदना' : २०४४, कात्तिक-चैत : पृष्ठ ३९)*

ईश्वर बल्लभ र इन्द्रबहादुर राईप्रति असहिष्णु भए पनि पारिजात हल्का आलोचना गरे पनि बैरागी काइँलाप्रति नरम थिइन् ।

# पारिजात र भूमिका लेखन

पारिजात आफू लेख्ने मात्र होइन, नयाँ प्रतिभाहरूलाई लेख्न प्रेरित पनि गर्थिन् । उनीहरूका पुस्तकमा भूमिका म लेखिदिन्छु भनेर हौस्याउनेसमेत गर्थिन् । कतिपय नवोदित साहित्यकारहरू पारिजातको भूमिका आफ्नो कृतिमा लेखाउन लालायित पनि हुन्थे । कुनै पारिश्रमिक नपाइने भूमिका लेखनमा पनि उनले प्रशस्त समय, श्रम र दिमाग प्रयोग गर्थिन् । यो उनको विशिष्ट गुण थियो ।

उनले भूमिका लेख्न अस्वीकार गरेका घटना पनि थिए । गणेश रसिकको उपन्यास *आकाशगङ्गाको ओतमुनि*को भूमिका लेखाउन जाँदा सुरूमा पढेर पछि निर्णय दिने भनेकी थिइन् । तर पढिसकेपछि भने राजनीतिक आस्थाको द्वन्द्वले नलेख्ने बताएकी थिइन् । गणेश रसिक पञ्चायती व्यवस्थाका समर्थक भएर सांस्कृतिक संस्थानका महाप्रबन्धक बनेका थिए । पारिजात पञ्चायतविरोधी वामपन्थी राजनीतिमा होमिएकी थिइन् ।

कतै चिठीका रूपमा पनि उनी भूमिका लेख्थिन् । उनी प्रगतिशील साहित्यतर्फ आकर्षित भएर समर्पित हुँदै गर्दा उनले गोविन्दराज भट्टराईको *मुगलान* उपन्यासको पाण्डुलिपि पढेर भूमिकाका रूपमा चिठी लेखेकी थिइन् । गोविन्दराज भट्टराईलाई उनले 'राजनीति नबुझेरै शोषण बुझ्ने लेखक'को उपमा दिएकी थिइन् । उनले लेखेकी थिइन्–

*विगत १० वर्षमा धेरैधेरै उपन्यास बजारमा आए, चर्चित भए, कति त अकारण पनि । कति त बिनायुगिन सन्दर्भ पनि मान्छेका हातहातमा महान् कृति भए ।*

*...उपन्यासको नाउँमा कति ठेलीहरू लेखिए र यस्तो महँगीमा (कागजको) कति कागजहरू खेर गए । त्यो हिसाब यहाँ नलगाऊँ । तर एक दशकभित्र सासै नबिराई पढ्न सकेको उपन्यासमा यो तपाईंको... ... उपन्यास मेरा निम्ति दोस्रो हो ।*

*...मलाया छाउनी पुग्ने रहरमा हिँडेका नेपाली अल्लारेहरू जालझेलमा परेर भोटाङको बाटो बनाउने ज्यामी बन्न पुगेका छन् । सम्पूर्ण उपन्यास । म र शोषणको वर्णन हो । मलाई थाहै भएन, उपन्यास पढ्दापढ्दै कतिपल्ट अनायासै आँखा भिजाएँ ।*

*...चाहे तपाईं मेरो निष्कर्षलाई मान्यता नदिनुहोस् अथवा आफ्नो अवचेतनाद्वारा ठगिइरहनुहोस् । तर उपन्यास शोषणको वर्णन हो, जसले मुगलानप्रतिको तीखो विरक्ति दिन्छ । (पारिजातको पत्र, प्रथम संस्करण (२०३१ साउन १६ : 'मुगलान' : गोविन्दराज भट्टराई, चौथो संस्करण, रत्न पुस्तक भण्डार)*

पारिजातले साहित्यकार आहुतिलाई कविता सङ्ग्रह प्रकाशन गर्न हुटहुटी लगाउँदै त्यसमा आफूले भूमिका लेख्ने इच्छा व्यक्त गरेकी थिइन् । पारिजातले भनेपछि आहुतिले आफ्ना ३७ कविता छनोट गर्न हरिगोविन्द लुईंटेललाई दिए अनि पारिजातको भूमिकासहित आहुतिको कविता सङ्ग्रह *तपस्वीका गीतहरू* चिन्तन प्रकाशनबाट २०४९ पुस ११ मा निस्कियो । यस सन्दर्भलाई आहुतिले यसरी व्यक्त गरे–

*...एक दिन भेट्न जाँदा पारिजातले भनिन्, "आहुति, तपाईं सङ्ग्रह निकाल्ने होइन ? तपाईंको सङ्ग्रहमा भूमिका नलेखी मर्ने हुँ कि जस्तो लाग्न थाल्यो । म अक्क न बक्क भएँ, सङ्ग्रह निकाल्ने 'ख्वाव' मैले राखिसकेको थिइनँ, फेरि प्रकाशक कहाँ पाउने ? "खोइ, सोचेको छैन," भन्न त मैले भनें । तर मभित्र डढेलो सल्किसकेको थियो । पारिजात स्वयम्ले भूमिका लेख्ने चाहना व्यक्त गर्नु मेरा लागि त्यति बेला स्वाभाविक रूपमा ठूलो कुरा थियो । (मैले भेटेका नौ बहिनी पारिजात : आहुति : 'पाण्डुलिपि', वर्ष १, अङ्क ७, पृष्ठ १५)*

पारिजातको देहान्तअघि उनले लेखेको यो अन्तिम भूमिका थियो ।

# कवितामा विश्राम र पुनरागमन

पारिजातले झन्डै एक दशक कविता लेखनलाई पूर्णविराम दिइन् । उनको कलम केवल गद्यमा मात्र चल्यो । यद्यपि उनको लेखनको सुरूवात कविताबाटै भएको थियो । पहिलो पुस्तक पनि कविता सङ्ग्रह नै थियो । काठमाडौंमा सुरूका वर्षहरूमा जाज्वल्यमान कवयित्रीकै रूपमा चर्चित भइन् । उनको स्पष्टीकरण यस्तो थियो–

*गद्य लेख्न थालेपछि कविता लेखनमा स्वतः रूचि घट्दै गयो । यद्यपि कोसिस धेरैपल्ट गरें । तर सकिनँ । केही साथीहरू भन्छन्– मेरो कविता पक्षले अब गद्यमै समावेश गरिसकेको छ । त्यसैले लेख्न नसकेको हुन सक्छु ।*

*पद्य विधालाई फितलो ठानेर नलेखेको होइन । कारण अभिव्यक्तिका निम्ति प्रत्येक साहित्यिक विधा सशक्त नै हुन्छ । तर मलाई गद्य नै उपयुक्त र सजिलो लाग्छ । (बान्की गोष्ठी : पारिजात, 'बान्की', पूर्णाङ्क ३६)*

२०४४ सालमा डा. ईश्वर बरालले *पारिजातका कविता* पुस्तक सम्पादन-प्रकाशनका सन्दर्भमा आफ्नो भूमिकामा पारिजातले कविता लेखनको प्रारम्भिक अवस्थामै कविता लेख्न छाडेकामा दुःख व्यक्त गरेका थिए–

*पारिजातले शिष्यत्वकालमै कविता लेख्न छाडिन् । यो दुःखलाग्दो विषय हो । तर तिनले जुन बेला जे जस्ता कविता लेखिन्, तिनबाट तात्कालिक युगधर्मको मर्म पर्गेल्न सकिन्छ । तिनका कविताको यो ऐतिहासिक गुण स्थायी रहनेछ । (आमुख : ईश्वर बराल : पारिजातका कविता, साझा प्रकाशन, पृष्ठ २८)*

पारिजातले आफ्नो परिचित पारिजातका नाममा कविता नलेखे पनि उनले यसबीच 'सुमित्रा काँडा' छद्मनाममा कविता लेख्न र प्रकाशन गर्न थालेकी थिइन् । यी कविताहरू विशेष गरेर प्रगतिवादी पत्रपत्रिकाहरूमा प्रकाशन हुन्थे र सीमित व्यक्तिहरूलाई मात्र ती कविता पारिजातले लेखेको थाहा हुन्थ्यो । पछि *बैंसालु वर्तमान* उनको अन्तिम कविता सङ्ग्रहमा भने सुमित्रा काँडा नाममा छापिएका कविता पनि पारिजातका नाममै प्रकाशित भए ।

तर पछि २०४४ सालमा उनले एक दशकको पूर्णविरामपछि पुनः कविता लेख्न थालेको बताएकी थिइन्–

*...कविता विधा भित्रैबाट फुटेर आउनुपर्छ । आएन भने यसले युगौंको अन्तराल पनि लिइदिन सक्छ । मैले २०२६ सालमा अन्तिम कविता लेखेपछि एकै चोटि २०३६ सालमा मात्र अर्को कवितायात्रा सुरू गर्न सकें । एक दशकको अन्तरालपछि । जम्मा २१ ओटा कविता यसबीचमा लेखिसकेकी छु । (साहित्य मानव सभ्यताको सर्वोपरि र गरिमाशाली अभिव्यक्ति हो : पारिजातसँगको अन्तर्वार्ता : प्रस्तुति : राजेन्द्र, 'वेदना' : २०४४, कात्तिक-चैत)*

उनी कवितालाई मनका भावहरूको अभिव्यक्ति मान्थिन् । उनको मत थियो, प्रायः सबैले लेखनको सुरूवात कविताबाटै गर्छन् । उनले पनि लेखनको सुरूवात कविताबाटै गरेकी थिइन् । उनी शैली र विचार दुवै पक्षबाट समयअनुकूल आधुनिक र प्रभावकारी हुनैपर्ने धारणा राख्थिन् । *(विचार विमर्श : पारिजात : 'बगर' २०४२, पृष्ठ १-२)*

आफ्नो साहित्ययात्राको थालनी कविताबाटै गरेकी पारिजातले जीवनको अन्तिम रचना पनि कविता नै गरेकी थिइन् । पहिलोपल्ट जीवनका 'डिक्टेट' गराएर कविता लेखेकी थिइन्, वीर अस्पतालको शय्याबाट । पारिजातले भन्दै सुकन्याले लेखेकी थिइन् ।

मदन पुरस्कार उपन्यास विधामा पाए पनि कतिपय साहित्यकार विद्वान्हरू र प्राध्यापकहरू उनलाई मूलतः कवयित्री नै मान्थे । त्यसो त शङ्कर लामिछानेले *शिरीषको फूल* उपन्यासलाई काव्यान्यास भनेर कवितासँगै जोडेकै हुन् । कृष्णप्रसाद पराजुलीले पनि उनलाई प्रथमतः कवि नै हुन् भनेका थिए–

*...पारिजातले झन्डै चार दशकसम्मको यात्रामा कविता, कथा, उपन्यास, निबन्ध र आत्मसंस्मरण लेखेकी छन् । विभिन्न विषयमा हात चलाएर पनि उनी प्रथमतः कवि हुन् । सम्भवतः उनी कविता विधा नै बढी मन पराउँछिन् पनि । पारिजातका अधिकांश कविता मुक्त शैलीमा लेखिएका छन् । तिनमा एक प्रकारको स्वच्छन्द झङ्कार पाइन्छ, जुन झङ्कारमा अन्तरलयात्मक गत्यात्मकताको अनुभूति गर्न सकिन्छ । भावलाई जति सक्यो, उति संवेद्य तथा सम्प्रेषणीय बनाउन सक्नु कविको कुशलता हो । त्यो कुशलता पारिजातमा छ । यसैले उनका कविता पढ्दा जीवन चलमलाए जस्तो र मन सलबलाए जस्तो लाग्छ । पारिजात कवितामा जे भन्न खोज्छिन्, भित्रैसम्म छोएर भन्छिन् । तिनमा आएका उपमा र बिम्ब पनि त्यत्तिकै तीक्ष्ण र सजीव छन् । (पारिजातलाई सम्झिँदा : कृष्णप्रसाद पराजुली : सम्झनाका क्षितिजमा : साहित्य सङ्गम वाराणसी, पहिलो संस्करण : २०५९, पृष्ठ ३७६)*

...

# विविध परिवेश

# जहाँ पारिजात, त्यहाँ साहित्यिक जमघट

शारीरिक अक्षमता हुँदाहुँदै पनि पारिजातलाई भ्रमण अत्यन्त मन पर्ने विषय थियो । उनले नेपाल र भारतका विभिन्न सहरमा साहित्यिक भ्रमण गरिन् । सुरुमा राल्फाकालमा राल्फाली सङ्गीत टोलीका साथ नेपाल तथा भारतका विभिन्न सहर पुगिन् । त्यसपछि *सिम्मा* नाटक प्रदर्शनका क्रममा पनि उनले यात्रा गरिन् । चौथो महाधिवेशन राजनीतिक पार्टीको कार्यकर्ताका हैसियतमा पनि उनले नेपाल र भारतका विभिन्न ठाउँ खुला तथा गोप्य रूपमा भ्रमण गरेकी थिइन् ।

उपचारका क्रममा पारिजातले भेलोर तथा नयाँ दिल्ली भ्रमण गरिन् । उपचारका क्रममा उनी एकपल्ट भेलोर र तीन पटक दिल्ली गइन् । राजनीतिक रूपले भने अखिल नेपाल-भारत विद्यार्थी सङ्घले आयोजना गरेको सम्मेलनमा भाग लिन तथा कार्यपत्र प्रस्तुत गर्न पछि पनि उनले दिल्ली भ्रमण गरिन् । हावापानी परिवर्तन गर्न, काठमाडौँमा साहित्यिक वातावरणमा उनलाई लागेका आरोप, गालीगलौज र तिक्तताबाट मुक्ति पाउन पनि उनले बनारस भ्रमण गरिन् । राजनीतिक रूपले कमानसिंह लामा, कुन्द टन्डन, कान्ता ढकालगायतसँग पनि उनी बनारस गइन् । आफन्तसँग भेटघाट र आफ्नो उपन्यासको पृष्ठभूमिका लागि बेलाबेला तराईको हीरापुर पनि जान्थिन् । शङ्कर लामिछानेको देहान्त हुँदा उनी हीरापुर थिइन् ।

पारिजात आगमनको खबर पाएर शुभचिन्तक र प्रशंसक साहित्यकारहरूले भ्रमणका अवसरमा कतिपय ठाउँमा साहित्यिक जमघट गर्थे । पारिजातको लोकप्रियताका कारण विभिन्न ठाउँमा साहित्यिक भ्रमणका निम्तो पनि आइरहन्थे । कतिपय ठाउँमा उनी जान असमर्थ हुन्थिन् । कतिपय ठाउँहरूमा उनको सहभागिता हुन्थ्यो ।

### बनारस यात्रा

२०३१ सालमा वामपन्थी नेता मोहनविक्रम सिंहले पारिजातलाई बनारस घुम्ने व्यवस्था मिलाइदिएका थिए । उनी दिल्लीबाट बनारस पुगेकी थिइन् । उनलाई दूधविनायकस्थित नेपाली धर्मशालामा कोठा रिजर्भ गरिएको थियो । तर त्यो कोठा गल्लीभित्र र अँध्यारो, आकाश पनि नदेखिने उराठलाग्दो थियो । गल्लीभित्र रिक्सासमेत जाँदैनथ्यो । अनि रिक्सा आउने बाटोछेउमा डेरा खोजेर सरेकी थिइन् । यो यात्रामा उनीसँग दिल्लीमै

उपचारका क्रममा साथ आएकी सुशीला पनि थिइन् । यो उनको नितान्त निजी र आरामका लागि बनारस यात्रा थियो ।

२०३२ सालमा पनि पारिजात जाडो छल्न बनारस गएकी थिइन् । त्यस बेला उनीसँग बनारसलाई कर्मभूमि बनाएर बसेका *उदय*का सम्पादक काशीबहादुर श्रेष्ठका छोरा दुर्गाप्रसाद श्रेष्ठ उपेन्द्र तथा भरत यादवसँग उनको धेरै हिमचिम भएको थियो । दार्जीलिङबाट *हिमालोक डाइजेस्ट* छपाउन बनारस आइरहने भरत यादवले नै दुर्गाप्रसादलाई पारिजातकहाँ भेट्टाउन लगेका थिए । भरत यादव र दुर्गाप्रसादको राम्रो दोस्ती थियो । भरत यादवले *हिमलोक*का लागि अन्तर्वार्ता लिएका थिए । र पारिजातलाई स्तम्भलेखनका लागि आग्रह गरेका थिए । उनी 'नारी' स्तम्भ चलाउन तयार थिइन् ।

त्यही भेटका क्रममा दुर्गाप्रसादले आफूले हिन्दीमा पनि कलम चलाउने गरेको र नेपालीबाट हिन्दीमा पनि अनुवाद गर्ने गरेको बताएका थिए । त्यसैताका उनले गोविन्दबहादुर मल्ल गोठालेको 'म जुजुमान' कथा हिन्दीमा अनुवाद गरेर *नवनीत*मा प्रकाशित प्रति पढ्न दिएका थिए । त्यो अनुवाद पढिसकेपछि पारिजातले अत्यन्त प्रभावित हुँदै 'कस्तो राम्रो अनुवाद गर्नुहुँदो रहेछ । यो त ओरिजिनल जस्तै छ । कति सहज अनुवाद' भनेर तारिफ गरेकी थिइन् । त्यसपछि दुर्गाप्रसाद श्रेष्ठ उपेन्द्रले पारिजातको 'मैले नजन्माएको छोरो' हिन्दीमा अनुवाद गरेर *कादम्बिनी*मा प्रकाशन गराएका थिए *(पारिजातको पत्र : दुर्गाप्रसाद श्रेष्ठ उपेन्द्र, 'कान्तिपुर' : २०६७, साउन १४) ।*

त्यसपछि पारिजात र दुर्गाप्रसाद श्रेष्ठ उपेन्द्रबीच राम्रो मित्रता भएको थियो । पारिजात र उनीबीच पत्राचारसमेत हुन थालेको थियो ।

२०३३ साल माघमा पनि पारिजात बनारस घुम्न गएकी थिइन् । यो भ्रमण चाहिँ अलि राजनीतिक किसिमको थियो । एउटा टोलीमा समावेश भएर पारिजात भ्रमणमा निस्किएकी थिइन् । त्यो टोलीमा थिए, सीताराम तामाङ, कमानसिंह लामा र कुन्द टन्डन । त्यस भ्रमणकै क्रममा मोहनविक्रम सिंहसँग उनीहरूको भेट भयो । त्यसपछि उनीहरू रामनगरमा सङ्ग्रहालय हेर्न गएका थिए । उनीहरू गङ्गा नदीमा लामो र पट्यारलाग्दो डुङ्गामा यात्रा गर्दै पुगेका थिए । त्यो यात्रामा विद्या ढकाल र भक्तबहादुर पनि थिए । तर सङ्ग्रहालयको पटाङ्गिनीमा पुगेपछि पारिजात गलेकी थिइन् । सिँढी चढेर माथि उक्लन गाह्रो भएपछि उनी त्यहीँ बसेकी थिइन् ।

२०३१ सालमा बनारस बस्दाताका प्रगतिवादी कवि युद्धप्रसाद मिश्रसँग पारिजातको परिचय भएको थियो । उनी बरोबर पारिजातको बनारसस्थित डेरामा गइरहन्थे । उनले लेखेकी थिइन्–

*२०३१ सालको पुस–माघतिर बनारस प्रवासको समय कवि युद्धप्रसाद मिश्रसँग मेरो साक्षात्कार भएको हो । उहाँ मेरो डेरामा बराबर आउनुहुन्थ्यो । उहाँ सधैं प्रफुल्लित र उत्साही देखिनुहुन्थ्यो । त्यतिखेर पनि उहाँको जीवन सङ्घर्षले परिपूर्ण थियो । म*

*उहाँको व्यक्तित्वबाट प्रभावित थिएँ । (कवि मिश्रको अभिनन्दन : एउटा समसामयिक कदम : 'शृङ्खला', कवि युद्धप्रसाद मिश्र विशेषाङ्क, पूर्णाङ्क १३, २०४१)*

बनारस हिन्दू विश्वविद्यालयका प्राध्यापक डिल्लीराम तिमिल्सिनासँग पनि पारिजातको राम्रो हिमचिम थियो । उनको घरमा बाक्लै आउजाउ हुन्थ्यो । पत्राचारका लागि तिमिल्सिनाको घरको ठेगाना पनि पारिजातले प्रयोग गर्थिन् ।

**जयपुर जाँदा**

अखिल भारत नेपाली एकता समाजको निमन्त्रणामा २०४० साल पुस-माघतिर 'पिङ्क सिटी'का उपनामले विश्वविख्यात भारतीय सहर जयपुर पुगेकी थिइन् पारिजात । यो यात्रा पहिला दिल्लीसम्म, त्यसपछि दिल्लीबाट फरिदाबाद अनि जयपुर पुगेको थियो । यो सहरलाई यात्राका टोलीले सरसर्ती हेरेका थिए । खासमा अखिल भारत नेपाली एकता समाजको सम्मेलनमा आएका बखत घुम्ने मेलोमेसो मिलाइएको थियो । जयपुरको एउटा प्रमुख आकर्षण सिसमहल हो । त्यो नहेरी भ्रमण पूरा हुने कुरा थिएन । तर सिसमहलस्थित डाँडा (हिल)को फेदीमा पुगेपछि पारिजात थाकिन् । उनले जाने साहस बटुल्न सकिनन् । अनि इन्जिनियर अनन्त गुरूङलाई लाचार प्रकट गर्दै भनिन्, "म यो फूलबारीको चौरमा बसिरहन्छु । तपाईंहरू हेरेर आउनुहोस् है ।"

तर उनको आग्रह स्वीकार्य भएन । अनन्तले भने, "तपाईंलाई नै देखाउन यो कार्यक्रम बनाएको, तपाईं नै नगई कहाँ हुन्छ ?"

अनि पारिजातलाई जोड गरेर लगिएको थियो । लगिएको थियो के, तिनै अनन्त गुरूङ र लीलामणि पोखरेलले बोकेर सिसमहल पुऱ्याएका थिए । अनि सामुन्नेको बार्दलीबाट तीनै जनाले सिसमहलको सुन्दरता पान गरेका थिए । एउटा नयाँ र नौलो अनुभूति लिएर उनीहरू त्यहाँबाट फिर्ता भएका थिए । *(केही सुखद केही दुखद : पारिजात : 'ज्ञानगुनका कुरा' २२ : २०५०, जेठ)*

**चिसो छल्न विराटनगर**

पारिजात जाडोमा नियमितजसो काठमाडौंको चिसो छल्न विराटनगर जाने गर्थिन् । विराटनगर नै जानुपर्ने कारणहरूमध्ये एक थियो, त्यहाँ मणिकला सुब्बाको घर थियो, जसलाई उनले विराटनगरको घर मान्थिन् । दार्जीलिङको लिम्बू बस्तीमा बस्दाखेरि मणिकला सुब्बा र पारिजात साथी थिए । मणिकला २००९ सालमा विराटनगर आइन् मिल्स एरियामा । लामो समयसम्म मणिकला र पारिजातको सम्पर्क भएन । मणिकलाको बिहे विराटनगरमै भएको थियो । तर २०२२ सालमा विराटनगरमा सुकन्यासँग भेट भएपछि सम्पर्कको तार पुनः जोडियो । अनि पारिजात पनि जोडिइन् । पार्टीका काममा पारिजात तराईतिर जाँदा पनि विराटनगर पुगेर केही दिन बसिहाल्थिन् । एकाधपल्ट कवि प्रमोद प्रधानका पिता डिगमप्रसाद प्रधानसँग साथ लागेर दार्जीलिङबाट पारिजात विराटनगर आएकी थिइन् । र मणिकलाको घरमा बसेकी थिइन् ।

यसरी विराटनगर जाँदा साहित्यिक जमघट पनि भए । महेन्द्र मोरङ क्याम्पसका विद्यार्थीहरू उनलाई घेर्थे र साहित्यिक जमघट भइहाल्थ्यो । पछि मणिकला सुब्बाले छोरी बिन्ती सुब्बालाई एसएलसी पास गरेपछि काठमाडौं पढाउन पारिजातकै घरमा राखेकी थिइन् । त्यस क्रममा बिन्तीले पारिजातका कथा साफी गरिदिनेलगायत काममा सघाउँथिन् ।

२०४४ साल असोज २४ मा विराट सांस्कृतिक परिवारको आयोजनामा वयोवृद्ध प्राध्यापक लक्ष्मण शास्त्रीको सभापतित्वमा स्वागत कार्यक्रम आयोजना गरिएको थियो । महेन्द्र मोरङ आदर्श बहुमुखी क्याम्पसको ग्यालरी हलमा भएको समारोहमा प्राध्यापक तथा प्रगतिशील लेखक ऋषिराज बरालले पारिजातको व्यक्तित्व र साहित्यिक यात्राको महत्त्वपूर्ण उपलब्धिबारे चर्चा गर्दै उनलाई *शिरीषको फूलमा* मात्र सीमित गर्ने बुद्धिजीवीहरूलाई चुनौती दिँदै भनेका थिए– "पारिजातका पछिल्ला प्रगतिशील कृतिहरूलाई छोपेर उहाँको मूल्याङ्कन गर्न सकिँदैन ।" उक्त अवसरमा देवकुमारी थापा तथा नरेन्द्र चापागाईंले समेत मन्तव्य राखेका थिए । *('गर्जन साप्ताहिक' : २०४४, कात्तिक ५)*

### दिल्लीमा दिल

पारिजात उपचारका सिलसिलामा दिल्लीमा पटकपटक गरी लामै समय बसेकी थिइन् । उपचारका क्रममा दिल्ली बस्दा कहिले दया सिंहले साथ दिएकी थिइन् त कहिले दार्जीलिङ्की एक महिलाले । दिल्लीमा कहिले धर्मशाला, कहिले निजी घरमा डेरा त कहिले अस्पतालमा भर्ना भएर पारिजात बसिन् । दिल्लीमा उनलाई तत्कालीन नेपाली राजदूत कृष्णबम मल्ल, सांस्कृतिक सहचारी धुस्वाँ सायमी, भारतीय साहित्यकार हिमांशु जोशीलगायतले सहयोग पुऱ्याएका थिए ।

साँचो अर्थमा दिल्ली बस्दाताका हिन्दी साहित्यकार हिमांशु जोशीसँग उनको विशेष मित्रता गाँसियो । विशेष खर्चपर्च चाहिँदा पारिजातले सापटी पनि उनैसँग लिन्थिन् । आफ्नो चिठीपत्रका लागि पनि हिमांशुकै घरको ठेगाना प्रयोग गर्थिन् । त्यसै बेला कमलेश्वरसँग पनि उनको सम्बन्ध, सम्पर्क भएको थियो । हिमांशु जोशीमार्फत उनले आफ्ना रचना पनि हिन्दीमा अनुवाद गरेर भारतीय पत्रिकामा प्रकाशन गरेकी थिइन् ।

### सिलिगुडीमा सालिक

सिलिगुडीमा पारिजातको भ्रमण दान खालिङका कारण भएको थियो । खालिङले नै पारिजातको पहिलो पुस्तक *आकाङ्क्षा* कविता सङ्ग्रह प्रकाशनको व्यवस्था मिलाइदिएका थिए । खालिङ पारिजातको प्रतिभाबाट प्रभावित थिए । पारिजात पनि खालिङको ज्ञान र विद्वत्ताबाट वशीभूत थिइन् । नेपाली साहित्य प्रवर्द्धन समितिको पुरानो दार्जीलिङ मोडस्थित निजी भवनमा पारिजातको सम्मानमा साहित्य गोष्ठी आयोजना

गरिएको थियो । कार्यक्रममा सिलिगुडीका धेरैजसो साहित्यकार सम्मिलित थिए । उपस्थित प्रायः सबैले आफ्ना रचना वाचन गरेका थिए । कवि ज्ञानेन्द्र खतिवडाले उक्त जमघटमा आफ्नो 'एउटा यात्रा' शीर्षकको कविता वाचन गरेका थिए । कविता ध्यानपूर्वक सुनेर पारिजातले कवि ज्ञानेन्द्रलाई उनको कविताको शीर्षक 'एउटा यात्रा-पर्खालभित्र' राख्न सुझाएकी थिइन् । उनी रचना वाचनमा बस्दा यस्ता सुझाव दिन हिचकिचाउँदिनथिन् । ज्ञानेन्द्रले पनि उनको सुझाव शिरोपर गरेका थिए । पछि उनले आफ्नो कविता सङ्ग्रह *खस्नै लागेको उज्यालोमा* सङ्ग्रहमा पारिजातले सुझाएअनुसारकै 'एउटा यात्रा-पर्खालभित्र' शीर्षक राखेर समावेश गरेका थिए । समारोहमा पारिजातले आफ्नो मदन पुरस्कारप्राप्त पहिलो उपन्यासको कटु आलोचना गर्दै *पर्खालभित्र र बाहिर* तथा *उसले रोजेको बाटो*को पक्षमा आफ्नो धारणा राखेकी थिइन् । *(पारिजात सिलिगुडीमा : ज्ञानेन्द्र खतिवडा : पारिजात स्मारिका, सिलिगुडी, सन् २००८, पृष्ठ ६९)*

सिलिगुडीमा पछि पारिजातको पूर्ण कदको सालिक बनाएर ठड्याइयो । पारिजात सालिक स्थापना समितिका अध्यक्ष एमबी राईले सालिक बनाउने कामको नेतृत्व लिएका थिए । यो काम सन् २००४ जनवरी १८ मा सुरू भएर २००६ फेब्रुअरी २६ मा सकिएको थियो । *(अध्यक्षको कलमबाट : अशोक राई : पारिजात स्मारिका सिलिगुडी, सन् २००८)*

**खरसाङमा अभिनन्दन**

दार्जीलिङ भ्रमणमा जाँदा पारिजात अन्य स्थानमा पनि घुम्न रूचाउँथिन् । एकपल्ट उनी दार्जीलिङबाट खरसाङ पुगिन् । उनी खरसाङमा सोनाम छिरिङको घरमा बसेकी थिइन् । पारिजात र लक्ष्मण श्रीमलबीच काठमाडौंमै भेटघाट र परिचय भइसकेको थियो । त्यसैले पारिजातले खरसाङ पुग्नेबित्तिकै लक्ष्मण श्रीमललाई आफू खरसाङ आइपुगेको खबर पठाएकी थिइन् । त्यसपछि साहित्यकारहरू ध्रुवप्रकाश घिसिङ, लक्ष्मण श्रीमललगायत उनलाई भेट्न पुगेका थिए । त्यहीँ नै सुन्ने-सुनाउने क्रम चल्यो । त्यति बेला पारिजातले साहित्य लेखनका क्रममा पलायन भयो भने शोषण हुन्छ भन्ने धारणा राखेकी थिइन् ।

यसै क्रममा खरसाङको गोर्खा जन पुस्तकालय भवनमा पारिजातको अभिनन्दन पनि गरिएको थियो ।

**दाङ : ऊर्जा दिने यात्रा**

राप्ति साहित्य परिषद्ले हरेक वर्ष श्रीपञ्चमीका दिन मनाउँदै आएको वार्षिक कार्यक्रम २०४८ माघ २४ र २५ का दिन दाङको घोराहीमा विशेष किसिमले मनाउने निर्णय गरेको थियो । कार्यक्रमका लागि काठमाडौं र नेपालका अन्य स्थानका साहित्यकार निम्त्याइएको थियो ।

पारिजात सोही कार्यक्रमको निम्तोमा दाङ पुगेकी थिइन् *('२०४८ को वसन्त पञ्चमी' : पद्मप्रसाद शर्मा, 'राप्तिदूत' : २०४८, फागुन) ।*

कार्यक्रममा डा. ध्रुवचन्द्र गौतम, ध्रुव सापकोटा, मोदनाथ प्रश्रित, कृष्ण सेन इच्छुक, रमेश विकललगायत साहित्यिक व्यक्तित्व पनि थिए । यात्रा गर्न रूचाउने पारिजातको यो महत्त्वपूर्ण साहित्यिक भ्रमण थियो । २० को दशकदेखिका साहित्यिक सम्बन्ध भएका रमेश विकल, ध्रुवचन्द्र गौतमहरूको साथमा एउटै कार्यक्रममा समावेश हुन पाउँदा र साहित्यिक छलफल गर्न पाउँदा पारिजातले यो यात्राबाट बौद्धिक ताजापन अनुभूति गरेकी थिइन् । यो यस्तो बेला थियो, प्रगतिशील पक्षका उनका नजिकका सबै मानिस *परिभाषित आँखाहरू*को विपक्षमा थिए । *शिरीषको फूल*को मार्ग समातेको आक्षेपको ओइरो लागेको बेला थियो । पारिजात भने *परिभाषित आँखाहरू*को पक्षमा अडिग भएर भिडिरहेकी थिइन् । राजनीतिक पार्टीसँगको प्रतिबद्धता उनले समाप्त गरेको मात्र होइन, पार्टी राजनीतिलाई घृणा गर्ने मुडमा थिइन् । त्यसैले पनि यो यात्राले उनलाई नयाँ ऊर्जा र ताजापन त दियो । तर शारीरिक रूपले भने विविध धपेडीका कारण गल्न थालेकी थिइन् । त्यसपछिको समय वीर अस्पताल जानु-आउनु नियमित प्रक्रिया भएको थियो ।

### पाल्पामा दुई कार्यक्रम

पहिलो पटक २०२७ सालमा राल्फाकालका बेला पारिजात पाल्पा पुगेकी थिइन् । तर त्यति बेला उनले पाल्पाको मीठो सम्झना लिएर आउने अवसर पाइनन् । तर अचानक बिनातयारी २०४३ माघ ३ मा उनी पाल्पाको तानसेन पुगिन् । खासमा भारतको कानपुरमा सम्पन्न अखिल भारतीय नेपाली विद्यार्थी सम्मेलनमा भाग लिएर फर्कने क्रममा गोविन्द वर्तमानका साथ उनी पाल्पा पुगेकी थिइन् ।

पाल्पाको होटल सिद्धार्थमा कोठा लिएर गोविन्द वर्तमानले त्यहाँका साहित्यकार तथा पत्रकार विनयकुमार कसजूलाई खबर गरेका थिए । उनी पुगेको अवसर छोपी त्रिभुवन क्याम्पस, पाल्पामा औपचारिक कार्यक्रम आयोजना भएको थियो । क्याम्पसमा साहित्यकार शिक्षकहरू चोलेश्वर शर्मा र हीरामणिहरूले कार्यक्रमको चाँजोपाँजो मिलाएका थिए । कार्यक्रममा पारिजातले यस्तो भनेकी थिइन्–

*विसङ्गति र अस्तित्वबोध मेरो जीवनको पूर्णविराम भएर बसेन । मैले जीवनको अर्थ खोजें र पाएँ । मैले समाजमा विषमताहरू देखें, शोषण, अन्याय र अत्याचार देखें, यस्तो भाग्य (कर्म)ले भएको होइन, यसको अर्थ हुनुपर्छ भनेर खोजें र पाएँ । जीवन र जगत्‌लाई सम्पूर्ण, अर्थपूर्ण धरातलबाट देख्न थालेपछि मेरो लेखाइमा मोड आयो, मानिसको वास्तविकतालाई छर्लङ्ग लेखिदिएपछि कथा उपन्यास बन्छ ।*

*मानिस कोही किन सुखी र कोही किन दुःखी हुन्छ ? कोही धनी र कोही किन दुःखी हुन्छ भन्ने वैज्ञानिक दृष्टिकोण हुनुपर्छ, पात्रहरू सामान्य लिनु नै राम्रो मान्दछु, शैलीलाई आकर्षक बनाउनु नै साहित्य हो । साहित्यमा मानिसको सम्पूर्ण यथार्थ कसैले लेख्न सक्तैन । मान्छेले निजी जीवनमा पर्दाका पछाडि केके गर्छ, सबै लेख्न सकिँदैन । साहित्य समाजमा घटित घटनाको अभिव्यक्ति हो ।*

*मेरो अब कुनै व्यक्तिगत जीवन छैन । मैले आफ्नो क्षमताले भ्याएसम्म जनप्रतिबद्ध भएर बस्छु, अब कुनै मोड आउला जस्तो लाग्दैन । मानिसको जीवनमा साहित्य मात्र हुँदैन, राजनीति हुन्छ । जीवनको हरेक पक्षमा राजनीति हुन्छ । व्यस्तता र काम नै मेरो जीवनको पर्याय भए जस्तो लागेको छ । (अब मेरो कुनै व्यक्तिगत जीवन छैन : विनयकुमार कसजू, 'जनमत', पृष्ठ ९१)*

उक्त अवसरमा पारिजातले ठूलो उपन्यास लेख्न लागेको तथा आफ्ना संस्मरणलाई दुईतीन भागमा उतारौं कि भन्ने लागेको पनि बताएकी थिइन् ।

त्यस औपचारिक कार्यक्रमले मात्र साहित्यिक भोक नमेटिएकाले पाल्पाली साहित्यकार तथा पाठकहरूले भोलिपल्ट सिद्धार्थ होटलमै सुन्ने-सुनाउने गोष्ठी आयोजना गरे । पारिजातले उक्त अनौपचारिक कार्यक्रममा कथा सुनाएकी थिइन् । बिहान गरिएको कार्यक्रममा पनि सहभागीहरू प्रशस्त थिए । माया ठकुरीसँग पारिजातको भेट पहिलो पटक त्यहीँ नै भएको थियो ।

## वीरगन्जमा सम्मान कार्यक्रम

२०२३ सालमा विमल राल्फाका साथमा पारिजात पहिलोपल्ट वीरगन्ज गएकी थिइन् । यो उनको निजी र घुमफिरको यात्रा थियो । उनी स्थानीय गङ्गा थापाको घरमा बसेकी थिइन् । उनी वीरगन्ज आएको थाहा पाएर साहित्यकार र साहित्यप्रेमीहरू उनलाई भेट्न त्यहाँ आउँथे । वीरगन्जमा उनको सम्मानमा एउटा कार्यक्रम पनि आयोजना गरियो । कार्यक्रममा त्यति बेला ध्रुवचन्द्र गौतमले पारिजातका विषयमा बोलेका थिए । त्यो सम्झनालाई ध्रुवचन्द्रले पछि यसरी लिपिबद्ध गरे–

*पारिजात जब पहिलो पटक वीरगन्ज केही दिन बस्न भनेर जानुभयो, त्यस बखत म पनि त्यहाँ पुगेको थिएँ । पारिजातको स्वागत गर्न स्थानीय नवयुवक साहित्यकार र साहित्यप्रेमीहरू निकै उत्साहित भएका थिए । एउटा स्वागत समारोह पारिजातको सम्मानमा आयोजना गरिएको थियो, जसमा मैले पनि नयाँ लेखनमा आधुनिक चेतनाबारे पारिजातको सन्दर्भ लिएर बोलेको थिएँ । (पारिजात : ध्रुवचन्द्र गौतम, 'रचना', पुस-माघ) : २०४२, पृष्ठ ६०)*

## दार्जीलिङमा साहित्यिक सत्सङ्ग

काठमाडौंमा बसाइँ सरिसकेपछि पारिजात दार्जीलिङ जाँदा कहिले आफन्तकहाँ, कहिले होटल दिलखुसा त कहिले हिमालचुलीमा बस्थिन् । तर दार्जीलिङको अन्तिम यात्रामा भने होटल सोसाइटीमा बसेकी थिइन् । पारिजात हावापानी फेर्न मात्र होइन, कहिले राल्फाली जमातमा साथ लागेर गइन्, कहिले *सिम्मा* नाटक देखाउने सिलसिलामा दार्जीलिङ गइन् । यस्ता भ्रमणमा जाँदा औपचारिक वा अनौपचारिक रूपमा उनीसँग साहित्यिक सत्सङ्ग गर्थे ।

**चितवनमा साहित्यिक चर्चा**

२०४४ सालमा पारिजात चितवन पुग्दा त्यहाँका साहित्यकारहरू उनको स्वागतका लागि उत्साहित भएका थिए । त्यसो त राल्फाकालमा पनि पारिजात चितवन पुगेकी नै हुन् । त्यति बेला आनन्ददेव भट्ट चितवनमै थिए । उनीसँग साहित्यिक छलफल र बहस पनि भएको थियो ।

पारिजात चितवन आइपुगेको खबर पाएपछि असोज ९ मा हरिहर खनाल उनी बसेको भरतपुर हाइटको चितवन होटलमा भेट्न पुगेका थिए । आफ्नो घरमा खानाका लागि निम्तोसमेत दिएका थिए । खासमा पारिजात विराटनगर जाने क्रममा चितवन अडिएकी थिइन् । उनी १० र ११ गते चितवनमा बस्ने विचारले त्यहाँ रोकिएकी थिइन् । अनि हरिहर खनालकै सक्रियतामा पारिजातलाई नारायणगढको होटल रिभर भ्युमा बस्ने व्यवस्था मिलाइएको थियो । ११ गते भेटघाटको कार्यक्रमसमेत आयोजना गरिएको थियो । सुरूमा होटलकै कोठामा साहित्यिक जमघट गर्ने कुरा भए पनि कोठामा सबै सहभागी नअट्ने हुन् कि भनी लक्ष्मीचरण श्रेष्ठको निवासको ठूलो कोठामा कार्यक्रम भएको थियो ।

त्यस जमघटमा रविकिरण निर्जीव, प्रकाश चापागाईं, जीवन रेग्मी, मित्रलाल ढकाल, भीष्म श्रेष्ठ, इन्द्रप्रसाद रेग्मी, एसटी क्षत्री, घनश्याम पौड्याल तथा हरिहर खनाललगायतले आफ्ना रचना वाचन गरेका थिए । पारिजातले पनि आफ्ना रचनाका साथै मन्तव्य राखेकी थिइन् ।

...

# २०४६ को जनआन्दोलन र पारिजात

# सहभागिता

आफूले टिकट काटेर लिएको राजनीतिक पार्टीभित्रको आन्तरिक फुटका कारण सक्रिय राजनीतिबाट टाढा रहे पनि, अन्य राजनीतिक पार्टीप्रति वितृष्णा रहे पनि वामपन्थी आन्दोलन र राजनीतिप्रति पारिजातको झुकाव रहिरह्यो । प्रगतिशील विचारधारा र साहित्यप्रति उनको निरन्तरता यथावत् थियो । २०४६ सालको जनआन्दोलनका बेला पारिजात सबै प्रकारका साहित्यिकभन्दा राजनीतिक र आन्दोलनका गतिविधिमा बढी सक्रिय, समर्पित थिइन् । आन्दोलनका जुलुसहरूमा भौतिक रूपले जान नसके पनि टेलिफोनका माध्यमबाट सूचना आदानप्रदान गर्ने, विविध गतिविधि परिचालनमा सहयोग गर्न अत्यन्त उत्साहसाथ जुटिरहिन् ।

२०४६ साल फागुन २५ अर्थात् सन् १९९० मार्च ८ को अन्तर्राष्ट्रिय महिला दिवसका उपलक्ष्यमा पद्मकन्या क्याम्पसमा गोष्ठी आयोजना गरिएको थियो । कार्यक्रमकी प्रमुख अतिथि पारिजात थिइन् । जनआन्दोलनले गति लिइरहेको बेला थियो । पारिजातको घरको नजिकतिर गुप्तचरहरू मडारिन थालेका थिए । त्यो कार्यक्रममा लाठीचार्ज भयो भने केकसो होला भन्ने पनि छलफल भयो । तर पारिजातले रायनलाई निर्भीकतासाथ कार्यक्रममा भाग लिन जाने प्रतिबद्धता जनाइन्–

*लाठी कसरी चलाउँदो रहेछ म पनि हेर्छु । ल त लाठी चलाओस् त्यहाँ । जे परी आएको सामना गर्छु । तिमीले त्यहाँ मलाई पुऱ्याउने मात्र काम गर । र तिमी चाहिँ तुरून्त फर्क । फर्किने व्यवस्थाको एउटा उपाय गरौंला । तिमी चिन्ता नगर । …मलाई मार्छ भनेर चिन्ता पऱ्यो कि क्या हो तिमीलाई ? मारेछ भने मारेछ, मारेछ । जनताको मुक्तिका निम्ति मर्न पाए त्योभन्दा ठूलो आत्मसन्तुष्टि अरू के हुन्छ मलाई ? (सम्झनाको दहभित्र बल्छी हाल्दा : रायन, पारिजात स्मृतिग्रन्थ : २०५१, पृष्ठ ११६)*

आन्दोलनप्रति पारिजातको यस्तो स्पष्ट र निर्भीक लगाव थियो । ८ तारिखका दिन पारिजात कालो पन्चु लगाएर, कालै चुन्नीले टाउको आधा ढाकेर तयार भएकी थिइन् । रायनले ट्याक्सीमा पद्मकन्या क्याम्पस सभास्थलमा पुऱ्याए । पारिजातले फर्कनू भने पनि रायन कार्यक्रमस्थलबाहिर पारिजातलाई कुरिरहे । सभास्थलबाहिर राखिएको माइकबाट निस्किएका जोसिला भाषण बागबजारका पसल, दोकान, घरका कौसी तथा

छतछतमा बसेर मानिसहरूले रूचिपूर्वक सुनिरहेका थिए । तर त्यसैबीच रायनले गाइँगुइँ हल्ला सुने– सभास्थलबाटै वक्ताहरूलाई पक्रिने हल्ला छ । अनि विद्यार्थीहरूको हूलका बीचमा वक्ताहरूलाई राखेर छात्रावासमा लगेर भगाउने आदि उपायमाथि विचारविमर्श भए । तर पारिजातलाई त्यसो गर्न सम्भव थिएन । कार्यक्रम सकिने बेलामा रायनले ट्याक्सी लिएर आए क्याम्पसभित्रै । अनि पारिजातलाई दुवैतिर पद्मकन्या क्याम्पसका विद्यार्थीहरूले छोपेर ट्याक्सीमा भगाइएको थियो । त्यसरी जाने विद्यार्थीहरूमा विद्यार्थी नेत्री कमला पनि थिइन् ।

जनआन्दोलनमा साहित्यकारहरूले साहित्यिक हिसाबले गरेको आन्दोलनको उत्कर्ष २०४६ साल चैत ३ को कालोपट्टी कार्यक्रम थियो । कार्यक्रम गर्ने विषयको अन्तिम निर्णायक बैठक चाबहिलस्थित मुरारी अर्यालको निवासमा भएको थियो । कार्यक्रम प्रगतिशील र प्रजातान्त्रिक दुवै विचारधाराका साहित्यकारहरूले संयुक्त रूपमा गर्ने निधो भएको थियो । अनि पारिजातलाई धर्नास्थलसम्म ल्याउने जिम्मा रायनले पाएका थिए ।

पारिजात चैत ३ को बिहानैदेखि कुनै उत्सवका बेला झैं व्यस्त थिइन्, निम्ता र खबर गर्न । काम थियो, राष्ट्रियदेखि अन्तर्राष्ट्रिय क्षेत्रका पत्रपत्रिकालाई खबर गर्नु । रायन सुरूमा केकस्तो अवस्था छ, बुझ्न एकेडेमी गए । साहित्यकार-कलाकारहरूले एकेडेमीमा मुखमा कालोपट्टी बाँधेर विरोध जनाउने कार्यक्रम थियो । तर एकेडेमी प्रहरीको घेराबन्दीमा परिसकेको थियो । अनि एकेडेमीको साटो त्रिचन्द्र क्याम्पसको कम्पाउन्डमा गर्ने निर्णय गरिएको थियो । त्यो खबर लिएर रायन पारिजातनिवास म्हैपी पुगे । अनि स्थिति बताएर उनलाई जान अप्ठ्यारो हुन्छ कि, नजाने कि भनेर अघिल्लो दिनभन्दा पारिजातले उतर्सिएर भनेकी थिइन्–

*हैन तिमी मलाई काँतर बनाउन खोज्दै छौ कि क्या हो हँ ? त्यस्तो कुरा नगर है । म जान्छु जान्छु । बज्रियोस् मेरो टाउकामा लाठी, फुटोस् मेरो टाउको र बगोस् रगत सडकभरि । म ऐयासम्म भन्दिनँ राजु (पारिजात रायनलाई मायालु रूपले राजु सम्बोधन गर्ने गर्थिन्-ले), के ठानेका छौ मलाई । म जनताको नाममा सहिद भइदिन्छु । (सम्झनाको दहभित्र बल्छी हाल्दा : रायन, पारिजात स्मृतिग्रन्थ : २०५१, पृष्ठ ११७)*

रायनले पारिजातलाई ट्याक्सीमा राखेर त्रिचन्द्रतिर लागे । उनले ट्याक्सीमा एउटा मुढा पनि राखेका थिए, पारिजातलाई चौरमा बस्नका लागि । ट्याक्सीलाई विश्वज्योति हलको सामुन्नेको गेटमा रोकाए । अनि पारिजातलाई त्यहीँ गेटमा मुढामाथि बसाएर उनी क्याम्पसभित्रको स्थिति बुझ्न गए । साहित्यकारहरू सरस्वती सदनअगाडि धमाधम जम्मा भएको देखेपछि उनी पारिजातलाई लिन फेरि गेटमा फर्किए र हरिगोविन्द लुइँटेल तथा रायन मिलेर पारिजातलाई धर्नास्थलमा पुऱ्याए । साहित्यकारहरूले मुखमा कालोपट्टी बाँधेर विरोध प्रदर्शन गरेको केही बेरमा प्रहरीको धरपकड सुरू भयो । प्रहरीले ट्रकमा लाइन लगाएर सामूहिक गिरफ्तार गऱ्यो । तर पारिजातले औंला ठड्याएर

आफूलाई नछुन सचेत गर्दै, आफू गिरफ्तारी दिन तयार रहेको तर त्यसका लागि महिला प्रहरीले मात्रै छुन पाउने भनेपछि प्रहरीहरू हच्किएका थिए। त्यो समूहमा कोही महिला प्रहरी नभएकाले पारिजातलाई चौरमा मुढामा बसिरहेको ठाउँमा त्यत्तिकै छाडेर अरू सबैलाई ट्रकमा राखेर सिंहदरबार बग्गीखाना लगिएको थियो । पारिजात भने पछि कुनै सहृदयीको सहयोगले ट्याक्सी मगाएर आफ्नो निवास म्हैपी फर्केकी थिइन् । यसरी उनले कालोपट्टी बाँध्ने विरोध कार्यक्रममा सक्रियतापूर्वक र निर्भीकतासाथ भाग लिएकी थिइन् ।

सामूहिक गिरफ्तार भएका सबै कवि-लेखकहरूलाई बग्गीखानामा बयान लिएर राति छाडिएको थियो ।

# पारिजात नेतृत्वमा प्राज्ञिक सङ्घर्ष समिति

तीसको दशकमा नेपाल राजकीय प्रज्ञा-प्रतिष्ठानसँग पारिजातको राम्रो सम्बन्ध थियो। उनले प्रतिष्ठानबाट आर्थिक सहयोग लिएकी थिइन्। त्यति बेला प्रतिष्ठानबाट प्रकाशन हुने पत्रिकामा नियमितजसो उनका कविता प्रकाशित हुन्थे। त्यसबापत उनले पारिश्रमिक पाउँथिन्। उनले दुई वर्ष लगातार प्रतिष्ठानबाट विद्वत्वृत्ति पाएकी थिइन्। उक्त वृत्तिअन्तर्गत उनले पेस गरेका दुई पुस्तक *तोरीबारी बाटा र सपनाहरू* अनि *अन्तर्मुखी* पनि प्रतिष्ठानबाट प्रकाशन भएका थिए। तर कम्युनिस्ट पार्टीमा उनको प्रवेश, कम्युनिस्ट गतिविधिमा सक्रियता, प्रगतिशील लेखनमा बढ्दै गएका क्रियाकलाप र आस्थाले पञ्चायत व्यवस्था एवम् राजतन्त्र वा राजाको छत्रछायामा हुर्केको नेपाल राजकीय प्रज्ञा-प्रतिष्ठानसँग क्रमशः दूरी बढ्दै गयो। प्रज्ञा-प्रतिष्ठानमा हरेक वर्ष हुने कविता महोत्सवमा नयाँ वर्षको पहिलो दिन राजाबाट कविताको शीर्षक बक्स हुने र असार ९ मा कविता उत्सव गर्ने परम्परा थियो। पारिजातले त्यहाँ कविता पढ्न जानेहरूलाई भाट कविको संज्ञा दिन थालेकी थिइन्– बोली, लेखन र स्तम्भबाट।

२०४६ सालको जनआन्दोलन सफल भएर संवैधानिक राजा र जनताले चुनेको व्यक्ति शासक हुने अवस्था बन्यो। २०४६ सालको आन्दोलनले पञ्चायत व्यवस्था ढलेपछि नेपाली साहित्यकारहरूले तत्कालीन प्रज्ञा-प्रतिष्ठानमै दबाबमूलक कार्यक्रम गरेर पञ्चायतकालीन प्राज्ञहरूलाई राजीनामाका लागि बाध्य तुल्याए। त्यस बेला नयराज पन्तबाहेक सबैले राजीनामा गरे। जनआन्दोलनका कमान्डर गणेशमान सिंहले सरकारको नेतृत्व आफूले नगरी कृष्णप्रसाद भट्टराईलाई सिफारिस गरे। र भट्टराई अन्तरिमकालका लागि प्रधानमन्त्री राजाबाट नियुक्त भए।

नेपाल राजकीय प्रज्ञा-प्रतिष्ठान नयराज पन्तबाहेकका पदाधिकारीहरूको राजीनामापछि रित्तिएको थियो। त्यस बेलाको नियम-कानुन टेकेर डा. ईश्वर बरालको नेतृत्वमा प्रज्ञा-प्रतिष्ठान गठन भयो। त्यसमा वामपन्थी धारका लेखकहरूलाई समावेश गरिएको थिएन। विशेष नेपाली काङ्ग्रेसमा पहुँच भएकाहरूले नै प्रज्ञा-प्रतिष्ठान भरिभराउ भएपछि वामपन्थी धारका प्रगतिशील लेखकहरूमा तीव्र आक्रोश देखापऱ्यो। जनआन्दोलनमा काँधमा काँध मिलाएको एक शक्तिको नजिकका साहित्यकार पाखा

परेका थिए । तर मुख्यजसो सबैको असन्तुष्टिको तारो चाहिँ जीवनको लामो समय विदेशमा बसेको, पद पाउने बेला नेपाल फर्किएको आरोप ईश्वर बरालमाथि थियो । उनी लामो समय दिल्लीको जवाहरलाल नेहरू विश्वविद्यालयमा अध्यापनको जागिरबाट अवकाश लिएर हालै नेपाल फर्किएका थिए ।

यसरी आलोचना गर्ने गैरवामपन्थी साहित्यकारको लहरमा बानिरा गिरी र वामपन्थी धारमा पारिजात थिए ।

बानिराले व्यक्त गरेको असन्तुष्टि यस्तो थियो–

*डा. ईश्वर बराल एकेडेमीको उपकुलपति हुनुभयो । ईश्वरजी नेपालमा जन्मनुभएको हो । तर उहाँले आफ्ना सम्पूर्ण सीप, श्रम, शैक्षिक योग्यता, उमेर अरूकै निम्ति, अरूकै भूमिमा लगानी गर्नुभयो । अब त्यहाँबाट ठ्याक्क रिटायर्ड भएपछि एकेडेमीको कुर्सीमा थपक्क विराजमान हुन आउनुभयो । (श्री बसुलाई बानिराको चिठी : २०४७, साउन १०, साप्ताहिक)*

त्यति मात्र होइन, एकेडेमीको सदस्य बन्नलाई तोकिएको न्यूनतम उमेरलाई उनले इदी अमिनीय विचारको उपमा दिएकी थिइन् ।

यता पारिजातको साथमा वामपन्थी साहित्यकारहरूका अनेक साङ्गठनिक संरचना थिए, जोसँग उनको उठबस थियो । अतः प्रगतिशील लेखकहरू भेला भएर पारिजातको नेतृत्वमा प्राज्ञिक सङ्घर्ष समिति गठन गरे र विरोधमा कार्यक्रमहरूको आयोजना गरे । उनीहरूले सिंहदरबारको गेटमा विरोधका पर्चा बाँड्नेदेखि प्रधानमन्त्रीलाई ज्ञापनपत्र दिनेसम्मका काम गरे, जसको नेतृत्व पारिजातले गरेकी थिइन् ।

कुनै बेला छिमेकीका रूपमा उठबस गरेकी, अचार बनाएर साटासाट गरेर खाने गरेकी बानिरा पनि प्रज्ञाको विरोधमा भएको पारिजातले पत्तो पाइन् । पारिजातले बानिरालाई पनि प्रधानमन्त्रीलाई विरोधपत्र दिन जाने टोलीमा सहभागी हुन आग्रह गरिन् । तर वामपन्थी राजनीतिक विचार बोक्नेहरूको साहित्यिक संस्था वा कमिटीको छातामुनि जान बानिरालाई स्वीकार्य भएन । उनले पारिजातको त्यस प्रस्ताव स्विकारिनन् । उक्त सन्दर्भलाई बानिराले यसरी सम्झिइन्–

*अन्तरिम सरकार बनेर एकेडेमी गठन भएपछि उहाँ पनि म जस्तै एकदम असन्तुष्ट र क्रुद्ध हुनुहुँदो रहेछ । फोनमा नै भन्नुभयो– "एकेडेमीसम्बन्धी विषयमा किसुनजीलाई विरोधपत्र दिन जाँदै छौं । तपाईं आउनुपर्‍यो ।"*

*"पारिजातजी, तपाईंको कुरामा म एकदम सहमत छु । तर म तपाईंको राजनीतिक छाता तल आउँदिनँ ।"*

*मैले कुरा सिध्याउँदा नसिध्याउँदै उहाँ झडङ्ग रिसाउनुभयो ।*

*मैले फेरि भनें, "प्लिज सुन्नुहोस् न, तपाईं स्रष्टा पारिजातका रूपमा एक्लै आउनुहोस् । म पनि त्यसै नाताले आउँछु । र जहाँ भन्नुहुन्छ, आमरण अनशन बस्नसमेत तयार हुन्छु ।"*

*उहाँ अति नै रिसाउनुभयो– "भैगो भैगो नआउनुहोस्, थुप्रै साथीहरू छन् मेरा ।" कुरा त्यति नै भए... । (डा. बानिरा गिरी : शिरीषका फूलहरूलाई सोध्नू : 'पारिजात स्मृतिग्रन्थ', पृष्ठ २३)*

निश्चित दिनमा प्राज्ञिक सङ्घर्ष समितिका सङ्घर्षकारीहरू पारिजातको नेतृत्वमा प्रधानमन्त्री कार्यालय सिंहदरबारमा विरोधपत्र दिन गए । प्रधानमन्त्री कार्यालय माथिल्लो तलामा भएकाले तत्कालीन समयमा प्रधानमन्त्री कार्यालयमा कार्यरत अधिकृत एवम् नेपाली साहित्यका अन्वेषक शिव रेग्मीले पारिजातलाई चाहिँ प्रधानमन्त्रीले प्रयोग गर्ने लिफ्टबाट माथिसम्म लगेका थिए ।

प्रधानमन्त्री कृष्णप्रसाद भट्टराईले मीठामीठा कुरा गरेर सबै समस्याको समाधान हुन्छ भनेर गुलिया आश्वासन दिए । र समितिका सदस्यहरूलाई पुर्‍याउन बाहिरसम्म आए । कृष्णप्रसाद भट्टराईले नयाँ एकेडेमीका लागि सुझाव मागेका थिए । प्राज्ञ परिषद्का लागि सुझाव मागेका थिए । सङ्घर्ष समितिको मिति २०४७ भदौ २४ गते प्राज्ञ पुनर्गठन सुझाव समितिको बैठक बसेको थियो । पारिजात, वासु शशी, दौलतविक्रम विष्ट, रमेश विकल, पुष्कर लोहनी, आनन्ददेव भट्टको उपस्थितिमा बसेको बैठकले पारिजात कुलपति, आनन्ददेव भट्ट सदस्यसचिव रहने गरी १५ जनाको नाम छनोट गरेको थियो । प्राज्ञ परिषद्का सदस्यका लागि मोदनाथ प्रश्रित, दौलतविक्रम विष्ट, राजेन्द्र विमल, दुर्गालाल श्रेष्ठ, पोषण पाण्डे, डा. रामवरण यादव, प्रा. माणिकलाल श्रेष्ठका साथै महेशचन्द्र रेग्मी, डा. श्रीधर लोहनी, डा. कमलप्रकाश मल्ल, धनवज्र वज्राचार्य, जनकलाल शर्माको नामसमेत विचारार्थ टिपोट गरिएको थियो । *(माइन्युटको कपीबाट)*

तर यो सुझाव कार्यान्वयन भएन । न त्यसमाथि पछि छलफल नै भयो । त्यसको उपलब्धि केही भएन । केही समयपछि सङ्घर्ष समिति बिस्तारै सेलाउँदै गयो । तर हाम्रो सङ्घर्ष रोकिएको छैन भन्ने व्यहोराका अभिव्यक्ति पारिजातले अन्तर्वार्ताहरूमा दिइरहिन्–

*त्यो समिति मरेको छैन र सङ्घर्ष पनि स्थगित भएको छैन । केवल त्यो अन्तरिम कालका लागि मात्र स्थगित भएको हो । त्यति बेलाको प्रज्ञाको गठन प्रक्रिया अप्रजातान्त्रिक र पञ्चायती पाराको झैं थियो । त्यसैले हामीले प्रधानमन्त्रीलाई घेर्‍यौं, सङ्घर्ष गर्‍यौं । पछि आयोग गठन भयो, सुझाव मागियो । र सुझाव दिइयो पनि । अझ अल्टिमेटमसमेत दिइयो । तर त्यसको सुनुवाइ भएन । त्यसैले अब यो सङ्घर्ष फेरि उठ्छ, प्रज्ञाको सङ्गठन भङ्ग हुनुपर्छ । त्यसका लागि हामीले प्रजातान्त्रिक सङ्घर्षको बाटो अपनाउँछौं । यो काम अहिले कुर्सीमा बस्ने पदलोलुप लेखकहरूबाट हुन सक्तैन । म तिनीहरूलाई माटोको बाघ ठान्छु । यो काम हामी जस्ता सडकमा ओर्लने लेखकहरूबाटै हुनुपर्छ । तर त्यसका लागि एकपल्ट बुद्धिजीवीहरूको बृहत् भेला बोलाएर सङ्घर्ष समितिको पुनर्निर्माण भने गरिनुपर्छ । अहिलेको समिति अन्तरिम नै*

*हो । प्रज्ञा-प्रतिष्ठानको अप्रजातान्त्रिक स्वरूपविरूद्ध यसका सबै गतिविधिहरू बहिष्कार गर्नुपर्छ । (अन्तर्वार्ता : पारिजात : ताराकान्त पाण्डे तथा ईश्वर ज्ञवाली, 'आलोचना' : २०४८ जेठ, पृष्ठ ४२)*

प्राज्ञिक सङ्घर्ष समितिले गरेको विरोध र सङ्घर्षले कुनै प्राप्ति नदिए पनि पारिजात एकेडेमीप्रति निरन्तर आक्रामक भइरहिन् । एकेडेमीको आलोचना र भर्त्सना गरिरहिन्–

*नेपाल राजकीय प्रज्ञा-प्रतिष्ठान प्रजातान्त्रिक नभएसम्म कुनै नातागोता छैन । म एकेडेमीको कर्यक्रममा भाग लिन्नँ । मञ्जुल एकेडेमीमा जानु कुनै ठूलो कुरा होइन । मैले त प्राज्ञहरूसँग एउटै ठाउँमा नबस्ने निर्णय गरेकी छु । किसुनजीलाई तीन पटक भेटेको हो र विधान बनाएर दिएको हो । आखिर केही भएन । फेरि म त संयोजक पनि त हुँ नि । एकेडेमीसम्बन्धी संसद्मा आउने विधेयकमा मन्त्रीमण्डल र सांसदहरूको छलफल र निर्णयले मात्र हुँदैन । बाहिरका लेखकहरूको पनि सहमति चाहिन्छ । (मलाई ग्लेमरस मृत्यु मन पर्दैन (अन्तर्वार्ता), पारिजात : रमेश केसी : 'जनमञ्च' साप्ताहिक : २०४९, साउन ८, पृष्ठ १७)*

तर सङ्घर्ष समितिको पुनर्गठन भएन । आंशिक रूपमा केही आन्दोलनकारीले एकेडेमीका कार्यक्रम बहिष्कार गरे । बिस्तारै आन्दोलनका कुरा पनि सेलाउँदै गए । र कुनै तात्त्विक निर्णयमा नपुगी प्राज्ञिक सङ्घर्ष समितिको अवसान भयो । तर यसपछि प्रज्ञा-प्रतिष्ठानसँग पारिजातको सम्बन्ध भने पानी बाराबारको भयो । प्रज्ञा-प्रतिष्ठानका प्रकाशनमा आफ्ना रचना पनि दिन बन्द गरिन् । मरेपछि पनि आफ्नो शवलाई प्रज्ञा-प्रतिष्ठानमा नलैजानू भन्ने सन्देश दिने सङ्कल्प गरिन् ।

# साथीसँगाती संसार

पारिजातले आफ्नो जीवनमा थुप्रै साथीसँगाती कमाइन् । तिनीहरूसँगको सङ्गतले उनी रमाइन् । सुखदुःख साटिन् । कतिपयबाट बेइमानीको विषको सामना पनि गर्नुपऱ्यो । हलाहल पनि पिउनुपऱ्यो । तर ती हलाहल घाँटीबाट मुन्तिर पुग्न दिइनन् र नीलकण्ठ बनेर जीवनका आफ्ना आयुहरूलाई हाँकका साथ बिताइन् । भावुक हुँदा यदाकदा झर्ने आँसुको त के हिसाब भयो र ?

**माया ठटाल**

बाल्यकालमा दार्जीलिङमा छँदा उनको मन मिल्ने स्कुले साथी थिइन्– माया ठटाल । उनीसँग पारिजातले स्कुले जीवनमा सुखदुःख साटेकी थिइन् । सन्त टेरेजा स्कुलमा पारिजात र मायाको दोस्ती खुब जमेको थियो । कक्षाकोठा बहिष्कार गर्नेदेखि स्कुलबाट निकालिदिएपछि झन्डै पूरै वर्ष यी दुईले स्कुल जाने बेला घरबाट हिँड्ने तर अर्को साथीको घरमा गएर खाना खाएर दिन बिताउने अनि स्कुल गएर फर्कनेहरूसँग दिनभरको पढाइबारे बुझ्ने गर्थे । त्यति मात्र होइन, यी दुई अँगालो हालेर पान चपाउँदै सडकहुँदी हल्लिन्छन् भन्ने त आहानै बनेको थियो । पारिजात र मायाले सन्त टेरेजा स्कुलको पढाइ सकेपछि शारदेश्वरी कन्या पाठशालामा पनि सँगै पढे ।

मायाको सम्झनामा त्यो मित्रता यस्तो थियो–

*दार्जीलिङमा विष्णु, दिलु र म मात्र थियौं । विष्णु कर्मकोठीबाट आएर कहिलेकाहीँ चलचित्र हेर्न जाऔं भन्थी । र राज कपूरले निर्माण गरेको वा अभिनय गरेको चित्र बढी रूचाउने गर्थी । चित्र- 'जोगन' हेरेर धेरै गम्भीर भई, कहिलेकाहीँ घरमा आएर ए माया भट्किनु हिँड भन्ने र हामी बाटोमा हिँड्दै हिँड्दै सिनेमा घरभित्र जाऔं भनेर आधादेखि सिनेमा हेर्ने र कहिले हेर्दाहेर्दै हिँड् बोर भयो भनेर निस्किएर बाटोमा उद्देश्यविहीन हिँड्न लाउने । कहिले साथीहरूसँग लहरमा बात मार्दै हिँड्दै गर्दा विष्णु सबैको पछिपछि एक्लै हिँड्ने । फेरि हामीसँगै हिँड्नुभन्दा हाँस्दै आएर मिसिने । यसरी एक दिन विष्णुले हिँड् भनेर दुई जना सरासर धीरधामछेउ दिलुको घरमा पुग्यौं । ढोका ढकढक्याएपछि दिलुले नै ढोका खोल्दा हामी दुईलाई देखेर ए यो दुई जना पो रहेछ, आफूहरू पनि पढ्दैन, हामीलाई पनि पढ्नु दिँदैन । जा तिमीहरू भनेर ढोका बन्द गरिदिई । हामी*

*अँगालो मारेर दार्जीलिङको कालो अलकत्रे, सपाट र सफा बाटाहरूमा भट्किँदै हिँड्यौं । (माया ठटाल : विष्णुदेखि पारिजातसम्म : यात्राका केही क्षणहरू, पारिजात स्मारिका : २००८, सिलिगुडी)*

पारिजात काठमाडौं आएपछि पनि चिठीपत्रहरूमा उनीहरूको मित्रता जीवन्त रह्यो । पारिजात दार्जीलिङ जाँदा होस् वा माया काठमाडौं आउँदा, उनीहरूको त्यो पुरानो मित्रता जीवन्त हुन्थ्यो । त्यो बालापनको माया, स्नेह, मित्रता सदासदाका लागि अविरल, उत्तिकै प्रेमपूर्ण रहिरह्यो । दार्जीलिङ पुग्दा पनि पारिजातलाई मायाको खोजी हुन्थ्यो । माया काठमाडौं आउँदा पनि पारिजातको खोजी हुन्थ्यो । भेटघाट हुन्थ्यो ।

पारिजातको जतिपल्टको दार्जीलिङ यात्रामा पनि मायासँगको भेट निरन्तर रह्यो । पारिजातको अन्तिम दार्जीलिङ यात्राका बेला होटल सोसाइटीमा उनका प्रथम प्रेमी धनुवर मुखिया चुरोटको धूवाँ र पेयसँग शान्त-मौन वार्तालाप गर्दै रहँदा रातको ११ बजेसम्म मायाले उनीहरूलाई साथ दिनुपरेको थियो । पारिजातसँगको त्यो अन्तिम भेटलाई मायाले मुटुमा यसरी राखेकी थिइन्–

*...मैले कार्यालयबाट बिदा लिएँ र ऊसँग उसको मामाको छोराले आफैं हाँकेको निजी गाडीमा लेबुङ गयौं । त्यहाँ विष्णु गाडीबाट बिस्तारै ओर्लेर बाटोछेउको डिलमा बसेर फेरि एक चोटि सिङ्गताम, लेबुङ, बर्नसबेग, गिङ तथा वरिपरिका चियाका हरिया बगानहरू हेर्दै तुङसुङ भोटे बस्ती र लिम्बू बस्तीका कर्मकोठीको आफू बसेको दुई नम्बर कोठा हेरी अपलक । फर्कंदा बाटोमा उनिउँका पातहरू हेर्दै काठमाडौंमा यस्तो हुँदैन भनेर केही हाँगा भनौं पातहरू लिएर भोलिपल्ट काठमाडौं फर्की सदासर्वदाका निम्ति, कहिल्यै फेरि नफर्कने गरी... । (माया ठटाल : विष्णुदेखि पारिजातसम्म, यात्राका केही क्षणहरू, पारिजात स्मारिका : २००८, सिलिगुडी)*

## दया सिंह

काठमाडौंमा पारिजातको सुखदुःखकी साथी दया सिंह भइन् । पारिजात खासमा दयाकी भाउजूकी क्लासमेट थिइन् । एक दिन तिनै भाउजूले पारिजातलाई घर लिएर गएकी थिइन् र दयासँग परिचय गराएकी थिइन् । भाउजूकी साथी पारिजात अन्ततः दयाकी घनिष्ठ हुन पुगिन् । पारिजातले कविता लेख्न थालेको सुरूसुरू थियो । दया सिंह पनि कवितामा रूचि राख्थिन्; लेख्थिन् पनि । पारिजात र दया सिंहका कविता कति पत्रिकामा सँगसँगै पनि छापिएका थिए ।

तर पछि दयाले लेख्न छाडिन् । उनले लेख्न छाड्नुमा पारिजातसँगको उनको अन्तरङ्गता नै थियो । उनले यस्तो भन्थिन्–

*म पनि त्यस्तै विचारधाराको । म पनि अलिकति लेख्ने । दुईचार ओटा मैले पनि प्रकाशन गरेको हो, पहिलेपहिले पनि । अनि हामी दुई जनाको यस्तो भयो, समकालीन लेखकहरूको खास गरी विचारधारा धेरै एउटै हुन्छ नि । त्यसो हुनाले मैले यस्तो सोचें, पारिजात र मेरो एउटै विचारधारा । प्रगतिशील स्वास्नीमानिस । राजनीति पनि घुसेको ।*

*दुःखी, गरिबलाई विचार गर्ने मनोविज्ञानमा मैले पूरा उसमा पाएँ । अनि हामी दुई जनामा एकदम घनिष्ठता भयो । अनि मैले यसो विचार गरें कि, मैले लेख्नु र उसले लेख्नुमा केही फरक छैन, त्यसकारण मैले रोक्छु भनेर मैले रोकें । (दया सिंहसँग टेपवार्ता : सेप्टेम्बर १७, २००८)*

दाजुभाउजूसँग छुट्टिएर पारिजात, सुकन्या र बाबु अलग्गै बस्न थालेपछि त्यो घरमा कहालीलाग्दो अभावले गाँजेको थियो । पारिजात र सुकन्याले बाहिर जाँदा लगाउने सारी र चप्पलसमेत आलोपालो गरी लगाउनुपर्ने भएको थियो । दुई छाक पनि मुस्किलले जुटाउनुपर्ने अवस्था भएर दिदीबहिनी तिमी खाऊ र तिमी खाऊ भन्ने अवस्था थियो । यस्तो अवस्थामा दया सिंह सहायक भएर आइन् । आफ्नो भागको खाद्य सामग्री पोको पारेर लुकाईलुकाई पारिजातको डेरामा लिएर आउँथिन् । यो मित्रताको उपमा कृष्ण र सुदामाको भन्दा कम थिएन ।

दया सिंह अविवाहित थिइन् । उनी घरको अदबमा बस्नुपर्थ्यो । तर स्वभावले पन्छी झैं उडिहिँड्न मन पराउने खालकी थिइन् । पारिजात पनि उदात्त भएर घुमफिर गर्न रूचाउने स्वभावकी भएकाले उनीहरूको मित्रता छिट्टै घनिष्ठतामा बदलिएको थियो । पछि पारिजातलाई दया सिंहको घरमा जान सहज अवस्था नभएपछि दया सिंह घरको पर्खाल नाघेर पारिजातलाई भेट्न पुग्थिन् । पारिजातको डेरा पुतलीसडकको प्रख्यात एम हाउसपछाडि थियो । दया सिंहको चाहिँ शङ्करदेव क्याम्पसको छेउनिर थियो । उनी पर्खालबाट हाम्फालेर पारिजातको डेरामा पुग्थिन् ।

दयासँगको चिनाजानी पारिजातले यसरी अक्षराङ्कित गरेकी थिइन्–

*यो मेरो रूमानी सम्झना हो दया सिंहसँगको । उसको र मेरो मित्रता र केंवराको फूलको सुवाससँग एउटा गहिरो सम्बन्ध छ । आजपर्यन्त केंवराको सुगन्ध मेरो नाकमा पर्न आयो भने म झलक्क एउटी गोरी, हँसिली र फर्स्याइली महिलाको अनुहार सम्झन्छु । र केही बेर अतीतमा पछारिन पुग्छु । उसको घर पुतलीसडकको हामी बसेको डेराभन्दा पछिल्तिर पर्थ्यो, जहाँ आज चुनाउ आयुक्तको अफिस छ । त्यो परिवार आजभोलि ठीक त्यसैको पछि बनेको नयाँ घरमा बस्छ । मेरो घरबाट उसलाई कौसीमा कहिलेकाहीँ देख्ने गर्थें, हाम्रो परिचय भएको थिएन । त्यसताका ऊ पर्दाभित्र थिई, म सीमासम्म भए पनि बाहिर निस्कन पाउने । पद्मकन्या कलेजमा आइएको छात्रा छँदा कलेजमा हाम्रो एउटा टिम बनेको थियो मिल्ने साथीहरूको, जसमा नमी राणा, स्व. एलेन राणा, जसलाई हामी बाबा भनेर सम्बोधन गर्थ्यौं, देवलक्ष्मी अधिकारी, अञ्जली जोशी, पद्मकन्यामा एसएलसी स्तरको माधु र म । नमी राणा पनि पर्दाभित्रकी थिई । अरू चाहिँ सीमित स्वतन्त्र । माधु गिरी र देवलक्ष्मीबाहेक हामी सबै कलेजमा चुरोट पिउँथ्यौं थोत्रो फर्निचर राख्ने कोठामा गएर । दया सिंह नमी राणाकी सचेत फुपूकी छोरी थिई । त्यसैले एक दिन उसले हामी सबैलाई आफ्नी फुपूको घरमा लिएर गई । दया पनि चुरोट पिउँदी रहिछ । त्यस दिन हाम्रो साधारण परिचय भयो र एकअर्काको*

*माया नमार्ने अठोट गर्दै छुट्टियौं । (पारिजात : मनको गहिराइमा पस्नेहरू : एउटा चित्रमय सुरूवात, पृष्ठ १३-१४)*

यो मित्रता यस्तरी झाँगियो कि उनीहरू तपाईंबाट तिमी हुँदै तँ, तँको निकटतामा पुगे। एकअर्कासँग टाढा रहनै नसक्नेसम्मको अवस्था भयो। मीठो गाँस खाँदा एकअर्कालाई नसम्झी नहुनेसम्म भयो। बहिर्मुखी दयासँगको सङ्गतले पारिजातको अन्तर्मुखी स्वभावलाई परिवर्तन गर्दै लग्यो। पारिजात यसको सम्पूर्ण श्रेय दयालाई नै दिन्थिन्।

पारिजातको कविता सफल भएकामा दयालाई अपार खुसी हुन्थ्यो।

एकपल्ट त पारिजातले दयाका पितामातालाई उक्साएर आफ्नो निवासमा लगिन्। तर बाबुआमाले दयालाई एक्लै पठाएनन्। सुसारे पछि लगाए। यसै क्रममा एक दिन पोलेको मकै र थर्मसभरि चिया बोकेर उनीहरू जिप रिजर्भ गरेर वनकाली गए। त्यस बखत सिमसिम पानी परिरहेको थियो। उनीहरू एउटा रूखको फेदमुनि बसेर झन्डै दुई घण्टा विभिन्न विषयमा बात मारिरहे। त्यो दिनको त्यो रूमानी सम्झना दुवैका लागि सदा अविस्मरणीय रह्यो।

पछि बिए प्रथम वर्षमा पुगेपछि पारिजात पुतलीसडकबाट बानेश्वर डेरा सर्ने भइन्। डेरा सर्ने एक साता अघिदेखि टाढा हुन लागियो भनेर उनीहरू अँगालो हालेर रून थालेका थिए। उनीहरूबीच त्यति गहिरो मित्रता भएको थियो।

एक साँझ दया महिला सहयोगी लिएर पारिजातकहाँ आइन्। केही क्षणपछि झमझम पानी पर्न थाल्यो। दर्के पानी पर्न थालेपछि रातको नौ बजेतिर सुसारेलाई फकाएर घरमै छाडेर दया र पारिजातले रूझ्दै खाली हुँदै गएको सडक हुँदै भद्रकालीसम्म जाने योजना बनाए। दुवै जना हातमा हात मिलाएर रूझ्दैभिज्दै, बाछिटाहरूलाई कपालभरि, पाखुराभरि थाप्दै असीम आनन्दानुभूतिमा मग्न हुँदै भद्रकाली चक्कर लगाएर फर्कन थाले। उनीहरूले चप्पल खोलेर हातमा लिएका थिए। वर्षा पारिजातको प्रिय ऋतु छँदै थियो। सिंहदरबार भद्रकाली जाने बाटोमा रातासेता असारे फूल रहरलाग्दो गरी फुलेका थिए। ती फूल मर्करीको उज्यालोमा झन् लोभलाग्दो र अनौठो देखिन्थे। यसैबीच दयाले सेताम्मे फुलेका असारे फूलको रूखमुनि आइपुगेपछि केही बेर रूखमा चढेर बस्ने र केही फूल टिप्ने प्रस्ताव गरिन्। चारैतिर चकमन्न थियो। चरोमुसो कतै कोही देखिन्नथ्यो। दुवै जना मज्जाले रूख चढे। हाँस्दै, रमाउँदै, छिल्लिँदै, अँगालो भरिभरि फूल टिप्न थाले। उनीहरूको आवाज त्यो चकमन्नतामा टाढासम्म पुगेर सिंहदरबारको सुरक्षामा खटिएका सेन्ट्री *(सन्तरी)*को कानसम्म पुग्यो। अनि सेन्ट्री बुट बजार्दै आवाज भएतिर आए अनि भने, "तपाईंहरू को हो ? घर कहाँ हो ? त्यहाँ किन चढ्या ? तल झर्नू।"

दयाले ठट्टा गर्दै भनिन्, "हामी पूर्वतिरका हौं।" यो भनाइले सिपाही झन् उत्तर्सियो र चिच्याउन थाल्यो, "त्यहाँ किन बसिराख्या ? छिटो तल झर्नू।" त्यसपछि लुरूक्क पर्दै दुवै जना रूखबाट तल झरे। अनि सिपाहीले ओठमा मुस्कान ल्याउँदै भन्यो, "तपाईंहरू

यतैको रैथाने जस्तो पो देखिनुहुन्छ । कति धेरै फूल टिप्नुभएछ । मागेको भए हामी नै टिपेर दिन्थ्यौं नि, त्यहाँ सिंहदरबारभित्र यस्ता फूल कति छन् कति !"

सिपाहीका कुरा सुनेपछि 'दाइ, हामीलाई यही असारे फूल नै मन पर्छ क्या' भन्दै त्यहाँबाट सास नफेरी दुवैले सुइँकुच्चा ठोके । सिपाही भने उनीहरूको चर्तिकला देखेर अझै पनि ठिङ्ङ उभिएर मज्जा मान्दै उनीहरू दौडिएको हेरिरहेको थियो ।

निथ्रुक्क भिजेर अँगालोभरि फूलसहित डेरामा पुग्दा अचम्म मान्ने पालो अब सुकन्या र सुसारेको थियो । त्यस्तै एक दिन दया र पारिजात वर्षाको पानी थामिएपछि टुकुचाको किनारैकिनार हिँडिरहेका थिए । पारिजातले प्रस्ताव गरिन्– "ए दया, यो टुकुचा कति गहिरो छ, हेरौं न ।" पारिजातको बोली भुइँमा नझर्दै दयाले स्वीकृति जनाइन् । दुवै जना फोहोरको पर्वाह नगरी टुकुचाको पानीमा झरे र हाँस्दै, खेल्दै, रमाउँदै पानी सँगसँगै हिँड्न थाले । उनीहरू पानीमा चल्दै थिए । खेल्दै थिए । हाँस्दै थिए । सुखदुःख सारा बिर्सेर उनीहरू पानीसँगै हिँडिरहे । तर अलिक पर पुगेपछि पारिजातको खुट्टा लर्बरियो र आत्तिइन् । उनले बैंसको रूखको हाँगो समातिन् । अनि त्यो हाँगोमा एक फन्को पिङ खेलिसकेपछि उनको सन्तुलन मिल्यो । अनि उनीहरू सुसेल्दै रमाउँदै पानी सँगसँगै हिँडिरहे । कहाँदेखि कहाँ पुगे, त्यसबाट पनि उनीहरू बेखबर थिए ।

अचानक थुप्रै मानिसको ताली र हाहाहुहुको आवाजले उनीहरूको सातोपुत्लो उड्यो । वास्तवमा उनीहरू सिंहदरबार बग्गीखानाछेउ पुगेका थिए । त्यहाँका सिपाहीहरूले ती दुईलाई देखेर गिल्ला गर्दै रमाइलो गरेका थिए । उनीहरूलाई ताली बजाउँदै, सुसेली हाल्दै जिस्क्याएका थिए । अनि त उनीहरू दुईले स्वाद मानेको एकान्त बेपत्ता भएको थियो । र बैंसको रूखको हाँगा समातेर टुकुचाबाट बाहिर निस्केर भाग्दै भाग्दै डेरा पुगेका थिए । अनि हतारहतार कपडा फेर्न थालेका थिए । पारिजातले त्यो छोटो टुकुचाको जलयात्रा जीवनभर भुलिनन् । उनका लागि त्यो अविस्मरणीय क्षणका रूपमा मनको कुनामा बसेको सुन्दर स्मृति भयो ।

पारिजात दिल्लीमा उपचारका लागि जाँदा पनि दयाले साथ दिएकी थिइन् । विमल चापागाईंले पारिजातलाई छाडेर गइसकेपछिको विक्षिप्त अवस्थामा पारिजातलाई सान्त्वना दिएर साथ दिने पनि उनै थिइन् ।

### बार्बरा निम्री अजिज

अरब मूलकी, क्यानडामा जन्मेर अमेरिकालाई कर्मभूमि बनाएकी नृवंशशास्त्री बार्बरा निम्री अजिजले पारिजातलाई भेटेपछि आफ्नो जीवन परिवर्तन भएको बताइन् । अरूण नदीको किनारमा अवस्थित योगमायाधाम यात्रा गर्ने क्रममा आफ्नो दोभासेबाट उनले पारिजातको नाम पहिलो पटक सुनेकी थिइन् । अनि काठमाडौं फर्किएपछि आफू बसेको होटलमा काम गर्ने एउटा केटोले पारिजातसमक्ष पुऱ्याइदिएको थियो । शारीरिक रूपले अशक्त, मानसिक रूपले उग्र सशक्त पारिजातको व्यक्तित्वले उनलाई पहिलो भेटमै प्रभाव पाऱ्यो । अझ पारिजातको राजनीतिक चेतनाले झन् ठूलो प्रभाव पाऱ्यो ।

पारिजातले बार्बरासँगको भेटलाई यसरी सम्झिइन्–

*नेपाली सन्न्यास जीवनमाथि तिमीले गरिरहेको शोधकार्यका निम्ति दिङ्ला गएका बेला अरूण नदीको गढतिरमा तिम्रो गाइडले कुन प्रसङ्गमा हो कुन्नि मेरो नाउँ तिमीलाई बताइदिएछन् । र काठमाडौं आउनासाथ तिमी मलाई भेट्न आयौ । यसरी हाम्रो मित्रता सुरू भयो । (पारिजात : एउटा पत्र बार्बरा निम्री अजिजका नाउँमा : आधा आकाश : सङ्कलित रचनाहरू, पृष्ठ २८)*

बार्बरासँगको यो परिचय झाँगिएर पारिजातको जीवनभर मौलाइरह्यो । पारिजातसँग बार्बरा यति नजिक भइन् कि, उनलाई अमेरिका लगेर मेकडोनाल्ड कोलोनीमा बसोबासको व्यवस्था मिलाउनसमेत तम्सिएर कागजात तयार गर्न थालेकी थिइन् । अमेरिका बसाइँ सार्ने बार्बराको प्रिय मनसाय थियो । तर पारिजातले आफू सेताहरूसँग आवश्यकताभन्दा बढी घुलमिल गर्न नसक्ने र आफ्नै भूमिलाई बाँकी जीवन अर्पण गर्ने दृढ मनसाय रहेको स्पष्टसँग बताइन् । पारिजातको यो प्रत्युत्तरलाई बार्बराले सहज रूपमा लिइन् मात्र होइन, त्यसको सराहना नै गरिन् ।

बार्बरा अमेरिका फर्किएपछि पारिजातलाई योगमायाको *योगवाणी* काव्य अनुवादका लागि पठाइन् । उनले विशेष विशेष ३० ओटा जति पद्यांश अनुवाद गर्न आग्रह गरेकी थिइन् । त्यो अनुवादको काम गर्दा पद्य चयन गर्न पनि पारिजातलाई नै दिइएकाले आफ्नो चयन र अनुवादप्रति पारिजात सन्तुष्ट थिइन् । त्यो काम पारिजातले यथासमय पूरा गरिन् । वास्तवमा पारिजातलाई योगमायाका विषयमा पहिलो जानकारी दिने नै बार्बरा थिइन् । त्यसपछि मात्र पारिजातले योगमायाका विषयमा खोजतलास गर्न थालेकी थिइन् ।

पारिजातको राजनीतिक झुकाव र सक्रियताले बार्बरालाई पार्नुसम्म प्रभाव पाऱ्यो । बार्बराले आफ्नो जीवन नै बदलिदिने श्रेय पारिजातलाई नै दिइन् । पारिजात र बार्बराको पत्राचार चल्न थाल्यो । पत्रमा बार्बरा अब नयाँ कृति कहिले आउने, त्यसमा बढी चासो राख्नि थालिन् । नयाँ उपन्यास कहिले थाल्ने वा तिमीले नयाँ उपन्यास सुरू गरिसक्यौ होला भनी उनी बारम्बार पत्र, खबर र भेटमा तातो लगाइरहन्थिन् । बार्बरालाई अखबारी लेखनले होइन, ठोस कामले मात्र सन्तुष्ट पार्न सकिने कुरो पारिजातले राम्ररी बुझेकी थिइन् ।

बार्बरा काठमाडौं आएपछि ठमेलको रेस्टुराँमा मःम, मदिरा र अन्य खाद्यपदार्थ खान उनीहरू सपरिवार जाने गर्थे । नशा पिएपछि उन्मादी हुने, चर्को हुने पारिजातको स्वभावसँग पनि बार्बरा परिचित थिइन् । पिएपछिको उग्रता बार्बराले धेरै पटक महसुस गरेको यथार्थ थियो । तर त्यो आन्तरिक थियो, बाह्य संसारसँग त्यसको लिनुदिनु केही थिएन । उनीभित्रको आक्रोश र क्षोभ नशाले माथि उतारिदिन्थ्यो, जसमा हुन्थ्यो, कसैलाई बिगार नगर्ने खालको प्रचुर असन्तुष्टि ।

पारिजात र बार्बरा मिलेर फोर्ड फाउन्डेसनको आर्थिक सहयोगमा महिला प्रकाशन गृह खोल्ने योजना पनि बनाएका थिए । तर त्यो सफल हुन सकेन । पारिजातकै स्वीकारोक्ति यस्तो थियो–

*उनी बुझ्दछिन् कि, म अधिकतम लेखेर न्यूनतम कमाउने मान्छे हुँ । यहाँ कतिले मैले जति पनि कमाउँदैनन् । तेस्रो विश्वको निकै गरिब मुलुकको लेखक म केकति कमाउन सक्छु, उनी अनभिज्ञ छैनन् । फर योर मनी मेकिङ (तिमीलाई पैसा कमाउन) भनी हामीले एउटा वुमन्स पब्लिकेसनको ठूलो कार्यक्रम तयार गऱ्यौं । मिहिनेत प्रशस्त गऱ्यौं । एउटा प्रेस र केही रनिङ अमाउन्ट (चालु पुँजी) । यस कार्यक्रमलाई मेरो नाउँमा दिल्लीस्थित फोर्ड फाउन्डेसनको कार्यालयमा पठायौं । केही समयपछि डा. लिन बेनेटको विनम्र पत्र आइपुग्यो । लेखिएको रहेछ– "अ बिट पोलिटिकल द्यान वुमन डेभलपमेन्ट (महिला विकासभन्दा अलि राजनीतिक) ।" दुवै जना अलिकति रून्चे हाँसो हाँस्यौं । मिहिनेत बढी गएको थियो त्यसैले । (नो भन्न सक्नुपर्छ : 'गर्जन' साप्ताहिक, २०४५, साउन १८)*

**विन्ध्या सुब्बा**

दार्जीलिङकी साहित्यकार विन्ध्या सुब्बासँग प्रत्यक्ष रूपमा पारिजातको भेट एकपल्ट मात्र भएको थियो । तर त्यो एक भेट नै अत्यन्त महत्त्वपूर्ण, चिरस्थायी, घनिष्ठ र अविस्मरणीय बन्यो । सन् १९८४ को फेब्रुअरीमा पारिजात अन्तिमपल्ट दार्जीलिङ गएकी थिइन् । त्यो भ्रमणका क्रममा विन्ध्या सुब्बासँग भेट भएको थियो ।

वास्तवमा यो भेट पनि अनौठो पाराले भएको थियो । दार्जीलिङमा सरस्वती पूजाको बेला थियो । उनी होस्टल बस्थिन् । उनलाई "सोसाइटी होटलमा काठमाडौंबाट सामान आइपुगेको छ, आफैं लिन आउनुहोस्," भन्दै एउटा किशोर बोलाउन आयो । उनी साँझको पूजाको तयारीमा थिइन् । अनि हतारहतार पूजा सकेर एक जना साथी लिएर उनी निस्किइन् । सोसाइटी होटलको चार नम्बरको सिँढीछेउको कोठामा उनी पुगिन् । नाम सुनेको, पढेको, भेट कहिल्यै नभएको, काठमाडौं जाँदा पनि भेट्न नचाहेकी लेखिका पारिजातसँग उनको त्यहाँ साक्षात्कार भयो । उनी यो भेटका लागि तयार थिइनन् । तर त्यहाँबाट फनक्क फर्कने कुरा थिएन, भाग्ने कुरा पनि थिएन । पछि विन्ध्याले पत्तो पाइन्, पारिजातले उनीसँग भेट्नकै लागि छल गरेर बोलाउन पठाएको कुरा । तर काठमाडौंबाट हरि श्रेष्ठले उनलाई सामान पठाइदिएको तथ्य भने साँचो थियो ।

त्यो साँझको पहिलो भेटपछि पारिजात दार्जीलिङ बसुन्जेल प्रायः हरेक दिन विन्ध्या आफ्नो नियमित काम सकेर दिउँसो दुईतीन बजे खाली हुन्थिन् र होटल सोसाइटी पुग्थिन् । पारिजात अरू बेला पनि सिग्रेट त तान्थिन् नै, साँझ परेपछि बोतल पनि लिन्थिन् । नर्सिङ पेसाकी विन्ध्या पारिजातलाई भन्थिन्–

*प्रेसरको बिरामी तपाईं यो नलिनुहोस् । स्मोक नगर्नोस् । यो नलिनुहोस् ।'*

विन्ध्या त यी सबबाट टाढा थिइन् ।

जबाफमा पारिजात भन्थिन्–

*डाक्टरले मलाई रिल्याक्सेसनका लागि थोरै लिँदा केही हुँदैन भनेको छ ।*

त्यसरी नखान, नपिउन आग्रह गर्ने विन्ध्या पारिजातको चुरोटप्रतिको लगाव देखेर पछि पारिजातको सिग्रेट सकिएको देखेर आफैं लैजाने भइन् । विन्ध्या कहिले खानेकुरासमेत बोकेर जान्थिन् । दुवैले सँगै खान्थे । कहिलेकाहीँ भने अरू साहित्यकार पनि आउँथे, खान्थे, पिउँथे । तर विन्ध्या चाहिँ दर्शक-श्रोता हुन्थिन्–

*सम्झना छ । उहाँले भन्नुहुँदै थियो, इन्द्रबहादुर राई सर पनि आउनुभयो भनेर । तर मेरो भेट भएन । त्यस बेला मनप्रसाद सुब्बाहरू आउँथे । नोर्जेन स्याङ्तान र आजका प्रसिद्ध कविहरू आउनुहुन्थ्यो । नोर्जेन, म र पारिजातको मात्रै पनि एक साँझ हामीले एकदमै स्मरणीय पलहरू बितायौं । नोर्जेन पनि अलिअलि पिउने । पारिजात पनि पिउने । दुवै जना सेयर गरेर पिउने । दुई जना कविता पढ्ने । मैले लेखेकी छु संस्मरणमा । दुई जनाको हातमा ग्लास अनि कविताहरू । मेरो हातमा न कविता, न ग्लास । मैले उहाँहरूको बीचमा रित्तो बसेर कुरा सुनें भनेर लेखेकी छु । धेरै गफ भए नोर्जेन स्याङ्तानसँग । त्यस बेला साह्रै राम्रा कवि थिए नोर्जेन । अलि चुचुरोमा थिए । आज पनि छन् उनी । ती पलहरू पनि छन् । त्यो बेलाका स्कलरहरू पनि आउँथे । शोधकर्ताहरू पनि आउँथे । 'कमला खप्तावली' भनेर भर्खर कथा सङ्ग्रह निकालेकी एक जना नारी स्रष्टा पनि आउँथिन् । (विन्ध्या सुब्बासँग टेपवार्ता : २०१६, डिसेम्बर ४, मनासस, अमेरिका)*

त्यो वर्षको सरस्वती पूजा माया वाच कम्पनी नामको घडी दोकानको बरन्डामा बसेर विन्ध्या र पारिजातले सँगै बसेर हेरेका थिए । त्यो घडी पसल पारिजातकै आफन्त कोही वाइबाको थियो ।

पारिजातसँग पहिलो परिचयपछि विन्ध्या केवल केही दिन साथ रहिन् । त्यसपछि उनीहरूको सम्पर्क सम्बन्ध चिठीपत्रहरूमार्फत मात्रै भयो ।

काठमाडौं फर्किएपछि पारिजातले आफ्नो नियमित स्तम्भमा विन्ध्याबारे लेखेकी थिइन्–

*विन्ध्याजी,*

*वर्षा लाग्यो । सप्रिएका झारपातहरू, रूखका हाँगाहरूबाट तर्किरहेका पानीका थोपा, भर्खर उड्न सिक्दै गरेका चराका बचेरा र वर्षा ऋतुको आफ्नो मौलिक सुगन्धले मलाई दार्जीलिङको सम्झना गराउँछ । दार्जीलिङ भन्नासाथ मलाई तपाईंको सम्झना आउँछ– चित्रकारी जस्तो चाङ लागेका ससाना घरहरूले भरिएको तिनधारिया, तपाईंको स्थायी थलो । गुराँसका बोटहरू निख्रिसके होलान्, आकाशबेली, उनिउँघारी माथिमाथि जेलिँदै फुलिरहेका होलान् । मात्र कल्पना गर्न सकिन्छ दृश्यको । तर सुगन्ध भने मेरो घ्राणशक्तिमा टड्कारै छ... ।*

*हाम्रो भेट २०४० माघमा भएको हो । त्यस समय मैले तपाईंलाई प्रगतिवादी साहित्यिक चिन्तन र प्रगतिवादी कथालेखनतर्फ उन्मुख भइरहनुभएको पाएँ । यो एउटा उपलब्धि थियो मेरा निम्ति । मेरो मूल्याङ्कनमा तपाईंको जीवनशैली पनि त्यसैतर्फ रूचिपूर्ण भएको पाएँ । तपाईं आफ्ना कथाहरूप्रति मेरो आफ्नो दृष्टिकोण आओस् भन्ने चाहनुहुन्थ्यो । तर मैले तपाईंका कथाहरूलाई न आलोचना गर्न सकें, न प्रशंसा नै । क्षमा गर्नुहोला, एउटै कथालाई मात्र मैले तपाईंको चिनारी अथवा प्रतिनिधिस्वरूप स्वीकार गर्न सकें, उही 'अस्तित्वको खोजीमा ।' (पारिजातः एक पत्र विन्द्या सुब्बाको नाउँमा, 'युगधारा' साप्ताहिक : २०४२, साउन ७)*

यसरी पारिजातले विन्द्या सुब्बाका विषयमा सार्वजनिक लेख लेखेर छपाइन् । कतिपय मनका कुरा पनि पारिजातले विन्द्या सुब्बालाई चिठीहरूमा अभिव्यक्त गरेकी थिइन् ।

एउटा सम्झनैपर्ने कुरा के थियो भने, पारिजातले 'ठूलो ठाउँ, फराकिलो वातावरण र मौकाहरूका लागि तपाईंलाई काठमाडौं उपयुक्त हुन्छ, आउनोस् काठमाडौं' भनेकी थिइन् । तर विन्द्याले 'मैले यो प्यारो दार्जीलिङलाई छाडेर गए कसले उसलाई माया गर्छ, म जान्नँ' भनेर उनको प्रस्तावलाई नकारेकी थिइन् ।

पारिजातले नेपाल छाडिनन् । विन्द्याले दार्जीलिङ छाडिनन् । तर यी दुईबीच अगाध प्रेम पारिजात जीवित रहुन्जेल कायम रह्यो ।

पारिजातले आफ्ना प्रेमी धनुवर मुखियालाई एउटा उपनाम दिएकी थिइन्, 'गुराँस' भनेर । यो उपनामबारे विन्द्या सुब्बा र पारिजात मात्र जानकार थिए । यो 'कोड वर्ड' दुवैले मात्र बुझ्थे । पारिजातले विन्द्यालाई भनेकी थिइन्, "म मेरो दृष्टि तपाईंलाई दिन्छु । त्यो आँखाले गुराँसलाई हेर्नू ।" तर अचम्मको विडम्बना, विन्द्या र गुराँस धनुवर मुखियाको भेट कहिल्यै भएन । पारिजातको देहान्तपछि कुनै दिन धनुवर मुखिया विन्द्या सुब्बालाई भेट्न उनको अफिसमा पुगेका थिए । तर विन्द्या त्यति बेला अफिसमा थिइनन् । त्यसको केही दिनपछि विन्द्याले धनुवर मुखियाको देहान्त भएको दुःखद समाचार सुनिन् । पारिजातका दृष्टिले गुराँस हेर्ने धोको सदाका लागि अधुरो, अपुरो रह्यो ।

**सत्यभामा**

पारिजातकी निकटतम सँगातीमध्ये सत्यभामा त्यस्ती मित्र हुन्, जोसँग पारिजातको मित्रता काठमाडौं आगमनसँगै भयो र आजीवन कायम रह्यो । शङ्करदेव क्याम्पसका रूपमा परिणत हुनुअघिको रात्रि नेसनल कलेजमा सुकन्यासँग सत्यभामाको पहिला भेट भएको थियो । त्यसपछि उनले पारिजातलाई भेटेकी थिइन् । अनि पारिजातसँग सत्यभामाको मित्रताको डोरी कसिँदै गयो । अझ पुल्चोकस्थित मदन मेमोरियल गर्ल्स हाइस्कुलमा पनि यी दुवै सँगाती एकसाथ अध्यापन कार्यमा थिए । खासमा पारिजातको सिफारिसमै सत्यभामाले मदन मेमोरियलमा पार्टटाइम शिक्षणको काम पाएकी थिइन् ।

मदन मेमोरियलमै अध्यापनका बेला सत्यभामालाई थाहा भयो, पारिजातलाई वनभोज खुब मन पर्छ । त्यहाँ काम गर्दा पनि एक पटक शिक्षक-शिक्षिका पिकनिक गएका थिए । त्यस पिकनिकमा पारिजातले मज्जाले पिएकी थिइन् र पानीमा चुर्लुम्म डुबेकी थिइन् । उनी डुबेको देखेर सत्यभामाले हात दिएर पारिजातलाई तान्न थालिन् । तर उल्टै पारिजातले उनलाई नै तानेर पानी छ्यापिदिएकी थिइन् । यसरी पिकनिकमा पानी छ्यापाछ्यापको रमाइलो उनीहरूले लुटेका थिए ।

मदन मेमोरियल स्कुलको जागिर छाडेपछि पारिजात र सत्यभामाबीच स्कुलमा जागिर छँदाको जस्तो नियमित भेट हुन छाड्यो । तर समय पायो कि, सत्यभामा पुतलीसडकको पारिजातको ढोका ढकढक्याउन पुग्थिन् ।

पछि सत्यभामा कानुन मन्त्रालयको शाखा अधिकृत भइन् । अनि दिउँसो खाजा खाने समयमा उनी सिंहदरबारको तीन तलामाथिबाट हतारिँदै पारिजातको डेरामा पुग्थिन् । यसै क्रममा एक दिन स्कुल छुटेपछि सत्यभामा पारिजातको डेरामा पुगिन् । त्यस दिन पारिजात निकै निराश अवस्थामा थिइन् । उनी जीवनबाटै निराश भए जस्तो देखिन्थिन् । पारिजातले त्यस दिन सत्यभामालाई आफ्नो रूग्ण अनुहारको फोटो उपहार दिइन् । फोटोको पछाडि पारिजातको हस्ताक्षर थियो । त्यहाँ लेखेकी थिइन्–

*सत्यलाई, हरेस खाँदाको जीवनक्षण उपहारस्वरूप- पारिजात । (सत्यभामा : दिदीसँग गाँसेका विगतहरू : पारिजात स्मारिका सिलिगुडी : २००८)*

त्यो दिन थियो २०२१ भदौ २६ ।

सत्यभामा र पारिजात दुई भएपछि हुने गफमा पर्दा हुँदैनथ्यो । उनीहरू बेपर्दा बात मार्थे । साहित्यका विषयमा । पुरूषहरूका विषयमा । महिलाहरूका विषयमा । उनीहरूको यस्तो गाढा मित्रता र निकटताको ईर्ष्या गर्नेहरू पनि देखिएका थिए । तर उनीहरू त्यसको पनि पर्वाह गर्दैनथे । पारिजातलाई २०४८ सालपछि कताकता जीवन अब धेरै छैन भन्ने लागिसकेको थियो र निराश हुन थालेकी थिइन् । अनि आफ्ना सुषुप्त इच्छा पूरा गर्न पनि लागेकी थिइन् । एकपल्ट पारिजातले सत्यभामालाई मदन ममोरियल स्कुल चक्कर काटेर आऔं भनेर प्रस्ताव गरिन् । अनि दुवै जना गएर रमाइलो क्षण सँगाल्दै फर्किएका थिए ।

उनीहरू सुखदुःखका साथी थिए । पुतलीसडकको डेरामा साहित्यकारहरू सधैं झुम्मिइरहन्थे । मन परे पनि, मन नपरे पनि पारिजात आफ्नो दैलो बन्द गर्न सक्दिनथिन् । कहिलेकाहीँ त आगन्तुकहरूले शौचालय जानसम्म पनि दिँदैनथे । अनि सत्यभामाले त्यस्तो स्थितिमा आगन्तुकहरूलाई झपार्नसमेत बेर मान्दिनथिइन् । त्यसलाई सत्यभामा यसरी सम्झिन्छिन्–

*दिदीको कोठामा भेटघाट गर्नेहरू सधैं लाम लाग्थे, घण्टौं गफ चल्थ्यो । उठेर ट्वाइलेटसम्म जान नसक्ने दिदी दिसा-पिसाब रोकी आफ्नो अनुहारमा अलिकति पनि केही भाव आउन नदिई रोकी बस्थिन् । आफ्नो भाव लुकाउन सिपालु थिइन् उनी ।*

*तर म बुझ्थें, धेरैपल्ट उनका मित्रहरूलाई मैले अप्रत्यक्ष रूपमा कोठाबाट बाहिर जान सङ्केत दिनुपर्थ्यो । उनको कोठामा बसी एक कप चिया पिउनु दिनदिनैको रूटिन थियो । त्यही रूटिनअनुसार एक दिन उनको कोठामा पसें । त्यहाँ फाल्टो गफ सुन्दा दिदीको अप्ठ्यारो स्थिति सम्झन गाह्रो भएन । दिदीलाई सोझै सोधें– "कति घण्टा भो तिमी यसरी टक्रक्क बसेको ?" दिदीले मेरो प्रश्न गराइ बुझिन्– "तीनचार घण्टा भयो ।" मैले झोकै चलेर भनें, "दाइ, कृपया दिदीलाई पिसाब फेर्न त मौका दिनुस् ।" (दिदीसँग गाँसेका विगतहरू : सत्यभामा : पारिजात स्मारिका, सिलिगुडी : २००८, पृष्ठ ३५)*

पारिजात ठट्टा गर्न, जिस्कन पनि धक मान्दिनथिन् । कतिसम्म भने बिरामी भएर वीर अस्पतालको बेडमा छँदा पनि त्यो उनको हास्यचेत र ठट्यौली गर्ने बानी उस्तै थियो । सत्यभामाले लेखेकी थिइन्–

*..दिदी वीर अस्पतालको क्याबिनमा बसी उपचार गर्दै थिइन् । दिदीकी कान्छी बहिनी चूडामणिले ठुल्ठूलो मःम बनाएर ल्याएकी थिइन् । म पनि क्यामरासहित पुगें । त्यो दिन म पालो बस्न गएकी थिएँ । मैले त्यहाँ फोटो खिच्ने विचारले क्यामरा लगेकी त थिइनँ । तर मौका त्यस्तै पर्‍यो । पृथ्वी शेरचन हँसिलो ठट्यौली स्वभावको हुनुहुन्छ । ठट्टा गर्दै हामीले भन्यौं, "वाह, आफू भने बिरामी रे । तर त्यत्रो मःम चपाउन सक्ने कस्ती बिरामी ?" पृथ्वी शेरचनले 'तिम्रो आसिकमध्ये पनि एक हुँ, दुई नम्बरमा त अवश्य परेको छु जस्तो लाग्छ' भनेपछि मःम खाँदै दिदीले भनिन्, "होइन होइन, तिमी चारपाँचमा पर्‍यौ ।" त्यो दिन हामी ठट्टा गरेर खुब हाँस्यौं । (सत्यभामा : दिदीसँग गाँसेका विगतहरू, पारिजात स्मारिका, सिलिगुडी : २००८)*

सत्यभामाले पारिजात बित्नुअघि वैशाख ४ राति ११ बजे उनलाई आइसियूमा भेटेकी थिइन् । दिउँसोसम्म होस राम्रै भएकीले उनी घर गएकी थिइन् । तर साँझमा सुकन्याले फोन गरेर 'दिदीलाई जिउँदो हेर्ने भए छिटो आइज' भनेपछि उनी हतारिँदै पारिजातकी कान्छी बहिनी चूडामणिका साथ वीर अस्पताल पुगेकी थिइन् ।

कसैको ईर्ष्याले चुँडाल्न नसकेका यी दुई अभिन्न मित्रको मित्रता मृत्युले चुँडिदिएको थियो ।

**कुन्द टन्डन**

कुन्द टन्डन र पारिजातको मित्रताको सेतु थिए, निनु चापागाईं । निनुले नै पारिजातको निवाससम्म पहिलोपल्ट कुन्दलाई पुर्‍याएका थिए । त्यति बेला निनु जनक शिक्षा सामग्री केन्द्रमा काम गर्थे ।

२०२८/२९ सालतिरको कुरा हो । बजारबाट सामान किनेर ल्याउँदा एउटा सामान पोको पारिएको कागज थियो, *रूपरेखा* पत्रिकाको पाना । त्यहाँ उनले देखिन्– इन्दिरा दली र पारिजातको नाम । पारिजातको नाम पढ्नेबित्तिकै उनलाई पारिजातप्रति अचानक ठूलो श्रद्धाको भावना जाग्यो । यद्यपि उनलाई पारिजातका विषयमा केही

थाहा नै थिएन । उनले *रूपरेखा*को पानाको त्यो टुक्रालाई नोटबुकमा जतन गरी राखेकी थिइन् । पछि उनले स्कुलको पुस्तकालयमा *शिरीषको फूल* उपन्यास देखेपछि पारिजात साहित्यकार भएको पत्तो पाएकी थिइन् । अनि उनले त्यो उपन्यास पढेकी थिइन् । पछि निनु चापागाईंसँग कुरा हुँदै जाँदा निनुले पारिजातलाई चिनेको थाहा पाइन् । पछि उनकै माध्यमले पारिजातसम्म पुग्न पाएकी थिइन् । त्यति बेला कुन्द पनि नयाँबजार नै बस्थिन् । पारिजात र उनको घरको दूरी मुस्किलले १० मिनेटको थियो । अतः पहिलो परिचयपछि कुन्द पारिजातलाई भेट्न, कुराकानी गर्न बरोबर जान थालिन् ।

पहिलो भेटमा पारिजातले कुन्दको बाटुलो अनुहारलाई मनमा राखिन् । र सिर्जना गरिन् आगामी उपन्यासको पात्र । त्यो पात्र थिई– *पर्खालभित्र र बाहिर* उपन्यासकी नायिका बाटुली । पारिजातले पछि कुन्दलाई भनेकी थिइन्–

*तपाईंको अनुहारसँग मिल्ने बाटुली नाम मैले 'पर्खालभित्र र बाहिर' नामक उपन्यासको एउटा सशक्त पात्रलाई दिएकी छु : तपाईंको अनुहार देख्नेबित्तिकै उपन्यास लेख्ने इच्छा भएको थियो, त्यो पूरा गरें । (कुन्द टन्डन : केही हरफ श्रद्धाञ्जलिका : ज्ञानगुनका कुरा-२२, पृष्ठ ५७६)*

तर बाटुलीको चरित्र चाहिँ कुन्दको जीवन थिएन । कुन्दको बाटुलो अनुहारको जगमा पारिजातले आख्यान सिर्जना गरेकी थिइन् । त्यो उपन्यास छसात जना साथीहरूको समूहमा पारिजातले वाचन गरेको कुन्दले प्रत्यक्ष सुन्न पाएकी थिइन् । यसले उनीहरूबीच झन् घनिष्ठता बढायो । दिनभरि पानी परेपछि जून लागेको उज्यालो जुनेली रातमा पारिजात कुन्दलाई बोलाउन पठाउँथिन् । त्यस्तो रातलाई पारिजात प्रकृतिले मुख धोएको रात भनेर उपमा दिन्थिन् । अनि पारिजात र कुन्द बगैंचामा बसेर गफ गर्दै रात छर्लङ्ग पार्थे ।

**ललिजन रावल**

जीवनको पछिल्लो चरणमा युवा पुस्ताका कवि, लेखकहरूसँग पारिजातको घनिष्ठता बढेको थियो । ललिजन रावल, राजकुमार केसी, नकुल सिलवाल, राजेन्द्र पराजुलीको समूहले पछिल्ला केही वर्ष लक्ष्मीपूजाको साँझ सँगै बिताउँथ्यो । तर सबैभन्दा निकट चाहिँ ललिजन रावल हुन पुगे । उनी त्यति बेला सोल्टी होटलको क्यासिनोमा काम गर्थे । बिदाको एक दिन भने साहित्यिक छलफल गरेर पारिजातको निवासमा बिताउँथे । पारिजात सबैजसो कुरा ललिजनसँग भन्थिन् । २०४६ सालमा प्रकाशित ललिजन रावलको गजल सङ्ग्रह *बिरानो देशमा*को भूमिकामा पारिजातले लेखेकी थिइन्–

*सात बजेर २० मिनेट जाँदा ललिजनको सम्झना आउनु मेरो अनिवार्यता हो, संस्मरणहरू लेख्न बाँकी छ ।*

पारिजातले यसो लेख्नुको अर्थ के हो, धेरैलाई खुलदुली भएको थियो । खुलदुलीलाई ललिजनले यसरी मेटाइदिए–

*यो सात बज्नुको पछाडि कुनै ठूलो घटना पनि छैन । बेलुकी जब म उहाँको निवासमा जान्थें । त्यस बेला साँझ पर्नपर्न आँट्दा म फर्किन्थें । र एक दिन गफ गर्दागर्दा समय बितेको पत्तै पाइएन र यसो घडी हेर्दा सात बजेर २० मिनेट भइसकेको रहेछ । अनि मैले त्यस बेला भनेको थिएँ, "ओहो दिदी, सात बजेर २० मिनेट भइसकेको रहेछ । तैपनि आज उज्यालै छ ।" त्यसपछि दिदी जहिले पनि भन्नुहुन्थ्यो, "सात बजेर २० मिनेट जाँदा मलाई तपाईंको सम्झना हुन्छ ।" (सात बजेर २० मिनेट जाँदा : ललिजन रावल, पारिजात स्मृतिग्रन्थ : २०५१, पृष्ठ १०९)*

पारिजातको एउटा कविता अधुरो थियो । पारिजातले पूरा गर्न नसकेको त्यो कविता ललिजनले पूरा गरिदिएका थिए । तर त्यो सग्लो कविता चाहिँ पारिजातकै नाममा छापिएको थियो–

*...उहाँले आफ्नो कविता 'समय ! तिमी कति पानीमा छौ ?' पूरा गर्न नसकेपछि मलाई नै उक्त कविता पूरा गरिदिनलाई भन्नुभयो । र त्यो कवितामा मैले केही पङ्क्तिहरू थपिदिएर पूरा गरें । (एउटा खाम, जसमा छ पारिजातको नाम : ललिजन रावल, 'जनमत', पारिजात स्मृति विशेषाङ्क : २०४९-५०, चैत-असार, पृष्ठ १९)*

त्यस्तै पारिजातको बहुचर्चित प्रथम प्रेमीको अन्तर्भावनालाई पनि ललिजनले एउटा गजलै लेखेका थिए ।

पारिजात सल्लाहसुझाव लिने हिसाबले पनि ललिजनसँग आफ्ना कुरा राख्थिन् । पारिजातलाई गङ्की वसुन्धरा पुरस्कार दिने विषयमा आएको कुरा पनि ललिजनसँग राखेकी थिइन् । ललिजनले सकारात्मक रूपमा लिनुपर्ने बताएका थिए–

*दिदीले जहिले पनि मेरा सल्लाह र सुझावलाई सकारात्मक रूपमा स्वीकार गर्नुहुन्थ्यो । जब उहाँलाई गङ्की वसुन्धरा पुरस्कार दिने कुरा चलेको थियो, त्यस बेला उहाँले मसँग के गरौं, यो पुरस्कार लिऊँ या नलिऊँ भनेर सोध्नुभएको थियो । मैले कसैले सम्मान गरेर पुरस्कार दिन्छ भने किन स्वीकार नगर्ने भनी आफ्नो तर्क राखेको थिएँ । डा. ध्रुवचन्द्र गौतमसँग एउटा भेटघाटमा तपाईंहरूले यसपालि पारिजातलाई पुरस्कार दिन लाग्नुभएछ, यो ज्यादै राम्रो निर्णय हो भनेर भन्दा उहाँ चकित हुनुभयो र भन्नुभयो, "तपाईंले कसरी थाहा पाउनुभयो ? जबकि यसको घोषणा भएको छैन ।" (सात बजेर २० मिनेट जाँदा : ललिजन रावल, पारिजात स्मृतिग्रन्थ, पृष्ठ १०९)*

आफ्ना संवेदनशील कुरा पोख्न पनि पारिजातले ललिजन रोज्थिन्–

*एक दिन दिदीले २०४५ को आसपासमा मलाई फोन गरेर बोलाउनुभयो । म जाँदा दिदी एकदमै तनावमा हुनुहुन्थ्यो । उहाँले कुराहरू गर्दा थाहा पाएँ, बिहान भूपी शेरचन उहाँको निवासमा आउनुभएको रहेछ । र आफ्नो एल्बमको पहिलो पातामा पारिजातको ठूलो फोटो राखेर देखाउँदै 'तिमीले मलाई साथ नदिएर त म बिग्रिएँ' भन्दै धेरै कुरा*

*गर्नुभएछ । यस कुराले दिदीलाई ज्यादै आवेशमा ल्याएछ र उहाँले भूपीलाई 'तुरुन्तै यहाँबाट गइहाल, मलाई तिम्रो कुरा सुन्ने फुर्सद छैन' सम्म भन्नुभएछ । यसै कुराले पारिजात दिदी ज्यादै रिसाउनुभएको थियो । उहाँको आशय थियो, "भूपी बिग्रिने र दोष मलाई दिने ?" (सात बजेर २० मिनेट जाँदा : ललिजन रावल, पारिजात स्मृतिग्रन्थ, पृष्ठ १०९-११०)*

...

# विविध संलग्नता

# प्रथम महिला पुस्तक प्रदर्शनी

अन्तर्राष्ट्रिय महिला दिवस ८ मार्च १९७६ को उपलक्ष्यमा काठमाडौंमा महिला पुस्तक प्रदर्शनी आयोजना भएको थियो, जसमा पारिजातको महत्त्वपूर्ण भूमिका थियो । त्यो प्रदर्शनीको आयोजनाका लागि उत्प्रेरणा दिने काम सन् १९८४ को जुनमा लन्डनमा भएको अन्तर्राष्ट्रिय महिला पुस्तक प्रदर्शनी थियो, जसमा पारिजातको *अनिदो पहाडसँगै* र सिक्किमेली कथाकार कमला खप्तावलीको *क्रमशः एउटा दिन जन्मन्छ*समेत राखिएको थियो । यसले पारिजातको मनोबल निकै उँचो बनाएको थियो ।

२०४० सालको चैततिर एक दिन नवगठित मिरमिरे महिला क्लबकी अध्यक्ष शशिकला शर्मा र सचिव अनुराग श्रेष्ठ पारिजातलाई भेट्न उनको निवास म्हैपी गएका थिए । उक्त अवसरमा नेपाली महिलाहरूका विविध गतिविधिबारे चर्चा अनि कुराकानी भयो । कुराकानीकै क्रममा नेपाली महिला पुस्तक प्रदर्शनी आयोजना गर्ने विषयमा पनि छलफल भयो ।

प्रदर्शनीका लागि मिरमिरे महिला क्लबको अग्रसरतालाई पारिजातले पूरापूर सहयोगको हात बढाइन् । प्रवासतिरका पुस्तक सङ्कलन गर्ने जिम्मा उनको थियो । यस विषयलाई उनले आफ्नो नियमित स्तम्भमा पनि लेखेर प्रचारप्रसारमा योगदान पुऱ्याएकी थिइन्–

*प्रवासतर्फका पुस्तक सङ्कलन गर्ने मेरो जिम्मामा रहेको छ । प्रवासतिरका लेखिकाहरूका पनि यस प्रदर्शनीमा निकै रूचि रहेको बुझियो । उनीहरूले आफ्ना कृतिहरू साथै फोटो र छोटो जीवन परिचय हुलाकद्वारा एडी गरेर पठाइरहेका छन् । थाहा नपाइएका महिला प्रतिभाहरूलाई यसरी नेपाली साहित्यिक जगत्मा परिचित गराइदिने काम गरेकामा उहाँहरूले मिरमिरे महिला क्लबलाई धेरैधेरै कृतज्ञता प्रकट गर्दै पत्रहरू लेखेका छन्, समय अनुकूल परे केही लेखिकाहरूको प्रदर्शनी हेर्न आउने विचार छ ।*

*हालसम्म यस क्लबले केही अनुपलब्ध पुस्तक र फोटोहरू प्राप्त गरिसकेको छ । जस्तै, दिङ्लाकी माई योगमाया, सहिद शुक्रराज शास्त्रीकी बहिनी चन्द्राकान्ता, स्व. चित्तधर हृदयकी बहिनी मोतीलक्ष्मी उपासिका, स्व. महाकवि देवकोटाकी दिदी*

*लोकप्रियादेवी साथै अर्थशास्त्री यादवप्रसाद पन्तकी आमा (नाम थाहा भएको छैन), केदारमणि दीक्षितकी पत्नी विद्यादेवी र भानुभक्तकी भान्जी (नाउँ थाहा भएको छैन) आदिका कृतिहरू पनि चाँडै प्राप्त गर्दै छौं ।*

*आज महिलाहरूको आत्मबोध हुने स्थितिको युग आइसकेको छ । त्यसैले उपत्यकामा रहनुभएका लेखिकाहरू, जसकहाँ क्लबका सदस्यहरूले पुग्न भ्याएका छैनन्, लाई आफ्ना कृतिहरू सम्पर्क स्थानसम्म पठाई यस महत्त्वपूर्ण कामलाई सहयोग पुऱ्याउनुहुन म आफ्ना तर्फबाट पनि विनम्र अनुरोध गर्दछु । सम्पर्क स्थान शशिकला शर्माको निवास कृष्ण पाउरोटी भण्डारसँगै कमलपोखरी र टाढा पर्दैन भने म्हैपी नयाँ बजारस्थित मेरो घरमा पठाइदिनुभए पनि हुन्छ । ('चर्चा', वर्ष १५, अङ्क १, २०४१, साउन १४)*

सुरूमा प्रदर्शनी असोज पहिलो साता गर्न निश्चितप्रायः भए पनि विविध कारणले समय धकेलिँदै गएर अन्तर्राष्ट्रिय श्रमिक महिला दिवसका अवसरमा उद्घाटन भयो ।

८८ वर्षीया चन्द्रकान्ता मल्लले मैनबत्ती बालेर प्रदर्शनीको उद्घाटन गरेकी थिइन् । वरिष्ठ लेखिका गोमा शर्माको सभापतित्वमा सम्पन्न उद्घाटन समारोहकी प्रमुख अतिथि त्रिभुवन विश्वविद्यालय केन्द्रीय पुस्तकालयकी प्रमुख श्रीमती शान्ति मिश्र थिइन् । प्रस्तावना र धन्यवाद भाषण पारिजातले दिएकी थिइन् ।

उद्घाटन समारोहलाई सम्बोधन गर्दै त्रिवि केन्द्रीय पुस्तकालयकी पुस्तकालयध्यक्ष शान्ति मिश्रले भनेकी थिइन्–

*अविकसित देशहरूमा उद्घाटनका लागि आमन्त्रण या अतिथिका लागि निमन्त्रणा झन्डावाल, पदवाल, मानवाल, शक्तिवाल र पैसावाललाई गरिने चलन हुन्छ । यसै गरेपछि मात्र रेडियो, अखबार, टेलिभिजनका लागि महत्त्वपूर्ण समाचार बन्न जान्छ । आजको यो समारोहले यो प्रचलनन्दा फरक पद र शक्ति होइन, सम्बन्धित क्षेत्रको प्रतिष्ठालाई बढी स्विकार्नुपर्ने मानवीय मूल्यलाई अगाडि बढाएकामा मलाई धेरै खुसी लागेको छ । महिला कल्याणका निम्ति फलाक्ने प्रभावशाली धेरै भईकन पनि पुस्तक प्रदर्शनीको काममा सायद पुस्तकालयको पुजारीका नाताले मलाई बोल्ने सुअवसर दिनुमा पनि प्रदर्शनी आयोजक वर्गलाई म थप आभार प्रकट गर्दछु । (पाठक अघि लेखक पछि : पारिजात, 'युगधारा' २०४२, चैत १८)*

प्रदर्शनीमा मदन पुरस्कार विजेता कवि कञ्चन पुडासैनी र समालोचक घटराज भट्टराईले आगन्तुक पुस्तिकामा हस्ताक्षर नगरी सुटुक्क निस्केका तथा आग्रह गर्दा पनि प्रतिक्रिया लेख्न डा. दयाराम श्रेष्ठ 'सम्भव' र कवि तुलसी दिवसले अस्वीकार गरेकामा पारिजातले चित्त दुखाएकी थिइन् ।

प्रदर्शनी दुई हजार दर्शकले हेरेका थिए । दुई सय ९० जनाको प्रतिक्रिया सबै समेटेर स्मारिका प्रकाशन गर्ने पारिजातले उद्घोष गरेकी थिइन् । तर त्यो प्रकाशन भएन ।

पारिजातले यसरी सम्झिन् पछि–

*चैत्र १ देखि ७ गतेसम्म नेपाल-भारत सांस्कृतिक केन्द्रको हलमा भव्यतासाथ नेपाली महिलाहरूको प्रथम पुस्तक प्रदर्शनी सम्पन्न भयो । दुई हजार दर्शकहरूले अवलोकन गरेकामा जम्मा दुई सय ९० जना दर्शकहरूले आफ्नो प्रतिक्रिया लेखे र यस प्रदर्शनीलाई ऐतिहासिक, अभूतपूर्व नेपाली महिलाहरूको जागरणकाल र नेपाली साहित्यको नयाँ आयाम मानेका छन् । (विन्द्या सुब्बालाई पारिजातको पत्र)*

प्रदर्शनीका लागि पूर्वप्रधानमन्त्री कीर्तिनिधि विष्टले समेत २५ रूपैयाँ चन्दा दिएका थिए ।

*चन्दा उठाउने महिलाहरूको टोली भूतपूर्व प्रधानमन्त्री कीर्तिनिधि विष्टज्यूकहाँ पनि पुग्यो । उहाँले सद्‌भावना प्रकट गर्दै २५ रूपैयाँ दिनुभएछ । महिलाहरू कृतकृत्य भएछन् । कार्डबोर्ड, साइनपेन, तुल, रङ, कुची, ठुल्ठूला रङ्गीन चार्ट लेख्ने कागज अरू पनि थुप्रै सामान किन्दाकिन्दा आयोजक समिति अब ऋणमा परिसक्यो । कसले बुझिदेओस् । नेपाली वाङ्मय विकासको इतिहासमा महिलाहरूको कस्तो योगदान छ, यही तथ्य नेपाली शिक्षित समाजसमक्ष प्रकाश गरिदिनु हाम्रो सर्वोपरि उद्देश्य हो । (प्रलाप : पारिजात : 'युगधारा', वर्ष ४, अङ्क १८ : २०४२, फागुन २७)*

यस किसिमको प्रदर्शनी पहिलो भएकाले यसको चर्चा पछिसम्म भयो ।

# प्रलेसमा साइलक काण्ड

२०३६ सालको आन्दोलनले देशमा राजनीतिक चेतना वृद्धि गर्न महत्त्वपूर्ण भूमिका खेल्यो । जनमत सङ्ग्रहको घोषणाले बहुदलवादीहरूलाई खुला बजारमा आफ्नो विचार पोख्न पाउने अवस्था भयो । यद्यपि जनमतको नतिजा पञ्चायतको पक्षमा भयो । तर बहुदलवादी विचारका व्यक्ति र संस्थाहरूलाई आशाको दियो बल्न दिन यसले सहयोग पुऱ्यायो । यसै क्रममा रघु पन्तको संयोजकत्वमा प्रगतिशील लेखक कलाकार सङ्घ अस्तित्वमा देखापऱ्यो । त्यस समितिमा थिए, पद्मरत्न तुलाधर, दुर्गालाल श्रेष्ठ, मञ्जुललगायत पारिजात पनि । तर यस समितिमा पारिजात र रघु पन्तबीच कताकता असजिलोपना थियो । अरूहरूबीच पनि यस्तै अवस्था थियो । कारण थियो, राजनीतिक आस्था । नेपालका अति धेरै खेमामा विभाजित पार्टीसँग आबद्ध भएका कारण वाम राजनीति भए पनि पार्टीगत नीति फरक थियो र सम्बन्धमा सुखदपना थिएन । पारिजात नेपाल कम्युनिस्ट पार्टी चौथो अधिवेशनका तर्फबाट अगुवा झैं देखिन्थिन् । रघु पन्त भने नेपाल कम्युनिस्ट पार्टी मालेका तर्फबाट अगुवा झैं देखिन्थे । यसले प्रगतिशील लेखक कलाकार सङ्घमा नजानिँदो तिक्तता बढाएको थियो–

*प्रगतिशील लेखक सङ्घ निर्माण गर्न सँगै बसेर काम गरेका दिनहरू मैले पारिजातसँग बिताएका सुखद क्षणभन्दा पनि कटु क्षणहरू थिए । पारिजात तत्कालीन नेपाल कम्युनिस्ट पार्टी (चौथो अधिवेशन)का तर्फबाट सङ्घभित्र अगुवा झैं देखिने र म चाहिँ नेपाल कम्युनिस्ट पार्टी (माले)का तर्फबाट अगुवा देखिने स्थितिले हामीबीच स्नेहभन्दा पनि तिक्तता नै बढाएको थियो । यो तिक्तताका लागि पारिजात दिदीका तीखा तथा कटु शब्द र असहिष्णु स्वभाव पनि धेरै हदसम्म जिम्मेवार थियो । सङ्घलाई बढी आफ्नो प्रभावमा पार्ने राजनीतिक र गुटगत प्रयत्नले पनि विवाद झन् चर्काएको थियो । (रघु पन्त : बिरानो यात्रामा हिँडिन् पारिजात, 'जनमत', पारिजात स्मृति विशेषाङ्क : २०४९/५०, चैत-असार, पूर्णाङ्क ६८-७१, पृष्ठ ५७)*

यो खिचातानीको अवस्थाबीच पहिलो सम्मेलन आयोजना गरियो । मोदनाथ प्रश्रित लालायित भए पनि अन्ततः सर्वसम्मत रूपमा रमेश विकल अध्यक्षमा चुनिए । मोदनाथ प्रश्रित सचिव भए भने पारिजात र अन्य कार्यकारी सदस्यका रूपमा चुनिए । अब प्रलेस

रमेश विकलको नेतृत्वमा आएकाले बढी साहित्यमय होला भन्ने सबैको आशा थियो । देब्रे राजनीतिक आस्था बोके पनि विकल राजनीतिमा कम, साहित्यमा ज्यादा योगदान दिएका र व्यक्तित्व बनाएका पात्र थिए ।

तर यसैबीच नेपाल कम्युनिस्ट पार्टी (माले)का संस्कृतिकर्मीहरूको राष्ट्रिय सम्मेलन भयो । भेलाले राष्ट्रिय जनसांस्कृतिक मञ्च स्थापना गऱ्यो । त्यसको अध्यक्षमा मोदनाथ प्रश्रित निर्वाचित भए । यो खबर थाहा पाउनेबित्तिकै पारिजात क्रोधले उम्लिइन् । प्रलेसमा अध्यक्ष हुन नपाएको झोंकमा प्रलेसको समानान्तर रूपमा राष्ट्रिय जनसांस्कृतिक मञ्च स्थापना गरिएको बुझाइ रह्यो पारिजातको । अनि उनले 'पैसा नतिर्ने आसामीको मासु काटेर असुल गर्ने सेक्सपियरको नाटकको पात्र साइलकको भूमिकामा प्रश्रित देखिए' भनेर लेखिन् । यो 'साइलक' उपमाले एउटा ठूलो रडाको उत्पन्न गऱ्यो । विभिन्न पत्रपत्रिकामा पक्ष र विपक्षमा अन्तर्वार्ता दिने, लेख छपाउने, विज्ञप्ति प्रकाशन गर्ने जस्ता काम भए । यो साइलक काण्ड चर्चित र विवादित बन्यो ।

पारिजातले जनसांस्कृतिक मञ्च निश्चित रूपले प्रलेसको समानान्तर सङ्घ हो भनेर ठोकुवा गरेर लेखिन्–

*...नयाँ खुलेको राष्ट्रिय जनसांस्कृतिक मञ्चबारे मैले केही बोल्न आवश्यक लागेकाले यसैबाट जाओस् भन्ने चाहन्छु । आठआठ वर्षको खिचलोपूर्ण र जटिल सङ्घर्षपछि गठन भएको प्रलेसको लगत्तै पछि यो राष्ट्रिय जनसांस्कृतिक मञ्चको गठन हुनु यति ठूलो ड्यामेज हो, यसका संस्थापकहरूलाई यसको ज्ञान भएको हुनुपर्छ । सबैखाले लेखक, कलाकार अट्ने र हाम्रो विचारसित मिल्ने लेखिएको छ यसको घोषणामा । मेरो प्रश्न यो छ कि, सबैखाले र उहाँहरूसँग मिल्ने कोको हुन् त ? उहाँहरूसँग मण्डले फासिस्ट त पक्कै पनि जाँदैनन्, जान्छ त उही जनपक्षीय ! जनपक्षीयहरू कोकोसँग उहाँहरूको विचार मिल्छ, कोकोसँग मिल्दैन, स्पष्टसँग दिन सक्नुपर्थ्यो । यसैले मेरो विचारमा यो जुन राष्ट्रिय जनसांस्कृतिक मञ्च खोलियो, निश्चित रूपले त्यो प्रलेसको समानान्तर सङ्घ हो भनेर म चाहिँ ठोकुवा नै गर्छु । ('महिमा', २०४४, फागुन २७, अङ्क ३३, पारिजातक सङ्कलित रचनाहरू, पृष्ठ २१३-१४)*

उनले थप लेखिन्–

*..मलाई सेक्सपियरको 'मर्चेन्ट अफ भेनिस' कथाको एउटा घटनाको सम्झना आयो । त्यसमा साइलक भन्ने एउटा पात्र छ, बाजी हारेमा उसले साथीको शरीरबाट एक पाउन्ड मासु लिन्छु भनेको हुन्छ । र साथीले बाजी हारेपछि उसले एक पाउन्ड मासुको माग गर्छ । केही सीप नलागेपछि ऊ न्यायाधीशकहाँ जान्छ । न्यायाधीशले पनि सम्झाउँदा ऊ मान्दैन । नमानेपछि न्यायाधीशले भन्छ– "तिमीले एक पाउन्ड मासु भनेका छौ, एक पाउन्डबाट एक रति कम र एक रति बढी हुनुहुँदैन ।" त्यसपछि साइलकले साहस गरेन । अब मञ्चका अध्यक्षज्यूले के गर्नुहुन्छ ? म त यही प्रश्न गर्छु, उहाँले कलाकारहरूको मञ्च भन्नुभएको छ, उहाँले त्यो साइलकको भूमिका*

*खेलिदिनुपर्‍यो । ('महिमा', २०४४, फागुन २७, अङ्क ३३, पारिजातका सङ्कलित रचनाहरू, पृष्ठ २१३-१४)*

महिमामा प्रकाशित पारिजातको यो अन्तर्वार्ताको अभिव्यक्तिले काठमाडौंको प्रगतिशील साहित्य संसारमा एउटा भुइँचालो नै ल्याइदियो । राजनीतिक हिसाबले यो एक प्रकारले माले पक्षधर र चौम पक्षधर साहित्य संस्कृतिकर्मीहरूको अघोषित शीतयुद्ध छापामा स्पष्ट देखापर्‍यो ।

खगेन्द्र सङ्ग्रौलाले लेखे–

*प्रगतिवादी आन्दोलनबाट गोविन्द भट्ट पन्छिएपछि आन्दोलनभित्रका दुई धारमा दुई जना नायकको उदय भयो– चौथो अधिवेशन धारको नायक पारिजात र माले धारको मोदनाथ प्रश्रित । पार्टीको गठन र विघटन, फुट र विचलनको घात-प्रतिघातको प्रक्रियामा पारिजात र प्रश्रित दुवैको वैचारिक प्रखरता र रचना सामर्थ्यको नाटकीय तीव्रतासाथ तेजोवध भइरहेको देखाउने तत्त्वहरू अनेक छन् । (खगेन्द्र सङ्ग्रौला, 'जनमत', पारिजात विशेषाङ्क : २०४९, पृष्ठ ४४)*

विजय जोशीले प्रश्रितको पक्षमा वकालत गर्दै यस्तो लेखे–

*प्रलेसभित्रकै केही मान्छेहरू प्रश्रितलाई त्यहाँबाट लखेट्न चाहन्छन् जस्तो छ । यो गालीगलौजमा त्यसैका केन्द्रीय सदस्यहरू पनि समावेश भएको देख्दा यसो भन्नुपरेको हो । यदि प्रश्रितलाई लखेटेरै प्रलेसको शुद्धताको रक्षा हुन्छ र प्रलेस गतिशील बन्छ भन्ने विश्वास प्रलेसको के.स.सँग छ भने प्रश्रितलाई त्यसले हटाउने काम गरोस् । होइन भने प्रश्रितमाथि लगाइएका आरोपहरू गलत हुन् भने, त्यसको बारेमा के.स.ले पनि प्रस्टतासाथ बोल्ने आँट गर्नुपर्छ । आफ्नै महासचिवमाथिको साइलकीय आरोप खुर्लुप्प निल्नु प्रलेसकै लागि अपमानजनक कुरा होइन र ? (विजय जोशी : 'साइलक प्रश्रित र रा.ज.सां. मञ्च', 'गर्जन', वर्ष ६, अङ्क ७)*

पारिजातमाथि यिनले नाम उच्चारण नगरी 'साँझपख थोरै भए पनि रक्सीको चुस्की लिँदै कुर्सीमा ढल्किएर इतिहासमा अमर हुने सपना देख्न निकै सजिलो छ'सम्म भन्दिए । उनले मञ्च गठनको औचित्यबारे पनि यसरी आफ्नो धारणा राखे–

*जहाँसम्म राष्ट्रिय जनसांस्कृतिक मञ्चको गठनको कुरा छ, त्यो बिलकुल स्वाभाविक छ । मञ्चका साथीहरूले पनि सत्य बोल्न लकपकाउनुहुँदैन । त्यसको गठन (१) वैचारिक सामीप्य भएका लेखकलाई एकै ठाउँमा समेट्न र (२) टुहुरा पारिएका कलाकारलाई गोलबन्द गर्न नै भएको थियो । (विजय जोशी : 'साइलक प्रश्रित र रा.ज.सां. मञ्च', गर्जन, वर्ष ६ अङ्क ७)*

डिआर पोखरेलले लेखे–

*साइलक प्रकरण र खेद प्रस्ताव एकअर्काका आदर सम्मानमाथि आघात पुग्ने हदसम्मको आरोप-प्रत्यारोपको सिलसिला : एकअर्काको अहम्‌माथिको घात-प्रतिघातबाट जन्मन गएको अकर्मण्यता : भद्रता र विद्वत्ताको लक्ष्मणरेखा नाघेका क्षुद्र मनस्थिति* **र**

*व्यवहारको प्रस्तुति आदिले के देखाउँछ भने, हामी नेपाली सांस्कृतिक सहकर्मीहरू संयुक्त मोर्चाको त्यो उच्च र गरिमामय उद्देश्य र स्थितिप्रति सङ्कल्पित हुन लायक भएका रहेनछौं । हामी आआफ्ना हैसियत र क्षमताभन्दा बढी स्थापित हुन खोज्दा रहेछौं । योभन्दा लज्जास्पद स्थिति अरू के हुन सक्छ हाम्रो ? (गर्जन)*

राष्ट्रिय जनसांस्कृतिक मञ्चको गठनले ल्याएको विवाद चुलिँदै गयो । पारिजातले यसलाई प्रलेसको समानान्तर हो भन्ने ठोकुवा गरिरहिन् । उता मञ्चबाट चाहिँ सुरुमा लेखक-कलाकारको संस्था भनिए पनि प्रलेसमा छलफल हुँदा कलाकारको मात्र भनियो । तर यसले पारिजातलाई सन्तुष्ट पार्न सकेन । यस विषयमा खगेन्द्र सङ्ग्रौलाले यस्तो लेखे–

*राष्ट्रिय जनसांस्कृतिक मञ्च प्रलेसको समानान्तर हो भन्ने पारिजातको ठहर अन्तर्वार्तामा जाहेर भयो । आफ्नो न्वारानपछिको घोषणामा मञ्च लेखक-कलाकारको संस्था हो भनिएको थियो । मञ्चमा सङ्ख्या पनि लेखकहरूकै बढी थियो । पछि प्रलेसमा कुरा उठ्दा मञ्च केवल कलाकारहरूको मात्र संस्था हो भन्ने सफाइ अघि सारियो । घोषणामा एक थोक र सफाइमा अर्कै थोक भनिँदा मञ्चका निर्माताहरूका अघिल्ला र पछिल्ला भनाइमा न्याङठ्याङ मिलेन । यसै प्रसङ्गलाई विस्तार गरी अन्तर्वार्तामा पारिजातले साइलकको स्मरण गर्नुभएछ । (खगेन्द्र सङ्ग्रौला, प्रसङ्ग मञ्चको : कुरा फेरि पारिजात र प्रश्रितका, 'गर्जन साप्ताहिक', वर्ष ५, अङ्क ३६)*

खगेन्द्र सङ्ग्रौलाले यो प्रकरणलाई 'प्रसङ्ग प्रलेसको : कुरा पारिजात र प्रश्रितका' भन्दै 'करेलो, हर्रो र अदुवाको झोल' *(गर्जन)* शीर्षकको लेख पनि लेखे ।

यस विषयमा प्रलेसको बैठकमा गरमागरम बहस भयो । अन्ततः मञ्चका तर्फबाट भ्रम निवारणका लागि सार्वजनिक वक्तव्य दिने कबोल भयो–

*प्रलेसमा मञ्च गठनको प्रक्रियामाथि आपत्ति जनाउँदै उजुरी परेपछि मञ्चका अध्यक्षले मञ्चकै अरू पदाधिकारीहरूको रोहबरमा मञ्चले सिर्जना गरेको भ्रम निवारण गर्न सार्वजनिक वक्तव्य दिने कबोल गर्नुभएको हो । औपचारिक समितिको औपचारिक बैठकमा औपचारिक रूपबाट भएको सहीछापयुक्त निर्णयको कार्यान्वयन औपचारिक रूपबाटै हुनुपर्ने कुरा स्पष्ट छ ।*

...

*प्रलेसमा निर्णय भएको लगत्तै पछि मञ्चका अध्यक्षबाट सो निर्णय भइदिएको भए सम्भवतः प्रलेसका महासचिवलाई साइलकको अनर्थ संज्ञा दिने अवसर प्राप्तै नहुँदो हो । (खगेन्द्र सङ्ग्रौला, 'प्रसङ्ग मञ्चको : कुरा फेरि पारिजात र प्रश्रितका', 'गर्जन साप्ताहिक', वर्ष ५, अङ्क ३६)*

त्यति बेला यो साइलक प्रकरणले तत्कालीन प्रलेस अध्यक्षलाई समेत आफ्नो भूमिका निभाउन हम्मेहम्मे परेको थियो ।

डा. गङ्गाप्रसाद उप्रेती सम्झन्छन्–

*...पारिजातले प्रलेसमा हङ्गामा मच्चाइन् । उनको हङ्गामा प्रश्रितविरूद्ध लक्षित थियो– आफूले प्रलेसको अध्यक्ष नपाएको झोकमा प्रश्रितले नवगठित प्रलेसलाई निस्तेज पार्न नियतवश राजसा मञ्च गठन गरे । (डा. गङ्गाप्रसाद उप्रेती : आख्यानपुरूष रमेश विकलसँगको सहकार्यका क्षणहरू, रमेश विकल : बिम्ब एक प्रतिबिम्ब अनेक (स्मृतिग्रन्थ), रमेश विकल साहित्य प्रतिष्ठान : २०६७, पुस)*

यो विवादले प्रगतिशील साहित्यको क्षेत्रमा लामै बहस र पक्ष-प्रतिपक्षमा लेखालेख चल्यो । यस विषयमा पारिजात र प्रश्रित पक्षधरबीच कुरा मिल्न सकेन । रमेश विकलले यो आरोपको स्वतन्त्र छानबिन गराउने योजना पनि बैठकबाट पास गर्न सकेनन् । छैटौं पटकको प्रयासमा पनि छानबिन आयोग गठन गर्न नसकेपछि रमेश विकल 'अब मेरो अध्यक्ष पद यतिमै सकियो, अब म हिँडें' भनेर बैठक छाडेर हिँड्न लागेपछि बल्ल छानबिन कमिटी बनाउने वातावरण बन्यो । समिति पनि बन्यो । र छानबिनपछि समितिले पारिजातको प्रश्रितविरूद्धको आरोप आधारहीन ठहऱ्यायो । अनि सो आरोप फिर्ता लिन अर्को बैठकले पारिजातलाई निर्देशन गऱ्यो ।

तर पारिजातले त्यो निर्णय मानिनन् । उनी आफ्नो हठमा कायम भइन् । बरू एउटा वक्तव्य दिएर उनले साइलक र समानान्तर प्रलेस विवाद टुङ्गियो भनेर एकतर्फी घोषणा गरिन् । उनको वक्तव्य यस्तो थियो–

*साइलक र प्रलेसबारे सबै कुरा स्पष्ट होस् भन्ने उद्देश्य राखी म यहाँ बुँदाहरूलाई नम्बर दिँदै लेख्नेछु–*

*१) पहिले प्रलेक भए तापनि प्रलेसको महाधिवेशनमा प्रलेक सङ्घ नै हुनुपर्छ । अर्थात् कलाकारहरू पनि यसै सङ्घमा अटाइनुपर्छ भनी श्री प्रश्रितपक्षीय प्रतिनिधिहरूबाहेक अरू पक्षका प्रतिनिधिहरूले प्रशस्त तर्क राखेका हुन् । तर प्रश्रितपक्षीयहरू पटक्कै तयार भएनन् । पछि अध्यक्षमण्डलले भोटिङ गर्ने हो कि भनी प्रस्ताव राख्दा मञ्जुल स्टेजमा उत्रेर भन्न थाले– "भोटिङ गर्ने कसैको अधिकार छैन । यदि गर्ने हो भने म यति धेरै कलाकारहरू लिएर आउँछु कि आज टाँगिएको यो प्रगतिशील लेखक सङ्घको तुल प्रगतिशील कलाकार सङ्घमा परिणत हुनेछ । कोही लेखक यहाँ रहनेछैन ।" त्यसपछि प्रतिनिधि कलाकारहरूले छुट्टै बसेर कुराकानी गरे, तथापि प्रश्रितपक्षीयहरू राजी भएनन् । अधिवेशनपछि पनि यी कलाकारहरूबीच अनौपचारिक कुराकानी भएको हो । तैपनि उनीहरू प्रलेसमा गाभिन तयार भएनन् ।*

*२) प्रलेस गठन भएको लगत्तै पछि 'हामीसँग विचार मिल्ने सबै लेखक-कलाकारहरू अटाइने' भनी घोषणा गर्दै राष्ट्रिय जनसांस्कृतिक मञ्चको गठन भयो ।*

*३) फागुन १४ गते केन्द्रीय समितिको बैठकमा मेरो अनुपस्थिति तर अरू साथीहरूको उपस्थितिमा मञ्चबारे स्पष्टीकरण माग्दा श्री प्रश्रितले भने– "यसमा भ्रम पर्ने कुरा छैन । मञ्च कलाकारहरूको सङ्घ हो । सङ्कल्प परिवार, वेदना परिवार,*

प्रतिभा परिवार जस्तै हाल ६० ओटा ...हाम्रा कलाकारहरू यसै छरिएर बसेका छन् । उनीहरूलाई गोलबद्ध गर्नका निम्ति यो मञ्च गठन भएको हो र ममा पनि केही कलापक्ष चित्रकला, नाटक मञ्चन आदि भएकाले जेबी टुहुरेको आग्रहमा म अध्यक्ष बसेको हुँ । यसबारे म चाँडै वक्तव्य दिनेछु ।"

४) १५ गते राष्ट्रिय परिषद्को बैठकमा कसैले पनि उक्त मञ्चबारे कुरा नउठाएकामा मलाई पटक्कै चित्त बुझेन । मेरो अस्वस्थताले गर्दा म उपस्थित हुन सकिनँ । तसर्थ उपस्थित रहेका धेरै साथीहरूसँग सम्पूर्ण कुरा बुझी मैले 'महिमा' साप्ताहिकमा राजस मञ्च निश्चित रूपले प्रलेसको समानान्तर सङ्घ हो र अब प्रश्रितज्यूले साइलकको भूमिका खेलिदिन परेको छ भनी अन्तर्वार्ता दिएँ ।

५) त्यसपछि आएका श्री प्रश्रितका वक्तव्यहरूमा कतै पनि राजस मञ्च कलाकारहरूको सङ्घ हो भन्ने आएन । बरू झन् अन्योल र भ्रमहरू थपिँदै गए । केन्द्रीय समितिको अर्को बैठकले मेरो अनुपस्थितिमा मेरो स्पष्टीकरण नलिईकन 'महिमा'लाई खेद प्रस्ताव पारित गर्‍यो ।

६) यति हुनासाथै मैले आफ्नो अडान नछाड्ने विचार व्यक्त गर्दै 'महिमा'लाई फेरि अन्तर्वार्ता दिएँ । परिणामस्वरूप मेरो स्पष्टीकरणका निम्ति के.स.को बैठक बोलाइयो । लामो बहसपछि प्रश्रितज्यूले 'के.स.ले जे वक्तव्य ड्राफ्ट गर्छ, म सही गर्छु' भन्नुभएपछि के.स.ले मलाई साइलक शब्द फिर्ता लिन आग्रह गर्‍यो । मैले प्रस्तावलाई अस्वीकार गर्दै 'यहाँ साइलक शब्द फिर्ता लिनुको कुनै अर्थ हुँदैन । त्यसैले म पनि के.स.को रोहबरमा बसी साइलक शब्दलाई विधिपूर्वक अर्थ्याएर वक्तव्य नै दिन्छु र दुवैको वक्तव्य हाराहारी छापियोस्' भन्ने माग गरें । तर मेरो कुनै सुनुवाइ भएन । के.स.ले मलाई आत्मालोचना गर्न बाध्य तुल्याएको पटक्कै होइन । उपसंहार- श्री प्रश्रितले आफैं साइलक व्यवहार त्यागेर साइलक शब्द मेट्न सक्नुपर्‍यो । तर त्यसो हुन सकेन । म विश्वस्त थिएँ राजस मञ्चबाट कलाकारहरू छेकेर, ताछेर, काटेर छुट्याउने काम श्री प्रश्रितका निम्ति मञ्चको बनोट हेरीकन दुष्कर मात्र होइन, असम्भवप्रायः थियो । आज आएर श्री प्रश्रितले 'साप्ताहिक विमर्श'को आफ्नो अन्तर्वार्तामा पहिलो प्रश्नको उत्तरमा आफू साइलक नै रहनुभएको र राजस मञ्च समानान्तर प्रलेस हो भन्ने मेरो ठम्याइलाई स्पष्ट पारिदिनुभएको छ । श्री प्रश्रित भन्नुहुन्छ– "हाम्रो देश... । हामीले प्रलेसलाई सङ्घको नाम दिए तापनि विभिन्न धारासँग गाँसिएका प्रगतिशील लेखकहरूको संयुक्त मोर्चा नै हो । त्यसको विधान र आचारसंहिताले त्यसलाई सं.मो. नै साबित गर्छ । प्रत्येक धाराका आआफ्नै छुट्टै सङ्गठन पनि हुन्छन् । यही क्रममा हामीले आफ्नो विचार र धाराअनुरूपको एउटा साहित्यिक सांस्कृतिक सङ्गठन बनाउन

*पहिलेदेखि नै प्रयास गरिरहेका थियौं । प्रलेस गठन भएको लगत्तै त्यसको घोषणा हुनु संयोग मात्र हो । अर्को कुरा पहिले प्रलेकस थियो, कलाकार पनि त्यसैमा अटाउँथे । पछि कलाकारलाई त्यस लेखक सङ्घबाट छुट्याउने निर्णय भएकाले पनि कलाकारहरूलाई समेट्न छुट्टै सङ्गठनको आवश्यकता हुन गयो । त्यसैले जनसांस्कृतिक मञ्च बनेको हो ।" धन्यवाद !*

*प्रश्रितज्यू, म यसै वक्तव्यको प्रतीक्षामा थिएँ । (गर्जन, वर्ष ६, अङ्क १८)*

प्रलेसकालमा पारिजातसँगको सहकार्य र सहचार्यलाई आनन्ददेव भट्ट यसरी सम्झन्छन्–

*..मैले उहाँलाई अलि नजिकबाट हेर्ने, सुन्ने, देख्ने, विचार गर्ने, केही मोटामोटी निष्कर्ष निकाल्ने मौका पाएँ । प्रलेसमा हुने छलफल, बहस, विचारविमर्श, बाझाबाझ, भनाभनमा उहाँको भूमिकालाई देखेपछि मलाई लाग्यो– हो उहाँमा साहित्यिकता मात्र रहेनछ, राजनीतिकता पनि रहेछ । उहाँका कविता र गद्य (विशेष गरी निबन्ध संस्मरणात्मक लेखहरू) जति सुकोमल, सुमधुर र हृदयकारी हुन्छन्, त्यसको ठीक बिप्ल्याँटो उहाँमा अति चर्को कठोरता, जोदाहा स्वभाव, टेकी बानीव्यहोरा र खडाजङ्गी पर्दा आफूले जतिसुकै निम्छरो तर्क र यथार्थ समातेको भए पनि त्यसको तालुदेखि पैतालासम्मको बल लगाई अडान लिने र आफ्नो ढिपी कुनै हालतमा नछाड्ने प्रवृत्ति पनि रहेछ । उहाँमा स्वाभिमान मात्र होइन, बरोबर महत्त्वाकाङ्क्षाले शिर उठाउँदो रहेछ । र त्यस्ता आवेगका बेला कुन कुरो छुसी कुरा हो र कुन कुरो जडी कुरो भन्नेसम्मको भेद नराखी वाक्‌युद्ध गर्न सक्ने क्षमता राख्नुहुँदो रहेछ । यस अर्थमा कसैले उहाँलाई फलामे नारी (आइरन लेडी) भनेमा बढी भन्यो भन्नु नपर्ला । (सुश्री पारिजात : स्वच्छन्द स्मृतिको आलोकमा, आनन्ददेव भट्ट, भसमय साहित्य, भृकुटी एकेडेमिक पब्लिकेसन्स : २०६७)*

यस सन्दर्भमा मोदनाथ प्रश्रितले अलि कमै प्रतिक्रिया व्यक्त गरेका थिए । उनको भनाइ यस्तो थियो–

*त्यस बेला वाम पार्टीहरूका आआफ्ना साहित्यिक, सांस्कृतिक संस्था कतै बनेका थिए र कतै बन्दै थिए । प्रगतिशील लेखक सङ्घमा कलाकार र संस्कृतिकर्मीहरू नरहने भएपछि नेकपा (माले)निकट कलाकारहरू अन्योलमा पर्ने स्थिति आयो । तर तत्काल प्रलेस जस्तै कला-संस्कृतिकर्मीहरूको संयुक्त सङ्गठन बन्ने वातावरण थिएन । अर्कातिर नेकपा (माले) आफ्नो सांस्कृतिक मोर्चा गठन निम्ति सम्मेलनको तयारीमा थियो । प्रलेस सम्मेलनको केही दिनपछि नेकपा (माले)का संस्कृतिकर्मीहरूको राष्ट्रिय सम्मेलन भयो । र राष्ट्रिय जनसांस्कृतिक मञ्च तयार गरे । त्यसमा म अध्यक्ष पदमा निर्वाचित भएँ । त्यस सम्मेलनको विषयलाई लिएर प्रगतिशील लेखक सङ्घकी केन्द्रीय सदस्य पारिजातले यथार्थ कुरालाई ढाकछोप गरी एक सार्वजनिक लिखित वक्तव्य प्रकाशित गरिन् । त्यसमा उनले राष्ट्रिय जनसांस्कृतिक मञ्च प्रलेसका विरूद्ध समानान्तर सङ्गठनका रूपमा उभ्याइएको आरोप लगाउँदै लेखेकी थिइन्– "मोदनाथ प्रश्रितले प्रलेसमा अध्यक्ष*

*पद नपाएको झोकमा जनसांस्कृतिक मञ्च बनाएर अध्यक्ष पद हात पारे । यो काम पैसा नतिर्ने आसामीको मासु काटेर असुल गर्ने साइलकको भूमिका हो ।"*

*त्यस आरोपले हार्दिक रूपले सम्मेलन सम्पन्न भएको प्रलेसमा एक प्रकारको खल्लोपन ल्याउन खोज्यो । त्यस विषयमा गहिरो छलफल गर्नुपर्ने भयो र प्रलेसको केन्द्रीय समितिको बैठक बस्यो । छलफलमा मसहित एमालेनिकट प्रलेस सदस्यहरूले राजसा मञ्च, नेकपा मालेको सांस्कृतिक सङ्गठन हुनाले प्रलेसविरूद्ध लक्षित छैन । यो नेकपा मसाल आदिको सांस्कृतिक संस्था जस्तै एमालेको संस्था हुनाले पारिजातले प्रश्रित र राजसा मञ्चमाथि लगाएको आरोप फिर्ता लिनुपर्छ भन्ने निष्कर्ष बैठकको रह्यो । त्यसको निष्पक्ष र स्पष्ट निर्क्योल गर्नमा प्रलेस अध्यक्ष रमेश विकलको महत्त्वपूर्ण भूमिका रह्यो । त्यसमा पारिजातबाहेक प्रलेस केन्द्रीय समितिका सबै सदस्य सहमत भए । गलत आरोप पारिजातले फिर्ता गर्नुपर्ने निर्णय भयो । तर पारिजातले केन्द्रीय समितिको निर्णय नमानी वक्तव्यबाजी गर्दै रहिन् । (रमेश विकलसँग साहचर्यका ती दिन, मोदनाथ प्रश्रित, पृष्ठ ३७३ देखि ३७७, रमेश विकल स्मृतिग्रन्थ)*

यो साइलक काण्ड प्रगतिशील नेपाली साहित्यको क्षेत्रमा एक पेचिलो प्रकरणका रूपमा रह्यो, जसको स्पष्ट समाधान निस्किएन । बिनासमाधान नै यो प्रकरणको अन्त्य भयो ।

# साहित्य सन्ध्यामा संलग्नता

२०३३ सालमा राजविराजमा केशवप्रसाद उपाध्याय, गङ्गाप्रसाद उप्रेती तथा अनिरूद्ध तिम्सिनाको अगुवाइमा साहित्य सन्ध्याको सुरूवात भएको थियो । पछि स्थानीय शिशु देवकोटा पनि सामेल भए । केशवप्रसाद उपाध्याय र गङ्गाप्रसाद उप्रेती राजविराज क्याम्पसमा प्राध्यापन गर्थे । अनिरूद्ध तिम्सिना कृषि विकास बैङ्कमा सम्बद्ध थिए । शिशु देवकोटा *गोरेटो* पत्रिकासम्बद्ध पत्रकार थिए । साहित्यमा रूचि राख्ने र कलम चलाउने थोरै व्यक्तिहरूबाट सुरू भएको साहित्य सन्ध्या अभियानमा सुरूवातमा अल्पसङ्ख्या भए पनि क्याम्पसका विद्यार्थीहरू, अन्य प्राध्यापकहरू, कर्मचारीहरू, पत्रकारहरू तथा विभिन्न कार्यालयमा सम्बद्ध कर्मचारीहरू पनि यसमा सामेल भए । पछि संलग्न हुनेहरूमा भरतबहादुर कार्की, शेखर गिरी, अनिलकुमार अनल, खिलध्वज थापा, अग्नि खरेल, भूमि खरेल, चूडामणि अधिकारीहरू थिए । उनीहरू कहिले रासस भवन, कहिले राजविराज क्याम्पस त कहिले आरम्भकर्ताहरूको निजी आवासमा समेत साहित्यिक मन्थन, समसामयिक विषयमा विचारविमर्श तथा कवितावाचन गर्थे ।

साहित्य सन्ध्याका आरम्भकर्ताहरू क्रमशः राजविराजबाट बाहिर जान थालेपछि साहित्य सन्ध्या सेलायो । तर अग्नि खरेललगायतले २०३९ साल पुस २ मा काठमाडौं प्रदर्शनीमार्गस्थित नेपाल ल क्याम्पसको कोठामा कार्यक्रम आयोजना गरेर त्यसलाई पुनर्जीवन दिए । प्रगतिवादी धारामा विश्वास गर्ने भनौं कम्युनिस्ट खेमाका विद्यार्थी र नवसर्जकहरूका लागि साहित्य सन्ध्या एउटा खुला मञ्चका रूपमा विकास भयो । यसले प्रगतिवादी साहित्यकारहरूलाई सम्मानपूर्वक आमन्त्रण गरेर उच्च स्थान दिंदै पथप्रदर्शन, सल्लाह र सुझाव ग्रहण गऱ्यो । यसरी पुराना, समकालीन र नयाँ पुस्ताका साहित्यकार युद्धप्रसाद मिश्र, रमेश विकल, गोविन्द भट्ट, केवलपुरे किसान, जनकप्रसाद हुमागाईं, शक्ति लम्साल, रामेश, रायन, मञ्जुल, रघु पन्त, मोदनाथ प्रश्रित, निनु चापागाईंलगायतको जमातमा पारिजात पनि समाहित हुन पुगिन् ।

साहित्य सन्ध्यामा पारिजातको भूमिकाबारे विष्णु प्रभातको कथन यस्तो थियो–

*साहित्य सन्ध्याका प्रायः कार्यक्रममा उपस्थित भइरहने पारिजात कहिले समीक्षक, कहिले सभापति, कहिले प्रमुख अतिथि त कहिले विशिष्ट वक्ताका रूपमा रहेर नवोदित कवि,*

*लेखकहरूलाई प्रगतिवादी लेखनका बारेमा प्रशिक्षित गर्ने काममा कहिल्यै थाक्तिनथिन् । (साहित्य सन्ध्याका केही गतिविधि र कार्यक्रमहरू, 'नेपाली साहित्यमा साहित्य सन्ध्याको योगदान', नवराज खतिवडा : २०६८, मङ्सिर)*

साहित्य सन्ध्यासँग पारिजातको मन, मुटु र बौद्धिकता सबै मज्जाले टाँसियो । साहित्य सन्ध्याले पारिजातको आत्मसंस्मरणको पहिलो भाग जुन रूपरेखामा धारावाहिक रूपमा प्रकाशित भएको पुस्तकका रूपमा नआएको अवस्थाबाट पुस्तकाकारमा प्रकाशनसमेत गऱ्यो ।

साहित्य सन्ध्याले २०४३ वैशाख ६ मा पुतलीसडकस्थित शङ्करदेव क्याम्पसमा आफ्नो रजत सन्ध्या कार्यक्रम आयोजना गरेको थियो । कार्यक्रमस्थल गोर्की, लु सुन, प्रेमचन्दलगायत विदेशी स्रष्टाका सूत्रहरूले सजाइएको थियो । कार्यक्रममा उपस्थित स्रष्टालाई नै सभानायक भनिएको थियो । प्रमुख अतिथि केवलपुरे किसान थिए । पहेँलो पिञ्जरामा थुनिएको सुगालाई मुक्तिको चाहनामा अभिव्यक्ति स्वतन्त्रताको प्रतीकस्वरूप पारिजातको हातबाट उडाउँदै कार्यक्रमको उद्घाटन गरिएको थियो ।

कार्यक्रममा पारिजातले यस्तो मन्तव्य दिएकी थिइन्–

*यहाँ समूहपरस्तताको कसैले सङ्केतसम्म दिन पाउँदैन । कोही समूहपरस्त छ भने उसले आफ्नो त्यो खोल भवनबाहिर नै फालिदिनुपर्छ । ...यो गोष्ठी प्रगतिशील तथा जनपक्षीय साहित्यकारबीच दिनदिनै लोकप्रिय भएर गइरहेको छ । आज प्रत्येक महिनाको पहिलो शनिबार सञ्चालन हुने यस गोष्ठीमा चार सयभन्दा बढी सहभागीको उपस्थिति हुने गरेको छ । सभा शान्त र संयम वातावरणमा सम्पन्न हुन्छ । नयाँ-पुराना, स्थापित र उदीयमान सबै सहभागी हुन्छन् । अब मलाई के अनुभव हुन थालेको छ भने, प्रगतिवादी लेखकहरूले सन्ध्यामा बेलाबेलामा भाग लिँदै नगरे आफू प्रगतिवादी ठहरिन्न भन्ने डरको अनुभव गर्न थालेका छन् । साहित्य सन्ध्या परिवारको परिणति आज हामीले सराहना नगरी धर पाउँदैनौं । (साहित्य सन्ध्याका केही गतिविधि र कार्यक्रमहरू, 'नेपाली साहित्यमा साहित्य सन्ध्याको योगदान', नवराज खतिवडा : २०६८, मङ्सिर, पृष्ठ २७)*

कार्यक्रममा साहित्य सन्ध्याले नै प्रकाशन गरेको ललिजन रावलको गजल सङ्ग्रह विमोचन गरिएको थियो । विमोचनप्रति भने पारिजातको विमति थियो । बोल्ने क्रममा उनले पुस्तक विमोचन संस्कृतिप्रति यस्तो धारणा राखेकी थिइन्–

*जनपक्षीय लेखकहरू नाम प्रचारको लोभमा प्रतिक्रियावादीहरूबाट विमोचन गराउने प्रवृत्तिमा लहसिनु राम्रो हुँदैन । (साहित्य सन्ध्याका केही गतिविधि र कार्यक्रमहरू, 'नेपाली साहित्यमा साहित्य सन्ध्याको योगदान', नवराज खतिवडा : २०६८, मङ्सिर, पृष्ठ २७)*

साहित्य सन्ध्यामा पारिजातको बाक्लो संलग्नता थियो । २०४२ मङ्सिर २५ मा शङ्करदेव क्याम्पसमा मनाइएको वार्षिकोत्सवमा आयोजित विशेष कवि गोष्ठीको सभापतित्व पारिजातले गरेकी थिइन् । २०४३ पुस १९ मा पनि पारिजातनिवास म्हैपी बालाजुमा एउटा विशेष कवि गोष्ठी भएको थियो ।

# प्रतिभा प्रवाहमा

वामपन्थी राजनीतिक पार्टीहरू जसरी एकाएक फुट्थे र नयाँ रूपमा आउँथे, त्यसमा संलग्न साहित्यकार पनि त्यसरी नै चिराचिरा पर्नु एउटा कालखण्डको नेपाली प्रगतिशील साहित्यकारहरूको नियति थियो । नियमित चलिरहेको साहित्य सन्ध्याका अतिरिक्त एउटा नयाँ त्यस्तै कार्यक्रमको थालनी भयो, 'प्रतिभा प्रवाह' । यो कवि हरिगोविन्द लुइँटेलको परिकल्पना थियो । उनी *प्रतिभा* नामक गोजीपत्रिका निकाल्थे । त्यसैका नामबाट उनले साहित्य सन्ध्याको जस्तै कविता वाचन र साहित्यिक छलफलको समानान्तर सिलसिला सुरू गरे ।

प्रतिभा प्रवाहको पहिलो कार्यक्रम विश्वभाषा क्याम्पसमा भएको थियो ।

दोस्रो कार्यक्रमदेखि प्रतिभा प्रवाह त्रिचन्द्र क्याम्पसमा सञ्चालन हुन थालेको थियो । पारिजात नियमितजसो नै प्रतिभा प्रवाहका कार्यक्रममा सहभागी हुन्थिन् । आफ्नो नियमित स्तम्भमा त्यसबारे लेख्ने पनि गर्थिन्–

*प्रतिभा प्रवाह नामकरण गरिएको प्रत्येक महिनाको तेस्रो शनिबार हुने साहित्यिक गोष्ठीको आफ्नो छुट्टै परिपाटी छ । कार्यक्रम यस प्रकार हुन्छ– तीन विशेष कविहरूका तीनतीन ओटा कविताहरू समीक्षक दुईबाट र त्यस्तै कथा र निबन्ध एकएक ओटा समीक्षक दुईबाट नै । कार्यक्रमको अन्त्यमा समीक्षकहरूसँग प्रश्न राखेर छलफल गर्ने प्रावधान छ । यस प्रावधानले अध्ययनका क्रममा लागिपरेकाहरूलाई अथवा नलागेकाहरूलाई पनि प्रशिक्षणको मौका प्रदान गर्छ । यो परिपाटी निकै राम्रो हो । कार्यक्रमको सुरूमा अधिकतम १५ जनाको, नत्र १० जनासम्मको पनि फुटकर र कविताहरू पाठ हुन्छन्, जसमा कहिलेकाहीँ एकदुई लघुकथा पनि पर्न जान्छन् । प्रतिभा प्रवाहको अर्को विशेषता के छ भने, विशेष कवि-कथाकारहरूले कतै नछापिएका रचनाहरू लिएर आउनुपर्छ । ('प्रतिभा प्रवाह, प्राविधिक कठिनाइ', 'गर्जन')*

कार्यक्रमका सूत्रधार स्नेह सायमीको सम्झना यस्तो थियो–

*...हामी मन मिल्ने साथीहरू मिलेर त्रिचन्द्र क्याम्पसमा हरेक महिनाको तेस्रो शनिबार साहित्यिक शृङ्खला प्रतिभा प्रवाह थाल्यौं । यो शृङ्खलाको प्रमुख आकर्षण पारिजात दिदी नै बन्नुहुन्थ्यो सधैं ।*

*पहिलो कार्यक्रम विश्वभाषा क्याम्पसको कौसीमा भएको थियो । त्यसपछि नियमित रूपमा त्रिचन्द्रलाई रोज्यौं । घण्टाघरसँग जोडिएको सबभन्दा माथिको कक्षाकोठामा । पञ्चायतकालीन समय, साहित्यिक कार्यक्रम प्रतिबन्धित थियो । क्याम्पस प्रशासनले मूलढोकामा ताल्चा लगाएको हुन्थ्यो । तर हामी चाहिँ पर्खाल र मूलढोका चढेर सबभन्दा माथिल्लो कक्षामा कार्यक्रम गरिरहेका हुन्थ्यौं । पक्षाघातपीडित पारिजात दिदीलाई हरेक कार्यक्रममा म आफैं लिन जान्थें । तिनताक म इस्कर्ट्स बाइक चढ्थें । बाइकबाट ओरालेर पारिजात दिदीलाई पनि एकछेउबाट उचाल्दै, ठेल्दै पर्खाल नघाउँथ्यौं र बोक्दै कार्यक्रम हुने कक्षाकोठामा लान्थ्यौं । (स्नेह सायमी, 'पारिजात, पानी र मोटरसाइकल', 'कान्तिपुर', २०७१, वैशाख ३०)*

प्रतिभा प्रवाहको कार्यक्रम २०४५ साल भदौको अन्तिम शनिबार पारिजातनिवास म्हैपीमा पनि भएको थियो । यो पाँचौं प्रवाह थियो, जसमा तीन कवयित्री कुन्ता शर्मा, डा. अरूणा उप्रेती र शोभा गौतमले कविता वाचन गरेका थिए । साथै हरिहर खनालको लघुकथा पनि वाचन गरिएको थियो । कविता पाठपछि समीक्षक रूद्र खरेल र शक्ति लम्सालले आफ्नो धारणा प्रस्तुत गरेका थिए । कार्यक्रमको सभापति पारिजात थिइन् । उनले उक्त अवसरमा 'कविता लेख्न मार्क्सवाद पढ्न आवश्यक छैन, एमिली ब्रन्टे, डिकेन्स आदि मार्क्सभन्दा पहिलेका मार्क्सवादी रचनाकार थिए' भन्ने अभिव्यक्ति दिएकी थिइन् ।

एउटा खास कालखण्डमा प्रतिभा प्रवाह निरन्तर चल्यो । तर पछि यो सेलायो र बन्द भयो । तर प्रतिभा प्रवाह चलुन्जेल पारिजात यसमा निरन्तर संलग्न भइरहिन् । र माया स्नेह एवम् साथ दिइरहिन् । आफ्नो नियमित स्तम्भमा प्रतिभा प्रवाहको कार्यक्रमबारे लेख्ने गरिरहिन् ।

# संस्थागत संलग्नता र लेखनबाट विमुख

पारिजात २०३६ सालको आन्दोलनमा खासै सक्रिय थिइनन् । तर त्यसपछिका वर्षमा उनलाई अत्यधिक सक्रिय बनायो । उनी अत्यन्त प्रतिबद्ध भएर लेख्ने गर्थिन् । तर राजनीतिक र संस्थागत संलग्नताले उनलाई लेखनबाट क्रमशः टाढा लग्यो । यो कुरा उनले आफैंले पनि महसुस गरेकी थिइन्–

*नलेख्नुको स्वास्थ्य नै मेरो मुख्य कारण होइन । पञ्चायतकालदेखि नै म कतिपय संस्थाहरूमा सम्बद्ध थिएँ । ०४६-४७ को जनआन्दोलनपछि विभिन्न संस्थामा सक्रिय छु । अघिअघि म संस्थाहरूमा काम गर्नुका अतिरिक्त लेख्न भ्याउँथें र पत्रपत्रिकामा स्तम्भ लेखेर आफ्नो जीविका आर्जन गर्नसमेत भ्याउँथें । जनआन्दोलनले चाहिँ मलाई अत्यन्तै ठूलो जिम्मेवारी दियो । त्यो थियो– नेपाल मानव अधिकार सङ्गठनको कार्य, जसको म उपाध्यक्ष छु । यसको स्थापना बहुदल आउनुभन्दा दुई वर्षअघि नै हामीले भूमिगत रूपले गरिसकेका थियौं । त्यसैले जनआन्दोलनभरि म आन्दोलनमा लागिरहें । घेरामा पनि परियो, कति ठाउँमा घेर्न पनि आए, कतिपय जुलुसहरूमा समेत गएँ । कालोपट्टी बाँधियो । त्यसैले म आन्दोलन र संस्थाहरूमा बढी सक्रिय भएँ । (अन्तर्वार्ता : 'दृष्टिकोण', वर्ष ४, अङ्क ६, १९९२, सेप्टेम्बर, अक्टोबर, सिलिगुडी, भारत)*

पारिजातको संस्थागत संलग्नताले लेखनमा पुगेको बाधाबारे पारिजातका नजिकका साहित्यकार, शुभचिन्तकहरू जानकार थिए । आनन्ददेव भट्टले पारिजातको संस्थागत संलग्नतालाई यस्तो नजरले हेरेका थिए–

*माफ गर्नोस् पारिजातज्यू, कति ओटा संस्थामा अध्यक्ष वा संयोजक वा कोषाध्यक्ष वा कार्यकारिणी सदस्य भएको भन्ने मेरो टिपोट कतै अलमलिएकाले म किटेर त भन्न सक्दिनँ । तर साहित्यिक-सांस्कृतिक छाडेर उहाँ सातआठ ओटाभन्दा कम सामाजिक संस्थासित सम्बन्धित हुनुहुन्न । उहाँको हातमा चार्ट हुन्छ– कुनकुन संस्थाको कहाँकहाँ, कहिलेकहिले बैठक छ र उहाँले नगई नहुने कहाँकहाँ छ । फेरि उहाँ अत्यन्त ठीक समयमा जानुहुन्छ । त्यस्तै स्वास्थ्यले वा बढी महत्त्वपूर्ण कार्यक्रम जुध्दाबाहेक उहाँ समाजमा सामेल हुन अति रहर गर्नुहुन्छ । प्रसन्न र प्रफुल्ल हुनुहुन्छ । ठूलो आनन्द र सन्तोष अनुभव गर्नुहुन्छ । अनि बराबर भन्नुहुन्छ– यी संस्थाले*

*मेरो जम्मै समय खाए । (सुश्री पारिजात, 'स्वच्छन्द स्मृतिको आलोकमा', आनन्ददेव भट्ट, 'जनमत', पारिजात स्मृति विशेषाङ्क : २०४९-५०, चैत-असार, पृष्ठ ८७)*

पारिजात स्वदेशी तथा विदेशी गैरसरकारी संस्थाहरूमा भाग लिँदा राम्रा होटलहरूमा बस्न पाउने भएपछि त्यसमा रमाउने भएकी थिइन् । त्यस्ता होटलमा उपलब्ध सुविधा, खाना र महँगा रक्सीको स्वादले उनलाई मोहनी लाएको थियो । विदेशीहरूका लागि त्यो सामान्य भए पनि नेपालीहरूका लागि त्यो निकै ठूलो कुरा हुन्थ्यो । रामेशको सम्झना यस्तो छ–

*शान्ति आन्दोलन नामक संस्थाले होटल बज्रमा हिमाली क्षेत्रमा मानव अधिकारको स्थिति शीर्षकमा एक सेमिनार आयोजना गरेको थियो । पारिजात दिदीको उपस्थिति थियो त्यहाँ । राति आस्था परिवारका तर्फबाट केही गीत प्रस्तुत गरिने कार्यक्रम पनि थियो । दिदीको अनुरोधमा आभास भाइले गीत गाउनुभयो–*

*भुइँकुहिरो उड्न थाल्यो है...*
*भुइँकुहिरो उड्न थाल्यो, गाउँ बस्ती ढाकेर*
*कालो बादल डुल्न थाल्यो, नीलो आकाश छेकेर*
*उड्दै छन् दिशाहीन भई रङ्गीचङ्गी प्वाँखहरू*
*सिर्जनाका आशाभित्र भई रङ्गीचङ्गी प्वाँखहरू*
*सिर्जनाका आशाभित्र तुवाँलोका छापहरू*
*भुइँकुहिरो उड्न थाल्यो है... ।*

*कार्यक्रम सकिएपछि हामी दुईतीन जना मिलेर दिदीलाई बोकेर होटलको उहाँको कोठामा पुऱ्यायौं । नशाभित्र हुनुहुन्थ्यो दिदी । मैले माया र आदरले नपिउन अनुरोध गरें । "नभन रामेश, म अति व्यस्त छु । जनआन्दोलनको बेलादेखि त झन् बढी बिहानदेखि भेट्ने मान्छेहरूको ओइरो । कुरा गर्नु, अन्तर्वार्ता दिनु । सभासमारोहमा जानु, बोल्न-पढ्नका लागि सामग्री तयार पार्नु । थुप्रै सङ्घसंस्थासँग सम्बन्धित हुनु र हरेक ठाउँमा आफ्नो अभिभारा पूरा गर्नु । रामेश म थाक्छु, अति नै थाक्छु । यो मेरो सानो रिल्याक्स । थकाइ र पीडा बिर्सने बहाना । अलिकति मनोरञ्जन । मलाई क्यै नभन... । ('पारिजात दिदीसँगका ती दिनहरू', रामेश पारिजात स्मृतिग्रन्थ, पृष्ठ ५०)*

यसरी पारिजात जीवनको पछिल्लो कालखण्डमा गैरसाहित्यिक गतिविधिमा औधी व्यस्त भइन् । त्यसैमा रमाउन थालिन् । साहित्य लेख्नको ऊर्जा गैरसाहित्यिक क्रियाकलापमा ज्यादा उपयोग पनि भयो ।

...

# प्रकाशकहरू

पारिजातका पुस्तक प्रकाशकहरूले खोजीखोजी प्रकाशन गर्न धाउँथे जस्ता मिथक उनको देहान्तपछि सिर्जना गरिए पनि उनले धेरैजसो पुस्तक छपाउन समस्या झेल्नु नै परेको थियो । हो, उनलाई स्नेह गर्नेहरूले स्नेहवश पुस्तक प्रकाशन गरिदिएका थिए । संस्थागत स्नेहले पनि पुस्तक छापिएका थिए । तर व्यावसायिक हिसाबले *शिरीषको फूलले* मात्र बजार पायो । त्यो उपन्यासमा शङ्कर लामिछानेले अतिरञ्जित भूमिका लेखिदिएका थिए । पुस्तकले मदन पुरस्कार प्राप्त गऱ्यो । यसलाई त्रिभुवन विश्वविद्यालयको पाठ्यक्रममा पनि राखियो । नत्र भने उनले जीवनकालमा प्रत्येकजसो पुस्तक प्रकाशनका लागि कसरत गर्नुपरेको थियो ।

पहिलो पुस्तक *आकाङ्क्षा*को प्रकाशक नेपाल लोकगीत सङ्ग्रहालय थियो । वास्तवमा यो कुनै प्रकाशन संस्था थिएन । दान खालिङको सौजन्यमा यो छापिएको थियो । *शिरीषको फूल*को पहिलो संस्करणमा प्रकाशकमा पारिजातकै नाम छ । तर उनले त्यो पुस्तक प्रकाशन गरेकी थिइनन् । त्यो प्रकाशनको खर्च शङ्कर लामिछानेले बेहोरिदिएका थिए ।

*महत्ताहीन* उपन्यास र *सडक र प्रतिभा* कथा सङ्ग्रह साझा प्रकाशनबाट छापिएका थिए । यी पुस्तक प्रकाशनमा नियमित प्रक्रिया अवलम्बन गरिएको थियो, जसमा कृष्णचन्द्रसिंह प्रधान र क्षेत्रप्रताप अधिकारीको सद्भावको न्यानोपना पनि मिसिएको थियो ।

*तोरीबारी बाटा र सपनाहरू* तथा *अन्तर्मुखी* उपन्यास तत्कालीन नेपाल राजकीय प्रज्ञा-प्रतिष्ठानको विद्वद्वृत्तिअन्तर्गत पेस भएर प्रज्ञा-प्रतिष्ठानबाट प्रकाशन भएका थिए । *बैंसको मान्छे* उपन्यास *रूपरेखा*ले प्रकाशन गऱ्यो । पछि हिमालोक प्रकाशनका लागि श्याम ब्रदर्स दार्जीलिङबाट छापिएको थियो । यो उपन्यास पनि प्रकाशकको समस्याकै कारण सुरूमा *रूपरेखा*मा छापिएको हो । प्रकाशकहरूप्रति पारिजातको राम्रो दृष्टिकोण रहेन । रोयल्टी नदिएर दुःख दिएको दुखेसो उनी पोखिरहन्थिन्–

*प्रकाशकहरूले गरेको शोषण यो वर्ष डरलाग्दो छ । 'पर्खाल...' मनग्गे छापिएको छ । र रोयल्टी एक हजारको पनि पाइएको छैन । बजारमा फेरि पुस्तक बिक्रीमा*

*छ, सोध्न गयो भने पहिलो संस्करण नै हो भन्छ । अधिराज्यभरि, प्रवासभरि के त्यही एक हजार पुस्तक बेचेको होला त ? यस्ता कुराहरू साथीहरूलाई भन्न पनि मुख लाग्दैन । (पारिजातको पत्र डिआर पोखरेललाई : २०३६, असार २०, 'पारिजातको साहित्यिक मूल्याङ्कन', डिआर पोखरेल, भृकुटी एकेडेमिक्स पब्लिकेसन्स : २०६२, पृष्ठ १४२)*

पुस्तक प्रकाशनको सुरूवातदेखि नै उनी पीडित थिइन् । उनले २०३५ सालमा *पूजा* पत्रिकाका लागि कुमुद देवकोटासँग अन्तर्वार्ता दिँदा पनि यो दुखेसो व्यक्त गरेकी थिइन्–

*प्रकाशकहरूले पुस्तक प्रकाशन गर्छन् । त्यसपछि पाउने पैसा लिन पनि अति गाह्रो छ । प्रकाशन गरेपछि पुस्तक पनि पाउन्न । कता छन्, के छन्, थाहा नै हुँदैन । (पारिजातसँग केही क्षणहरू (अन्तर्वार्ता), कुमुद देवकोटा, 'पूजा' : २०३५, पृष्ठ ५)*

कहिलेकाहीँ प्रकाशक खोज्न चाहेको र कहिलेकाहीं आफैं छाप्न पाए नाफा हुने कुरा पनि गर्थिन् । सुकन्यालाई दिल्लीबाट उनले लेखेकी थिइन्–

*सम्भव हुन्छ भने मेरो संस्मरणको भोल्युम छपाउने प्रकाशक पनि खोज्दै गर्नू है । पैसा मिले त हामीले छापेकामा धेरै नाफा हुन्छ । 'बैंसको मान्छे' जत्रो चार भाग हुन्छ । त्यहाँ कति लाग्छ, त्यो पनि बुझ्नू र यहाँ कति लाग्दो रहेछ, त्यो पनि म बुझ्छु । (अपराजिता, पारिजातका चिठीहरू, 'सङ्कलन', सुकन्या वाइबा : बुकहिल पब्लिकेसन : २०७५, पृष्ठ १२)*

*उसले रोजेको बाटो* उपन्यास *वेदना* पत्रिकामा प्रकाशन भयो । तर यो उपन्यास छुट्टै सग्लो पुस्तकका रूपमा कहिल्यै पाठकसमक्ष आउनै पाएन । पछि सङ्कलित रचनाहरूको ठेलीमा चाहिँ समावेश भयो । तर छुट्टै सग्लो कृतिका रूपमा कहिल्यै आएन ।

*अनिदो पहाडसँगै*को प्रकाशक कमल मौर्यले कृति प्रकाशन गरेपछि आफू लुटिएँ भनेरै पारिजातले वक्तव्य निकालिन् । *पारिजातका कविताहरू* डा. ईश्वर बरालले सङ्कलन र सम्पादन गरे । उनकै पहलमा तत्कालीन नेपाल राजकीय प्रज्ञा-प्रतिष्ठानबाट प्रकाशित भयो ।

*परिभाषित आँखाहरू* खगेन्द्र सङ्ग्रौला र मुरारी अर्यालको प्रकाशन संस्था स्रष्टा प्रकाशनबाट अपमानित ढङ्गले अस्वीकार भएपछि कतैबाट अर्थ जोहो गरेर स्यो मेन्दो प्रकाशनका नाममा छापिएको थियो । स्यो मेन्दोका तर्फबाट आर्थिक भार भने बेहोरिएको थिएन ।

उनको संस्मरण *धुपी, सल्ला र लालीगुराँसको फेदमा* सुरूमा रूपरेखामा प्रकाशित भएर पछि साहित्य सन्ध्याले छापेको थियो । *साल्गीको बलात्कृत आँसु* पनि साहित्य सन्ध्याकै ब्यानरमा छापिएको थियो । खासमा पारिजात २०४४ सालसम्म पनि भन्थिन्–

*एउटा इमानदार प्रकाशक भेटाए केही सुविधा त हुन्थ्यो होला । (साहित्य मानव सभ्यताको सर्वोपरि र गरिमाशाली अभिव्यक्ति हो : पारिजातसँग अन्तर्वार्ता : प्रस्तुति, राजेन्द्र अधिकारी, 'वेदना' : २०४४, कात्तिक-चैत)*

पारिजातलाई प्रकाशकप्रतिको गुनासो साझा प्रकाशनसँग पनि रह्यो । *महत्ताहीन* प्रकाशनका बेला क्षेत्रप्रताप अधिकारीले अग्रिम भुक्तानी दिएर आर्थिक सङ्कट टार्न सहयोग पुगेको, *सडक र प्रतिभा*को लेखकस्वमा पनि झन्झट नभएको तर पछि झन्झट भएको, आफ्नो जानकारीबेगर नयाँ संस्करण छापेको तथा मन्जुरीनामा पठाउँदा पनि सहजसँग लेखकस्व नपाएको बताएकी थिइन् । यही झोकमा उनले अब त्यो अन्तिम मन्जुरीनामा हुने भनेर कड्किँदै आफ्नो साप्ताहिक स्तम्भमा असन्तुष्टि र रोष प्रकट गरेकी थिइन्–

*...साझा प्रकाशनका सङ्ग्रहहरूमा कहिलेकाहीँ कथा, कविता छापिन्छन् । कहिले उपन्यासकै दोस्रो संस्करण निस्कन्छ । कहिले सेयरको पैसा आउने हुन्छ । तर लेखकहरूलाई साझा प्रकाशनले कुनै सूचना दिँदैन । ... मेरो 'महत्ताहीन' उपन्यास छापिँदा म आज जस्तै आर्थिक रूपले सङ्कटग्रस्त नै थिएँ । क्षेत्रप्रताप अधिकारीज्यूको अघि मैले आफ्नो परिस्थिति देखाएर रोयल्टीको आधा रकम अग्रिम मागेँ र पाइयो पनि । त्यसपछि बाँकी आधा लिनलाई सबै पुस्तक बिक्री भइसक्ने स्थिति पर्खन परेन । मलाई आवश्यक परेका बेला उहाँले त्यो पनि एकमुष्ट पठाइदिनुभयो । उहाँको यो नीतिप्रति म कृतज्ञ छु । त्यतिखेर नियम केकस्तो थियो कुन्नि, मलाई थाहा छैन । त्यो नियम मेरो स्थितिप्रतिको समझदारी थियो । कथा सङ्ग्रह 'सडक र प्रतिभा' छापिँदा पनि रोयल्टी टुक्रे हिसाबले पाइएको थिएन । केही वर्षयता भने साझाको नियमले पिरल्नु पिरोलिसक्यो । ... महाप्रबन्धक र लेखापालका टिप्पणीहरू साथ मन्जुरीनामा फर्केर आयो ।... गत साता फर्केको मन्जुरीनामा साझा प्रकाशनलाई मेरो अन्तिम मन्जुरीनामा हुनेछ । (प्रश्न साझा प्रकाशनलाई, पारिजात : २०४२, असोज ७)*

प्रकाशनको समस्याबारे उनले बेलाबखत आफ्नो अखबारी स्तम्भलेखनमा पनि चर्चा गरिरहन्थिन्–

*यति लामो आफ्नो लेखनयात्रामा मैले आजसम्म आफ्नो पुस्तक आफैँ छापेको छैन । त्यति पैसा मसँग कहिल्यै भएन । मेरा धेरैजसो पुस्तकहरू व्यावसायिक प्रकाशकहरूको हात परेका छन् । उनीहरू न्यूनतम रकम दिन्छन्, कोहीकोही भागेर पनि हिँड्छन् । म जस्तो लेखकलाई प्रकाशनको यो समस्या भई नै रहन्छ । (प्रतिगामी विचार : पारिजात, 'साप्ताहिक चर्चा', २०४१, मङ्सिर ११, 'पारिजात सङ्कलित रचनाहरू' ६, पृष्ठ १४०)*

२०४५ सालमा प्रतिभा प्रकाशनबाट उनको एउटा *चित्रमय सुरूवात*को प्रकाशन भयो । यो आत्मसंस्मरणका रूपमा प्रकाशन भए पनि आत्मपरक फुटकर निबन्धहरूको सङ्कलन थियो । यसलाई पारिजातको आर्थिक समस्या हल गर्न प्रतिभा प्रकाशनका नाममा स्नेह सायमीले छापिदिएका थिए । यसलाई पारिजातले यसरी सम्झिन्–

*पाठकहरूको आग्रहअनुसार 'जनमत पाक्षिक'बाट फुटकर संस्मरण लेख्न थालेकी थिएँ । त्यो सिलसिला पछि 'मूल्याङ्कन साप्ताहिक'मा गयो । साथै एकदुई ओटा अरू पत्रिकामा पनि केही संस्मरण लेखिए । जसको सङ्कलन हो यो 'एउटा*

*चित्रमय सुरूवात' । यो संस्मरण सङ्ग्रहले मलाई आफ्नो जीवन कथा लेखनमा ठूलो सघाउ पुऱ्याएको छ । नत्र भने सम्पूर्ण जीवनकथा (अटोबायोग्राफी) म लेख्न सक्ने नै थिइनँ । मेरो भोगाइ नै त्यस्तै छ । मलाई विश्वास छ, पाठकहरूले यस सङ्ग्रहलाई मेरो आत्मसंस्मरणको पूरक सम्झेर हृदयङ्गम गरिदिनेछन् । (मेरो कुरा : पारिजात, 'एउटा चित्रमय सुरूवातको भूमिका', पारिजात सङ्कलित रचनाहरू, ग्रन्थ ४)*

प्रतिभा प्रकाशन खासमा कुनै पुस्तक प्रकाशन गर्ने संस्था थिएन । स्नेह सायमीको सम्पादन-प्रकाशनमा हरिगोविन्द लुइँटेलका साथ र सहयोगमा प्रकाशन हुने गोजिका पत्रिका थियो । त्यो पत्रिकाको नाम प्रतिभाबाटै स्नेह सायमीले व्यक्तिगत लगानी गरेर प्रकाशन गरेका थिए ।

मूल कुरोको चुरो के थियो भने, पारिजातलाई केही रकमको आवश्यकता थियो । त्यो गर्जो टार्न यो पुस्तक प्रकाशनको बहाना बनाइएको थियो । स्नेह सायमीको कथन यस्तो थियो–

*उहाँको 'एउटा चित्रमय सुरूवात' मैले नै छापेको थिएँ । यसको कथा रोचक छ । एक दिन दिदीले भन्नुभयो– "मलाई पारिवारिक कामका लागि १२ सय रूपियाँको आवश्यकता पऱ्यो ।" मलाई पनि त्यो रकम सानो त थिएन । र पनि त्यति रकम जुटाउन म तयार भएँ । उहाँलाई सहयोग गर्न पाउनु सौभाग्यको कुरा नै थियो । तर उहाँले पनि मसँग त्यो रकम लिन तयार हुनुभएन । भन्नुभयो– "ऋणस्वरूप लिएँ भने फिर्ता गर्न सक्षम छुइनँ, सित्तै त लिनै चाहन्नँ ।"*

*"दिदीभाइको नातामा केको ऋण नि ?" मैले भनें । तैपनि लिन नमानेपछि एउटा उपाय निकालें । उहाँको एउटा पुस्तक प्रकाशन गर्ने र त्यसको रोयल्टीस्वरूप सो रकम दिने । त्यसै योजनास्वरूप किताब छापियो । २०३८ सालदेखि नै हामीले एउटा गोजिका पत्रिका निकाल्थ्यौं 'प्रतिभा' नामक । त्यसैले त्यो पुस्तक प्रकाशकको नाम जुरायौं– प्रतिभा प्रकाशन । एक हजार प्रति पुस्तक छापियो । र दिदीलाई १५ प्रतिशतका दरले अग्रिम रोयल्टी पनि दियौं । (स्नेह सायमी : 'पारिजात, पानी र मोटरसाइकल', 'कान्तिपुर' : २०७१, वैशाख ३०)*

# दृश्य-अदृश्य सहयोगीहरू

पारिजातको जीवनमा स्वाभिमान कहिले ज्वार बनेर उर्लियो, कहिले भाटा बनेर पिँधमा पुग्यो । यो उनको रोजाइ थिएन, बाध्यता थियो । रोजेर कसले दुःख पाउँछ ? रोजेर को अपमानित हुन चाहन्छ ? रोजेर आशामुखी हुन को चाहन्छ ? तर परिस्थिति, वातावरण, बाध्यता, विवशता यी यस्ता चिज हुन्, जसले मान्छेलाई घाँटीमा अँठ्याइदिन्छ र आफूले सोचे र रोजेको भन्दा पृथक् अनि विपरीत काम गरिदिन्छ । पारिजातले श्रद्धापूर्वक झापामा सम्पन्न साहित्य सम्मेलनले पारित गरेर दिएको पाँच सय आर्थिक सहायतालाई दुत्कारेर अस्वीकार गरिदिएकी थिइन् । तर पछि नेपाल राजकीय प्रज्ञा-प्रतिष्ठानबाट आर्थिक सहयोग लिइन् । शिक्षा मन्त्रालयबाट आर्थिक सहयोग लिइन् । त्यो पनि एक पटक होइन, पटकपटक ।

उनलाई लगाउने लुगा कान्ता ढकालले सिलाइदिन्थिन् । हरेक जाडोमा हरियो रङको ऊनी मोजा पुऱ्याउँथिन् । *अस्मिता*की सम्पादक तथा गायिका सुसन मास्केले नियमित त्यो जुटाइदिन्थिन् । पारिजातको घरमा जाने जोकोहीलाई पनि कम्तीमा एक कप चिया जुर्थ्यो । तर कुनै जागिर, व्यवसाय नभएकी पारिजातले त्यो कसरी पुऱ्याउनु ? मोहन दुवाललगायतका शुभचिन्तकले यसो चियाको पुरिया र चिनीका पोका कोसेली लगिदिन्थे ।

कहिलेकाहीँ आफ्नो आर्थिक अड्कोपड्को टार्न कलमको सहारा लिनु सामान्य कुरा हुन्थ्यो । एकपल्ट सुकन्या बिरामी हुँदा एउटा कथा लेखेर त्यसको पारिश्रमिकले उपचार गरेको सुकन्या कहिल्यै भुल्दिनन्–

*एक पटक म प्यारा-टाइफाइडले ढलें । दिदी हिँडडुल गर्न सक्ने अवस्थामा थिइन् । औषधि किन्ने पैसाको अभाव थियो । कलेज अफ एजुकेसनको प्रौढशिक्षा रेडियो कार्यक्रमका लागि 'सपुत' नामक कथा लेखेर प्राप्त पारिश्रमिक १२ रूपियाँ ५० पैसाले मलाई क्लोरोमासिटिन नामक औषधि ल्याइदिएकी थिइन् । (कहिल्यै हिम्मत नहार्नू भन्थिन् दिदी : सुकन्या वाइबासँग दीपक सापकोटाको कुराकानी, 'पाण्डुलिपि' : २०७१, कात्तिक-मङ्सिर, वर्ष १, अङ्क ७, पृष्ठ १२)*

पारिजातलाई औषधोपचार वा अन्य कुनै जरूरी सङ्कट टार्नुपर्ने अवस्थामा एक फोनका भरमा गुप्त रूपले नाम सार्वजनिक नगर्ने सर्तमा सहयोग गर्नेहरू पनि थिए ।

पारिजात आफैंले त्यस्ता सहयोगीका विषयमा नाम उल्लेख नगरीकन जानकारी दिएकी थिइन्–

*म एक रात १० बजे एक जनाको नम्बर डायल गर्छु, संवाद असाध्य छोटो छ– "केही पैसाको जोहो हुन सक्छ ?"*

*"किन के भयो ?"*

*"मलाई पैसा क्यान्सर लाग्यो ।"*

*"त्यसको मतलब अर्को रोग थपियो ?"*

*"ग्यास्ट्रिक, अल्सर कुनै डरलाग्दो रोग होइन । तर यो साइड इफेक्ट । पेन किलर त खानै नहुने भो । फेरि नखाए पनि उठ्नै नसक्ने भो... गाह्रो छ ।"*

*यहाँ उनको नाम लिनै हुन्न, उनी मज्जासँग रिसाउँछन् । हामी दुईको बीचमा धन्यवाद शब्दको कुनै अर्थ छैन । अर्का पनि छन्, मैले थाहा नपाएको । तर मैले निरन्तर भोगिरहेको दुःख उनले पहिले थाहा पाउँछन् र भन्छन्– "तपाईंले लगाइराख्नुभएको चप्पल सजिलो छैन कि क्या हो, तपाईंको हिँडाइ अप्ठ्यारो छ ।"*

*हुन सक्छ मैले थाहा गरेको छैन ।*

*उनी खुट्टाको साइज नाप्न अघि सर्छन् ।*

*मैले उनलाई भन्नै हुन्न, उनको फुलिएको अनुहार हेर्न मलाई गाह्रो पर्छ । यहीँ नाउँ लेखूँ, उनी रिसाइहाल्छन् । उनीहरू मेरो विषयमा केही पनि त लेख्दैनन् । यो पनि एउटा अनुबन्ध हो नत्र मेरा घरकालाई थाहा नभएर कसरी उनलाई थाहा हुन्छ मेरो चप्पल असजिलो भएको कुरा । (मेरो रोग एउटा दन्त्यकथा, पारिजात, 'ज्ञानगुनका कुरा', भाग २२, पारिजात स्मृति अङ्क, ज्ञानगुन प्रकाशन, काठमाडौं : २०५०, जेठ, पृष्ठ ५२-५३)*

यस्ता स्नेहालु हातहरू थिए, मनहरू थिए पारिजातलाई परेका वेला सहयोग गर्ने ।

# कसरी अपराजिता ?

पारिजातलाई सुकन्याले अपराजिता भनेर सम्बोधन गर्न थालेकी थिइन्, उनको जीवनकालमै । तर केही साहित्यकारले उनले जीवनको अन्तिम बेला वीर अस्पतालमा म अपराजिता हुँ भनिन् भनेर अप्रमाणित मिथक पनि बनाएका छन् । पारिजातले आफ्नो नाउँ विष्णुकुमारी वाइबाबाट पारिजात आफैंले परिवर्तन गरेकी हुन् । आफ्नो दोस्रो न्वारान आफैंले गरेकी हुन् । तर अपराजिता नामकरण गर्ने, न्वारान गर्ने उनकै सहोदर बहिनी सुकन्या हुन् । उनले कसरी उनको नाम अपराजिता रहन गयो, त्यसको बेलिविस्तार नै लगाएकी छन्–

*जीवन यात्राले आज उडन्ता-फिरन्ता मलाई जुनसुकै मोडमा ल्याइपुऱ्याए पनि भौतिक र मानसिक यातनासँग जुधेर काम गर्ने प्रयासरत मान्छे बन्न सकेकी छु । चाहे मभित्रको त्यो मेरो प्रतिमूर्ति स्वास्नीमान्छे जतिसुकै एकलास र असन्तुष्ट किन नहोस्, बाहिरको म विभाजित स्वास्नीमान्छेले पराजित गरेकै छ जस्तो लाग्छ । प्रसङ्गवश मलाई यहाँ अर्को कुराको सम्झना आयो । कुनै समय मानसिक र शारीरिक यातना खप्न नसकेर एक दिन मैले सुकन्यालाई भनेकी थिएँ– "सुकन्या, म पराजित जन्मेकी रहिछु ।" त्यसै दिन उसले भनेकी थिई– "तिमी पराजित हुनै सक्दिनौ, तिमी अपराजिता हौ ।" सायद यो एउटा कसैले थाहा नपाएको कुरा हो । त्यस समयदेखि सुकन्या मलाई यही अपराजिता नाउँले सम्बोधन गर्ने गर्छे । र म प्रवास छँदा उसको खामभित्रको पत्र यही नाउँ 'अपराजिता'बाट सुरू भएको हुन्छ । (बदनाम इच्छुमतीमा एक दिन : पारिजात, 'एउटा चित्रमय सुरूवात', पारिजात सङ्कलित रचनाहरू, पृष्ठ १००)*

पारिजातको देहान्तपछि सुकन्याको एउटा पुस्तक प्रकाशन भयो– *अनुभव पारिजातको, कलम सुकन्याको* । पुस्तकमा पारिजातसम्बन्धी १३ संस्मरण छन्, ती सबै अपराजितालाई सम्बोधन गरेर पत्रशैलीमा लेखिएका छन् । पछि अर्को पुस्तक पनि प्रकाशन भयो । पारिजातले विशेष गरी दिल्लीमा उपचारका सिलसिलामा लेखेका चिठीहरूको सङ्कलन यसमा छ । यसको नाम नै सुकन्याले *अपराजिता : पारिजातका चिठीहरू* राखिन् । यो उनकै सङ्कलन तथा सम्पादनमा प्रकाशन भयो । उनी अझै पनि पारिजातका विषयमा केही लेख्नुपर्दा अपराजिता सम्बोधन गर्दै लेख्छिन् । उनले यसलाई एक प्रकारको ब्रान्ड नै बनाएकी छन् । पारिजातको अर्को नाम, अपराजिताका रूपमा ।

...

# पारिजात, सुकन्या र चूडामणि

पारिजात आफैंले आफू पारिजातका रूपमा अस्तित्वमा रहन सुकन्याले खेलेको भूमिका, योगदान र बलिदानको सधैं सम्झना गर्थिन् । खासमा दार्जीलिङबाट नेपाल आउँदा पनि क्रमशः पारिजातका पिता, पारिजात र सुकन्या आए । लामो समय बाबु र दिदीबाट चूडा टाढा रहिन् भने पारिजात र सुकन्या भने अविभाज्य भएर साथै रहे । सुकन्याको बिहे भए पनि निर्मल लामा जेलमा छँदा सबै एकै घरमा बस्थे । पुतलीसडकबाट भाजङ्गल सर्दा पनि सँगै नै थिए । तर भाजङ्गलबाट भने निर्मल लामा र सुकन्या बालाजु सरे ।

पारिजात र बाबु पुकुसी सरेका थिए । तर बाबुको निधनपछि भने एक्लै छाड्न नमानेर निर्मल लामा र सुकन्याले जोड गरेर पारिजातलाई बालाजु लगेका थिए । त्यो अवधि र उपचारका लागि दिल्ली बस्दाबाहेक सुकन्या र पारिजात सधैं सँगै भए । चूडा भने वैवाहिक जीवनमा गएपछि पारिजात र सुकन्याको संसर्गबाट टाढा नभए पनि साहित्यिक जगत्बाट दूर थिइन् । त्यसैले साहित्यिक जगत्ले नचिन्नु स्वाभाविक पनि थियो । पारिजातको यावत् सेवा गर्ने सुकन्या चाहिँ जीवनपर्यन्त उनको मेरूदण्ड नै भइरहिन् । पारिजातको अवशानपछि पनि पारिजातलाई उनले बोकेकै छिन् ।

सुकन्याले अध्यापन पेसामा आफूलाई सुयोग्य बनाएकी थिइन् । यो नै उनको खुबी थियो । २०३८ सालमा जागिर छुटेपछि उनले पारिजातसँग सोधिन्– "अब मैले के गर्नु ?"

पारिजातले घुमाउरो पाराले एउटा कथा सुनाउँदै निचोडमा भनेकी थिइन्– "तिमीसँग जे छ, त्यो प्रस्तुत गर ।" त्यो थियो शिक्षण । अनि दिदीकै प्रेरणाले उनले स्कुल खोलिन् र त्यस स्कुलको नामकरण पारिजातले नै गरिन्– अमृत । यो पनि एउटा अनौठो संयोग मान्नुपर्छ, महिलाप्रधान पत्रिकाको नाम पनि सुसन मास्के र अन्जु क्षत्रीका लागि उनैले जुराइदिएकी थिइन्– अस्मिता । सुकन्यालाई पनि स्कुलको नाम उनैले जुराइन् । दुवै नाम तीन अक्षरका र दुवैको पहिलो अक्षर– 'अ' रह्यो ।

पारिजातले भावुक भएर सुकन्यालाई 'दुनियाँमा जहाँ पुगे पनि तिम्रै आँगनमा मर्न पाऊँ' भनेर चिठी लेख्थिन् ।

चूडा सानैदेखि मावलीमा बसेकी थिइन् । बिहेपछि भने पतिको घर बस्न थालिन् । त्यसैले साहित्यिक जगत्मा उनको नाम उति आएन । तर उनको नाम चर्चामा नआए पनि चूडाप्रति सबैको पारिवारिक स्नेह थियो । दार्जीलिङमा छँदा चूडा बाबु र दिदीहरूको नियास्रो लागेको व्यहोराका चिठी पठाउँथिन् । एक मात्र छोराको मृत्युपछि बाबु केएस वाइबा, पारिजात र सुकन्या पालैपालो नेपाल आउँदा चूडा सानिमाकहाँ दार्जीलिङमै छुटेकी थिइन् । तर उनलाई पनि काठमाडौं आउन मन लाग्यो । उनी यही व्यहोराको चिठी लेख्थिन् । पारिजातको कलमले उक्त व्यहोरा प्रस्ट्याएको थियो–

*स्कुलमा बेतलबी बिदा लिएर बसेकी छु– वर्तमान, भविष्य केही नसोचेर निर्लिप्त जस्ती । यस्तै बेला दार्जीलिङबाट कान्छी बहिनी चूडामणिको लगातार चिठी आइरहन्छ– "दिदी मलाई लिन आऊ, म यहाँ बस्न चाहन्नँ, म नेपाल आउँछु ।" उसलाई पनि लिन आउँदै छु भनी आश्वासन दिएर चिठी लेख्छु । कान्छी छोरीको छटपटीदेखि बाबुको मन त्यसैत्यसै पग्लन्छ र एक दिन भन्छन्– "तैँले आफ्नो स्वास्थ्यका निम्ति हावापानी फेरिरहनु आवश्यक छ, फेरि एकपल्ट दार्जीलिङ जा, तँलाई फाइदा हुन्छ, आउँदा चूडालाई लिएर आउनू ।" (आत्मसंस्मरण : पारिजात, 'तन्नेरी' : २०५०-५१, पृष्ठ १९-२०)*

काठमाडौं आएपछि चूडाको आफ्नो अलग्गै वैवाहिक पारिवारिक संसार भए पनि बेलाबेलामा तीन दिदीबहिनीको भेटघाट र खानपान चल्थ्यो । सुकन्या सदा पारिजातको साथ भए पनि चूडा पनि भौतिक रूपले टाढा थिइनन् । उनको घर नजिकै थियो । भावनात्मक रूपमा त टाढा हुने कुरै थिएन ।

...

# चिरनिद्रामा

# ती अन्तिम दिन

२०४६ सालको जनआन्दोलनमा पारिजातको सक्रियता निकै थियो। उनले लगभग साहित्यिक क्रियाकलापलाई थाती राखेर राजनीतिक गतिविधि र आन्दोलनमा आफूलाई होमेकी थिइन् । उनको शरीर गल्दै गएको थियो, रोगले पनि दुःख दिँदै थियो । तथापि उनले आफ्ना गतिविधिहरूलाई निरन्तरता दिइन् । तर जनआन्दोलनको समाप्तिपछि एकेडेमीको पुनर्गठन र त्यसमा भएका विमतिले गरिएको प्राज्ञिक आन्दोलनलगायत विविध आन्दोलन र गतिविधिले उनलाई गाल्दै लगेको थियो । उनी पार्टीगत राजनीतिबाट पनि वाक्कदिक्क भइसकेकी थिइन् । उनी आफ्ना नजिकका साथीसँगाती र सम्पर्कका मानिसहरूलाई बेलाबेलामा आफ्ना असन्तोष व्यक्त गर्न थालेकी थिइन् ।

आफूले चाहेका ठाउँमा चाहेका बेला जान पारिजातलाई उनको शरीरले नदिने भएकाले टेलिफोन नै उनको सहारा थियो । साथी थियो । नेपाल दूरसञ्चारले 'जति लामो समय कुरा गरे पनि एक कलको मात्र हिसाब गर्ने' बेलामा पारिजात कैयौं साथीभाइसँग घण्टौं बात मार्थिन् । तर उनको यो बानी पछिसम्म रह्यो । छलफल, वादविवाद, खोजखबर, निम्तो र विविध कुरा टेलिफोनबाटै हुन्थ्यो । तर २०४७/४८ पछि भने उनको फोन असन्तुष्टि व्यक्त गर्नका लागि हुन्थ्यो । गुनासाका पोका खोल्न हुन्थ्यो । अरूणा उप्रेती यसरी सम्झिन्छिन्–

*बिरामी हुनुभन्दा अघि कहिलेकाहीँ रक्सी खाएर राति १० बजेपछि पारिजातको फोन आउँथ्यो र निकै लामो गफ हुन्थ्यो । "अरूणा, म तपाईंलाई थुप्रै कुरा भन्न चाहन्छु । मेरा मनका थुप्रै कुरा गर्न चाहन्छु । अलि लामो समय लिएर आउनोस् अनि भनौंला । त्यस्तो थुप्रै चोटि भयो । जब उहाँको पेटमा घाउ भयो भनेर औषधि सुरू गरियो, उहाँले रक्सी खान छोड्नुभयो र त्यसरी कुरा पनि गर्नुभएन । (पारिजात केही संस्मरण, डा. अरूणा उप्रेती, 'ज्ञानगुनका कुरा', भाग २२, पारिजात स्मृति अङ्क, ज्ञानगुन प्रकाशन, काठमाडौं : २०५०, जेठ, पृष्ठ ३१)*

जीवनको उत्तरार्द्धको आफ्नो अस्वस्थताबारे पारिजात आफैंले लेखेरै खुलस्त गरेकी थिइन्–

*फागुन २१, २०४८ को मेरो अस्वस्थताको समाचारले पहिलेदेखि नै केही भ्रमहरूमा जेलिएको मेरो जीवनगाथालाई अझ बढी भ्रममा जेलिदिएको छ । त्यसो त २०४६ देखि २०४८ भित्रको अवधिमा इमर्जेन्सीमा पुग्नु यो मेरो चौथो पटक हो । यसैपालि भने स्थिति चिन्ताजनक थियो । म ग्यास्ट्रिक, अल्सरको थप रोग लिएर फर्कें, धेरै महँगा औषधिहरूका पुर्जी, पथ परहेजको तालिका आदि । साथमा केही आत्मीयजन थिए, केही सहृदयी डाक्टरहरूको सहयोग थियो, जसरी सधैं हुने गर्छ । स्नेही पाठक तथा शुभाकाङ्क्षी प्रियजनहरू आज यी अक्षरहरू लेखिरहँदा भदौ २१ गते रातको ८.२० भएको छ, आजै घडी, पला र दिन सबैले ठीक आधा वर्ष पनि भयो, म उपचारार्थ घर बसेकी । खुसी लाग्छ यसो भन्दा– कि म स्वस्थ भइसकेकी छु । यो खुसी धेरै झिनो छ । यसलाई अनुभूत गर्ने फुर्सद हुँदैन मलाई । (मेरो रोग एउटा दन्त्यकथा : पारिजात, 'ज्ञानगुनका कुरा', भाग २२, पारिजात स्मृति अङ्क, ज्ञानगुन प्रकाशन, काठमाडौं : २०५०, जेठ, पृष्ठ ५१)*

अस्वस्थताले किचेको, थिचेको बेला पारिजातले आफ्नो जीवनलाई पुनरावलोकन पनि गर्न थालेकी थिइन् । खासमा २०४६ सालको आन्दोलनका क्रियाकलापले उनलाई नराम्रोसँग थल्याएको थियो । तर उनी त्यसलाई आफ्नो उँचो मनोबलले जितेर आफ्नो नियमिततामा संलग्न हुँदै आएकी थिइन्–

*२०४८ फागुन २७ गते अस्पतालबाट घर आइसकेपछि मैले आफ्नो वर्तमानलाई चिरफार गरेर हेरें, मनोदशालाई धेरैपल्ट जोख्दै राखें । सबैभन्दा महँगो चाहिँ औषधि ३५ दिनका निम्ति डाक्टरहरूको सौजन्यबाट मलाई प्राप्त भएको थियो र अरू पनि पाउने आश्वासन । तर परिस्थिति मेरो अनुकूल जस्तो मलाई पटक्कै लागेन । म आफ्नो जतातती मान्छे, मान्छे मात्र देख्छु, आँखैआँखा मात्र देख्छु । अहँ कतै भाग्ने ठाउँ नै छैन– मलाई अरूको पनि माया लाग्छ, आफ्नै पनि माया लाग्छ । परिस्थितिको खोलोमा दुवाली फर्काउन थाल्छु, जीवनको निकै लामो अस्तव्यस्ततापछि । (मेरो रोग एउटा दन्त्यकथा : पारिजात, 'ज्ञानगुनका कुरा' : २०५०, पृष्ठ ५२)*

जीवनका अन्तिम वर्षतिर पारिजात आफ्ना असन्तुष्टिहरूलाई व्यक्त गर्न रातिराति विभिन्न व्यक्तिहरूलाई फोन गर्थिन् । उनको गुनासो राजनीतिसँग हुन्थ्यो । त्यसरी फोन पाउनेहरूमा खगेन्द्र सङ्ग्रौला पनि एक थिए । उनीप्रति *परिभाषित आँखाहरू* प्रकाशनका लागि अस्वीकृत गरेको तुष थियो । खगेन्द्र लेख्छन्–

*उनले उपन्यासकै कुरा उठाएर भनिन्– "रचनामा कृत्रिम ढङ्गले क्रान्ति थोपर्न खोज्नेहरूले मेरो उपन्यासमा उपस्थित सहजशीलताको महत्ता बुझिदिएनन् । उपन्यासको अवमूल्यन गरियो र मेरा पाठकहरूमाझ भ्रम फिँजाइयो । गम्भीर कलाकृतिमा जीवनका विविध आयाम हुन्छन्, विविध पक्षहरू हुन्छन् । कृतिको मूल्याङ्कन गर्दा कृतिमा चित्रित सहायक पक्षहरूलाई उपेक्षा गरिदिनुहुँदैन ।" (आफ्नै आँखाको लयमा : खगेन्द्र सङ्ग्रौला : सम्झनामा पारिजात दिदी, फाइनप्रिन्ट आइएनसी, प्रथम संस्करण : २०६८, वैशाख, पृष्ठ १३१)*

*आफू सम्बद्ध रहेको पार्टीप्रतिको र आफैंप्रतिको असन्तुष्टि, त्यस असन्तुष्टिबाट उत्पन्न पीडा, त्यस पीडाबाट उत्पन्न भएको मानसिक खिचातानी– यी सबै कुराको एकमुष्ट नतिजास्वरूप दिदीको पिउने क्रम बढ्यो । कहिलेकाहीँ पिएपछि तरङ्गी मुद्रामा उनी मलाई फोन गर्थिन् । फोनमा लर्बरिएको स्वरमा ताल-सुर नमिलेका कुराको लस्कर लाग्थ्यो । यो क्रम बढ्दै जाँदा मलाई झिँझ्याट लाग्न थाल्यो । एक रात सिलसिलाविहीन संवाद टुङ्गिने छाँट नदेखेपछि मैले झर्किंदै भनें– "दिदी, पुग्यो । म बिहान फोन गरूँला ।" (आफ्नै आँखाको लयमा : खगेन्द्र सङ्ग्रौला, 'सम्झनामा पारिजात दिदी', फाइनप्रिन्ट आइएनसी, प्रथम संस्करण : २०६८, वैशाख, पृष्ठ १३३)*

उनीकहाँ पत्रकार-लेखकहरू अन्तर्वार्ता लिन गइरहन्थे । प्रायः सबैलाई उनी आफ्ना विचार खुलस्त रूपमा व्यक्त गरेर उनीहरूका प्रश्नको उत्तर दिने गर्थिन् । यो बेग्लै कुरा हो, *गरिमा*का लागि अशेष मल्लले अन्तर्वार्ता लिन खोज्दा भने उनले इन्कार गरेकी थिइन् । २०४९ चैत २१ मा पारिजातसँग अन्तर्वार्ता लिन ज्ञानेन्द्र विवश म्हैपीस्थित पारिजातनिवास पुगेका थिए । त्यो बेला पारिजात निकै गलिसकेकी थिइन् । आफ्नो जीवनबाट कताकता हरेस खान थालिसकेकी थिइन् । "कस्तो छ दिदी ?" भनी सोध्दा पारिजातले अनुहार बिगार्दै भनेकी थिइन्–

*ठीकै छ... बेठिक कसरी ? यी यिनै औषधिको भरमा छु भाइ... । जीवनको के भर ?...*

पारिजातको साहित्ययात्राबारे ज्ञानेन्द्र विवशले जान्न खोज्दा उनले भनेकी थिइन्–

*मेरो साहित्यबारे बुझ्न आउँछु भन्ने सायद तपाईं नै होला... । भैगो अहिले लेख्ने काम नगर्नुस् । किनभने म जस्ती कमजोर, सामान्य व्यक्तिलाई लिएर चाहिनेभन्दा बढी लेखिसकेको छ । ...त्यसमा पनि म आफ्नो प्रशंसा उति मन पराउन्नँ । त्यसैले मेरो मृत्यु नहुन्ज्याल धैर्य गर्नुस्, बरू मरिसकेपछि लेख्नुस्, श्रद्धाका, घृणाका कुराहरू । (पारिजात : 'शब्द श्रद्धाञ्जलि', आकाश : २०५०, वैशाख-असार, पृष्ठ २४)*

यसलाई एउटा विडम्बना नै मान्नुपर्छ, पारिजातले ज्ञानेन्द्र विवशसँग यसो भनेको दुई सातापछि नै उनको देहावसान भयो । र यी कुरा पनि पारिजातको देहावसानपछि मात्रै प्रकाशित भए ।

# पासपोर्टमा हस्ताक्षर होइन ल्याप्चे

नेपालबाट रोजगारी र मजदुरीका लागि दार्जीलिङ पुगेका धनमान लामाकी नातिनी विष्णुकुमारी वाइबा जन्मसिद्ध भारतीय नागरिकका रूपमा जन्मिएकी हुन् । नेपाल आएर यतै बस्न र साहित्य लेखन थालेपछि आफैंले साहित्यिक न्वारान गरेर पारिजात बनेकी हुन् । तर वैधानिक रूपमा उनी नेपाली नागरिक थिइनन् । उनीसँग नेपाली नागरिकता थिएन । नेपालबाट विविध कारणले अन्य मुलुक गएका नेपालीहरूका सन्तान-दरसन्तानले नेपाल फर्किएर आएपछि नेपाली नागरिकता लिने चलन नौलो होइन । तिनका आफन्त नेपालमै हुने भएकाले त्यसो भएको हो । तर पारिजातले चाहँदा पनि उनले नेपाली नागरिकता पाउन सकिनन् ।

पञ्चायतका बेला सरकारी कर्मचारी अर्थात् कम्तीमा शाखा अधिकृतले नागरिकताका लागि सिफारिस गर्नुपर्ने र पुलिस रिपोर्ट पनि राम्रो हुनुपर्ने प्रावधान थियो । त्यसैले पारिजातले प्रयास गर्दा पनि नेपाली नागरिकता पाउन सकिनन् । साहित्यको प्रगतिशील खेमामा हुनु, चौथो महाधिवेशन समूहको कम्युनिस्ट पार्टीको सदस्य हुनु, बहिनीज्वाइँ निर्मल लामा बारम्बार भूमिगत बस्नुपर्ने अवस्थामा पारिजातले नेपाली नागरिकताका लागि सरकारी अधिकृतको सिफारिस पाउनु सहज थिएन । सरकारी कर्मचारी आफ्नो जागिरलाई धरापमा पार्न चाहँदैनथे ।

पारिजातको भनाइ यस्तो थियो–

*पच्चीस लाख शोषित जाति तामाङ भिन्न भएकाले नेपालीपनका निम्ति एकपल्ट नागरिकताको प्रमाणपत्र पाउन सोझो बाटो (प्रपर च्यानल)बाट कोसिस गरेकी हुँ । तर नोकरशाही कुर्सीहरूको तल र माथिको सङ्केतबाट भकुन्डो खेलाइ भएर सिंहदरबारबाट रित्तो हात फर्केपछि नागरिकतामाथि विश्वास छैन । त्यसै दिनदेखि शोषणबोध मात्र हुन्छ, राष्ट्रबोध हुँदैन । (एउटा विसङ्गत संस्मरण, पारिजात, 'रूपरेखा' : २०२७, मङ्सिर, पूर्णाङ्क ११५)*

जेसुकै कारणले पनि उनले नेपाली नागरिकता पाइनन् । उनलाई पासपोर्ट पनि कहिल्यै आवश्यक परेन । उनी प्लेन चढ्न डराउँथिन् । विदेश जानुपर्ने जरूरी पनि थिएन । दार्जीलिङ जानआउन खुला सिमाना रहेको र भिसा नचाहिने भएकाले नेपाल-भारत आवतजावत गरिरहेकै थिइन् ।

पटकपटक प्रयास गरिरहे पनि नेपाली नागरिकता प्राप्त गर्न नसकेपछि लाचार भएर उनले भनेकी थिइन्–

*अब म नेपाली नागकिता नै लिन्नँ । म यहीँ बस्छु, यहीँ मर्छु, कसले भन्दो रहेछ म नेपाली होइन भनेर ?*

कुरो सही थियो । कसले भन्ने उनलाई नेपाली होइन भनेर । नागरिकता त फगत कागतको खोस्टो न हो । तैपनि कतिपय वैधानिक कामका लागि नागरिकता र पासपोर्ट त नभई नहुने अनिवार्यता हुन्छ ।

पारिजात रोगाउन थालेको अवस्थामा उनलाई उपचारका लागि चीन लैजाने विषयमा कुरा चलेको थियो । तर त्यो प्रसङ्ग पनि त्यत्तिकै हरायो । दरबारबाट उपचारका लागि गरिने भनिएको प्रोसेस पनि वीर अस्पतालका डाक्टरहरूका कारण सफल भएन । हुन सक्थ्यो, उनलाई वीर अस्पतालका डाक्टरहरूले भारतबाहेक विदेशमा उपचारका लागि सिफारिस गरेका भए नागरिकता र पासपोर्ट बन्नु चुट्कीको खेल हुन्थ्यो । पञ्चायतकालीन दरबारको संलग्नता हुन्थ्यो त्यो उपचारका लागि । तर त्यसपछि कहिल्यै भारतबाहेक विदेश उपचारमा लैजाने चर्चा भएन । बिरामी भयो, त्यही वीर अस्पताल । अलिक सन्चो भयो, घर फिर्ता, अनि फेरि त्यही वीर अस्पताल र तिनै डाक्टर– पारिजातको नियति नै थियो ।

२०४९ सालको अन्त्यतिर भने पारिजातको शरीर निकै गलेको थियो । उनलाई निकै गाह्रो भएको अनुभव भएपछि हारगुहार गरेर उपचारका लागि विदेश लैजान सकिन्छ कि भन्ने आवाज उठ्यो । यसपल्टको यो आवाज अलि दह्रो देखियो । पारिजातका आफन्त र शुभचिन्तक यसमा लागिपरे । तर विदेश जान पासपोर्ट चाहिन्छ, त्यो पारिजातसँग थिएन । नागरिकता पनि थिएन । सम्बन्धित उच्च ठाउँमा कुरा पुऱ्याउने र सहयोग गर्नेहरू पनि खास त्यति भएनन् । यद्यपि तत्कालीन जनमोर्चाका सांसद कमल चौलागाईं पारिजातको पासपोर्ट बनाउने सिलसिलामा २०५० वैशाख ४ मा परराष्ट्र मन्त्रालयका शिष्टाचार महापाल बद्रीप्रसाद खनालकहाँ पुगेका थिए । यतिन्जेल पारिजात निकै अस्वस्थ भएको कुराले ठूलो चर्चा पाइरहेको थियो । प्रधानमन्त्रीकहाँ पनि कुरा पुगिसकेपछि तत्कालीन प्रधानमन्त्री गिरिजाप्रसाद कोइरालाले नागरिकताबिना पासपोर्ट नबनेर उपचार रोकिनुहुन्न भनेर बिनानागरिकता पासपोर्ट बनाउन निर्देशन दिइसकेका थिए । परराष्ट्र मन्त्रालयमा कवि दुबसु क्षत्री कार्यरत थिए । साहित्यकारहरूलाई उनी मन्त्रालयका तर्फबाट हुन सक्ने सहजता र सहयोग गर्थे । सिद्धान्त जे भए पनि उनी पारिजातका पाठक थिए । त्यसैले उनले अघि सरेर पासपोर्ट बनाउन सहयोगको हात अघि बढाए ।

पासपोर्ट बनाउन नागरिकता नभए पनि जन्ममिति त चाहियो । तर त्यहाँ पासपोर्ट बनाउन पुगेका सांसद चौलागाईं र साथमा गएका अर्का व्यक्तिलाई पनि जन्ममिति थाहा थिएन । पारिजात स्वयम्लाई पनि आफ्नो जन्ममिति यकिन थिएन । त्यसको

आधिकारिक कुनै कागजात पनि थिएन । दुबसुले झलक्क सम्झिए, बनेपाका मोहन दुवालले *जनमत*को पारिजात विशेषाङ्क निकालेको कुरा । उनले त्यो विशेषाङ्क न्युरोडमा व्यापार गरेर न्युरोडमै बसेका पोखराका साहित्यकार विजय बजिमयको कोठामा देखेको सम्झिए । र हतपत विजयलाई फोन घुमाए । तर विजयले आनाकानी गरे । कारण पारिजातले एउटा अन्तर्वार्तामा विजय बजिमयलाई भाट कवि भनेकी थिइन् । विजयको मनमा त्यसको तुष थियो । दुबसुले अलि कर गरेपछि विजयले आफ्ना भाइ राजेश बजिमयलाई अह्राए । राजेशले *जनमत* पत्रिकाको पाना पल्टाएर बताए, १९९४ साल । त्यहाँ सालबाहेक महिना र गते थिएन ।

अनि विसं १९९४ लाई ईसं १९३७ बनाएर खरिदार यादवप्रसाद कोइरालाले पासपोर्ट लेखे । र नायब शिष्टाचार महापाल बद्रीप्रसाद खनालले सही गरेपछि पासपोर्टले परराष्ट्रका तर्फबाट पूर्णता पायो । पासपोर्टको नम्बर थियो– ४२७२८२ । तर पासपोर्टमा पारिजातले दस्तखत गरिसकेपछि मात्र त्यसले पूर्णता पाउँथ्यो । पासपोर्ट वीर अस्पताल पुऱ्याउँदासम्म पारिजातको स्वास्थ्य स्थिति नाजुक भइसकेको थियो । उनी दस्तखत गर्न सक्ने अवस्थामा थिइनन् । अनि उनको हातबाट ल्याप्चे लाएर पासपोर्टमा पूर्णता दिने काम भयो ।

पारिजातको पासपोर्ट बनाउने सिलसिलालाई दुबसु क्षत्रीले पछि यसरी स्मरण गरे–

*...२०५० वैशाख ३ गते नेपाली नागरिकता नभएका कारण पारिजातलाई राहदानी (पासपोर्ट) दिन मिल्दैन भनी रोकिएको चर्चा मैले परराष्ट्र मन्त्रालयमा सुनें । त्यसको भोलिपल्ट अर्थात् ४ गते संयुक्त जनमोर्चाका सांसद माननीय कमल चौलागाईंजी र अर्का एक जना मैले नचिनेका व्यक्ति नायब शिष्टाचार महापाल बद्रीप्रसाद खनालज्यूकहाँ राहदानीका निम्ति आइरहनुभएको मैले देखें । त्यस बेलासम्म पारिजातलाई नेपाली नागरिकता नभए पनि राहदानी दिनू भन्ने विशेष निर्देशन सम्माननीय प्रधानमन्त्रीज्यूबाट भइसकेको थियो ।*

*पारिजातको राहदानी बनाउँदा पनि एउटा कथा भएको छ । राहदानीका निम्ति भरिएको फाराममा पारिजातको जन्ममिति उल्लेख भएको थिएन र त्यहाँ आइरहनुभएका सांसद कमल चौलागाईं र त्यहाँ उपस्थित कसैलाई पनि पारिजातको जन्ममिति थाहा रहेनछ । र विडम्बना नेपाली साहित्यको विद्यार्थी भएर पनि मलाई पारिजातको जन्ममिति थाहा थिएन । तर राहदानीमा जन्ममिति नलेखी हुँदैनथ्यो । त्यसै बेला मैले सम्झें कि कवि मोहन दुवालजीले 'जनमत'मा पारिजात विशेषाङ्क निकाल्नुभएको छ । त्यो पत्रिकाको एक प्रति मैले युवाकवि विजय न्युरोडस्थित बजिमयको आवासमा देखेको थिएँ । मैले आफ्नो कार्यकक्षमा आएर फोन नम्बर २२१०८३ मा सम्पर्क गरेर विजयलाई भनें कि, तिम्रोमा 'जनमत'को पारिजात विशेषाङ्क छ, त्यसमा पारिजातको जन्ममिति खोजेर कृपया मलाई टिपाइदेऊ न, म फोन होल्ड गरिरहन्छु ।*

*विजयले आनाकानी गऱ्यो । उसलाई कुनै बेला पारिजातले भाट कवि भनेर कुनै पत्रिकामा गाली (टिप्पणी) गर्नुभएको रहेछ । त्यसैले पारिजातप्रति ऊ सहिष्णु थिएन । यद्यपि विजयजीले भाइ (श्री राजेश बजिमय)लाई अह्राइदिएपछि माथि कोठामा गएर त्यो पत्रिका खोजेर राजेशजीले फोनमा जन्ममिति बताइदिनुभयो– विसं १९९४ । तैपनि महिना र गते भने पत्ता लागेन (पारिजातको जन्म महिना र गते उल्लेख भएको मैले अझै देखेको छैन) । अनि १९९४ बाट ५७ वर्ष घटाएर राहदानीमा पारिजातको जन्ममिति लेखियो– सन् १९३७ । पारिजातको राहदानी नम्बर थियो– ४२७२८२ । र त्यो राहदानी परराष्ट्र मन्त्रालयका खरिदार यादवप्रसाद खनालले लेख्नुभएको थियो । नायब शिष्टाचार महापाल बद्रीप्रसाद खनालले त्यसमा सही गर्नुभएको थियो । राहदानीका निमित्त आवश्यक रकमको राष्ट्र बैङ्कको भौचर नभई तयार पारिएको त्यो राहदानीका निम्ति भौचर तीन दिनपछि पेस गरिएको थियो (भौचर नम्बर २३४८१३), जुन बेला पारिजातको देहावसान भइसकेको थियो । (पारिजातले पर्खेको र मैले बिर्सेको त्यो मङ्गलबार : दुबसु क्षत्री, 'ज्ञानगुनका कुरा', भाग २२, पारिजात स्मृति अङ्क : ज्ञानगुन प्रकाशन, काठमाडौं : २०५०, जेठ ५, पृष्ठ ७४)*

जीवनभर अक्षरसँग खेलेकी, लेखेरै जीवनका उमेरहरू खर्च गरेकी पारिजातले अर्धचेतनावस्थामा ल्याप्चे लाउनुपर्ने विडम्बनापूर्ण क्षणका साक्षीहरू यो देखेर तथा सुनेर दुःखी र क्षुब्ध भएका थिए ।

# मृत्युशय्यामा आनन्ददेवको भाषण

२०५० वैशाख ४ । वीर अस्पतालमा केही प्रगतिशील साहित्यकारहरू दुःखी मन लिएर, निन्याउरो अनुहार बनाएर बसिरहेका थिए । पारिजातको स्वास्थ्य अवस्था नाजुक हुँदै गएको थियो । डाक्टरले आशा मारिसकेको बताइसकेका थिए । पारिजातको वाक्य बसिसकेको थियो । तर हल्का होस बाँकी थियो । चेतना बाँकी थियो । हरिगोविन्द लुइँटेल, आनन्ददेव भट्टहरू यताउति गरिरहेका थिए । दिदीको अन्तिम बेला कुर्न आँट नभएर सुकन्या घर लागिसकेकी थिइन् । सुकन्यालाई पारिजातले अघिल्लो दिन नै 'अब त म बिसाउँछु' भनेर आफ्नो हरेस खाएको मनस्थिति पोखिसकेकी थिइन् ।

अचानक आनन्ददेव भट्ट पारिजातको बेडछेउमा पुगे र भन्न थाले–

*पारिजातज्यू, तपाईं मलाई सुन्दै हुनुहुन्छ ?*

पारिजातले सुन्दै छु भन्ने सङ्केतस्वरूप मुन्टो थोरै हल्लाइन् ।

आनन्ददेवले भने–

*पारिजातज्यू, तपाईंले नेपाली साहित्यका लागि गर्नुभएको योगदान अतुलनीय छ । तपाईंले नेपाली साहित्यमा विभिन्न विधामा रचना गरेर जुन योगदान पुर्‍याउनुभएको छ, त्यसको हामी खुला हृदयले तारिफ गर्छौं र युगयुगसम्म तपाईंको योगदानको चर्चा यो राष्ट्रमा अनि नेपालीभाषी संसारमा भइरहनेछ... ।*

यसरी आनन्ददेवले मृत्युशय्यामा भाषणशैलीमा बोलेकामा पारिजातका कुरूवामा बसेका सबै जना मुखामुख गर्न थाले । यो के गरेका होलान् आनन्ददेवले ! तर अग्रज र पाका साहित्यकारले बोलेकामा दखल दिन कसैको आँट भएन । उनी बोल्दै गए–

*तपाईंले प्रगतिशील साहित्यको फाँटमा पुर्‍याउनुभएको योगदानको मूल्याङ्कन भइरहेको छ । भविष्यमा पनि हुनेछ । तपाईंले यो राष्ट्र र साहित्यका लागि गर्नुभएको असल कामका लागि सन्तुष्ट हुनुहोस् । गर्व गर्नुहोस्, तपाईंले आफ्नो जीवन असल कर्मका लागि समर्पण गर्नुभयो... ।*

यसरी आनन्ददेव भट्टले लामै भाषण गरे । सबै चुपचाप मुखामुख गरिरहेका थिए । भाषण सकिएपछि उनी कोठाबाहिर निस्किए र त्यस भाषणको प्रयोजनबारे यस्तो स्पष्टीकरण दिए–

*हेर्नोस्, उहाँको चेतना अझै बाँकी छ । बाँकी रहेको चेतनाले उहाँले पुऱ्याएको योगदानको तारिफ त ग्रहण गर्न सक्नुहुन्छ । यो धरतीबाट जाँदाजाँदै आफूले जीवनमा केही सार्थक काम गरेकामा सन्तोष हुनेछ ।*

# विश्राममा

२०४६ सालको आन्दोलनको पूर्वसन्ध्यादेखि नै पारिजातको धपेडी बढेको थियो । उनी साहित्य लेखनभन्दा राजनीतिक पार्टीको नभएर वैचारिक राजनीतिका गतिविधिमा बढी आकृष्ट हुन पुगिन् । लेखनप्रति उनको एकाग्रता कता हरायो, कता ! उनी सधैं सक्रिय थिइन् । उनी प्रलेसमा संलग्न भइन्, प्रतिभा समूहमा सक्रिय भइन्, *सिम्मा* नाटक लिएर नेपाल र भारत पुग्ने टोलीमा सामेल भइन् । मानव अधिकारवादी सङ्गठनमा पुगिन् । पछिल्लो समयमा उनी गैरसरकारी सङ्घसंस्था जुन उनको संलग्नतामा खुलेको थियो, त्यसमा उनको सक्रिय सहभागिता थियो । अन्तर्राष्ट्रिय गैरसरकारी संस्थामा समेत उनी बढी संलग्न हुन थालेकी थिइन् ।

यी सबका कारण उनलाई मानसिक मात्र नभई शारीरिक थकान बढी दियो । उसै पनि अस्वस्थ पारिजातलाई यी गतिविधिले पार्नुसम्म हत्तु पारिदिए । तर यसैमा पारिजात रमाउन थालिन् । मान्छे जे कुरामा रमाउँछ, उसले त्यसैलाई प्राथमिकतामा राख्छ ।

पारिजातको प्राथमिकतामा अखबारी लेखन पर्‍यो; गैरसरकारी सङ्घसंस्थाहरूका गतिविधि, मिटिङ, सेमिनार आदि परे । विभिन्न सङ्घसंस्थाका कार्यक्रम, उद्‌घाटन, भाषण र छलफलमा पनि उनी सहभागी भइन् । यसले पारिजातको गम्भीर लेखनलाई प्राथमिकतामा पर्नै दिएन । उनको स्वास्थ्यमा पनि प्रतिकूल असर पर्न थाल्यो । तर विभिन्न सेमिनारमा भाग लिएर त्यसको कक्टेल डिनरप्रियताले उनलाई तात्कालिक आनन्द र सन्तोष दिए पनि शरीरले थाम्न सक्ने कुरो थिएन । विभिन्न जेलमा यात्रा गर्नु, त्यो पनि काठमाडौंभित्र मात्र होइन, काठमाडौं बाहिर पनि, त्यो पारिजातको शरीरले थेग्न सक्ने कुरा थिएन, सकेन पनि ।

उनको तत्कालीन परिस्थितिबारे पछि रायनले लेखे–

*फेरि दिदी प्राज्ञिक सङ्घर्षतिर सक्रिय भएर लाग्नुभयो । कहिले सिंहदरबारको प्रधानमन्त्रीको कोठाका मिटिङमा, कहिले आफ्नै कोठाको मिटिङमा । कहिले सडक आन्दोलनमा त कहिले जुलुस लिएर सिंहदरबारको गेटमा धर्ना दिनेमा सक्रियतासाथ जोस र उत्साहका साथ लाग्नुभयो । यहीबीचमा अखिल नेपाल राष्ट्रिय महिला मञ्च, बन्दी सहायता नियोग संस्था स्थापना गर्नुभयो । संस्थापक अध्यक्ष भएर सक्रिय*

*पनि हुनुभयो । यसबाहेक अन्य सङ्घसंस्था आदि जसले जहाँ बोलाए पनि सरिक हुनुहुन्थ्यो । यसकारण स्वास्थ्यले गर्दा साधारण रोगले पनि दिदीलाई सिरियस पार्थ्यो । (रायन : 'सम्झनाको दहभित्र बल्छी हान्दा', पारिजात स्मृतिग्रन्थ : २०५१, पृष्ठ १२१)*

*दिदीको स्वास्थ्य कामचलाउ मात्र थियो । राम्रो भइसकेको थिएन । फेरि आफ्नो काममा दिदी जुट्न थालिहाल्नुभयो । भद्रगोल, सेन्ट्रल जेल, नख्खु जानु, बन्दी भेट्नु । उनीहरूका समस्या सुल्झाउनु, जिल्लाको जेलमा मिटिङ गर्न जानु । मानव अधिकारसम्बन्धी समस्यासँग जुध्नुले शरीरलाई उक्सिन दिएन । त्यसमाथि पनि यहीबीचमा उहाँलाई काठमाडौं भित्र्याउन सूत्रधारका रूपमा उभिन पुगेका दाजु कुमार र उहाँकी श्रीमतीकी दिदीकी भाउजू केही समयको अन्तरालमा खस्नुले उहाँको भित्री मनमा निकै ठूलो चोट परेको थियो । विभिन्न कुराले गर्दा दिदीको स्वास्थ्य चाहिँ सुध्रन सकेन । (रायन : 'सम्झनाको दहभित्र बल्छी हान्दा', पारिजात स्मृतिग्रन्थ : २०५१, पृष्ठ १२१-२२)*

२०४९ साल फागुनमा पारिजात वीर अस्पताल भर्ना भइन् । उनको उपचारका लागि सरकार र विविध निकायमा हारगुहार गर्दा पनि कतैबाट सहयोग जुट्न सकेन । प्रगतिशील लेखकहरूका तर्फबाट प्राज्ञिक सङ्घर्ष समितिको नेतृत्व गरेकी उनलाई गैरवामपन्थी सरकार र एकेडेमीले चासो दिएन । बरू प्रलेसका तर्फबाट खगेन्द्र सङ्ग्रौलालगायत लेखक, कविहरूको प्रयासले चन्दा उठाइयो । र उठेको १० हजार नगद पारिजातलाई अस्पतालको बेडमा खगेन्द्र सङ्ग्रौला हस्ते हस्तान्तरण गरियो–

*दिदी वीर अस्पतालमा भर्ना भइन् । उनको उपचारमा सघाउ पुऱ्याउन प्रलेसले चन्दा अभियान चलायो । १० हजार रूपियाँ उठ्यो र सङ्घको महासचिवका नाताले दिदीलाई पैसा हातलागि गर्न म अस्पताल पुगें । उनी बसिरहेकी थिइन् । साथमा झ्यालनिर बसेकी थिइन्, सत्यभामा माथेमा । (खगेन्द्र सङ्ग्रौला : 'आफ्नै आँखाको लयमा', सम्झनामा पारिजात दिदी, फाइनप्रिन्ट आइएनसी, प्रथम संस्करण : २०६८, वैशाख, पृष्ठ १३४)*

...

*सङ्ग्रौलाजी, कहाँबाट आयो यो पैसा ?*
*यो प्रलेसले उठाएको हो ?*
*यहाँ कति छ ?*
*१० हजार ?*

*१० हजार । दिदीका आँखामा आशा र कृतज्ञताको सघन भाव झल्क्यो । निकै भावुक भएर उनले भनिन्– "जनताका कलाकारलाई सघाउने को छ र ? त्यै प्रगतिशील लेखक सङ्घ न हो ।" उनी भावविभोर भइन् । उनका आँखामा आँसु रसाएको दृश्य जीवनमा मैले पहिलो पटक देखें । अनि तत्कालै उनको मुद्रा परिवर्तन भयो । यसो हेर्छु, अनुहार हर्षले गद्‌गद छ । सुकेका र बाङ्गिएका हाडे औंलाले*

*उनले रूपियाँको मुठो समातिन् र सत्यभामालाई त्यो मुद्राको तस्बिर खिच्न लगाइन् । (खगेन्द्र सङ्ग्रौला : 'आफ्नै आँखाको लयमा', सम्झनामा पारिजात दिदी, फाइनप्रिन्ट आइएनसी, प्रथम संस्करण : २०६८, वैशाख, पृष्ठ १३४)*

केही दिन अस्पताल बसेपछि पारिजात घर फर्किइन् । उनी झनै गलेकी थिइन् । जीवनदेखि थाकेको अनुभव गरिरहेकी थिइन् । यो अस्पताल जानुअघि नै केही महिनादेखि उनले बतासिएका कुरा गर्न थालेकी थिइन् । विभिन्न साहित्यकारलाई फोन गरेर बहकिएका र सिलसिलाहीन कुरा गर्न थालेकी थिइन् । उनमा राजनीतिले दिएको निराशाउपर असन्तुष्टि थियो । आफ्नै प्रगतिशील साथीहरूले आफूलाई गलत बुझेकामा पनि आक्रोश थियो ।

यसपल्टको अस्पताल बसाइपछि अलिकति मृत्युको पूर्वाभासले पारिजातको मनमा घर बनाएको हो कि भन्ने रायनलाई लाग्यो । एक दिन पारिजातले भनिन्–

*राजु, तिमीले मेरो जीवनमा लाएको गुन कसरी तिर्ने होला ? रिन बोकेर जान्छु जस्तो छ । मसँग त्यो गुनको बदला दिने समय छैन जस्तो छ ।*

यो कुरा सुनेपछि रायनले आत्मीय रिस देखाउँदै भनेका थिए–

*हैन, के नचाहिँदो कुरा गरेको ? किन बत्ताएर कुरा गरेको ? के अरू कुरा छैन र यस्तो कुरा गरेको ?*

रायनका यस्ता कुरा सुनेपछि पारिजात चुप लागेकी थिइन् । उनी धेरै कुरा भन्न चाहन्थिन् । तर रायनले त्यसो भनेपछि उनी थप केही भन्नुको साटो चुप लागिन् । त्यस दिन उनी अरू दिनभन्दा बढी भावुक भएकी थिइन् ।

२०५० कात्तिक ३ को बिहान रायनलाई पारिजातको घरबाट बोलावट आयो । रायन कुद्दै, फाल हाल्दै पारिजातको कोठामा पुगे । पारिजात खाटमा बसिरहेकी थिइन् । के भो भनी उनले सोधे ।

पारिजातले भनिन्– "औषधि खाँदा घाँटीमा छोएर गए जस्तो अनुभव भयो । त्यसले घाँटी कोतर्दै लगे जस्तो लाग्यो । दम पनि बढिरहेछ । के गर्ने ?"

रायनको दिमागले तुरून्त ठम्यायो, पारिजातको स्थिति ठीक छैन । उनले तत्काल ट्याक्सी मगाए र हतारहतार ट्याक्सीमा राखे । ट्याक्सीमा गइरहँदा पनि पारिजातलाई असजिलो भइरहेको थियो । वीर अस्पताल पुग्नेबित्तिकै उनले पारिजातलाई बोकेर भित्र लगे । अनि उनलाई तत्काल अक्सिजन दिइयो । तर उनलाई अक्सिजनले होलो अनुभव भएन । पारिजातले आत्तिँदै भनिन्– "अक्सिजनले त खै छोएन । रिलिफ नै भएन ।"

यसरी उनले पहिलोपल्ट आफ्नो अवस्था नाजुक भएको महसुस गरिन् । पहिलेपहिले अक्सिजन लगाउनेबित्तिकै रिलिफ महसुस हुन्थ्यो ।

पारिजातलाई रायन र सुकन्याले अडेस लाउन लाएर पालैपालो राखे । पारिजातलाई झन् चाप्दै ल्यायो । जस्तोसुकै बेलामा र अघिल्लोपल्टसम्म अस्पताल आउँदा नआत्तिने, हरेस नखाने पारिजातले यस पटक एकदमै हरेस खाइन् । उनले रायनलाई भनिन्–

"राजु, अब म तिमीलाई धेरै दुःख दिन्नँ । पछाडि एकदम दुखिरहेछ, हातले अलिकति मसारिदेऊ ।"

पारिजात छोटोछोटो दम लिँदै थिइन् । उनको अनुहारमा चिटचिट पसिना आउन थालेको थियो । अनि हारगुहार गरेर डाक्टर बोलाउने काम भयो । डाक्टर ल्याएपछि उनको स्वास्थ्य स्थितिले माग गरेअनुसार उनलाई आइसियूको कोठामा सारियो । उपचारको क्रम सुरू भयो । तर पारिजातको स्थिति क्रमशः बिग्रिन थाल्यो । आइसियूमा सारेपछि पारिजातको मनोबल झन् एकदमै घट्यो । जीवनभर कसैसँग नहार्ने उनी अब आफैँसँग हारेको महसुस गर्दै थिइन् ।

अचानक पारिजातले रायनलाई साउतीको स्वरमा भनिन्– "राजु, मलाई थाहा छ, म मरेँ भने तिमी आफूलाई सम्हाल्न सक्छौ । तर सुकनले मेरो मृत्यु सहन सक्तिन होला । तिमीले सुकनलाई सम्हाल्नू है ।"

पारिजातको यो चिन्ताजनक अवस्थालाई ख्याल गर्दै सांसद कमल चौलागाईं र लीलामणि पोखरेल श्री ५ को सरकारलाई दबाब दिन दौडिए, विदेशमा लगेर भए पनि पारिजातलाई उपचार गराउन । नागरिकता नभए पनि पासपोर्ट बनाउन तत्कालीन प्रधानमन्त्री गिरिजाप्रसाद कोइरालाले निर्देशन दिए । पासपोर्ट बन्यो । तर हस्ताक्षर गर्ने स्थितिमा थिइनन् पारिजात । अन्ततः ल्याप्चे लगाएर उनलाई पासपोर्ट हस्तान्तरण गरियो । र बैङ्कक लैजान सकिन्छ कि भन्ने झिनो आशा रह्यो । तर पारिजातको अवस्था झन्झन् नाजुक बन्दै गयो । ४ गते साँझपखसम्म डाक्टरहरूले अबको केही घण्टा मात्र पारिजातको जीवन बाँकी रहने जनाउ दिइसकेका थिए । उनी ठूलो पीडा खपिरहेकी थिइन् । अस्पतालमा सुकन्या, हरिगोविन्द लुइँटेल, खगेन्द्र सङ्ग्रौला, सत्यभामा, आनन्ददेव भट्ट आदि आलोपालो पारिजातलाई कुरिरहेका थिए । डा. अरूणा उप्रेती पनि मनमनै 'हे भगवान् ! पारिजातलाई छिट्टै मुक्ति देऊ' भनी कामना गरेर गइसकेकी थिइन् । उनलाई पारिजातको पीडाले झन् पीडा दिएको थियो । पारिजात छिट्टै बिदा हुँदै छिन् भन्ने अडकल भइसकेको थियो । आनन्ददेव भट्टले पनि पारिजातको क्षीण रहेको चेतनामा उनको योगदानको भाषण दिएर गइसकेका थिए ।

वैशाख ४ ले रातको १२ बजे बिदा लियो र अँध्यारोमै ५ को दिन उदायो । पारिजात भीषण पीडामा छटपटाइरहेकी थिइन् । उनको चेतना लगभग समाप्त भइसकेको थियो । जब घडीको सुई बिहानको ४ मा पुग्यो, पारिजातको जीवनको सुई भने टक्क थामियो । नेपाली साहित्यमा *शिरीषको फूल* फुलाएर ढकमक्क पार्ने र *अनिदो पहाडलाई* झकझकाएर ब्युँताउने जब्बर हठी अनि अविश्रान्त, अविचलित जुझारू लेखिकाको अवसानले त्यहाँ कुरूवा बसेकाहरू सँक्कसुँक्क गर्न लागे । कोही सुकन्यालाई खबर दिन थाले । कोही *रेडियो नेपाल, गोरखापत्र, राससलगायतमा* सूचना प्रवाहका लागि दौडिए ।

अनि *रेडियो नेपालको* बिहानको सात बजेको समाचारले सुप्रसिद्ध लेखिका पारिजातको निधन भएको खबर सुनायो ।

पारिजात २०४६ सालपछि गठित नेपाल राजकीय प्रज्ञा-प्रतिष्ठानसँग रूष्ट थिइन् । कुनै टुङ्गोमा नपुगी विसर्जित प्राज्ञिक सङ्घर्ष समितिकी नेत्री थिइन् । सङ्घर्ष समितिका माग पूरा नभएकाले प्रज्ञा-प्रतिष्ठानका कुनै पनि गतिविधिमा भाग नलिने तथा त्यसका कुनै प्रकाशनमा रचनासमेत नदिने कठोर निर्णय गरिसकेकी थिइन् । उनले आफ्नो देहान्तपछि आफ्नो शवलाई एकेडेमीमा नलैजानू भन्ने इच्छा व्यक्त गरेको हुँदा उनको शवलाई टुँडिखेलको खुला मञ्चमा राखिएको थियो । अपराह्नसम्म साहित्यकारहरू खासै आएका थिएनन् । प्रधानमन्त्री गिरिजाप्रसाद कोइराला र उनकी सुपुत्री सुजाता कोइराला अपराह्न फूलका गुच्छा लिएर श्रद्धाञ्जलि अर्पण गर्न आएका थिए । अनि त्यहाँ उपस्थित निर्मल लामासँग केही बेर भलाकुसारी गरेर फर्किएका थिए ।

अपराह्नपछि साहित्यकारहरूको जमात खुला मञ्चअगाडि आयो । त्यति बेला उनको शवको छेउमा *अस्मिता*की सम्पादक सुसन मास्के, साहित्यकार गोविन्द गिरी प्रेरणा, उनकी पत्नी र एकाध अरू व्यक्ति थिए । खासमा शनिबारको दिन परेकाले खाना खाइवरि दिउँसोतिर मात्र साहित्यकारहरू गएका थिए । विशेष गरी प्रगतिशील साहित्यकार, कम्युनिस्ट विचारधारा र पारिजातका आत्मीयहरूको भेला थियो, मलामीका लागि । शव उठाउनुअघि सङ्क्षिप्त श्रद्धाञ्जलिको कार्यक्रम भयो । सरकारले पारिजातको उपचारमा बेवास्ता गरेकामा क्षोभ प्रकट गरिएको थियो । पारिजातलाई पासपोर्ट दिन समयमै कदम नउठाएकामा आक्रोश व्यक्त गर्दै पारिजातले ल्याप्चे लगाएको पासपोर्ट त्यहाँ प्रदर्शन गर्दै सरकारको तीखो आलोचना गरिएको थियो ।

त्यसैबीच कसैले पारिजातको शवलाई महिलाहरूले नै किन काँध नदिने भनेर प्रस्ताव गरे । र सुकन्याले मुन्टो हल्लाएपछि जागरूक महिलाहरू सरिता महर्जन, लक्ष्मी श्रेष्ठ, निर्मला गौतमलगायतले काँध दिए । तर राष्ट्रिय नाचघरभन्दा पर भने लान सकेनन् । र पुरूषहरूले नै पछि काँध दिए । उनको पार्थिव शरीरलाई म्हैपीस्थित निवासमा लगेर तामाङ जातिको परम्परागत कर्म गरेपछि पारिजातकै इच्छाअनुसार स्वयम्भूमा लगेर दागबत्ती दिइएको थियो । यसरी यस युगकै चर्चित साहित्यकार सुश्री पारिजात दार्जीलिङको लिङ्गिया चियाबगानमा जन्मिएर नेपाली साहित्य अनि समाजको उत्थान र जागरणमा आफ्नो जीवन बिताएर स्वयम्भूको माटोमा विलीन भइन् । यसलाई आहुतिले यसरी सम्झिए–

*पारिजातको अन्त्येष्टिपछि मलामी कम भएको अनुभूति धेरैलाई भयो । त्यो रात खगेन्द्र सङ्ग्रौलाले शक्ति लम्साललाई फोन गरेर भनेछन्– "पारिजातको मलामी त यो गति भो, तपाईंको मलामी कति होलान्, शक्तिजी ?" यो प्रश्नले आगो भएका शक्ति लम्सालले 'जनादेश' पत्रिकाको अफिसमा भन्थे– "मैले पनि कार्ल मार्क्सको मलामी छ जना थिए । सवाल मलामीको होइन, विचारको हो भन्दिएँ ।" (मैले भेटेका नौ बहिनी पारिजात : आहुति, 'पाण्डुलिपि', वर्ष १, अङ्क ७ : २०७१, कात्तिक-मङ्सिर, पृष्ठ १६)*

# अन्तिम इच्छाहरू

पारिजातका अन्तिम इच्छाहरूका विषयमा उनको देहान्तपछि निकै बहस भए । कतिले त्यसलाई मनगढन्ते हो पनि भने । तर पारिजातले आफू सारसौंदो अवस्थामा छँदै पाँच ओटा आफ्ना अन्तिम इच्छा प्रत्यक्ष भनेको हरिगोविन्द लुइँटेल बताउँछन् । ती यस प्रकार थिए–

- मरेपछि एकेडेमीमा नलैजानू
- आफ्नो अन्त्येष्टि स्वयम्भूमा गर्नू
- शवमा हरियो सल ओढाइदिनू
- सिरानीमा लेनिनको फोटो राखिदिनू
- सकिन्छ भने शरीरलाई महिलाले पनि बोक्नू

उनका यी पाँचै इच्छालाई खुला मञ्चमा अन्त्येष्टिका लागि शव उठाउनुअघि आयोजित सङ्क्षिप्त शोकसभामा उद्घोषण गरिएको थियो ।

# मृत्युपछि...

पारिजातको मृत्युपछि विभिन्न सङ्घसंस्थाले शोकसभा गरे । शोक सन्देश प्रकाशन गरे । प्रसारण गरे । उनको स्मृतिमा विभिन्न पत्रपत्रिकाले स्मृति अङ्क र विशेषाङ्क पनि प्रकाशन गरे । स्मृतिग्रन्थ पनि छापे । पारिजात स्मृति केन्द्र पनि बन्यो ।

पारिजातको निधनलगत्तै *ज्ञानगुनका कुराले* २२औं अङ्कलाई २०५० वैशाखमै पारिजात स्मृति अङ्कका रूपमा प्रकाशन गर्‍यो । *जनमत* पत्रिकाले पनि २०५० सालमै पारिजात स्मृति अङ्क प्रकाशन गर्‍यो । *जनमतले* त पारिजात जीवित भएकै बेला विशेषाङ्क प्रकाशन गरेर उनलाई नै बोलाएर भव्य कार्यक्रम आयोजना गरिसकेको थियो । पारिजातको देहान्तपछि नेपाल प्रज्ञा प्रतिष्ठानले *पारिजातका प्रतिनिधि कथाहरू* प्रकाशन गर्‍यो, पूर्ण इन्फादाको सम्पादनमा । सुकन्याको सम्पादनमा *अपराजिता : पारिजातका चिठीहरू* पनि बुकहिल पब्लिकेसनबाट प्रकाशन भयो ।

पारिजातको निधनपछि गठित पारिजात स्मृति केन्द्रले २०५१ सालमा निनु चापागाईं र खगेन्द्र सङ्ग्रौलाको सम्पादनमा पारिजात स्मृतिग्रन्थ प्रकाशन गर्‍यो । *बगरले* २०७१ सालमा भानुभक्त आचार्य द्विशतवार्षिकी र पारिजात विशेषाङ्क प्रकाशन गर्‍यो । २०७१ सालमै *पाण्डुलिपि* पत्रिकाले पारिजातमा समर्पित अङ्कका रूपमा पारिजात विषयक सामग्रीहरू छाप्यो । हेटौंडाबाट प्रकाशित *अक्षरले* पनि पारिजात स्मृति अङ्क प्रकाशित गर्‍यो । *भृकुटी* पत्रिकाले पनि २०७५ सालमा पारिजात विशेषाङ्क प्रकाशन गर्‍यो । विशेषाङ्कमा पारिजातका सबै कृतिका विवेचनात्मक समालोचना प्रकाशन गरिएको थियो । सन् २००९ मा भारतको सिलिगुडीमा पारिजातको पूर्ण कदको सालिक स्थापना समितिले पारिजात स्मारिका प्रकाशन गर्‍यो । सालिक पनि स्थापना भयो ।

पारिजात स्मृति केन्द्रका तर्फबाट २०५० सालमै उनको आत्मसंस्मरणको अर्को भाग (खासमा दोस्रो भाग) तेस्रो भागका रूपमा प्रकाशन भयो । पारिजातले आफ्ना संस्मरणलाई तीन भागमा विभाजन गरेकी थिइन् । पहिलो थियो, *धुपी, सल्ला र लालीगुराँसको फेदमा* । दोस्रो थियो, *अध्ययन र सङ्घर्ष* । यसलाई उनको तेस्रो भाग भनियो, जुन सर्वथा गलत हो । *धुपी, सल्ला र लालीगुराँसको फेदमापछि* प्रकाशित

*एउटा चित्रमय सुरूवात*लाई दोस्रो मान्दा *अध्ययन र सङ्घर्ष* तेस्रो भाग देखिन आउँछ। तर *एउटा चित्रमय सुरूवात* संस्मरण मात्रै हो, आत्मसंस्मरण होइन। पारिजातले *एउटा चित्रमय सुरूवात*को भूमिकामै यसबारे प्रस्ट्याएकी थिइन्–

*मेरो आत्मसंस्मरण (भाग १) 'धुपी, सल्ला र लालीगुराँसको फेदमा' पुस्तक आकारमा प्रकाशन भइसकेपछि त्यसको दोस्रो भागबारे पाठकहरूले बराबर सोध्ने गरेका छन्। तर दोस्रो र तेस्रो भाग पनि, जो अप्रकाशित नै छन्। हाल प्रकाशमा ल्याउन सम्भव भएन। संस्मरण हो, त्यसैले एकपल्ट सम्पादन गर्नैपरेको छ। म समयको भीषण अभावमा छु। (मेरा कुरा : पारिजात, 'अध्ययन र सङ्घर्ष' : २०४५)*

र त्यो तेस्रो भाग अझै प्रकाशन भएको छैन।

# सन्दर्भसूची


## क) पुस्तक

१. *सम्झनाका क्षितिजमा...* : कृष्णप्रसाद पराजुली : *साहित्य सङ्गम* : वाराणसी, २०५९ पहिलो संस्करण

२. *आफ्नै आँखाको लयमा* : खगेन्द्र सङ्ग्रौला : *सम्झनामा पारिजात दिदी : फाइन प्रिन्ट आइएनसी* : प्रथम संस्करण २०६८ वैशाख

३. *सीमान्त आकाश : निवार्ता सङ्ग्रह* : नेत्र एटम : *तन्नेरी प्रकाशन* : काठमाडौं विसं २०६२ माघ

४. ताना शर्मा : *सङ्घर्ष र प्राप्ति* : सम्पादक : डा. हरिराज भट्टराई : *अभिनन्दन श्रृङ्खला* : २००९ का लागि *नवएकीकृत सांस्कृतिक केन्द्र* : २०६९ वैशाख १

५. *विजय मल्ल स्मृतिग्रन्थ* : प्रधान सम्पादक : चैतन्य प्रधान : प्रकाशक : *विजय मल्ल स्मृति समाज*, कुलेश्वर काठमाडौं २०६६

६. *नेपाली इतिहासका कोसेढुङ्गा* : प्रमोद मैनाली : प्रकाशक : *हिमालय बुकस्टल* : पहिलो संस्करण २०६१ पारिजात

७. *रमेश विकल बिम्ब एक प्रतिबिम्ब अनेक : स्मृतिग्रन्थ* : सम्पादक : हेमनाथ पौडेल, जगत् प्रेक्षित, केके कर्माचार्य : २०६७ पुस रमेश विकल, साहित्य प्रतिष्ठान

८. *कथा विमर्श* : सम्पादक : सनत रेग्मी : *भाउपन्थी प्रकाशक : नेपाल प्रज्ञा-प्रतिष्ठान* : पहिलो संस्करण, २०६८ : *आधुनिक नेपाली कथा : पृष्ठभूमि र प्रवृत्ति* : डा. दयाराम श्रेष्ठ

९. *मुगलान* (उपन्यास) : गोविन्दराज भटराई । *भूमिका : पारिजातको पत्र : पारिजात*, १६ साउन २०३१

१०. *पहाड जस्तो बाटो जस्तो म* : मञ्जुल : प्रकाशक : *रत्न पुस्तक भण्डार* : प्रथम संस्करण, २०६८

११. *कविता सिद्धान्त र नेपाली कविताको इतिहास* : डा. खगेन्द्रप्रसाद लुइटेल : प्रकाशक : *नेपाल राजकीय प्रज्ञा-प्रतिष्ठान* : पहिलो संस्करण, २०६०

१२. *वर्षादी दिनहरू* : प्रकाश सायमि : प्रकाशक : *रत्न पुस्तक भण्डार* : पहिलो संस्करण, २०६६

१३. *गर्भका रहस्यहरू* : मोहन दुवाल

१४. *आख्यानकार पारिजात* : कृष्णप्रसाद घिमिरे तथा रामप्रसाद ज्ञवाली : *हजुरको प्रकाशन*, प्रदर्शनी मार्ग : दोस्रो संस्करण, २०६४ भदौ

१५. *केही सम्झना : केही सिर्जना* : पवन आलोक : प्रकाशक : *नेपाल स्रष्टा समाज* : संस्करण, पहिलो २०७३

१६. *उत्तरआधुनिक अन्तरेपथ* : खगेन्द्र सङ्ग्रौला : *बिएन पुस्तक संसार प्रालि* : प्रथम संस्करण, २०७३ जेठ

१७. *सृष्टि अनेकको दृष्टि शिवको* : प्रा. शिवप्रसाद सत्याल 'पीठ' : प्रकाशक : *श्रीमती जानुका सत्याल* : प्रथम संस्करण, २०७२ मार्ग

१८. *फूलहरू : पहाडहरू : धर्साहरू* : उपन्यास : विन्द्या सुब्बा : *जनपक्ष प्रकाशन*, गान्तोक : दोस्रो संस्करण, सन् २००९

१९. *कृति विवेचना* : रञ्जुश्री पराजुली : *सुनकोसी साहित्य प्रतिष्ठान* : पहिलो संस्करण, २०५६ साल

२०. *छाडेर जानेहरू* : जयदेव भट्टराई : *विवेक सिर्जनशील प्रकाशन प्रालि* : प्रथम संस्करण, २०६६ भदौ

२१. *गोरेटोको खोजीमा* : हरिहरराज जोशी : प्रकाशक : द *नेपाल स्टडिज : पास्ट एन्ड प्रिजेन्ट* : पहिलो संस्करण, २०६८ साउन

२२. *साहित्य र समाज* : डा. ऋषिराज बराल : *साझा प्रकाशन* : प्रथम संस्करण, २०६४

२३. *नेपालका नारी कथाकार : प्रवृत्ति र प्रतिनिधि कथा* : लक्ष्मी उप्रेती : *वनिता प्रकाशन* : प्रथम संस्करण, २०६८

२४. *नेपाली लेखक कोष* : घटराज भट्टराई : *लक्ष्मीप्रसाद देवकोटा प्रतिष्ठान* : प्रथम संस्करण, २०५६

२५. *निबन्ध र टुँडिखेल* : अभि सुवेदी : *प्रशान्ति प्रकाशन* : पहिलो संस्करण, २०६४

२६. *नियाल्दै समय र जिन्दगी* : सावी श्रेष्ठ : *युवा प्रकाशन पोखरा* : प्रथम संस्करण, २०६६

२७. *जनआन्दोलनदेखि गणतन्त्रसम्म* : नकुल सिलवाल : *बगर फाउन्डेसन नेपाल* : प्रथम संस्करण, २०६५

२८. *लेखक दुनियाँ* : अशोक सिलवाल : घोस्ट राइटिङ नेपाल : प्रथम संस्करण, २०७१ भदौ

२९. *उत्तरआधुनिक साहित्य : सिद्धान्त र विश्लेषण* : अम्बिका अर्याल र जीवन जीवन्त : *पाठ्य सामग्री प्रकाशन* : प्रथम संस्करण, २०६९

३०. *व्यक्ति व्यक्तित्व* : जीवनाथ धमला : *साझा प्रकाशन* : प्रथम संस्करण, २०५९

३१. *द काली कनेक्सन : द लीन इभान्स मिस्ट्री* : क्लाउडिया मेक्के : *न्यु भिक्टोरिया पब्लिसर्स इन्क* : इसं १९९४

३२. *समय र साहित्य* : आनन्ददेव भट्ट : *भृकुटी एकेडेमिक्स पब्लिकेसन्स* : प्रथम संस्करण, २०६७ भदौ

३३. *नेपाली साहित्यमा साहित्य सन्ध्याको योगदान* : नवराज खतिवडा : *प्रकाशक साहित्य सन्ध्या* : प्रथम संस्करण, २०६८ मङ्सिर

३४. *अतीतका पाना : केही नेपाली साहित्यिक पत्रिका* : शिव रेग्मी : *रत्न पुस्तक भण्डार* : प्रथम संस्करण, २०६३

३५. *विजय मल्ल : स्मृतिग्रन्थ* : प्रधान सम्पादक : चैतन्य प्रधान : *विजय मल्ल स्मृति समाज* : प्रथम संस्करण, २०६६

३६. *नेपाली कथाको इतिहास* : डा. लक्ष्मणप्रसाद गौतम, ज्ञानु अधिकारी : *नेपाल प्रज्ञा-प्रतिष्ठान* : प्रथम संस्करण, २०६९

३७. *अन्तर्संवाद : परशु प्रधान* : (सम्पादक : डा. लक्ष्मणप्रसाद गौतम) टङ्कबहादुर श्रेष्ठ : प्रथम संस्करण, २०६५

३८. *सिर्जना र दृष्टिकोण* : सूर्य सुवेदी : *हिमालय बुक स्टल* : प्रथम संस्करण, २०७०

३९. *पारिजात : नेपाली उपन्यासको इतिहास* : डा. खगेन्द्रप्रसाद लुइटेल : *नेपाल प्रज्ञा-प्रतिष्ठान* : प्रथम संस्करण, २०६९

४०. *चिठीपत्रमा* : हरिहर खनाल : *जनसाहित्य प्रकाशन* : २०७४ साउन

४१. *पारिजात : नेपाली कथा र कथाकार* : डा. दयाराम श्रेष्ठ : *नेपाल प्रज्ञा-प्रतिष्ठान* : पहिलो संस्करण, २०७०

४२. *तारा झरेको आकाश : शीतलहर* : विन्द्या सुब्बा : *अल्टिमेट मार्केटिङ*, काठमाडौं : प्रथम संस्करण २०13 जनवरी

४३. *स्वअनुभूतिमा राल्फा : निरन सापकोटा : प्रभातदेखि गोधूलिसम्म* : कमला सापकोटा : प्रथम संस्करण, २०६९ मङ्सिर

४४. *पारिजात : परिचय र अस्तित्ववाद* : डा. नयना प्रधान : *भूमिका प्रकाशन*, विसं २०६६

४५. *कमल दीक्षितसँग इमेल वार्ता* : गोविन्द गिरी प्रेरणा : *रत्न पुस्तक भण्डार* : पहिलो संस्करण, २०६९

४६. *मार्क्सवाद, समाज र साहित्य* : शक्ति लम्साल : *ऐरावती प्रकाशन* : दोस्रो संस्करण, माघ २०६३

४७. *मेरा अतीतका सम्झनाहरू* : तीर्थमान ज्यापू : *जनसाहित्य प्रकाशन केन्द्र*, विसं २०६१

४८. स्रष्टा भेटका स्वर्णाक्षर : काजी रोशन : धवलागिरि साहित्य प्रतिष्ठान, विसं २०६४
४९. आख्यानको उद्‌भव : डा. ईश्वर बराल : साझा प्रकाशन, विसं २०३९
५०. भानुभक्तदेखि प्रश्रितसम्म : रामहरि पौडेल : एकता प्रकाशन प्रालि, विसं २०४९
५१. विषय गहन : सतह चिन्तन : राजेन्द्र सुवेदी : साझा प्रकाशन, विसं २०३८
५२. सृजन विधाका परिधिमा पारिजात : राजेन्द्र सुवेदी : भूमिका प्रकाशन, विसं २०५३
५३. पारिजातका उपन्यासमा नारीवाद : सुस्मिता नेपाल : फेलाम ललितपुर, विसं २०७५

## ख) स्मृतिग्रन्थ तथा विशेषाङ्क

१. पारिजात स्मृतिग्रन्थ : सम्पादन
२. जनमत पारिजात : विशेषाङ्क
३. जनमत पारिजात : स्मृति विशेषाङ्क
४. ज्ञानगुनका कुरा : पारिजात अङ्क
५. अक्षर : पारिजात अङ्क
६. पारिजात : स्मृतिग्रन्थ सिलिगुडी
७. बगर : पारिजात विशेषाङ्क

## ग) पत्रिकाहरू

१. सर्वश्रेष्ठ पाण्डुलिपि पुरस्कार पारिजातलाई प्रदान : गन्धर्वगायक : बगर : २०५० भदौ-मङ्सिर : पूर्णाङ्क ४०
२. शिरीषको फूल उपन्यासमा पात्रविधान : अम्बु भवानी : मधुपर्क : २०६५ चैत
३. पारिजातका कविता : सङ्कटग्रस्त अहम्‌को आलेख : ईश्वर बराल : रूपरेखा : २०३१ पुस : पूर्णाङ्क १६४
४. पारिजातको स्वर : पर्खालभित्र र बाहिर : कुलप्रसाद खनाल : प्राङ्गण त्रैमासिक : २०३६ फागुन-वैशाख
५. शिरीषको फूल कि कागजको फूल : गोविन्द भट्ट : बगर : २०५४ पुस-चैत
६. प्रगतिशीलताको सन्दर्भमा पर्खालभित्र र बाहिर : चैतन्य : वेदना : २०३६ : पूर्णाङ्क १६
७. पारिजातका सौन्दर्य चिन्तनको विकासक्रम : गङ्गाप्रसाद उप्रेती : प्रलेस : २०५३ साउन-असोज

८. पारिजातको *पर्खालभित्र र बाहिर* : सोम घिमिरे : *भानु* : २०३५ असोज : अङ्क २७
९. *वर्तमान नेपाली साहित्य केही छलफलका कुराहरू* : दुर्वासाः *त्रिकोण* : वर्ष १ अङक २
१०. *पारिजातलाई कसरी सम्मान गर्ने ?* : डिआर पोखरेल : *उद्‌बोधन* : २०५० वैशाख, अङ्क १
११. *डायरीको अभिव्यक्ति : शिरीषको फूल सम्बन्धमा* : विश्वेश्वरप्रसाद कोइराला : *कल्पना* : २०२७ वैशाख-जेठ
१२. *महत्ताहीन र ताना शर्मा* : निनु राल्फा : *सिउँडी* : २०२७ जेठ, अङ्क ४
१३. *पारिजात : व्यक्तित्व र कृतित्व* : गणेश घिमिरे मार्मिक : *अंशु* : २०५८ वैशाख
१४. पारिजात : ध्रुवचन्द्र गौतम : *रचना द्वैमासिक* : २०४२, पुस-माघ
१५. *कसरी एउटी विद्रोही किशोरी विख्यात पारिजात बनिन् ?* : हरिगोविन्द लुइटेल : *नवयुवा* : २०५३ असार
१६. *पाठक प्रतिक्रिया* : सुशील देवकोटा : प्रत्युत्तर : पारिजात : *रूपरेखा* : २०२९ कात्तिक : पूर्णाङ्क १३८
१७. पाठक प्रतिक्रिया : सुशील देवकोटा : *रूपरेखा* २०२९ फागुन : पूर्णाङ्क १४२
१८. *पारिजात शब्द श्रद्धाञ्जलि* : ज्ञानेन्द्र विवस : *आकाश* : २०५० वैशाख-असार
१९. *पारिजातकै शब्दमा पारिजातको प्रेमकथा* : *ऋचा* : वर्ष ११ अङ्क ६
२०. *पारिजात : केही संस्मरण, केही मूल्याङ्कन* : मोहनविक्रम सिंहः *मूल प्रवाह* : २०५८ वैशाख
२१. *पारिजात : आफ्नै व्यक्तित्व र प्रतिभाको पुञ्ज* : शक्ति लम्साल : *मूल प्रवाह* : वैशाख २०५८
२२. *पारिजातका धेरै कुराहरूमा विवाद छ* : *मधुपर्क* : २०६२
२३. *पारिजात, एउटा बिहान, केही अनुहारहरू* : राम थापा : *बान्की* : २०३२ अङ्क १९
२४. *प्रगतिवाद र पारिजातको औपन्यासकारिता* : डा. ऋषिराज बराल : *मधुपर्क* : २०५२ साउन
२५. *कुहिरो र धुइरो : पारिजात र शिरीष* : डा. तीर्थबहादुर श्रेष्ठ : *हिमाल* : २०६३ असोज १६-३०
२६. *पारिजातको एउटा चिठी* : पवन आलोक : *मधुपर्क*
२७. *पहिलो भेट : पारिजातसँग* : *सुलेख साहित्यिक मासिक* : २०५९ पुस
२८. *पारिजात साहित्यिक मर्म हुन्* : मोहन दुवाल : *सगुन* : २०६२ असोज
२९. *उल्लेख : सर्वश्रेष्ठ पाण्डुलिपि पुरस्कार पारिजातलाई प्रदान* : गन्धर्वगायक : *बगर* : २०५० भदौ-मङ्सिर, पूर्णाङ्क ४०

३०. *शिरीषको फूल उपन्यासमा पात्र विधान* : अम्बु भवानी : *मधुपर्क* : २०६५ चैत
३१. *पारिजातका कविता : सङ्कटग्रस्त अहम्‌को आलेख* : *रूपरेखा* : २०३१ पुस : पूर्णाङ्क १६४
३२. *पारिजातको स्वर : पर्खालभित्र र बाहिर* : कुलप्रसाद खनाल : *प्राङ्गण* त्रैमासिक : २०३६ फागुन-वैशाख

**घ) अखबारहरू**

१. *पारिजातको प्रेम* : राजकुमार दिक्पाल : *अन्नपूर्ण फुर्सत* : २०७१ कात्तिक १५ शनिबार
२. *ग्लोबमा नेपाली कवि* : महेश पौड्याल : *नागरिक अक्षर* : २०७० वैशाख ७ शनिबार
३. *पारिजातकी सारथिले घर छोडिन्* : गोकर्ण दयाल : *गोरखापत्र* शनिबार : २०६८ माघ ७ शनिबार
४. *राल्फाका कठिन दिनहरू* : फणीन्द्र सङ्गम : *नागरिक अक्षर* : २०७० साउन ५ शनिबार
५. *विवादमुक्त रहेन शिरीषको फूल* : विजयरत्न तुलाधर : *गोरखापत्र शनिबार* : २०७० वैशाख २१ शनिबार
६. राल्फाका शिल्पीहरू : नोरेम : *नागरिक अक्षर* : २०६९ फागुन १२ शनिबार
७. *बारम्बार अजी* : वसन्त बस्नेत : *नागरिक अक्षर* : २०६९ मङ्सिर १६ शनिबार
८. *राल्फाबारे रमाइलो कुरा* : मञ्जुल : *दृष्टि साप्ताहिक* : २०६३ कात्तिक १४ बुधबार
९. *नारायणगोपालको भद्रगोल तबला* : रामेश : *अन्नपूर्ण फुर्सत* : २०७१ मङ्सिर २० शनिबार
१०. *पारिजातको परिभाषित आँखाहरू* : दिल साहनी : *कान्तिपुर कोसेली* : २०५१ वैशाख १७ शनिबार
११. *पारिजात-नेपाली साहित्यकी शिखर प्रतिभा* : वासुदेव त्रिपाठी : *कान्तिपुर कोसेली* : २०५० माघ १६ शनिबार
१२. *पाठक आफैं पात्र* : रजनी ढकाल : *नागरिक शनिबार* : २०६८ असार २५ शनिबार
१३. *खोइ अर्की पारिजात* : कुमारी लामा : *नागरिक अक्षर* : २०७० वैशाख १४ शनिबार
१४. *पारिजातको सम्झना* : सङ्गीत श्रोता : *नयाँ पत्रिका* : २०६७
१५. *शिरीषको फूलमा सिनेमा* : *कान्तिपुर* : २०६२
१६. *फुल्न खोजेका शिरीषका फूलहरू* : सुलोचना मानन्धर : *बुधबार साप्ताहिक* : २०६२ वैशाख ७ बुधबार

१७. *पारिजात* : जङ्गव चौहान : *नेपाली कला साहित्य डटकम* : २०६२
१८. *मेरो मानसपटलमा फुलिरहने बास्नादार फूल हो पारिजात* : मोहन दुवाल : २०६० वैशाख २४ बुधबार
१९. *पारिजातका अनगिन्ती रहर थिए* : मोहन दुवाल : *नेपाल समाचारपत्र* : २०७१ वैशाख १३
२०. *सम्झनाका हरफमा पारिजात* : मोहन दुवाल : *नेपाल समाचारपत्र* : २०७१ पुस १९
२१. *पारिजातको घरमा* : महेश पौड्याल : *अन्नपूर्ण पोष्ट* : २०७४ जेठ ६ शनिबार
२२. *राल्फासँग म* : निरन सापकोटा : *कान्तिपुर* : ९ भाद्र २०७५
२३. *विनयकुमार कसजुको डायरी*
२४. *राल्फाको यात्रा : गरिब जनता झुम्मिन्थे, हुनेखाने किन्थे* : मञ्जुलसँग अन्तर्वार्ता : जोतारे धाइबा : २०७३ चैत ८
२५. *अनि म राल्फा भएँ* : नोरेम : *कान्तिपुर कोसेली* : २०७४ फागुन १२
२६. *उपन्यास जलाउनुभएछ* : सुकन्यासँग फूलमान बलको कुराकानी : *कान्तिपुर* : १७ भाद्र २०७२
२७. *चारलाई पारिजात सिर्जना सम्मान* : *कान्तिपुर समाचार* : १३ भाद्र २०७२
२८. *भूपी पारिजातको राल्फा संवाद* : रामेश : *नागरिक शनिबार* : १० जेठ २०७१
२९. *पारिजात खोज्दै सिक्किमकी सिर्जना* : *कान्तिपुर समाचार* : २० जुलाई २०१७
३०. *यस्तो छ पारिजातको पोस्टमार्टम* : सरिता तिवारी : *कान्तिपुर* : ८ जेठ २०७३
३१. *हिमालयन भ्वाइसेस* : डा. माइकल हट
३२. *नाम फेरेर चिठी संवाद गर्थिन् पारिजात* : जनकराज सापकोटा : *कान्तिपुर* : १३ जेठ २०७१
३३. *पारिजातको सम्झना* : *कान्तिपुर समाचार* : ६ वैशाख २०७०
३४. *पारिजात, पानी र मोटरसाइकल* : स्नेह सायमीको स्मृति : *कान्तिपुर* : ३० वैशाख २०७१
३५. *सम्झनाको तरेलीमा भूपि शेरचन* : विजय सागर : *धौलाश्री युगवाणी* : २०७०
३६. *पारिजात सम्झँदा* : लीला लुइटेल : *कान्तिपुर* : १५ वैशाख २०७५
३७. *अपराजिता पारिजात* : कुमारी लामा : *कान्तिपुर कोसेली* : १ वैशाख २०७५
३८. *अन्डरस्ट्यान्डिङ पारिजात थ्रू द प्रिज्म अफ हर बायोग्राफी* : जङ्गब चौहान : *बोधी एन इन्टरडिसिप्लेनरी जर्नल* : नं २, सन् २००८
३९. *प्रफुल्लित अनुहार* : राम विनय
४०. *यी तीन सर्जक जसका थिए, विचित्रका आनीबानी* : रमण घिमिरे : *नेपाल साप्ताहिक* : २०७२ भाद्र १६
४१. *२०४८ को वसन्त पञ्चमी* : पद्मप्रसाद शर्मा : *राप्तीदूत* : २०६३ वैशाख

४२. *सम्झनामा पारिजात* : नवराज कार्की : अप्रकाशित

४३. शिरीषको फूल : घातक सुनगाभाको ट्यापबाहिर : युग पाठक : *अन्नपूर्ण फुर्सत* : २०७२ साउन १६

४४. *भेटवार्ता : कवयित्री तथा उपन्यासकार सुश्री पारिजातसँग* : दीपक शर्मा:

४५. *राल्फाका ती दिन* : नोरेम : *मधुपर्क* : २०७६ असोज

४६. *नेपाली पुस्तक स्तरीय छैनन् भन्नेले पढेकै हुँदैनन्* : अरूणा उप्रेतीसँगको अन्तर्वार्ता : अश्विनी कोइराला : *अनलाइन खबर डटकम* : ६ माघ २०७५

४७. *पारिजातको परिचय* : कमल दीक्षित : *नेपाली*

## ङ) पारिजातका रचना

१. *योगमायाका नाममा पत्र* : *कान्तिपुर* : २०६७

२. *एउटा निमुखा बूढाको भविष्य* (कविता) : सुमित्रा काँडा (पारिजात) : *वेदना* : २०३७

३. *रातमा सूर्यमुखी* : सुमित्रा काँडा (पारिजात) : *वेदना* : २०४०

४. *एउटा विसङ्गत संस्मरण* : *रूपरेखा* : २०२७ पूर्णाङ्क ११५

५. *नेपाली साहित्यको उपलब्धि* : *प्रभात* : २०४३ पुस

६. *साहित्य एक दृष्टिकोण* : *संवाहक* : २०४७ अङ्क १

७. *'तीन चिह्नले बनेकी तीन सीमाभित्र बन्द'* : *उपहार* : २०५० भदौ-कात्तिक

८. *कवि मिश्रको अभिनन्दन* : एउटा समसामयिक कदम : *शृङ्खला* : २०४१ पूर्णाङ्क १३

९. *आत्मसंस्मरण* : *विपुल* : २०५२ पुस-फागुन

१०. *यातनाको विरूद्ध म त्यत्तिकै निर्धक्क छु* : *विपुल* : २०५४ कात्तिक-पुस : पूर्णाङ्क ७

११. *परिस्थिति र अभिव्यक्ति* : *त्रिकोण* : २०३६ असार-भदौ

१२. *के कस्तो र को कता ?* : *रूपरेखा*, २०२६ वैशाख, पूर्णाङ्क ९६

१३. *बेला बखतका उद्‌गारहरू* : *युगधारा* : २०४२ असार १० सोमबार

१४. *सचेतनता* : *युगधारा* : २०४२ असार १७ सोमबार

१५. *दास मनोवृत्ति* : *साप्ताहिक गर्जन*

१६. *हेपाहा दृष्टि राख्नेहरू* : *युगधारा* : २०४२ असार २४ सोमबार

१७. *पत्रपत्रिकाहरू र स्यो म्हेन्दो* : *साप्ताहिक गर्जन* : वर्ष ६ अङ्क १४

१८. *कथालेखन गाह्रो छ* : *युगधारा* : २०४२ असार ३१ सोमबार

१९. *प्रश्न साझा प्रकाशनलाई* : *युगधारा* : २०४२ असोज ७ सोमबार

२०. *अप्राकृतिक प्रकोप* : *साप्ताहिक गर्जन* : वर्ष ६ अङ्क २३

२१. *बन्धनबोध र कुण्ठा* : *युगधारा* : २०४२ असोज २१ सोमबार

२२. *नारी अस्मिताको प्रतीक : साप्ताहिक गर्जन :* २०४० वैशाख ३ आइतबार
२३. *बत्तीमुनि अन्धकार : साप्ताहिक गर्जन*
२४. *खल्तीमा केही राख्नुस् : युगधारा :* २०४३ वैशाख ८ सोमबार
२५. *सांस्कृतिक विकास : साप्ताहिक गर्जन :* वर्ष ५ अङ्क ३५
२६. *आत्मपीडा र कलाकार :* २०४२ वैशाख २ सोमबार
२७. *ललिजन रावलका कविताहरू : साप्ताहिक गर्जन :* २०४० वैशाख ३ आइतबार
२८. *६ गते काठमाडौं : युगधारा :* २०४३ वैशाख १५ सोमबार
२९. *सङ्ख्या र मूल्य : साप्ताहिक गर्जन :* वर्ष ५ अङ्क ३६
३०. *आज आफ्नै कुरा : युगधारा :* २०४३ वैशाख १२ सोमबार
३१. *जनजातीय भाषा संस्कृतिको उपेक्षा नहोस् : युगधारा :* २०४३ वैशाख २९ सोमबार
३२. *साइलक र समानान्तर प्रलेस विवाद टुङ्गियो : साप्ताहिक गर्जन :* वर्ष ५ अङ्क १८
३३. *सत्य मैले ढाँटेको होइन : युगधारा :* २०४२ भाद्र ७ सोमबार
३४. *'रक्षाबन्धन' भारीमा सुपारी : साप्ताहिक गर्जन :* वर्ष ६ अङ्क २०
३५. *जटिल विभीषिका बलात्कार : युगधारा :* २०४२ भाद्र २४ सोमबार
३६. *सधैं पैसा प्रमुख हुँदैन : साप्ताहिक गर्जन*
३७. *शरीर र स्वाभिमान दुवै फलाम भइसकेको छैन : युगधारा :* २०४२ भाद्र ३१ सोमबार
३८. *पाठक अघि लेखक पछि : युगधारा :* २०४२ चैत १८ सोमबार
३९. *शिवरात्रि कि खुला चोरी ? युगधारा :* २०४२ चैत २५ सोमबार
४०. *ऐना झूट प्रतिबिम्बित गर्दैन : साप्ताहिक गर्जन*
४१. *समवेदना र गुनासो : युगधारा :* २०४२ फागुन ६ सोमबार
४२. *पाटलीपुत्र टाइम्स र इन्द्रबहादुर राई : युगधारा :* २०४२ फागुन १३ सोमबार
४३. *पंक ! पंक ! पंक ! : युगधारा :* २०४२ फागुन २० सोमबार
४४. *प्रलाप : युगधारा :* २०४२ फगुन २७ सोमबार
४५. *आकाश ओढेर बस्यौं तर... : साप्ताहिक गर्जन :* वर्ष ६ अङ्क ६
४६. *इज्जत सबैको एउटै हो : युगधारा :* २०४३ जेठ ५ सोमबार
४७. *हामी बलात्कृत हुँदै छौं : युगधारा :* २०४२ जेठ ७ सोमबार
४८. *आजका चर्चित राज्य र मागहरू : साप्ताहिक गर्जन*
४९. *एक सर्वेक्षण : युगधारा :* २०४३ जेठ १२ सोमबार
५०. *सबैका आँखीझ्याल भिजेकै छन् : साप्ताहिक गर्जन*
५१. *रावणहरू : युगधारा :* २०४२ कात्तिक ५ सोमबार
५२. *राजनीति डर्टी गेम होइन : युगधारा :* २०४२ कात्तिक १९ सोमबार

५३. *भावनात्मक पेरोडी समर्पण कुन्ता शर्मालाई : साप्ताहिक गर्जन*

५४. *समयको खोलो यसरी नबगोस् : साप्ताहिक गर्जन*

५५. *मानसिकताको किनबेच : युगधारा :* २०४२ माघ ७ सोमबार

५६. *क्यासिनो, मिनी क्यासिनो, पप्लु : युगधारा :* २०४२ माघ १४ सोमबार

५७. *प्रतिभा प्रवाह प्राविधिक कठिनाइ : साप्ताहिक गर्जन*

५८. *सुत्ने लेखक कलाकारलाई : युगधारा :* २०४२ माघ २१ सोमबार

५९. *बचाउनका निम्ति मार्न पर्दो रहेछ : युगधारा :* २०४२ माघ २८ सोमबार

६०. *यी मृत्युहरू : साप्ताहिक गर्जन*

६१. *गाई लक्ष्मी : युगधारा :* २०४२ मङ्सिर १० सोमबार

६२. *निर्धा मान्छेका निर्बल शक्ति : साप्ताहिक गर्जन*

६३. *जीव मास्ने बेच्ने र अनैतिक काम गर्नेहरू : साप्ताहिक गर्जन*

६४. *विकार र शब्दार्थ : युगधारा :* २०४२ मङ्सिर २४ सोमबार

६५. *सौताको डेरा कहाँ छ ? : साप्ताहिक गर्जन*

६६. *झूटका रङ्गहरू : युगधारा :* २०४२ पुस ८ सोमबार

६७. *शुभकामना सङ्घर्षकारी महिलाहरूलाई : युगधारा :* २०४२ पुस २२ सोमबार

६८. *शब्द ! शब्द मात्र होइन : युगधारा :* २०४२ पुस २९ सोमबार

६९. *एउटा पत्र विन्द्या सुब्बाका नाममा : युगधारा :* २०४२ साउन ७ सोमबार

७०. *अवस्थाहीन वर्तमान : यन्त्रणा :* २०२७ अङ्क १

## पारिजात विषयक टेप तथा इमेल अन्तर्वार्ता विभिन्न मितिमा

१. अरूणा उप्रेती
२. अशेष मल्ल
३. अविनाश श्रेष्ठ
४. बैरागी काइँला
५. विष्णुविभू घिमिरे
६. दशरथ बानियाँ
७. दिल वरदान
८. हारूहितो नोजू
९. मदनमणि दीक्षित
१०. परशु प्रधान
११. प्रकाश ए. राज
१२. रघु घिमिरे
१३. ऋषिराज बराल
१४. रोचक घिमिरे
१५. नगेन्द्रराज शर्मा
१६. शान्ता श्रेष्ठ
१७. तोया गुरूङ
१८. शिव रेग्मी
१९. तुलसी थापा
२०. नोरेम निगेसा
२१. डिआर पोखरेल
२२. बार्बरा निम्री अजिज
२३. विश्वम्भर प्याकुरेल
२४. दया सिंह
२५. ध्रुव सापकोटा
२६. कमल दीक्षित
२७. ललिजन रावल
२८. लीला लुइटेल
२९. मञ्जुल
३०. मातृका पोखरेल
३१. राजेन्द्र पराजुली
३२. ऋषिराज बराल
३३. ज्ञानुवाकर पौडेल
३४. हरिगोविन्द लुइटेल
३५. कान्ता ढकाल
३६. मोहन दुवाल
३७. नगेन्द्रराज शर्मा
३८. रत्ना लामिछाने
३९. श्यामल
४०. स्नेह सायमि
४१. सुकन्या
४२. सुष्मा आचार्य
४३. कविताराम
४४. माया ठकुरी
४५. विनय कुमार कसजू
४६. रोचक घिमिरे
४७. विन्द्या सुब्बा
४८. ध्रुवचन्द्र गौतम
४९. कुन्ता शर्मा
५०. रामबाबु दाहाल
५१. नरेन्द्रजङ्ग पिटर
५२. आभास
५३. चूडामणि रेग्मी
५४. सुसन मास्के

पारिजातका प्रकाशित सबै कृतिहरू तथा *पारिजात सङ्कलित रचनाहरू* : **निर्माण प्रकाशन** : सिक्किम ।

# आभार

पुस्तक लेखनका लागि आवश्यक सूचना र सामग्री दिएर सहयोग गर्नेहरू धेरै हुनुहुन्छ। त्यसमा दार्जीलिङकी विन्द्या सुब्बा, अमेरिकाकी बार्बरा निम्री अजिज, प्रा. लीला लुइटेल, मातृका पोखरेल, स्व. शिव रेग्मी, स्व. विनयकुमार कसजू, हरि श्रेष्ठ र मोहन दुवाल विशेष हुनुहुन्छ। उहाँहरूले पुराना दुर्लभ पत्रिका, अप्रकाशित चिठी, तस्बिर एवम् आफ्ना डायरीका पानासमेत उपलब्ध गराउनुभयो। अन्तर्वार्ताका लागि समय दिनुभयो। मोहन दुवालले *उसले रोजेको बाटो* उपन्यासमा पारिजातले 'ज्ञाने'का रूपमा उभ्याएको चरित्रको असली पात्र नवरङ्ग दाइका नामले परिचित पूर्णमान श्रेष्ठसँग भेटाएर गुन लगाउनुभयो। उहाँहरू सबैलाई धन्यवाद।

पुस्तक लेखनका क्रममा मैले त्रिभुवन विश्वविद्यालयको केन्द्रीय पुस्तकालय, नेपाल प्रज्ञा-प्रतिष्ठानको पुस्तकालय तथा मदन पुरस्कार पुस्तकालयबाट पनि सामग्री सङ्कलनमा सहयोग पाएँ। ती पुस्तकालय र सम्बन्धित व्यक्तिको सहयोग बिर्सिनसक्नु छ। पुस्तक लेखनका लागि बजारमा सहजै अनुपलब्ध पुस्तक पत्रिका एवम् तस्बिर उपलब्ध गराएर, अन्तर्वार्ताका लागि समय दिएर तथा विविध रूपले सहयोग गर्ने अग्रज, समकालीन तथा नयाँ पुस्ताका लेखक, शुभचिन्तक तथा सहयोगी मनहरूको सूची धेरै लामो छ।

पुस्तक प्रकाशनका लागि मैले पठाएको सन्देशको तत्काल जबाफ दिई पाण्डुलिपि मगाएर अति छोटो समयमै प्रकाशनको निर्णय गर्ने फाइनप्रिन्ट र विशेष गरी अजित बराल धन्यवादको पात्र हुनुहुन्छ।

आफूसँग भएका विविध सामग्री, चिठीपत्र तथा तस्बिर उपलब्ध गराउनेहरूमा सुकन्या वाइबा, निनु चापागाईं तथा इन्दिरा दली, कुन्द टण्डन, माया ठकुरी, प्रमोद प्रधान, बिन्ती सुब्बा, उत्तमप्रसाद पन्त, तुलसी थापा, डा. माइकल हट, कालुसिं रणपहेलीमार्फत माया ठटाल, राजेन्द्र पराजुली, प्रकाश ए राज, ललिजन रावल तथा मदन पुरस्कार गुठी, त्रिवि केन्द्रीय पुस्तकालय, नेपाल प्रज्ञा-प्रतिष्ठान पुस्तकालय, रामप्रसाद ज्ञवाली, नरेन्द्रबहादुर श्रेष्ठ र भूपेन्द्र खड्काप्रति आभार व्यक्त गर्दछु।

पुस्तक लेखनको बीचमा चासो लिएर हरदम सहयोगका लागि तयार हुने कान्ता ढकाल, वसन्त श्रेष्ठ, वासु श्रेष्ठलगायत सबैमा हार्दिक धन्यवाद छ। बीसौं वर्षसम्म

पारिजातका विषयमा कुरा सुन्दासुन्दा, पारिजातको जीवनी तयारीमा सबै किसिमका कष्ट सहेर तथा लेखनका लागि सदा सहयोग गर्ने मेरी मायालु श्रीमती अन्जुलाई माया अनि धेरैधेरै धन्यवाद ! उनको सहयोगबिना यो पुस्तक लेख्न सम्भव थिएन । पुस्तक तयार गर्ने क्रममा उनले श्रीमती मात्र होइन, साथी, सल्लाहकार र अभिभावकको समेत भूमिका निर्वाह गरेकी छन् । छोराहरू अनुभव र अनुरोधको पनि योगदान पनि उत्तिकै छ ।

प्रकाशक फाइनप्रिन्ट र भाषा सम्पादनमा सहकार्य गर्ने मित्र भूमीश्वर पौडेललाई मनग्गे आभार ।

पुस्तक लेखनका क्रममा मैले कैयौं साहित्यकार एवम् साहित्यप्रेमीसँग छलफल गरें, जानकारी लिएँ, ती सबै बन्धुबान्धबको नाम यहाँ उल्लेख गर्न सम्भव छैन । नाम, उहाँहरूको चाहना पनि होइन । अतः नाम उल्लेख गर्न नसकेका र त्रुटिवश नाम उल्लेख हुन छुट भएका सबैले मलाई अवश्य क्षमा गर्नुहुनेछ ।

अनि आभार तपाईंहरू सबै पाठकलाई ! आशा गर्छु– पुस्तक पढेर मलाई रचनात्मक सुझाव दिनुहुनेछ ।

धन्यवाद

- गोविन्द गिरी प्रेरणा

२५ साउन २०७९

फल्स चर्च, भर्जिनिया, अमेरिका

# अनुक्रमणिका

उ



क



ख



ग

## ध



## न



## प

## ब

## भ



## म

## श



## ह



## त्र



## ज्ञ

तस्बिर © बिमल नेपाल

मकवानपुरको टेक्कर सिस्नेरीमा जन्मिएका गोविन्द गिरी प्रेरणा अमेरिका बस्छन् । एकाउन्टेन्ट तथा लेखा परीक्षकका रूपमा नेपालको त्रिभुवन विश्वविद्यालयमा साढे २२ वर्ष काम गरी स्वैच्छिक अवकाश लिएका उनी अमेरिकामा जीवन बिमा व्यवसायमा संलग्न छन् । कथा, उपन्यास, कविता, नियात्रा, निबन्धलगायतका विभिन्न २६ ओटा पुस्तक लेखिसकेका प्रेरणाले केही कृति सम्पादन तथा अनुवाद पनि गरेका छन् । नारायणी वाङ्मय पुरस्कार, युवा वर्ष मोती पुरस्कार, मैनाली कथा पुरस्कार, वासु शशी स्मृति साहित्य पुरस्कारलगायत पुरस्कार तथा सम्मान प्राप्त गरेका उनका केही रचना हिन्दी, अङ्ग्रेजी, मलाय, टर्किस, चिनियाँ तथा बङ्गाली भाषामा समेत अनुवाद भएका छन् । विभिन्न नेपाली तथा विदेशी साहित्यकारका फुटकर जीवनीमूलक रचना लेख्दै आएका प्रेरणाको पूर्ण जीवनी पुस्तक भने *सुश्री पारिजात* पहिलो हो ।

# तस्बिरहरू

विभिन्न मुद्रामा पारिजात

साथी मणिकला सुब्बासँग

मानवअधिकार कार्यक्रममा

वैवाहिक समारोहमा

प्रगतिशील लेखक-कलाकार सङ्घको प्रथम राष्ट्रिय सम्मेलनमा

युगधारा काव्य सन्ध्या समारोहमा कवि युद्धप्रसाद मिश्र तथा रघुजी पन्तका साथमा

२०४६ चैत ३ गते कालोपट्टी बाँध्ने क्रममा

पारिजात र सुकन्या

पारिजात, सुकन्या र चूडामणि

पारिजात र सुकन्या

पारिजात र सुकन्या

परिवारसँग पारिजात

पारिजात र सुकन्या

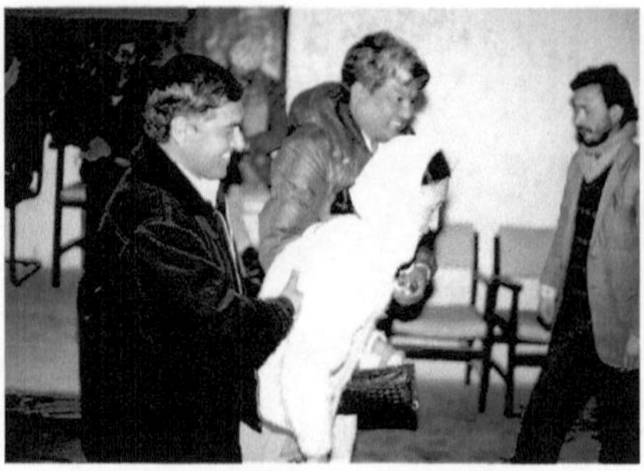

एक साहित्यिक समारोहमा

लेखिका विन्द्या सुब्बासँग

हरि श्रेष्ठका साथमा

राजनीतिक गतिविधिका क्रममा बनारसमा

लेखिका वानिरा गिरीसँग

बायाँ कवि कृष्णभक्त श्रेष्ठ, दायाँ हरि श्रेष्ठ तथा अन्य

बिन्ती सुब्बासँग

विनयकुमार कसजू तथा गोविन्द वर्तमानका साथ

बार्बरा निम्री अजिजका साथमा

लेखिका माया ठकुरीका साथमा

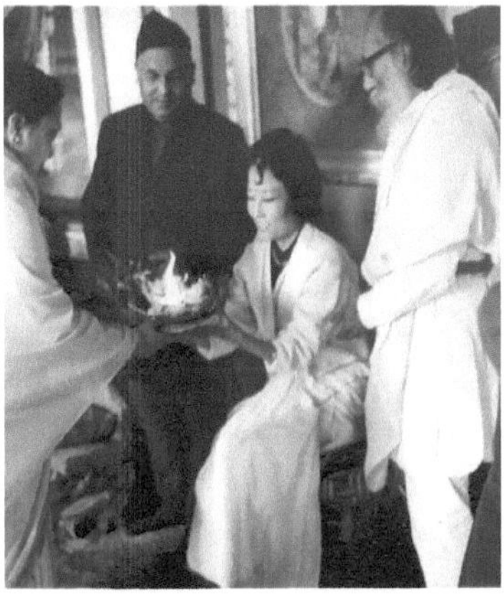

मदन पुरस्कार समारोहमा

राजेन्द्र पराजुली र ललिजन रावलका साथमा

जनमत पारिजात विशेषाङ्क समर्पण समारोहमा पारिजातलाई माल्यार्पण गरिँदै

पाल्पामा साहित्यिक जमघट

विराटनगरमा स्थानीय साहित्यकारका साथमा

राल्फा सन्ततिका साथमा

त्रिविमा साहित्य कुञ्जद्वारा अभिनन्दन

जनमत पारिजात विशेषाङ्क समर्पण समारोह

वीगन्जमा एक जमघट

एक साहित्यिक कार्यक्रममा प्रमुख आतिथ्य ग्रहण गर्दै

# विविध सामग्री

पाम

सुश्री पारिजात
अध्यक्ष

**बन्दी सहायता नियोग**

पो.ब.नं. ३२९७
फोन. ४१८७२२
फैक्स ९७७-१-२२७९१९
काठमाडौं, नेपाल

सुसन मास्केको स्वरमा पारिजातका गीतहरूको एल्बम

सुप्रसिद्ध साहित्यकार सुश्री पारिजातज्यूमा समर्पित

## अभिनन्दन–पत्र

*प्रगतिशील चिन्तनका स्रष्टा पारिजातज्यू,*

नेपाली साहित्यका समग्र पाठकहरूका निम्ति सुपरिचित साहित्यकारको रूपमा आज तपाईंको अभिनन्दन गर्न पाउँदा हामी आफूलाई गौरवान्वित अनुभव गर्दछौं । नेपाली साहित्यमा तपाईंको अविस्मरणीय योगदानको हामी अत्यन्त आदर गर्दछौं ।

*साहित्यकी अथक साधिका,*

गद्यको क्षेत्रमा होस् वा कविताको, उपन्यासमा होस् वा कथामा, तपाईंको सिर्जनाले नेपाली साहित्यको नौलो क्षितिज उघार्न पुगेको छ, नवीन चिन्तन र अनुभूतिको आँखीझ्यालबाट बहुरि नवीकरणहरू प्रवेश गर्ने बाटो खोलेको छ ।

*वाणीकी तपस्विनी सुपुत्री,*

मानव मात्रको व्यथा र उत्पीडन, कुण्ठा र वितृष्णा अनि सामाजिक विषमता र विकृतिको जुन सशक्त चित्रण तपाईंले गर्नु भएको छ, त्यसले नेपाली साहित्यमा आफ्नै किसिमको विशिष्ट स्थान ओगटेको छ । तपाईंका साधनाले नेपाली साहित्यलाई एक खुड्किलोमाथि उक्लन ठूलो सघाउ पुर्‍याएको छ । यसप्रकार तपाईंले इतिहासमा आफ्नो नमेटिने स्थान बनाइसक्नु भएको छ ।

*अन्त्यमा,*

शारीरिक परवस्यताले सिर्जनाको प्रवाहलाई रोक्न सक्तैन, अपितु त्यसको मूल स्रोत र सली राख्न सहायक नै हुन्छ भन्ने कुराको उदाहरण तपाईंको सिर्जनशीलताले प्रमाणित गरेको छ । तपाईंको सिर्जनशीलता लामो समय सम्म रहिरहोस् र नेपाली साहित्यले अझ विविध सिर्जनात्मक उपहारहरू पाउँदै जाओस् भन्ने हामी हार्दिक कामना गर्दछौं ।

साउन ८, २०४८

'साहित्य–कुञ्ज' परिवार
**नेपाली केन्द्रीय शिक्षण विभाग**
त्रिभुवन विश्वविद्यालय, कीर्तिपुर

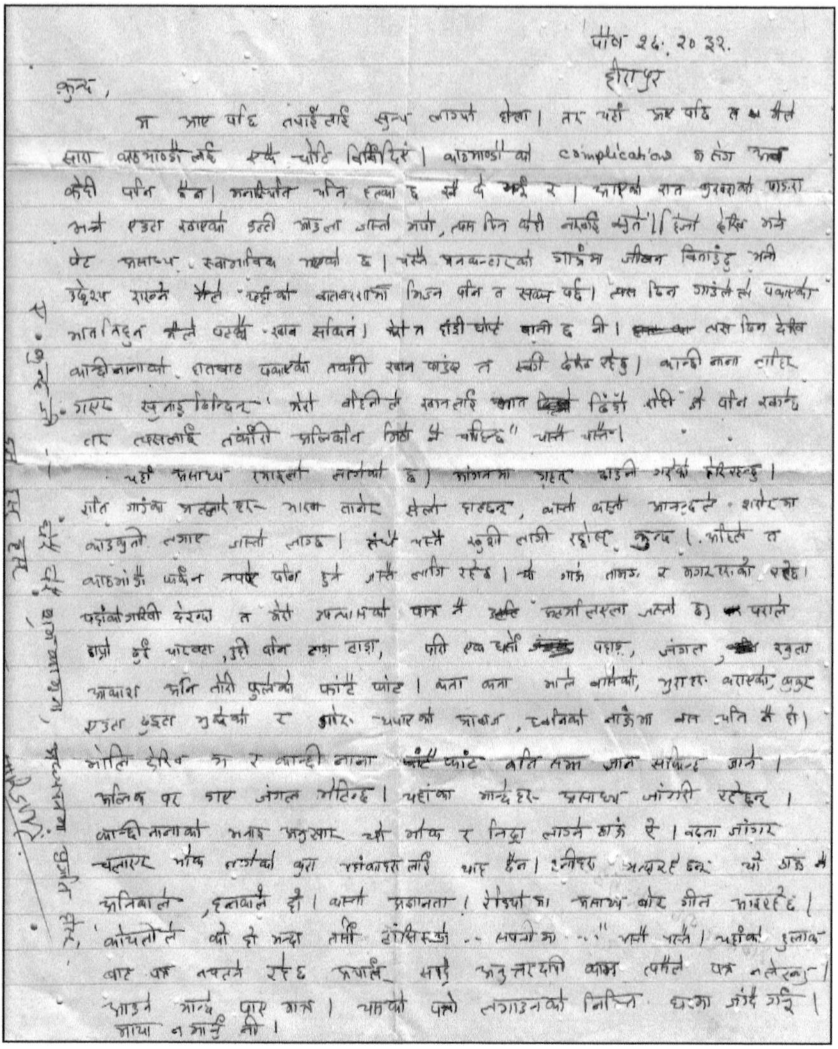
पौष २८. २०३२.
हीरापुर

कुन्द,

म आए पछि तपाईंलाई सुन्य लाग्यो होला। तर यहाँ आए पछि त मैले सारा काठमाडौंलाई एकै चोटि बिर्सिदिएं। काठमाण्डौंको complications सँग अब केही पनि छैन। मनस्थिति अति हल्का छ जस्तो भै रहेछ र। आएको रात [illegible] भने एउटा [illegible] भन्ने भयो, एक दिन केही नखाई सुतें। हिजो देखि मेरो पेट असाध्य स्वाभाविक भएको छ। यस्तै [illegible] गाउँमा जीवन बिताउँछु भन्ने उद्देश्य राख्ने मैले यहाँको वातावरणमा मिल्न पनि त सक्नु पर्छ। एक दिन गाउँलेले पकाएको भात [illegible] मैले खान सकिनं। यो त [illegible] बानी छ नी। त्यस दिन देखि कान्छी नानाको हातबाट पकाएको तर्कारी खान पाउँदा त [illegible] रहेछु। कान्छी नाना [illegible] गएर खुवाइदिन्छन्। "मेरी बहिनीले खानलाई ढिँडो रोटी जे पनि खान्छ तर त्यसलाई तर्कारी अलिकति मिठो नै चाहिन्छ" भन्ने भनिन्।

यहाँ असाध्य रमाइलो लागेको छ। आँगनमा [illegible] गरेको हेरिरहन्छु। [illegible] गाउँका [illegible] हरू [illegible], [illegible] आनन्दले शहरका [illegible] जस्तो लाग्छ। यस्तै खुसी लागी रहोस्, कुन्द। अहिले त काठमाडौं [illegible] तपाईं पनि छुटे जस्तो लागि रहेछ। यो गाउँ तामाङ र मगरहरूको रहेछ। यहाँको गरिबी देख्दा त मेरो उपन्यासको पात्र नै [illegible] जस्तो छ। [illegible] छाप्रो कुनै [illegible], कुनै पनि [illegible], फेरि एक पल्ट पहाड, जंगल, खुला आकाश अनि तोरी फुलको फाँटै फाँट। कता कता [illegible], [illegible], कुकुर एउटा भुकेको र [illegible] आवाज, [illegible] नाउँमा [illegible]। [illegible] र कान्छी नाना [illegible] जाने। [illegible] पर गए जंगल भेटिन्छ। यहाँका मान्छेहरू असाध्य जाँगरी रहेछन्। कान्छी नानाको भनाइ अनुसार यो औषध र निद्रा लाग्ने ठाउँ रे। [illegible] औषध [illegible] कुरा [illegible] लाई थाह छैन। [illegible] यो ठाउँ [illegible], [illegible] हो। [illegible] अज्ञानता। [illegible] गीत गाइरहेछ। 'कोयलीले [illegible] हाँसिरहौं .. [illegible] ..." भन्ने भन्छ। यहाँको [illegible] नपत्याउने रहेछ [illegible] अनुहारदेखि [illegible] पत्र नलेख्नु। आउने [illegible]। [illegible] लगाउनको निम्ति घरमा जाँदै गर्छु। माया नमार्नु नी।

पारिजातको हस्ताक्षर

**तस्बिर सौजन्य :** सुकन्या वाइबा, हरि श्रेष्ठ, कुन्द टन्डन, माइकल हट, विनयकुमार कसजू, बिन्ती सुब्बा, तुलसी थापा, प्रमोद प्रधान, खगेन्द्र लुइटेल/लीला लुइटेल, नरेन्द्रबहादुर श्रेष्ठ, मोहन दुवाल, राजेन्द्र पराजुली, विन्द्या सुब्बा, प्रकाश ए राज, निनु चापागाईं/इन्दिरा दली, मातृका पोखरेल, गोकर्ण दयाल तथा सामाजिक सञ्जाल

www.ingramcontent.com/pod-product-compliance
Ingram Content Group UK Ltd.
Pitfield, Milton Keynes, MK11 3LW, UK
UKHW042124021026
15589UKWH00004B/1091

9 789937 746700